Ezechiel Spanheim

Dissertationes de Praestantia et usu Numismatum Antiquorum

Ezechiel Spanheim

Dissertationes de Praestantia et usu Numismatum Antiquorum

ISBN/EAN: 9783742844170

Manufactured in Europe, USA, Canada, Australia, Japa

Cover: Foto ©Thomas Meinert / pixelio.de

Manufactured and distributed by brebook publishing software (www.brebook.com)

Ezechiel Spanheim

Dissertationes de Praestantia et usu Numismatum Antiquorum

EZECHIELIS SPANHEMII
DISSERTATIONES
DE
PRAESTANTIA
ET USU
NUMISMATUM
ANTIQUORUM.

EDITIO SECUNDA,

Priori longe auctior, & variorum Numismatum
iconibus illustrata.

AMSTELODAMI,
Apud DANIELEM ELSEVIRIUM.
cIɔIɔc LXXI.

ZECHIEL SPANHEMIUS SERENISSIMO ELECTORI PALATINO
CONSILIIS STATUS ET P.T. IN TRACTU INFERIORIS RHENI RESIDENS.

Vivâ pollicitus sub imagine reddere pictor,
Quod priscâ Veneris Roma, quod Athis habet.
Promissam nec dextra fidem miranda fefellit.
Hic qui Spanhemium cernis, utramque vides.

COSMO III
ETRURIÆ
MAGNO DUCI
OPTIMO PRINCIPI
LITTERARUM PATRONO

EZECHIEL SPANHEMIUS.

Cogitanti mihi jam olim, quæ divinitus data sint, ad perpolienda interiorum litterarum studia, duo continuo occurrebant, quorum alterum voluntatis, alterum fortunæ videbatur. Primum equidem, ut peracri ingenio & studio flagranti homines, ad revocandam oblitteratam aut prope evanescentem, injuria temporum an posterorum incuria, antiquitatis memoriam, parem animi propensionem ac diligentiam conferrent. Alterum, ut iidem in statores ac patronos optimarum artium inci-

DEDICATIO.

ciderent, qui non modo Reipubl., sed doctrinarum insuper ac litterarum procuratione feliciter suscepta, idoneis adminiculis instructos, in tanti boni possessionem mitterent. Etenim quum **obviis non** solum, sed abditis præterea è fontibus haurienda sit omnis illa sapientiæ veterum ubertas ac præstantia, nequidquam sane aderit egregia & incensa studio etiam incredibili voluntas, ni simul ad fontes ipsos, **unde illæ** manant, adeundi copia & facultas subsequatur. Adeo ut dum vel desunt frequenter litteris ingenia, aut ingeniis patroni, minus mirum videatur, cursum illum, quo ferri eadem studia videbantur, subinde retardatum; aut multa etiamnum superesse, unde ille aliquando incitari propius ad metam possit. Quamquam nec dissimulare liceat, quanta vel nostra memoria in omni disciplinarum genere accessio facta sit; sive eam reputemus, quæ saluti corporis ac integritati consulit; seu quæ structuram ejusdem ac artificium rimatur; aut quæ oculorum aciem, intentam illam nec caligantem, ad sidera convertit; aut quam non adeo Deæ Telluris, quam Veritatis canonem, & initiandi occultis quibusque mysteriis ducem ac magistram dixeris; aut denique quæ tota in perscrutandis penitius naturæ arcanis, earumque caussis & rationibus versatur; dum adsunt etiamnum, bono litterarum ac scientiarum fato, qui commoda præbeant, juvent opibus, exemplo

Dedicatio.

plo excitent; qui nullum deesse vel præsidium vel ornamentum patiuntur. Quo in genere ornandarum artium, ea quæ ex variis artibus ac disciplinis collecta, vulgo uno eruditionis nomine appellatur, qua omnis antiquitatis memoria, omnis jucunditas studiorum ac elegantia continentur, vel præcipuam in se curam & cogitationem haud immerito convertit. Nam quum pœne infinita sit copia & varietas subsidiorum, ex quibus illa comprehensio tot rerum abstrusarum ac simul scitu dignissimarum paratur, quis non videt rem haud immensi solum laboris, ac inexhaustæ diligentiæ, sed singularis præterea felicitatis suscipere, qui hujus nominis mensuram implere pro dignitate cogitat? Unde mihi quidem nulli satis eruditi videntur, quibus non jam nostra, juxta Tullium, sed antiqua illa ignota sunt; seu ea jam felix aliorum solertia detexerit; seu nondum è superiorum temporum caligine ac tenebris emerserint. Adeo ut qui arctioribus finibus eruditionis nomen circumscribunt; qui illam tam amplam & late patentem doctrinæ ac elegantiæ veterum supellectilem, velut in medio positam, ac jam totam è priscis ruderibus ac monumentis erutam putant, nihil hic aliud quam suam inopiam ac inscitiam prodant. Longe cautius itaque ac sapienter meo judicio faciunt, qui in viam illam semel ingressi, quæ ad arcem doctrinæ ac eruditionis tendit, omnia quibus prodita in hoc genere veterum industria, præsidia ac adjumenta studiose conquirunt; ac modo ad Lapides & Saxa, sed ut viæ indices, non vero ut ad scopulos adhærescunt; modo vetusti Æris, Argenti, Auri defossas etiamnum opes, velut ad Metalla, sed quam cupide ac jucunde damnati, perscrutantur; modo jam congestos multorum annorum spatio ac sumptu, sed adhuc reconditos id genus Thesauros, ad illustrandas ornandasque litteras, large liberaliterque conferunt. In quo equidem proposito, arduo juxta & laudabili, ne continuo deficiant, facit omnino eximia & plane singularis eorum beneficentia, qui fovendis ingeniis & locupletandis bonis artibus nati, se viæ duces, etsi multis obstructæ difficultatibus præbent; ac non modo plausu eos & cohortatione excitant, sed insuper gratia, opibus, & patrocinio, ad optatam metam alacres & incolumes perducunt. Cujus vero gentis hæc laus potior, quam Tuæ, PRINCEPS OPTIME (patieris enim, ut eodem titulo Te compellem, quo maximum fortunatissimumque Cæsarem sua ac postera ætas, & ea, quam hoc opere celebramus, memoria coluit) quæ licet decoribus aliis ac ornamentis largiter sane adfluens, tamen hanc laudem, quæ à restitutis vel ornatis litteris petitur, ut peculium suum, ut lautissimum idemque maxime dilectum patrimonium, suo quodam jure sibi vindicat. Quis enim adeo in intima barbaria consenuit,

Dedicatio.

nuit, ut nesciat hanc unam esse gentem MEDICEAM, quæ Majorum nostrorum memoria, profugas & egentes Musas, domum feliciter deduxit, neque ut hospites solum tecto decoro non minus quam splendido, sed velut ab antiquo familiares, in intimum contubernium & curarum levamentum continuo accepit, immo imperii in parte eaque non infima, neque vero id dementer aut improvide, collocavit. Errabant scilicet miseræ ac nudæ virgines, patriis laribus pulsæ ab inimica gente & barbara, multisque inde jactatæ littoribus, donec Italiam & in ea Etruriam jussæ divinitus capessere, ad Arni Tui ripam secundo cursu appellerent; ubi sedem fortunarum suarum, ubi tabernaculum vitæ constituerent; ubi tandem CUSTODES AC NUTRITORES DEOS nactæ, non lucem modo ac alimenta, sed decus in posterum & splendorem omnem recuperarent. Quod admirandum beneficium quoties animo reputo, toties occurrit auctor divini hujus consilii, gentilis Tuus, immo astrum illud Tuæ gentis splendidissimum, LAURENTIUS MEDICES, nullis tacendum sæculis, quod omnia sæcula immortalibus meritis sibi devinxit, nomen. Cum quo viro vel Heroë (quid enim illi ad Heroïs fortunam aut virtutem defuit?) quem ex antiquis conferam, qui vel in Reipubl. procuratione omnes implerit numeros optimi regendæ civitatis ducis; aut in doctrina-

DEDICATIO.

re veterum industria, præsidia ac adjumenta studiose conquirunt; ac modo ad Lapides & Saxa, sed ut viæ indices, non vero ut ad scopulos adhærescunt; modo vetusti Æris, Argenti, Auri defossas etiamnum opes, velut ad Metalla, sed quam cupide ac jucunde damnati, perscrutantur; modo jam congestos multorum annorum spatio ac sumptu, sed adhuc reconditos id genus Thesauros, ad illustrandas ornandasque litteras, large liberaliterque conferunt. In quo equidem proposito, arduo juxta & laudabili, ne continuo deficiant, facit omnino eximia & plane singularis eorum beneficentia, qui fovendis ingeniis & locupletandis bonis artibus nati, se viæ duces, etsi multis obstructæ difficultatibus præbent; ac non modo plausu eos & cohortatione excitant, sed insuper gratia, opibus, & patrocinio, ad optatam metam alacres & incolumes perducunt. Cujus vero gentis hæc laus potior, quam Tuæ, PRINCEPS OPTIME (patieris enim, ut eodem titulo Te compellem, quo maximum fortunatissimumque Cæsarem sua ac postera ætas, & ea, quam hoc opere celebramus, memoria coluit) quæ licet decoribus aliis ac ornamentis largiter sane adfluens, tamen hanc laudem, quæ à restitutis vel ornatis litteris petitur, ut peculium suum, ut lautissimum idemque maxime dilectum patrimonium, suo quodam jure sibi vindicat. Quis enim adeo in intima barbaria consenuit,

Dedicatio.

nuit, ut nesciat hanc unam esse gentem MEDICEAM, quæ Majorum nostrorum memoria, profugas & egentes Musas, domum feliciter deduxit, neque ut hospites solum tecto decoro non minus quam splendido, sed velut ab antiquo familiares, in intimum contubernium & curarum levamentum continuo accepit, immo imperii in parte eaque non infima, neque vero id dementer aut improvide, collocavit. Errabant scilicet miseræ ac nudæ virgines, patriis laribus pulsæ ab inimica gente & barbara, multisque inde jactatæ littoribus, donec Italiam & in ea Etruriam jussæ divinitus capessere, ad Arni Tui ripam secundo cursu appellerent; ubi sedem fortunarum suarum, ubi tabernaculum vitæ constituerent; ubi tandem CUSTODES AC NUTRITORES DEOS nactæ, non lucem modo ac alimenta, sed decus in posterum & splendorem omnem recuperarent. Quod admirandum beneficium quoties animo reputo, toties occurrit auctor divini hujus consilii, gentilis Tuus, immo astrum illud Tuæ gentis splendidissimum, LAURENTIUS MEDICES, nullis tacendum sæculis, quod omnia sæcula immortalibus meritis sibi devinxit, nomen. Cum quo viro vel Heroë (quid enim illi ad Herois fortunam aut virtutem defuit?) quem ex antiquis conferam, qui vel in Reipubl. procuratione omnes implerit numeros optimi regendæ civitatis ducis; aut in doctrina-

rum

DEDICATIO.

rum ac optimarum artium studiis, auctoritate ac patrocinio magis eluxerit, haud equidem reperio. Si enim Conditores & Conservatores urbium, aut Artium inventores ac patronos, ut dignos sempiterna hominum memoria, divinis honoribus colendos sibi antiquitas credidit; quis illo Heroë, si utramque laudem spectes, immortali gloria, & ÆTERNA sæculorum MEMORIA, sæpe hoc ære expressa, dignior? Ut mittam patriam eo moderante constitutam sapienter, & temperatam præclaris legibus ac institutis; aut pacatam ejus consiliis & auctoritate Italiam; nonne ejus auspiciis deducta illa nova Græcorum Colonia, quæ Resurgentes in Italia Athenas condidit? quæ propagatis mox trans Alpes finibus, humanitatem omnem studiorum & ingenii cultum, depulsis ignorantiæ ac inscitiæ tenebris, in Orbem quasi postliminio reduxit? Quis alius proinde (ut hoc mihi rursus ex hac prisci æris usura mutuari liceat) non solum URBIS SUÆ, aut vero ITALIÆ, sed etiam Græciæ seu ACHAIÆ, meliori quam Hadrianus aut Maxentius titulo, RESTITUTOR vel CONSERVATOR audiet? quis juxta Severum, sed quam Severo humanior! FUNDATOR non PACIS duntaxat, sed artium ac disciplinarum, quibus Pacis commoda efflorescunt? quis cum Pio, AMPLIATOR non modo CIVIUM, sed omnium passim liberalium ingeniorum? quis deni-

DEDICATIO.

denique, quod Honorio tribuit eadem memoria, TRIUMFATOR GENTIUM, seu rectius, mentium BARBARARUM dici meruit? Quando vel major aut jucundior illuxit, post longam tot sæculorum noctem, post sævas etiam tempestates, post illuviem ac sordes superiorum ætatum, FELICITAS & LÆTITIA TEMPORUM; BEATA TRANQUILLITAS; NOVUM SÆCULUM, immo GLORIA ET REPARATIO TEMPORUM? & quam justius ejus imaginem ornaret illa publici gaudii significatio, PRINCIPIS PROVIDENTISSIMI SAPIENTIA; aut unius nominis commutatione, GLORIA SÆCULI VIRTUS LAURENTII? Quamquam quis uberiorem fructum divinæ illius beneficentiæ ac virtutis tulit, liberis ac gentilibus, vel summo rerum imperio potitis; vel ditionum amplitudine, opibus, potentia, adfinitatibus, honoribus, auctoritate, prudentia, summam inter homines gloriam & felicitatem consequutis? Quotam proinde partem laudis, quam & vivus obtinuit, & post funera à grata posteritate meruit, Etruscus ille Augusti familiaris vel adeptus est jam olim, vel commeruit? Sed contineo me in celebrandis ejus laudibus, quas præclara illa, quæ in gloriam temporum ac litterarum decus, fovit & aluit quondam ingenia, æternitati scriptorum suorum dudum consecrarunt. In ea solum conquiescam, quæ hujus loci quodammodo

pro-

DEDICATIO.

propria, & qua factum, ut eodem illo studio incensus, quo in restituendis litteris ac reparanda vetustatis memoria, flagrabat incredibili, suam in conquirendis per Orbem Terrarum antiquis Nummis, celebratam jam in hoc ipso opere, & adsertam luculenter à domesticis juxta ac peregrinis testibus, industriam ac liberalitatem convertit. Ille ille Princeps fuit, qui se vindicem neglectæ hujus aut ignotæ vetustatis tulit; qui se priscæ illius MONETÆ, neque vero unius gentis aut memoriæ, ad instar maximorum quondam Cæsarum, RESTITUTOREM professus, inhiare reconditis opibus, præclarum, nec in vulgari laude positum censuit. Hinc ut optimorum & antiquissimorum codicum, sic Auri, Argenti, Æris veterum signati immensa vis & copia ab eo cupide collecta; & deinceps ejus exemplo excitati, vel auctoritate commoti, viri suarum quique civitatum vel nationum principes, aut elegantiæ fama conspicui, qui geminam supellectilem, prout tempora aut facultates ferebant, delectatione vel reverentia antiquitatis, aut ad decus & ornamenta suorum temporum, studiose compararent. Adeo ut ex qua olim provincia, ornamenta dignitatis & insignia summi honoris ac imperii, urbs gentium domina mutuata primum legitur; ex eadem rursus, monumenta prisci Romanorum splendoris & gloriæ, ab interitu ac oblivione tandem aliquando vindicata

Dedicatio.

dicata reperias. Quum autem non adeo Tuorum popularium, quam propria sit & peculiaris hæc laus Tuæ gentis, & quasi per manus tradita à majoribus hæreditas, cuinam alii quam Tibi inscribi debuit hic liber, qui illius æris commendatione defungitur? Quamquam & alia sunt adhuc propiora, neque magis in rem præsentem, quæ me ad publicam hujus officii & gratæ mentis significationem, mira quadam consensione impellebant. Ac præ cæteris quidem possem memorare, natam mihi quodammodo primam ponendæ in hoc argumento opere fiduciam, ex quo versare licuit Gazam Tuam, omni hoc antiquæ supellectilis genere ad miraculum locupletem; dum ante annos aliquot agerem in illa verè florentissima ditionum Tuarum Metropoli. Quam uberem enim & copiosam notationum segetem mihi affatim suppeditare videbantur, tot abstrusæ, quæ mihi tunc patebant, opes; tot incisæ à sæculis pœne innumerabilibus antiquitates ac memoriæ? Quanta me proinde voluptate perfusum putas? quum ad studium, quo flagrabam sane haud mediocri, cognoscendæ percipiendæque vetustatis, tantam mihi repente oblatam facultatem, tam insperatum gaudium, vix jam illius compos agnoscerem. Cujus rei equidem ac felicitatis meæ, vel abunde, ut arbitror, nostris hominibus, ac forte etiam posteris, fidem faciet hic liber, passim Gazæ illius Tuæ opibus locupletatus, neque aliunde

b   sane

Dedicatio.

sane uberioribus aut præstantioribus præsidiis instructus; ut vel eo nomine, quocunque oculos circumferrem, haud alii quam Tibi deberetur. Quid jam referam non proprias modo hujus libri, aut argumenti, in quo versatur, sed alias insuper, easque graves variasque rationes meas; quarum mihi esse non potest nonnisi perjucunda & perhonorifica recordatio? Neque enim ita sum omni ambitione vacuus, ut non mirifice recreer memoria illius temporis, quo me in Domus Tuæ clientelam, præter communem mihi cum Musarum alumnis & cultoribus sortem, summa Parentis Tui (quod nomen omnes honorum titulos complectitur,) summa Patrui, summa etiam Tua benignitas coram non semel contestata tradidit. Ac Parentis quidem Tui nuper admodum è numero hominum exempti, sapientiam incredibilem; justitiam summam; divinam rerum ac personarum memoriam; prudentiam, quanta in Rectorem cadere potest, mira insuper urbanitate, facilitate, humanitate conditam; omnium denique, quibus Reipub. utilitas ac felicitas paratur augeturque, providam & peritam mentem, gratulabatur sibi nuper juxta Italiam reliquam, immo juxta Europam universam Etruria. Cujus proinde interitu, acerbo sibi & luctuoso, angeretur mirum in modum, neque lugendi finem reperiret; ni omnem illam molestiam jucundus Tui adspectus continuo abstergeret; ni moderandi ac regendi

Dedicatio.

gendi sui traditas Tibi habenas, ac ideo eadem bona, quorum possessione beata nuper & felix audiebat, sarta sibi tectaque intelligeret. Singularis enim hæc Tuæ familiæ ac simul populorum Tuorum felicitas, ut in sublatorum è vivis Heroum locum ac fortunam, Heroës filii ac nepotes continuo succederent; atque ita in sinum Tuum & complexum, orba Parente publico Respubl. opportune confugeret; omnes curas doloresque in Tui incolumitate deponeret; ac FORTUNAM OBSEQUENTEM, nova gaudia, non divinatione, ceu ex veteri haruspicum suorum disciplin, aut futuri præsentiens, sed velut jam eorum conscia & compos sibi polliceretur. Quæ enim alia à Te poterat expectare, aut præsidia salutis, aut ornamenta dignitatis; quem à prima ætate tantam ad res optimas propensionem voluntatis adferentem; ita saluberrimis, neque iis pervulgatis regnandi artibus imbutum; ita omnibus doctrinis ac disciplinis excultum, quæ regendæ Reipubl. scientissimos decent, aut efficiunt; ita mirifica quadam virtutis indole, ab ineptiis omnibus, aut illecebris, quibus illa vel ætas, vel fortuna capitur, alienum, omnesque adeo voluptatum aditus sibi studiose intercludentem; ita denique per Majorum suorum vestigia, non citato solum gressu, sed expedito cursu decurrentem, ut sane quocunque Te converteres, haud alius Princeps juventutis, fortunæ juxta ac animi bonis paratior

b 2   in-

Dedicatio.

inveniretur. Memini equidem, quum primum exorientis illius Tuæ lucis fama ac splendore inductus, Tui conspectu & collocutione cupidissime fruerer; tam lætam ac efflorescentem laudum segetem; tot ornamenta virtutis & gloriæ, populis primum ac ditionibus Tuis, dein bonis artibus ac earum cultoribus continuo gratulatum; & hujus etiam mei vel gaudii, vel judicii conscios ac testes, clarissimos & amplissimos viros habuisse, ad quos illius sensus propius quodammodo pertingebat. Dicam ingenue, neque ad Tuarum voluptatem aurium, quæ hoc acroama refugiunt: neque ad æmulationem exempli; quam dispar enim semper aut inferior remanebit! sed dicam ad gloriam hujus ætatis sempiternam. Mirabar scilicet tam excellentis naturæ præstantiam, quæ inter tot delectationum aucupia, & fortunæ splendidissimæ indulgentissimæque, undique Te quiescentem etiam ac dormientem ambientis amplexus, Te ad vigilias & sudores revocabat; ad verum decus; ad omnes illas curas & cogitationes, in quibus demum magnus, immo major fortuna sua animus acquiescit. Nihil molle proinde ac muliebre in cultu; nihil in moribus diffluens; nihil in laboribus remissum; in contentione otiosum; in otio languidum: omnia graviter; verecunde; industrie; attente; fortiter: sicut partim accipiebam à viris gravissimis, pueritiæ Tuæ paullo ante moderatoribus; partim

DEDICATIO.

tim ipfe coram intuebar. Dicam quod majus eſt; juvat enim meminiſſe: non jam ſtupebam vulgata quondam, ſed annoſis fabulis, utinam hiſtoriis & annalibus noſtrorum temporum, obturatas ſcilicet aures ad Sirenum cantus; oculos ad Circes haud unius præſtigias clauſos; animum ad queſtus amantis, aut ſi quid adhuc dulcius, inconcuſſum: aut alioquin pectus ad vitium ætatis, mollitiem cœli, inſidias Aularum, licentiam denique Floralium inacceſſum: Non hæc, inquam, ſtupebam amplius; quamquam non protrita certe, non in alia horridioris etiam cœli, aut cujuſcunque tandem ordinis juventute facile hodie conſpicua. Verumenimvero ſtupebam totus, quum viderem rurſus idem pectus (illis enim interam HILARITATIBUS Tuorum TEMPORUM) conceſſis etiam cœlitus gaudiis; optata, ſed quæ vota ſuperaret, felicitate; influentibus in ſinum quovis auro pretioſioribus bonis; quæ alias & temperantes commovent, & fortes emolliunt, & currentes remorantur; ſic tamen incaleſcens, ſic adfectum, ſic iis indulgens, ut nihil ſimul de gravitate propoſiti, de curſu laudis, de contentione laboris; de amore, conſuetudine, patrocinio veterum & avitarum neceſſitudinum, caſtiſſimarum ſcilicet virginum, remittendum ſibi aut detrahendum putaret. O FIDEM & CONSTANTIAM, ita jam tum reputabam, non AUGUSTAM ſolum, ſed invictam!

b 3 ô SA-

Dedicatio.

Ô SAPIENTIAM PRINCIPIS, hodie propemodum exclamem, plusquam Mediceam! immo ô TEMPORA, sed quam FELICIA! ô Mores, sed quam laudabiles! quam vere digni prædicatione omnium gentium & linguarum! Et hæc tamen, etsi tam præclara ac inusitata, laterent adhuc forte intra Apennini Tui ambitum, aut eos demum adficerent, qui ejusdem mecum felicitatis compotes evasissent: quamquam quid de ORIENTE vel AUGUSTO, vel certe Augustis proximo, & in hoc altissimo gradu posito, non ubique gentium diffusum, non expositum oculis longe etiam dissitorum? At postquam Te nuper ad perlustrandas regiones exteras, heroïcus quidam animi motus impulit; postquam instar clarissimorum Cæsarum, quam sæpe memorant hæc monumenta, PROFECTIONEM trans Alpium juga, & ad disjunctas multis marium ac terrarum spatiis gentes, cupide simul ac animose suscepisti; cui non nota jam & explorata illa Tua, immo Etruriæ Tuæ bona, illum divinum animum Tuum reddidisti? Quid vero tam præter consuetudinem nostrorum aut superiorum etiam temporum? quid tam inusitatum in Tui ordinis ac nationis Principe? quam tantos cursus conficere; tot adire pericula; quam testes advocare omnes oras atque omnes exteras, cultiores certe ac humaniores gentes, maria omnia, Tuæ illius aviditatis immensæ,

Dedicatio.

sæ, Tuæ celebrandæ omnium sæculorum memoriâ, voluntatis ac industriæ. Excivit enim Te novo & singulari exemplo, non alterius cœli clementia; ubi enim major cœli temperies, quam in Tua Italia? non alibi spectanda locorum amœnitas & elegantia; quænam enim cum Floræ Tuæ venustate ac splendore, aut cum villarum Tuarum magnificentia conferenda? non omnium rerum, quas vitæ cultus paratusque flagitat, ubertas; quid enim in ea re eximium, quid appetendum delicatissimi etiam fastidii hominibus, quod ista Tua Regia affatim & large non suppeditaret? non quietis desiderium; ubi enim locus quietis & tranquillitatis plenior eo, in cujus sinu & gremio adolevisti? non ut in majori quadam hominum aut locorum celebritate versareris; ubi enim major ac illustrior, quam in Italiæ Tuæ luce, quam in illa frequentia popularium Tuorum ac advenarum florenti, occurrebat? non ut Te externis moribus oblineres; quid enim jam Tuis cultius aut emendatius? non scientiæ denique, ex qua regendæ Reipubl. peritia paratur, adipiscendæ cupiditas; ubi enim uberior, quam in Tuos Penates, quam in Majorum Tuorum Imagines, quam in Parentis Tui vitam & facta intuenti, copia illius & usura suppetebat? Una Te excivit, COSME SAPIENTISSIME, (nescio enim quam lubentius in Te cognomina virtutis ac industriæ, quam fortunæ ac potentiæ venerer,) divini-

Dedicatio.

vini confilii vis quædam incredibilis; ut non adeo per gentes exteras novus hofpes, quam per animos hominum fcrutator intimus peragrares; ut ad Rempubl. capeſſendam, non ſcientiam magis domi partam, aut alienis præceptis in otio ac umbra diſciplinæ imbutam mentem, quam uſum per Te foris quæſitum, immo Tuis maximis periculis ac laboribus collectum conferres; ut non adeo per preſſa Majorum Tuorum veſtigia, obvio jam & facili, ut rebaris, greſſu procederes, quam ipſe novam viam & laudis & honoris & virtutis, quæ Tua eſſet tota & propria, in cujus ſocietatem nemo ſe offerret, contento illo ſtudio & curſu conficeres. Dicamne adeo, ut non tam externos ritus, cærimonias, ac conſuetudines locorum (quamquam neque hoc ſupervacaneum) curioſe circumſpiceres; quam ut de inclinationibus rerum ac imperiorum; de vario cultu habituque ingeniorum; de finibus utilis ac honeſti, quos ſibi præſcribunt populi multiplices varioſque, & univerſo genere virtutum ac officiorum, unde pendet omnis bene beateque vivendi diſciplina, ſcienter judicares; ut proinde non Tuorum ſolum familiarium, aut cæteroquin qui in Tua fide acquieſcunt, ſed indiſcriminatim omnium ætatum, ordinum, nationumque mentes ſenſumque pertractares. Ita nihil in procuratione civitatis egregium; nihil conſilio & ſapientia excellens; nihil præclarum in arte,

aut

Dedicatio.

aut scientiæ & virtutis opinione eximium, aut elegantia conspicuum; nihil in investigandis rerum caussis & rationibus occultum, quo non oculos illos Tuos vere lynceos oblectare; non animum insatiabilem pascere; non percontando, indagando, perscrutando, intime & enucleate nosse volueris. Et hæc quidem tanti videbantur, ut Te à Tuis penatibus, focis, caritatibus, suavitatibus omnibus distraheres; ut non jam Apennini Tui pruinas ac nives perferre, sed altissimorum montium juga æterno gelu obsessa, aut nivibus impervia superare; adire modo ad asperas & incultas terras, inhospitales oras; algere; æstuare; turbines ac tempestates, quasi obsecundare Tuæ laudi & gloriæ cogerentur, subire; Oceanum, quo nihil longius, nihil ultra, nihil magis clausum populares olim Tui noverant, prope ut angustum, certe ut pervium Tibi ac apertum navigare; omnes denique molestias longæ ac difficilis peregrinationis suscipere, ludus Tibi & jucunditas fuerit. Qua in re utique Hadriani, doctissimi providentissimique Principis, videris mihi haud valde dissimilis; cujus cum in omnium artium ac minutissimarum etiam rerum cognitione exquisitam quandam sedulitatem ac industriam prædicant historiæ; tum studium in peragrando Orbe Terrarum, quo omnes retro Principes vicit, abunde etiamnum contestantur tot regionum, quas adiit,

c　　　　　　A D-

Dedicatio.

ADVENTUS, huic memoriæ opportune consignati. Neque de Tuis sane ulla ætas aut memoria conticescet. Manent fixa ubique eorum vestigia; neque adeo ære, columnis, tabulis, aliisque publicis & magnificis operibus, quam monumentis litterarum sempiternis, posteritati propagata. Neque Tu proinde expectas, aut ego tantum mihi adsumo, ut tanquam unus præ cæteris delectus LÆTITIÆ PUBLICÆ tot populorum interpres, plausus hic & acclamationes referam, quibus Te tantum ac tam insperatum hospitem; tot Heroum (nec vana fides) progeniem & expressam simul imaginem; spem ac lumen Italiæ, immo amplissimarum PROVINCIARUM SALUTEM, subsidium, columen; tot adfluentem fortunæ bonis; tot cumulatum animi dotibus excepit studiis forte & consiliis divisa, sed Tui amore & cultu, & referendæ gratiæ cupiditate conjunctissima Europa. Non dicam proinde, quod jam Fastis ac Annalibus omnium pœne gentium traditum; qua frequentia hominum; quo concursu omnium ordinum; qua festivitate locorum; quo apparatu (ubi scilicet vetare Tibi non licuit) Magistratuum; quo maximorum etiam Regum splendore, Tuum ADVENTUM eundemque FELICISSIMUM, Transalpinæ nationes certatim sibi celebrandum duxerint. Reputarem forte lubentius eruditorum ac præstantium passim ingeniorum ora atque

Dedicatio.

que oculos in Te conversos, immo inusitata gaudia & admirationem summam; dum missis aliis, quæ Te circumfluunt decoribus, clarissimum in Te MEDICEÆ gentis sidus, Musarum proinde delicias ac præsidium, PATRIUM ac propitium litterarum DEUM; eumque modo in Academiæ spatiis, modo in circulis suis & umbraculis, Museis, Bibliothecis, in colloquiis & congressibus litterariis, præsentem ubique & manifestum, alacritate ac pietate pari intuebantur. Videbas concurrentes undique, aut quasi duci suo ac imperatori obviam procedentes laureatos milites, qui currum Tuum faustis ominibus, & vocibus, non contumeliosis illis aut indicibus militaris licentiæ, sed plenis gaudii & amoris, sed totidem Tuæ laudis & gloriæ, Tui illius cursus ac itineris præconibus, incredibili studio & contentione prosequerentur. Immo egressas vidisti passim delubris suis mansuetiores Deas, non tam ut clientes patronum debito pridem cultu, quam ut familiares jucundis aliquando officiis necessarium suum complecterentur; neque eas adeo commotas ad Tui conspectum, antiquæ necessitudinis & grati animi fideli memoria, quam spe & exspectatione erectas, amplioribus per Te commodis, in summa tranquillitate & otio perfruendi. Ita Te tot maximis gratulationibus, nec minoribus periculis perfunctum; tot spoliis

DEDICATIO.

liis onustum, non quidem devictarum gentium, quod commune Tibi cum Alexandris & Pompeiis cognomen adsereret, at vero scientiæ rerum nobilissimarum; patientiæ laborum invictæ; constantiæ; veræ fortitudinis; quæ non jam MAGNOS, sed MAXIMOS præstant: non opibus etiam aut potentia, quæ bona jam in Te superfluebant, gloria tamen & celebritate auctum, REDUCEM excepit patria, cujus mox saluti & incolumitati provideres; cujus imminentem orbitatem Tui conspectus, Tua TUTELA solaretur; in cujus decus & splendorem conferres lumen illud animi, virtutis, consiliique; adeo insignem regendæ Reipubl. partam domi & foris auctam, ac jam tantis tamque ornatis politioris Orbis judiciis testatam comprobatamque facultatem. Cujus equidem felicitatis cogitatione non possum non vehementer adfici, quam Tibi undique potentissimi Reges Cæsaresque, quos proxima necessitudine adtingis, congratulantur; qua Provinciæ Tuæ se efferunt & exultant, ac illa in primis fortunatissima pulcherrimaque Tuarum Provinciarum Metropolis. Delectat enim me incredibiliter REDUX, seu verius constans & MANENS urbis illius FORTUNA, in qua bono ac singulari meo fato, sedem mihi aliquamdiu locare licuit; & quam non ut eloquentiæ solum in Italia principem, procreatricem, ac populari gloria dudum

Dedicatio

dum inclytam; sed vel maxime ut domum humanitatis; urbanitatis sedem; Musæum Italiæ; officinam prudentiæ; exemplar bene moratæ & bene constitutæ civitatis; ut Florem denique omnis venustatis ac elegantiæ, & absens suspiciebam pridem, & coram facile intellexi. Tangit me tot excellentium ingeniorum, quibus eadem abundare consuevit, tot clarissimorum civium, qui eam jugiter illustrant, perennis quædam ac jucunda recordatio; in quorum ego consuetudine plena officii, elegantiæ, suavitatum, vel præcipuum peragratæ nuper Italiæ fructum collocare semper soleo. Sed adficit me vel inprimis ac recreat Patrui Tui, LEOPOLDI Cardinalis, intuitus; Tibi, sat scio, non minus cognatione sanguinis, quam consiliorum societate ac fide conjuncti. Quanta enim sunt, (quæ nec aliena ducis à Tua laude) quæ illum circumdant ornamenta gloriæ? quanta sapientiæ, gravitatis, temperantiæ, prudentiæ, decorum denique omnium, quæ tantæ amplitudini conveniunt, immo quam pœne incredibilis ubertas ac adfluentia? Quis in tanto splendore generis ac fortunæ, vel graviora onera rerum publicarum leviori pondere sustinet? vel qualecunque otium honestioribus oblectamentis transigit? vel dignitati & gloriæ, traducto ab omni alia cogitatione animo, liberalius ac fidelius servit? Quis in eo potissimum, quod mirabili quadam

Dedicatio.

dam contentione suscepit, litterarum patrocinio, ac Medicea de interioribus doctrinarum studiis & laboriosis doctorum hominum vigiliis bene merendi consuetudine, majorem vel diligentiam, vel auctoritatem, vel beneficentiam præstat? Cujus etiam & perpetuæ quidem voluntatis obsides totidem, nemo, ut opinor, insitiabitur, ejusdem auspiciis in lucem è tenebris, è situ certe ac tineis educta, præclara veterum aut recentium ingeniorum monumenta. Quo in numero vel primas tenent ea, quorum divulgata nuper notitia, industrio ac felici calamo familiaris Tui, Laurentii Magalotti, præter summam elegantiam, ornati plurimis & exquisitis artibus, non modo præclara & ignota antea naturæ arcana; nova & pulcherrima inventa; sed viam etiam non contritam & materiam uberem, ad occultissimarum rerum cognitionem perveniendi, studiosis hominibus patefecit. Adeo hoc unum superesse videbatur contestandæ inusitatæ popularium Tuorum industriæ, ut unde adscenderant nostra ætate novi perscrutatores orbium cœlestium, qui veluti jam SIDERIBUS RECEPTI, motus eorundem & naturam propius indagarent, numerum inirent accuratius; neque jam ficto spectaculo (quamquam & in hac Nummorum memoria obvio) unum aliquod Julium sidus, sed plures Stellas MEDICEAS, nube, quæ illas per tot sæcula obte-

Dedicatio.

texerat, discussa, toti Orbi manifesto conspiciendas darent; ex ea, inquam, urbe prodirent hodie, qui elementorum ac rerum infra illos cœli vertices & globos defixarum vim, adfectiones & mutationes varias ac mirabiles, sublata, qua involutæ fuerant hactenus, caligine, Etrusci illius GENII & AUSPICIS ductu, in aperta ac manifesta luce collocarent. Quam incitatum præterea ejus & flagrans, quod hic sine piaculo præterire non licet, in vetustatis reliquiis colligendis ac reparandis studium? quanta in priscis Marmoribus, Signis, Statuis; quanta potissimum in antiquis Numismatibus congerendis, quibus jam Gazam instruxit pari copia ac delectu nobilem, cupiditas ac solertia! Immo quam liberalis eorundem custodia! quanta in iisdem non delectationis solum caussa, aut ad Musei ornamentum & admirationem antiquitatis, in quo tamen acquiescit multorum & maxime beatiorum hominum industria, sed ad quæstum Musarum uberrimum, seu ad usum & elegantiam studiorum conferendis, alacritas & beneficentia? Quid enim, ne aliunde arcessam ejus rei probationem, ab eo prætermissum, quo transmissis veterum, eorumque haud vulgarium Nummorum ectypis, ornatior hic liber in hominum manus denuo perveniret? aut cæteroquin, quod humanitatis ac benevolentiæ genus (dicam verecunde, quia ad laudem meam facit in-

signi-

Dedicatio.

signiter) derelictum; immo non ultro & frequenter, non blande simul occupatum, quo me aut ornaret præsentem, aut absenti qua litteris, qua litterariis etiam muneribus, summam studii ac beneficæ voluntatis propensionem declararet? Vel quam familiaris illa, neque hic reticenda salutatio, qua me nuper ex Urbe Æterna, per Ludovicum Strozzam, omni laude abunde cumulatum, quæ vel virum ingenio, judicio, ac rerum usu cum paucis præstantem, vel cæteroquin res maximi Regis in Aula Tua procurantem decent, mihi autem perenni quadam officiorum necessitudine conjunctum, impertiri voluit; ac simul certiorem reddi, se in ea Urbis habitatione, non dimissurum è manibus oblatam continuo facultatem, Museum suum nova selectissimorum Numismatum accessione subinde locupletandi. O non jam Gazam, sed mentem auream! O splendorem etiam insolitum! quippe non jam quæsitum vel haustum è concha Tyria, aut Tiaris (etsi utrumque hæc penus quoque suppeditat) gentilibus, aut aliis etiam conspicuis, quæ illum undequaque ambiunt, & laudis & honoris insignibus, sed ex Gazis immensis, immo ex luce omnium retro gentium ac ætatum. Adeo ut vel hoc uno auspice ac auctore, non metuendum amplius videatur, ut ea studia, quæ morbum alii ac insaniam vocant, quam vere ac sapienter ipsi viderint; ille vero tum

præ-

Dedicatio.

præsidium litterarum, tum remissionem animi omnium honestissimam ac liberalissimam statuit, debita laude ac sperato fructu deinceps careant. Quis enim audeat impune sugillare, aut resarcientem sollicite tam pretiosas haud unius naufragii, quo tot antiquitatis Thesauri perierunt, Tabulas, non jam VICTRICIBUS sed victis quasi FATIS ereptas; aut colligentem cupide hæc sola RELIQUA VETERA, tot incendiis, ruinis, casibus nondum ABOLITA; aut consulentem diligenter, non jam Etruscæ seu popularis quondam disciplinæ, futuri scilicet divinatricis, Oracula; sed artem seu MEMORIAM verius præteriti temporis LUCIFERAM; sed APOLLINEM MONETALEM; sed FIDEM anteactarum rerum MAXIMAM; FELICEM denique ac PERPETUAM RESTITUTÆ vetustatis, ceu tot personarum, tot actorum, tot operum CUSTODEM, REPARATIONEM, SALUTEM. Ita quocunque me vel animo vel cogitatione converto, non suadent modo singula, sed compellunt, ut non alteri, quam MEDICEÆ genti dicaretur hic liber, illeque in Tuo nomine, MAGNO, seu verius MAXIMO ejusdem gentis simul & imperii STATORE appareret; quo incolumi liberalibus disciplinis, antiquitatis studiis, honestis artibus perfugium, asylum, domicilium; immo splendorem, decus, æternitatem, non spondere jam sed gratulari licet. Ita vigeas

Dedicatio.

ac floreas, PRINCEPS OPTIME, jucunda Nepotum Tui similium, hoc est, qui per Tuum illum cursum consilii gloriæque gradiantur (quid autem vel ad fortunam majus, vel ad naturam melius, vel ad utramque optatius precari iisdem licet!) multitudine circumfusus; & quæ in auspicatissimis hisce principatus Tui exordiis, miro omnium ordinum consensu, SUSCEPTA sunt VOTA, ea DECENNALIBUS, seu quod passim prisco ære haud minus signatum nosti, VICENNALIBUS AC TRICENNALIBUS MULTIPLICATA grata SOLVAT posteritas. Pr. Id. Decemb. cIɔ Iɔ cLxx.

L E-

LECTORI.

QUum Romæ essem ante sexennium, natus ac editus simul in ea luce primus partus hujus libri. Vix domum ex Italia reducem rogavit continuo, qui tum apud nos agebat, typographus, ut eundem hic loci quoque divulgandi copia sibi fieret. Neque enim delatum in has oras quidquid hujus fœtus in Urbe Æterna prodierat, cujus videndi desiderio multi tamen è nostratibus aliisque transalpinis hominibus tenerentur, quibus vellet hac in parte satisfactum. Annui facile, ut eadem opera meliorem illum, saltem auctum novis incrementis darem. Id enim à me efflagitare videbantur, partim judicia doctorum hominum, quæ jam publice exstabant de eo quamquam immaturo partu, ornata illa valde ac benevola; partim privati amicorum hortatus, ut quod in me jam ante receperam, dependerem; partim studium vel ita juvandi bonarum artium disciplinas incredibile. Ita factum, ut vix elapsis aliquot à reditu meo mensibus, jam pars operis haud contemnenda typis describeretur; ut sperarem brevi integrum, qualecunque illud erat, *in novam* lucem emittendum. Sed aliter res cecidit. Dum enim ea tempora repente apud nos exorta, quæ me totum aliis curis distraherent, typographus vero de sedis mutatione ac alio vitæ genere instituendo cogitat, jacuit liber aliquamdiu, donec occasione itineris herili mandato ad Bredanos de Pace Conventus, & inde in Bataviam ante triennium, & quod excurrit suscepti, Elsevirius noster, eum elegantibus suis formis totum denuo transcribendi provinciam opportune in se reciperet. Sed neque ita omnis hæc res tam cito, ut ego equidem speraveram, ac spem simul aliis feceram, confecta; dum aut rursus alia mihi suscipienda itinera; aut domum reditionem excepit longi & molesti morbi pertinacia; aut libri ipsius ratio, vel propter cælaturam nummorum eidem inserendorum aliasque difficultates, cursum operarum & simul exspectationem meam in longum protraheret. Quæ ideo præfanda hoc loco censui, ut omnibus ratio constaret

PRÆFATIO.

staret longioris moræ, & facerem iis satis, qui aut editionem urgebant quotidianis ferme conviciis; aut fidem datam subinde interpellabant, aut omne illud tempus aliis curis transactum, in ejusmodi opere limando politius, male consumptum possent arbitrari. Ita enim hodie vivitur. Ubi ultro ac sponte tuam ad aliquam materiam illustrandam locasti industriam, continuo quasi ad condictum vocaris, neque ullum comperendinatum indulgent morosi creditores, quin velut nexum sibi & vadatum sisti è vestigio jubeant. Adeo quidem, ut per eos non liceat tibi amplius, non dicam otiari, sed aut alia agere haud paullo graviora, certe quæ tui muneris cursus & ratio postulat, aut etiam valetudini tuæ consulere; aut vero lucubrationes tuas, non dicam in decimum, sed ne quidem in unum aut alterum annum perpolire. Aliter quidem illi veteres, qui sibi aliisque gnavi ac industrii homines videbantur, præclare utique de suis ac posterorum temporibus meriti, si per plures Olympiadas gestarent ejusmodi fœtus, quos intra decimum diem mira hujus sæculi fæcunditas parturiret. Sed nolo hic tecum expostulare, mi LECTOR, cujus gratiam mihi haud uno nomine ambiendam novi. Quid saltem boni ex ea mora, huic secundæ futura interposita, contigerit, disces. Factum scilicet opportune, ut dum medio illo tempore, bina in Galliam obitæ legationes facultatem mihi largiuntur videndi quidquid in eo genere eximium ac selectum recondit in splendidissima illa Galliæ metropoli vere regia & admirabilis maximi Regis Gaza, aut aliorum etiam Musea, quorum nomina plena dignitatis ac industriæ alibi enarramus, haud levis vel pænitenda accessio huic operi contigerit. Ut nihil dicam de subministratis subinde ex Italia à viris summa amplitudinis nec minoris humanitatis aut elegantiæ veterum Nummorum ectypis, quæ ornarent hunc librum, ego ea vicissim mea explanatione illustrarem. Non deprædicabo hic singulorum beneficentiam, suis locis à me haud obscure quidem vel parce celebratam, sed tamen longe infra tam propensam ac perpetuam in me aut in hæc studia voluntatem. Adeo ut hanc moram, quæ alioquin ingrata mi-

hi

Præfatio.

hi ac forte itidem tibi contigerat, non sine fænore, aut etiam anatocismo compensatam scias. Neque tamen hoc agam operose, ut vel industriam meam tibi gloriose prædicem; vel de instituto hujus libri multis te præmuniam, quod vel ex proximi breviarii intuitu constare tibi poterit; vel ea etiam sollicite diluam, quæ mihi aut gratiam tuam, aut patrocinium forte possent obstruere. Equidem non vereor, quicunque tandem aliter sentiant, ne has antiquitates nimis magnifice extulisse videar, haud dissimilis illorum nundinalium circumforaneorum, qui expellendis morbis omnibus unum pharmacum venditant; aut cæteroquin non infrequentium id genus hominum, qui dum artem aliquam sibi ornandam suscipiunt, hoc unum agunt, ut eam non solum omnibus aliis anteponant, sed ex eâ cæteras omnes, etiam alienissimas profluere, multâ contentione ac studio adfirment. Ut jam in proscenium non adducam sacros illos oratores, quos, (lepida quippe capita,) ego ac tu non semel risimus; qui Divi alicujus ceu Heroïs laudationem adgressi, reliquos omnes suo loco ac gradu motos, velut vilem turbam, in ordinem cogunt. Ne ego hujus culpæ adfinis deprehenderer, videbar mihi belle toto hoc opere cavisse; immo quàm sejuncta hic ab iis, quos modò enumeravi, omnis mea ratio fuerit, statim sub initium libri, plene satis ac dilucide declarasse. Neque vero illos moror, qui cùm sua tantùm circumspiciant; in iis se jactent, quæ se scire aut docere profitentur, alia omnia, quæ ignorant, nullâ contentione animi, nullâ saltem valde laboriosâ animadversione digna arbitrantur. Fruantur sane illi suis delitiis, suis amoribus; neque nos habebunt repugnantes, aut vero insitiantes valde præclara esse & laudabilia, in quibus eorum se exercet industria. Sapiant etiam soli, si velint, modo nos sinant insanire cum viris hujus aut superioris memoriæ longe clarissimis & gravissimis; neque nostra nobis otia, nostra oblectamenta ad unum nutum suum & arbitrium præscribere aut recoquere cogitent. An inania sint, an infructuosa, annon laboriosis multorum vigiliis, an verius somniis anteponenda; an omni non jucunditate solum, quam forte largien-

tur,

Præfatio.

tur, sed utilitate quadam pœne incredibili, quam omnino denegabunt, vacua, hoc libro conati sumus demonstrare. Verum de eorum judicius haud valde nos decet laborare; utpote omnium eorum opinione, quibus cara est elegantia studiorum ac litterarum salus, abolitis pridem ac damnatis. Quam justius angor ea cura, ne iis fecerim satis, qui forte nonnisi exquisita & mirabilia de hoc opere sibi pollicebantur; quippe jam gnari aut facile intelligentes, quam multa contineat hæc memoria in cærimoniis veterum occulta; in historia nobilissimarum gentium mutila; in litteris interioribus ignota; in omni antiquitate recondita. Quam multa inde educi possint, si non ad principia scientiæ naturalis ac civilis haurienda, ad morum tamen ac regendæ Reipubl. normam & leges, ad historiam quoque plantarum aut animalium illustrandam spectantia; ad notitiam præterea temporum, Romanorum fastos, aras variarum gentium; ad urbium ac regionum appellationes, origines, prærogativas, sacra, ludos, fœdera, conventus, magistratus; ad ortus & imagines tantæ ac tam antiqua nobilitatis, & clarissimorum **omnis** *memoriæ civium, opportuna valde ac unice quidem comparata: quam multa denique modo expressa & fixa, modo pressa leviter vestigia eadem industria suppeditet, unde ulterius in eo litterarum cursu procedere, aut digitos ad veros fontes intendere continuo liceat. Quorum omnium specimina quædam, haud vulgaria illa vel contrita, hoc opere exhibere contendimus. Videbam quippe apertum & patentem* **campum***, novam laudis ac industriæ semitam, per quam progredi continuo liceret ad notitiam multarum rerum adhuc abstrusarum, certe quæ nondum pro earum pretio ac litterarum dignitate fuerunt hactenus pertractata. Quotusquisque enim est ex eorum numero, si duos tresve ad summum excipias, qui vel nostra vel patrum memoria, in congerendis aut exponendis his antiquitatibus laborarunt, quem (dicam libere, quia de mortuis loquor) liberalior quidam genius adflaverit; qui eximium aliquid ac singulare præstiterit, quod diligentia non solum haud vulgaris & multi usus harum rerum, quorum utrumque plures suo jure sibi*

vindi-

Præfatio.

vindicant, sed præterea eruditionis paullo reconditioris, ac ingenii interioribus litteris non tincti solum sed imbuti laudem possit apud posteros obtinere? Versantur quidem in omnium manibus soli ferme, qui hactenus studiosos antiquitatis his mysteriis initiant, Antonii Augustini Dialogi, viri, si quisquam alius sua ætate, Romana & antiquitatis & jurisprudentiæ studiis exculti egregie & perpoliti, judicii autem, quod pluris adhuc facio, exacti valde ac limati. Verum, quamquam culti sint illi valde ac luculenti, annon tamen sitim potius horum studiorum excitant, quam explent? annon toti ferme in Romanis, iisque, qui hodie pro vulgaribus habentur, aut vero patriis nummis enarrandis versantur, infinitam autem illorum sylvam, seu eos non viderit, (etsi jam tum Romæ, ubi diu floruit, ac alibi in Italia magna extaret eorum copia) seu plures demum postea reperti, qui Græcas, Asiaticas, Africanas antiquitates ac memorias recondunt, non attingunt iidem, ne dum exponunt aut illustrant? Neque vero tantum ego mihi tribuo, ut me hic exquisitum aliquid præ cæteris & suis omnibus numeris absolutum perfecisse mihi videar. Nescirem ipse primas hujus industriæ leges, & quomodo comparatum sit omne hoc studiorum genus, *varietate quadàm & comprehensione infinitum*, si tale quid animo insedisset meo. Viam tantum sum ingressus, quæ paullo longius tendit, in quam plures sensita confluunt, & quæ plures etiam comites secum trahit, sed per quam alii procedent post me felicius, quibus cùm eadem quæ mihi, aut major etiam opportunitas, tum uberior instructus eruditionis, aut in immortalibus illis litterarum ac doctrinarum studiis consenescendi largius otium ac perpetua quædam felicitas contigit. Amorem in bonas artes mirificum; diligentiam præterea, quanta per alias curas aut invaletudinem licuit, præstitisse me non negabo, ne plane tuam exspectationem frustraretur hic liber; & cujus etiam rei testes proferre possem tot venerandæ antiquitatis monumenta, è superiorum temporum caligine, in qua adhuc delitescebant, eruta hic tandem & enarrata. Modestiam certe & æquitatem nemo æquus, ut opinor, desiderabit, dum à viris magnis, aut cæteroquin

harum

Præfatio.

harum deliciarum ante nos promis condis, dissentimus; sed procul ab omni pruritu obtrectationis, invidiæ, æmulationis, aut cujuscunque tandem gloriolæ inde captandæ studio, ducente nos eò rerum tractandarum serie; idque ut frequenter, sic dissimulatis fermè nominibus, aut iisdem debita laude & prædicatione ornatis. Neque illa fateor de summis Christianæ fidei capitibus, de justitia aut injustitia, de summo bono, aliisque id genus gravissimis rebus disputationes, è quibus salus hominum ac fortuna pendeant, de iis tamen, quæ ad omnem litterarum ac eruditionis ubertatem & elegantiam pertinent, & in quibus, ut proclive à scopo aberrare, ita paratior veniæ locus, nec internecina odia metuenda continuò veniunt. Neque verò ab eo proposito me deterrere debuit clarissimorum nominum splendor; in quorum quippe vestigia, etiam ubi à vera semita deflectunt, pedem solent illico ponere iisdem studiis dediti, qui ideo in rectam viam veniunt comiter deducendi. In quo ita versati sumus hactenus, ac versabimur in posterum, quamdiu mens sana nobis supererit, ut omni alia industria ac eruditionis laude carere lubenti animo cogitemus, modò illa humanitatis ac pudoris nobis constet; & mihi cùm à natura ingenita, tum ab optimo parente indita, tum perpetuo quodam meo studio culta, singularis nempe erga litterarum ac scientiarum principes, voluntatis & observantiæ. Neque ægrè ferrent, qui ex iis ad plures abiêre, quod ea qua procul ab eorum oculis fuere submota, meliore eâ in re fato usi, patefecerimus; in qua si ante nos incidissent, Deus bone! quantùm inde luminis, quantum adjumenti, ad omne litterarum genus illustrandum adtulissent. Nobis uberem quendam operæ fructum tulisse videbimur, si nostro qualicunque labore, aliorum exacuerimus industriam, quò paullo diligentius incumbant in eadem studia, ac inde non mirificam solùm voluptatem ob imagines tot illustrium omnis memoriæ hominum, aut exquisitam artificum elegantiam, capiant; sed præterea penum suam doctrina ac eruditionis insigniter locupletandam norint. Quid cæteroquin novâ istâ hujus libri editione à nobis præstitum, qua accessione eadem aucta, haud opus, ut arbitror, hic pluribus

PRÆFATIO.

ribus commemorare. Pro una Dissertatione, quia ita nimis longa videri potuisset, novem exhibemus, servata nihilominus eadem ordinis & materiarum serie, sed simul novis singula & luculentis, prout equidem speramus, certe ut voluimus ac laboravimus, observationibus testata comprobataque. Multa proinde aut plenius pertractata, quæ leviter antea adtigeram; aut emendata interdum, quæ, prout homines sumus, secus forte ac properanter notaveram; aut primum neque parce hic inserta, quæ omnino in prioribus omiseram. Addita etiam passim variæ Nummorum veterum icones, ita rogante typographo, qui primus secunda hujus foetura in lucem edendæ onus in se receperat; etsi ego ab iis abstinere omnino constitueram. Aberant enim à Romana editione, & diversa hic nobis consilii ratio ab iis, qui dum aut antiqua id genus numismata in loculis suis habent recondita, aut provinciam sortiti ea de alieno Museo divulgandi, optimo horum studiorum fato & cum æterna sua laude, eadem proferunt in publicos & communes usus singulorum, qui his antiquitatibus delectantur. Nobis neque hactenus licuit esse tam beatis; neque tale quidpiam ab initio operis propositum. Unus hic scopus, ut quid de toto hoc studiorum genere esset statuendum; quantum præter dignitatem aut jucunditatem quandam incredibilem, per omnem doctrinarum ac litterarum varietatem, utilitatis haberet reconditum; quam plus contineret in recessu, quam vulgo hactenus creditum; quam immerito proinde neglectum jaceret passim aut ignoratum, non verbis tantum, sed documentis omni exceptione majoribus declararem; idque iis maxime, quæ inspecti nobiliores in hoc genere Thesauri, at vulgo parum noti, suppeditare nobis videbantur. Ad quos equidem mihi quum pateret aditus, singulari meo & incredibili studio, percellebat continuo oculos tantus defossi Auri, Argenti, Æris, tot reconditarum divitiarum fulgor; quas in tua etiam commoda, & litterarum ornamentum, quocunque tandem modo erogandas arbitrabar. Illud quidem eum, quo inflammabar, ardorem, subinde reprimebat, quod dum aut multa fugiente quasi oculo,

c aut

PRÆFATIO.

aut aliud etiam agendo, pro custodum nempe vel comitum ingenio aut dignitate, aut pro angustia temporum, intueri compellerer, aut alioqui præ copia & varietate in delectu & notatione singulorum laborarem, nunquam large satis meam cupiditatem explere, aut satis idonee ac attente eo spectaculo, quo ad ficiebar mirifice, perfunctus mihi viderer. Unde etiam veniam haud difficulter, ut spero, largieris, mi LECTOR, si dum aut petenti concessa, aut ultro etiam transmissa Nummorum id genus signata quædam simulacra, eaque ex vetustis illis quidem & sinceris, quos videram antea, sed attritis sæpe & exesis archetypis expressa, inde à cælatore haud valde illo præstanti in hac arte, sed qualem loci ratio ferebat, cusa, minus elegantia ac venustatis, aut vero accurationis interdum habere videantur. Major utique fateor eorum, & quam iis gratulamur felicitas, qui domi possident eas opes, quibus proinde recurrere continuo ad prototypos licet; inde emendare, restituere, & majori adeo cura, fide, diligentia cælatos divulgare conceditur. Cujus notæ, ut de iis nihil dicam, quæ & patrum & nostra & recenti adhuc memoria prodiere, & luculento Patini nostri, quo largiter ac splendide ornabit has artes, opere, alia insuper ex mirabili Gaza illa REGIA PARISIENSI, in quam ut in vastum mare alia minores aquæ quotidie influunt, brevi itidem, ut speramus, habiturus es, LECTOR, felicibus eorum curis, in quos incumbit hodie ejus custodia; qui nempe Regis longe maximi fortunatissimique gloriam iis etiam monumentis ad decus nostrorum temporum sibi propagandam putant. Et habebunt ista quidem, regiis utpote auspiciis ac impensis, summis autem & perennibus studiis viri, ut alia mittam decora, fidei ac industriæ pœne incredibilis, quo non usu magis ac præstantia, quam splendore ac venustate singulari, oculorum tuorum simul ac animi voluptati admirabiliter serviant. Unde ne omnino inferior ea laude Germania quoque nostra censeatur, curabunt quandoque admirandis DOMUS AUGUSTÆ aliorumque hujus Imperii Procerum præpositi, seu quos Tullius hic vocat,

mysta-

Præfatio.

mystagogi; & *juxta eos vir pluribus doctrinis excultus*, Ericus Mauricius, *juris in Academia patria antistes, his quoque studiis valde deditus*; *qui felici, ut coram nuper referebat, fato, plures veterum eorumque selectissimorum Numismatum centurias nactus, accuratissimo studio & artificio superiori sæculo depictas ab homine, sicut eidem videbatur, summe talium avido ac perito, idque ex nobilissimis quibusque, quæ tum florebant, antiquitatum id genus promptuariis. In cujus etiam laudis societatem veniet suo jure Belgium, quamdiu aut superstites in eodem erunt Goltziorum,* Chiffletiorum *& Rubeniorum æmuli ac hæredes; aut in horum lucubrationibus divulgandis suam industriam conferet, qui propriis opibus abundat,* Johannes Georgius Grævius; *vir non singulari solum humanitate, facilitate, ingenio, sed, quod te jam non fugit, inter Atlantes hodie, qui cœlum illud litterarium in iis oris alacriter fulciunt. Neque vero suas, quas possidet etiamnum, opes invidebit nobis diutius horum studiorum parens & procreatrix Italia*; *non diligentes illi custodes Gazæ, puta aut* MEDICEÆ, *aut* ESTENSIS, *aut* FARNESIANÆ, *aut in Urbe Æterna* REGIÆ *rursus seu Heroïdis* CHRISTINÆ, BARBERINÆ, BUONCOMPAGNI, CAMILLI MAXIMI, *aliorumque id genus* ταμιείων, *de quorum inexhausta quadam opulentia vel fidem tibi abunde faciet hoc opus inde passim locupletatum. Quo ita conspirantibus studiis & operis tandem aliquando restituantur illæ artes, quæ quondam in honore florebant & celebritate hominum versabantur, ac unde liberalibus artibus ac doctrinis, novus quidam splendor, nova continuo accrescent incrementa. Neque minus interea nostram hanc qualemcunque de tuis studiis bene merendi voluntatem, tua benevolentia, tuo etiam patrocinio complecti dubitabis*; *& eo quidem lubentius, quod his præsidiis & adjumentis destituto alia omnino consilii ratio fuerit ineunda, quo his antiquitatibus prodessem, earumque studium pro virili parte promoverem. Accedit, quod præter cusos illos Nummos, quos aut casus mihi obtulit, aut diligentia mea ac aliorum benigni-*

Præfatio.

tas suppeditavit, magnam hic habeas præterea ac prope immensam aliorum copiam, ex omni antiquitate ac memoria petitam; eamque non æri quidem incisam, quod neque licuit nobis, neque adeo semper aut peræque necessarium, etsi præclarum semper, hic primum tamen, quod unum erat reliquum, in tuos ac litterarum usus à nobis haud perfunctorie descriptam ac enarratam. Adeo ut vel eo nomine lectorem possit hic liber adlicere, ac varietate quadam majori delectare; dum, quod fermè aliorum, qui hactenus in ea palæstra se exercuere, institutum fuit, non unius gentis aut ætatis, Græcos puta aut Barbaros ante Romanorum Imperatorum tempora signatos, aut Consulares, quos vocant, aut Cæsarianos, eosque vel unius generis aut metalli passim hic leges; verùm omnium illorum temporum, nationumque, nullo notæ & magnitudinis discrimine, suo tamen ordine & loco partim expressos, partim explanatos. Qua in re equidem, lubrica valde aliorum vestigiis, id diligenter ac sollicitè egimus, ut nullos Nummos, nisi vetustos & probos, eosque vel à nobis inspectos, accuratè, quantum per negotiorum aut occasionum momenta licebat, descriptos; vel interdum ab iis, quorum aut publicè testata, aut alioquin abundè perspecta nobis fides ac industria, subministratos, non verò ex promiscuis aut perperam expressis, ut sæpe experti sumus talium antiquitatum indicibus & commentariis depromptos, vulgaremus. Occurrent proinde inter nostros frequenter ab aliis jam cusi, aut enarrati, prout certe ratio hujus operis omnem illam memoriam, seu adhuc delitescentem, seu jam repertam promiscuè efflagitabat; qui tamen hic aut emendatiores divulgati, aut novis observationibus aucti, aut à pravis interpretationibus vindicati reperientur. Qua occasione etiam haud injucundum tibi, aut studiis tuis omnino infructuosum censui, si varia neque ea ignobilia auctorum veterum loca, variosque ritus & consuetudines cultissimarum gentium, quæ adhuc in quadam obscuritate versari videbantur, majori certe luce indigere, paullo diligentius, quam hactenus factum, explanarem ac illustrarem. Sed de his plus satis, ac sane præter institutum

indu-

PRÆFATIO.

industria nostra hic tibi adeo magnifice venditanda. Consultius utique & opportunius foret, æquitatem hic tuam interpellare, si in griphis & ænigmatibus solvendis, non OEdipum me ubique aut vatem χρησμολόγον præstiterim; quod neque mihi semper licuit per aciem ingenii haud valde perspicacis, neque per reconditæ alicujus, quæ in me esset, doctrinæ supellectilem. Neque vero illos errores tango, quos fatalis vel descriptorum vel operarum incuria huic libro subinde etiam adspersit; qui nec frequentes adeo, pro ratione editionis me absente & procul posito procuratæ; neque ita leves interdum, ut non tenebras legenti offundant, quas consultus in fine operis elenchus haud magno labore discutiet. Interim vale, mi LECTOR, & quibus verbis te jam Romæ compellasse memini, hic loci haud minus adposite repetendis, PRÆSTANTIAM hujus mercis, non ex institoris præconio, sed ex USU ejusdem æstimare adsuesce.

SERIES ET ARGUMENTA
DISSERTATIONUM.

Dissertatio I. Occasio & scopus Operis. pag. 1
Prima Commendatio Numismatum à DIGNITATE 1. ob *Antiquitatem*. Veterum Reliquiæ quales & quanti jam olim habitæ. 2. ob *Durationem*. Comparatio Nummorum cum aliis monumentis. 3. ob *Argumenti Nobilitatem*. 4. ob *Splendorem* & *Auctoritatem* Nummos tractantium Cæsarum, Regum, Principum, & Illustrium virorum per Italiam, Siciliam, Hispaniam, Germaniam, Belgium, Galliam, Angliam &c. 4
Altera à VOLUPTATE 1. de *Materia* Nummorum. 2. ob *Artis* seu cœlaturæ præstantiam. 3. ob *Imagines* Illustrium Græcorum, & Barbarorum, quorum series obiter traditur. Item Romanorum. De Nummo Ovidii Nasonis. 4. ob alia *Vestigia* prisci ævi. 30
Dissert. II. Commendatio Tertia ab UTILITATE. 49
Primo in GRAMMATICIS 1. Circa *Formas* litterarum Græcarum, Romanarum. Selecta quædam de iis. Item Phœnicum, Hebræorum, Samaritanorum, Gotthorum, aut Hispanorum veterum. 51
2. Circa *scribendi* rationem antiquam apud Græcos. 68
3. Circa *Adsectiones* & *Permutationes* litterarum. Unde illæ ortæ. Exempla è Nummis Græcis & Romanis. 4. Circa *Compendia* litterarum. 71
5. Circa *Orthographiam*. Varia Nomina Græca & Romana è selectis Nummis emendata. De Edessa ad Catarractam contra Tristanum, Salmasium. Alia. 81
11. In MORALI & CIVILI scientia

Symbola Virtutum in Nummis. Augustarum & Principum *Officia* & *Artes* ex iisdem Nummorum symbolis & Inscriptionibus deductæ & illustratæ. 93
Dissert. III. III in NATURALI Scientia, ad Historiam *Animalium* & *Plantarum*. 112
1 Circa *Proprietates* Animalium. De *Columbis* in Nummis Erycinorum, *Elephante* Λυχοφορω in aliis &c. 113
2. Circa *Formas* eorundem. Selecta quædam ex Nummis & Auctoribus de *Hippopotamo* Nili & Ægypti Symbolo; *Elephante* phalerato; *Camelis* Saginariis & Dromadibus. *Rhinocerote*; *Monocerote*, an in Nummo P. Ligorii. Judicium de operibus ejusdem Ligorii. Item de *Hyæna*; *Crocodilo* & variis ejus Speciebus; *Alce*; *Caprino* genere, *Pygargis*, *Capris Indicis*; *Damis Africanis*; *Ariete Sylvestri*; *Cervo Cornuta*; *Panthera* & *Pantherisce*, Bacchi symbolis; *Bisonte*, an in Nummis Andriorum, contra virum doctum; *Draconibus* & *Serpentibus* alatis & terrestribus, in variis Nummis Ægypti, Græciæ, Macedoniæ, Thraciæ, &c. *Glaucone* seu *Æsculapio* in Nummo Abonoteichitarum; *Æsculapio Epidaurio*; *Aspide*; *Paguro*. 119
Item de Piscibus, seu *Delphinis*, cum variis sessoribus in Nummis; *Pelamidibus*; *Polypo* &c. *Apro Marino*, *Phagro*. 192
3. Circa *Fabulosa* Animalia. De *Capricorno*; *Sphinge Ægyptia*, ac ei adnixibus Cebis, Satyris, *Sphinge Thebana*, & cur eadem in Nummis Chiorum. De *Sirenibus*, earum etymon indicatur. De *Stymphalide* noviter declarata in nummo; *Scylla*; *Cerbero*; *Chimæra*; *Hydra*; *Gry-*

Series & Argumenta Dissertationum.

Grypho; Pegaso, Centauris; Minotauro; Phœnice. 208
4. Circa Monstra & Hieroglyphica Animalia in Nummis. Exempla è singulari Nummo Nicæensium declarato, & aliis. Testimonia Aldrovandi & Bocharti de Utilitate Nummorum in historia Animalium. 245

DISSERT. IV. Utilitas in Plantarum Historia. De *Silphio* Cyrenaico; *Loto* Ægyptia, & variis ejusdem symbolis ac insignibus in Nummis Ægyptiis; *Nuce Pinea*, & ejus usu in Mysteriis Gentilium; *Laurcibus*; *Rosa* vel *Balaustio* seu flore Punici sylvestris ac ejus usibus, locis φοινικουσι; Rhodiorum symbolis &c. Item de *Malo Medico* & *Arcu Parthico*, in singulari nummo; de *Malis Hesperidum*, & qualia eadem. 253

Item selecta quædam de *Ramis Palmæ*, eorum usu, appellatione Συριξ. Item de *Palmis* variis generis in Nummis, Siculis, Creticis, aliisque plantis Cretæ, ac nummis Hierapytnæ & Camaræ in eadem; item *Palmis* Cypriis Alexandrinis, Thebaicis, Syriacis, Phœniciis, & harum nominibus explicatis Συκαις, **Συχ-***Caradiois, Thamar, Τρυγαγον, Δαπλοεις*. Quando & unde isti de palmulis. Item de *Palmis* Judaicis, iisque Communibus & Caryotis, seu Nicolais. Etymon utriusque vocis expensum. De Vinis Palmeis. De *Prunis Damascenis*. 299

Item de *Manna* & *Virga Aaronis*; *Ramo Thuris*; *Calamo Odorato*; *Hyssopo* (seu *Lauro Alexandrina*; *Ficu Ruminali*; *Ilice* cum sue Lanuvina, *Nymphea Alba*; *Apio Selinuntiorum*; *Herba Commagene*. 333

DISSERT. V. Utilitas IV. in HI-

STORIA, & Causæ ejusdem. 340
1. In *Historia Externa* Græcorum & Barbarorum, Circa *Natales* Regum. De Origine Macedoniæ Regum ab Hercule. Cur *Cornua* in Nummis tributa Alexandro & Successoribus; Item quibus Diis, Oceano, Fluviis, Heroibus; eaque Arietina, Taurina, Hircina. Ratio & exempla singulorum explicata & illustrata. De *Mose* Cornuto, & Filia Jobi *Keren Happue*. De ludicra *Cornuum* appellatione. 343

Circa Nummos *Seleucidarum* & *Lagidarum* cum variis Cognominibus *Nicatoris*, *Nicephori*, *Soteris*, *Epiphanis*, *Ceraunii*, *Dionysi*. Aliqui primum è selectis Nummis eruti. Item de Cognomine ΘΕΟΥ seu Dei & Dea in variis nummis Græcis & Romanis, eoque Regibus, Reginis, Romæ, Senatui, Cæsaribus concesso. Origo, exempla, & ratio singulorum noviter ostensa & illustrata. 373

De Nummis *Antiochi* & *Abgari* cum cognomine *Magni*. Unde posterior ita dictus. De Nummis *Arsacidarum* cum Comâ, Tiarâ; de *Mitra* Arabum; *Pileo* Parthicis. Iidem cum cognominibus *Regis Regum*, *Philellenis*. Unde & quibus eadem tributa. De cognomine *Philoromai* in Nummis Ariarathis & Ariobarzanis &c. Item *Philoclaudii* in Nummo Herodis. De nummo Agrippæ Junioris cum *Festis Tabernaculorum* & *Pentecostes* &c. De Nummo Herodis *Ethnarcha*. 410

De Nummis *Tigranis* & *Tryphonis*, cum cognomine ΒΑΣΙΛΕΩΣ ΑΥΤΟΚΡΑΤΟΡΟΣ, ac unde. De Tiara in Nummo Tigranis; seu *Cidari* Persarum, Christianorum, &c. 410

De

Series & Argumenta Dissertationum.

De variis Nummis Regum & Reginarum, *Ponti* & *Bospori*, Mithridatis, Pharnacis, Alandri, Sauromatis, Amastris. Singularia quædam de postrema. Item Regum *Thracia*, *Pergamenorum*, *Sicula*; usu & origine *Diadematis* apud Græcos & Romanos: *Carum* Cassandri & Hidrici; de *Attalo Bianoris*. 460

De Nummis *Regum* aut *Illustrium* adhuc ignotorum; *Heroum* seu Conditorum; Solymi; *Eurypyli*, Pergamenorum cum Fluviis singulares Nummi declarati. *Sapientum* item, ut *Homeri*; ejusdem Nummi ac Marmor antiquum: *Pythagora*. Item de aliis *Insignibus* aut *Prærogativis* In Nummis urbium Græciæ aut Asiæ. De *Prytanibus* Smyrnæorum. 476

DISSERT. VI. Utilitas in *Historia Romana* ante Cæsares. De usu Nummorum *Consularium* & opere F. Ursini. 496

1. Ad *Notitiam* Familiarum seu Gentium Romanarum, earumque discrimen. 2. *Prænominum* & *Cognominum* earundem Familiarum. De *Proprio* Nomine apud Romanos; Prænominibus *Mulierum*; Usu & varietate *Prænominum* Romanorum; *Nominum* apud Græcos, *Cognominum* Romanorum. Item de Origine Cognominum, Nummis *Pompeii*, *Chrysippi*, *Arati*, *Sulla Felicis* & *Epaphroditi*. Singula è Nummis deducta & illustrata. 3. ad *Originem* Familiarum. De insignibus Gentilitiis in Nummis. 497

4. Ad *Magistratus* & *Dignitates* Quiritum. De more addendi eadem Gentilitiis aut Cognominibus. Selecta quædam de *Tribunitia* Potestate; *Pontifice Maximo* & Græca Ἀρχιερεύς appellatione &c. aliisque Sacris; Urbanis, Patritiis, Plebeiis,

Extraordinariis, Militaribus, Maritimis imperiis. Speciatim de *Legatis Propratore* seu *Augusti*; *Proconsulibus*, Cypri, Bithyniæ, Achaiæ, Africæ, Asiæ; *Legatis Consularibus*, Syriæ &c. *Provinciis Consularibus*; *Consulari Potestate*. De Titulis Ἀρχιστρατηγός Ἡγεμών Δικαιοδότης. 553

5. Ad *Gesta* Illustrium Romanorum. De saltis Imaginum titulis; Tropæis; Triumphis Fort. P. R. Ludis Apollinaribus, Cerealibus, Floralibus, Templorum dedicationibus; Basilica Æmilia; Rostris; Puteali, aliisque. 573

De *Legum* latarum titulis, Tabellariæ &c. in Nummis, ac unde. De aliis *Operibus* publicis instauratis aut refectis, Viis, Pontibus, Arcubus. De *Legionibus* M. Antonii, Nummis ejusdem & Cleopatræ. *Sellis Curulibus* cum Coronis, & quibus aut quare dicatæ. 579

DISSERT. VII. Utilitas in *Historia Augusta*. 1. Ad *Seriem Cæsarum* & *Augustorum*. De Nummis Clodii Macri, Pescennii Nigri, Gordianorum, Q. Herennii Etrusci. De Gallienis; XXX Tyrannis. Item Herennio & Timolao; Waballatho; Domitio Domitiano &c. Carausio, aliis. De Delmatio; Tiberio & Sebastiano Tyrannis; Glycerio; Theodeberto. 589

11. Ad *Seriem* & *Historiam Augustarum*. De appellatione *Augusta*, *Consularis*, *Caesarissa*, æ honoribus Mulierum apud Romanos. 602

Augustarum series è nummis illustrata. De Livia seu Julia; Augusta Juliæ Augusti filia; Antonia *Sacerdote*, & *sacerdotiis* Mulierum; *Ossi* sororibus, Julia Drusilla filia; Agrippina Matre, *Mulis* iisque albis in luxu Mulierum; Agrippina, Messalina

Series & Argumenta Dissertationum.

lina Claudii; Octavia, Poppæa Neronis; Domitilla Vespasiani; Julia Titi filia; Domitia Longina Domitiani. 606
De Nummis sequentium *Augustarum*, & speciatim de Nervæ uxore; Faustinis & Lucilla cum habitu Cybeles; **Titiani Pertinacis**; Julia Domna Severi, & de cognomine *Domni* & *Domnæ*; Plautilla Caracallæ; Elagabali Matre & Uxoribus; Cognomento *Julia*, & à quibus Augustis usurpatum. De Sallustia Barbia Orbiana nova sententia ex Nummis. De Paulina vulgo Maximini; Sabinia Tranquillina Gordiani; Otacilia Severa Philippi; Salonina Chrysogone Gallieni; Zenobia; Julia Procla *Herodis*; Helena & Fl. Theodora Constantii; Flavia Max. Constantini; Constantina Galli; Honoria Valentiniani II. Sorore; Euphemia Justini &c. 621

III. Ad alias *Necessitudines* Augustorum. De Caio, Lucio, Marcello, filiis aut nepotibus Augusti; M. **Antonii** liberis; Juba; Agrippa *sub Armis*; Druso & filio Germanico; Nerone & Druso Germanici liberis; Druso Tiberii filio; Drusi ejusdem gemellis; Claudii liberis & nummis Britannici; Vitellii liberis; Domitiani infante Cæsare; Trajani & Hadriani Parentibus *Divis*; Antinoo *Heroe*, item *Deo Bono* seu *Propitio*; Galerio Pii, Vero Marci filiis; Commodi liberis; Valerianis Junioribus &c. 640

DISSERT. VIII. IV. Ad *Titulos* & *Honores* Augustorum. 660
1. Circa *Titulos secundi Fastigii*, seu *Cæsaris*; *Principis Juventutis*; *Nobilissimi*, *Sacerdotii Cooptati in Omnia Coulegia*, seu de *Sacerdotiis* Candidatorum imperii. Singulorum Origo

& ratio è nummis & auctoribus declarata. 661
11. Circa *Titulos primi Fastigii*. Mos eos conferendi. De Titulis *Cæsaris*, *Augusti*. Unde & quando iste tributus, quomodo Græcis dictus. Singularia quædam de *Diademate* Augustorum, item Cæsarum; de appellationibus ΑΥΓΟΥΣΤΟΥ & ΣΕΒΑΣΤΟΥ. De Titulo *Imperatorio*, Βασιλέως; **quot** modis ille tributus Augustis, an & Cæsaribus. 674
De Titulo *Pontificis Maximi*; conjunctis Sacerdotii & Imperii **Juribus**; de *Asiarchis* & *Sacerdotibus* Asiæ, eorum muneribus, numero, appellationibus. De *Flaminibus perpetuis*, seu διὰ βίου, & sacerdotiis *hæreditariis*. De Pontificatu Cæsarum. Ἀρχιερεὺς Christianorum. 691
De Titulo *Tribunitiæ Potestatis*, & ejus Prærogativis. De *Consulatu* Augustorum perpetuo, *Processu* & pompa *Consulari* è Nummis & Auctoribus. De *Proconsulatu* Cæsarum, qualis & unde declaratus; in Nummis signatus contra Casaubonum. De Titulo *Patris Patriæ* cum adsinibus *Patris hominum*; *Patris* instar Jovis; *Patris Orbis*, *Castrorum*, *Exercituum*, *Senatus*; *Matris Senatus*, *Castrorum*, *Patriæ*.|*Filio Castrorum*,&c. De Titulo *Pii* & varia ejus acceptione. Item *Pietatis Augustæ*, *Romanæ*, *Senatus*. De *Pii* cognomine in Antonino. Πιέτας in Nummis Græcis. De Titulo *Felicis*, *Felicitatis Temporum*. *Reipubl.* frequenti in Nummis Cæsarianis; Item Romæ, Coloniarum, Daciæ. De nummo Græco Commodi. 700
De Titulo *Domini*, quando in Nummis Augustorum signatus. De Titulo *Dominæ* uxoribus tributo. De *Dominicis* Palatiis Cæsarum. De Titulo *Censo*-

f

Series & Argumenta Dissertationum.

Censoris sub Cæsaribus & nummo L. Vitellii. Ejus tituli ratio ab Augusti temporibus declarata. De Præfectis morum; Censoria Potestate; Censore Perpetuo; Censoriæ Domus prærogativis; Silentio de Censoribus in historia Augusta & libris Jurisconsultorum; Censurâ Valeriani; Vitellio bis Censore. Qualis Censura Cæsarum. De Censoribus Municipiorum. 729

De Titulis Augustorum à Diis petitis, ut *Olympii*, *Herculis*, *Romani*, *Romuli*, *Jovis & Herculis*, item *Jovis & Herculis*. Eorum exempla è selectis nummis Hadriani, Pii, Commodi, Diocletiani, Maximiani, Licinii. De Titulis *Victoriarum* seu devictarum Gentium, *Germanici*, &c. De Titulis *Francicis & Alemanici*; de Francia in nummo Constantini & etymo illius nominis contra Libanium. Item de Titulis *Dominicis*, *Triumphatoris* aut *Exuperatoris* Gentium. De Titulis *Adstinuatis* aut *Adfictus*, ut Antoninorum, seu Divi Antonini in libris Jurisconsultorum, Severi *Pertinacis*, ejusdem *Marci Filii*, Maxentii *Patre*, *Socero*, *Cognato*. 742

DISSERT. IX. Utilitatis veterum Lapidum & Nummorum brevis comparatio. 757

Circa *Acta* Augustorum in Nummis contenta. De nummis vulgo *Spintriis Tiberianis*, nova de iis conjectura. De Schemate Philænidis &c. Philænidis Samiæ Epigramma. 760

De *Coloniis* deductis sub prioribus XII Augustis, cum appellationibus *Julia*, *Augusta*, *Claudia*, *Flavia*; iisque in Hispaniâ, Macedoniâ, Thraciâ, Ponto, Palæstinâ, Africâ &c. De *Flavia Neapoli* Samariæ, Justini Martyris Patriâ, aliis. De *Ce-*

loniis sequentium Augustorum, cum appellationibus *Ulpia*, *Ulpiana*, *Trajana*, *Ælia*, *Hadriana*, *Severiana*, *Septimia*, *Antoniniana*, *Alexandrina*. De *Rhosaina*, *Nosibi*, *Alexandria Troade*, *Bostris*, *Constantiniana Dasusa*, aliis. Judicium de Commentariis Tristani Sanctamantii. Mos Urbium in adoptandis nominibus Imperatoriis. Singula è selectis Nummis deducta obiter & illustrata. 765

De aliis *Prærogativis* Urbium, seu de *Sacris* & *Asylis* Urbibus, Templis, Agris; à quibus hæ & unde in Nummis signatæ. De Nummis Doræ & Sidonis *Nauarchi*?, aut postremæ cum Europâ Tauro vectæ. De *Liberis* Urbibus, Amiso, Cæsarea Palæstinæ, Laconibus, Rhodiis, Tarso, Seleucia ad Calycadnum, Smyrna &c. Exempla è selectis Nummis. De *Autonomis* Urbibus, unde ita in Nummis toties appellatæ. De Tyriis & Antiochensibus Autonomis, & Æris locorum inde petitis. De OMONOIA seu *Concordia* itidem signata in variis nummis Urbium Græciæ & Asiæ. Exempla ex iisdem. Ratio & Causæ expensæ & declaratæ. 778

De *Munificentia* Augustorum in abolitione Vectigalium, Tributorum, aut aliorum onerum. De *Quadragesima Remissa* à Galliâ, juxta ejus Nummum; aut à Caio *Ducentosima*. De Vicesimis & vectigalium Redemptoribus. 796

De *urbicularum Italiæ Remissa* à Nervâ juxta ejus Nummum. Idem sigillatim expensus. Selecta quædam de *Rei Vehicularis* apud Romanos nominibus, origine, modo, præpositis, oneribus, remissione, cautelis, animalibus. De *Calumnia Fisci Judaici*, in

alio

Series & Argumenta Dissertationum.

alio nummo Nervæ. 800
De *Reliquiis Abolitis* ab Hadriano, juxta ejus Nummum. Idem sigillatim expensus; de Indulgentiis Cæsarum, seu Tributorum relaxationibus, Indictionum origine; exemplis & more ejusmodi abolitionum. De *Liberalitatibus* & *Congiariis* Cæsarum: mos & exempla è nummis adserta. Occasiones eorundem indicatæ. De *Largitione* Constantii, in ejus nummo. 811
De *Profectionibus* seu *Adventu* Augustorum in Provinciis. Festa inde & Gratulationes. De *Restitutis* Provinciis. Exempla è selectis Nummis. De *Regibus Datis* ab Augustis, juxta alios Nummos; à Pio Quadis. De Laxis. 815
De *Expeditionibus* Cæsarum; Provinciis Devictis; Victoriâ Germanicâ, Carpica; Triumpho Quadorum; Constantii de Magnentio; *Fatis Victricibus* in nummo Diocletiani. De *Allocutionibus* Augustorum. De More earundem, & prærogativâ primi Fastigii. *Exercitus* varii in selectis nummis, *Dacicus*, *Germanicus*, *Britannicus*, *Syriacus*, *Cappadocicus*, *Mauretanicus*, *Noricus*, *Hispaniensis*, *Illyricianus*, *Vaccensis*, *Isauricus*. Item *Virtus*, *Gloria*, *Fides*, *Consensus Exercituum* in aliis. De *Vallo* Romano in nummo Licinii. 834
De *Pace Augusti* in variis Nummis, *Pace Publica*, *Fundata*, *Pace Germanici Vitellii* in selecto nummo. De *Ludis Sæcularibus*; Philippus Augustus, Christianus an Gentilis. De *Operibus* Cæsarum publicis; Ædibus Deorum & Dearum; Templo Jovis Capitolini sub Vespasiano refecti, item Divi Augusti, Pacis. De Arcubus Trajani

Pontibus, aliisque ejus operibus. De Amphitheatro sub Gordiano refecto. De Arcu vulgo *Portugalliæ*. 843
Specimen Utilitatis in CHRONOLOGIA 1. ad *Fastos* & *Acta* Cæsarum ordinanda. 2. ad *Seriem* & *Æras* Regum Barbarorum. De Annis Regni Ariarathis, Ariobarzanis, Agrippæ junioris, è selectis Nummis. 3. ad *Æras Seleucidarum*, item Æras variarum Urbium, ut *Antiochiæ*, *Ascalonis*, *Gazæ*, *Gadarorum*, *Aradi*, *Amisi*, *Tyri*, *Sidonis*. Earum origo & ratio è nummis illustrata. 4. ad *Æras Imperatorum*, & *Periodos Decennales* eorundem. 5. ad *Æras Coloniarum*. Exempla è Nummis. De *Coloniâ Tyro* in Actis Concilii Calchedonensis. Locus eorundem noviter expensus, & declaratus, contra Scaligerum. 6. ad peculiares Æras, ut à *Novo Templo* Jovis Capitolini, in aliquot nummis Græcis sub Flaviis. 859
Specimen Utilitatis in GEOGRAPHIA 1. ad *Origines*, *Historiam* & *Privilegia* locorum. De *Conditoribus* Urbium in nummis & eorum Apotheosi. Selecta quædam de *Primatu* & jure *Metropoleos* Urbium; de discrimine aut communione utriusque; de *Primis Metropolibus* Asiæ, Lydiæ, &c. Singula è præclaris nummis obiter illustrata. 2. ad *Situm* locorum cum adscriptis *Fluviorum*, *Maris*, *Montium*, *Regionum*, ad quas ant in quibus posita eadem loca, nominibus. Ratio & exempla è selectis itidem Nummis ostensa: ac speciatim de *Magnesiâ à Sipylo*; *Argæo* monte; *Cæsareâ sub Paneo*. aliis. 3. ad *Notitiam* locorum obscuriorum, aut

f 2 aliunde

Series & Argumenta Dissertationum.

aliunde etiam ignotorum. Exempla iterum è selectis Nummis. 4. ad *Orthographiam* **locorum**. Depravatio **nominum** Geographicorum, ac x l. nomina id genus è Nummis obiter restituta, 5. ad *Formationem* Ἐθνικῶν seu Gentilium. Exempla è nummis. Sex **Canones** circa scripturam nominum Geographicorum in Nummis observandi, ad quos omnis eorundem ratio & diversitas debeat exigi. Iidem *Canones* sigillatim deducti & illustrati. 881

Conclusio operis, cum laude Italiæ & illustrium in ea ingeniorum. 914

DISSERTATIO PRIMA.
DE
PRÆSTANTIA ET USU
NUMISMATUM
ANTIQUORUM.

OCTAVIO FALCONERIO
S. D.
EZECHIEL SPANHEMIUS.

Rogasti me aliquoties, pro nostra consuetudine, OCTAVI FALCONERI, ut quid de Nummis Veterum sentirem, mandare litteris non dubitarem. Quum enim videres, me hac omni priscæ illius ætatis memoria non leviter delectari; hinc de ejus vel usu, vel pretio disserendi, haud una hic in Urbe sese obtulit occasio. Præbuit vero illam sæpius ipsa Nummorum, quos te vel comite, vel duce, nonnunquam inspexi, contemplatio; qua inter alia itineris Italici oblectamenta, oculos animumque, tanquam jucundissimo spectaculo, subinde licuit explere. Ea quippe mihi contractæ tecum necessitudinis ratio & felicitas fuit; ut cum alias, tum hic quoque, plurimum te sensus illius voluptatis adficeret, quam me longe maximam & prope incredibilem percipere, prædicabam. Quod vero frequenter suadebas, ut eam diffundi latius paterer, in eo sane haud illibenter obsequi tuæ voluntati cogita**bam**: qui ut amantes solent, iis quibus uterque nostrum

strum capiebatur illecebris, suum apud omnes pretium constare cupiebam. Ita factum, ut hic multa versari mihi ante oculos confidentius adfirmarem; quibus nullo vel levi certe negotio possem eos à sententia dimovere, qui omnem hanc operam, ut inutilem aut otiosam derident. Quamquam me non ab ea quidem de his nostris studiis fiducia, sed tamen ab omni de iisdem apud vos disputandi consilio, haud una quædam ratio deterrebat. Equidem, ut ingenue quod res est fatear, à ludibrio parum abesse judicabam, si in ipsa luce & sede hujus industriæ, tot exercitatis in ea ingeniis, & quibus passim universa, quos vocant, Antiquariorum natio adsurgit, ego usu longe & peritia inferior, quidpiam de ea commentari adgrederer. Idem quippe mihi videbatur incumbere, quod prudentissimo viro apud Tullium in simili caussa occurrebat, *ut si jam mihi disputandum sit de his nostris studiis, nolim equidem apud rusticos, sed multo minus apud vos.* Accedebat viatoris intuitus, hoc est museo & omni litteraria sua supellectile exulis; quotidianæ & potiores forte interpellationes; publici, quod salutare propter viam nefas semper judicavi, reverentia; ipsa denique instituti itineris, ad capiendum, non ad ostentandum ingenii cultum, salubrior quædam & opportuna recordatio. Ita non omittere quidem, sed premere omne illud propositum cogitabam, quo pudori tuo simul ac meo sapienter consulerem; ni vis major accessisset, quæ mihi omnem novissimi hujus consilii rationem conturbavit. Fas enim mihi sit, uno CHRISTINÆ AUGUSTÆ imperio, ab omni me reprehensionis molestia liberare, & in sola obsequii gloria, universam institutæ hujus commentationis vel laudem vel veniæ spem collocare.

Lib. 11. de Oratore.

Variæ

DE PRÆST. ET USU NUMISM. 3

Variæ sunt, ut nosti, & sicut fieri amat in æstimandis priscæ ætatis reliquiis, ita de Nummis veterum longe inter se discrepantes hominum sententiæ. Alii enim incredibili illorum studio incensi, ac proinde in colligendis iis assidui, nulli nec sumptui, nec diligentiæ parcunt, ut luculentum quendam illorum vel numerum, vel delectum instituant. Unde postea eosdem, tanquam pici aurum suum, adservant; immo eorum possessione, non secus ac ingentis Thesauri custodia, continuo efferre sese solent ac oblectare. Alii vero, quibus geminam felicitatem, aut peculium domesticum non concessit, aut loci ratio invidit, eosdem tamen ad ornamentum veteris elegantiæ, & varietatem quandam litterarum, aliquo usu edocti, plurimum conferre non diffitentur. Major autem pars, quod ultro fateor nec indignor, omnem hanc operam in coacervandis, vel excutiendis id genus monumentis positam, ut inanem, aut etiam importunam, longe à se abesse patiuntur. Horum vero duo sunt genera: Unum eorum, qui recentis solum monetæ avidi, veteris incuriosi, omnem Glauci & Diomedis permutationem aversantur, & æreos aliquot ac ærugine obsitos, splendidis aureis redimere, absonum & inconsultum ducunt. Alterum eorum, qui de temporis potius, quam pecuniæ jactura solliciti, universam in Nummis id genus excutiendis contemplationem & curam, ut omni cum delectatione, tum utilitate vacuam, consulto prætermittunt. Ad ejusmodi vero sententiam, non una quoque hos vel ratio, vel caussa impellit; Prior, insita illa humanis, & frequentius maximis etiam ingeniis, consuetudo dicam an labes, ut quæ ignorant, contemtu strenue ulciscantur; & ea solum apud eos commendationem habeant, ad quæ vulgo il-

los,

los, aut vitæ inſtitutum, aut naturæ propenſio revocavit. Diverſa rurſus aliorum ratio eſt, qui vel uſu, vel opportunitate ad tractanda id genus monumenta deſtituti, non contemtu, ſed mera ignoratione reconditæ in iis utilitatis, in ſequiorem ſententiam de illis eorumque æſtimatoribus adducuntur. Cum poſtremo hoc hominum genere, hic mihi rem eſſe, & me in eorum gratiam, quidquid hoc eſt laboris ſuſcipere, ingenue hic in limine profiteor. Nec enim priorum arcæ, aut peculio, modum ſtatuere vel debeo, vel poſſum; aut alias homines, omnis remotæ Antiquitatis contemtum profeſſos, ad meliorem ſententiam, vel mentem potius revocare conſtitui. Minus quoque id mihi propoſitum hoc loco, ut immodica aut præpoſtera hujus æris æſtimatione, cæteris litterarum præſidiis ac ornamentis ſuum detraham pretium; vel ut hoc induſtriæ genus, ceu neceſſarium vitæ inſtrumentum, ſingulis hominum ordinibus, tractandum & excolendum promiſcue ſuadeam. Unus hic mihi ſcopus, ut præclaram antiquitatis partem ab interitu, & eorum judicia, qui plurimum illi ſolent tribuere, à ludibrio vindicem; tum ut ab iis, qui veteris elegantiæ & eruditionis amore vel ſtudio ducuntur, egregiam & laudabilem in eadem verſanda operam collocari poſſe ac debere, apertum manifeſtumque faciam.

COMMEN-
DATIO A
DIGNITA-
TI.
I.
Ob Antiquitatem.

ATQUE ut hinc initium ducam, unde Nummis pretium continuo accedit, ipſa hujus induſtriæ DIGNITAS, mirum quam multiplici nomine ſe commendet. Si *Antiquitatis* enim habenda hic ratio, quem non moveat clariſſimis monumentis teſtata conſignataque vetuſtas? Quamquam non is ego ſum, qui præſentium faſtidio,

vete-

DE PRÆST. ET USU NUMISM. 5

veterum tantum desiderio tenear, & jacentes quasque ac sepultas vetustatis reliquias, pro reconditis Thesauris continuo habendas putem. Nimia hic nonnunquam, fateor, aut supervacanea quorundam cura, quibus venusta omnia quæ vetusta, & sola antiquitas aut rubigo pretium, non usus aut elegantia conciliat. At si Rudera tamen varia, Columnæ, Statuæ, Lapides, Urnæ, Pateræ, Fibulæ, Lampades, Simpula, Annuli, Tesseræ, aliaque veteris Romanorum vel Elegantiæ, vel Supellectilis monumenta commendationem adhuc habent; quid de Nummis statuendum sit, in quibus non muta illa ferme aut mortua, sed spirans adhuc quasi & rediviva universa sese offert Antiquitas, facile per se quisque potest arbitrari.

Magna utique, OCTAVI eruditissime, antiquitatis in omni hoc Monumentorum genere reverentia, non hujus solum, aut superioris ætatis, sed remotioris etiam cujusque mentes incessit. Hinc Annales veterum evolventi, tot passim sese offerunt studiose quæsita jam olim, & retenta cupidius priscæ omnis memoriæ vestigia. Qualia frequenter quidem legimus, Ossa Gigantum, Arma reliquamve Heroum supellectilem vel memoriam, Belluarum Membra, Victoriarum præmia aut instrumenta; quibus vel Deorum Templa, vel Prætoria Principum, vel elegantiorum hominum Atria passim exornabant. Apud Gaditanos Pygmalionis aurea Oliva; apud Argivos Atrei Phiala; apud Arcadas Corium Apri Caledonii; apud Beneventinos Dentes ejusdem animalis; apud Delphos Pindari Sella; apud Metapontinos Sedes Pythagoræ; apud Tingitanos Parma Antæi; apud Olympios Arca Cypseli; apud Agrigentinos Taurus Phalaridis; apud Lacedæmonios Ovum Ledæ, aut Hasta Agesilai;

Antiqua supellectilis pretium apud ipsos veteres.

A 3

lai, apud Thurinos Sagittæ Herculis; apud Lemnios Thorax & Arcus Philoctetis; apud Athenienses Ancora à Mida Gordii filio reperta; apud alios Pelopis Ensis; Teucri Baltheus; Achillis Hasta; Ensis Memnonis; Timothei Cithara; Torquis Helenæ; Iphigeniæ Gladius; Monile Eriphyles; Sella Dædali, Lucerna Epicteti; Rostra navium, tanquam errorum Ulyssis monumenta; Niciæ Clypeus; Scutum Euphorbi; Magni Alexandri Scuta & Thoraces; aliaque id genus diligenter & religiose adservata leguntur, quæ ex Tullio, Strabone, Mela, Josepho, Plutarcho, Athenæo, Pausania, Æliano, Justino, Philostrato, Dione, Gellio, liceret hic pluribus commemorare: scilicet

Relliquias, veterumque vides monumenta virorum.

Nec alia fuit jam olim, ut nosti, Æternæ urbis Religio, circa Heroum suorum memoriam ac monumenta; qui Navim Æneæ, Ficum Ruminalem, Casam Romuli stramentitiam, Lituum, Cotem Nævii Auguris, ut alia mittam, haud minus cupide vel accurate à Majoribus vestris recondita meministi; adeo etiam ut iidem Procopio tradantur alicubi præ aliis ejusmodi rerum studiosi. Immo vero haud aliter ac Vatum parentis olim Patria, sic id genus quoque Reliquiæ, acri haud unius urbis æmulatione multiplicatæ nonnunquam; unde apud Dionem legas duas Cappadociæ civitates, utramque Comanæ nomine, gladium Iphigeniæ habere & ostentare, quem verum illius esse autumant. Agnoscis, ut opinor, incunabula illius moris, qui haud absimiles Reliquias, ceu totidem monumenta Christianorum veterum, pari studio & cultu, ac eodem nonnunquam in iis venditandis & multiplicandis fato, paulatim consecravit. Neque vero ut vides, Urbs una forte aut Regio, sed communis quasi Gentium consensus, suum olim

Goth. lib. IV. cap. 11.

Lib. XXXV.

olim antiquariæ supellectili pretium apposuit. Græcos quidem homines, qui cæteris ad humanitatem & elegantiam præluxere, omni illa vetustatis memoria præ cæteris etiam delectatos, lætum quippe antiquitatibus genus, ipsi veteres satis superque tradidere. Hinc non semel prædicant illorum in iis colligendis industriam; in dedicandis religionem; in visendis alacritatem; in conservandis studium, in retinendis constantiam; adeo ut nullum ex priscis id genus ornamentis, vi aut pretio eripi sibi volentes paterentur: *Nulla* In Verrem *unquam civitas*, inquit Tullius, *tota Asia & Græcia signum ullum, tabulam pictam, ullum denique ornamentum urbis, sua voluntate cuiquam vendidit*. Urbem nempe integram unum aliquod vetustum opus nobilitabat; unde propter solum Cupidinis signum visebantur olim Thespiæ; *nam alia visendi caussa nulla est*. Immo quid dicerent hodie urbani homines, si novi Romæ hospites, omissa omni aliorum illius decorum commemoratione, in laudanda ærea & equestri M. Aurelii Statua potissimum acquiescerent? At audiant urbanitatis omnis parentem, agentem de urbe Græcarum omnium nobilissima pulcherrimaque, Syracusis nempe, apud quas pictura quadam perantiqua equestris Agathoclis *nihil nobilius, nihil quod magis visendum putaretur*. Non In Verrem *quæ alibi idem Orator extollit illius urbis ornamenta*; I V. non celebris Arethusa; non fora maxima; non pulcherrimæ porticus; non ornatissima prytanea; non amplissima curia; non egregia templa; non amœnissimus portus; non ipse ex omni aditu vel terra vel mari præclarus ad adspectum situs, (qui ante biennium nimio opere me delectavit) parem loco celebritatem aut gratiam conciliarunt. Una picta vetusti operis tabula idonea visa est, quæ præ decoribus aliis, advenarum

oculos

oculos in se converteret. Hinc certum jam olim illud hominum genus in celebrioribus oppidis, qui novos hospites ad visendas res vetustate aut raritate notabiles deducerent, easdemve explicarent, quos ἐξηγητὰς aut τ̄ Παγκρείων ἐξηγητὰς passim vocantem videas Pausaniam. Alias Siculis dictos eosdem Mystagogos, ex Tullio insuper discimus: ut qui vulgo hic in Urbe aut in aliis Italiæ oris funguntur eo munere, dignitatem hinc suam ac titulos discant; *Hi qui hospites*, inquit, *ad ea quæ visenda sunt ducere solent, & unumquodque ostendere, quos illi Mystagogos vocant.* Ita sugillat forte aliquis, aut recentius putat eorum institutum, qui domos hodie & pinacothecas, instructas omni antiquaria supellectile exornant summo studio, nec minoribus impendiis, qui in Sacrariis recondunt, qui peregrinos & hospites ad eadem ultro ac libenter admittunt. Eadem fuit jam olim sollicitudo nobilissimorum cujusque urbis civium, ut domos haberent ornatissimas omni hoc veteris elegantiæ genere; ut vasibus vel Corinthiis vel Deliacis, gemmis, signis æneis, marmoreis, eburneis, pictis tabulis aut textilis operæ, aliisve ornamentis prisci & elegantis operis, famam loco, & sibi laudem apud exteros pariter ac cives conciliarent. De Sthenio Thermitano civitatis suæ nobilissimo Tullius: *Etenim Sthenius ab adolescentia paullo studiosius hæc compararat, supellectilem ex ære elegantiorem & Deliacam, & Corinthiam, tabulas pictas, etiam argenti benefacti, prout Thermitani hominis facultates ferebant satis; quæ cum esset in Asia adolescens studiose ut dixi comparabat, non tam suæ delectationis causa, quam ad invitationes adventusque nostrorum hominum amicorum suorum atque hospitum.* Idem alibi de Heii principis Mamertinorum domo plena vetustissimorum signorum; *Messanam ut quisque nostrum venerat, hæc visere solebat.*

DE PRÆST. ET USU NUMISM. 9
bat, omnibus hæc ad visendum patebant quotidie; domus erat non domino magis ornamento quam civitati. Nonne credas designari, aut Palatium Farnesianum vel Barberinum; (ut tot alia hic mittam præclaris id **genus** Cimeliis instructa) aut Florentiæ Pinacothecam Maximi Principis, aut Mutinæ Gazam **Heroum Estensium,** aut Mediolani Museum Manfredi Septalæ, **viri** ornatissimi, quæ ut referta omni hoc veteri ornamen**torum** genere, & omnibus ad visendum patent quotidie, & singularem quandam domino non solum, sed loco etiam celebritatem commodant. Ne vero artis olim aut materiæ, non autem vetustatis præcipuam quandam rationem habitam quis putet, en locupletem tibi testem eundem Tullium, in ea Oratione qua expilatam à Verre Siciliam conqueritur. In id enim videas Oratorem incumbere totis viribus, ut spoliatione vetusti cujusque operis, ceu immanium criminum serie, invidiam reo potissimum creet; *Nam domus*, inquit, *erat ante istum prætorem nulla paullo locupletior, quæ in domo hæc non essent, etiamsi præterea nihil esset argenti; Patella grandis cum sigillis ac simulacris Deorum: patera qua mulieres ad res divinas uterentur; thuribulum: hæc autem omnia* ANTIQUO OPERE *& summo artificio facta.* Alibi, ut in vetustate id ge**nus** monumentorum præcipuam religionem positam ostenderet; *Sthenius vero non solum negavit, sed etiam osten-* In Verrem *dit id fieri nullo modo posse,* UT SIGNA ANTIQUIS- II. SIMA *monumenta P. Africani ex oppido Thermitanorum incolumi illa civitate, imperioque populi Romani tollerentur.* Item alio loco; *Qui accessistis Ennam vidistis simulacrum Cereris è marmore, & in altero templo Liberæ; sunt & peramplα atque præclara, sed* NON ITA ANTIQUA. *Ex ære fuit quoddam modica amplitudine ac singulari opere cum facibus* PERANTIQUUM, *omnium illorum quæ sunt in eo fa-*

B

no, multo ANTIQUISSIMUM; *id sustulit.* Consule Plinium: ars cælandi apud Romanos ubi paullatim exolevisset, sua tamen ætate, ut ille refert, vel SOLA VETUSTATE *censebatur.* Et post duos togatos prodeat palliatus Carthaginensis, *quædam & potui vascula ex ære servat* MEMORIA ANTIQUITATIS. Immo ne forte otiosorum hominum propriam hanc voluptatem quispiam arguat, en tibi Magnum Alexandrum, quem eadem rerum antiquarum cupiditate flagrasse, auctor Philostratus; unde & Curtio, *cognoscendæ* VETUSTATIS *avidus* vocatur. Eandem in illius æmulo J. Cæsare agnovit Tranquillus, qui eum tradit *Gemmas, toreumata, signa, tabulas* OPERIS ANTIQUI *semper animosissime comparasse.* Quod studium etiam ad hujus hæredem transiit, de quo idem refert Historicus, illum Prætoria sua omissis ornamentis aliis, *rebus* VETUSTATE *& raritate notabilibus excoluisse.* Quo spectasse etiam hic observo officium illorum τ͞ ἐπὶ τῆς ϑαύμασι seu *Admirandis Præpositorum*, (quos vulgo hodie Principum Antiquarios vocant) quorum Pausanias in Arcadicis meminit, occasione dentium Apri Caledonii, quos ex Arcadia ab eodem Augusto Romam delatos scribit. Neque iidem tamen, qui Procopii ætate Beneventi adhuc visebantur; quippe quos ille à Diomede in eam urbem translatos refert. Adeo ut quum alibi apud eundem Tranquillum legimus, Augustum Antiquarios & Cacozelos pari fastidio prosequutum, non rerum vetustarum, sed verborum antiquorum sectatores, facilè quivis apud eum adsequatur. Quæ obiter, nec aliena ab hoc loco à me referuntur, ut intelligant tandem, qui omne hoc rerum antiquarum studium, illiusque cultores vilipendunt, quibus & quantis dicam scribant.

Quod

DE PRÆST. ET USU NUMISM.   11

Quod vero hic potissimum agitur, inter tot res vetu- *Circa*
state spectabiles, priorum ætatum Numismata locum *Nummo-*
jam olim haud ignobilem habuere. Hinc apud Dio- *rum Stu-*
nem, oratorem illum & philosophum elegantissimum, Orat. xii.
lego, Homerum antiquas voces **non** nunquam adhibuisse, ὥσπερ νόμισμα δοκαῖον ἐκ ἡσαυρῷ ποῖεν ἀδέαπθον.
Sicut NUMISMA *aliquod* VETUS *ex Thesauro quopiam
domino carente depromptum.* Ita eundem illum Augustum
ut omnia alia selectiori vetustatis memoria, sic Nummis etiam antiquis & exoticis delectatum, non obscure
licet colligere; qui illo quoque munusculorum genere
amicos suos solitus fuit nonnunquam prosequi. Unde
hac de re Tranquillus; *Saturnalibus & si quando alias li-
buisset, modo munera dividebat vestem & aurum & argentum; modo* NUMMOS *omnis notæ, etiam* VETERES
REGIOS AC PEREGRINOS. Ita ut hac ratione
plures ad tractanda id genus monumenta invitaret, ne
de ævi sui infelicitate usurpari posset aliquando illud
Symmachi, *Spectatorum* VETERIS MONETÆ *solus* Lib. iii.
supersum. Præ reliquis autem, & instar omnium testis Ep. ii.
hujus moris luculentus Jurisconsultus, qui Numisma- Pompon.
tum aureorum vel argenteorum VETERUM, QUI- D. de usu-
BUS PRO GEMMIS uti solent, usumfructum legari fruct.
posse definivit.

Difficile vero hic fateor suam singulis tot Gentium *De Anti-*
& locorum Nummis ætatem, aut Antiquitatis præro- *quitate*
gativam, uni alterive adsignare. Nec id agimus hoc lo- *Nummo-*
co. In Romanorum, aut Romani Orbis Nummis, res *rum.*
minus habet difficultatis; qui aut sub Cæsaribus, Imperatorum vultu signati, aut stante Republica, præstantissimorum civium ætatem ferme præ se ferunt. In
Nummis vero Græcorum & Asiaticorum, ante admis-
sum Romani imperii jugum cusis, res incerta & minus
B 2   vul-

vulgata; quum magna eorum pars certis locorum infignibus, nulla, aut obscura temporis nota sit distincta. Ita ut de iis non immerito possit usurpari, quod de quadam Herculis statua refert Pausanias, adeo vetustam esse, ut ætatem illius nemo possit prodere. At certe plurimos ex iisdem Nummis, liberis adhuc Græcorum rebus, h.e. florente Persarum imperio percussos, ex Nummis cum Macedonum aliquot, Philippo, & Alexandro vetustioribus; tum Græcorum, qui antiquiorum Magistratuum nominibus signati; præterea Siculorum aliquot vetustissimorum, liquidum mihi sit ac manifestum. Cujus etiam vetustatis haud leve indicium arguunt antiquæ in iis scripturæ vestigia, quæ suo loco indicabuntur. Nec enim de primæva Nummorum antiquitate nobis hic sermo, & an infra Palamedis tempora signatæ pecuniæ origo referri debeat, ut Philostrato in Heroicis placuisse memini. Illud saltem hinc mihi facile, ut spero, largientur, non usque adeo contemnendam, aut alibi facile obviam videri adsurgentem supra duo millia annorum vetustatem.

Lib. v.

2.
Ob Durationem.

Antiquitatis enim illam in Nummis prærogativam ac dignitatem, *Duratio* certe eorundem maxime arguit. Nummos immortalitatis studium & cura invenit, sicut sepulchrorum monumenta & Elogia; ut de iis alicubi differentem Tullium nosti. Nec enim alia custodia rerum gestarum memoriæ fidelior; ut quod de litteris in genere Livius, ad Nummos potiori quodam jure referre mihi liceat.

Tuscul.lib.1.

Hæc ævi veteris custos famosa vetustas.

Intellexere hoc (quod etiamnum hodie in publicis operibus aut solennibus, sequior ætas feliciter æmulatur) quicunque propagandi ad posteros nominis immensa & laudabili quadam cupiditate flagrarunt. Hinc vultus

vultus suos, aut res gestas, dignas sæculorum memoria, Libris quidem, Columnis, Saxis, Tropæis, Tabulis, Statuis; sed tanquam iis non confisi, Nummis quoque consignari voluerunt: ut certiori quodam æternitatis pignore, se suaque ab oblivione vindicarent. Hanc certe mentem aperte declarant illa Principum verba vel edicta apud Cassiodorum; *Verum hanc liberalitatem no-* *stram alio decoras obsequio, ut figura vultus nostri metallis* *usualibus imprimatur,* MONETAMQUE *facis de nostris* *temporibus* FUTURA SÆCULA *commonere. O magna inventa prudentum!* Hæc nempe monumenta suæ formæ ac nominis, non tanquam dimittenda cum vitæ tempore, sed quasi cum omni posteritate adæquanda relinquebant. Quo spectat Ducis illius Græci apud Athenæum facinus, qui ubi nummos curasset spargi ad perpetuam memoriam, in campis & ruïnis Corinthi, tum demum tanquam voti jam reus, mori non dubitavit. Inde etiam crebræ illæ ac solennes, quæ occurrunt in Nummis veterum Formulæ, ÆTERNITATI AUGUSTI; ÆTERNÆ MEMORIÆ; PERPETUITATI AUG. ROMÆ quoque ÆTERNÆ; quibus, quam Divorum honoribus ac Templis nequidquam quærebant immortalitatem, his monumentis quodammodo sunt apud posteros consequuti.

Lib. VI.
cap. 7.

Sic auferre rogis umbram conatur, & ingens
Certamen cum morte gerit, curasque fatigat
Artificum, inque omni te quærit amare METALLO.

Nec enim eos hic vel ratio, vel eventus fefellit. Alia quippe opera in eorum gloriam incisa vel erecta, præclara quidem illa & diuturna, materiæ tamen aut temporum injuria, breviori quadam annorum circumscriptione fuerunt oblitterata. *Et tamen illis omnibus,* inquit Tertullianus in Apologetico, *& statuas defunditis, &*

Durationis illorum Comparatio cum aliis Monumentis.

ima-

imagines inscribitis, & Titulos inciditis IN ÆTERNI-
TATEM. Magnificæ etiam sunt illæ voces, quibus ex-
tructiones civibus pro Repub. defunctis decernendas
statuit alicubi Tullius ; *Erit igitur extructa moles opere*
magnifico, incisa littera divinæ virtutis testes sempiternæ; ita
pro mortali conditione vitæ immortalitatem estis consequuti.
Hæc ipsa tamen nonne demolita est & obscuravit obli-
vio, invidit aut abolevit posteritas? *Templa, Theatra,*
Arcus, Tropæa, (ut paucis rem hic potissimum obviam
complectar) quot aut qualia hodie supersunt ? Nec de
antiquissimis Græcorum Tropæis hic loquor, quæ olim
non è saxis, sed è vulgaribus lignis constitisse refert
Diodorus, eo animo ne inimicitiarum monumenta essent diuturna. Illa potius opera reputemus, quæ non
ad *temporariam moram,* ut Theatrum Scauri, de quo magnifice adeo Plinius alicubi loquitur; sed ad *æternitatis*
destinationem erant erecta : ut male tamen pleraque
spem illam æternitatis implerunt, quorum vix ruinæ
aut vestigia ab aliquot jam sæculis conspiciuntur! *Li-*
brorum veterum obnoxium tot injuriis fatum, & deplo-
ratam sæpius, nec tamen satis unquam lugendam jactu-
ram, quis illiteratus adeo aut nescit, aut ita ferreus
quotidie adhuc non ingemiscit ! Alexandrina incendia, & notam Urbis calamitatem omitto; vel una Photii Bibliotheca, quantum ab octingentis annis perierit
monumentorum id genus, nimis luculenter testatum
facit. Unde & illa jam olim querela disertissimi rerum
Romanarum scriptoris, qui si quæ in Commentariis Pontificum, aliisque publicis privatisque erant
monumentis, incensa Urbe pleraque tradit interiisse.
Picturæ, quæ vix sæculorum aliquot edacitatem effu-
giunt, ita ad diuturnitatem memoriæ longe adhuc minus habent præsidii. Hinc obsoletas jam ævo suo insignes

DE PRÆST. ET USU NUMISM. 15

gnes aliquot pictas Tabulas, queritur non femel Paufa- *In Attic. &*
nias, in ea vetuſtiorum operum, quam paſſim inſti- *Arcad.*
tuit, commemoratione. Unde Tullius quoque, Rem- *In Fragm.*
publicam ſuorum temporum confert alicubi picturæ *de Repub.*
non ſolum evaneſcenti **vetuſtate**, ſed coloribus etiam
& extremis lineamentis deſtitutæ. Apellis utique nomen novimus, opera ignoramus, neque ſcilicet jam
ulli patet ad viſendum
  Linea quæ veterem longe fateatur Apellem.
Non illa Venus Anadyomene amatores amplius **adli-**
cit; non Alexander ille cum fulmine, mortali Alexandro felicior; non miles ejus Antigonus, alibi quam in
Nummis ſuperſtes; non alia denique decantata Protogenis, Parrhaſii, Zeuxidis, hoc eſt præſtantiſſimo-
rum Artificum miracula, oculos hodie noſtros oblectant. Vix aliqua eorum veſtigia Romæ ſupererant æ-
vo Petronii, qui inſpecta quædam id genus, ut ſingulare ſpectaculum commemorat: *Nam*, inquit, *& Zeuxidis*
manus vidi, nondum vetuſtatis injuria victas, & Protogenis
rudimenta. Fragmenta aliquot tenuia & obſcura picturæ veteris, quæ in Aldobrandinis Hortis, Palatio Far-
neſiano, & apud ſummæ cum amplitudinis, tum comi-
tatis virum, Camillum Maximi, etiamnum hic occurrunt, dolorem potius & deſiderium, quam voluptatem
& ſolatium ſpectatoribus adferunt. *Statuæ*, **Signa**, *Lapi-*
des, *Marmora*, ut præſtantia & diuturnitate materiæ ad
memoriam æternitatis comparata, ſic propitio magis
fato, ſæculorum vim & oblivionem temporum eluſiſſe
videntur. Habet adhuc, fateor, in hoc genere Italia, &
Roma vel maxime, quo præclaram etiamnum & jucundam priſtini decoris ſpeciem advenarum oculis ſubji-
ciat. Laocoon Vaticanus jam Plinii tempore, pro ſu-
premo Artis conatu habitus; Hercules cum Farneſia-
nus,

nus, tum Capitolinus; Venus Mediczea; Seneca & Gladiatores Borghesiani; illa M. Aurelii statua Equestris; aliaque nonnulla singularis & divinæ cujusdam præstantiæ opera, ad publicum stuporem & exemplum etiamnum hic supersunt. Sed præterquam quod manca multa sint ex iis & mutila, quot & quanta sunt, si cum veterum Statuarum numero & amplitudine conferantur? Certe de solis Statuis æreis notat alicubi Senator, *eas parem populum urbi dedisse, quam natura procreavit*: Tertullianus vero in Apologetico; *nondum enim tunc ingenia Græcorum atque Tuscorum fingendis simulacris urbem inundaverant.* At vide quid de Statuarum id genus fato disertissimus Orator & Consul, jam olim pronuntiarit; *Illa autem aurea & innumerabiles strage & ruina publico gaudio litaverunt.* Hinc singulas statuas consecrari quidem ut æternas, observat alicubi Dio Chrysostomus, sed easdem cum vario fato, tum longinquitate temporis intercidere agnoscit. Quod ipsum præclare alicubi etiam expressit Eusebius, qui hominibus ad solatium mortis, & æternitatis contemplationem, quæsitas Imagines, Statuas, ac Monumenta id genus commemorat; quæ tamen omnia caduca & brevi essent interitura. Unde apud alterum Dionem Mæcenas, Augustum ab aureis & argenteis Statuis erigendis dehortatur; quod parum illæ soleant esse diuturnæ, certe quas tempestate, vi, vetustate interire alicubi Tullius agnoscit. Non solum de Jove Olympio Phidiæ, aut Venere Praxitelis hic loquor; non de immensa illa Statuarum multitudine, quibus aut Urbis fora, aut Viæ publicæ, aut privatorum Villæ collucebant; non de innumerabilibus illis Deorum simulacris, quæ eodem cum Diis suis fato periere. Illos sidereos Colossos Solis, Neronis, Commodi, qui quo cœlo propiores,

Variar. lib. III. c. 15.

Plinius in Paneg.

Or. XXXVII.

De vit. Constant. lib. I. c. 2.

Lib. LII.

Philip. IX.

res, æternitatis quoque spem minus dubiam habere videbantur, aut plane interiisse, aut eorum aliquot laceros & dissipatos artus jacentes intuemur. Mitto direptas **Urbis** à non uno Cæsare Constantinopolitano Statuas, aut certis quibusdam locis inclusam & definitam earum copiam, aliis ferme gentibus inconcessam. Nummi vero integri magis, incorrupti, cum materiæ beneficio, tum artis compendio; amplitudine vero locorum, in quibus eruuntur, numero præterea & varietate longe hic præponderant. De *Lapidibus* vero, quibus vulgo inscripta veterum Elogia, & impressa etiam, neque apud solos Ægyptios, antiquissima memoriæ monumenta, agemus alibi. Quamquam illud venustissimi **Poëtæ** haud ignoras, [Tacit. Annal. x 1.]

Tabida consumit ferrum, lapidemque vetustas.

aut alterum Vatis Burdegalensis,

Miramur periisse homines, monumenta fatiscunt,
Mors etiam Saxis, nominibusque venit.

Ut certe consulentibus hic nobis subinde antiqua illa Marmora, **quæ** nullo ævo aut macie **senescere** posse videbantur, nullibi liqueat manifestius, quam verus saltem ille Vates fuerit qui & Saxo multam nocere senectam adseruit. Tale equidem, non **hic vendito** Monumentorum id genus, in quod unum nihil **senectæ**, nihil flammis, nihil posteritati liceat, denique *A quibus omne ævi senium sua fama repellit.* Verissime Suada Romana: *Nihil enim est aut opera, aut manu factum, quod aliquando non conficiat & consumat vetustas.* Sempiternum ea ratione dicimus, qua pro mortali vitæ conditione, fatalis terminus si non tolli funditus, ad immensum tamen tempus ætatis produci videtur. Adeo ut immortalem illam vitam, quam sibi nequidquam secundus augurabatur Ptolemæus, solam hactenus eidem [Cicero pro Marcello.] [Athen. Deip.l.xii.]

Nummi præstiterint, in quibus ille se adhuc hodie conspiciendum præbet. Incredibilem alias Nummorum multitudinem, carie quoque, & casibus variis consumptam, aut etiamnum sepultam non diffiteor, & si ad veterum signatam pecuniam subducatur, minimam illam & contemnendam forte, Cl. Salmasio alicubi id asserenti lubens concedam. At si rursus eadem cum residuis aliis monumentis veterum conferatur; si Nummorum, qui in Europa Asiaque, aut jam reperti, aut quotidie è terræ visceribus eruuntur, numerus reputetur; si antiquitatis eorundem ratio qualiscunque habeatur; incredibilem adhuc quandam, & prope infinitam illorum tum copiam, tum varietatem, omnes, qui vel mediocrem eorum usum habent; mirari ultro & fateri cogentur.

Ep. 1. de Cruce.

3. *Ob Argumenti Nobilitatem.*

Nec Dignitatem illa Nummorum *Argumenti* in iis expressi *Nobilitas* minus arguit, vel ostentat. Sacram artem Statuariam vocat alicubi in descriptionibus suis, ille qui Philostrato comes addi solet Callistratus. Sacram Monetam vero, & Nummi ipsi continuo reclamant, & Constitutiones Principum abunde loquuntur. Hinc celebris jam olim illa lex Cornelia, aliaque statuta, perpetuo quodam Gentium consensu stabilita, quibus à temerariis contrectatoribus & falsariis immunis eadem vindicatur. Immo nec *Sacram* solum sed Divinam etiam videas candem nuncupatam sub Christianis Principibus: ut in veteri libello incerti Auctoris adjuncto veteri Notitiæ Imperii, qui augendi ærarii & conservandæ Monetæ rationem exsequitur: & in quo unum caput occurrit cum lemmate: *Felix inchontio* Sacræ Divinæque Monetæ. Ne mirum jam videatur si tanta Numinis illius veneratio Christianorum adhuc mentibus insedit; neque aliud

aliud videas ex omni Divorum ordine tot aris coli, aut tot supplicum votis fatigari. Hinc eadem jam olim Monetæ in **Nummis** veterum, quæ Æquitatis effigies; ut ex æquo nempe religio utriusque & reverentia traderetur. Mitto **Junonis** etiam, & **Apollinis Monetalis** expressa, & adorata olim simulacra; ut vel ex iisdem Nummis adhuc hodie colligimus. Talem utique circa illos religionem, signati in iisdem Principum ac Dominorum vultus passim conciliarunt. Unde jam olim ingeniosissimus vates, de simili Cæsarum imagine ad se transmissa:

Argentum felix omnique beatius auro,   In Ponto
Quod, fuerit pretium cum rude, numen habet.   lib. 11. El. 8.

Factum enim haud inconsulto, ut inter **alias** dominationis artes, hæc quoque sit à Regibus passim & Cæ- Cassiodor. saribus admissa; *ut imago Principum subjectos videretur* lib. vi. Ep. *pascere per commercium, quorum consilia invigilare non desinunt pro salute cunctorum.* Ita colendam eorum imaginem facile singuli credidere, quorum nutu & auspiciis florens respublica, & incolumes privatorum fortunæ servabantur. **Immo** ea ratione provisum, ut tanquam præsentes ubique & manifesti in eorum etiam oculos incurrerent, qui longius alias à Principum suorum conspectu submoti, in diversis terrarum partibus sub eorum tutela ac imperio acquiescebant. **Quo etiam** spectant illa ejusdem Poëtæ exulis, **& Augustum, Liviam ac Tiberium absentes in argenteis eorum** imaginibus recolentis,

Nos quoque vestra juvet, quod, qua licet, ora videmus:
Intrata est superis quod domus una tribus.
Felices illi qui non simulacra, sed ipsos
Quique Deûm coram corpora vera vident.

C 2   *Quod*

20 DISSERTATIO PRIMA

Quod quoniam nobis invidit inutile fatum,
Quos dedit ars votis, effigiemque colo.

Hinc *æternales illos vultus violare*, religio quædam veterum (utinam pariter omnium recentium) antiquariorum mentes incessit. Unde ille apud Artemidorum Stratonicus, putabat se Regem calcitrasse, qui progressus invenit aureum ejus numisma, quod ignarus forte calcaverat. Capitale certe fuisse Tiberianis temporibus, apud Senecam & Suetonium legimus, effigiem illius Cæsaris Nummo vel Annulo impressam, latrinæ aut lupanari intulisse. Quod egregie illustrat ille apud Philostratum locus, qui doctorum virorum effugit diligentiam; ubi in claro Pamphyliæ oppido impietatis nonnemo damnatus legitur, qui servum verberibus adfecerat ferentem forte drachmam argenteam, in qua expressa erat Tiberii effigies. Quo referri etiam debet infelix casus juvenis illius ex equestri ordine, qui ultimo supplicio destinatus à Caracalla legitur, quod nummum signatum ejus imagine in lupanar intulisset, ut observat Dio in Excerptis Peireskii. Plures id genus omitto majestatis postulatos, ob imaginem Cæsarum promiscuis usibus violatam; cui etiam diademata sua & tiaras soliti olim subjicere Orientis Reges, ut non de uno Arsacida ac Tigrane narrant rei Romanæ Scriptores. Hinc vultus Nummis signare, inter præcipua olim Majestatis **arcana** receptum; quod Severum Clodio Albino singularis privilegii loco concessisse, tradit Herodianus; ac inter præcipuos honores matri Helenæ à Constantino exhibitos refert Eusebius. Unde etiam de Rufino imperium adfectante Claudianus,

Oneiroc. lib. II. c. 33.

Lib. I. de vit. Apollon.

Lib. III. de vit. Constant. c. 47

―――― *& quod post vota daretur,*
Inscribi propriis aurum fatale figuris.

Exagitat nempe vesanam Rufini illius superbiam, qui

qui ad supremum Cæsareæ Majestatis apicem nihil sibi reliquum fecerat, quam ut Nummis aureis suam imprimeret effigiem ; quod tamen ea ætate solis Romanorum Imperatoribus in toto orbe usurpabatur. Eandem etiam vesaniam in Procopio Augusti fastigium ambiente Valentiniani temporibus, notaverat jam ante Ammianus, qui tradit ejus asseclas nullo præter petulantiam adjumento confisos, AUREOS *scilicet* Lib. XLVI. *Nummos effigiatos in vultum novi Principis, aliaque ad illecebras aptantes.* Hanc enim tum unicam toto orbe Augusti fastigii prærogativam docet nos alter Procopius, qui tradit præter Cæsares, solis Francorum Regibus sub Justiniano primum concessum, nummos aureos sua ornare effigie ; non autem idem licuisse Persarum, aliorumque Barbarorum Regibus vel Tyrannis. Locus hanc in rem eximius, & quem operæ pretium erit adscribere ; ubi narrat Francis Germania profectis stabilem Galliarum possessionem adseruisse Justinianum, & ab eo tempore Germanorum Reges Massilia & vicinis locis potitos Arelate Circensibus præsedisse, additque, Νόμισμα ἢ χρυσῶν ἐκ τ̃ ἐν Γάλλοις μετάλλων πεπίλωται. Οὐ ξ̃ Goth. lib. Ῥωμαίων αὐτοκράτορ⊕ (ἥπερ ἔθισαι) χαρακτῆρα ἐπέβαλοι 11. τῷ στατῆρι τύτῳ, ἀλλά τ̃ σφετέραν αὐτῶν εἰκόνα, καίτοι νόμισμα μὴ δογμῶν ὁ Περσῶν βασιλεὺς ἢ βάλοιτο, πιῶν εἴωθε. χαρακτῆρα ἢ ἴδιον ἐμβαλιέαζ στατῆρι χρυσῷ, ὅτι τ̃ αὐτῶν ἄρχοντα θέμις, ὅτι ἢ ἄλλων ὀιδηνασῶν βασιλέα τ̃ πάντων βαρβάρων, καὶ ταῦτα μᾶλλον ὄντα χρυσᾶ κύριον. ἐπεὶ εἰδὲ τοῖς ξυμβάλλουσι προσεσχὰζ τι νόμισμα τύτο οἶοί τι εἰσιν, εἰ καὶ βαρβάροις τοὺς ξυμβάλλοντας εἶναι ξυμβαίη. Unde manifeste licet eruere, primo singularem hanc fuisse prærogativam Romanorum Cæsarum, nummos aureos sua signare effigie. Secundo, eam Francorum Regibus firmatis in possessione Galliarum à Justiniano, eximii privilegii loco ab eodem Cæsare primum concessam: Tertio, nemini Barbarorum, nequidem Regum Regi, vel iis etiam apud quos aurum nascebatur, idem licuisse. Quarto, rationem hujus moris eam fuisse; quod nullus usus futurus fuisset nummi ejusmodi aurei cum illorum Regum effigie; cui nullus utpote in commercio locus, ne quidem ubi negotium erat cum Barbaris, in toto orbe Romano relictus erat. Hic postremorum verborum sensus, quem non per omnia expressit novissimus Procopii interpres, & qui paulo intricatior legitur in versione Grotiana, ut sicut fieri solet in opere posthumo, quædam ibi obrepsisse contra mentem aut scripturam viri magni existimem. Vetus alias hæc illorum Galliæ tractuum prærogativa, ut Romanorum Præfectis liceret in iis monetam auream & argenteam cudere; sicut de Lugduni Præsidibus commemorat alicubi Strabo. Nec sacram tamen solum hanc prisci ævi memoriam æterni illi vultus, ut alia quoque iisdem Nummis contenta arguere mihi & comprobare videntur. Religio veterum (ut paucis res prope innumerabiles complectar) & universa Sacrorum apud eos ratio; Ritus solennes Belli ac Pacis; Victoriarum vel Instrumenta vel Præmia; Gentium ac Urbium Heroës, & Insignia; Figuræ Virtutum aut Vitiorum symbolicæ; Animalium, aut Plantarum nobiliorum Effigies; Fabricæ denique & Opera publica, quasi ad memoriam æternitatis vel extructa vel instaurata. Ampla utique, & digna materia, quam non ignobiles manus tractent!

Lib. IV.

4. *Ob splendorem, & Auctoritatem Nummos tractantium.*

Et sane vel hinc potissimum splendor eximius, & decus quoddam peculiare hujus Nummorum tractationis exsurgit. Quum enim pleraque alia veneranda vetustatis monumenta excolantur passim privatorum studiis, nescio quomodo supra aliorum fastigium, hæc ipsa

ipsa vel sors sua, vel Dignitas evexit. Adeo ut ex quo elegantiores quæque artes ac disciplinæ, è situ vetustatis erutæ, nitorem aliquem & cultum admisere; nulla ex iis aut Candidatos nobiliores, aut patrocinium splendidius consequuta videatur. Ut certe, si honos alit artes, & gloriâ homines ad studia incenduntur, nulla jam hisce, de quibus agimus, potiora, & in majori quadam celebritate versari fatearis. Equidem longa res foret Cæsarum, Regum, Principum, Illustrium Togatorum, & amplissimi cujusque ordinis Virorum nomina recensere, qui in Nummorum veterum delectum & curam certatim quasi incubuere. Quot aut quam luculenta exempla hæc vestra Italia, harum artium Parens & altrix suppeditat? Ita quidem intelligo, extitisse Avorum vestrorum memoria Domum MEDICÆAM, æternam illam Musarum Hospitem, quæ ut humanitatem omnem & eruditionem sinu suo excepit ac aluit, ita prima quoque suam veterum Nummis dignitatem adseruit. Non meum illud solum, sed viri docti hac de re testimonium; *Si Nummos antiquos in pretio primum habitos à* MEDICÆIS *contendero, nemo repugnabit opinor.* Fidem his adstruit PhilippusCominæus, testis ut alienigena, ita oculatus & exceptione major; qui aliquot millium aureorum Numismatum, & argenteorum copiam quandam immensam, suo tempore jam à Medicæis collectam, ac Italiæ in hoc genere præstantissimam refert. Unde & illum Urbis suæ Principem ac Mæcenatem quondam suum LAURENTIUM Medicæum commendabat jam olim eo nomine decus illud vestrum ac simul elegantiorum litterarum Politianus; *Quamquam & vetustas Codicum &* NUMISMATUM *fides, & in æs aut Marmor incisa antiquitates, quæ tu nobis Laurenti suppeditasti, plurimum etiam præter*

Italorum.

Laurent. Pignor. Epist. Symbol. XVI.

Lib. VII. c. 9.

In Præfat. Miscellan.

præter librorum varietatem nostris commentationibus suffragantur. Hæsit vero eadem vel crevit potius in Francisco Magno Etruriæ Duce sollicitudo, sub quo congestus ille vel adauctus Nummorum veterum Thesaurus, quem inter Europæ primarios, summa cum voluptate Florentiæ ante biennium inspeximus. Hæret hæc eadem in Leopoldo Etruriæ Principe, qui ut flagranti omnium præstantissimarum artium ac disciplinarum amore, & assiduo patrocinio, ita Nummorum quoque veterum peritia singulari, & eximio quodam delectu excellit. Nihil famæ hic damus, sed documentis iis, quæ comitas ejus fastigio non minor, nobis aliquotiens suppeditavit. Hanc Domus Mediceæ gloriam feliciter æmulata est Domus Estensis, Heroum an Musarum nescio utrum felicior parens; quæ has cognatas veterum Cæsarum Effigies, suis quoque imaginibus inserendas credidit. Alphonsum certe Mutinæ Ducem, nuper admodum terris ereptum, memini collectos id genus à Majoribus Nummos, præclaros & luculentos, summa cum peritiæ & delectationis significatione, coram mihi visendos exhibuisse.

Et ducis implevit visus veneranda vetustas.

Geminum studium in Eugenii IV. Purpurato Nepote, celebraverat jam ante Æneas Sylvius, Pii II nomine & dignitate celebrior, *Antonius*, inquit, *S. Marci Cardinalis Eugenii Quarti Summi Præsulis Nepos, incredibile est quam multa Numismata veterum conquisierit Imperatorum & Principum, amator & hic vetustatis est.* In hujus quoque laudis societatem venere superiori seculo, Alexander Farnesius, & Jacobus Buon Compagni, quorum studio Musea instructissima omni id genus supellectile, præcipua fama floruere & florent etiamnum. Nec inferior in hoc laudis

Not. ad
Ant. Panor.
Apoph.

dis genere Urbis lumen ac decus, FRANCISCUS BARBERINUS, in quem summa omnia honoris, fortunæ, virtutis, ac doctrinæ ornamenta facto agmine confluxere. Ut alios omittam inferioris quidem ordinis, magnæ tamen amplitudinis & existimationis viros superiori sæculo conspicuos, *Andream Lauredanum*, diligentissimo Sigonio non semel eo nomine laudatum, & *Sebastianum Erizzo* Venetos, *Annibalem Caro*, **Picenum**, *Carolum Molsam* Mutinensem, *Vincentium Pinelli* Genuensem, Comitem *Joannem de Lazara* Patavinum, Marchionem *Niccolini*, & *Carolum Strozza* adhuc superstitem Florentinos, & nuper Urbi ac Musis ereptum *Cassianum à Puteo*, aliosque magno numero propriis juxta ac his alienis veterum imaginibus insignes. Tres certe hic omittere non possum, & genere claros, & Nummorum supellectile ac peritia in Urbe celebres etiamnum ac florentes, *Feliciam Rondanini*, Parentis & Filii purpura, sed ingenii, sapientiæ, & eruditionis dotibus longe magis fortunatam; *Camillum Maximi*, in quo antiquæ juxta & elegantes artes præclarum hospitium ac præsidium habent; & *Franciscum Gottifredi*, spectatæ adeo in talibus fidei ac industriæ, ut omnis Antiquariorum Natio fasces illi meritissime submittat.

Nec extra Italiam vestram, minus aut splendoris, *Extra Italiam.* aut dignitatis, hæc veteris ævi memoria videtur etiam consequuta. ALPHONSUM illum, non tam regni *Anton. Panormitan.* amplitudine, quam ingenii gloria celebrem, collecta *Apopht.* per Italiam Cæsarum Numismata, in eburnea arcula *Alfons.* diligenter adservasse, iisdemque supra modum delectatum accepimus. Dignitate quidem inferiorem eadem dedit Hispania, sed quem religio foret præterire hoc *Hispanorum.* loco, *Antonium Augustinum* Tarraconensem Archiepiscopum, quo nemo adhuc forte felicius hanc ornavit

D pro-

provinciam, aut lucem illi ac dignitatem suam luculentius adseruit. Alios quosdam dignatione præcipuos, ut *Martinum Arragonensem* Ducem Villæ Formosæ, & *Ferdinandum Velasco* magnum nuper in Castiliæ Equitum Magistrum, addictos etiam huic elegantiæ, memorant docti aliquot Hispaniæ Antiquarii. Ut prætercam hoc loco *Vincentii Lastanosa* cum laudatam abunde à peregrinis testibus, tum erudite adsertam vernaculo opere in omni hoc studiorum genere ac delectu industriam. Et cur in viciniori vobis Sicilia mitto, aut Buteræ Principem *Fabritium Francoforte*, Aurei Velleris Equitem, è cujus admirabili Nummorum veterum Thesauro, longo annorum spatio collecto, ingentes divitias hausisse sese fatetur Paruta diligens patriorum Numismatum collector; aut *Jacobum Bonanni* Montalbani Ducem, ac *Vincentium Mirabellam*, super claritatem natalium, plurimum laudis & famæ in hoc litterarum genere propriis ingenii monumentis consequutos; aut denique *Antonium Chiaramonte*, *Josephum* & *Franciscum Faiia*, aliosque ejusdem tractus amore & studio hujus antiquariæ supellectilis haud leviter commendatos? Germania vero RODOLPHUM II, & FERDINANDUM II Cæsares, LEOPOLDUM præterea Archiducem proxime defunctum, præclaros utique & luculentos hujus memoriæ vindices ac æstimatores vidit. Plures ex eadem Gente sese offerunt, & primi quidem ab Augusto fastigii Proceres, geminæ laudis æmuli, ac inter alios duo superstites, FRIDERICUS GULIELMUS BRANDENBURGICUS, & CAROLUS LUDOVICUS PALATINUS, Electores; de quo postremo plura dicerem hoc loco, nisi in eo Principis non solum, sed etiam Domini personam reverer. Hoc unum modestissime dicam, eum

col-

Vid. Musco de la Medal. Hispan.

In Itinerariis quibusdam Hispaniæ. Siculorum.

Germanorum.

collectam à Majoribus lautissimam Nummorum veterum supellectilem, & nova subinde accessione locupletare, & præclarum his artibus, ut omnibus aliis egregiis & laudabilibus, pretium inter paucos statuere. Accedit hodie in eadem vicinia avitæ Stirpis Princeps, DURLACENSIS Marchio, quem ab **annis aliquot** eadem circa Nummos Veteres cura & sollicitudo feliciter incessit, ut sciret nempe,

quid Ausonia scriptum crepet igne Moneta?

Ne jam in eundem album referam, vel *Marcum Velzerum* Augustanum Duumvirum, vel nostratem *Marquarilum Freherum*, aliaque minorum quidem gentium, nec ignobilia tamen aut indecora Germaniæ suæ ornamenta. Sed ut ad illustriores hujus elegantiæ cultores redeam, en tibi Danorum solio feliciter hodie insidentem FRI- *Danorum.* DERICUM III, præter alia decora, eruditum quoque his artibus, ac omnis hujus antiquitatis, ut perhibent, diligentissimum investigatorem. Nec vero prætereundum arbitror, licet è remotiori adhuc **Pannonia**, & superiori præterea sæculo accersendum, ingenii operibus nobilem *Joannem Sambucum*, inter pri- *Pannoniorum.* mos hujus memoriæ adsertores, jure quodam suo referendum. Belgium ARESCHOTANI Ducis, in col- *Belgarum.* ligendis antiquis Nummis operam ac industriam singularem, Lipsii præconio jam olim laudatam, celebravit; quam vel ex vulgato illorum Thesauro, cuivis licet hodie æstimare. *Levinum* etiam *Torrentium* dedit eadem regio, omnis hujus elegantiæ non expertem, ut arguunt viri alias Insularum ornamentis conspicui monumenta; *Marcum Laurinum* præterea, Huberti Goltzii Mæcenatem, ob summam de his studiis bene merendi voluntatem, non ab eodem solum, sed etiam ab elegantis eruditionis Jurisconsulto haud perfuncto-

ric

I. Rævard.
Præfat. ad
Leges XII
Tabula-
rum.

ric commendatum: *Moriar*, inquit, *si præter te quemquam habemus reliquum, per quem aliquam antiquæ Romanorum Reip. imaginem possimus agnoscere. Continget tibi haud scio an nemini, ut tua in conquirendis per omnem terrarum orbem* NUMISMATIBUS INDUSTRIA, *non grata modo eruditis hominibus, sed etiam popularis futura sit.* Sic alios insuper ejusdem tractus, cum splendore munerum aut natalium, tum egregia in his studiis facultate insignes, vel ex idoneo ipsius Goltzii, clari quoque his artibus & monumentis testimonio, luculenter colligimus. Quibus certe liceat mihi adnumerare, cum *Nicolaum Roccok* Equitem, Andrea Schotto perhibente, rei omnis antiquariæ ac Numismatum peritissimum; *Gasparem Gevartium* proxime defunctum; haud parum nobilitatos his artibus *Rubenios*; *Schinkelium* præterea *de Valcour*, & eidem cœlo insertum, *Jo. Jacobum Chiffletium*: ne complures alios huc advocem ex eadem gente, nostro aut superiori sæculo, illo studio haud mediocriter incensos.

Gallorum.

Gallia vero, ut vetustiores mittam Proceres, Regium Principem GASTONEM AURELIANENSEM, florentem nuper omni hac laude, in eamque serio incumbentem suspexit. Ut jam de Viris felicis memoriæ nec de fæce, quod in enumerandis claris Oratoribus Tullio suo Atticus exprobrabat, haustis, *Gulielmo Choul*, *Josepho Scaligero*, *Paulo Petavio*, *Fabritio Peireskio*, *Jacobo Sirmondo*, *Joanne Tristano*, aliisque præclaris in ea Gente & amplissimi ordinis Viris nihil dicam, qui in ornanda & excolenda id genus vetustate egregiam & luculentam operam posuere. Nec minus hodie vel supersunt in eadem gente, vel exornant hanc memoriam, Viri vel eo nomine sæculorum memoria digni, quales aut Regii sanguinis tradux HENRICUS BORBONIUS, Dux Vernolii,

elegans

elegans omnis hujus industriæ fautor & admirator; aut consultissimus divini atque humani juris *Gullelmus Lamonio* Senatus Princeps; aut non Ærarii solum, sed præcipuarum Regni curarum Adminifter, fama fortunaque celeberrimus *Joannes Baptista Colbertus*; aut vetustate familiæ suæ dignissimus *Achilles Harlæus*; aut inter Ærarii Curatores adlectus probatæ pridem fidei ac industriæ *Sevinus*; aut qui ingenium illustre altioribus studiis dedit *Ludovicus Henricus Lomenius* Briennæ Comes; aut Æduorum Senatus una cum *Philiberto de la Mare*, & *Joanne Baptista Lantino* lumen ac ornamentum *Bohierius*. Equidem mea etiam expectatione majorem animo cepi voluptatem, cum viderem coram non semel, Viros, cum auctoritate, tum sapientia, aut ingenii laude florentes, omnem hanc supellectilem ex auro, argento, ære, elegantiorem studiose comparare, domos eadem habere instructas, quæ, quod de principe Mamertinorum Tullius, non domino magis ornamento sunt quam civitati. Neque vero opus apud te prædicare Virum utrique nostrûm, cum amicitia tum studiorum id genus communione conjunctum, eundemque omnium consensu principem in hoc elegantiæ genere, *Petrum Seguinum*, D. Germani Antistitem; aut præterea non adeo Gazæ & Bibliothecæ Regiæ custodia, quam præclaris animi ac doctrinæ dotibus spectatum *Carcavi*; aut denique non reticendum, qui hanc Spartam feliciter jam exornavit & propediem decorabit ulterius *Carolum Patinum*. Britannia *Britannorum*. quoque ejusdem gloriæ æmula, & CAROLUM Regem nuper defunctum, hac omni veterum elegantia se oblectantem, & *Bukingami Ducem* ac *Arundellii Comitem*, primarios Regni viros, *Robertum* item *Cottonum*, aliosque id genus ex equestri ordine, hujus antiquariæ

supel-

30 DISSERTATIO PRIMA

supellectilis sedulos & indefessos scrutatores, etiamnum recordatur. Unde præclarum illud viri inter Britannos doctrina & eruditione celebris de Jacobæis Hortis vulgatum alicubi testimonium. *Quem locum, si vicinam Pinacothecam, Bibliothecæ celeberrimæ conjunctam, si* NUMISMATA ANTIQUA *Græca & Romana, si statuas, & signa ex Ære & Marmore consideres, non immerito Thesaurum antiquitatis, & ταμιεῖον instructissimum nominare potes.* Omnium vero instar hoc loco, CHRISTINA AUGUSTA, quæ ut superiorum ætatum decora & ornamenta, ita singularem quoque hujus industriæ amorem ac peritiam, ex ultimo Septentrione secum in Urbem invexit. Quod ut documentis aliis publice, & benigna oris significatione, mihi aliquotiens privatim aperuit; ita incomparabilis in hoc genere Nummorum Thesaurus, summo studio recens ab ea congestus, ad memoriam posteritatis loquetur. Eant itaque venusti & elegantiores homines, qui contemtu & ludibrio has artes, ut minus decoras, aut quasi in situ & squallore versantes, prosequuntur. Si tantis enim ac tam splendidis nominibus & exemplis non adsurgunt, nihil certe de hujus industriæ DIGNITATE, de sua vero existimatione aut verecundia, non parum forte detrahere censebuntur.

Patricius Junius in Not. ad Epist. Clement. ad Corinth.

Suedorum.

COMMENDATIO ALTERA A VOLUPTATE.

NEC utique inferiorem huic elegantiæ veteri commendationem, incredibilis quædam VOLUPTAS conciliat. Quam innoxia enim illa & multiplex, immo quam suavis & jucunda in Nummorum id genus contemplatione, vel ipso adspectu prodit sese & ostentat! Non hic ego illam intelligo, quæ ex *Materiæ* pretio vel pulchritudine exurgit; quæ alias vel sola in Nummorum tractatione, singulare quoddam habet lenocinium voluptatis.

I.
A Materia Nummorum.

Festi-

DE PRÆST. ET USU NUMISM. 31

Festiva quidem illa apud Lucianum Mercurii sollicitu- *In Jove*
do, qui dubius in quodam consessu Deorum varii ope- *Tragœdo.*
ris & metalli, an materiæ vel artis prærogativam in iis
spectaret, à Jove responsum refert, æquiores quidem
esse artis partes, auro tamen vel materiæ primas tribuen-
das. Mitto hæc aucupia, quibus aut vulgus, aut certe
cum vulgo sapientes animæ capiuntur, erectæ autem &
cordatæ mentes moveri parum consuevere. Ἐκπληττη
γὰρ ἰδιώτην μὲν τὸ τῆς ὕλης κάλλ(ος), τεχνίτην δὲ τὸ τῆς τέχνης αὐτό,
ut ait magnus Galenus in præclaro de Usu Partium *Lib. 1.*
Commentario: Nosti utique, quod fictiles olim Deos *pag. 403.*
& Heroas, antiquissimi Majores vestri eadem religio- *edit. Græc.*
ne coluerint, qua eorum posteri aureos illos, æreos, & *Basil.*
gemmeos quandoque (qualem Pompeii imaginem in
triumpho ejus prælatam legimus) sunt prosequuti.
Unde ferrei antiquorum Laconum, aut coriacei etiam
priscorum Romanorum Nummi, quibus & usos etiam
Lacedæmonios accepimus, vix minorem hodie gra- *Nicol. Da-*
tiam **aureis** & argenteis recentiorum temporum, a- *mascen.*
pud veros harum rerum æstimatores consequerentur. *Excerpt.*
Quamvis nec amovenda sit ab hoc loco, ut indecora *p. 522.*
aut minus opportuna omnis ejusmodi delectatio; dum
vel Electri veterum, vel Æris illius Corinthii, quo ad
insaniam usque Romani veteres delectabantur, obvia
adhuc in Nummis materia nonnunquam spectatur;

Æraque ab Isthmiacis auro potiora favillis.

Laudat alicubi Plutarchus æris in Statuis quibusdam *De Pyth.*
colorem floridum, situi ac ærugini haud obnoxium. *Oraculo.*
Talis utique in hac veteri Nummorum supellectile,
cum singularis cujusdam venustatis laude, spectatores sæpius adficit ac delectat. Ita ut hic quoque locum habeat, quod de cælatis operibus jam olim agno-
vit Plinius, *ut alibi ars, alibi materia esset in pretio*: im- *L. XXXIII.*
mo *c. 1.*

mo utraque etiam manifesta & frequens in hoc censu arguatur.

1. Ob Artis Præstantiam.

Potiores tamen partes illa *Artis* commendatio sibi **vindicat** hoc loco, quæ ut in omni elegantiæ genere spectabilis, ita hic quoque singularis & admiranda frequenter occurrit. Meministi forte apud Dionem illum oris aurei, ut voluptatem ex conspectu Statuæ Jovis Olympii suaviter alicubi extollat; ut non homines solum, sed bruta etiam illius spectaculo adfici, immo adflictis malorum oblivionem conciliari statuat: illamque virtutem incredibilem non auro, vel ebori, ex quibus constabat illud Phidiæ miraculum, sed divinæ cujusdam artis præstantiæ continuo adscribat: *tale lumen*, (ut Romanis cum verbis loquentem inducam) *& tanta gratia illi ab arte inerat*. Gemina plane in hunc sensum, & commendationem hujus simulacri apud Galenum legas loco supra laudato. Neque **vero** id continuo mirabitur, qui noverit haud aliam contemplationem non hujus solum, sed omnium retro ætatum oculos vel mentes explevisse lubentius, quam ubi Ars suam cum Natura æmulationem, ad ejusdem non ruinam vel interitum, sed ad restaurationem potius & propagationem, omni opera convertit. Unde factum, ut felix illa hujus almæ Parentis imitatio dicam, an provocatio, ad summum fastigium paulatim evecta, in varias quoque similitudinum formas, plasticam; statuariam; picturam; encausticam; cælandi signandique artem, magno gentium consensu, passim diffusa fuerit & traducta. Quum vero in quovis hujus memoriæ genere, singularis veterum vel industria, vel felicitas fuerit; hinc non immerito quidquid ex ea penu ad nostra usque tempora incolume transiit, summam jucundissimæ delectationis materiam præbet.

Orat. xxxvii.

In

DE PRÆST. ET USU NUMISM. 33

In ea vero lauta, & beata supellectile, eo majori quoque voluptate, aut admiratione continuo perfundimur, quo artis elegantiam major quædam (qualis in Nummis occurrit) ejusdem subtilitas probat. Adeo ut non extra dubium sit omnino, **quod** apud Plinium juniorem nuper legebam, Statuas, Signa, Picturas, hominum decoras, animalium quoque & arborum, nihil magis quam amplitudinem commendare. Nec enim aut Timanthi Cyclops, aut Myrmecidis quadrigæ, aut Callicratis formicæ, aut Pausii tabellæ, aliaque opera compendio minus quam præstantia artis, apud veteres celebrantur, vel inferiorem æstimationem mole sua spectabilibus Signis & Tabulis consecuta sunt. Protogenis tabulam magnæ quidem amplitudinis & elegantiæ, illis tamen Apellis summæ tenuitatis lineis potissimum nobilitatam legimus; & auctore eodem Plinio seniore, Phidiam non magis Jovis illius Olympii, aut Minervæ ingentia simulacra, quam in hujus scuto Amazonum vel **Gigantum cum** Diis prælia expressa, & in soleis Lapitharum & **Centaurorum** certamina commendarunt. Quod ipsum de præstanti illo artifice tradit Cæsar Julianus in Epistolis, cum non solum celebritatem consequutum ex imagine Olympica aut Atheniensi, verum etiam quod in exigua sculptura magnæ artis opus incluserat. Idem quoque Theodoro præstantissimo artifici evenisse accepimus, *qui dum ipse se ex ære fudit, præter similitudinem mirabilem, fama magna subtilitatis celebratur.* Enimvero supremos quasi artis conatus illa opera haud immerito judicarunt, in quibus plus intelligitur revera quam pingitur; & ut ejusdem Auctoris verba huc detorqueam, quam ars summa sit, ingenium tamen est ultra artem. *Mirus profecto homo*, inquit in simili argu-

Lib. 1. Ep. 10.

Lib. xxiv. cap. 5.

E   mento

34   Dissertatio Prima

Met. lib. VIII.
mento Madaurensis Philosophus, *imo semi Deus, vel certe Deus, qui magna artis subtilitate tantum efferavit argumentum.* Unde Gigantum ossa, aut Solis, vel Commodi Colossea capita minus forte hodie nos delectant, quam expressa horum in Gemmis & Numismatibus, exigua quidem illa & tenuia, sed singularis cujusdam & divinæ præstantiæ simulacra. Hinc de illis idem

Plin. lib. XXXIV. c. 8.
Plinius : *Gemmæ supersunt & in arcto coarctata rerum naturæ majestas, multis nulla sui parte mirabilior.* Neque aliter

Lib. XVII. de Usu Partium pag. 556. edit. Basil.Græc.
commendatum alicubi à Galeno videat suæ ætatis artificem, à quo Phaëton cum quadrigis Annulo ita scite insculptum, ut cujusque equi & frœnum, & os, & dentes ac pedes anteriores pulcre dignoscerentur. Gemina vero plane hæc Nummorum laus, in quibus expressas juxta & coarctatas similitudines varias, singulari cum voluptate, & industriæ non vulgaris commendatione, periti hujus arbitri & æstimatores passim contemplantur;

Tantus honos operi, finesque inclusa per arctos Majestas!

In Phocione.
Quo referri potest illud Plutarchi, ὥσπερ κ̄ ἡ τ̄ νομίσματος ἀξία πλείω ἐν ὄγκῳ βραχυτάτῳ δύναμιν ἔχει, *sicut Nummi etiam æstimatio magnam in exigua pondere vim habet.* Adeo ut in præstantiores ex iis Nummos, optime meo judicio cadat, quod de quodam Apellis opere olim dictum, *plura ostendere verius quam promittere;* immo forte quidquid de vocali Memnonis signo; Hectoris apud Ilienses statua spectatores ad tangendum provocante; Myronis & Praxitelis operibus, tanquam

In Iconibus.
spirantibus singulis, apud Plinium, aut utrumque Philostratum lego, & de quibus in genere divinus Vates,

Stabunt & parii lapides, spirantia signa.

Hanc laudem certe plurimi sibi vindicant etiamnum super-

superstites Græcorum, & Siculorum vel inprimis, ac Italiæ vestræ, ut Neapolitanorum, Posidoniaton, Yeliton, & Tarentinorum Nummi, aliique venustate non minus, quam vetustate spectabiles. Romanorum vero ea laus adhuc potior, quorum Nummi ab Augusto ad Antoninorum usque & Severi etiam tempora, magna cum artis & elegantiæ admiratione, ac in omni metallorum genere varietate intuentium oculos oblectant;

*Vidi artes, veterumque manus, variisque metallis
Viva modis, labor est auri memorare figuras.*

Infra eam ætatem venustas illa, ut fateor, defecit, & una quasi cum Imperio Romano consenuit; ita ut ab usibus aliis potius, quam ab elegantia commendationem mereantur sequentium Cæsarum Numismata. Nec omni tamen voluptate spectatorem plane defraudant, qui delectum aliquem in iis habendum meminerit, nec Nicomachum infeliciter fuerit æmulatus, *qui multas gemmas habuisse traditur, sed nulla peritia electas.* Perierat Plinii ætate æris fundendi scientia, immo ars quoque argentum cælandi; nec minus proinde, eodem auctore, attritis etiam & quæ discerni non poterant cælaturis, pretium & voluptas illa ætate constabant.

Plin. lib. xxxvii. cap. 1.

Eandem tamen ex Nummis delectationem, præter Materiæ, aut Artis elegantiam, quam postremam non omnes forte perinde capiunt, tot *Illustrium Imagines* in iis conspicuæ, mirum in modum augent & extollunt. Nobilitata quidem legimus aliquot præstantissimorum Artificum opera, solis industriæ illecebris, nisi aliquis aut temulentæ mulieris, aut canis vel formicæ conspectui, novum aliquod & singulare voluptatis genus inesse arbitretur. At quam decoræ, nec alibi etiam obviæ contemplationis speciem Nummorum Veterum tracta-

3. Ob Imagines Illustrium.

tractatio, vel adspectus præbet? Convenio hic ego te, Octavi jucundissime, utrum suavius aliquod ex omni veterum Supellectile spectaculum, aut mente possit fingi, aut oculis usurpari, quam omnis quasi memoriæ Heroas, & illos Orbis olim Dominos, Nummorum beneficio superstites & spirantes videre; vultus saltem illorum & ora, post tot sæculorum decursum, coram adhuc intueri?

Os sacrum, quod in are colis, miraris in auro,
Cerne libens.

Rudera utique varia, aut aliæ vetustatis reliquiæ, quæ certe non leviter hic me delectant, præ hac tamen voluptate, ut ingenue fatear, vilescere mihi quodammodo videntur. Legisti enim aliquoties, quæ anxia veterum cura & sollicitudo fuerit, ut præstantium Civium aut Decessorum suorum imagines domi haberent expressas, ut illo amissæ virtutis vel solatio, vel recordatione se oblectarent. Hinc illæ similitudines, quæ primo, teste Plinio, illustrem ob causam exprimi tantum solitæ, propagatæ paulatim diffusius; ita ut clarorum hominum effigies in Templis, Atriis, Liminibus, Cubiculis, Bibliothecis, aliisque publicis & privatis locis certatim tandem adservarentur. Adeo ut honorem illum non Clientes solum Patronis, Magistris Discipuli, aut Majoribus Nepotes, sed privatis etiam Principes frequenter exhiberent; quod Varroni ab Asinio Pollione primum tributum narrat Plinius, & laudabili dein æmulatione ab ipsis quoque Cæsaribus nonnunquam factitatum accepimus. Commemoratur certe inter alia Augusti decora, quod memoriam illorum virorum, quibus Roma creverat, impense coluerit, & Statuis aliaque ratione renovari curaverit. Quæ magnorum hominum reverentia Alexandrum Seve-

Lib. VII. c. 30.

Sueton. in Aug.

Severum longius adhuc provexit, qui non solum De- Lamprid. in
cessorum suorum, sed Ciceronis, Virgilii, aliorumque Alex. Sev.
id genus Semonum imaginibus, sacra etiam facere consueverat.
Haud minus flagrarunt hoc studio, duo clarissima litterarum & Urbis lumina, Varro & Atticus, qui præstantium Virorum imagines, libris suis complexi leguntur, ut posteris iidem conspiciendi traderentur. Nec te effugit opinor, ut geminum illud studium in Capitone suo extollat alter Plinius: *Est*, in- Lib.1.Epist. quit, *omnino Capitoni in usu claros colere, mirum est qua religione, quo studio imagines Brutorum, Cassiorum, Catonum domi ut potest habeat.* Unde factum nosti, ut nobiles dicti sint *homines multarum imaginum*, ignobiles vero qui *imagines non habebant*, nec *imagines majorum* poterant ostentare, ut de se non semel profitetur novus homo Marius in historia Jugurthina. Neque enim promiscuum fuisse jus illud imaginum apud Quirites vestros, sed curulium Magistratuum proprium, licet aliunde ex Tullio colligere, qui de sua ædilitate loquens, consequutum se docet, *togam prætextam, sellam Curulem, Jus* In Verrem
IMAGINIS *ad memoriam posteritatemque prodenda.* Has ʳ.
autem Imagines positas in prima ædium parte docuit
nos præ aliis Valerius. Ut jam nec mirum videatur, Lib. v. c. 5.
quod de Epicuri discipulis narrat alicubi idem Tul- Lib. 1 v. de
lius, eos Magistri imaginem in Tabulis, Annulis, Po- Finib.
culis expressam habuisse. Quod ipsum quoque Meletio Antiocheno Antistiti contigisse observo apud al- Chrysost.
terum Christianorum Tullium, qui haud aliter ejus Homil.
imaginem in Annulis, Cælaturis, Poculis, Parietibus, S. Melet.
ubique tandem ab Antiochenis depictam aut cælatam t. v. p. 538.
commemorat. edit. Savil.

· Nec inanis utique ea Voluptas, quæ in magnorum
hominum contemplatione posita, aut vacua pulcherrimo

rimo fructu censeri debet. Consulere majorum imagines Paetum suum jubet alicubi Tullius, ut virtutis incitamentum, & gloriae praemium. Audi eundem pro Archia; *Quam multas nobis Imagines non solum ad intuendum, verum etiam ad imitandum fortissimorum virorum expressas scriptores & Graeci & Latini reliquerunt, quas ego mihi semper in administranda Republica proponens, animum & mentem meam ipsa cogitatione excellentium hominum conformabam,* Princeps autem Romanae historiae in bello Jugurthino; *Nam saepe audivi Q. Maximum, P. Scipionem, praeterea civitatis nostrae praeclaros viros solitos ita dicere; cum majorum Imagines intuerentur, vehementissime sibi animum ad virtutem accendi; scilicet non ceram illam, neque figuram tantam viin habere; sed memoria rerum gestarum eam flammam egregiis viris in pectore crescere.* Unde laudatus ille paulo ante Alphonsus, Caesaris adspectu ex Nummis non oblectari se solum mirum in modum, sed ad virtutem quoque continuo accendi praedicabat. Si claudicantis enim cujusdam apud Syracusanos Statua, ita adficiebat spectatores, ut ulceris dolorem sentire viderentur; potior certe hic quaedam voluptatis ratio, & commotio animorum aliquanto opportunior occurrit in tot Heroum, quos Nummi exhibent, adspectu.

Meministi **forte** differentem in Academiae spatiis Ciceronem (libenter enim Principis ingeniorum, tibique **familiaris** auctoritate utor & exemplis) quantum **adfici** solitus fuerit conspectu illorum locorum, in quibus clari homines multum fuerant versati: *Venit* De Finib. *enim,* inquit, *mihi Platonis in mentem, quem accepimus* lib. IV. *primum hic disputare solitum; cujus etiam illi hortuli propinqui, non memoriam solum mihi adferunt, sed ipsum videntur in conspectu meo ponere. Hic Speusippus, hic Xenocrates,*

hic

hic ejus auditor Polemio, cujus ipsa illa sessio fuit, quam videmus. Fatetur etiam ibidem illud utuvenire, ut acrior quædam & attentior, ob memoriam locorum, de claris viris subeat cogitatio; & refert se Metapontum aliquando profectum, non ante ad hospitem divertisse, quam Pythagoræ locum, ubi vitam ediderat, ejusdemque sellam vidisset. Nec diversum tale quid ad **Urbem** adeuntibus quotidie contingit, si qui veteris memoriæ plane non sunt incuriosi, qui, quod ille de Athenis, ita quocunque hic ingrediuntur, in aliquam historiam vestigium ponere non ignorant; Hic Scipio, hic Cæsar, curru Capitolium ingressi; hic Tullius pro Rostris perorabat. Quod si tamen res accuratius subducatur, quis non illud imitationis studium, quod in **hoc** ipso spectaculi genere requirit ibidem Tullius, contemplationi vultus eorundem hominum, potius quam nudæ loci memoriæ, aut sedilis adspectui tribuat? quorum alterum nullum rei gestæ vestigium, aut aliquam viri notitiam præbet; alterum, ipsum Auctorem præclari facinoris aut consilii, vere in conspectu ponit, *sic vultus sic ora ferebat.* Neque enim quempiam opinor, thorax vel equus fortis ducis inspectus (qui tamen ad victoriam momentum aliquod conferunt) ad bellicam virtutem accendent, ut ipsius ducis armati & equitantis posita ob oculos effigies; neque etiam Pythagoræ sedes, ut sedentis ejusdem in Nummis habitus, sapientiæ amorem valebit excitare. Nec id diffitebitur omnino, qui expressam videt in monumentis id genus, ipsam antiquæ clarorum hominum virtutis, & magnitudinis imaginem. Quo in loco subit me recordatio Phœnicii illius apud Philostratum, qui in In Heroïcis. Vinitoris cujusdam descriptione, Palamedem, & reliquos belli Trojani Duces, quasi præsentes videre sese
& agno-

& agnoscere prædicabat. At certe luculentius Nummi id præstant, in quibus non Athletas in Olympicis victores; non Rhetores, aut Sophistas; non de Urbe solum aliqua benemeritos Cives, quibus statuas, aut imagines olim decretas, apud Pausaniam aliosque legimus; sed clarissimos omnium ætatum Imperatores; populorum Duces, & Conditores Gentium, licet etiamnum cupidis & attentis oculis intueri.

Est aliquid spectare Deos, & adesse putare,
Et quasi cum vero Numine posse loqui.

Reges, & Duces in Nummis Græcorum. Hic enim occurrunt, Macedonum *Amynta, Philippi, Alexandri, Perdicca, Antipatri, Cassandri, Philippi* posteriores, & *Persei*; hoc est præcipua Regum apud eos series. Ægyptiorum *Ptolemæi*, dicti, *Soteres, Philadelphi, Philopatores, Cerauni, Latheri, Physconet, Euergetes*; Asiæ, *Antigoni*; Syrorum ac Phœnicum, *Seleuci, Antiochi, Demetrii, Alexandri, Tryphones*, iique *Soteres, Callinici, Nicatores, Dionysii, Magni, Dii, Epiphanes, Euergetes, Philopatores, Philometores, Sedetes, Eupatores, Commageni*; Carum *Menandri, Pexodari, Mausoli, Idriei*; Ponti vel Bospori *Mithridates, Euergetes* & *Eupatores, Pharnaces, Asandri, Sauromates*; Bithyniorum *Nicomedes, Prusiæ*; Cappadocum *Archelai, Ariobarzanes, Ariarathes*; Thracum *Lysimachi, Seuthes, Cotyes, Rhæmetalces, Rhescypores*; Pergamenorum *Philetari, Attali*; Siculorum *Hierones, Gelones, Dionysii, Agathocles, Hieronymi*; Epirotarum *Pyrrhi, Alexandri*; Lacedæmoniorum *Agesilai, Polydori*; Carthaginensium *Amilcares, Hannibales*; Arabum *Manni, Aretæ*; Cyrenensium *Ptolemæi*; Numidarum *Jugurthæ*; Mauretanorum *Juba*; Sicyoniorum *Arati*; Judæorum *Herodes*; Edessenorum *Abgari*; Armeniorum *Tigranes*; Parthorum etiam *Arsaces* & *Vologeses*. Quibus accedunt Vandalorum *Hilderici*; Gotthorum *Athalarici*,

Theo-

DE PRÆST. ET USU NUMISM.   41
Theodahati, Theodeberti, Alarici, Witiges, Totilæ, Attilæ.
Inurbanus sit certe & omnis expers innoxiæ voluptatis, qui ad tot Regum & augustorum vultuum conspectum, tangi sese continuo intimi gaudii sensu non agnoscit. Nobilius certe & latius patens spectaculum fatearis altero ejusdem generis, quod commendat alicubi Tullius; qui depictas in tabulis imagines Siciliæ Regum ac Tyrannorum non solum docet pictorum artificio delectasse, sed etiam commendatione hominum, & cogitatione formarum. De me equidem memini, ad insolitum me tanquam, & incredibile spectaculum exiliisse propemodum, quum id genus Heroas ac Duces, ex prisca Annalium memoria haud ignotos, in instructissimo talibus maximi Principis ac Mæcenatis mei museo, oculis mihi arbitrari primum licuit,

Dum vagor adspectu, visusque per omnia duco.

Mitto jam Semi Deos alios, ac antiquissimos Urbium Conditores aut Benefactores, *Castores, Herculem, Abderum, Phalantem, Minoa, Hectorem, Diomedem, Cyrum, Eurypylum, Byzam, Tarantem, Solymum, Cyzicum, Sosandrum Pergamum, Tmolum, Tomum, Docimum, Nemausum,* aliosque plures, quos Heracleensium, Cnosiorum, Iliensium, Ætolorum, Cyrretum, Abderitarum, Byzantinorum, Tarantinorum, Cilicum, Cyzicenorum, Smyrnæorum, Pergamenorum, Sardianorum, Tomitanorum, Docimensium, Nemausensium nummi, mihi aliquoties in Italia vestra inspecti, ad posteritatis memoriam etiamnum tradunt. Mitto præterea clarissimas & è Reginarum quidem vel Amazonum serie Feminas, *Phædram, Smyrnam, Cunam, Amastrin, Berenicem, & Arsinoëm* non unam, *Jotapen, Phtiam, Pythonicam, Philistidem, Cleopatras* aliquot, *Zenobiam,* earumque fastigio minorem, nec minus tamen celebratam

Conditores, aut Benefactores Urbium.

F   *Sappho.*

Sappho. Nec enim sceptris solum & rebus gestis inclytos, sed pacis etiam & ingenii artibus spectatos vultus, Nummi aliquot selectiores nobis exhibent. Ita priscos illos Legislatores, *Zaleucum, Charondam* (si fides habenda viro docto) *Pittacum, Lycurgum,* in vetustissimis Locrorum, Catinæorum, Mytilenæorum, & Laconum Nummis adhuc hodie videmus expressos. Nec minori certe voluptate adficient inspecti in Nummis Samiorum *Pythagoras*; Tarentinorum *Archytas*; Syracusanorum *Archimedes*; Megarensium *Euclides*; Laodicensium *Dracus*; Mytilenæorum *Alcæus*; Teiorum *Anacreon*; Coorum *Hippocrates*; Colophoniorum *Pytheus*; Magnesiorum quoque *Marcus Tullius*. Ut intuentem adhuc hodie venerandos id genus vultus in Nummis æreis, ejusdem Tullii rursus cogitatio subierit, qui æream Demosthenis imaginem olim à se inspectam profitetur, alibi vero Aristotelis; unde & in sedecula posita sub illius imagine apud suum Atticum tradit sedere sese malle, quam in aliorum sella curuli. Immo *Ovidium* quin etiam & *Pollionem* Menandri cujusdam Parrhasii industria ad nostra usque tempora, in duobus æreis Nummis, feliciter transmisit; quorum alterum in Pinacotheca Christinæ Augustæ, alterum te duce, apud Feliciam Rondanini, præstantissimam Matronam, inspexi; quem etiam inde in novissima Nasonis sui editione expressit Vir præter alia decora, hujus quoque antiquitatis diligentissimus investigator Nicolaus Heinsius noster. Integrum vero hic habes cum aversa parte, qualem nummus ille inter rarissimos repræsentat.

Ut levis terra sit huic Parrhasio, qui sacros vultus Musarum Venerumque omnium Sacerdotis intercidere non est passus, quos bona cum Augusti venia,
omnes

DE PRÆST ET USU NUMISM. 43

omnes Musis Gratiisque initiati in sacrariis suis recondant. Unde eidem Vati quærenti jam olim,
Si quis habes nostros similes in imagine vultus;   * Lib. 1.
habere sese adhuc hodie cupide contestentur, & co Trist.El. 6.
quidem studio, quo ipse commemorat suam gemmæ
jam olim insculptam ab amico imaginem,*
   Effigiemque meam fulvo complexus in auro.
Pollionis quidem Nummum nomine Vedii signatum,
non diffiteor à quibusdam ad Augustum referri; qui
tamen Franciscum Gottifredi, optimum talium arbitrum in alia discedentem novi. Goltzii quidem Nummus præfert ΟΥΗΔΙΟΣ ΠΟΛΛΙΩΝ, Augustæ vero
Reginæ tantum ΠΟΛΛΙΩΝΟC, ut iste ad Asinium
Pollionem referendus eidem videatur. Nec mirum
forte aut insolitum videri posset, hunc honorem huic
Pollioni *Cæsareæ* tributum, sicut signatum in altera
Nummi parte, quam Urbem ab Herode magno conditam, vel restauratam novimus; quem Romæ Pollionis hospitio usum, & principem amicorum eundem
habuisse, apud Josephum legisse memini. Neque tamen desunt quæ meum hic adsensum etiamnum cohibeant & de quibus alibi. Alias alterius quoque Pollionis meminit non semel idem Josephus, huic Herodi Lib. XV.
itidem summe chari & reverendi: sed cui utpote Pharisæo nemo opinor hunc nummum imputabit. Ut
prætercam certe alios Polliones, celebres adhuc in sequentibus Romanorum Fastis, illumque Asiæ sub
F 2   M. Au-

Dissertatio Prima

<small>a Orat. 1.
& 1 v. sacr.
b Eccles.</small>
M. Aurelio Proconsulem, cujus a Aristides & b Eusebius meminere. *Homerum* præterea hic mitto, quem

<small>Hist. l. 1.
c. 15.</small>
Amastrianorum aliquot, Smyrnæorum & Chiorum e-
tiam Nummi, sed non uno vultu, exhibent: ita ut

<small>Lib. xxxv.
c. 2.</small>
præ viri vetustate ad artificis ingenium effictum, Plinio
alicubi id asserenti, fides omnino sit præstanda. Quod
etiam aliquot vetustioribus supra traditis Heroum aut
Philosophorum vultibus accidisse, haud immerito crediderim; qui morem illum non Romæ solum receptum ex Plinio novi, sed alibi etiam, & Athenis quidem usurpatum, ubi Æschyli imaginem in Theatro

<small>In Atticis.</small>
diu post ejus obitum factam, ex Pausania didici. Quod
ipsum clarius alias tangit eximius Ciceronis locus, ubi
argumentum à Deorum imaginibus petitum refellens

<small>Lib. 1. de
Nat. Deor.</small>
Academicos ita ulterius perstringit: *Nam quid est quod
minus probari possit, quam omnium in me incidere imagines,
Homeri, Archilochi, Romuli, Numæ, Pythagoræ, Platonis, nec
ex forma qua illi fuerunt. Quomodo ergo, & quorum imagines? Orpheum Poëtam docet Aristoteles nunquam fuisse, &
hoc Orphicum carmen Pythagorei ferunt cujusdam Cecropis.
At Orpheus id est imago ejus, ut vos vultis, in animum sæpe
incurrit.* Non piguit locum integrum adtulisse, quem
ante dies paucos, oblata forte de hoc veterum more
cum industrio antiquario controversia, obiter adlegasse memini. Huc vero referri etiam debent Nummi
illi ærei maximi & rudioris ac minus vetusti operis,
vulgo *Contorniati* Antiquariis dicti; in quibus idem
*Homerus, Pythagoras, Socrates, Diogenes, Milo, Sallustius,
Virgilius, Horatius, Seneca, Apollo Thyaneus, Apuleius,*
aliique id genus jam olim expressi occurrunt. Amo-
vendi vero ex hac serie novitii illi Nummi & moder-
ni inventi, *Dido, Priamus, Menelaus, C. Marius, Scipio
Africanus, Hannibal, Marcellus, Cicero, Virgilius,* & *Au-*
gusta

DE PRÆST. ET USU NUMISM. 45

gusta aliquot apud Æneam Vicum depictæ, in quibus nempe, nec veri, nec vetustatis ulla sese offert commendatio. Quod ut obvium rei Nummariæ veterum vel leviter peritis, non monerem hoc loco, nisi tyronibus & minus exercitatis, fucum in his quotidie fieri, non semel animadvertissem. Hanc vero voluptatem, ex omni illa contemplatione ortam, vel Fulvii Ursini Illustrium Imagines abunde prædicant; quorum pars præcipua ita è Nummis expressa, ut altera locupletior ex adductis obiter Græcorum aut Barbarorum vultibus, erui adhuc possit, & ad publicam elegantiam exponi.

Majores autem vestros, illos terrarum Rectores, *Romani in* nonne hic passim, & frequentius etiam in Nummis *Nummis.* spectamus: *Cæsareos video vultus*. Illi sunt utique, quorum conspectu cupidi talium maxime se oblectant; immo quorum beneficio Roma priscos Civium ac Dominorum vultus sibi adhuc læta ante oculos ponit,

Et centum Dominos novæ monetæ.

Hinc illi contemplari etiamnum & agnoscere conceditur, magnanimos suos *Julios*, *Augustos*, Trajanos, Con- *Cæsari.* *stantinos*; truces *Tiberios*, *Caligulas*, *Nerones*, Domitianos, *Caracallas*; mites *Titos*, *Nervas*, *Pios*, Marcos,; molles *Othones*, *Commodos*, *Elagabalos*; universam denique Cæsarum seriem, familiam, indolem;

En Cæsar agnoscet suum *Prudentius.*
Gnorisma nummis inditum.

Sicut cum eruditissimo amicissimoque Marquardo Gudio nostro omnino legendum illo loco crediderim, ubi *Numisma nummis* hactenus legitur. Non aliter ac *In Antio-* Libanius cornua imagini Ius apposita, vocat τὴν τὸ *chico.* γνώρισμα ϛ ῑ'ὃς. sed hoc obiter. Nec vero Augustarum *Augusta.* adspectu minus forte delectatur, dum obviæ eidem in

F 3   Num-

Nummis occurrunt erecti vultus *Liviæ*, *Octaviæ*; infausti *Agrippinæ*; inverecundi *Messalinæ*, *Poppææ*, *Faustinæ*; probioris *Sabinæ*, *Mæsæ*, *Mammææ*; & ut alterius Romæ fastigia hic non omittam, **sanctioris adhuc oris** *Helenæ*, & *Eudoxiæ*. Mitto primos Conditores suos ac Reges, *Romulum*, *Numam*, *Ancum Martium*, *Servium Tullium*; quorum priores ex ingenio artificum efficos, supra ex Tullio tradidi. At enim sequentium temporum ac **Reipublicæ** decora, Nummi vere nobis repræsentant, *Regulos*, *Marcellos*, *Scipiones*, *Servilios*; & libertatis ipsius Numina, *Brutos*, *Catones*, *Cassios*; ac nominis fortunæ & magnitudini pares *Syllas*, *Pompeios*; & Quiritium olim amores, *Drusos*, *Germanicos*; & Civium fastigio majores *Antonios*, *Lepidos*, *Agrippas*; quos pari studio ac felicitate, qua olim illi supra laudato junioris Plinii familiari, colere etiamnum ac domi habere **conceditur. Adeo** ut hoc demum impleverint id genus Numismata, quod de Varronis opere has ipsas complexo Illustrium Romanorum imagines, augurabatur Plinius major; *inventione muneris etiam Diis invidiosus*, *quando immortalitatem non solum dedit*, *verum etiam in omnes terras misit*, *ut præsentes esse ubique & claudi possent*. Quis vero tam inficetus adeo & inurbanus, qui leve id Nummorum beneficium arbitretur, aut usu carere pulcherrimæ voluptatis, præclarum forte & consultum ducat?

Nec tot alia *prisci ævi Vestigia*, quibus præter Effigies id genus, Nummi veniunt insigniti, leviori gaudio spectatorem perfundunt. Hic enim non sus forte, aut pecus, vel ratis, aut navis etiam rostrum solum sese offerunt; quibus notis signatos antiquissimos Romanorum Nummos accepimus. Longe potior voluptas ex Nummis florentis Reipublicæ, & sequentium temporum,

DE PRÆST. ET USU NUMISM.   47
porum, quales hodie tractamus, exsurgit; quam præter commemoratam supra antiquitatis commendationem, argumenti varietas & illecebræ abunde conciliant. Indignabatur quidem Zeuxis, quod argumenti novitatem, non artis præstantiam in ipsius Tabulis laudarent spectatores; quorum utrumque pari, ut jam intelligimus, jure, licet in Nummis id genus æstimare. Quid jucundius enim homini veteris memoriæ non plane incurioso, quam non hic tractare *pocula adorandæ rubiginis*, sed priscos illos rerum dominos, modo sacra facientes cum omni Sacrorum apparatu & supellectile; modo Vota suscipientes pro salute Reipublicæ, aut Imperii æternitate; modo distribuentes donativa & Congiaria; modo Reliqua ceu Fisco debita remittentes; modo Annonam procurantes; modo Circenses, aut Sæculares ludos, vario spectaculorum genere celebrantes; modo Templa, Portus, Thermas, Circos, Theatra, Vias, Aquæductus, Arcus, aliaque victura opera molientes aut ampliantes; modo peragrantes, & restituentes Provincias; modo deducentes Colonias; modo Libertatem publicam adserentes; modo Justitiæ, Concordiæ, Abundantiæ, Felicitati, Lætitiæ, Securitati, Tranquillitati denique Temporum, varia ratione consulentes, omnibus denique Pacis artibus florentes intueri? Quid suavius iterum, quam eosdem militari gloria conspicuos, aut ad Expeditionem accinctos; aut proficiscentes ad Exercitum & adloquentes è suggestu milites; aut Fidei jusjurandum ab iis exigentes; aut Disciplinam restaurantes; aut captivos Reges, & prostratas ad ipsorum pedes Provincias ostentantes; aut Regna adsignantes; aut sublimes in Triumphali curru, & à Victoria coronatos; aut inter signa militaria Gloriam Sæculi vel Romanorum diffun-

Lucian. in Zeuxi.

fundentes; aut gratulantem illis Adventum Romam, vel aliam quamvis Orbis partem : aut eosdem denique post impletum mortalitatis terminum, Divorum honoribus videre decoratos. Mitto varium adhuc spectaculum, quod insuper omnigena Nummorum Græcorum & Romanorum supellex præbet, Deorum simulacra; Herculis labores; Urbium insignia & origines; Fluviorum figuras; Provinciarum effigies; Animalium formas; Plantarum imagines; Armorum genera; Legionum **nomina**; Vestium species; Coronas omnis generis; alia præterea de quibus opportunior adhuc in sequentibus dicendi erit locus. Quis autem **non** gemina voluptate adficiatur, in contemplanda expressa tot pulcherrimarum & reconditarum in Nummis rerum effigie, qua Lucianus olim Rhodi picturas in Porticu depictas adspiciens, tangebatur; *quam ex contemplatione*, inquit, *capiebam, heroicas illas fabulas memoria repetens*. Ego equidem, quid honesta sit ac suavis animorum remissio non intelligo, si illam non provocat ejusmodi contemplatio, quæ res tot Annalium curam meritas, nobis aliquanto manifestius ob oculos ponit; ubi denique

Suspendit picta vultum mentemque tabella.

Immo eo magis innoxia ex hoc monumentorum genere, quam ex iisdem Annalibus petenda; quo ejusmodi delectatio, turpi spectaculo fœdæ voluptatis, sæ**vitiæ, insaniæ** eorumdem temporum & hominum quandoque non inquinatur.

DISSERTATIO SECUNDA.
DE
PRÆSTANTIA ET USU
NUMISMATUM
ANTIQUORUM.

Neque tamen laus sua illi **contemplationi** ac decus abunde constaret, nisi ex ea non solum mirifica quædam oblectatio, sed **U T I L I- T A S** etiam incredibilis emergeret. Hanc enim Philosophiæ legem tradit eleganter **Themistius**, nihil omnino solius oblectationis gratia perficere, sed ubique cum eo quod jucundum est, utile quoque admiscere. Neque Sapientis id solum, sed Artificum e- *Orat. x i i* tiam proprium agnoscit Tullius, qui negat Phidiam, *De Finib.* Polycletum, Zeuxidem suas artes ad **voluptatem** dire- *l. 1.* xisse; & alibi etiam has ipsas reliquias veteris **memoriæ**, *De Finib.* ad nudam earum notitiam **transferre**, vocat curiosorum. Eam vero Utilitatem, multiplex illa **tot rerum**, quas modo enumeravi, in Nummis Veterum **supellex**, & tot eximia consignatæ in iis vetustatis vestigia, vel me tacente, arguere satis & prædicare videntur. Adeo quidem, ut hæc res nemini possit esse dubia, nisi qui eadem opera, omnem priscæ ætatis notitiam aut supervacuam, aut à se alienam putet. Immo eo felicius hujus antiquæ supellectilis usum & præstantiam quisque intelligit, quo magis interioribus veterum studiis & varietate quadam litterarum instructus, ad Nummorum id genus tractationem accedit. Ita enim lucem præclaræ aut reconditæ Antiquitati, facem Historiæ

G   aut

DISSERTATIO SECUNDA

aut Geographiæ veteri; integritatem mutilis vel corruptis Auctorum locis, non aliunde certius, aut luculentius peti fatebitur; denique eorum beneficio licere adhuc hodie,

Tecum Graia loqui, **tecum** *Romana vetuſtas.*

1.
IN GRAM-
MATICIS.

Ac primo quidem ipſa ſeſe offert Litterarum Doctrina, quocunque tandem *Technices*, aut *Exegetices* nomine, Grammaticorum filiis nuncupetur. Seu enim genuinas litterarum apud veteres formas ac ætates; ſeu earum vim & adfectiones varias; ſeu ipſam vocum ſcriptionem ac proprietatem conſulamus, non aliunde nobis certius, quam in Nummis aut Marmoribus antiquis præſidium occurrit. Nec certe ratio hic aut eventus fallit. Subſidia quippe reliqua, dubiam ſemper transſcriptorum Exemplarium fidem, hæc autem ſola primigeniam Autographorum dignitatem præ ſe ferunt. Norunt præterea, qui ſcriptos veterum libros verſant, quam corrupti ſint non ſolum, ſed recentiores plerique; pauci admodum ſupra octingentorum aut mille ad ſummum annorum vetuſtatem adſurgant. Pandectas Florentinas; Virgilium cum Medicæum, tum Vaticanum; Terentium Politiani judicio omnium Codicum à ſe inſpectorum antiquiſſimum; Verſionem LXX Interpretum, & Gloſſaria aliquot Bibliothecæ Palatinæ, magna quidem cum vetuſtatis veneratione, Florentiæ, & hic in Urbe non ſemel inſpeximus. At eoſdem tamen infra Juſtiniani ævum (ut largiamur aliquot illi coætaneos, aut paullo forte vetuſtiores) longe certe infra Nummorum vetuſtatem, qui ferme hic deficiunt, exaratos, cuivis obvium ſit ac manifeſtum. Unde ſola quædam hic ſupereſt ad primævam illam & incorruptam Nummorum ac Lapidum auctoritatem provocatio decretoria, Criticis & Grammaticis

DE PRÆST. ET USU NUMISM. 51

maticis majorum Gentium, haud semel feliciter usurpata.

In tradendis certe aut explicandis *Litterarum* apud veteres *formis*, unicum & singulare occurrit monumentorum id genus beneficium. Nec leve illud esse reputandum, & doctissimorum hujus ævi Virorum, quæ in hac palæstra se exercuit, industria, & res ipsa loquitur. Hinc enim & indubiæ linguarum origines, & primæ litterarum formationes, & varia ætatum discrimina, & innumeri librariorum aut quadratariorum errores, aliaque recondita eruditæ vetustatis arcana feliciter eruuntur. Adeo ut quæ in hoc genere, ab eruditis aut præclare reperta, aut timide pronunciata, aut perperam etiam tradita, lucem continuo ex Nummis, aut emendationem mutuentur. Ita Alphabeti veteris Græcorum cum Phœnicio collatio à magnis viris instituta, procedet securius, ut singularum litterarum apices & ductus originis suæ fidem faciant. Nec aliter jam olim Herodotus genuinas veterum Cadmæorum seu Phœnicum litteras colligit ex priscarum Inscriptionum monumentis, ἴδον ἢ καὶ αὐτὸς Καδμήϊα γράμματα ἐν τῷ ῥυτῷ Ἀπόλλωνι ξ Ἰσμηνίω ἐν Θήβῃσι τῇσι Βοιωτῶν, ἐπὶ τρίποσί τισι ἐγκεκολαμμένα, τὰ πολλὰ ὁμοῖα ἐόντα τοῖσι Ἰωνικοῖσι. Quare jam incautius loquutum patebit illustrem Salmasium in Notis ad Inscriptionem Herodis Attici, qui formas litterarum Græcarum semel à Ionibus receptas, perpetuo in eadem facie ad nostra usque tempora mansisse, nihilque in iis immutatum contendit. Atqui vel Græcorum Nummos consulenti, non una certe, sed diversa variarum litterarum facies, ac pro ætatum discrimine, multiplex eadem occurret; dum non solum ε pro Ε; sed z pro Ζῆτα; Γ pro Π; c & ϲ pro Σίγμα; ω pro majusculo Ω, aliaque id genus frequenter sese offerunt. Ut

Circa Formas litterarum Græcarum, & Latinarum.

Lib. v.

G 2   mit-

mittam quadrata ⊡ pro Θῆτα, & ▢ Ομικρὸν, quæ mihi in Nummis necdum obſervata, in marmoribus aliquot Farneſianis & Magni Etruriæ Ducis, non ſemel inſpeximus. Sic non unam literæ ξ figuram diverſam à vulgari, cum in Nummis aliquot Græcorum haud ſemel notavimus, tum in præclaris aliquot Inſcriptionibus Athleticis, nuper hic in Urbe repertis, Ξ Ξ Ξ. Sic Σ pro Ζ videas in nummo Alexandri Severi apud Cl. Seguinum. ΑΤΤ. Μ. ΑΤΡ. ϹΕΥ. ΑΛΕΞΑΝΔΡΟϹ. Antiquiores itaque Græcorum litteras à poſterioribus non *numero* ſolum ſed *forma* etiam haud ſemel diſcrepantes, indubia inſuper plurium adhuc teſtium fide liceret hic mihi comprobare. Ἀρχαίων certe γραμμάτων ſeu *vetuſtarum litterarum* mentionem aliquoties reperio apud graviſſimos auctores, quibus inſcripta antiquiſſima aliquot Græcorum monumenta conteſtantur. Diodorus Siculus Aram tradit extare ad Sinum Arcticum, cum inſcriptione quâdam antiquis & ignotis quidem litteris exarata. Idem alibi refert Argonautas Regi Libyæ æreum Tripodem donaſſe, inſcriptum quidem antiquis litteris, & ad ſua uſque tempora permanentem apud Heſperitas. Nec aliter ejuſdem auctoris coævus Halicarnaſſenſis, docet L. Memmium adſerentem, viſum à ſe Tripodem ſacratum in Jovis templo, in quo inſcriptum litteris antiquis Oraculum legebatur. Alio vero loco Columnam Græcis litteris inſcriptam commemorat idem Auctor, qua fœdus cum Latinis continebatur, Romæ adhuc ſuo tempore ſuperſtitem in templo Dianæ, & Græcis characteribus inſignitam, quibus olim Græcia utebatur. Plutarchus in Alcmenæ ſepulchro inſcriptionem exſtare dicit litteris vetuſtiſſimis ac fermè Ægyptiacis, quas vocat σῦ τύπους ſeu formas illius Grammaticæ, quam Proteo regnante

Lib. III.

Lib. IV.

Lib. I. Antiq.

Lib. IV.

De Socratis Genio.

DE PRÆST. ET USU NUMISM. 53

gnante didicit Hercules. Dio vero Chryſoſtomus, vi- Orat. I x.
ſum à ſe refert in templo Junonis Olympiæ raptum
Helenæ inſculptum, καὶ ἐπίγραμμα ἐπιγεγραμμένον ἀρ-
χαίοις γράμμασι. Accedat his Philoſtratus, qui Ere- De vit. A-
trienſium antiqua apud Medos ſepulchra, Græcis litte- pollon. lib
ris, ſed quales alibi non videntur, inſcripta diſerte commemorat, γράφοντες τ Ἑλλήνων τρόπον. Καὶ οἱ τάφοι ᾗ οἱ ἀρ-
χαῖοι σφῶν ὁ δεῖνα ξ δεῖνὸς γέγραπται. Καὶ τὰ γράμματα Ἑλλήνων μὲν ἀλλ᾽ ἔπω ταῦτα ἰδεῖν φασι. Cui loco rurſus lucem fœneratur Herodotus, qui tradit alicubi Græcos
Eretrienſes (quos male Eretrios vocat Interpres Phi-
loſtrati) in Mediam ſub Dario Hydaſpis filio tranſ-
portatos, ad ſua uſque tempora linguam conſervaſſe
vernaculam, φυλάσσοντες τὴν ἀρχαίην γλῶσσαν. Hæc ita- Lib. 111.
que Eretrienſium colonia in illo tractu, longe poſte-
rior prima Ionici Alphabeti apud Græcos admiſſione.
Unde jam ex illis Auctorum Nummorumve teſtimoniis ſatis liquet, cum ante, tum poſt receptas à Ionibus
Phœnicum litteras, non ſemel eorum formam apud
Græcos immutatam, nec in iiſdem veſtigiis perpetuo
remanſiſſe. Neque prætereundum illud Z pro ΖΗΝ uſ-
ſurpatum, (quod ab illuſtri Scaligero in accurato ſuo
Diagrammate prætermiſſum) non legi ſolum in anti-
quiſſimis Marmoribus Arundellianis, ſed aliquoties in
priſcis nummis cum vocibus Z ΑΓΑΡΙΣ ΚΥΖΙΚΗ-
ΝΩΝ, quod male Ortelius pro Ξ uſurpatum eo loco
credidit, quaſi Xagaris aut Cyxicum legi in iiſdem debeat. Pro z enim illud, non pro Ξ ibi poſitum, cum
ratio illorum nominum ſatis arguit, tum obvia in aliis
Nummis Z figura pro z, ut in vocibus, Z ΗΝΟΝΟC,
item Z ΟΖΙΜΟΣ, ſicut legitur cum alibi, tum in duobus nummis Laodiceorum, quorum priorem videas in
Pinacotheca Reginæ Suedorum, poſteriorem ſigna-
G 3   tum

tum in honorem Appii Proconsulis, quem non ita pridem vulgavit Cl. Seguinus. Alias non diffiteor Ξ pro Σ occurrere in nummo recentiori cujusdam Alexandri, qualem inspexi etiam in Gaza Christinæ Augustæ, ΑΛΕΞΑΝΔΡΟΥ, & in altero Alexandri Severi apud eundem Seguinum. Nisi illud pro z ibidem sumas; ita enim vox eadem effertur in Nummo Apameensium Pontificis, percusso temporibus Philippi senioris, ΑΛΕΖΑΝΔΡΟΥ. Confusæ nempe duæ illæ litteræ z & Ξ in ea voce, ob sonum haud multo diversum, quod sæpius contigisse in iisdem nummis paulo infra monebimus. Quod caute tamen accipiendum, ne quis cum doctissimo Seldeno, alterum ζῆτα solenne, multo recentius putet; quum frequens illius usus in antiquissimis Nummis, ΑΙΖΑΝΕΙΤΩΝ, ΖΕΦΥΡΙΩΝ, aliisque, passim occurrat. Falli præterea ex Nummis patebit eruditos, qui c altero Σῖγμα vulgo vetustius statuunt; quod ex quodam Agathonis apud Athenæum loco, à Viris magnis Jos. Scaligero in Eusebianis, & Isaaco Vossio ad Melam, erudite jam observatum vidi. Nec id tam arcus Scythici argumento, quam indubia testium fide, mihi fit manifestum; qui in ampla illa Græcorum Nummorum copia, Σ passim in antiquioribus observo; alterum vero c rarius ante Domitiani tempora usurpatum, sequentium demum ætatum proprium & peculiare, ut vix postea prioris illius Σ vestigia eadem Nummorum supellex præbeat. Unde male vir doctissimus ad Ammianum c ab Agathone tanquam vetustum Græcorum σῖγμα designari credidit, aut Scaligerum reprehendit arguentem Ciaconium, qui Stibadium simile dixerat arcui Scythico. Stibadium enim nihil aliud quidem quam illud Σῖγμα sub c figura traditum, sed infra Agathonis ætatem vulgo usur-

DE PRÆST. ET USU NUMISM. 55

go usurpatum, ut ad illud Poëta non respexerit illo apud Athenæum loco. Ut mirer etiam τὸν πάνυ Salmasium, qui tam multa de antiquis Græcorum litteris haud uno in loco disputavit, alicubi in Solinianis adnotasse, *sigma Græcum antiquum formatum ut* C *Latinum.* Tom. 1. Alias vero C illud pro Γάμμα nonnunquam vetustissi- pag. 338. mos olim Græcos usurpasse, liquere videtur ex antiquis Gelensium in Sicilia Nummis, in quibus ϹΕΔΑΣ In Sicilia promiscue & ΓΕΛΑΣ adhuc hodie legitur. Unde e- Paruta. tiam aliquam inde lucem posset mutuari, quod C apud priscos Romanos G vicem serius recepti implevisse cum Gellius aliique tradidere, tum Nummi inprimis fidem faciunt, in quibus inter alia legas OCULNIUS pro OGULNIUS, & in Nummo quodam Caii Cæsaris, G. CÆSAR GERMANICUS; *Gaius* nempe pro *Caius*. Ϲ vero aliud *sigma* adhuc recentius; quamvis non solum sub Philippo Imperatore, cujus Nummum adfert Scaliger, fuerit receptum, sed jam ante in aliquibus Antoninorum Numismatibus occurrat, immo etiam in nummo quodam Augusti (quem apud Cl. Seguinum vidisse memini) à Peparethis percusso. Lapsum vero hic patet eundem Scaligerum, qui S Latinorum, Græcorum etiam litteris insertum olim credidit, fide Nummi inscripti, ΑΔΡΙΑΝΟΣ ΣΕΜΝΟΣ ΚΑΙϹΑΡ. Atqui eadem ratione non illud S solum, sed R, V, aliaque Romanis propria, inter solennes Græcorum litteras referre potuisset, quæ frequenter in Græcorum Nummis sub Cæsaribus cusis occurrunt, ut ΑΝΤΩΝΙΝΟΣ; ΛΙΘ; ΛΕΩΝ ΒΑΣΙΛΕΥΣ ΡΩΜΕΩΝ; ΕUΡUΠUΛΟϹ; ΑΥΓVϹΤΟΣ; ΖΕΥΣ; ϹΜΥΡΝΑΙΟϹ; aliaque id genus plurima. Factum id vero, non quod illæ litteræ revera in Alphabetum Græcorum essent unquam admissæ, (hoc enim omnes Nummi-

56 DISSERTATIO SECUNDA

mi veteres constanter explodunt) sed ex frequenti utriusque linguæ commercio & commixtione, & maxime Romani sermonis simul **ac** imperii sub Cæsaribus amplitudine, Unde non litteræ solum, sed voces integræ Romanorum cum Græcis mixtæ nonnunquam & confusæ, idque frequenter in Coloniarum Nummis, ut in ΚΑΡΡΗΝΩΝ sub Trajano Decio; COL. AUR. ΚΑΡ. ΚΟΜΜ. P. F. in alio Iliensium, sub J. Cæsare ΒΙΣΝΕΩΚΟΡΩΝ, in altero Claudii ΚΑΙCAR. ET. H. CAESAREAE. Unde etiam explicanda Nummi scriptura apud Goltzium ΦΙΛΙΓΕΝΣΕ, quam male ad Philippopolim refert. Spectat vero ad *Philippos*, aut familiari Coloniarum more *Philippense* oppidum Macedoniæ, cujus incolæ *Philippenses*, ad quos exstant D. Pauli & B. Polycarpi Epistolæ, & apud quos deductam ab Augusto Coloniam liquet ex residuis urbis illius nummis, inscriptis COL. AVG. IVL. PHILIPP. seu *Colonia Augusta Julia Philippi* vel *Philippensis*. Ita enim in rarissimo nummo Medicæo ejusdem tractus, signato temporibus Nervæ, COL. IVL. CASSANDRENS, hoc est *Colonia Julia Cassandrensis*, in aliis autem COLONIA AVGVSTA PATREN. seu *Patrensis*, & in nummo Antonini Pii perspicue apud illustrem Sevium, COL. CAES. ANTIOCHENSIS, unde illustratur Capitolinus, qui in vita ejusdem Pii *Antiochense oppidum* arsisse docet, à quo proinde instauratum, denuo hinc licet percipere. Ex priori autem nummo liquet *Cassandrea* pro *Cassandria* apud Melam reponendum, secus quam existimabat vir doctissimus. En vero Coloniæ ejus Philippensis Nummum, sub Claudio percussum, depromptum è Museo Viri Amplissimi, Joachimi Camerarii nostri.

Tab. XIV Græciæ.

Alium

DE PRÆST. ET USU NUMISM. 57

Alium ejuſdem generis ſignatum ætate Veſpaſiani, habet Gaza Medicæa (quem male itidem eruditus illius cuſtos ad Philippopolim referebat), & ſub Auguſto Goltzius. Unde utique D. Lucas luculenter illuſtratur, cui eadem urbs COLONIA vocatur in Actis, ἐκεῖθεν εἰς Cap. XVI.
ΦΙΛΙΠΠΟΥΣ, ἥτις ἐστὶ πρώτη τ᾿ μερίδος τ᾿ Μακεδονίας πό- v. 12. λις, ΚΟΛΩΝΙΑ. Et illinc PHILIPPOS, quæ eſt PRIMA partis Macedoniæ civitas, COLONIA. Vulgo enim Metropoles eædem ac Coloniæ; ſicut conjunctam videas paſſim utramque prærogativam in nummis Antiochiæ, Tyri, Sidonis, Damaſci aliiſque pluribus, quæ **mox** enumerabuntur, pleraque ſuæ gentis capita : callido nempe Romanorum conſilio, quo unius urbis fide, reliqua Provinciæ oppida, in obſequio facilius retinerent. Linguam autem Matricis Romæ, ut alias notum, & quod hic veniebat ſpectandum, novi quidem inferebant Coloni; ita tamen ut ſimul **veterem** loci ſermonem continuo non abolerent, ſed modo uterque publico uſu & commercio frequentaretur, modo etiam quædam utriuſque permixtione in unum eundemque cum idiomate juxta & ſcriptura coaleſceret. Ex quo equidem more, aliarum quoque gentium Coloniis pridem recepto, nata illi paulatim cum dialectorum varietas quædam & confuſio, tum inprimis Romanarum vocum in linguis exoticis Græca, Phœnicia, Syriaca, Arabica, aliiſque frequentia. Ejus autem rei documenta nullibi illuſtriora aut magis conſpicua

H

spicua videas, quam in hac ipsa Nummorum penu, inspecta mihi non semel in præclaris Principum & illustrium Antiquariorum Cimeliarchiis, in qua occurrunt quamplures Romanorum Coloniæ in Græciam, Epirum, Thraciam, **Macedoniam**, Pontum, Bithyniam, Palæstinam, Phœniciam, Syriam, Mesopotamiam, Arabiam, Africam Proconsularem, Mauretaniam (ut jam Hispaniam, Galliam, Germaniam, Britanniam, aliasque mittam) deductæ. Signatæ autem illæ publica cujusque loci auctoritate, modo Romana Metropoleos lingua, ut COL. AEL. CAPIT. seu *Colonia Aelia Capitolina*, ac eodem modo cum adjuncto COLONIÆ nomine, *Alexandria*, *Troas*, *Berytus*, *Bostra*, *Cassandrea*, *Claudiopolis*, *Corinthus*, *Deultus*, *Heliopolis*, *Laodicea*, *Leptis*, *Oricos*, *Papia*, *Patræ*, *Pella*, *Ptolemais*, *Sephyrus*, *Sinope*, *Stobi*, *Tyrus*, aliæque urbes Græci licet & peregrini idiomatis. Modo autem Græco seu vernaculo sermone notatæ, ut ΕΜΙϹΩΝ ΚΟΛΩΝΙΑϹ, sive *Colonia Emesa*, & similiter *Edessa*, *Nesibis*, *Rhesana*, *Thessalonica*, ac plures cum Græca itidem ΚΟΛΩΝΙΑΣ appellatione. Modo promiscue cum Vernacula, tum aliquando Romana lingua prolatæ, ut COLONIA ANTIOCHEA vel ANTIOCHENSIS, & aliquando ΚΟΛ. ΑΝΤΙΟΧΕΩΝ, & ad illius exemplum *Cæsarea*, *Carræ*, *Damascus*, *Sidon* & aliæ id genus modo antiquæ, modo Romanæ linguæ usum in publicis illis retinentes monumentis. Præterea cum bilingui nonnunquam in eodem nummo inscriptione, quod arguunt Cretensium aliquot nummi apud Cl. antiquarios Tristanum & Seguinum, ubi nempe una ejusdem nummi area Græcam, altera autem Latinam epigraphen continet; cujus generis etiam occurrunt antiqui aliquot Macedonum Nummi hinc ΜΑΚΕ, aut ΜΑΚΕ-

DE PRÆST. ET USU NUMISM.

ΚΕΔΟΝΩΝ inscripti, illinc AESILLAS, proprio viri nomine. Denique aliquando in eadem Nummi area & inscriptione permixtis simul ex utraque lingua vocibus ac litteris, ut paulo ante in Nummis *Carrenorum* & *Philippensium* notabamus, & exemplum adhuc præbent *Damascus Colonia Metropolis*, seu ΚΟL. DAMA. METRO. sicuti occurrit scripta in Nummo Treboniani, quem videas in Museo Reginæ Christinæ. Postremum autem hunc morem, utramque linguam ac scripturam una permiscendi, nosti frequenter etiam obvium in lapidibus antiquis, ubi præter crebras Romanorum voces, periodi etiam integræ Græcis litteris expressæ non semel leguntur. Certe Latinorum v pro Græcorum ὑψιλὸν in recentioribus Græcorum nummis passim receptum videas, signatis ætate Alexandri Severi, Philipporum & sequentium. Ita vel a inversum, Digamma à Claudio receptum in Romano alphabeto, de quo Tacitus, Suetonius, & Quintilianus meminere, in Nummo ejusdem Claudii occurrit; quem hujus antiquariæ supellectilis strenuus indagator Petrus Seguinus nuper illustravit. F alias Latinorum loco ♦ Græcorum, ut quidem videtur, crebro observes in nummis Faliscorum Magnæ Græciæ, qui ΦΑ-ΛΕΙΩΝ passim inscribuntur, ut F pro ♦ in eo tractu vel inde liqueret usurpatum. Nisi potius Digammatis Æolici vestigia in eadem vocis hujus scriptura eruamus, quam constanter adeo præferunt omnes nummi antiqui hujus Urbis, quorum adhuc luculenta copia suppetit. Faliscorum nempe conditor apud antiquos auctores Ovidium, Plinium aliosque, & à quo gens ac terra denominata, Græcus gente *Halesus*, seu Ἅλυσος, more autem veteri Græcorum H, adspiratis vocibus præponendi Ἥαλυσος, juxta Æolas vero Digamma

In Gaza Christinæ, Palatina & Medicæa.

H 2 suum

suum vocalibus cum lenibus tum asperis præmittentes Φάλισσ⊙. Hinc Romanis antiquitus *Halesii* & *Falesii* dicta illa gens, postea vero, *Falerii*, vel *Falisci*, ut utroque illo nomine alias haud unius gentis eos nonnunquam vocat Livius. Sciendum enim, cum H vulgo locum F, tum s vicem R occupasse in veteri Romanorum scriptura, ut narrant veteres Grammatici; unde juxta Plinium, *Oppidum Formiæ Hormiæ ante dictum*, & *Valesii, Vetusii*, aliique id genus olim dicti, qui *Valerii* & *Veturii*, postea nuncupati. Apposite autem in hanc rem Servius qui ad illud Virgilii, *æquosque Faliscos*, hæc notat, *Faliscos Halesus* (non Haliscus) *condidit. Hi autem immutato* H *in* F *Falisci dicti sunt; sicut Febris dicitur, quæ ante Hebris dicebatur. Nam posteritas in multis nominibus* F *pro* H *posuit*. Plana itaque omnia è Livio, Plinio, Servio, & priscæ Græcorum ac Romanorum scripturæ vestigiis; unde factum ut non Romanis solum *Falerii* & postea *Falisci*, sed Græcis Romanarum rerum scriptoribus, illorum more Φαλίσκοι vulgo sint appellati: si vero Festum consulamus, Faliscos non jam ab Haleso, sed à voce ἁλὶς seu sale deducentem, eundem rursus in Græca vocis scriptura usum agnosces Digammatis Æolici, vocali & quidem adspiratæ, consueto more, præpositi. Neque vero illud prætereundum, non Φαλίσκυς, ut vulgo apud auctores, sed ΦΑΛΕΙΟΤΣ constanter vocari hanc gentem in nummis antiquis. At norunt in veteri Geographia vel leviter exercitati, haud inconsuetum unius Urbis aut Gentis nomen non uno modo prolatum videre, & quidem (quod huc inprimis facit) aliter ab incolis, aliter vero ab exteris unam eandemque gentem sæpenumero nuncupatam. Illustre exemplum occurrit in urbe Gaza, quam Syris adhuc suo tempore non Γάζαν, sed Ἄζαν vocari

obser-

observat Stephanus, & cujus gentile foret Γαζαῖοι & Γαζηνοὶ, apud indigenas vero Γαζίτης. Nummi tamen hujus loci (ne quid dissimulem) qualem certe citat Goltzius, præferunt ΓΑΖΑΙΩΝ; alii autem quos adnotasse memini in illustribus Cimeliarchiis, cum Templo & Urbis nomine ΓΑΖΑ ΜΑΡΝΑ. Unde, ut obiter hoc dicam, præclare illustrantur quæ de MAR- NÆ Jovis apud hos Gazæos cultu cum idem Stephanus in hac voce, aliique tradidere, tum inprimis D. Hieronymus, qui hanc Ædem alicubi cum celebri illo Serapio conjungit; *Serapium Alexandriæ, & MAR- NÆ Templum GAZÆ in Ecclesias Domini surrexerunt.* Alias vero, de quo jam hic agitur, crebra legas apud Stephanum exempla prædictæ varietatis in formatione τ̃ ἰθνικῶν, (quam certe clarissime evincunt nummi antiqui) inde profectæ, quod gentilitia illa nomina modo peculiari loci & regionis typo, modo aliter apud extraneos, juxta artem nempe & exempla similium formationum efferrentur: alia nempe, ut sæpe innuit, τύπῳ τ̃ χώρας, alia τ̃ τέχνης. Nihil itaque insolitum, ut vides, *Falerios* aut *Faliscos*, Romanis aliisque dictos, qui ΦΑΛΕΙΟΙ indigenis, seu κζ̃ τὸ ἐπιχώριον, vocabantur, sicut antiqui gentis nummi extra dubium ponunt. Quod in his Faliscis minus adhuc mirum, qui illud apud Strabonem legit, hoc loco utique non prætercundum, ὅτι Φαλίσκοις πόλις ἰδιόγλωσσοι, *Faliscos urbem peculiari lingua utentem.* Et quod hic præterea notandum, eandem esse juxta quosdam, quæ hodie vocatur indigenis *Galese*; in qua voce, certe cum primi conditoris nomen, tum Æolici Digammatis in Γάμμα sæpe converti olim soliti, ut vere alicubi observat ὁ πάνυ Salmasius, clara licet vestigia deprehendere: Mirari vero potiori jure quispiam posset, cur Æolicum illud Di-

Augustæ Christinæ & Ill. P. Se- vit.

In Esaiam lib. v 11.

In voce Γάζερα & alibi.

Lib. v.

H 3   gam-

gamma ab iis retentum, quum Argivus perhibeatur eorum conditor Halesus, Dorica proinde lingua verisimiliter usus. Verum eximendo huic scrupulo vel una opinor sufficit Strabonis auctoritas, qui non solum illud Faliscorum τὸ ἰδιόγλωσσον observat, sed etiam alibi docet, non aliam esse Doricam dialectum, quam Æolicam antiquam, & non extra Isthmum solum, sed in Isthmo etiam positas gentes Æolicas fuisse. Ut mittam Pindarum, quod jam notavit ad eum locum magnus Casaubonus, Æolice se scribere profitentem, quem alias Dorico sermone usum constat. Et ad alia quidem properabam, quum occurrit rursus Æolici illius Digammatis vestigium in nummo ϜΑΣΤΙΩΝ, inscripto apud Goltzium; quod plane Græcanicum negantem videas ejus interpretem Nonnium, si quidem littera Ϝ, sit prorsus illis ignota, unde pro Ϝαστιῶν, legendum putat Ἑστιαίων. Agnoscis utique, mi OCTAVI, non cujusvis esse, veterum illorum monumentorum, quibus tot erudita priscæ litteraturæ ac sapientiæ mysteria continentur, interpretationem pro dignitate suscipere, minus autem decere, ignorationem continuo in temeritatem vertere, obscura quævis aut incomperta ad lubitum mutandi aut refingendi. Quasi vero liceret eadem arte grassari in primæva illa & incorrupta priscæ ætatis monumenta, Nummos nempe & lapides antiquos, (quod à Viris magnis factum aliquoties nollem) qua uti solet gens Criticorum, in libros editos aut descriptos olim à librariis codices, multis proinde erroribus obnoxios. Et quam caste adhuc, quam sobrie, quanta cum cautela id sibi indulgendum putant, non magistelli quidem aut è trivio Critici, sed ii demum qui nominis hujus præstantiam ac officium vere adsequuntur. Laudandus est quidem Nonnius

ab

DE PRÆST. ET USU NUMISM. 63
ab egregia de hac antiquaria fupellectile bene merendi voluntate, nec vulgari diligentia, licet non eadem continue facultas fuerit, quidquid alii magnifice de illo fentiant; ficut alibi citra viri contumeliam luculenter demonftrabitur. Unde ut ad Goltzianum nummum revertamur, fruftra in illo hanc vocem FAΣTIΩN expungere continuo voluit Nonnius, ob ignotum fibi ufum illius Æolici Digammatis. Refertur nempe à Goltzio inter Bœotiæ urbes locus fignati hujus nummi, haud dubie ob adfcripta eadem Thebani Clypei & Canthari fymbola, quæ in Thebarum aliorumque Bœotiæ locorum nummis vulgo confpiciuntur. Æolica autem lingua ufos olim Bœotos, & Æolibus adfcribendos, nifi ex Strabone aliifque conftaret, vel unus Varro adhuc hodie argueret, cui *Æoles Bœotii* nuncupantur. Sed de his alibi opportunius. Equidem multa id genus alia in Romanorum litteris poffent ex Nummis erui, in quibus ex levi etiam litterarum difcrimine A, E & V ac fimilibus, de ipfa ætate plurimarum Infcriptionum, & omni fcripturæ veteris ratione, fecure poteft pronuntiari. Ut jam mittam, V antiquam fuiffe Romanorum litteram; & C apud Romanos veteres pro G obtinuiffe, ut paulo ante monebamus, & Nummi maxime fidem faciunt, quod occupavit jam in fuis Dialogis vir elegantis eruditionis Antonius Auguftinus. Ita errare ex iifdem liquebit Pomponium, qui D. *de origine juris* tradit Appium Claudium, eumque non veterem illum fed recentiorem litteram R inveniffe, quod cum eodem longe antiquior Romæ, Romuli item ac Remi appellatio, tum ætatum omnium Numifmata ærea ac argentea omnino refellunt, ut jam monuit idem Auguftinus.

Lib. III.
de L. L.

Immo non Romanorum folum aut Græcorum litteræ,

Circa litteræ,

rai Phœni-
cium.

ræ, sed antiquiores etiam *Phœnicia*, illarum archetypa, ex Nummis luculenter possunt illustrari. Tales utique occurrunt plurimi Punicis, aut Phœniciis litteris signati, tum in Africanis nummis Carthaginis, aliisque & Hispanicis præterea nonnullis; tum Panormi, Syracusarum, Dionysii; tum Tyri, Sidonis aliorumque; quos partim Ursini imagines, & Parutæ ac Leonardi Agostini Sicilia, partim majori adhuc numero Principum & Antiquariorum Thesauri adservant, ita ut ex iis demum petendum videatur, quæ forma Phœniciarum aut Punicarum litterarum olim fuerit; an aliquod inter illas, Asiaticas nempe, & Africanas discrimen, an cum Samaritanorum litteris plane eædem, quod à Viris longe doctissimis extra controversiam poni video; an denique Græcorum litteræ, Phœniciis illis, vel Samaritanis plane similes, an vero longe diversæ, ut Cl. Salmasio placuisse memini. Quum enim vix alia quod sciam, aut vetustiora veteris scripturæ Phœniciæ supersint vestigia, nec Moschi Sidonii, aut Sanchoniatonis Phœnicia monumenta, aut libros Punicos Regis Hyempsalis liceat hodie consulere; non immerito horum Numismatum fide, tanquam præsentibus tabulis, de omni hac præclara & recondita materia transigi posse videtur. Ex quibus itaque haud indubie mihi liceat colligere, priscas Phœnicum litteras, ad Hebraïcam magis, aut Chaldaïcam, quam vocant formam, quam ad Samaritanicam deflectere; multum certe inter postremam hanc, & Phœniciam scripturam obversari. Id utique manifestum varios utriusque characteris Nummos excutienti, quales certe plurimos arbitrari mihi non semel, & exscribere etiam licuit. Vel fidem faciet vetustus nummus Sidonis, Phœnices olim Metropoleos, cum Triremi solito Sidoniorum

sym-

DE PRÆST. ET USU NUMISM. 65

symbolo, & Græca epigraphe ΒΑΣΙΛΕΩΣ ΔΗΜΗ- In Gazo
ΤΡΙΟΥ ΣΙΔΩΝΙΩΝ, ac præterea Phœniciis aut He- Medicæi.
braïcis litteris חלצר, qua voce Hebræis Clivus aut
Arx notatur. Sic alius occurrit Tyri nummus ץרצ inscriptus, quæ litteræ non sunt explicandæ ZUR, hoc
est Συρίας, ut vidi placere viris longe eruditissimis,
sed רצ Tsor ipsum Tyri in sacra scriptura nomen. Hæc
autem omnia mirum quantum à Samaritanorum litteris discrepent. Nec arguet forte aliquis, post usum
Assyriaci characteris ab Esdræ temporibus, ut vulgo
existimant, apud Hebræos receptum, similem quoque priscarum litterarum mutationem vicinis Phœnicibus potuisse quoque contingere. Præterquam enim,
quod & diversa hic ratio utriusque gentis fuerit, nec
minus id incurrit in doctissimorum virorum sententiam, qui ex hac ipsa Hebraïci characteris mutatione,
ab eo tempore immane aliquod discrimen inter Phœnicum & Hebræorum litteras, Augustini etiam ævo
exstitisse credidere. Non diffiteor equidem Punicos
Africæ, Siciliæ, aut Hispaniæ etiam Nummos, à Phœniciis Tyri, & Sidonis numismatibus, aut Hebræorum
etiam vel Chaldæorum primævis litteris, diversos
characteres non semel præferre. Hanc differentiam vel
mutationem, observasse jam olim animadverto, doctum Hispanum, qui patriæ suæ antiquitates erudite Bern. Al-
congessit, & in eruendis Punicis ejusdem tractus litte- dret. Anti-
ris, non ignobilem operam posuit. Nec mirum utique, Espan.
aut insolitum videri debet, decursu temporis, & locorum mutatione, Punicis litteris contigisse, ut earum figuræ apud barbaros interpolatæ, à prima origine non
parum desciverint; ita tamen ut non incommode ex
eadem possint illustrari. Id enim novimus, cum passim apud gentes alias cultiores usuvenisse, tum Græcis
I   ipsis

ipsis in patrio solo contigisse, ut supra demonstravi. Ignorasse vero observo, hanc in Nummis superstitem Phœnicii & Punici characteris supellectilem, Virum inter nostrates singulari doctrina ac eruditione, qui figuras litterarum Punicarum, & modum omnem scriptionis plane interiisse credidit, exceptis aliquot Carthaginensium Nummis. Sed majus ludibrium debent ii qui aut Tabulam Eugubinam apud Gruterum Punicis litteris exaratam, aut Punicas litteras ad lubitum effictas, vel è Græcis expressas nobis aliquoties obtrusere. Verum hæc obiter, & ad alia properantes, qui supremum talium arbitrium summo Bocharto ultro deferimus, qui ad Punica illustranda omni alio ingenii, eruditionis, & solertiæ incredibilis, solo hoc Nummorum præsidio destitutus accessit. Ex quibus præterea adsertam sibi luculenter in præclaro opere Phœnicii sermonis cum Hebraïco adfinitatem probasset ulterius, nec minorem curam impendisset primigeniis his & genuinis illius linguæ reliquiis illustrandis, quam sparsis, aut interpolatis apud Græcos, & Latinos auctores vocibus eruendis. Neque enim amovenda ab hoc loco Nummorum id genus vetustorum, & optimæ quidem notæ auctoritas, cui in adserenda Samaritanici characteris vetustate, primas & solas quasi partes vulgo solent tribuere.

Quum enim Phœnicii non solum, sed cum *Hebraïci*, tum *Samaritanici* etiam Nummi occurrant, ex iis controversia non levis de utriusque scripturæ antiquitate & prærogativa, inter harum litterarum principes agitari consuevit. Adeo quidem ut in eo, quod hinc pendet examine, de sacro & primævo veteris Fœderis charactere, pars utraque ad Nummos continuo soleat provocare. Horum certe fiducia Scaliger aliique prementes

Thom. Reines. de ling. Pun.

Thes. Ambros. Instruct. delle lingue stranicre.

Girca litteras Hebræas rum, & Samaritanorum.

mentes eadem vestigia, Villalpandus, Capellus, Morinus, & Waltonus novissime in Apparatu Bibliorum Londinensium, hodiernæ Samaritanorum scripturæ patrocinantur; immo omnem hanc litem veterum Nummorum, quos exhibent, fide omnino confectam **volunt**. Memini equidem, quum ante tria **lustra**, puer etiamnum **de illo** argumento publice **aliquid** post principem harum litterarum Virum, **Joannem Buxtorfium**, cum aliqua doctorum venia commentarer, doctissimum Bochartum, ad quem miseram præcocem illum fœtum, vel solo Nummorum testimonio probari sibi impugnatam mihi Scaligeri & Capelli sententiam, blandis alias litteris significasse. Quum tamen **altera** sententia à me tum adserta, præter rationes & auctoritates alias, Nummorum etiam veterum patrocinium obtendat; quum Samaritanorum (quales certe plurimos ab eo tempore hic in Urbe, & Florentiæ inspexi alibi evulgandos) recentiores plerique videantur, aut dubiæ admodum vetustatis; **& præterea antiqua** Phœnicum in Nummis scriptura longius ab illis discedat, Hebraicæ haud ita dissimilis, iisdem adhuc, aut fortioribus etiam telis liceret forte prius judicium propugnare; ac alterius sententiæ patronis gravissimi & vetustissimi scriptoris judicium opponere, in quod nuper incidebam; *quemadmodum & Hierosolymis Babylonica expugnatione deletis,* OMNE INSTRUMENTUM JUDAICÆ LITTERATURÆ *per Esdram constat restauratum.* Sed hoc jam non agimus, aut hujus rei arbitrium magnis utrinque auctoribus subnixæ, volumus hic nobis vindicare. Illud saltem hinc abunde manifestum, quæ singularis sit Nummorum veterum auctoritas & prærogativa, quorum testimonio de litteris Mosi à Deo traditis, & primævâ aut antiqua Veteris

Tertull. lib. 1. de cultu fœmin.

teris Instrumenti ante Esdram scriptura, visum est eruditis omne litis arbitrium deferre.

Circa scribendi rationem.

Unum præterea nec ingratum, ut opinor, Phœniciæ originis, non in litteris solum Græcorum, sed in *scribendi* etiam *ratione*, monumentum, lubet hic ex Nummis accersere. Notum Phœnices, vel teste Herodoto, juxta morem Hebræis, Syris, Arabibus, Ægyptiis, aliisque Orientalibus usitatum, dextra sinistram versus litterarum ductus instituisse. Eandem quoque scripturæ rationem in antiquis Gotthorum saxis, annotavit antiquitatis patriæ restaurator Olaus Wormius. Id

Litter. Run. cap. v. & xxv.

autem alias à Græcis omissum, ut motui naturali minus consentaneum, aut aliis de caussis, quas nihil adtinet hoc loco commemorare. Antiquissima tamen illius Phœnicii moris vestigia nonnulla observarunt jam eruditi, in ea Græcorum scriptura βυϛροφηδὸν dicta, quæ ex parte eam referebat, & qua Solonis olim Leges, & Inscriptio quædam Olympica apud Pausaniam, descripta leguntur. Aliud præterea hujus rei exemplum idem auctor mihi subministrat, qui antiquæ Agame-

Eliac. 1.

mnonis Statuæ, nomen à dextra in lævam excurrentibus litteris inscriptum fuisse alibi observat. Sed clariora adhuc hodie, & genuina ejusdem æmulationis argumenta sese offerunt, in antiquissimis aliquot Græcorum Nummis, & Siculorum vel maxime, in quibus ƧΑΛЭ꓎ pro Γίλας, ΝΟΙΑꟼƎΜΙ pro Ἱμεραίον, ΝΩΙΑΤƷƎꓶƷ pro Σεγεϛαίων, ΝΩΙΤΝΩΝΙΛƷ pro Σελινεντίων, ΝΑΤΙΜꟼΟΝΑΠ pro Πανορμίτων, ΑΝΙꟼΑΜΑƧ pro Καμαρίνα, & in nummo Insulæ Liparæ Cimeliarchii Palatini ΠΙΛ pro ΛΙΠ seu Λιπαραίων, ac in nummis Magnæ Græciæ ΛΤΑꓘ pro ΚΑΤΑ seu Καυλωνιάτων, Λꓷ seu ꓞαλέων, aliaque id genus Phœnicum more sinistrorsum non semel scripta leguntur. Hoc autem

non

DE PRÆST. ET USU NUMISM. 69

non temere hic à me observari intelliget, qui præter Cadmæam litterarum Græcarum originem, Phœnices & colonos eorum Carthaginenses tot annos Siciliam inhabitasse, vel apud Thucydidem aut Diodorum legit, adeo ut nullibi plura illius linguæ aut gentis superfint vestigia. Quod ipsum de hac insula Vir doctissimus in reconditæ eruditionis opere, alicubi adfirmat, *Itaque Phœnicum ibi vestigia pene tam multa, quam in ipsa Phœnice.* Alicubi quoque nonnulla ejusdem scripturæ exempla sese offerunt, ut quodam in Nummo Ephesiorum ΝΩΙΒΦΗ ϽΙΜΗΤΡΑ Ἄρτημις Ἐφεσίων, & quibusdam id genus; quod casu etiam nonnunquam aut incuria monetariorum potuisse contingere, haud difficulter largiar. Hinc saltem Nummos veterum tractantes, litterarum in iis apices & ductus diligenter excutere meminerint, ne quod aliquibus accidisse memini, pro Græcis litteris aversis, peregrinas nobis & exoticas confidenter obtrudant. Quæ res etiam fefellit Virum de hac antiquitate optime alias meritum, Joannem Tristanum, qui in Nummo quodam Cæsareæ *Coloniam* illam pro Flavia, Alphæam dictam festive comminiscitur, errore ex litteris .ΛΛΦ in Nummo inversis pro ΦΛΛ. seu Flaviæ; id enim nomen illi Urbi adhæsisse, ob deductam in eam Coloniam à Vespasiano, quod vel Plinius docere illum potuisset, & alii Nummi cum adjuncta FLAVIÆ appellatione abunde arguunt, COL. PR. FLAVIA CÆSAREA. Eandem quoque scripturam notabam nuper in nummis *Tripolitarum*, cum in Museo Regio Parisiensi, tum in altero Collegii Claramontani, inspecto mihi singulari comitate Cl. Viri Gabrielis Cossartii, Sirmondi ex asse hæredis. Inscripti enim illi itidem, præter signatam urbem ΤΡΙΠΟΛΕΙΤΩΝ, cum iisdem litteris aversis

In Præfat. Colon. Phœn.

Com. Histor. T. 11. pag. 168.

Lib. v. cap. 13.

ΛΛΦ pro ΦΛΛ. Unde FLAVIÆ etiam nomen nobili huic urbi Phœniciæ adjunctum discimus, haud minus ac *Cæsareæ Palæstinæ*, & alteri ejusdem tractus, *Neapoli Samariæ*, præterea *Samiosatis*, *Chalcidi*, *Sinope*, *Develto*, *Eumeniæ*, *Critiæ*, quas singulas in præclaris earum Nummis adhuc superstitibus ΦΛΛ. aut FLAVIÆ vel ΦΛΛΟΤΙΟΠΟΛΕΩC etiam nomen præferre (recepto scilicet Coloniarum, aut instauratarum urbium more) aliquoties observasse memini. Alias vero, haud absimili cum Tristano errore, plurimos in tractandis Inscriptionibus Græcis versatos novi, dum vel in aversas id genus, aut inversas etiam litteras inciderint; in quibus tradendis ad barbaras litteras parum opportune nonnulli confugerunt.

De priscis litteris aut Nummis Hispanicis.

Quo loco etiam de *priscis Gotthorum*, aut *Hispanorum litteris*, non inutilis, aut injucunda sese offert disquisitio. Quum enim plurimi Nummi cum ærei, tum argentei rudioris alias operis, & ignotis utplurimum litteris signati occurrant, & in Hispania vel maxime, hinc non una de iis occurrit Antiquariorum sententia. An-

Dialog. VI.

tonius Augustinus præter Punicos & Gotthicos Hispaniæ Nummos, aliquot ex iis veteri patriæ linguæ cha-

Litter. Runic. cap. 10.

ractere exaratos credidit. Olaus Wormius diversam sententiam amplexus, eosdem à Gotthis in Hispania signatos, & clara litteraturæ Gotthicæ vel Runicæ argumenta præferre existimat. At rursus viri docti, qui

Vide Museo de las Medall. Espan.

non ita pridem in illustrandis Nummis patriis versati, Antonii Augustini prementes vestigia, omnes id genus peregrinis aut barbaris litteris insculptos, priscis Hispanicis annumerant. Unde quum apud Livium, *argenti Oscensis*, & *signati Oscensis* ab Osca antiqua Urbe Hispaniæ denominati, mentionem non semel injectam reperissent, Nummos illos argenteos in Hispania

nia obvios, in quibus passim equus cum jaculo decurrens cernitur, pro illo prisco *signato Oscensi* protulere. Rationes vero quibus nituntur, petitæ aut è numero, & multitudine Nummorum, qui in Hispania quotidie effodiuntur; aut è characteribus **ignotis**; aut è com**muni** illo in iis Symbolo equitis decurrentis. Hæc autem, ut ingenue fatear, percussos quidem in Hispania Nummos id genus, sed non ab Oscensibus magis, **quam** à Gotthis Hispaniæ per tot annos incolis, suadere mihi & evincere videntur. Potior illa auctoritas aliquanto, meo judicio, quam ex Oscæ Nummis sub Augusto & Tiberio signatis, & ex Hispanico familiæ Afraniæ apud Fulvium Ursinum numismate **ostendunt**, cum eadem capitis imberbis & decurrentis equitis in altera parte effigie, & ignotarum in iisdem litterarum figura. Quod ipsum firmare videntur, quæ de non una litterarum forma apud Hispanos veteres, prisci auctores tradidere; ex quorum numero **Strabo**, illos nec uno Lib. v. scribendi genere, nec una lingua usos jam olim adseruit. Si tamen meum qualecunque judicium liceat hic obiter interponere, aliquot ex iis ad Punicos veteris Hispaniæ Nummos, plerosque autem rudiores ad Gotthicos ejusdem tractus referre consultius existimarem. Neque enim soli Gaditani, aut vicini tractus Nummi, Punicis accensendi, ut statuunt Viri docti; quasi Pœnorum in Hispania imperium & lingua non ulterius sese diffuderit. Utriusque vero vestigia non in Bætica Vid. Sam. solum, sed Tarraconensi etiam Provincia observarunt Boch. de eruditi, & vel una Carthago nova, Pœni Amilcaris in Colon. Phœn. l. 1. eadem opus, abunde ostentat. **Gotthis vero adscriben-** c. 3. 5. dos plerosque illos argenteos cum **equite decurrente**, aut geminis symbolis, potius quam antiquis Oscensibus, multa suadere mihi videntur. Talia nempe, diu-

turna

turna Gotthorum in Hispania sedes, quæ litteras eorum & linguam in eandem invexit, & eam Nummorum id genus copiam in eodem tractu subministrat; cum adspectus in iis rudioris & recentioris operis, & cum Gotthicis aliis Nummis Galliæ aut Italiæ consensus; tum plurimarum litterarum cum Runicis aut Gotthicis adfinitas. Neque obstare debet haud dissimilis figuræ, cum priscis aliquot Hispaniæ nummis contemplatio; quum pateat adinstar bigatorum & denariorum veterum, aliorumque id genus priorum temporum, aureos & argenteos Gotthorum nummos passim percussos. Talium certe ingentem quandam copiam, cum alibi, tum maxime in Cimelio Serenissimi Electoris Palatini versare mihi non semel licuit. Neque tamen hæc à me adferuntur, ut me morosum aut iniquum alterius sententiæ patronis præbeam.

Circa litterarum Adfectiones & Permutationes.

Litterarum etiam *adfectiones* varias in earum alternatione vel permutatione, nummi suppeditant, quæ ad scripturæ veteris rationem capiendam aut explicandam immane quantum conferunt. Nec enim hic, quod vulgo nonnulli existimant, casui continuo, aut errori adscribenda plurima, quæ in iis à recepto scribendi usu aliena sæpe videntur. Confusas enim nonnunquam, & permutatas varias litteras apud ipsos veteres licet observare, cum ex fontibus aliis, tum vel maxime ex scripturæ veteris vestigiis, aut recentioris additamentis, aut pronuntiatione litterarum similium inter se & adfinium. Primo quidem ex *scripturæ veteris vestigiis*, ut in variis Græcorum nummis frequens ε pro η, ut ΜΕΤΡΟΠΟΛΕΙΤΩΝ, & vel maxime in antiquis nummis Atheniensium, in quibus vulgo videas initiales litteras ΑΘΕ, pro ΑΘΗ, seu ΑΘΗΝΑΙΩΝ, quod mirabatur Goltzii commentator Nonnius. At vel inde

liquet,

DE PRÆST. ET USU NUMISM.   73

liquet manifesto, quam vere jam olim à Platone sit ad- *In Cratylo.*
sertum, non ῆ sed ἶ, in veteri Atheniensium scriptura
usurpatum; ἢ γὰρ ῆ ἐχρώμεθα, ἀλλὰ ἒ τὸ παλαιόν: ne quis
id in vetustis illis nummis fabrili errore putet contigisse. Neque aliter in priscis Thebanorum nummis, Θ Ε-
Β Η pro Θ Η Β Η, expressum itidem occurrit; & in
nummo Phæsti urbis Cretæ, Θ Ε Σ Ε Υ Σ pro Θ Η Σ Ε. Υ Σ. *Goltz. Tab.*
Sic insuper I pro Υ, in Κ Ι Ζ Ι Κ Η Ν Ω Ν, Ο pro Ω, ut in *vit. Insc.*
ΙΜΕΡΑΙΟΝ, ΚΑΜΑΡΙΝΑΙΟΝ, ΛΙΠΑΡΑΙΟΝ, *Græc.*
ΛΕΟΝΤΙΝΟΝ, ΜΟΤΙΑΙΟΝ, ΣΕΛΙΝΟΝΤΙΟΝ,
& passim in vetustissimis quibusque Siculorum Nummis, quorum uberrima longe & elegantissima adhuc
copia suppetit. More itidem veteri, ut iterum notavit Plato, qui ὥρας priscis Atheniensibus ὅρας dictas in
eodem libro observat; & quam scripturam etiam frequenter repræsentat vox ΗΡΟC, in nummis Antinoi,
& in altero Pergamenorum, ΕΥΡΥΠΥΛΟC ΗΡΟC.
Sic Diphthongi iterum juxta antiquæ consuetudinis
vestigia sæpius omissæ, ut Ι pro ΕΙ, Ο pro ΟΥ; sicut
& nummi ΜΑΡΩΝΙΤΩΝ, ΣΥΡΑΚΟΣΙΩΝ; aliique
id genus docent, quorum gentilitia vulgo Μαρωνεῖτης,
Συρακούσιοι. Ratio autem petenda ex Athenæo & priscis Grammaticis, qui eandem scripturam Græcis olim
usitatam tradunt, antequam sexdecim litteris, quibus
constabat vetus Alphabetum à Cadmo inductum, octo
à Ionibus adderentur. Optime itaque adnotavit Ma- *Lib. 1.*
rius Victorinus, ante repertas Η & Ω Græcos diu lit- *Gramma.*
teras adhibuisse Ε & Ο; unde etiam factum, ut post
easdem litteras in communi usu receptas, diu etiam &
ab Atticis maxime in monumentis publicis antiquior
scribendi ratio sit usurpata; quod recte agnovit alicubi Salmasius, & Nummorum id genus tractatio, clarissime jam ante oculos ponit. In eo tamen deceptus
K   vir

74 DISSERTATIO SECUNDA

In Notis ad Inscript. Herod. Att. vir magnus, quod ὁμιλόν vetustis illis sexdecim litteris Cadmæis inferat, quam litteram tamen à Palamede ex gruum volatu repertam & prioribus additam tradunt veteres, & ipse in superioribus etiam agnoverat. Sed de his alias, qui in illa disputatione de priscis Græcorum litteris ab eodem contra Scaligerum instituta, repugnantia id genus varia, & minus accurata eidem festinanti excidisse, pluribus hic possem evincere. Et ut de hoc argumento mereamur ulterius, sic H apud vetustiores Græcos, non litteræ, quod eruditis notum, sed adspirationis signum extitisse, adspiratis proinde vocalibus vulgo Romanorum more præpositum, probant etiamnum nummi antiquissimi Siciliæ Urbis Himeræ, in quibus H illo officio fungitur; inscriptis u- *Vid. Nummos Parutæ.* tique HIMEPAION & HIMERA; quum alii rursus more scilicet postea recepto, IMERA & IMEPAION, præferant. Nec aliter in nummis Selinontiorum ejusdem Insulæ, HYΨAΣ pro TΨAΣ, in aliis itidem Nummis obvio, Fluvio nempe in eo tractu celebri, & *Lib. 11. Var. Hist. c. 33.* speciosi pueri forma expresso: quod aliis Siculis familiare observat alicubi Ælianus. Eodem referenda scri- *Tab. Græciæ xvii.* ptura in nummo HIΣMENIΩN apud Goltzium, quam ignoratione vetusti hujus moris frustra refingere voluit Nonnius, & ex qua liquet adspirandam hanc vocem Ἰσμήνης apud Auctores, Stephanum aliosque, quæ cum leni vulgo in iis occurrit. Ut certe vel inde, cum scripturæ illius veteris vestigia, tum luculentum nummorum id genus vetustatem adsequaris. Ita apud *Vid. Quintilian. lib. 1. cap. 7.* Romanos pari ratione K pro C, C pro G, & E pro Diphthongo Æ, aliaque ejusdem generis in Cæsarum Nummis juxta & Saxis non semel leguntur, ex prisca utique scribendi apud eos consuetudine retenta.

Secundo orta nonnunquam illa litterarum permutatio

DE PRÆST. ET USU NUMISM.

tatio *ex recentioris Scripturæ additamentis*, ut Η viciſſim pro Ε in Nummo ΗΛΕΙΩΝ; ΕΙ pro Ι in ΦΙΛΙΠΠΟ-ΠΟΛΕΙΤΩΝ, ΤΟΠΕΙΡΟΤ, ΝΕΙΚΟΠΟΛΙΣ, & ſexcentis id genus: Ω pro Ο in ωΡΘΩΣΙΕΩΝ alibi ΟΡΘΩΣΙΕΩΝ; Ζ pro Σ in ΖΜΥΡΝΑΙΩΝ. Hoc enim poſtremum caſu non contigiſſe, abunde licet ex Luciano colligere, apud quem in feſtivo litterarum Dialogo, σῖγμα queritur de illa vi ſibi facta à Ζῆτα in hac ipſa voce Σμυρναίων, δεῖ πᾶσαν, inquit, ἀφελομένῳ τὴν Σμύρναν. Unde etiam præter Nummos aliquot Medicæos ita inſcriptos ΓΥΝΚΛΗΤΟΝ ΖΜΥΡΝΑΙωΝ, & in nummo Domitiæ ΟΜΟΝΟΙΑ ΖΜΥΡΝ.ΕΦΕ. & in altero præterea, quem in Muſeo Regio Pariſienſi notabamus, cum Senatus & Liviæ effigie ac inſcriptione ϹΕΒΑϹΤΗ, ϹΥΝΚΛΗΤΟϹ ΖΜΥΡΝΑΙΩΝ ΙΕΡΩΝΥΜΟϹ, eadem ſcriptura occurrit cum in una Inſcriptione Græca apud Gruterum (quod in Indice prætermiſſum) aliiſque quibuſdam Latinis ΖΜΥΡΝΑΕΟΡΥΜ, tum in altera etiam Athletica Romæ nuper cum geminis aliis reperta. Ejuſdem exempla memini etiam me vidiſſe in voce Sozimi, in quodam nummo Valeriani apud Illuſtrem Sevium, inſcripto ΖΟϹΙΜΟΥ. Ut præteream inſpecta illuſtri Busbequio Amaſiæ numiſmata, cum eadem ſcriptura Ζ, loco ϛ̄ Σῖγμα. Sic Σ rurſus pro Ζ ſicut ΣΕΤΣ ΣΕΡΑΠΙΣ itidem legitur in Græco nummo Veſpaſiani, quem adſervat eadem Gaza Medicæa, quod inter retenta antiquæ ſcripturæ veſtigia haud minus venit referendum. Non aliter nempe ac illum Getarum quidem Deum, Pythagoræ vero famulum modo Ζάμολξιν, modo Σάμολξιν etiam ſcriptum videas in Codicibus antiquis. Iones nempe poſt additas ſuperiores litteras prioribus ſexdecim, & Alphabeto viginti quatuor litterarum inſertas,

sertas, easdem postea tanquam proprias libenter quavis occasione admisere; unde præterea ο in ου; τ in Θ, & κ in χ, sæpe ab illis aliisque conversa; ut ex priscis Nummorum & Lapidum monumentis non obscure licet etiamnum colligere. Postremum videas in nummo Sardianorum inscripto ΝΕΩΧΟΡΩΝ apud Cl. Seguinum, & in altero Bizyenorum Gazæ Mediceæ, ubi ΧΑΙ pro ΚΑΙ pari ratione legitur. Unde nata illa confusio in scriptura urbis Calchedonis, quæ modo κ, modo χ præfert in scriptis codicibus, constanter vero in antiquis nummis ΚΑΛΧΗΔΩΝ, ut hanc veram esse & genuinam nefas sit amplius dubitare, quam etiam præfert Codex antiquus Canonum Ecclesiæ universalis à Cl. Justello vulgatus: unde profectum observo errorem librariorum, qui varios codices & auctores antiquos obsedit & adhuc obsidet, ubi Καρχηδονίων ceu **Carthaginensium, pro** Καλχηδονίων seu Calchedoniorum, proclivi utique unius litteræ ρ & λ, permutatione facta non semel occurrit mentio. Alias vero pro ζ simplici, Dorum illud seu Æolum Σδ videas in veteri nummo Trœzeniorum apud Goltzium, inscripto non ΖΕΤΣ **quidem**, **sed** ΣΔΕΥΣ ΕΛΕΥΘΕΡΙΟΣ. Tertio *ex pronuntiatione litterarum inter se adfinium aut similium*; ex quibus frequentem & promiscuam multarum litterarum commutationem, cum alibi, tum in Nummis maxime licet observare. Unde jam olim monuit Quintilianus; *quæri solet in scribendo præpositiones* SONUM *quem juncta efficiunt, an quem separata observare conveniat*; alibi vero concludit, *ego (nisi quod consuetudo obtinuerit) sic scribendum quoque judico* I *quomodo* SONAT. Ex sono itaque promiscuo & cognatione variarum litterarum, nata crebro illa scripturæ varietas, quam non Codices solum antiqui, sed haud paullo iisdem

Tab. x.
Græciæ.

L. b. 1. c. 7.

DE PRÆST. ET USU NUMISM. 77

iisdem vetustiores Nummi aut Lapides satis superque arguunt. Ita id crebro accidit Γ & N, quæ eundem sonum ante κ efficiunt, unde sæpius ΑΝΚΥΡΑ ΣΥΝ-ΚΛΗΤΟΣ in Nummis efferuntur, quæ alias ΑΓΚΥΡΑ vel ΣΥΓΚΛΗΤΟΣ scribi solent; sicut vicissim Γ pro N, ut in vetustissimis Epochis, ἐγκυθέλοις pro ἐν. Ita N in M finale, & κ in Γ conversa in iisdem Marmoribus Arundellianis videre est, quomodo & alibi eandem Ancyram, loco Ἀγκύρας dictam aliquoties legas Ἀγχύρας, ut apud Nicephorum Bryennium non semel. Quo referri etiam possunt exempla superius adlata ex Nummis, ubi E pro H, O pro Ω, I pro EI, aut vicissim occurrunt. Sic B etiam & Π haud semel confusa, neque solum Macedonum Dialecto, qua φρίγες dicebantur Βρίγες, sed & monente alibi eodem Stephano Byzantio, Βριτανίδες Insulæ dictæ quoque Πρετανίδες, & regio Lampsacena Ἀπαρνὶς prius, postea abusive Ἀβαρνὶς nuncupata. Unde lucem etiam posset mutuari Nummus ille à Cl. Galliæ Antiquario vulgatus, cum epigraphe ΒΡΟΥΖΗΝΩΝ, quam ad Prysam Bithyniæ referebat, nisi omnino levi trajectione P & O, ΒΟΡΥΖΗΝΩΝ legendum ex Stephano existimarem, quod in margine libri continuo notaveram, antequam vidissem id Cl. quoque Cossartio observatum. Maritimi enim Prusenses, ad quos ex ejusdem symbolis videbatur spectare hic nummus, non Προυσιωνοί, sed Προυσιεῖς dicti, ut in veteri nummo apud Goltzium, ΠΡΟΥΣΙΕΩΝ ΤΩΝ ΠΡΟΣ ΘΑΛΑΣΣΑΝ; unde illustratur Memnon apud Photium, qui eandem urbem vocat Προυσιάδα τὴν Ἐπιθαλάσσιον, ad distinctionem nempe cognominis urbis ejusdem tractus, ceu ΠΡΟΥΣΙΕΩΝ ΠΡΟΣ ΥΠΙΩ, ut vocantur in præclaris itidem Nummis *Prusienses* ad fluvium *Hipium*, non ut vulgo apud Geographos, *Hippium*,

Lib. 11. cap. 7, & 8.

Cod. CCXXIV. cap. 41.

K 3

78 DISSERTATIO SECUNDA

pium, aut ut Scaliger adfert similem nummum in Eusebianis ΙΠΙΩ. Alia vero adhuc fuit urbs ejusdem Provinciæ, non jam Πρυσιὰς sed Πρῦσα dicta ad montem nempe Olympum, cujus gentile Προυσεὺς (ut à Νίκαια in eadem gente Νικαεὺς, vel ut constanter habent nummi Νικαιεὺς) & ad quam rursus spectant aliquot nummi inscripti ΠΡΟΥCΑΕΩΝ. Quæ certe, ut obiter hoc dicam, haud exiguam lucem adferunt illustrationi harum urbium, quarum nomina & situm haud semel confundunt Geographi, & viri etiam doctissimi.

Ad has vero de quibus agimus hoc loco, similium inter se litterarum frequentes in Nummis permutationes, haud minus spectant crebra ejus rei exempla obvia in denariis ac nummis Romanorum. Hinc nempe V pro B, sicut ostendit DANUVIUS in Nummo pulcherrimo Trajani; V pro O, quas jam olim invicem per-

Lib. 1. c. 4. mutatas tradidit Quintilianus, & neque id in Græcis solum, sed in Latinis etiam nominibus. Hinc illa scri-

L. 1. tit. 39. ptura adhuc obvia in nummis aliquot Coloniæ L A U-
lib. 12. DICEON & LAODICEON; unde adseri potest vetus scriptura in Codice Justinianeo, ubi pro *Laudicenorum*, Alciatus, aliique cum sequuti Juris interpretes *Laodiceorum* omnino legendum hactenus putaverunt, & ita rursus legenda in D. de censibus *Laudicea*; non ut scribitur *Laudicia*, vel in *Laodiceam* necessario commutanda. Sic *Laucoon* etiam & *Laumedon* vulgo legi in veteribus libris adnotavit jam ad Historiam Augustam illustris Salmasius. O vicissim pro V in Nummis J. Cæsaris; DIVOS JULIUS, in aliis ÆGYPTOS, & in denariis Gentium Romanarum VOLTEIA, VOLCANO, eadem ratione qua CONSOLES, HERCOLI aliquoties in saxis: X pro S, ut in nummo familiæ Sestiæ SEXTIUS, & lapidibus MILEX, TIGRIX:

Ut

DE PRÆST. ET USU NUMISM. 79

Ut non mirum amplius, si illas litteras s & x, sæpe confuderit posterior librariorum natio, & *luxu* pro *lusu*, aliaque id genus non semel in optimis auctoribus obtruserit, quod notarunt jam eruditi, S post X, P A X S in quatuor Nummis æreis Galbæ, Vitellii, Vespasiani & Domitiani, sicut in lapidibus C A P P A D O X S, F E-L I X S. Eandem quoque jam ante suppeditaverant antiqui denarii apud Ursinum, inscripti A X S I U S, A L E X S A N D R E A, & non solum in gente Egnatia M A X S U M U S, sed etiam in denario Gentis Juliæ, qui deest in Fulviana collectione, & reperitur apud Christinam Augustam, ut modo didici ex erudito æstimatore hujus elegantiæ Thoma Chiffletio; P in B, ut F O R T U N A O P S E Q U E N S in Nummo Antonini Pii, & in Marmoribus A P S E N S, O P S I D E S, O P T I-N E N T. Sic E longum cum duobus apud antiquiores scriptum reperies, ut F E E L I X in Nummo Syllæ. Ita geminum A in antiquis aliquot Nummis unius producti vicem obtinet, ut in V A A L A, V A A R U S, inter denarios gentis Corneliæ, & geminatum I in nummo quodam Galbæ (quem jam viderat olim Politianus) V L I R T U S; ut liqueat quam vere sit alicubi à Quintiliano monitum, vocalem producendam Romanos olim geminasse. Quod vero idem observat, Cice- Lib. 1. c. 6. ronis demum temporibus, & paulo infra, s in medio geminata, id certe aliis quoque litteris videas contigisse, ut quæ ea ætate geminari cœptæ, in antiqua scriptura vulgo cum una efferrentur, sicut apparet in vetustis denariis, cum vocibus, S I S E N A, S U L A, C I N A, pro *Sisenna, Sulla, Cinna.* Sic juxta aliam ejusdem Fabii observationem, diu *nempe servatum, ne consonantibus adspiraretur, ut in* G R A C C I S *&* T R I U M P I S, ita plane citra omnem adspirationem scripta reperies eadem nomina

mina GRACCUS, TRIUMPUS, ac præterea CILO, PILIPPUS, TAMPILUS, YPSÆUS, pro *Gracchus, Triumphus, Philippus, Tamphilus, Hypsæus*, ut vulgo postea receptum. More iterum veteris illius scripturæ, finales M & S, interceptas præferunt antiqui denarii, in quibus occurrunt, ALBINU. LICINIU. NASIDIU. CAPTU. pro *Albinus, Licinius, Nasidius, Captum*, & præterea in Nummo Coloniæ Romanæ in Sicilia ASSORU, pro *Assorus*. Sic præterea Diphthongum, EI pro I, priscam Romanorum scripturam vulgo adhibuisse, aut loco I, promiscue usurpasse, quod vulgo notum abunde etiam evincunt elegantes istæ nummorum veterum reliquiæ, in quibus legas passim LEIBERTAS, EIDUS, PREIMUS, SERVEILIUS, OPEIMIUS, PLEBEI, URBANÆ, PREIVER. seu *Preivernum*; quod & passim occurrit in antiquis marmoribus, & vetustis inprimis Plebiscitorum ac legum formulis. Ita pro Diphthongis, AE & OE crebro, AI & OI veteribus Romanis placuisse, cum aliunde satis, tum luculenter ex eadem penu constat antiquaria, in qua CAISAR, AIMILIUS, COILIUS, aliquoties sese offerunt. Rursus vero E simplex loco Diphthongi AE, occurrit nonnunquam, ut videbam nuper in argenteo nummo Vespasiani apud illustrissimum Colbertum, PACI. ORB. PERPET. AC. ET. ceu *perpetua ac æternæ*, quamvis per me liceat id fabrili errori adscribere; OU vero loco V simplicis, Romanis olim usurpatum, arguunt itidem denarii antiqui cum scriptura FOULVIUS, FOURIUS, pro *Fulvius, Furius*, sicut nonnunquam in Marmoribus JOUDEX, COURATOR, aliaque id genus. Promiscua etiam fuisse in veteri scribendi ratione, O & AU, expressa in antiquis denariis PLAUTIA, & PLOTIA, & Quirini educator FOSTULUS, in denario gentis
Pom-

DE PRÆST. ET USU NUMISM. 81

Pompeiæ, alias *Fauſtulus*, apud auctores, luculenter adhuc conteſtantur: F vero pro PH, crebro uſurpatum patet in ſcriptura ſequioris ævi, ex duobus Nummis æreis maximis Chriſtinæ Auguſtæ, uno Numeriani, TRIUMFUS QUAD., altero Honorii, TRIUMFATOR GENTT. BARBAR.; quo etiam referri debet nummus Helenæ Juliani Cæſaris conjugis à Cl. Triſtano deſcriptus, cum epigraphe ISIS FARIA. Immo eandem etiam ſcripturam præfert Nummus Domitiani apud Occonem, JOVI JUVENI TRIUMFATORI; & Conſtantis Imperatoris nummus apud Savotum, OB VICTORIAM TRIUMFALEM; & poſtremo adhuc antiquior nummus æreus in Muſeo Cl. Seguini inſcriptus II MM CC FFILIPPUS AUGG., ad denotandos nempe duos *Imperatores Cæſares Philippos Auguſtos*, Patrem & Filium. Nec aliam vulgo ſcripturam præferunt numni Phocæ Imperatoris, niſi DN. FOCAS. Ut illud jam magis obvium prætercam, ob eundem quoque ſonum litteras K & C promiſcue adhibitas, quod vel nummi aliquot docent cum voce KARTHAGO, & aureus Cari Imperatoris, in Gaza Galliarum Regis mihi nuper inſpectus, IMP. C. M. AUR. KARO.

Huc referri etiam debent *Compendia ſcribendi* apud veteres uſitata, ex peculiari quadam litterarum inter ſe copulatione. Talia certe plurima in vetuſtiſſimis Græcorum juxta & Latinorum Nummis occurrunt, quibus Scripturæ apud veteres ratio non parum etiam illuſtratur. Singularis id genus artificii ductus, maxime in aliquot Tyri, Amiſi, Panormi, aliiſque ineditis Græcorum Nummis notavi ſæpius, in quibus quinque & ſex litteræ in unam eleganter ſociatæ & contractæ ſeſe offerunt. Nec præter uſus alios, inanis ea obſervatio illis

Circa compendia ſcribendi.

L   vide-

videbitur, qui ex antiquis litterarum id genus compendiis, aut non intellectis aut neglectis, plurimos Librariorum errores passim in priscos auctores irrepsisse, aut Inscriptiones varias perperam hactenus traditas, compertum habent. Ita illud compendium litteræ ɤ pro ευ diphthongo, non scripti solum Græcorum libri, sed Nummi etiam aliquot præferunt, ut recentiorum sæculorum librariis, origo illius imputari non debeat. In nummis certe Alexandri Severi reperio, ΤɤΧΗ ΚΑΡΧΗΔωΝ, & in altero Gordiani ΜɤΩΝΙΟΥ ΙΕΡΕΟC ΝɤΚΑΕΩΝ, ut apud Erizzum videre licet; ac præterea in minori quodam nummo æreo observabam apud Cl. Seguinum ΤΟΔΕ ΕΛΑΦΡΟΤΕΡΟΝ.

Tristan. Tom. II. pag. 401.

Circa Ortographiam.

Sed præter has litterarum apud veteres cum *formas*, tum *adfectiones* varias, quibus nimium forte immoramur, ipsa vera & recta scribendi ratio, vulgo *Ortographia*, non aliunde rursus securius, quam ex Nummis aut Lapidibus petenda. Nec enim alia supersunt, ut superius monebamus, in quibus integra & primæva veterum scriptura ad nostra usque tempora sit transmissa. Hinc de Ortographiæ apud veteres Latinos ratione agens Quintilianus, argumentum ejusdem invictum petit ex scriptura Columnæ Rostratæ, *quod manifestum est etiam ex Columna Rostrata, quæ est Duellio in foro posita*. Unde hoc ipsum singulare Nummorum beneficium, & eruditi uno ore prædicant, & ii ipsi agnoscunt, qui monumenta id genus parcius alias attigere. In Nominibus quidem propriis, aut appellationibus hominum & locorum tradendis, certa quædam & obvia iis ex Nummis lux adfulget, aut medicina parata. Ita Reginæ Deorum SISPITÆ cognomen adhæsisse, quod perperam quibusdam sollicitare placuit, aut in SICISPITAM

Lib. I. c. 7.

там transferre, rariora quædam Antonini Pii numismata oftendunt, cum Infcriptione JUNONI SISPITÆ; qualia in Cimeliis cum Mediceo tum Barberino infpeximus, & ex quibus illuftratur Capitolinus in vita hujus Cæfaris, qui tradit ab eo *templa Lanuvina reftitutæ*: Dea enim Lanuvii hæc Sifpita, ut vulgo notum. Sifpes nempe antiquis idem quod fofpes, unde clare in hanc rem Feftus; *Sifpitam Iunonem, quam vulgo Sofpitam appellant, antiqui ufurpabant*. Ita enim legendum, non *fofpitam*, & *fofpitem*, ut libri editi vulgo præferunt, aperte hic Nummus docet, quod jam occupaffe Fulvium Urfinum poftea animadverti. Firmat hoc vetus infcriptio inedita, in qua non Junonis folum *Sifpita*, fed Jovis *etiam Sifpitis* mentio,

M. AMIVS M. F. PAL. BALBVS
SACERDOS IVNONI REG. SISP
ITAE LANVMVIANAE FECIT
VIVENS ET AMIO IVNIO FI
LIO SACERDOTE IOVI SISP.
ET AMINE MATRI PIISIM.
IN FR. P. XIIX. IN AGR. PED. XXVI.

In qua infcriptione, ut obiter hoc moneam, à me cum variis id genus ineditis ad Cl. Reinefium tranfmiffa, vitiatum Familiæ nomen à defcriptore, & AMPIUS pro AMIUS reponendum, in fuis ad me litteris vir ille doctiffimus contendebat. Quod tamen eruditiffimo Marquardo Gudio noftro, optimo talium arbitro, dijudicandum relinquimus; qui in præclara illa & felecta, quam nimium premit, veterum Infcriptionum collectione, AMIUM & AMMIUM pro eadem Familia fæpe fe obfervaffe, haud ita pridem indicabat.

Hinc emendanda videretur ejufdem vocis fcriptura
cum

DISSERTATIO SECUNDA

Lib. 1. de divinat. cum apud Ciceronem, *Templum est à Senatu Junoni sospitæ restitutum*, tum apud Ovidium,

Fast. I.   *Sospita delubris dicitur aucta novis*;

Lib. VIII. & XXIV. præterea apud Livium, qui ejusdem *Sospita Junonis* aliquoties meminit; & insuper apud **Silium** Italicum,

Lib. XIII.   *Lavino generate, inquit, quem sospita Juno*.

Lib. v. 1. Metam. sicut apud Apuleium, *sis meis extremis casibus Juno sospita*: in quibus locis utique *sispitæ* vocem reponendam liqueret ex indubiis id genus Nummorum Lapidumve monumentis, ni *Sispita*, genuinæ & antiquæ vocis loco, *Sospitam* vulgo invaluisse innueret Festus. Neque tamen antiquos solum *Sispitam* usurpasse, quod ille videbatur indicare, signatum sub Antonino Pio numisma cum eadem scriptura satis superque evincit. Ut mittam levius illud, JUPPITER cum duplici P in Nummis tradi; aut cognomen Herculis DEUSONIENSIS juncta voce, non duabus DEUS ONIENSIS, ut existimabat Goltzius, quod jam ad **Sidonium** vidit doctissimus Sirmondus. Mitto *Topicas* alias *Deorum, Dearumque* appellationes, de quibus infra opportunior dicendi erit locus.

In Barbarorum vero, Romanorumque Nominibus, multa corrupta hactenus apud Auctores tradita, veterum nummorum fide restituenda; qualia ΜΙΘΡΑΔΑΤΗΣ, pro quo vulgo ille terror majorum vestrorum Μιθριδάτης apud Josephum, Plutarchum, Appianum, Dionem, aliosque adhuc hodie legitur. Adnotavit id jam olim ad Dionem ex nummis Vir doctus, neque tamen cum eo improbanda continuo Romana Mithridatis appellatio, ubi nec nummorum, nec lapidum, nec scriptorum librorum auctoritas eam convellit, & eandem præterea firmare videntur geminæ formationis exempla, quæ in iisdem nummis Ἀκρίσας, Καπύη, Μασσα-

DE PRÆST. ET USU NUMISM. 85

Μασσαλία, *Agrigentum*, *Catina*, & *Massilia*, suppeditant.
Sic *Seleuci*, & *Demetrii* ΝΙΚΑΤΟΡΕΣ dicti ex nummis,
ut recte Strabonis & Appiani Codices præferunt, non
verò *Nicanores*, ut cùm apud **Goltzium**, tum apud Josephum, Diodorum, Polybium, Justinum, Ammia- Lib. 11.
num, aliosque vox illa consuevit usurpari. ΚΑΣΣΑΝ-
ΔΡΟΥ genuina itidem lectio ex Nummis ejusdem
constat, non ΚΑΣΑΝΔΡΟΥ, ut præter alios, apud
eundem Polybium, Josephum præterea non semel per- Lib. XII.
peram legitur. Thraciæ etiam Regis verum ΡΟΙΜΗ- c. 1.
ΤΑΛΚΟΥ, seu *Rhæmetalcis* nomen una cum vultu eruitur ex nummo Augusti, Tristano jam ante, & mihi cum
Florentiæ, tum hic in Urbe inspecto; quod perperam
apud Dionem aliosque hactenus traditur. Unde & Ρυ-
μητώλκης Roberti Stephani ad Dionem, & ad Capitolinum Casauboni Ρυμετάλκης, vel Rimethalces de Rege
Bosporano ejusdem nominis, eadem opera exulare ju-
bentur. Ita alterius Regis Thraciæ, RHESCYPORIS
nempe genuinum nomen probavit **novissime ex rarissimo** ejus nummo Cl. Seguinus, qui veram illius scripturam apud Tacitum, corruptam apud Vellcium &
Suetonium arguit; in quo *Rhascupolis* aut *Trascypolis* vulgo legebatur. Quibus addere mihi liceat Jul. Cæsarem,
in cujus libris de Bello civili idem nomen occurrit de- Lib. 111.
pravatum, ex *Macedonia* C C. *quibus Rascipolis præerat*.
Unde exemplo hujus *Rascupolis*, Thraciæ Regum nomina sæpe ita terminasse, & **apud** Pausaniam proinde
Ἀσρυπολιν legendum, (**quod alias** ex Livio constat)
haud ita vere colligentem videbam nobilem & eruditissimum senem, in novissimo Exercitationum ad Græcos Auctores opere. Tractus vero & Gentis ejusdem
Reginam ΡΟΔΟΠΗΝ, cum præclarus nummus Christinæ Augustæ, tum geminus nuper à Cl. Seguino vulgatus

86 DISSERTATIO SECUNDA

gatus exhibet; unde alterius Thraciæ mulieris nomen
Lib. 11. apud duos amatoriæ fabulæ scriptores Helidorum &
Lib. VIII. Achillem Tatium nuper emendabam, ubi Ῥόδωπης vulgo pro Ῥοδίπη legitur. At enim Regi Regum *Vologesi* genuinum nomen restituere mihi liceat auctoritate eximii & rarissimi nummi, Romæ non ita pridem reperti, in quo ΒΟΛΑΓΑϹΟΥ scriptum occurrit: unde corrigendi iterum Josephus, Dio, Aristides, Iamblichus apud Photium, Stephanus, Zonaras aliique, apud quos vel Βολογαίσης, vel Βολογέσης, vel Βολόγεσος, vel Βολόγεσος vocari solet, & apud Lucianum & Xiphilinum Οὐολόγεσος & Οὐολόγαισος, nomine ad Romanam Vologesis appellationem formato. Ab eo denominata
Lib. XIIII. urbs Vologessia apud Ammianum, Stephani Βολογεσσίας. De tota vero præclari illius nummi inscriptione paullo infra. *Abgari* etiam familiare Edessæ Regulorum nomen ΑΒΓΑΡΟΥ, non ut hodie apud Appianum Ἀκβάρου, vel apud Dionem & Herodianum Αὐγάρου, scribendum, nec ut alii voluerunt *Abagarus*, aut apud aliquot Taciti codices *Abbarus*, nummi Antonini Pii, Severi & Gordiani, in quibus ΑΒΓΑΡΟϹ ΒΑϹΙΛΕΥϹ, abunde docent. Ut mittam inscriptionem à Sirmondo, in Notis ad Sidonium vulgatam, cum eodem nomine Ἀβγάρου, & antiquissimum Eusebii codicem Bibliothecæ Mazarinæ. Unde miror nuperum Eusebii editorem, qui principatum hodie harum litterarum cum paucis tenet, & cui hæc eadem erant perspecta, quam olim Ἀγβάρου vel Ἀκβάρου ad Dionis Excerpta lectionem adseruerat, passim etiam in Eusebiano textu & in Adnotatis prætulisse; quamvis & alteram *Abgari* non contemnendam fateatur, & una etiam aut altera vice in textum Eusebii admiserit. Neque enim video, cur promiscua Reguli illius Scriptura in eodem

DE PRÆST. ET USU NUMISM. 87
dem Auctore tradi debuerit, aut cur Nummorum, Lapidum, & Codicum etiam vetustorum auctoritate firmata, pluribus libris manu exaratis, non debeat hic longe præponderare. Argumentum enim à voce quadam Arabica ἄκϐαρ☉, quod potentissimum notat, non eam vim habere potest, ut indubia & coæva testimonia, quæ vulgo lites id genus solent decidere, & in tradendis priscæ scripturæ vestigiis, omnium confessione primas tenent. Ut mittam Orientalium, aut Barbarorum nomina Græce tradita, ab origine passim nonnihil deflectere, ut sexcentis exemplis probari id posset, & præter recentiores, à [a] Strabone & [b] Plutarcho jam olim observatum novi. Emendanda vero præ aliis Dionis Excerpta, in quibus Αὐζάρχ ξ̃ τ̃ Αἰδέσης ἄρχοντ☉, pro Α᾽ϐζάρχ ξ̃ τ̃ Ε᾽δέσης. item nova editio Procopii, in qua Αὐζαρ☉ Ε᾽δέσης ὑπάρχης vocatur, pro Α᾽ϐζαρ☉ Ε᾽δέσης. Postremam hanc lectionem adserunt itidem Nummi haud vulgares, cum scriptura ΕΔΕΣΣΑΙΩΝ, item ΕΔΕΣΣΗΝΩΝ vel ΕΔΕΣΣΕΩΝ; quales in Thesauro Medicæo aliisque præclaris Gallorum ac Italorum Cimeliis adnotavi. Quo referendus etiam Nummus vulgatus, sed corrupte à Cl. Tristano, cum inscriptione ΜΗΤΡ. ΔΕΣΣΗΝΩΝ, & quem continuo tribuit cuidam Urbi ad Nili scilicet Cataractas & Æthiopiæ confinia positæ, cujus unus Aristides meminerit sub nomine Δέσης, & quam fuisse illius tractus Metropolim, liceat ex hoc nummo colligere. Vix crederem in magno & præclaro alias opere, securius dormitasse nobilem antiquarium, & plura errorum portenta, quod illibenter dico, paucis adeo verbis congessisse. Mitto somnium & supinum errorem, de situ illius urbis ad Æthiopiæ limites relegatæ; quæ nempe Aristidi Smyrna Romam terra proficiscenti, superato

[a] Lib. XVI.
[b] Lib. de Isid.
Bell. Pers. lib. II. cap. 12.
Tom. II. pag. 405.

Helle-

Hellesponto ac Hebro fluvio, ut narrat ipse itineris rationem, occurrerat πρὸς τῷ καταρράκτῃ, in qua æger decubuit aliquandiu; ita ut vix centesima demum die (non vigesima, ut deceptus à Cantero interprete Tristanus existimabat, qui pro ἑκατοστῇ videtur legisse εἰκοστῇ, tota rei narratione reclamante) quà domo discesserat, Romam sit ingressus. Credidit utique Tristanus, non alium Καταρράκτην, quam de Nili Catarractis posse intelligi, & fugit eum communis illa appellatio, cum fluviorum magno impetu è montibus desilientium (quales illo Καταρράκτου nomine in Creta, Pamphylia, Norico, alibi notarunt jam olim veteres Geographi, & quo nomine Marsyam, qua declivis est & rectis aquis fertur, pridem vocaverat Herodotus) tum claustrorum quorundam ceu obicum, quibus vel arte vel natura fluminis alicujus alveus impeditur, aut confragosus itidem redditur. Neque enim audiendus vir summus, qui Solinum, Catarractas Nili de ejus claustris interpretantem, vel ideo falsi arguit, quod Catarractæ non dicantur de claustris id genus, sed de torrentibus ipsis aut fluviis, qui ruunt potius quam fluunt; quod pluribus non uno loco Plinianarum Exercitationum conatur adstruere, unde & castigantur eidem Glossæ antiquæ, quibus Καταρράκτης obex explicatur. Sed quam dicam intendet novo Xenophonti, gravissimo nempe & elegantissimo auctori Arriano, qui diserte illo Καταρράκτων nomine vocat, non Tigrim fluvium, sed obices quosdam, & munitiones in illo fluvio à Persis ideo erectas, ut eorum frequentia difficilem per Tigrim navigationem facerent, & ne quis navali classe in eorum regionem penetraret, quos omnes obices ab Alexandro disjectos docet, οὓς Καταρράκτας οὓς κ᾽ τ πταμιν ἀφανίζων. Consule integrum locum, & fateberis haud
omnia

DE PRÆST. ET USU NUMISM. 89

omnia dicta è tripode, quæ ab Oraculis etiam imperiose proferuntur. Bene itaque Glossæ, Καταρράκτω per *obicem* reddunt; quæ vox nempe Græcis promiscue dicitur tam de fluviis cum impetu & fragore ex alto ruentibus, quam de claustris eorum seu obicibus, arte aut natura factis, quorum nempe opera præceps itidem aut confragosus cursus excitatur. Unde jam, ut ad Tristanum & Aristidem redeam, non Δίεση eo loco, qualis revera nulla exstabat eo nomine, sed Ε'δέση ibidem reponendum; quæ Urbs in Macedonia ad Erigonum fluvium posita, cujus Livius aliique meminere, Aristidi è Thracia Romam tendenti occurrebat, & à qua altera illa Syriaca aut Oesrhœnana Edessa in nummo expressa, appellationem sortita est. Diserte id tradit Stephanus, & quidem, quod inprimis hic notandum, dictam postremam ob aquarum impetum à Macedonica illa Edessa, Ε'δεσα πόλις Συρίας, ἀπὸ τῶν ὑδάτων ῥυμῶν ὅτω κληθεῖσα ἀπὸ τ' ἐν Μακεδόνι. Quam postremam proinde apposite vides ab Aristide ad Catarractam (quod idem infert) collocari; ut haud necesse fuerit vel Ortelio qui in errorem induxit Tristanum, Dessam aliquam ex corrupto Aristidis loco colligere, vel Tristano ad Nili Catarractas continuo delati, ad quas alio quidem tempore & alia occasione penetrarat idem Rhetor, sicuti liquet ex ejus Ægyptiaca. Egregia utique & memoranda hoc loco instituti itineris ratio, Smyrna Romam terra proficiscentis, superato ut diximus Hellesponto, ac Hebro fluvio gelu concreto, aliisque molestiis, quas narrantem illum videas, devoratis, ad Nili Catarractas & Æthiopiæ confinia continuo progredi; ægrum aliquandiu ad ea loca decumbere, & tandem (en longas scilicet ambages tantæ ac tam impeditæ peregrinationis) vix vigesima die, qua do-

M mo

mo discesserat, in Urbem æternam appellere. Vidistine unquam tam suaves ludos, aut circumductum per majora itinerum compendia ægrum & jam male adfectum viatorem? Ut certe mirari haud parum subeat, in editis nuper Cl. Holstenii ad Ortelium Adnotatis, **non** solum eruditissimo viro, & qui tam multum operæ collocavit in Geographia antiqua illustranda, **non** subolevisse hunc Ortelii errorem, ex corrupto Aristidis loco, sed insuper ab eodem lectorem ad Tristanum, optimum scilicet illius interpretem, remitti. Sed ut ad Nummum redeam, tam præclaræ observationis fontem, Ægyptiacâ illâ Dessa, ultra Glacialem Oceanum, & omnes mundi fines relegatâ, legendum omnino in illo ΕΔΕϹϹΗΝΩΝ, sicut in similibus nummis corrupte ab Occone (quod illi in citandis Græcis nummis solenne est) productis sub eodem nomine ΔΕϹϹΗΝΩΝ. Id vero cum per se satis obvium, tum firmat etiam alius Nummus Mediceus ejusdem Alexandri Severi, cum eadem turritæ & sedentis mulieris effigie, neque una sed duabus stellis, ac epigraphe ΜΗ. ΚΟ. ΕΔΕϹϹΗΝΩΝ, seu *Metropolis Coloniæ Edessenorum*. Neque enim solum vere Metropolis illius tractus, & Abgarorum, de quibus agebamus, Regia Edessa, sed Coloniæ etiam dignitate ornata; ut liquet, cum ex hoc numismate, tum ex alio Musei Patiniani percusso sub Caracalla, & inscripto ΚΟΛ. ΕΔΕϹϹΑ. Hinc præterea etiam emendanda corrupta hujus vocis scriptura in Codice Justin. ubi *Ædesena Curiæ* pro *Edessenæ* vulgo legitur. Eandem vero Αὐγάρῳ genuinam lectionem, de qua paullo ante agebamus, nequidquam adseruit nuperus editor Epistolæ Constantini Porphyrogennetæ, ubi agit de vulgata illa Servatoris imagine ad hunc Abgarum missa. Solemnem alias novi illam litterarum Β

L. 5. C. de Cob.

& v

DE PRÆST. ET USU NUMISM. 91
& v apud Græcos juxta & Romanos permutationem. Sed hac de re plus satis, qui fortunas Græciæ in ea positas non arbitramur. Sic rursus male apud eundem Procopium ὁ δονάζης Zenobiæ maritus, aut apud Agathiam ὁ δίναβ@- inscribitur, qui Ο ΔΕΝΑΘΗΣ in præclaris ejusdem nummis notari solet. Bell. Per$. lib. 8. cap. 5. Lib. 12.

Nec ignotum alias varia *illustrium Romanorum* nomina apud Auctores antiquos passim ex nummis emendanda; ut *Mescinius*, non *Messinius*; *Arrius* non *Arius*; *S. Saranus*, non *Serranus*; *Aquinus* non *Aquinius*; *Numidius Quadratus*, non *Vinidius*; *Nassica*, *Messalla*, cum duplicatis litteris; *Betilienus Bassus*, pro *Bellienus*; *Tampius* pro *T. Ampius*, aliaque id genus plurima, quæ in Ciceronis, Taciti aliorumque Codicibus corrupta ut plurimum leguntur, & ex parte jam adnotarunt eruditi nummorum collectores. Idem vero Cæsaribus aliquot beneficium nummi præstant, quorum auctoritate *Hadrianus* non *Adrianus*, ut vulgo tamen doctissimorum Virorum editiones Historiæ Augustæ præferunt; *P. Helvius Pertinax*, non *P. Ælius*, aut *Helius*, ut præter alios ad Eusebium existimat Pontacus; *Marcus Clodius Pupienus*, non *Caius Maximus Clodius Pupienus*, ut contendebat ad Capitolinum Salmasius. Iis possunt accenseri *Cælius Balbinus*, non *Clodius Balbinus*; *Opelius Macrinus*, non *Opilius*, aut juxta alios *Popilius*; *Odenathus*, non *Odenatus*; *Postumus*, non ut vulgo *Posthumius*; *Bonosius*, non *Bonosus*; *Vetranio*, non *Veteranio*, cui tamen patrocinatur ad Ammianum doctissimus Valesius: & alia quædam id genus, quæ ut in re magis obvia, præripuit nobis non unius antiquarii diligentia. Ita ex iisdem nummis accepimus *Delmatium Cæsarem*, non *Dalmatium*, ut vulgo apud Auctores; Gordianum *Antonium*, non *Antoninum*, ut volebat Capitolinus. Quibus accedunt ex

M 2 Augu-

Augustarum serie *Matidia* non *Mattidia*; *Julia Soæmias*, non *Sæmiamira*; *Otacilia* non *Otacilla*, sicuti vulgo describitur; *Constantina* Galli uxor, non *Constantia*, ut apud Zozimum tamen aliosque vocatur. Inde etiam eruitur Gordiani conjugem *Sabiniam Tranquillinam*, non ut vulgo hactenus *Sabinam*, fuisse nuncupatam: ut liquet ex præclaris aliquot nummis mihi inspectis cum integra illa epigraphe, de qua erit adhuc alius dicendi locus. Sic vexatum eruditis nomen alterius Antonini, *Elagabalum* scribendum, & apud Herodianum, aliosque restituendum, (ut viderunt jam alii) pro quo *Heliogabalum* vulgo, vel *Alagabalum* cum Onuphrio, obtrusere. De quo nomine non hic repetam, quæ in Adnotatis ad Juliani Cæsares, contra doctissimorum virorum sententiam olim monuimus. Ipsa vero *Geographica* Urbium, aut Regionum nomina fœde passim in libris veterum corrupta, quam ex Nummis, vel lucem, vel medicinam mutuentur alibi suo loco trademus. Ut jam alia hic non tangam, *adloqui*, & *adlocutio*, *adsignare*, *adserere*, *conlegium*, *fecunditas*, *felicitas*, sine diphthongo, contra *sæculum* (non ut quibusdam modernis Criticis placuit *seculum*) Romanorum more scribenda. Ita certe nummi constanter, ADLOCUTIO; REGNA ADSIGNATA; ADSERTOR LIBERTATIS; COOP. IN CONL. seu cooptatus in Conlegium; FECUNDITAS AUGUSTÆ; SÆCULI vel TEMPORUM vel AUGUSTI FELICITAS; & SÆCULARES LUDI, aut SÆCULUM AUREUM: sicut priorem scripturam præferunt etiam lapides, ADLECTI, ADTENDERE, non ut vulgo hodie *allecti*, *attendere*. Sed leviora hæc forte & Grammaticis relinquenda, ad rectam tamen, & accuratam scribendi formam spectantia, quam & in Vernaculis linguis

& in

DE PRÆST. ET USU NUMISM. 93
& in Romana etiam, integris voluminibus tradere, præclaris omnium ætatum & gentium viris, visum est haud inconsultum. Quod ubi Fabius, luculentis certe Cæsaris aut Tullii exemplis ivisset adsertum, addit præterea; *Aut ideo minus Messala* **nitidus**, *quia quosdam* Lib. 1. c. 7. *totos libellos non de verbis modo singulis, sed* **etiam de LITTERIS** *dedit. Non obstant hæ disciplinæ per illas* **euntibus,** *sed circa illas hærentibus.*

NEC vero ad ornandam MORALEM aut CIVILEM DOCTRINAM, parum etiam conferunt hi reconditi priscæ memoriæ juxta ac elegantiæ Thesauri. Ridebunt hic forte homines, nisi indignentur lubentius, qui veterem illam Sapientiæ, cum studiis eruditæ antiquitatis communionem ignorant. At ridebis ipse vicissim, præstantissime OCTAVI, convicti toties ac depulsi erroris dementiam; qui aliter erga optimas artes adsectus, illis ducibus interiores disciplinarum aditus penetrari, haud difficulter largieris. Nosti equidem, præclaris olim morum Magistris ac Censoribus, varia placuisse subsidia, quibus singulis hominum ordinibus officii sui leges inspiciendas traderent. Hinc fabulis non solum, præceptis, legibus, sed **Symbolis** etiam quibusdam, nobilissimam vitæ artem non semel leguntur complexi. Adeo quidem, ut hæc postrema, tanquam ad imbuendos saluberrimis monitis animos intuentium magis opportuna, in gravissimarum rerum tractatione, frequentius etiam usurpasse videantur. Morem illum utique non Ægyptiis solum, sed Græcis aliisque familiarem, ut alios mittam, docet eximius apud Iamblichum locus. Quid autem sunt obsecro, Lib. de vit. pleraque illa melioris notæ Numismata Veterum, nisi Pyth. c. 23. totidem Symbola, vel documenta potius, ad omnem

2. IN ETHICA ET POLITICA.

vitæ

vitæ usum feliciter comparata? Et Romanorum quidem laus hæc fateor præcipua, qui primas etiam in hoc veteris memoriæ studio ac delectu, vulgo apud antiquarios tenent. Quum enim in Græcorum, aut Barbarorum Nummis, frequentius situs, originis, religionis quandoque occurrant argumenta, Romani optimo & arcano quodam consilio, non diurnos solum actus Principum, sed ipsam agendorum normam, promiscuis & quotidianis Nummorum usibus, testatam consignatamque voluere. Hoc enim abunde tot præstantissimarum Virtutum effigies passim in iis traditæ ostendunt; quæ nihil aliud, quam pictura quædam loquens, (ut Poësin vocavit nonnemo) veram optimi Status & Vitæ laudabiliter actæ imaginem continuo ante oculos ponit. Unde illas ipsas regnandi artes, una cum sacris Cæsarum vultibus, in iis passim haud temere expressas intuemur; **ut individuam** quandam illarum cum suprema potestate societatem, iidem religiose fovendam sibi & retinendam scirent. Qua in re non minus apposite, illæ Virtutes, quæ maxime Principes decent, & quibus publica salus potissimum incumbit, frequentius etiam traditæ, ita ut qui JUSTITIAM, ÆQUITATEM, CLEMENTIAM, CONSTANTIAM, FIDEM, INDULGENTIAM, LIBERALITATEM, MUNIFICENTIAM, PROVIDENTIAM, & bellicæ Virtutis argumenta crebro in Nummis Cæsarum legit, speculum quoddam in iis Principum, & gravissimi muneris requisita, eadem opera agnoscere sese fateatur. Sed de his paullo infra. Ubi vero Augustarum Nummos consulet, solemnes Matronarum Virtutes ac præcipua decora; FECUNDITATEM, PUDICITIAM, PIETATEM, CONCORDIAM, earundem oculis opportune quoque subjecisse veteres **intelliget**. Ut qui in frequentes

id ge-

DE PRÆST. ET USU NUMISM. 95

id genus inscriptiones ac effigies incidit, obvias in Nummis Augustarum, eadem opera videat, quid sæcula haud alias nimis verecunda, & vulgo fœdis adulationibus sordida, laudandum tamen unice aut expetendum crediderint in sequiori sexu, cujuscunque tandem sit fastigii; immo quid præ cæteris deceat **regales nurus**. Id nempe quod inter Metelli prospera enumerat gravis Auctor, *Uxorem* PUDICITIA AC FECUN- DITATE *conspicuam conciliavit*; aut quo Agrippinæ Germanici conjugis elogium complexus est Annalium scriptor; *insigni* FECUNDITATE, *præclara* PUDICITIA; & ubi eandem alibi cum altera Tiberii nuru contendit, & *conjux Germanici Agrippina* FECUNDITATE *ac Fama* (pudicitiæ nempe) *Liviam uxorem* **Drusi præcellebat**. Ut non mirum sit FECUNDITATIS templum in Augustæ Poppææ gratiam olim in urbe erectum, aut quod sua PUDICITIÆ sacra & sacerdotes occurrant in priscis aliquot Auctorum Lapidumve monumentis. Equidem illud insolitum **forte sæculi nostri** moribus vides hic mecum, mi OCTAVI; inter præcipuos nempe & solemnes Augustarum, hoc est primi inter mortales fastigii Titulos, non Formam, non Ingenium, non Munificentiam, dotes certe **haud contemnendas**; non alia fortunæ aut animi bona; **sed unam ferme** PUDICITIAM, aut in Conjugem liberosve PIETATEM, vel FIDEM, crebro adeo **celebrari**. En rudium scilicet temporum, & minime urbanorum hominum simplicitatem! Quid non alia erant, primoribus non urbis tantum sed orbis feminis, majora aut antiquiora decora, queis earum fama apud præsentes aut apud posteros memoria nominis commendaretur? An sola hæc illarum monumenta, digna quod ille ait in alia caussa, quæ *sculptâ saxis aut ære prisco manerent*?

Val. Max. lib. VII. cap. 1.

96 DISSERTATIO SECUNDA

nerent? Ita ne hodie vulgari hac laude, adulatio publica erga rerum an hominum dominas, egregie tum perfuncta suo munere videretur? Adeo quidem ut nec in tacita *sanctitatis* illius conscientia (sic enim vocabant eam Matronarum hujus ordinis virtutem illo ævo) acquiescendum sibi crederent, ni publicis illa quoque tabulis, ad aliarum vel exemplum vel infamiam traderetur. Ut mihi quidem jam haud ita mirum videatur, cur non alia magis quam PUDICITIÆ *laude*, eminentissimam sui ævi, Augustorum certe Matrem & Conjugem extollat non semel ipse impudicitiæ præco & magister, aut de eadem alibi innuat,

Esse pudicarum te Vestam, Livia, Matrum.

Cur denique Valerius Maximus Pudicitiam compellans ut individuam ejusdem Liviæ comitem; *Tu Palatii augustos Penates, sacratissimum* JULIÆ *genialem torum assidua statione celebras.* Illud certe videas ea Testium ac Nummorum fide, constare illos abunde voluisse scilicet non Plebeiæ solum, ne dum etiam Patritiæ, quibus erectæ olim Aræ ac sacella, sed AUGUSTÆ quoque PUDICITIÆ sacra jam & certamen adesse. Non utique aliam esse legem in solio, aliam privato in toro, sicuti existimabat Regia illa Conjux, sed *inimica* FIDEI, *& hostis* PUDICITIÆ, haud minus ac ignobilis illa pistoris uxor apud Apuleium. Qui vero huic memoriæ Regnantium fortunam aut munia lubenter adeo commendabant, iidem quoque talibus auspiciis Sæculo & Reipublicæ SECURITATEM, GLORIAM, LIBERTATEM, TRANQUILLITATEM, GAUDIUM, ROMAM RENASCENTEM, FELICIA TEMPORA, Imperio denique ÆTERNITATEM faustis ominibus & repetitis votis augurabantur. Non diffiteor equidem, destituisse non semel

Plures perstitere sanctitatem Dominæ tueri. Tacit. Annal. XIV.

mel hæc auguria, exitialem haud unius Neronis indolem, aut infaustam plurium Faustinarum libidinem. Hinc non continuo tamen arguendus amplissimus Ordo, penes quem amissa etiam Republica, signandi æris facultas mansit, qui spes **suas & vota monumentis** id genus consignabat, immo, qui his veluti **tabulis, quum** aliter per illorum temporum immanitatem non liceret, Principes & eorum Conjuges officii sui, **sub commendationis** specie, frequenter admonere non **dubitabat**. Nec ea de re sinit me dubitare, illustris apud Dionem locus, qui in vita Caligulæ refert eum habita Lib. LIX. ad Senatum Oratione, in qua Tiberii vitia perstringebat, & de se multa pollicebatur, Patres veritos ne mutaretur, Senatusconsulto jussisse eam quotannis recitari. Neque cum Nerone aliter se gesserunt Patres, qui ubi in sua acta jurare Collegam prohibuisset, referente Tacito, acceptum id *magnis patrum laudibus, ut* Annal. lib. *juvenilis animus levium quoque rerum gloria sublatus, majo-* XIII. *res continuaret*. Unde rursus plane hic apposite **Plinius**, in præclaro Panegyrico; *Sed parendum est Senatusconsulto, quo ex utilitate publica placuit, ut Consulis voce sub titulo gratiarum agendarum, boni Principes quæ facerent, recognoscerent, mali quæ facere deberent*. Agnoscis **opinor** idonea trium Consularium fide, præclaram **totius Ordinis** mentem & arcanam quandam hujus **instituti** rationem. Spes nempe ei erat nonnulla posse vi blandæ hujus artis illam Caligularum, quam Suetonius hic vocat, ἀδιατρεψίαν expugnari; & fore aliquando, ut vel verecundia immeritæ laudis, vel desiderio pulcherrimi præmii, vel reverentia posterorum tangerentur. Recusasse certe Tiberium accepimus, delatum sibi Patrum judicio PATRIS PATRIÆ cognomen, quod nec in Nummis ejus apparet; gnarus nempe quam male arduas tituli illius partes quandoque esset impleturus; immo ne tot parricidiorum reum aliquando se ipsum hac appellatione proderet. Opportune certe, ne audiret Senatus ob eandem illius Cæsaris monetæ impressam,

crudelis, tu quoque falsis
Ludis imaginibus?

Nec alia mens Antonino Caracallæ, non dissimilis sævitiæ Principi, quem refert Dio in Excerptis Constantinianis, DEUM aut HERCULEM ea de causa dici noluisse, quod nihil appellatione illa dignum agere in animum induxerat. Accedit, quod frequentius hæc publici gaudii argumenta, in optimorum Principum imaginibus occurrant; quæ in iis tanquam superstitum præmia, & sequentium simul incitamenta proponuntur. Ut nempe, *eorum virtutes posteri non solum legerent, sed etiam imitarentur*; quod ipsum de nobilissimorum olim civium titulis ac imaginibus aiebat vir prisci moris Torquatus. Immo non defuere nonnunquam deterioribus Dominis, sua vel belli vel pacis decora, digna etiam quandoque, quæ hac publica civium gratulatione commendarentur.

Quod vero hic præcipuum, vel hinc petere iisdem licuit, quibus *inconsulta erat* cum Nerone *perpetua famæ & ÆTERNITATIS cupido*, quibus artibus demum ad eam sibi eniti liceret. Vidissent utique vel in Nummis illis, quos tractabant assidue, regia virtutum via id gloriæ fastigium demum attingi: solas quippe vel veteri Romanorum lege, in iis consecrari meruisse; non autem Libidinem, Impudentiam, Contumeliam, quibus publici cultus monumenta erexisse Athenienses (præter Clementem in Protreptico) refert simul & arguit Tullius. Adeo ut nec Dicæarchi illius rationem

sibi

sibi habendam intelligerent, quem tradit Polybius duas Lib. xvi.
excitasse aras in portu, unam IMPIETATIS, alteram Symbo-
INIQUITATIS, iisque ut Deabus rem divinam fe- LA ET INSCRI-
cisse. Immo docuissent ipsos iidem, quos tam cupide PTIONES.
sectabantur, Magistri, certa PROVIDENTIÆ DEO- In Num-
RUM destinatione, vocatum Principem, in quem fe- mis Cæ-
licia Orbis ac Imperiorum fata transferantur; unde
bene ac sapienter de optimo Cæsare dixerit facundissi-
mus Consul, *jam te* PROVIDENTIA DEORUM
primum in locum provexerat. Non casu proinde volvi res
mortalium; non semotam à rebus nostris curam divini
numinis: eamque non unius tamen gentis, aut sectæ,
sed tot *sapientissimorum* alias hominum (Epicuri scili- Tacit. An-
cet de grege) sententiam, qui nullo Rectore moveri nal. vi.
hunc orbem credidere, hoc publico & frequenti judicio principis gentium populi, & quidem auro, argento, æri toties inciso, manifeste satis luculenterque
damnari:

Quo pateat Mundum divino numine verti,
Atque ipsum esse Deum, nec forte coisse Magistra.
Atque ita non posse amplius illam supremi Numinis
Providentiam in res humanas impugnari, aut alias in
controversia vel dubitatione hominum versari, citra
manifestam publicæ majestatis offensionem, & impium
non in Deos magis quam in Patriam conatum. Si vero Si regitur
Mundus PROVIDENTIA regitur, (quod certe Glo- Providen-
bi illi, & Clavi, & Inscriptiones Nummorum clarissime tia Mun-
jam contestantur, & nefas amplius dubitare) ergo ad- nistranda
ministrandam OPTIMO PRINCIPI Rempublicam, certe bonis
sicut etiam præclare colligebat decus olim Romanæ to- Republi-
gæ. Neque alias supremum rerum humanarum arbi- ca Quintil.
trium ab unius CÆSARIS nutu pendere; quamvis l.xii.c.1.
rerum & gentium dominus, & princeps ac parens generis

neris humani vulgo audiat; immo licet hic aperte versetur ante oculos,

Ponendusque sua totus sub imagine mundus.

In Numo Severi apud T. i. stinum.

Esse quippe alium JOVEM IMPERATOREM, cujus sint auspicia suis majora, quibus ipse reverentiam & obsequium debeat; & cui idcirco, nec alii, teneatur legibus majestatis ac repetundarum. Esse vigilem gentis humanæ CUSTODEM, STATOREM, & CONSERVATOREM Deum, immo singulari privilegio CONSERVATOREM ac TUTATOREM AUGUSTI; cui sua nempe & publica salus secure ac feliciter incumbit. DEOS itaque hominum, & quidem bono-

Lib. VIII. Ep. 6.

rum juxta Symmachum, non vero homines Deorum esse CUSTODES; ac vel hinc revinci eorum vesaniam,

Justin. Apolog. II.

quos exagitat alicubi sanctissimus Martyr; *non vident nefas esse, cogitare vel dicere homines esse Deorum* CUSTODES. Neque eo tamen secius flagitari ipsius AUGUSTI PROVIDENTIAM, qua vere sacra vice, non Urbem, aut Italiam, sed terras ac maria gubernat,

Quæ regit AUGUSTIS *parentem legibus* ORBEM.

Cujus intuitu proinde non otiosus moderetur habenas imperiorum, sed continuo ad Clavum sedeat, tanquam ORBIS RECTOR. Neque enim alia certior Principis effigies, quam periti Gubernatoris, juxta eloquentissimum Philosophorum, & proinde ad cujus imaginem in eodem formando continuo & lubenter sese recurrere profitetur. Doceat proinde ut verus gubernator (quæ non mea, sed alterius longe disertissimi viri verba sunt) littora ac portus; quæ tempestatum signa; quid secundis flatibus, quid adversis ratis poscat: denique

Plato in Politico.

Queis regere immensi summam, queis habere profundi
Endo manus validas potis est moderanter habenas.

Subli-

Sublime enim juxta & arduum esse illud regendi onus; vere Augustum Clavum quem adfixus & hærens nusquam omittat providus RECTOR, non cœlo sereno nimium confisus; non turbido perculsus timidius; non fessos oculos, aut labantem dextram labori subducens; non alium patiens inire sua munera, qui incautum projiciat in undas

Præcipitem, ac socios nequidquam sæpe vocantem.

Caveri posse infelicem casum, si non Clavo illi ut gravis nimium, aut aliud agens superincumbat; si premere & laxare habenas sponte potius quam jussus norit; si non credat temere fallacibus auris; si præterita, instantia, futura expendat provida mentis & luminum acie, non vero dimittat pari oblivione cum Vitellio, atque ideo haud dissimili cum illo exitu. Maxime vero si fixos oculos sub astra teneat, inde auguretur felicem cursum, æquatas auras, quietos fluctus, fida æquora, & BONÆ SPEI optatos tandem portus. Sic optimum certe AUGUREM decere; sic Clavum illum, aut Globum in RECTORIS dextra conspicuum & venerabilem gentibus, SECURITATEM quandam PERPETUAM, non ORBIS solum, aut REIPUBLICÆ, aut TEMPORUM, sed ipsius AUGUSTI continuo portendere, cujus SPONSOREM etiam ipsum habeat JOVEM. Sic Triremem illam velis ac remis gnaviter impulsam, aut BONO EVENTU facilem illi TRAJECTUM polliceri, aut post longam jactationem & gravissimas nonnunquam tempestates, *Trajectus & Felicitas in Nummis per Triremem.*

Summa etiam cùm vis violenti per mare venti.

ENDO PERATOREM *Classis super æquora verrit,* mersatam, sed non demersam profundo, DIVINA OPE, FELICITER emergere. Immo sic demum probari haud vanam SAPIENTIAM PROVIDENTISSIMI

In Nummo Constantini Junioris.

SIMI PRINCIPIS, à qua sola pendet tot vectorum vita & populorum salus; non vero fallacem illam, quam in Cæsare vix remigis, haud unquam munere RECTO-RIS defuncto laudabat impuri oris successor, *ubi ad* SAPIENTIAM PROVIDENTIAMQUE *flexit, nemo risum tenere.* Neque tamen minus debere ludibrium, qui non solum gubernaculum cum CLAUDIO improvide omittunt; sed pro Clavo, aut clavam lubentius aut Thyrsum, aut Citharam, aut Rudem, aut Quadrigarum non Triumphalium, sed Circensium habenas, majorine flagitio an infamia cum CAIO, NERONE, COMMODO adsumunt, & ad posterorum memoriam adpingi suis imaginibus haud dedignantur. Quasi nempe aut conficiendis solum monstris vacare deberent, ipsi non monstra solum ac portenta hominum, sed immanissimæ omnium belluæ, dignæ quæ **ante alias caderent** in arena: aut quasi non Præsidis, ceu agonothetæ cum Hadriano vel Alexandro, sed histrionis, citharœdi, aurigæ, arenarii partibus, **in augusto** illo theatro generis humani fungerentur. Si vero providus, hoc est dissimillimus ab iis RECTOR, Clavum **etiam videat in** FORTUNÆ manibus, **non MULIEBRIS** adeo vel REDUCIS etiam, quam MANENTIS illius aut OBSEQUENTIS trabalem sciat; quo vincta quodammodo arte & vigilantia Rectoris, instabiles suas vices dediscere tandem cogatur. Hanc itaque legem esse Regiam, à se in auspicio muneris non tam æri, quam memori animo infigendam; *ut non dominationem & servos, sed* RECTO-REM *&* CIVES *cogitaret*; scilicet Cæsaribus, tanquam liberis regenda Patrimonii jura, quod dixit alius gravis Auctor, patriam permisisse; hinc patrocinium ORBIS vel TUTELAM suscipere sese magis, quam

Variæ illæ FORTUNÆ inscriptiones in nummis Cæsarum.

Tacit. Annal. XII.

DE PRÆST. ET USU NUMISM. 103

quam Imperium norit, ut nec irritum sit augurium optimi vatis,

Et penes AUGUSTOS *Patriæ* TUTELA *manebit.* Cum VESPASIANO proinde opportunius, quam cum VITELLIO audiat TUTELA hominum; non vero solum ÆGYPTII REGIS TUTOR cum M. LE-PIDO; cum Tito proinde vere agat *Tutorem Imperii*, cum Trajano, diem suscepti Imperii eum esse, quo TUTELAM generis humani in se felicissime translatam intelligat; cum Tiberio vel Macrino sub initium Principatus, sed utroque candidius apud Patres profiteatur, delatum ad se Imperium, cujus TUTELAM receperit aut paratus sit suscipere. Alia enim jam erant Reipublicæ tempora, quam ea ad quæ respiciebat Tullius, dum alicubi exclamat; *quis unquam tantis opibus, tantis rebus gestis fuit, qui se populi Romani Victoris dominique omnium gentium* TUTOREM *dicere auderet!* Aderant, Marce Tulli, qui se utinam TUTORES semper, non DOMINOS cupidius nuncupassent; ubi semel in eorum procurationem, Deorum munere, an ira in res humanas iisdem concessam, Orbis simul cum Urbe transierat. Primam itaque & præcipuam illius curam, ad DEOS AUSPICES providenter referendam à grato Principe, à quibus ille non unius Populi aut Provinciæ, sed totius quasi generis humani constitutus est procurator. *Manet Vobis*, inquiebat olim eximius Præsul ad laudatissimum Regem, *regnum administrandum* & DEO AUSPICE PROCURANDUM. Non ergo RELIGIONEM sumendam obtentui ab AUGUSTO, aut à PIO Principe, quicunque tandem ornetur illis nominibus; minus autem habendam ludibrio à PONTIFICE MAXIMO; cujus sit PIETATI in PATRIOS ac SOSPITATORES DEOS, eorundem cultu

TUTELA Augusti in Nummis Vitellii & Vespasiani.

Philipp. vt.

DIS AUSPICIBUS in Nummo Severi.

Remig. in Ep. ad Glodovæum.

RELIGIO Aug. in Nummis M. Aurelii.

DISSERTATIO SECUNDA

cultu & reverentia præire; scientia simul ac provisu rerum divinarum ac humanarum, venerandas partes AUGUSTI sacrorum Præsidis implere. Hanc certam demum esse, cujus alias mentio in Ecloga quadam Græca LEONIS Augusti IMPERII ac SACERDOTII CONCORDIAM, repetitam è memoria Heroïcorum temporum, ut liquet ex principe Philosophorum, nec bene unquam aut salubriter in duobus Dominis cohærentem. Neque res dissociabiles misceri, ut qui in terris procurat nulli hominum dubias DEORUM vices, præsit eorundem ministerio; aut ne cui SALUS incumbit totius REIPUBLICÆ, quod in ea præcipuum & maxime validum importune subducatur. Unum esse ROMÆ ET IMPERII corpus, unius animo, quod ille aiebat, regendum: non rescindendum proinde in duas partes misere lacerum, aut improvide disjunctum. Neque tamen honorem illius SACERDOTII esse adeo firmamentum potentiæ, quam FIDEI etiam suæ ac MODERATIONIS in eo fastigio documentum. Alienum itaque à SACERDOTE, nihil cum DOMITIANO Deorum honoribus relinquere; templis aut effigie Immortalium per SACERDOTES & FLAMINES coli mortalem velle; Ministrum se JOVIS CAPITOLINI simul & Collegam jactare; **DARE** POPULO SUFFIMENTUM, & se thure placari velle. Nec minus dedecere Sacerdotem, pollutas sanguine suorum civium manus, sed religiose profiteri cum mitissimo Cæsare, PONTIFICATUM MAXIMUM se vel ideo capessere, ut puras illas servet ac innocentes. Sacri etiam alterius honoris, TRIBUNITIÆ nempe POTESTATIS, debere eundem haud injucunde meminisse, cujus beneficio non solum reliqua Imperia præmineat, sed haud

minus

Tit. III. th. 8.

CONCORDIA IMPERII ex Nummo Constantini M. & in aliis juncta passim Imperii & Sacrorum insignia.

ROMA ET IMPERIO in Nummo Gentis Caniniæ apud Seguinum.

DE PRÆST. ET USU NUMISM. 105

minus ac subjecta sibi oppida, ut INVIOLABILIS ET SACROSANCTUS Numinibus æquetur. Æquum esse proinde, gratas illi POTESTATI vices rependere, intercedendo pravis dominationis cupidinibus, non vero importunis aut intempestivis rogationibus QUIETEM Urbis præpostere lacessendo. Decere potius Vindicem & Custodem plebis, *cui plenum ÆQUI ponderis pectus*, cum Bilance seu ÆQUITATE quadam universæ vitæ & singularum actionum, assiduis in omni procuratione muneris ac negotii JUSTITIÆ officiis; tum *veluti FRUGI parentem & prudentem & divitem*, provisu commeatuum ac vigili ANNONÆ cura, effuso subinde pleno ac benigno copiæ cornu, ceu FRUGIBUS & ALIMENTIS Urbi ac ITALIÆ diffusis (ut verbis utar optimi Nummorum id genus interpretis), REMISSIONE nonnunquam graviorum onerum, VEHICULATIONIS puta aut RELIQUORUM, (Salutari incendio debitorum syngraphis potius quam corporibus consumptis), & tandem SUBLATA non FISCI modo JUDAICI, sed cujuscunque rei ac ordinis CALUMNIA, sic demum BEATÆ Urbis TRANQUILLITATI, & ÆTERNÆ civium CONCORDIÆ providere. Immo nec Pane solum gradili, sed interdum optatis CIRCENSIBUS, Equestri DECURSIONE, Græcorum QUINQUENNALIBUS, ac solito annorum decursu, SÆCULARIBUS Quiritium LUDIS, simul abundantiæ ac HILARITATI TEMPORUM feliciter consulere. CONSULEM enim sese esse, idque non Fastis solum, aut promiscuis SENATUS CONSULTIS, sed *usualibus metallis* ad memoriam omnium temporum passim consignari. Neque enim sedem illam honoris à se ornari magis, quam sibi inde victurum decus accedere;

In Nummis aliquot Urbium Græcarum ΑΓΙΑΟΣ ΚΑΙ ΙΕΡΟΣ.

Quiss Aug. in Nummo Maximiani.

Aurea FRUGES ITALIÆ pleno diffudit copia cornu. Horatius.

O

dere; eum esse titulum A u g u s t i *quem se decorare
fatentur*; eum habitum, quo Aulæ Curia jungitur; **qui
socios** Proceres nectit cum P r i n c i p e, ut de communione utriusque muneris loquitur elegantissimus

Claudianus. vates. Hinc p i e t a t i s S e n a t u s cum sui ordinis
Pater Principe, immo cum suo p a t r e felix & pulcherri-
senatus mum certamen; hinc e q u e s t r i s o r d i n i s &
in Nummo P o p u l i R o m a n i in fovendo & amando suo Con-
Commodi. sule c o n s e n s u s, alacritas, studium. Quod vero
In Num- Consularem decet, norit etiam se C e n s o r e m p e r-
mis Domi- p e t u u m · Unum itaque in Senatu generis humani de-
tiani. **lectum** præ cæteris a m p l i a t o r e m c i v i u m, cor-
In Nummo rigendis publicis moribus, æstimandis singulorum for-
Antonini tunis, probandis omnium ordinum ingeniis: de quo e-
Pii. tiam vere usurpetur, *vitam Principis* c e n s u r a m *esse,
eamque* p e r p e t u a m. Turpe enim sibi ac ignominiosum fore, si idem c e n s o r sit & auctor corrupti moris,
  Delicti sias idem reprehensor & auctor.
Si det veniam corvis, ut columbas vexet; si dum forte
cum Planco vel Paullo vis sibi aut vita C e n s o r i s
deest, *sit ejus* c e n s u r a *neque* A u g u s t o *honori, nec
De Domi- Reip. usui.* Neque tamen sub *Calvo* N e r o n e, alium
tiano exitum haberi posse gravissimi & sanctissimi muneris,
Quintil. & (licet ille *maximus & sanctissimus* C e n s o r audiat duo-
Martial. rum Hispanorum præconio) dum solæ vigent artes
grassandi ad honores, adulatio fœda & accusatio turpior; eosdem amittendi probitas & fama prospera;
agendi censum cupiditas & rapina insatiabilis; de vita
& moribus singulorum statuendi, publica libido ac væcordia Principis. Illud ergo de se & sua c e n s u r a,
sed à Satyrico dictum putet,
  F e l i c i a t e m p o r a, *quæ se
Moribus opponunt, habeat jam Roma pudorem.*

Nec

DE PRÆST. ET USU NUMISM. 107

Nec enim sperandum ab eo, cui munitus semper adversus omnem pudorem vultus, ut POTESTATIS illius CENSORIÆ, quam unus jam exercet, si non terrore, saltem verecundia coërceatur. Frustra ergo illum aut illi similes casuros in gravissimam alterius Censoris reprehensionem; *Cujus est pudoris, quinimo inverecundiæ,* Arnob. *cujus quod agere te videas, in eo alterum reprehendere? ma-* contra *ledicti & criminis loco dare ea, quæ in te possint reciprocata* G.ntes l.11. *vicissitudine retorqueri.* Si vero ab officiis liberæ quondam Reipublicæ convertat oculos ad suum illud singulare CÆSARIS vel AUGUSTI fastigium, intelliget continuo instrumenta illius secura eadem esse, quæ honesta; exspectatione rerum bonarum erigere civium animos (in bona enim opinione sitam virtutem parentium, juxta Principem Politicorum) SPEM proinde Arist.Polit. populorum de se conceptam, apta certe nec fallaci opi- lib.111.c.3. nione CRESCENTIS Virtutis augere; insignem lauro Apollinea CONCORDIAM AUGUSTORUM, MILITUM, EXERCITUUM, PROVINCIARUM, & sacram eorundem FIDEM, ut PUBLICA non minus quàm privata bona, tueri religiose; HONOREM ac VIRTUTEM individua utriusque communione etiam ambitiose colere; opes denique Imperii, non ad cupiditatem privatam, sed ad LARGITIONES LARGI- in Cives & LIBERALITATES publicas, hoc est ad TIO in praeclaram gratificandi facultatem conferre, idque dextris non parcentibus. Nullam quippe majorem esse Reginæ FELICITATEM AUGUSTI, ut etiam praeclare di- Christinæ. ctum à Consule, quam fecisse FELICES; addam ego ex contemplatione hujus monetæ, reputare locupletatas ab uno homine Tribus, immo audire LOCUPLETATOREM ORBIS TERRARUM; DATIS iisque repetitis CONGIARIIS inopiæ Plebis & MU-

O 2 NIFI-

NIFICENTIÆ Principis eadem opera providere. Id enim esse Deorum muneribus uti sapienter, importunam pauperiem, semper publicæ exitiosam concordiæ, deportare in remotissimas insulas hominibus vacuas, non alere in amplissima & copiosissima Terrarum Urbe. Reputare tamen non unam illam urbem, sed totum Reipublicæ corpus, ut ex Platone tradit etiam in Officiis Tullius suæ procurationi commissum: PROFECTIONEM proinde in subjectas Provincias suscipere *cunctarum* PROVINCIARUM *parentem*; jacentes erigere: ductus in iis aquarum, derivatione fluminum, moles oppositas fluctibus; PORTUS, VIAS, TEMPLA, aliaque publica opera, tanquam præsentem ubique Divum, provide & sollicite curare, illumque à sublevatis Provinciis, aut CIVITATIBUS ASIÆ RESTITUTIS desumptum ASIÆ, AFRICÆ, ACHAIÆ, MACEDONIÆ aliarumque RESTITUTORIS titulum, Asiaticis, Africanis, Achaïcis, Macedonicis, ab iisdem vel CAPTIS vel DEVICTIS petitum, longe anteponere. Præclarum certe, in hanc laudis cum TRAJANO, ADRIANO, PIO, MARCO communionem venire, sub quibus *cunctæ floreant Provinciæ*; ad quorum PROVIDENTIAM nunquam frustra *Provincialium sollicitudinem confugisse*, si tacerent eorum Annales, loquerentur hæc monumenta in longos annos; quæ incendia, terræ motus, inundationes, aliaque incerta casuum, in GLORIAM SÆCULI & in FELICEM REPARATIONEM eorundem locorum vertisse illos, publice adhuc contestantur;

Ut sese pariter diffudit in omnia regni
Membra vigor, vivusque calor redit urbibus agris.

Inde Principem easdem jacentes bellorum injuria aut iniqui-

DE PRÆST. ET USU NUMISM. 109
iniquitate fatorum deductis COLONIIS refovere, &
communione Romani juris, simul propagare civitates,
& augere Romanum nomen,

 Urbibus augere terræ, junctisque juvencis
 Mœnia subcinctus curvo describet aratro.

Sit certe hæc LAUS JULIA, ut felicibus auspiciis li- LAUS
ceat CORINTHUM adire volentibus, vel ut infausta JULIA
quondam Romano imperio CARTHAGO, jam nisi CORIN-
SALVIS AUGUSTIS FELIX & incolumis esse Nummis
nec si posset etiam velit; hoc est SALVA *Roma, quia* J. Cæsaris.
SALVUS *est* ALEXANDER. Neque tamen adeo
reddere pristino nitori æmulas quondam civitates, aut
late diffusas imperii partes, quam REDUCEM se votis poscentibus, aut ipsam arcem imperii, & caput rerum URBEM RESTITUTAM. Æquum enim esse
APOLLINEM, non ACTIUM jam vel PROPU-
GNATOREM, sed SALUTAREM ac PALATI-
NUM, suam servare non solum sed ornare sedem,

 Et PALATINAS *videt æquus* **arces**.

In PARENTIS itaque vel CONDITORIS laudem
ac Decus cum ROMULIS aut Camillis adoptari (neque alias vulgo ab iis disjuncta RESTITUTORUM
nomina) dum multis casibus, nec uno etiam funere defunctam RESURGENTEM vel RENASCEN-
TEM ROMAM, tanquam iterum recidiva Pergama,
novo & lætiori cultu exornat,

 SURGE *precor veneranda Parens, & certa secundis* Claudianus
 Fide Deis, humilemque metum depone senecta. ad Romam.

Quo vero PUBLICA simul & AUGUSTI SALUS
insistat pluribus munimentis, audiat ille non PATRIÆ
solum, sed LIBERORUM etiam PATER. Habeat
itaque Filios PRINCIPES JUVENTUTIS, senum
aliquando futuros; qui jam virili animo non minus ac
   O 3   toga,

toga, sub eo magistro ponant imperii tyrocinia, ut quos BONO REIP. NATOS, non optet adeo quam reddat patre meliores. Hinc ut NOBILISSIMOS decet, modo in SACERDOTIA COOPTATI; modo CONSULES DESIGNATI; modo consortes TRIBUNITIÆ POTESTATIS; Ceremoniis Deorum, saluti Reipublicæ, commodis Populi providere jam à teneris (velox enim fertur CÆSARIBUS ante pilos prudentia, & ante diem Virtus) ac invigilare adsuescant. Sint hæc rudimenta AUGUSTÆ SPEI, in quam surgunt opportune ORIENTES illi Ascanii; in quam feliciter crescit illa PROPAGO IMPERII, ne alienis artibus & curis obsessum male & occupatum animum, ut degenerem ac imparem adferant aliquando ad ipsum AUGUSTI fastigium. Ita tamen ne unquam in illis principatus meditamentis, terminos ætatis & concessa *filiis cum* DOMITIANO egrediantur; ne cum illo domini sui desertore, spreto Occidente ORIENS colatur, *exortus* licet, *uti æthereus sol*: sed ut cum MARCO in summis Patris obsequiis, PIETATEM filii in auctorem suæ dignitatis, cum PERPETUA ejusdem SECURITATE rependant. Parentem vero non solum sese vel Principem, sed IMPERATOREM etiam meminisse; Bellicam proinde gloriam Pacis artibus miscere, & *paci bonum ac timendum armis*; ut dicat adhuc aliquis, intuens hic ejus imagines non semel **utraque** lauru præfulgentes,

Et MARTIS *vultus, &* APOLLINIS *esse putavi.*

Hinc coram illum videas, modo Caduceum cum MERCURIO PACIFERO præferre, modo hastam cum VICTRICE MINERVA vibrare; tum DISCIPLINAM proprium decus Romani militis restaurare diligenter, tanquam conditorem ejus firmatoremque, ut

In Numano Plautillæ.

Tacit. Histor. IV.

de Trajano loquitur Plinius; ADLOCUTIONIBUS ardorem COHORTIUM, EXERCITUUM, signis & Vexillis eorum circundatum ulterius accendere, Coronis Virtutem militum remunerari; VICTORIA duce EXPEDITIONES adgredi militares; ita tamen ut eadem TERRA MARIQUE PARTA, & JANO CLAUSO in PACE quadam ÆTERNA non vero in æternis bellis, ORBIS TERRARUM requiescat,

PAX missa per ORBEM
Ferrea belligeri compescat limina JANI.

Quo sic diffusa per omnes terrarum angulos PAX AUGUSTA doceat, unum esse hominem qui MARTEM non PROPUGNATOREM magis, quam PACIFERUM referat; cujus TUTELA, quod de Numa Livius, per omne regni tempus haud minor PACIS quam Bello; cujus vigiliis & curis PACATUS ORBIS suam QUIETEM, sua imputet otia; & cui proinde ex æquo amorem ac venerationem debeat;

ORBI QUIETEM, SÆCULO PACEM *suo*
Hæc summa virtus; petitur hac cælum via.

Neque vero PACE inferius donum, tot REGNA, quod suo Heroi tribuit Curtius, aut reddita, aut dono data: non agros proinde, non Urbes amicis vel supplicibus ARMENIIS aut PARTHIS vulgo à Cæsaribus concessa (neque hæc munera decebant rerum Dominos), sed cupidius REGNA illis ADSIGNATA, & Regnis frequenter REGES DATOS:

His TRIBUIT REGES, *his obside fœdera sanxit.*

Nunquam certe obversatur mihi fastigium Romani Principis sublimius; nunquam Majestas ejus solito adhuc venerabilior, ac vere in apice suo posita, quam ubi illum video semper æmulo, nunc supplici Arsacidæ

112   Dissertatio Secunda

dæ regium capitis decus circumdare; ipsumque Regem Regum Româ non semel petitum ac datum,

jus imperiumque Phraates
Cæsaris accepit genibus minor.

Novum utique genus insolitæ liberalitatis ac munificentiæ! muneris loco, id quod nullum inter homines majus est aut nobilius donum, obvia manu **largiri**. O immensam propemodum exclamem, & cœlestis æmulam beneficentiæ laudem! ô raram **summæ** fortunæ moderationem an magnificentiam! Tiaras ac Diademata haud aliter quam laureas aut querneas Coronas vel dare, vel restituere; pulcherrimum Victoriæ aut Parthicæ aut Germanicæ, aut Dacicæ præ**mium**, per tot discrimina quæsitum, modo sociis, **modo etiam victo** & gravi paullo ante hosti ultro concedere;

quoties hic prælia sumpsit
Pro sociis? quoties dono *concessit amicis*
Regibus, *Ausonio quæsitas sanguine terras!*

Ubique vero domi ac foris, in Rescriptis ac Imaginibus, tranquillitatem animi & constantiam omni perturbatione vacuam, firmo mentis & corporis habitu præ se ferre;

Tranquillum *vultu, sed Majestate serena,*
Mulcentem radios summittentemque modeste;

metus certe, cupiditatis aut iracundiæ adfectibus immoto. Virtutem enim unicam vere semitam tranquillæ vitæ, non Satyrici magis fide, aut Marci exemplo, quam ipso usu rerum & arcano dominantium sensu probari. In clementiæ veroac indulgentiæ fama, qua si audimus gravem illum ac sanctum

Impe-

In Nummis Tiberii & Commodi.

Nostræ Tranquillitati preces oblatæ. Cod. Theod. l. 1. tit. 21.

DE PRÆST. ET USU NUMISM. 113

Imperatorem, *nihil quidquam* IMPERATOREM *Romanum melius commendat gentibus*, securius adhuc præsidium, quam in muris CASTRORUM aut PRÆTORIANORUM FIDE reponere. Hinc enim nec aliunde erumpere faustas illas & repetitas sæpius in absentem Patrum voces, ANTONINE CLEMENS DII *te servent*, ANTONINE CLEMENS DII *te servent*. Ultionem certe, solam exigui & infirmi animi voluptatem, probari non posse legitimis CÆSARIS hæredibus, quam non cœlestes aliæ belli ac pacis artes, sed agnoscente Cæsare vix illo inferiore, sola CLEMENTIA Deum fecit. Neque vel captandæ civium benevolentiæ, vel securitati retinendæ leve insuper momentum conferre, blanda quadam specie RESTITUTÆ LIBERTATIS, molestam Quiritium Nepotibus servitutis imaginem, ac intutum Principi tyrannidis odium opportune subducere. Sic posse quod ille aiebat, LIBERTATEM ac DOMINOS misceri, quod utrumque (sed quam pulchre!) confundunt non semel illorum imagines: neque enim sub OPTIMO PRINCIPE, res esse omnino disjunctas, libertatem ac Principatum. Finem vero TUTELÆ illius vel Procurationis, non esse commodum proprium, quod rejiciebat Plato, nec jura concedunt: non suam unius laudem aut voluptatem: sed nobiliorem longe & latius diffusum, GLORIAM nempe & GAUDIUM ROMANORUM; LÆTITIAM & REPARATIONEM TEMPORUM; UTILITATEM PUBLICAM; TELLUREM STABILEM aut STABILITAM; SALUTEM REIPUBLICÆ, PROVINCIARUM, immo GENERIS HUMANI; NOVUM SÆCULUM & FECUNDUM; immo ÆTERNAM non SÆCULI amplius, sed IMPERII FELICI-

M. Aurelius apud Vulcatium in Avid. Cassio.

Ut enim tutela, sic procuratio Reip. ad eorum utilitatem qui commissi sunt, non ad eorum quibus commissa est, gerenda est. Cicer l. 1. de offic. ex Platone.

114   DISSERTATIO SECUNDA
TATEM. Non ergo *sapientes solum docere*, quod aiebat gravis Auctor, sed totam hanc memoriam aperte recla-
Ammian. Marcellin. l. xxi. mare, *finem justi imperii* UTILITATEM *obedientium & * SALUTEM *æstimari*. Relinqui itaque Furiis suis exagitandum illud Cæsarum propudium, queri palam solitum de conditione suorum temporum, quod nullis publicis calamitatibus insignirentur; qui sui non memoriam, sed oblivionem imminere prosperitate rerum inverecundi profitebantur. An meministi Heroas apud Græcum vatem navem Deæ munus ingressos, sollicite manibus remos intorquentes, quo velleris aurei opima scilicet spolia reportarent? Quam vero jucundius Prin-
Vid. Aristot. Polit. L. II. c. I. cipem videre, cui aurum à Deo infusum ex Platonis sententia, sedentem ad Clavum Reipublicæ; quo secundo cursu AUREI SÆCULI beata & FELICIA TEMPORA, pulcherrimum certe donum generi mortalium daret;

hæc quibus AUREA *possunt*
SÆCULA *cantari, quibus & Deus ipse canatur.*

Auream certe hanc esse AUGUSTI FORTUNAM, non quæ in privato Principis larario colitur, aut velut faustum imperii omen transit ad successorem; sed quam ubique diffusam commendat PUBLICA Imperii FELICITAS. Mercedem autem tot beneficiorum, non **Coronas solum** aureas vel quernas, ob SERVATOS **socios aut** CIVES, non tantummodo **ramum vel** Lauri, vel Palmæ, vel Olivæ, ut DOMITORI GENTIUM BARBARARUM, aut FUNDATORI **PACIS** & QUIETIS; non TRIUMPHI duntaxat honorem, aut Statuas Equestres, Arcus, Tropæa, Columnas, Clypeos, præclara licet illa vel insignia GLORIÆ, vel MEMORIÆ præsidia frequentia in iisdem Nummis; sed potiora adhuc longe,

Accla-

DE PRÆST. ET USU NUMISM.   115

Acclamationes Populorum frequentes, FELICEM illius immo FELICISSIMUM ADVENTUM, quem venti quippe fugiunt & cœli nubila, ore adhuc magis & mente, quam sacrorum apparatu celebrantes; gratiorem omnibus laureis OPTIMI PRINCIPIS, aut PATRIS PATRIÆ appellationem: VOTA pro AUGUSTI SALUTE & incolumitate alacriter SUSCEPTA PRIMIS DECENNALIBUS, & SECUNDIS MULTIPLICATA cupidius; à cujus nempe SALUTE velut filo pendere statum Orbis Terrarum intelligunt, nec fictis proinde vocibus exclamant; AUGUSTE *Di te nobis servent, vestra* SALUS *nostra* SALUS *vere dicimus, jure dicimus.* Ejusdem vero defuncti communi summis & imis lege, pleni quidem annis sed quasi adolescentis desideratum cum PIO apud præsentes nomen; MEMORIAM vero apud posteros FELICEM; ÆTERNITATEM in omnium semper animis ac ore victuri, & decretis à volentibus non ab invitis Patribus, immo miro omnium ordinum ac ætatum consensu (ut de PIO & MARCO referunt auctores) supremis DIVORUM honoribus, consecratam pristinæ virtutis famam.

Lib. VII.
C. Theod.
t. 10.

Cum jucunditate à Senatu Divus est appellatus cunctis certatim adoitentibus. Capitol. in Antonino Pio.

O quæ cura Patrum! quæve Quiritum
Plenis honorum muneribus tuas
    AUGUSTE *virtutes in ævum*
    Per titulos memoresque Fastos!

Neque illum enim modo proximum tempus, lucemque præsentium temporum (quod de Oratore suo Fabius, de PRINCIPE verius loquuntur & prædicant hæc monumenta), sed omnem posteritatis memoriam spatium vitæ honestæ & curriculum laudis existimare;

Et cum tempora temporibus præsentia confert
Præteritis,

P 2   addam

116   DISSERTATIO SECUNDA

addam & cum futuris lubentius. Hoc esse quippe apparatissimum solenne sui funeris, huic æri totiens commendatam & eodem ære quæsitam, ÆTERNAM Civium ac sociorum MEMORIAM: neque adeo laudationes pro more susceptas ab hæredibus aut propinquis, quam in mortuum, TITUM puta aut illi similes, grates & laudes ultro congestas ab amplissimo ordine, *quantas ne vivo quidem unquam, aut præsenti.* Eas proinde inferias dissimillimo illius fratri, aut geminis eidem CAIIS, COMMODIS, aliisque relinquendas, quæ in *abolenda omni* MEMORIA, titulis & imaginibus delendis, ut justa Manibus eorum debita, magno Patrum consensu decernuntur. Hanc enim Tyrannorum certissimam esse infamiam, ut ubique famæ illorum monumenta diruantur; *ut Heracliani vocabulum nec privatim nec publice ulla* MEMORIA *teneat*; sed illacrymabiles iidem ignotique longa nocte urgeantur. Inclytæ vero & jucundæ recordationis Principes, gravissimæ illius TUTELÆ oneribus feliciter soluti, & AUGUSTA illa statione cum immortali laude peracta, cœlestem animam, quod ille dixit de laudatissimo CÆSARE, cœlo tandem reddant. Ibi vere jam AUGUSTI, nequeantea certe BEATISSIMI, liberi invidia, procul à contentionibus & vicibus rerum humanarum, famam in tuto collocatam intelligant; ibi consequantur eam, quæ post fata præstari verius solet ac lubentius, venerationem; & qua pridem

Ecce Palatino crevit reverentia monti.

Hic demum reperiant suavem illam REQUIEM OPTIMORUM MERITORUM; hic SIDERIBUS RECEPTI, cum illo decessore suo JULIO, primo auctore sublimis illius, ante inter homines, mox inter cœlites fastigii; vertantur in totidem sidera, (quippe

sunt

[margin: Sueton. in Domitiano.]
[margin: Lib. XV. C. Theod. tit. 9.]

DE PRÆST. ET USU NUMISM. 117

sunt stellæ Procerum similes) quæ auratis bis sex radiis lucida, in clarissima cœli parte fulgeant;

Huc fortes animæ, dignataque nomina cælo,
Corporibus resoluta suis, terraque remissa,
Huc migrant ex orbe.

Ibi denique ex opinione eorundem temporum, non otiosi cum DIS GENITALIBUS ævum degant, sed ut Propitii VOTIS mortalium adsuescant vocari; ut ULTORES jurandas ARAS per eorum numina statui sibi videant; ut vigiles ex illo vertice orbem prospiciant communem, cœlestique PROVIDENTIA, quod humana vel precaria antea faciebant, rebus humanis fata decernant. Hæc omnia vero Princeps non hauriat solum in umbra vel porticu, nondum ipse protractus in lucem ac verum discrimen; non à Doctoribus intempestivæ nonnunquam cum Musonio, inanis ut plurimum SAPIENTIÆ, certe nullo usu rerum aut parte idonea publici muneris, fidem consultorum & moderantium auctoritatem consequutis. **Hæc à Patribus audiat**, è quibus AUGUSTI nascuntur; intelligat ab universo illo Ordine, cujus Consiliis ÆTERNÆ URBIS incolumitas firmatur; æri videat incisa, perpetuis SENATUSCONSULTIS, ne unquam cogitet de abolendis sanctis illis & immotis Principatus sui legibus; sciat denique SALUTAREM MONETAM inservire promiscuis singulorum usibus, ut ab omnibus officii sui partes reposci ex æquo & exspectari intelligat:

Senatus Populusque non divisis locis, sed in una sede Propitium Deum dixit. *Capitolin. in Marco Aurelio.*

O nunc ARGENTUM, *& Marmor vetus,*
ÆRAQUE *& artes Suspice!*

Quis enim cassus adeo lumine, ipsam non tam Principum, quam Principatus imaginem haud agnoscit in his Nummis? quis non videt hic Ænea felicior, cœlata in ta in omni metallo vere fortia Patrum, vel Nepotum verius facta? ac proinde *neque animum pictura pascit inani.*

Dubius equidem pendeo, suavissime OCTAVI, an alibi Poëtarum fabulæ, vel Sapientum præcepta, vel Ægyptiorum hieroglyphica, obscura illa aut vere inania simulacra, luculentius adumbrarint OPTIMI PRINCIPIS & FELICIS REIPUBLICÆ effigiem & exemplar. Illud vero scio plurimum eisdem vel Poëtis vel Sapientibus lucis & splendoris accessurum, si liberet hic in varia singularum Virtutum Symbola accuratius inquirere. Jucunda quidem nec inutilis pluribus artibus ac disciplinis contemplatio; sed quam in antiquariorum libris vel thesauris obviam, licet hujus elegantiæ cupidis inde continuo petere. Monuisse id obiter liceat, SPEM in Nummis, non herbam trifolii, ut existimabat Ant. Augustinus, sed revera lilium, ut monuerunt alii, opportuniori Symbolo præferre; quod ex monumentis plasticis Romæ nuper cum eodem illo SPEI habitu effossis, certo mihi demum licuit. Unde lucem quoque mutuatur Artemidorus, eamque vicissim commodat his Nummis, qui Coronas ex liliis plexas, ut certum rem in spes differendi ac prolatandi augurium notat. FIDEM etiam & CONCORDIAM, duplicis Dextræ illiusque implicatæ symbolo, non immerito in iisdem Nummis signari: hoc est, *datas* FIDEI *manus,* ut in Thyeste loquitur Seneca, & ante illum Ovidius,

Jura, FIDES *ubi nunc commissaque* DEXTERA DEXTRÆ;

aut sicut alibi innuit Annalium scriptor; *Mos est Regibus, quoties in societatem coëant,* IMPLICARE DEXTRAS. Neque enim summum illud apud Romanos solum.

Oneirocrit. lib. 1. c. 79.

Tacit. Annal. XII.

solum, sed apud Barbaros quoque pignus Fidei & Securitatis: ut rem alias obviam egregie illustrat hic Josephi locus, agens de colloquio **Artabani** Parthorum Regis, & Romani Præsidis, *Et* **DEXTRAM** *dedit, tan-* Lib. xviii. *quam maximum confidentiæ argumentum apud omnes illos* cap. 11. *Barbaros; neque enim* FIDEM *fallet quisquam ex iis, data semel* DEXTRA, *neque* FIDEM *habere dubitabit,* **tale** *securitatis Pignus ab iis nactus, à quibus injuriam sibi* **metuere** *poterat.* Ut non mirum *renovari* DEXTRAS pro Fi- Tacit. Andei aut Fœderis redintegratione usurpasse Regem Re- nal. 1. gum apud Germanicum; aut jam olim à Numa FIDEI Liv.lib. 1. solemne institutum, cui Flamines manu ad digitos usque involuta rem divinam facerent: hinc denique sicut alias corporis partes singulis Numinibus, ita DEXTRAM FIDEI à Physicis consecrari, ut notat Ser- Ad lib.111. vius. Sed hæc trita: illud non ita forte, hinc etiam Æneid. morem illum vetustissimum jam olim promanasse, ut ad absentes Legiones & Exercitus, tanquam præsens hospitii & concordiæ tessera, DEXTRÆ mitterentur. Tacitus, *Miserat Civitas Lingonum* VETERE INSTI- Histor. TUTO *dona legionibus,* DEXTRAS *hospitii insigne:* ali- lib.1. bi vero, *Centurionemque Sisennam* DEXTRAS CONCORDIÆ *insignia, Syriaci* EXERCITUS *nomine ad prætorianos ferentem variis artibus adgressus est.* Quæ mire certe illustrant plures illi Nummi, in quibus duæ Dextræ junctæ, cum inscriptione CONCORDIA aut FIDES EXERCITUUM; aut similes Dextræ impositæ perticis signorum militarium; aut Manus alias addita imagini Augusti ab aliqua Colonia, cum in Fidei procul dubio symbolum, tum in hospitii id genus memoriam.

Ut

120　Dissertatio Secunda

Ut neque mirum cuipiam videatur, eodem Symbolo implicatæ utriusque Dextræ, AMOREM, PIETATEM aut CARITATEM MUTUAM duorum AUGUSTORUM, signari in nummis Pupieni & Balbini; hoc est, ut de socero suo & illius conjuge loquitur idem Tacitus, *vixeruntque mira* CONCORDIA *per* MUTUAM CARITATEM. Illud forte magis insolitum, PATIENTIAM, Christi potius quam Stagiritæ sectatorum lauream, & vulgo privatæ magis quam regiæ sortis decus, commendari in gentili & supremi in terris fastigii Principe. Id vero arguit nummus Hadriani, à Cl. Seguino nuper admodum vulgatus, in quo sedens occurrit cum patera & hasta mulier, inscriptæ autem litteræ PATIENTIA AUGUSTI COS. III. Quo jure vero, aut qua fronte, eam sibi laudem vindicarit

In Vir. A-
gricol.

carit Hadrianus, non quærimus hoc loco; & nota viri indoles parum sedata, nec dolorum in extremis, nec injuriarum umquam tolerans nimium videtur refellere. Ut hoc etiam addam, MUNIFICENTIAM apud Romanos, ævo Cæsarum maxime, eam Principum laudem proprie denotasse, quam in Muneribus, seu spectaculis edendis, & solenni ludorum apparatu publice ostentabant, & quam in Officiis Tullius *munerum largitionem* vocat, *Indulgentiam* autem præter alios in Antonino Pio Capitolinus. Quæ res, vel ex Nummis Antonini Pii & Severi obvia, in quibus Elephantis Symbolo eadem exprimitur; & clarius ex præclaro & rarissimo nummo Gordiani Pii, inspecto mihi inter alios nummos Gazæ Mediceæ, in quo amphitheatrum & homo Elephanti insidens, & pugnans cum Tauro occurrunt, cum inscriptione MUNIFICENTIA GORDIANI. Hinc ut Elephantis hoc loco, sic eo sensu Leopardorum Munificentia apud Symmachum, qui inde non parum illustratur; *sacras mihi litteras Julius* Lib. VII. *Agens in rebus exhibuit* LEOPARDORUM MUNIFI- epist. 59. CENTIAM *continentes*; alibi vero cupit MUNIFI- Lib. II. CENTIAM *Libycarum largitione mutari*. Cujus tamen epist. 46. vocis genuina illa, nec alias arcana significatio non observata, eruditis aliquot in explicatione veterum auctorum non semel imposuit.

Q DIS-

DISSERTATIO TERTIA.

DE

PRÆSTANTIA ET USU

NUMISMATUM

ANTIQUORUM.

Quamquam vix mihi fructus otii datus esse videatur, ad utriusque nostrum præclara studia pro dignitate celebranda, non committam tamen, ut quasi in limine suscepti operis inchoata nobis tractatio conticescat. Neque enim te fugit, cum in infinita quadam varietate litterarum, tum in artibus aliis ac disciplinis versari hanc omnem memoriam, quæ nobis hic velut postliminio excitanda, & in nova quadam luce collocanda veniebat. Quando autem hoc oneris mihi semel imposui, & erecti expectatione homines plura hic videntur à nobis flagitare, dabo operam, ut in hac etiam mea vel vitæ occupatione, vel otii penuria, quantum fieri poterit, nostris simul studiis & eorum obsequar voluntati. Tu vero, nobilissime OCTAVI, omnium optime judicabis, an quod ab initio operis suscipere ac polliceri visus sum, dum amplissima huic studio præmia vel ad usum vel ad delectationem proposita prædicavi, sim hoc labore nostro, nec mediocri quadam exercitatione consequutus.

Haud dubitas equidem NATURALI etiam SCIENTIÆ lumen aliquod ex antiquis Nummis adfulgere,

seu

DISSERT. TERT. DE PR. ET USU NUM. 123

seu PROPRIETATES ANIMALIUM, aut FOR- *Circa Pro-*
MAS eorundem, seu PLANTARUM etiam FIGU- *prietates A-*
RAS consulamus. Hinc enim videre in iis licet Ani- *nimalium*
malia ob insitas singulis proprietates, suo quæque nu-
mini sacra, *Aquilam* & *Capram* Jovi; *Pavonem* Junoni;
Gallum Mercurio & Æsculapio; Cybele ac Soli *Leonem*;
Pantheram, *Tigrim* & *Caprum* Baccho; *Porcum* & *Draco*
nes alatos Cereri; *Serpentem* Æsculapio; *Ibim* & *Anserem*
Isidi; *Cornicem* & *Cygnum* Apollini; *Delphinum* & **Equum**
Neptuno; *Cervum* & *Canem* Dianæ; quæ ex Poëtis non
solum, sed Antiquariis etiam vulgo jam nota. *Cervum*
alias non Dianæ solum, sed fratri ejusdem ob cursus
velocitatem sacrum, prolatis aliquot nummis novissime docuit elegans hujus mercis propola Petrus Seguinus; unde apposite plane flammea illi vestigia tribuit
Veronensis vester,

Flammea prævertet celeris vestigia cervæ. Catull. in
Epith. Pe-
Gryphas etiam Apollini sacros haud **magis ex Philostra-** lei.
to, Heliodoro, aliisque colligas, quum **vel ex signato**
eodem ab urbibus vulgo Apollini devotis, **ut in num-**
mis ΑΚΤΙΩΝ, vel juncto etiam cum tripode **in nu-**
mismate ΚΥΤΟΡΙΩΝ, apud Goltzium; aut alias **ex**
Gallieni nummis, in quibus Gryphus depingitur **cum**
epigraphe APOLLINI CONS. AUG. seu *Conserva-*
tori Augusti.

Corvum præterea & *Delphinum* in ejusdem Apollinis
tutela exstitisse, recte ad Manilium notavit magnus
Scaliger, ex nummis Quindecim virum, in quibus signatur Tripus cum Corvo in inferiori parte, & Delphino in superiori. Sed de hoc nummo paullo **infra, de**
Corvo vero sacrato Apollini, ut aliunde, ita ex Plutar- De Isid.
cho liquet ac Porphyrio. Sic *Noctuam* Minervæ plerique De Abstin.
Atheniensium, & Tarentinorum aliquot Nummi ad- l. 111.

Q 2 judi-

124 DISSERTATIO TERTIA

judicant: de cujus tutelæ ratione vide differentem a-
licubi Dionem Prusæum. Noctuam certe sapientiæ
Symbolum arguit præterea nummus aureus magni
Constantini, in quo eadem in cippo cum epigraphe
SAPIENTIA PRINCIPIS PROVIDENTISSI-
MI. Hinc Noctua imposita columnæ Trajani in nummo ejusdem Seguini, quo providentia illius Principis,
duraturo apud posteros indicio notaretur. Ut minus
jam mirum videatur, sub Noctuæ Symbolo eandem
Minervam apud Ægyptios depictam, quod tradidit
alicubi Philostratus. Ita quoque, *Columbas* Veneri, Cypriorum nonnulli nummi rariores addicunt. Quo referri etiam possunt insignes Erycinorum in Sicilia, &
duo inter alios apud Parutam depicti, cum Columba in utroque, & cum Veneris, tum biformis senis
effigie.

Orat. xii.

Lib. ii. de
vit. Apoll.
c. 9.

Qui-

DE PRÆST. ET USU NUMISM.   125

Quibus nummis singularem quandam lucem fœnerantur duo præclari scriptores [a] Athenæus ac [b] A- [a] lib.12.
ctianus; ex quibus intelligimus festum fuisse apud [b] lib.Var.1.
Erycinos dictum Ἀναγωγία, proficiscentis nempe Ve- c.15. & A-
neris, quod nullæ tum essent Columbæ, alias cir- nimal.iv.2.
ca templum illius Deæ frequentes; alterum vero,
solemne dictum Καταγωγία seu revertentis Deæ, quo
Columba nuda & purpurea prævolabat rursus ad
Deæ fanum, sequebantur aliæ. Signant utique rei
memoriam cum columba illa priori nummo expressa in corona laurea, tum vel maxime hinc Erycina,
illinc itidem Columba in posteriori depictæ. Quo
spectare etiam observo alium Nummum Erycinorum Gazæ Mediceæ, in quo illinc caput virile ornatum spolio leonino, hinc Pharetra, Clava, & Columba conspiciuntur; quorum illa ad Herculem Erycis in eo tractu victorem, hæc ad sacrum Veneri locum, & Festi ac Columbæ hujus memoriam omnino
sunt referenda. Alias eodem Καταγωγία nomine, sed
alterius generis festum Ephesiis celebratum legas in
Actis Martyris Timothei apud Photium. Mitto ve- Cod.cclii.
ro tricipitem Cerberum, quem Plutoni vindicat Tral- pag. 1404.
lianorum Nummus pulcherrimus Mediceus. Causas vero adferent Mythologi & Symbolorum interpretes, nec enim nugari hic vacat. Serpentem vero
& Draconem Felicitatis, Victoriæ, Salutis symbolum
frequenter fuisse, non apud Ægyptios solum, sed
apud Græcos etiam & Romanos, tot Nummi clarissime ostendunt, ut mirer eruditissimum Gevartium id inficias ivisse. Res enim obvia ex priscis monumentis; quamvis non id promiscue cum Joanne
Tristano, ad omne Serpentum genus retulerim, sed
ad illos maxime, quos ἀγαθοὺς δαίμονας, seu pro bonis

Q 3   Geniis

Geniis habitos, ex Servio discimus, & de quibus Lucanus meus,

Vos quoque qui cunctis innoxia numina terris,
Serpitis aurato nitidi fulgore Dracones.

Verum de his agetur mox uberius. Sic *Elephantis* diuturnitas vitæ præ cæteris animalibus Aristoteli tradita, ÆTERNITATIS nomine ac Symbolo in iisdem non semel adumbratur. Inde haud ignotus ille Pori Elephas apud Philostratum, cui torquem aureum ab Alexandro injectum, eundemque ultra quadringentos annos refert vitam produxisse. Occurrunt præterea iidem Elephantes lychnum ceu facem proboscide gestantes, in præclaris aliquot Nummis Antiochi Dionysii; ministerio haud alieno à reliqua hujus animalis industria tot scriptoribus decantata, & de qua inter alios Manilius,

Cumque **Elephante loqui**, *tantamque aptare loquendo*
Artibus humanis varia ad spectacula molem.

Certe spectaculo hic minus admirando, quam eosdem videre funambulos in Theatris Romanorum; aut alias pila ludentes, aut in munere gladiatorio Germanici, solennibus epulis admotos, earundem promuscidum opera, ut moderatos convivas, cibum ac potum decenter sibi ministrantes. Nota res ex Seneca, Suetonio, Æliano, aliisque id genus probatis aut oculatis auctoribus. Sed quod magis appositum, ut vel inde pateat, unde morem illum horum λυχνοφόρων Elephantum acceperit Julius Cæsar, de quo diserte tradit Suetonius, *adscenditque ad lumina quadraginta* ELEPHANTIS *dextra atque sinistra* LYCHNYCHOS *gestantibus*. Idem narrat Dio, quoad illos δαδύχυς Elephantas, πολλών δὲ ΕΛΕΦΑΝΤΩΝ ΛΑΜΠΑΔΑΣ ΦΕΡΟΝΤΩΝ, ὠνομάσθη, *Multis autem* ELEPHANTIS FACES.

FE-

De vit. Apoll. lib. 1. cap. 6.

L. XLVIII.

FERENTIBUS *deductus est*, quamvis in eo diffentiant, quod ille in Capitolium, hic domum à coena deductum ea pompa Cæsarem narrent. Unde jam opinor, minus erit ingratum id genus λυχνοφόρον Elephanta producere, qualem cum Gaza Palatina & Medicea, tum fuis & majorum meritis ampliffimus **Joachimus Camerarius** noster mihi subministravit, **harum quoque lautitiarum cupidus sectator.**

Neque vero mirum in Syriæ Regis nummo **signatum** videre Elephantem, qui apud veteres legit, successores Alexandri paffim usos Elephantis, & teste Agatharchide, institutam quondam Elephantum à Philadelpho venationem; aut vero apud [a] Athenæum & [b] Plutarchum observavit, Seleucum inter hujus **Antiochi** Decessores, dictum Ἐλιφαντάρχην, ob copiam datorum illi Elephantum, haud aliter nempe ac de Rege Pegu in India memorant nonnulli, vocari illum Regem alborum Elephantum. Unde & Strabo illustratur, qui in regione Syriæ prope Laodiceam quingentos Elephantas ab eodem Seleuco ali solitos narrat. Ex quo nummo illud præterea colligas, Suetonio *Lychnuchos* & Dioni λαμπάδας in simili Elephantum ministerio dictos, nihil aliud revera, quam δᾷδας seu faces exstitisse;

Cap. 1. apud Photium Cod. CCL.
[a] Lib. VI.
[b] In Demetrio.

Lib. XVI.

se; quas utique voces, λυχνύχυς, λαμπίδας, φανύς, δά-
δας, promiscue veteribus usurpatas, ex *a* Athenæo discas & *b* Polluce. Neque debuit certe, ut obiter hoc addam, *lychnuchus* ille Ciceronis *ligneolus*, tantum negotii eruditis antiquariis facessere, in cujus explicatione
æstuantes videas Cl. Smithium & Fortunium Licetum, ac postremum inprimis miras loci illius emenda-
tiones tentantem in opere de lucernis antiquorum postremæ revisionis. At consuluissent Athenæum, qui
diserte Ξυλολυχνύχυ, seu *Lychnuchi ligneoli*, ut verbum
sonat, dicit Alexin meminisse, neque illum dissimilem
Obeliscolychno, cujus Theopompus meminerit, & de
quo videndus etiam Pollux. An vero felicius eidem
Liceto, aliisque successerit, λυχνοφόρυς, non jam Elephantas, sed Dracones ex Nummis antiquis itidem
producere, infra alio loco discutietur. Alias vero tæ-
das **seu faces accensas**, **non** jam in Elephantis pro-
muscide conspicuas, sed Vulpium caudis adligatas juxta Samsonis factum, apud Ovidium legisti proculdubio; unde & Vulpes Lycophroni ac Hesychio λαμπυ-
ρίς dicta videtur, ut erudite observat doctissimus Bochartus.

Capricornus, qui non tantum inter signa cœlestia, sed
Augusti etiam Sigilla & Nummos locum invenit, in
iisdem **& altero** Nummo Hadriani rariore abundan-
tiam **& felicitatem** notat. *Apes* ob multiplicem indu-
striam & mellis præstantiam, Sapientiæ etiam & dignitatis symbola, plurimi Græcorum, Romanorumque
Nummi arguunt; quorum aliquos illustravit non ita
pridem hujus veteris elegantiæ optimus interpres, Petrus Bellorius noster. *Aquilam* præterea mitto, perpe-
tuum quoddam Providentiæ, Divinitatis & Imperii, geminas autem Aquilas Orientis & Occidentis in iisdem

a Lib. XV.
b Lib. VII 1. cap. 18. & lib. X. c. 26.

Lib. XV.

Lib. IV. Fast.

symbolum, *Phœnicem* æternæ & novæ vitæ, *Upupam* aut *Ciconiam* Pietatis, *Cornicem* Concordiæ, *Bovem* autem Fertilitatis, aliaque id genus magis trita, quorum etiam causam quis ignorat? Quamvis aliàs *Boves* miseriæ symbolum ob perpetuos illius animalis labores, & in somnis visos malum **portendere**, duo somniorum interpretes cum Essæus apud Josephum, tum Astrampsychus in Oneirocriticis contendant. *Lib. Ant. XVII.c.15.*

FORMAS vero *Animalium* terrestrium, aëreorum, aquatilium, vulgo minus notas, aut de quibus dissentiunt nonnunquam prisci & recentiores Naturæ consulti, iidem Nummi in conspectu ponunt. Sic HIPPOPOTAMUM Philippi & Otacillæ Numismata, satis arguunt, quare idem Equi non solum, sed Bovis nonnullis veterum, aliis Porci Marini etiam nomine nuncupetur. Ita enim in iis expressus est, ut cauda & dentibus Aprum, pedibus autem divisis & mole corporis, Bovem referat, cætera fœde simus, & ad Aristotelis potius, quam Herodoti aut Diodori descriptionem comparatus. Neque tamen recentioribus accedo, qui proinde à sola magnitudine *Equi Marini* vel *Fluviatilis* verius nomen illi inditum credunt; quum diserte Aristoteles & jubam instar Equi, & vocem ejusdem seu hinnitum, interiora denique Equo & Asino similia referat, unde etiam Hippopotami nomen illi adhæsisse crediderim. Accedit insuper alia maxillarum, ventris, ac pedum, nisi quod divisæ sunt ungulæ, cum Equo similitudo, quam illi quoque tribuit Achilles Tatius: ἐςὶ μὲν ΙΠΠΟΣ τὴν γαςέρα καὶ τοὺς πόδας πλὴν ὅτι ὀρίξι τὴν ὁπλὴν, hoc est, *quod ad ventrem pedesque attinet Equus est, nisi quod divisas habet ungulas*, non ut vulgo Interpretes, *bifidas*. Unde quoque de eadem bellua Calpurnius, *Circa FORMAS Animalium. Hist. Anim. lib. II. cap. 12. Lib. IV. de Clitoph.*

130 DISSERTATIO TERTIA

Eclog.vii.
& EQUORUM *nomine dignum*
Sed deforme pecus, quod in illo nascitur amni,
Qui sata riparum venientibus irrigat undis.

Sed præter Achillem illum, diligentem utique ac **domesticum** pictorem hujus animalis, patebit res clarius ex sequenti ejus schemate, obvio jam in Cimeliis Antiquariorum.

En, juxta optimos auctores, caput hujus belluæ rotundum & grave; **resimum rostrum**; cauda Apri; juba **ac** venter velut Equi; ungulæ instar Boum divisæ, neque tamen eædem solum bifidæ, ut vulgo Plinius, Ammianus, aliique etiam è recentioribus tradidere. Sed gravior adhuc error Ammiani, qui easdem bifidas, ut ibi legitur, ungulas ad speciem Equorum tribuit huic feræ in nuperis editionibus; ac proinde loco, ut omnino crederem, in tam absurdo mendo vel corrupto, vel hiulco. Equidem novi Equum prodigii loco Julio Cæsari natum, fissis in duas partes prioribus ungulis, si fi-
Lib.xxxvii. **des** habenda Dioni Cassio. Sed hoc nihil ad Ammia-
Lib.xxii. **num, cujus hæc** verba vulgo referuntur; *Hippopotami quoque generantur in illis partibus ultra animalia cuncta ratione carentia sagacissimi, ad* SPECIEM EQUORUM *bifidas habentes ungulas, caudasque breves.* Quis postrema hæc gravissimo auctori credat excidisse? Non ego certe: unde loco *Equorum*, libenter *Boum* legerem; utique
appo-

DE PRÆST. ET USU NUMISM. 131

apposite ad rei veritatem, & ad Nummorum simul ac auctorum fidem. In eo enim non ad Equorum, sed ad Boum speciem accedit Hippopotamus, quod divisas habeat ungulas, in quo maxime ab Equis differt, ut bene notavit Achilles Tatius. Sic Plinius; *Major in alti-* Lib. vii. *tudine in eodem Nilo bellua Hippopotamus editur ungulis bifi-* c. 25. *dis,* QUALES BOBUS. Et pridem Aristoteles; *Equo* Lib.11.Hi- *fluviatili, quem gignit Ægyptus, juba Equi,* UNGULA stor. Anim. QUALIS BOBUS. Mole quoque corporis maximo Bovi similem tradit laudatus modo Achilles, non Heros quidem Phthius, sed Alexandrinus Sophista. Unde factum etiam, ut non tam inter Equos, quam inter Boves relatum fuerit à multis scriptoribus hoc animal. At sciolus aliquis antiquarius, habita ratione nominis hujus feræ, aliorumque cum Equo communium, locum Ammiani ab aliquot jam sæculis videtur interpolasse, cui accessit postea infelix Gelenii in eodem supplendo industria. Agnovit quoque lectionis vitium doctissimus Ammiani editor, sed non sanavit; neque verum Æsculapium velim me hic omnino præstare, ubi nullum à scriptis libris remedium. Siquis malit proinde, levi distinctione poterit locum juvare, *ultra animalia cuncta ratione carentia sagacissimi,* ad *speciem Equorum, bifidas habentes ungulas, caudasque breves:* ut hæc postrema non ad *speciem Equorum* referantur, sed singula sejunctæ sint proprietates hujus animalis, quibus Equum juxta, Bovem & Aprum refert. Alias frequentem ejus figuram videas non in Nummis solum sæcularibus, sed in aliis percussis in Ægypto, maxime in quibus Nilus adumbratur. Unus enim ille, ut notum, ex portentosis maxime Fluvii illius incolis; unde præter vulgaris honorem arundinis, qui illi cum fluminibus aliis solennis, adjacens Hippopotamus, tan-

R 2 quam

quam germanus illius & peculiaris fœtus, Parentem arguit in nummis aliquot HADRIANI cum inscr. NILUS.

Neque absimiles occurrunt aliquot Nummi Trajani. Circumstantes etiam nonnunquam pueros observes, sicut eosdem quoque præfert Statua Nili Vaticana, & ejusdem fluvii πλυγίνυ effigies apud Philostratum; quos alias in Ægyptiis NILI picturis familiares notasse jam olim Heliodorum, & γάνες ᾧ Νάλυ dictos alibi memini me legisse. Sed præter modo adlegatos, videas quoque Niloticum hunc vel Ægyptium Elephantem, ut vocatur Achilli Tatio hæc bellua, Hebræorum autem *Behemoth* juxta doctissimum Bochartum, in præclaris aliquot Nummis Ægyptiis Claudii ac Neronis Gazæ Medicex. Alias *Equos* revera *Marinos*, superiori nempe parte equina, inferiori autem in piscem desinentes videas cum in denariis Atratinorum gentis Semproniæ apud Ursinum, tum in variis maritimorum locorum Nummis. Omitti vero hic nequit sine nota insignis error eruditi Antiquarii, qui ludis sæcularibus à Philippo Imp. celebratis, h. e. millenario ab U. C. quo superior Nummus percussus, cum feræ hujus effigie, eandem nunquam ante Romæ spectatam confidenter adseruit. At præter [a] Capitolinum, [b] Lampridium aliosque, Plinium & Ammianum consulere potuisset,

Jo. Himmelar. ad Numis. Aresch. Tab. XLI.
[a] In Antonio Pio.
[b] In Elagabalo.

qui

qui ædilitate Scauri (hoc est tribus & ultra ante Philippum sæculis) primum Romæ conspectum hoc animal, ac per plures deiṅ ætates in urbem deductum tradunt. Quod vero addit idem Marcellinus sua ætate Lib. xxii. non potuisse eandem feram amplius inveniri, adsentitur ei quoque Themistius; quamvis proxime ante Orat. i. Ammiani ætatem, Cari nempe ac filiorum temporibus, decorasse adhuc Hippopotamum amphitheatricas voluptates, liqueat ex adlato paullo ante Calpurnii loco. Neque sequutis Ammianum ætatibus, fefellit Editorum industriam, qualiscunque prædicata hujus animalis sagacitas.

Neque minori voluptate adficiunt obvii passim in iisdem Nummis ELEPHANTES, modo bijuges, modo quadrijuges curribus juncti, non terroris amplius, sed triumphalis pompæ apud Majores vestros argumenta. Hinc productus etiam paullo ante διδέχ@ Elephas, & ex simili ministerio, J. Cæsari olim exhibito, obiter illustratus. At vero non prætereundus hoc loco ornatus ac loricatus ad pugnam Elephas; unde veterum quorundam auctorum loca de hoc more haud parum lucis fœnerantur Exhibet vero eum inter alios sequens Philippi nummus.

134 DISSERTATIO TERTIA

Non repetam hic quæ in genere de bellico hujus animalis usu, qui ab Indis ad reliquas gentes dimanavit, ex auctorum veterum lectione omnibus obvia sunt & exposita. Illud forte majus erit operæ pretium admonere, inde factum, ut non minus quam homines, ferro etiam munitus Elephas in aciem procederet. Quum enim ob ingentem corporis molem jaculorum & telorum ictibus pateret bellua, in qua potissimam victoriæ fiduciam videbantur collocare, qui earum opera in bello utebantur, hinc morem etiam illum receptum crederem, ut lorica præmuniretur. Tales Elephantes olim ab Antiocho Eupatore in aciem contra Judæos eductos,

Lib. II. cap. VI. v. 43. ut notum ex Auctore Macchabæorum; Καὶ εἶδεν Ἐλεάζαρ ὁ Σαυαρὰν ἓν τ̄ θηρίων τεθωρακισμένων θώρακι βασιλικῷ, κ̀ ἰδ̀ ὑπεράγον πάντα τὰ θηρία, κ̀ ὤφθη ὅτι ἐν αὐτῷ ἐστιν ὁ βασιλεύς· *Videns vero Eleazar dictus Sabaran, unam ex bestiis loricatis indutam lorica regia, quæ erat superior omnibus aliis bestiis, & visa est illi Regem ferre.* Instructos eodem modo contra Cæsarem Scipionis Elephantes ex

De Bello Africano. Hirtio quoque discimus; *ornatusque ac loricatus Elephantus quum esset, quæ pars ejus corporis nuda sine tegmine relinqueretur, ut eo tela conjicerentur.* Accedit Heliodorus,

Lib. IX. qui morem illum vulgo receptum clare innuit, ὅσοι δὲ κ̀ διεδίδρασκον ἄρρακτοι, κ̀ ἐδὲν δράσαντες ὑπ᾿ Ἐλίφαντας ἀπεχώρουν. τὸ γὰρ θηρίον πεφρακίαι, καὶ σιδήρῳ ὥσπερ γινόμενον εἰς μάχην. *Quicunque effugiebant nullo facinore edito, nec ullo detrimento Elephantis illato discedebant. Bellua enim ferro munita est, cum ad prælium accedit.* At vero morem illum eruditis notum non jam solum evincit, sed nobis etiam ante oculos ponit superior Elephas; unde insuper discimus, non jam partem aliquam, sed totum etiam corpus eo modo instructum ac præmunitum. Talis nempe Regis Indorum Elephas, quem phaleris aureis

DE PRÆST. ET USU NUMISM. 135

reis toto corpore contextum narrat Curtius; *Longior ubi* Lib. VIII.
expeditio est, Elephanti vehunt currum, & tantarum belluarum corpora tota contegunt auro. Elephanti comitem hic obiter adjungimus CAMELUM, & ex eo quidem genere, quod Græci DROMADES vocant. Quum enim vulgo notum sit ex veterum & recentiorum historiis, alios esse Camelos in Oriente, quibus vulgo ad onera ferenda, alios autem quibus ad cursum tantum utantur, hinc utriusque generis signati in antiquis Nummis. Priores quidem saginarios illos & ἀχθοφόρες innuere videntur varii & obvii Trajani nummi cum inscriptione ARABIÆ aut ARABIÆ ADQUISITÆ, cujus generis unus infra adducetur. Arabicos autem Camelos satis arguit, quod non duos instar Bactrianorum, sed unum tantum præferant gibbum ; qualis etiam Camelus è dromadum ut videtur genere obvius in denario gentis Æmiliæ, cum inscriptione Aretæ Arabum Regis. Unde certe liquet vere jam olim ab Aristotele, & Lib. II. inde à Plinio discrimen illud Bactrianorum & Arabi- Hist.Anim. corum Camelorum observatum, à Solino autem perpe- c. 1. ram inversum, *Arabici bina tubera in dorso habent, singula Bactriani.* Alterius vero speciei Camelos, ad cursum comparatos, atque inde Græcis δρομάδες dictos, graciliores proinde ac minoris staturæ exhibet sequens nummus singularis raritatis sub Caracalla percussus, cujus ectypum petenti mihi lubenter indulsit Cl. Patinus.

Do-

Dolendum equidem fugientes omnino & exesas inscriptionis litteras, locum signati hujus Nummi hodie nobis invidere. Neque enim obvium illum aut vulgarem in Antiquis Nummis, facile licet ex adpicto animali colligere. At illo interim beneficio fruamur, quod Dromadem ejusmodi Camelum exhibeat, cum nudo sessore protensa dextra nescio quid innuentem. Mira autem sunt, quæ de velocitate hujus animalis, qua Equos longe dicitur superare, narrant cum antiqui autores, Diodorus, Strabo, Philostratus, tum recentiores, Leo Africanus, Marmolius, aliique, qui sua nobis itinera, Asiatica nempe aut Africana reliquere; puta unius diei spatio ultra centum milliaria Dromades id genus conficere, idque modico viatico octo vel decem dies per deserta continuantes. Hinc non immerito Dromas Talmudicis dictus בגמל פרחא seu *Camelus volans*, & juxta Glossam Magistrorum, quia est cursu velox instar avium volantium, ut observat in Lexico suo Talmudico doctissimus Buxtorsius. Haud aliter nempe ac Græci & Romani celeres suos Equos nonnunquam *Pegasos*, *Volucres Aquilas*, aliisque id genus nominibus appellarunt, qua de re infra.

De Rhinocerote haud ignota quoque veterum ac recentiorum controversia; quorum alii fabulosis eundem annumerant; alii vero unum, alii duo cornua, eademque modo in naribus, modo in capite, modo in humeris etiam posita voluerunt. Visum vero Romæ hoc animal Flaviorum temporibus, non ex Plinio solum, Suetonio, aut Martiali discimus, sed præterea ex Nummo Domitiani; ex quo patet luculenter, illud sæcularibus Ludis exhibitum, ac in ejus rei memoriam ibi expressum, cum unicornu è naribus prominente. Unde mirari subit nuperum Historiæ Animalium

malium scriptorem, qui cum duobus cornibus in his Joan. Jon-
ipsis Domitiani Nummis depictum refert: sed illum ston. Hist.
in hunc errorem induxisse videtur Aldrovandus, & Quadrup.
utrumque Pierius, qui hoc ipsum de duobus Rhino- Lib. 11.
cerotis cornibus nummo illo expressis ante eos tradi- glyph.
derat, verum quod jam auguratus est Aldrovandus,
Elephante nobis pro Rhinocerote obtruso. Certe satis
Pierium aliosque ei adsentientes arguunt, cum pro-
ductæ jam ante superiori sæculo hujus nummi Icones
ab Antonio Augustino, & Sebastiano Erizzo, tum sequens ejusdem effigies illis consentanea.

Ut omnino inde corruptum constet Martialis locum
vexatum jam viris doctis, ubi geminum cornu huic feræ videtur tribuere: de quo præter alios consulendus
Cl. Bochartus in præclaro opere de Animalibus sacris,
ne actum procul dubio hic agamus; neque enim liber
ille nobis ad manum, dum hæc commentamur. Certe
in hunc errorem haud impingere potuit Poëta testis
illius spectaculi oculatus, quale nummus iste Domitiani repræsentat, qui juxta Plinium, Ælianum, aliosque
unum cornu alio loco eidem feræ tribuit,

Quantus erat cornu, cui pila taurus erat.

Alias sequutis etiam temporibus, & præter sæcularium
solemnitatem, ornasse non semel Rhinocerotas Romanas

138   Dissertatio Tertia

manas ludorum editiones, liquet aliunde ex Auctoribus **Historiæ** Augustæ, Capitolino in Pio & Gordianis, ac Lampridio in Elagabalo. Immo sub Trajano etiam idem animal Romæ conspectum, fidem facit Nummus ab Occone descriptus, quinto illius Augusti Consulatu. Ut pateat inde luculenter, quam vere à [a] Plinio ac [b] Æliano sit adsertum, formam illius **belluæ** Romanis esse notissimam, quippe apud quos sæpe sit in amphitheatris visa. Si fides vero habenda est Pyrrho Ligorio, notatur ab eodem in uno Domitiani Numismate Rhinoceros cum Elephante, ut videbam nuper in antiquariis ejus collectionibus ineditis, quas adservat Bibliotheca Augustæ Christinæ.

[a] Lib. VIII. c. 20.
[b] Lib. XVII. c. 44.

Neque vero in iisdem diversum ab eo Monocerota memini me vidisse, quem à se tamen in **Nummo veteri inspectum apud** hunc ipsum Ligorium testatur Aldrovandus, **cornu cantharo** humi stanti inserentem, cum inscr. ΝΥΣΣΕΩΝ. **Suspicatur vero percussum** illum ab Indis Nysæis, **in Bacchi sui cultum,** ac memoriam victoriarum Alexandri Magni, & reperti in eo tractu id genus Unicornis. Eundem quoque Nummum vulgavit Medicus quidam Gallus scripto vernaculo, ac eidem Alexandro Indorum Triumphatori tribuit; paullo tamen aliter expressa nummi epigraphe, ΝΥΚΕΩΝ. **Vir autem** doctissimus, magnum lumen Germaniæ nostræ litteratæ, recentem illum **Nummum statuit,** peculiari illi destinata commentatione in variæ eruditionis opere. In ea autem id agit **pluribus, ut** eundem adscribat non Indicæ illi Nysæ, **sed haud** paullo viciniori Nicææ, sitæ in Liguriæ & Galliæ finibus, ac legendam proinde auguretur inscriptionem ΝΙΚΑΙΕΩΝ. Fundus illi hujus observationis Julius Scaliger, qui in ea Urbe visum à se narrat cornu

Laurent. Catelanus l. de Unicorni.

Thom. Reinesius var. lect. l. II. c. 2.

Exerc. cer.

DE PRÆST. ET USU NUMISM. 139

cornu hujus Monocerotis; unde quoque illud ab eodem Heroë Scaligero, aut ab alio forte conscio geminæ voluptatis, ad perpetuam rei memoriam æri incisum putat superiori sæculo, ac intuitu Græcorum illius urbis aboriginum, signatum Græco illo nomine ΝΙΚΑΙΕΩΝ. Neque dubitat vir eruditissimus hanc suam de Nummo illo sententiam, ut extra omnem contentionis aleam proponere; immo pro qua paratus sit forti animo *tanquam Danais pro navibus Aiax* depugnare. Non vero is ego sum, quibus digiti pruriant hanc pugnæ aleam subeundi, aut vero qui gestiam inde capere solatium, quod cum victus ero, cum Aiace ferar decertasse. Optassem equidem mihi copiam fieri illius Nummi, aut iconis inde expressæ; ut de eo liceret certius aliquid statuere, maxime de ætate illius & occasione, qua percussus fuit; & an ad remota illa Alexandri M. tempora, aut ad alia cum subsequuta, an vero ad elapsum modo sæculum omnino referri debeat. Sed non licuit mihi hactenus Galli illius Medici scriptum consulere, quo Nummi illius iconem dedit inspiciendam, aut eundem in penu antiquaria Pyrrhi Ligorii à me hic inspecta observare, à quo primum Nummi hujus notitia videtur dimanasse. Illud tamen in Lectoris gratiam, & ad majorem quandam lucem hujus rei haud alienum erit præmonere, magnam utique fuisse superiori sæculo, quod tu non ignoras, Pyrrhi hujus Ligorii in colligendis undique residuis prisci ævi monumentis diligentiam, ac in iisdem delineandis, describendis, in certum ordinem redigendis, & pro captu etiam interpretandis, incredibilem quandam neque satis unquam prædicandam sedulitatem. Hinc optimos & publicos illius industriæ præcones nactus jam olim sibi conjunctos arcta id genus studiorum communione,

Judicium de Operibus Antiquariis Pyrrhi Ligorii inediti.

S 2

nione, Antonium Augustinum, Fulvium Ursinum, Onuphrium Panvinium, Annibalem Caro, & his ætate proximum Laurentium Pignorium, omnia clarissimæ famæ nomina. Sed certiores adhuc ejus rei testes exstant Herculeæ Viri lucubrationes antiquariæ etiamnum superstites, in quadraginta & plura volumina digestæ; quæ integræ adhuc in Taurinensi Bibliotheca, & hic in urbe magna sui parte in supellectile libraria Christinæ Augustæ, Farnesiana, & Barberina, instar præstantissimi cujusdam Thesauri, adservantur. Complectuntur vero illæ, tum consueto litterarum ordine & libris totidem, Geographicam locorum hominumque prisci ævi enarrationem, insertis passim Lapidum ac Nummorum monumentis; tum præterea Commentarios singulares in Græcorum & Cæsarum aliquot Nummos; ac insuper Tractatus quosdam peculiares ad illustrationem Romanæ omnisque remotæ antiquitatis comparatos; De Religione & Dis Gentilium, Heroibus & Viris Illustribus, Ponderibus, Mensuris, Statuis, Monetis, Funeribus, Re Nautica, Vestiaria, Claris Familiabus Romanorum, de eorum Magistratibus, ac tandem distinctis quibusdam Tiburis, Villæ Hadrianæ, aliorumque id genus vel Rituum vel locorum explicationibus. Dum vero easdem fama & commendatione eruditorum hujus ac superioris sæculi mihi pridem notas, obiter versare licuit aliquoties, facile deprehendi multas latere in iis optimas prisci ævi reliquias, quibus vel imprimis prioribus Inscriptionum aut Nummorum veterum collectionibus ingens & præclara quædam accessio fieri posset; ac inde in omne litterarum & doctrinæ genus utilitas non levis redundare. Multa enim id genus hodie etiam haud amplius obvia, ibi recondi adversus injuriam temporum;

rum; multa etiam ab aliis secus aut properanter descripta, accuratius ibi aut fidelius, quam vulgo in editis legi; præter conspicuam singularis cujusdam in colligendis iis, ac ubi opus fuit delineandis, industriæ laudem. Sed neque illud vicissim dissimulabo, plura passim occurrisse congesta in tam vasta mole, quæ aut dubiæ fidei, aut confessæ videbantur novitatis; magnam inprimis Nummorum segetem ipsa locorum aut inscriptionum notatione quam oppido singularem. Et quidem erratum videbam frequentius in Græcis id genus monumentis vel tradendis vel explicandis; adjunctas certe iisdem interpretationes, nullum ferme usum Græcarum aut interiorum alias litterarum manifesto nimis arguere. Varia ejus rei exempla possem huc adferre, quæ subinde sese mihi ac dolenti quidem ingerebant, & quæ suo loco nonnunquam ac ordine, sed cum pace ejus viri, cujus ossa quiescant molliter, lectorum oculis subjiciemus. Sive itaque fatum illud sit omnium vastarum collectionum, in quibus vulgo πολλὰ μὲν ἐσθλά, πολλὰ ἢ λυγρά; sive ea fit consueta humani ingenii pluribus intenti imbecillitas; sive fucus ab aliis bono ac diligenti viro factus sit; sive nimio omnia vetera ac nova promiscue congerendi studio laborarit; sive revera majore animo ac labore improbiori, quam idoneo provisu priscæ eruditionis & solertiæ illius judicatricis instructus, rem tantam sit adgressus; illud certo mihi constat, quod nec fidem ubique decoquat, nec ubique mereatur, & in amplissima messe,

Infelix lolium ac steriles dominentur avenæ.

Unde etiam, si mei voti res esset, mallem ego à viris eruditis ac in litteris id genus subactis, spicilegia inde colligi bonæ frugis magna fide & cura, publico usui

usui eximie profutura ; ex quo sua Ligorio sedulitatis ac induſtriæ laus maneret illibata ; quam ut tota illa qualis exſtat farrago promeretur, quæ vel incautis poſſet imponere, avidis ad quamcunque ciborum novitatem; vel etiam ut eſt ſæculi genius, auctoris ſui celebritati ac meritiſſimis alias laudibus haud parum valeret detrahere. Atque candidum hoc meum de immenſis laboribus Pyrrhi hujus Ligorii judicium, probatum quoque tuo calculo, citra ullam ejus contumeliam prolatum velim ; neque certe in alium finem, quam ut inde conſtet, quouſque fidei ejus ac auctoritati, quam maximam publica jam illi fama conciliavit, ſit tribuendum, de qua hic etiam quæſtio vertebatur, & forte ſæpius in proceſſu operis mentio erit facienda. Alterum vero hic monendum quoque videbatur, quod nihil traditum videam à viro doctiſſimo, de altera Nummi illius parte, qui iſtum Monocerota nobis repræſentat. Illud tamen valde fuiſſet opportunum, ut inde lux major adfulgeret, quando aut qua occaſione idem ille ſit percuſſus. Proximum eſt, viros doctos, ſed in id genus antiquitatibus parum exercitatos, ad Nyſam Indicam levi fundamento confugiſſe, & ad victorias ab Alexandro Magno de illa gente reportatas; in quo haud difficulter Cl. Reineſio adſentimur. Multa quidem exſtant & teruntur manibus Procerum ac antiquariorum Herois hujus Numiſmata, proba illa quidem & genuina; ſed quæ expeditionum ejus Indicarum meminerint, fateor me nondum reperiſſe. Et quum præter Nyſam hanc Indicam, plures alias, & quidem novem urbes ejuſdem nominis Stephanus Byzantinus commemoret, ſitas in Eubœa, Thracia, Cilicia, aliiſque id genus regionibus haud paullo vi-

DE PRÆST. ET USU NUMISM. 143

lo vicinioribus, haud necesse fuit proinde dilabi ad
ultimos terrarum Indos, & percussos inde Nummos accersere. Accedit opportune, quod ceu antiquus sit ac genuinus **Nummus ille ab** iis descriptus,
ceu ad veteris alicujus normam **novo signatus** metallo certe, ΝΥΣΣΕΩΝ levi aut obvio errore legerint
iidem, aut eum obtruderint, pro ΝΥΣΑΕΩΝ. Occurrunt enim plures Nummi, quod etiam fugisse videtur virum doctissimum, & optimæ quidem notæ,
cum hac inscriptione ΝΥΣΑΕΩΝ. Percussi illi vulgo sub Hadriano, Pio, Marco, Commodo, Valeriano, modo cum Dei Luni effigie, modo cum Cerere in bigis serpentum, modo cum Quadrigis, aliisque id genus symbolis. Ad quam vero Nysam referri debeant, & an ad unam singuli an ad **diversas**,
non ita liquet : nisi quod plures illi, qui Luni effigiem repræsentant, Nysæ Euboicæ transscribendi mihi videantur. Colligebam id **primo obtutu ex** Nummo Valeriani, quem nuper **cum selectis aliis** vulgavit Cl. Seguinus, in quo eadem inscriptio ΝΥΣΑΕΩΝ
cum figura hujus Luni, infra vero Bovino Capite;
quod ille ingeniose ad varias bicornis Lunæ **cum**
Tauro similitudines, ego omnino ad **Euboeam** referebam, cujus symbolum passim in nummis noveram
simile Tauri caput, & in qua Stephanus urbem
Nysam hujus nominis tradit exstitisse. Quo spectare **etiam** memineram Nummos Magni hujus Alexandri, probos illos neque dubiæ fidei, cum adjunctis variis id genus symbolis Taurini Capitis, Sphingis, Rosæ, Pegasi, quæ nempe ab Euboicis, Chiis,
Rhodiis, Corinthiis, signatos eosdem arguunt.
Sed res patebit clarius ex sequenti schemate, cujus priorem Alexandri Nummum Gazæ Palatinæ,

poste-

144 DISSERTATIO TERTIA

posteriorem Nysæorum Cl. Seguino acceptum ferimus.

Ad distinctionem itaque Nysæ Euboicæ ab aliis urbibus ὁμωνύμοις, additum familiare Insulæ symbolum Taurini capitis; sicut vulgo etiam in Nummis Urbium Siciliæ, tria crura notum regionis insigne solent denotare. Neque vero alias mirabitur quisquam in eo Græciæ tractu cultum hujus Luni, quem non apud Assyrios solum Carrenos, sed apud Græcos etiam ac Ægyptios familiarem, ex Spartiano liquet in vita Caracallæ. Haud aliter nempe ac mascula Venus vel virilis apud Cyprios colebatur, sub masculo itidem nomine Ἀφροδίτȣ, ut me docuit Servius, & juxta ejus glossam, *Ad lib. 11. Æneid.* secundum eos qui dicunt utriusque sexus participationem habere Numina. Unde & vicissim Bacchus ἀνδρόγυνος occurrit apud Suidam. Sed hæc alterius loci. An vero Nummus ille de quo agimus, descriptus à viris doctis cum Monocerote cornu canthari inserente, (modo constaret de illius valore) ad hanc vel aliam Nysam referri deberet, haud ita possem adfirmare. Ob Bacchi tamen memoriam, Cantharo, ut volebat etiam Aldrovandus, abunde indicatam, eundem Thracum Nysæ eo casu lubentius imputarem, apud quos Liberi Patris cultum

cultum familiarem, haud minus quam apud Nysæos Indos, probant alia Nummorum monumenta illius tractus, cum iisdem etiam Canthari aut reliquis symbolis hujus Dionysii. Geminus inter alios Nummus Thraciæ Pautaliæ, in quo Lyæus ille cum Canthario; sicut alias fratri ejus Herculi Scyphum quoque suum varii Græcorum Nummi adjudicant, juxta divini vatis de eodem testimonium, *cui sacer implevit dextram scyphus*. Sed magis adhuc faciunt ad præsentem Nummum illi, in quibus ut Monoceros hoc loco, ita alia animalia è cyathis id genus bibentia conspiciuntur. Talis Nummus Iliensium Mediceus, in quo hinc Commodi effigies, illinc Aquila bibens è cyatho, cum adstante Ganymede & inscr. ΙΑΙΕΩΝ. Hæc vero si non probant omnino Nummi, de quo agitur, antiquitatem, (quod neque hic intendimus statuere) illud saltem evincunt haud incommode, neque illius inscriptionem, neque symbolum etiam animalis cyatho cornu inserentis, novum alias esse aut insolitum in priscis id genus monumentis; multo minus opus fuisse recedere adeo à lectione ΝΥΣΣΕΩΝ, aut ad alteram ΝΙΚΑΙΕΩΝ confugere, quum eandem istam ΝΥΣΑΕΩΝ præferant alias optimi & antiqui Nummi. Unde liquet etiam, quam minus adhuc sit necesse, alteram illam conjecturam ΚΥΚΕΩΝ, seu de potu miscello hic amplecti, cum ab omni usu ejusmodi inscriptionum plus satis alienam, tum merito ab eodem viro doctissimo prolatam valde dubitanter. Alias plures quoque occurrunt Nummi ΝΙΚΑΙΕΩΝ, Nicææ nempe non Liguriæ sed Bithyniæ, & (quod hic non minus apposite) cum signato etiam Patris Liberi in iisdem cultu; qui etiam προπάτωρ illius urbis vocatur alicubi Dioni Chrysostomo. Addam & illud insuper, haud novum esse, Orat. XXXV.

esse, ut quotidie eruantur monumenta prisci ævi, & ipsius etiam Herois Alexandri, quorum altum alias apud veteres silentium, neque continuo proinde suspecta sit aut labans eorundem fides, ut colligere videbatur vir eruditissimus. An vero nulla plane mentio sit hujus Monocerotis apud Aristotelem, ut idem censet, nondum ita liquere mihi videtur. Dubium certe illud in ancipiti reliquit Cæsar Scaliger, annon eum forte nomine ὄνυ Ἰνδικοῦ Μονοκέρω designarit Stagirita. Easdem certe legas Monocerotis vel Asini Indici descriptiones apud Ctesiam, Plinium, Ælianum, ut non diffitentur viri docti. Et quamvis quæ vulgo figura Monocerotis describitur, ab Asinina satis recedat, ut haud difficulter concedam Cl. Reinesio, nihilominus vel solus ille mugitus gravis seu asininus, quem illi tribuit Plinius, facile impellere potuisset Aristotelem, ut illi Asini Monocerotis seu Unicornis appellationem tribueret. Firmare id posset luculenter meo judicio exemplum Hippopotami superius adlati; cui cum alias figura ab Equina satis sit diversa, & magis ad Bovinam accedat, ob hinnitus tamen aut soni cum Equo similitudinem, Equi etiam nomen idem tribuit Aristoteles. Neque alias ignotum fuisse veteribus aliquem id genus Monocerota, non ex clarissimis solum apud Gentiles scriptoribus liquere videbatur, sed quod aliquanto majoris erat auctoritatis, ex prisca sacrorum librorum fide, **certe** ex gravi LXX Græcorum Interpretum testi**monio**, qui illud Hebræorum ראם constanter per vocem Μονοκέρω expressere. Hinc illa quoque Hebræorum traditio, quæ Monocerota Josuæ symbolum adsignavit. Unde & illud insuper colligitur huic loco maxime consentaneum, haud mirum certe fore vel insolitum, si expressa foret in aliquo Nummo veteri figura

vel

vel memoria hujus animalis. Equidem videas paſſim inſolitas id genus feras aut minus obvias, ad memoriam poſterorum, aut ſpectaculi novitatem, frequenter in iiſdem conſignari; quod jam **indicavimus** Hippopotami aut Rhinocerotis exemplo, & **mox** ulterius evincetur. Sed quæcunque tandem ſit **traditio de hoc animali**, aut vi ejus ſalutari; quam hic **in medio relinquimus**, illud certe conſtat, male hunc Unicornem **cum** priori illo Rhinocerote confundi à tot claris ſcriptoribus, aut huic illud Hebræorum ראם ſecus **tribui ab iiſdem**, quod viderunt jam eruditi. Alias vero non Unicorne, quod tamen innuebant vetuſti illi Interpretes, ſed Bicorne à Moſe ac Davide deſcribi **hoc animal**, & de Capra **utroque cornu obvios feriente intelligendum**, adſerentem novi Cl. Bochartum **in noviſſimo opere**, quod ab erudito lectore conſulendum. Et hæc obiter ad majorem quandam lucem, illius in qua verſamur diſquiſitionis, nulla **me cum viris** doctis committendi prurigine, **qua utique non laboramus**; neque alias quadam de Nummo nobis haud **inſpecto** certo aliquid ſtatuendi fiduciâ. Sed vel ita illis & argumento ſimul fuit inſerviendum.

Hyænam quoque ſolenni celebritate Ludorum ſæcularium, Romæ conſpectam, Philippi **Senioris** Nummi aliquot rariores repræſentant; quod **alias** ignotum Europæ animal tradidit Julius Scaliger. Præ-cipua nempe hæc fuit ſequioribus ſæculis, cum ſæcularium, tum aliarum editionum munificentia, ut à peregrinis iiſque ignotis ut plurimum **animalibus**, muneribus ſuis dignitatem ac famam conciliarent Editores; ubi Elephantum, Tigrum, Leonum, Leopardorum, Hippopotami, aliarumque belluarum Libycarum vulgaris jam voluptas evaſerat. Hinc temporibus etiam

Com. in Hiſt. Anim. Ariſtot. v 1. c. 31.

148 DISSERTATIO TERTIA

suis gloria ac celebritas quæsita. Vopiscus, *memorabile maxime Cari, Carini, & Numeriani hoc habuere imperium, quod ludos Romanos novis ornatos Spectaculis dederunt.* Ita maxime Principum Natalibus feras insolitas ex India aut Æthiopia præter Ægyptias vulgo accersitas, cum aliunde, tum ex Eusebio liquet in Natalibus Maximini Cæsareæ celebratis. Idem de Prætoriis etiam aliisque ludis legas aliquoties apud Symmachum ; *Ludos Prætorios properamus, quòrum ornatus peregrina desiderat, ut novo cultu Romana splendescat editio.* Cujusmodi insolitas amphitheatricas voluptates eleganter describit alicubi Calpurnius,

Ordine quid referam ? vidi genus omne ferarum,
Hic niveos lepores, & non sine Cornibus apros ;

& quæ plura id genus in sequentibus commemorat. Alibi tamen CROCODILOS in præcipua hujus voluptatis parte apud Romanos exstitisse, vulgato licet eorum adspectu, liquet ex eodem Symmacho ; *Præ cæteris autem quæ Romana spectacula desiderant,* CROCODILOS *functio theatralis efflagitat.* Ut non mirum proinde sæpius in nummis Cæsarum expressam itidem figuram hujus animalis, alias haud ignotam ; aut ejus imagine cum Nilum tum Ægyptum frequenter in iisdem adumbrari, ut vidit jam olim Plinius. Res obvia ut cum aliunde, tum ex vulgatis jam Nummis Augusti & Coloniæ Nemausensis, in memoriam subacti illius Regni.

Neque

DE PRÆST. ET USU NUMISM. 149

Neque vero piguit obvium alias & familiarem in Cimeliis ac libris antiquariorum Nummum huc adferre, ut inde illuftretur Hefychius, cui explicatur vox δενδρίτης κροκόδειλ@·, qualem utique haud male videtur innuere Crocodilus ifte palmæ adligatus; nec diffitetur, quem poftea confului, doctiffimus Bochartus in præfatione Hierozoi. Haud enim omnes fluviatiles feu è Nilo Crocodili, quamvis ob eos in Indo fluvio repertos, continuo Nili fontes in illo terrarum tractu, fed irrito labore, fibi inveftigandos crederet Alexander, uti narrat Arrianus. Equidem diferte alibi fluviatiles Lib. v 1. ac terreftres Crocodilos diftinguit idem Hefychius, & diu ante illum Ariftoteles, ficut jam monuerunt Viri In voce magni. Tales utique, ut hoc addere mihi liceat, qui Κροκόδειλ@· in antris & puteis, quo manfuefcerent, apud Diofpolitas Ægyptios educati, & præcipua quadam apud eos relligione culti, ut me docuit Stephanus Byzantius; In voce cujus locus obiter adducendus eft ac emendandus, εἰσὶ Διὸς πόλεις ἢ καὶ ἄλλαι μικραὶ (nempe urbes dictæ Diofpoles) ἐν Αἰγύπτῳ τέσσαρες, ὧν ἐν τῇ μία τις ἐσσεύεται τοῦ ΚΡΟΚΟΔΕΙΛΟΤΣ, ἐν ἄλ[λ]οις κ, Φρίασι σέβοντες ΜΗΔΕ, ΤΟΤ ΠΟΤΑΜΟΤ ὀνομάζες μηδ' εἰ σφόδρα λέγοιντο. Negantem audis aperte π[οτ]αμίας fuiffe, feu è Nilo Crocodilos illos Diofpolitanos, quæcunque de iis in contrarium traditio exftaret. Ex quo loco præterea illuftrandus, cum eruditiffimus Clemens, qui Diofpoli itidem apud Æ- Lib.v.Stro. gyptios in æde facra præter alia expreffum quoque Crocodilum narrat; tum fanctiffimus Martyr Cypria- Ad Demenus, CROCODILI & Cynocephali, & lapides & ferpen- trianum. tes à vobis coluntur. Non autem communis omnium Ægyptiorum Deus, ficuti reliqua illa animantia, quæ ut toti genti facra recenfet alicubi Geographus, fed Strabo lib. juxta Ovem, Lupum, Simiam, aliaque id genus, topi- XVII.

T 3 cus

cus tantum quorundam Ægypti locorum, ut ex Luciano præterea discas; aliis Tentyritarum exemplo internecinum cum Crocodilis bellum gerentibus. Varia autem Crocodilorum apud Ægyptios nomina, neque unam speciem exstitisse, vel inde liquet, quod sicuti δινδρίτης Hesychio Crocodilus superiori nummo, ut videtur expressus, ita occurrebat mihi nuper apud Damascium in vita Isidori, Σῦχις ὄνομα ᾗ Κροκοδείλῳ κ̀, εἶδ Ⓖ, *Souchis vero nomen & species Crocodili.* Unde emendabam **Strabonem**, cui Σ ὲχ Ⓖ idem vocatur, & quem apud **Arsinoitas** cultum docet. Illam enim terminationem in *is*, Ægyptiis familiarem cum aliunde novi, tum ex pleraque locorum ita desinentium apud eos terminatione, Stephano Byzantio frequenter indicata: unde Strabonis potius quam Photii Codices in ea voce emendandos liquet. At vero haud male ita dictos id genus Crocodilos liceret statuere, quod non in paludibus solum, sed etiam in antris ac speluncis, Diospolitarum exemplo, ut paulo ante è Stephano videbamus, alerentur. סכה *Souccha* certe Hebræis, (quibus multa cum Ægyptiorum idiomate communia notarunt eruditi) antrum & spelunca, unde & *Succhæos* seu Troglodytas, inter militantes Ægyptiorum Regi Chronicorum auctori commemoratos, deducebat in suo Phaleg doctissimus Bochartus. Haud aliter vero ac Diospoli loco supra adlegato Stephanus, ita alibi quoque idem docet in fonte quodam Zareta prope Calchedonium mare, parvos id genus Crocodilos educari solitos. Cæterum vel ex superiori nummo, aliisque id genus sub Augusto, aut vero in celebritate sæcularium sub aliis Cæsaribus percussis, abunde liquet quanta fuerit hujus feræ apud veteres celebritas; unde & præcipua ludis Romanorum solennitas, & nobilissimo Regno

gno infigne paffim peti meruit. Unde & nobilis illius civitas Arfinoë, dicta urbs Crocodilorum, aliaque haud procul Thebis Ægyptiis, juxta Strabonem. Ne- Lib. xvii. que aliter Equi Theffaliam, Arabiam Cameli, Africam Leones ac Elephantes; Syracufas, Neapolim, Meffinam, Tarentum, aliafque maritimas civitates Delphini defignare folent, in Nummis eorundem locorum; ut præcipui nempe illorum vel fœtus vel accolæ. Ut jam mittam Hifpaniam, cujus index veluti ac teffera Cuniculi; ficut liquet ex obvio Nummo, fedentis cum oleæ ramo mulieris & adftante Cuniculo, peculiari Hispaniæ Symbolo. Qui Nummus optimus interpres *Cuniculofæ* Catulli *Celtiberiæ*; & mire infuper illuftrat, quæ de nomine ipfius Hifpaniæ, quafi à copia Cuniculorum deducto, ex lingua Phœnicum erudite obfervat doctiffimus Bochartus, in præclaro opere Geographiæ facræ. Sed hæc obiter, de quibus nempe agetur accuratius fuo loco, ubi ad regionum ac Urbium illuftrationes è Nummis petendas deveniemus. Ut vero in viam redeamus, à qua me tamen vix crederem aberraffe, Hyænæ, de qua paullo ante agebamus, contentæ in Nummis figura docere poteft, quam cum Porco, unde illi nomen, communionem habeat: cujus inter alia, vis in Magicis præ reliquis olim animantibus celebrata, unde & in hanc rem Lucano *duræ nodus* Hyænæ commemoratur: quem locum perperam à viro magno ad Solinum explicatum alibi vindicabimus. Sed ferimus ægre, non effe jam nobis ad manus vel Nummos vel Icones inde depictas, cum figura fagacis hujus feræ, quam hic opportune lectorum oculis fubjiciamus. Præter vero Auctores alios, meminit quoque Porphyrius in aureo libello, calliditatis Indicæ, Lib.iii. de quam vocat, Hyænæ; qua, humana voce fimulata folet Abftin. incautos opprimere. Alias

152   Dissertatio Tertia

Alias vero haud minus ex nostro quoque Septentrione, quam ex Oriente aut Meridie quæsita tandem id genus spectaculis celebritas. Testes præ aliis A L-*Jul. Cæs. lib. V I. Commen.* ces, feræ olim Hercyniæ sylvæ, quas ad amphitheatrales pompas à Gordiano cum pluribus id genus destinatas, Philippus successor Ludis sæcularibus exhibuit. Capitolinus, *Fuerant sub Gordiano Romæ Elephanti* XXXII, Alces X. *Tigres* X. *Leones mansueti* L X. *Leopardi mansueti* XXX. *Hyanæ* X. *Gladiatorum Fiscalium paria mille*, *Hippopotamus unus*, *Rhinoceros unus*, *Archoleontes* X. *Camelopardali* X. *Onagri* XX. *Equi feri* X L. *Et cætera animalia innumera & diversa, quæ omnia Philippus Ludis Sæcularibus vel dedit vel occidit*. Unde etiam inter Nummos Philippi sæculares, aliquos cum Alce aut Cerva descripserunt viri docti; neque tamen quod *Occo pag. 447.* sciam inde producta ejus icone. Unum videas apud Erizzo, cum figura insoliti animalis; quod ille quidem, ut incertum & hirco simile contentus fuit obiter indicare, ego vero ad Alcem illorum temporum referre omnino non dubitarem.

Multa sunt quæ me movent, ut hanc fuisse veterum Alcem existimem, de qua tot sunt alias ac tam variæ scriptorum nostri ac prisci ævi dividiæ, quas hic meas non facio. Neque vero illæ solum occurrunt de nomine aut ne aut aliqua proprietate hujus animalis, ut paullo ante de Hippopotamo aut Rhinocerote videbamus, sed de tota ejus figura; quam nempe alii Capræ, alii Jumento, alii Cervo, alii Mulæ etiam consimilem faciunt. Contulit obiter inter se eas dividias, puta Julii Cæsaris, Plinii, ac Pausaniæ, Magnus Solini interpres; neque quidquam præterea. Minus adhuc moror turbam reliquorum, qui non aliam vulgo Alcem, quam *Elend* dictam nostratibus, nonnullis Magnum Animal volunt agnoscere. Nec enim me illorum numerus junctæque umbone phalanges deterrent; quin feram hanc in superiori Nummo depictam, pro vera veterum Alce ausim haud cunctanter venditare. Primum illud est, quod modo ex Capitolino constabat; nempe hac solennitate Milliaris Sæculi à Philippis celebrata, Alces quoque exhibitas. Inscriptio autem Nummi hinc Philippum, illinc SÆCULARES AUGG. Patris nempe & Filii arguit, & memoriam spectaculi id genus Circensis. Nec vero ad aliud iste Nummus referri potest securius, quam ad Alcem; si consulas totam seriem descriptorum Animalium, quæ ut præcipuas eorundem Sæcularium celebritates, & diversis data missionibus commemorat Capitolinus. Alterum, vix notam hactenus Romanis feram, quantum licet aliunde colligere, meruisse maxime signari ad recordationem illius festivitatis; sicut de Rhinocerote sub Domitiano; de Hyæna vero, Hippopotamo, Elephante, Crocodilo, Leone etiam, aliisque vulgo jam notis, videmus ex eadem Nummorum penu contigisse. Certe sequutis inde temporibus, inductas sæpius ad spectacula Romanorum Alces, ut adspectu & raritate singulares, docuit me præterea Calpurnius, ubi

V inusiinufitatas ac folennes Cari & liberorum ejus defcribit Editiones,

Ordine quid referam, vidi genus omne ferarum,
Hic niveos lepores, & non fine cornibus apros.
Manticoram, & fylvis etiam quibus editur ALCEN.

Per fylvas nempe, Hercyniam videtur innuere, quarum incolæ olim Alces, juxta Cæfarem. Tertium vero & præcipuum, occurrere non pauca in hac figura cum Alce veterum communia, in quantum paritur incerta & diverfiffima illorum de hoc animali narratio. Vides utique illius, juxta Cæfarem, ad primum ftatim adfpectum, *confimilem Capris figuram & eandem magnitudine antecedentem,* imo etiam aliquo modo juxta Plinium, reliquam corporis formam à jumento haud alienam. Nam quod adfunt cornua & crura cum nodis & articulis, quæ in Alce Cæfar haud agnofcit, in eo liquet ex Plinio ac Solino, eum vel Alcen cum Machli illi haud diffimili confudiffe, de qua ifti tradunt nullum illum fuffraginum flexum ; aut vero fœminam cum mari mifcuiffe, 'cui priori folum cornua demit Paufanias. [In Eliacis.] Nec mirum præterea, fi de fera adhuc Romanis parum nota fecus quædam, aut inter fe diverfa, antiquiores fcriptores tradiderint ; quod iifdem in aliis magis obviis accidiffe, neque tu ignoras, & vel adlata paullo ante exempla Hippopotami, Rhinocerotis aliorumque id genus fatis arguunt. Palmarium vero illud, quod Capræ haud abfimilem Cæfar agnofcat, ac eadem majorem ; quorum utrumque figuræ hujus adfpectus fatis meo judicio ante oculos ponit. Unde liquet etiam haud opus nunc effe emendatione illuftris Salmafii, qui Capras hic apud Cæfarem in Capreas mutat ; cum ad priores magis, quam ad pofteriores accedat fuperior effigies. Neque illam mutationem evincit addita

mox

DE PRÆST. ET USU NUMISM. 155

mox à Cæsare pellium varietas, quam præmissa ab eodem Capreæ figura per se satis indicasset; ut non fuisset necesse proinde Cæsari eadem distinguere, *habere consimilem Capris figuram, & varietatem pellium.* Alias apud Comicum, *Caprigenum genus*, de Capreis dictum videas, Plautus in Epidico.

qui varie valent
Caprigenum hominum non placet mihi, neque pantherinum genus.

Illud enim *Caprigenum genus*, de *Capreis* intelligendum non de *Capris* satis liquet, in quibus utique haud occurrit illa varietas pellium, ad quam adludit Comicus. Cur vero recentiores magnum suum Animal, seu Germanorum *Elend*, Alcis nomine indigitarint; **aut eandem** cum Alce veterum statuant, ipsi viderint. Nunquam certe feras tota specie, ut liquet, diversas in unam eandemque, sicut in unum nomen tam facile sociabunt; facilius certe, *jungentur jam Gryphes equis.* Vel sola insuper ab iis prolata iconum hujus feræ diversitas, in quantum iis fides sit habenda, satis arguit. Sed non scribimus hic Historiam Animalium, aut vero tantum nobis otii, ut de iis inter se, aut quod factu difficile, cum veteribus conciliandis, multum jam laboremus.

Alias selecta quædam è CAPRINO genere Animalia, neque vulgo obvia eadem antiquaria supellex nobis subministrat. Quamvis enim, quod tradit alicubi Plinius, in omnibus animalibus placida & fera reperiantur, CAPRÆ *tamen in plurimas similitudines transfigurantur*; dari enim Capreas, Rupicapras, Ibices, Oryges, Damas, & quæ plura hujus generis ibi commemorantur. Unum animal eodem referendum, neque superiori valde dissimile suppeditat Lib. VIII. cap. 53.

156 DISSERTATIO TERTIA

Tab.LXXX. nummus Ennæ urbis Siculæ apud Parutam, cum in-
n°. 1. scriptione ΔΑΜΑΤΗΡ in una, & ΕΝΝΑ in altera
parte.

Cererem in priori Nummi area signatam non solum,
sed inscriptam haud mirabitur, qui hanc Urbem Tem-
ᵃ V. in Ver- plo & simulacro ejusdem nobilem apud ᵃ Ciceronem,
rem.
ᵇ Lib. VI. ᵇ Strabonem aliosque passim legit, & ista quidem apud
Melam, *Famam habet ob* CERERIS *Templum* ENNA.
Unde & ENNEA CERES dicta Claudiano,
Lib. I. de *Ennea Cereri proles optata virebat.*
Rapt. Pro-
serp. Neque Doricæ etiam dialecti causam in hac voce ΔΑ-
ΜΑΤΗΡ requiret, qui novit eam Siculis familiarem,
Vid. Steph. nec aliam certe quærendam in urbe Syracusanorum
voc. πόλ. Colonia, quos more consueto coloniarum, Metropoleos suæ Corinthi dialecto usos constat. Animal autem,
quod exhibet aversa Nummi area, è Caprino simul ac
Cervino genere satis arguit magnitudo instar Cervi,
varietas pellis, Caprina cornua, barba seu villus è mento dependens, pedes denique bisulci. Quamvis enim
nostrates Capreæ ac Damæ vulgo minores occurrant,
at notum aliunde plures dari majores, & Cervo magnitudine pares. Tales utique Afrorum vulgares illæ *Ga-
zella*, juxta vocem Arabicam, جزيل, de quibus inter alios consuli potest Marmolius, Gallice nuper admodum

DE PRÆST. ET USU NUMISM. 157

modum conversus à Gallorum interpretum principe Ablancourtio, & firmant insuper aliæ voces, quibus promiscue Capream, Damam, & Cervum notant, ut liquet ex Arabum Lexicographis, & vidit etiam harum litterarum decus Samuel Bochartus. Neque etiam minores ex eodem Caprearum aut Damarum genere qui Veteribus *Hippelaphi*, *Tragelaphi*, & *Pygargi*, nuncupantur. Hippelapho certe seu Equi-cervo haud dissimilem figuram tribuit Aristoteles, formam nempe E- Lib. 11. qui & Cervi, unde illi nomen, jubam tenuem à capite Hist. Anim. ad armos, villum instar barbæ dependentem magnitudinem Cervi, Cornua Capris proxima, pedes bisulcos. Apud Arachotas autem, h. e. gentem Indiæ vicinam reperiri tradit, sicut Tragelaphum seu Hircocervum Plinius non alibi, quam juxta Phasin amnem, sed Lib. VIII. quem & in Syria & in Arabia etiam exstare author est cap. 33. Diodorus. At vero haud male quis ad PYGARGUM Lib. 11. referre posset superiorem effigiem, quem ab albis natibus nomen hoc sortitum liquet, ut ex antiquo Juvenalis Scholiaste observarunt jam viri docti. Rationes autem hujus rei dari possent, prima quidem quod inter Caprearum etiam & Damarum genera à veteribus recenseantur, ut observarunt etiam viri doctissimi Gesnerus & Bochartus, & quidem à Plinio diserte loco supra adlegato, ubi de variis sylvestrium Caprearum generibus agit, *sunt & Dama & PYGARGI & Strepsicerotes*. Unde eosdem etiam cum Capreis, Cervis, Hinnulis conjungunt Herodotus ac Ælianus. De priori Hist. Anim. mox videbimus. Posterior autem Λ πλμα ἢ νεβροὶ καὶ L. VII. c. 19. πρόκες κ̀ ζόρκες τε κ̀ πύγαργοι· *Timida autem animalia sunt Hinnuli, & Cervi, & Caprea, & Pygargi*. Altera, quod animal fuerit in Africa obvium, teste Herodoto; Κατὰ Lib. IV. τοῦ· Νομάδας δέ ἐστι τηνίων οὐδὲν, ἀλλ᾽ ἀλλὰ τάδε ΠΥΓΑΡ-

V 3 ΓΟΙ,

ΓΟΙ, καὶ ζορκάδες, καὶ βουβάλιες, καὶ ὄνοι. *Quorum nihil apud Afros pastorales est, sed alia veluti* PYGARGI, *& Caprea, & Bubali, & Asini.* Nota autem vetusta & continua Africæ & Siciliæ commercia, vicinia, linguæ communione, coloniarum frequentia introducta continuo & stabilita. Unde & cum aliarum rerum, tum animalium etiam rariorum facilis vectura, & ad rei memoriam, quod alias solemne, nummis etiam consignari meruit. Hinc Plinius quoque Pygargos refert inter ea animalia, quæ *transmarini situs mittunt.* Non par autem hic vel Hippelaphorum, vel Tragelaphorum seu Hircocervorum ratio, quorum postremos multi, quamvis immerito, fabulosis adnumerant. Si quis tamen malit figuram superiori nummo expressam simpliciter è majorum Damarum seu *Gazellarum,* quas vocant, genere statuere, quibus adhuc hodie Africam feracem constat, haud equidem reluctabor. At vero aliam rursus CAPRAM haud vulgarem eique inequitantem nudum barbarum videas in sequentibus nummis Himeræ urbis itidem Siculæ.

Capra

DE PRÆST. ET USU NUMISM. 159

Capra hæc, ut cernis, cum prolixo cornu in tergum reflexo, in priori Nummo aure longa & demissa, jumenti instar sessorem ferens, & ad cursum comparata. Hanc autem continuo fatearis ex **earum genere,** quas in Oriente tradunt reperiri, cum longis auribus, & quidem palmæ longitudine, quibus jumenti aut cameli loco vehi soleant tenuiores homines, & quibus vulgo **MAMBRINÆ** aut **CAPRARUM INDICARUM** nomen inditum. De longis ac demissis auribus fidem faciet Aristoteles, ἐν ᾗ τῇ Συρίᾳ τὰ πρόβατα τὰς οὐρὰς ἴχει τὸ πλάτος πήχεως, τὰ ᾗ ΩΤΑ ἀι ΑΙΓΕΣ πηχμῆς κ παλαιστῆς, καὶ ἔνιαι συμβάλλουσι τὰ ὦτα κάτω ἀλλήλαις; hoc est juxta Gazam, *In Syria oves sunt cauda lata ad cubiti mensuram,* **CAPRI AURICULIS** *mensura palmari & dodrantali, ac nonnulla etiam quibus inferne* **aures inter se** *coëunt* : quæ postrema minus recte expressit Gaza, *ac nonnullas demissis ita ut spectent ad terram.* Jumenti autem vicem præstare illas **Capras docebit** Leo Africanus, *Ego quondam juvenili fervore ductus horum animalium dorso insidens ad quartam milliaris partem* **delatus fui.** Clarius autem scriptor Italus apud Gesnerum, *Capra Mambrina in regione Damiata dicta, fert equitantem, sellam, frenum & cætera quibus equi instrui solent, admittit.* Neque vero in Syria solum & vicinis locis, sed in Africa etiam reperiri tradunt Capras id genus, quas vulgo **Adimmayn** vocant, & quo referenda videtur superioribus nummis expressa, ob viciniam & commercia utriusque gentis Siculæ & Africanæ. Marmolio certe, luculento scriptori rerum Africanarum, describitur **ADIMMAYN**, animal cicur instar Arietis, vituli magnitudine, cum demissis itidem & longis auribus infantes sessores admittere, ac ultra milliare deferre. Quo referendum etiam proverbium Arabum doctissimo Bocharto

Lib. VIII.
Hist. Anim.
cap. 28.

charto commemoratum, *Capellæ post Camelas*, de angustia nempe post copiam; quod ubi Camelis solerent vehi, redacti sint ad Caprarum vecturam. Neque vero eam omnino insuetam aliis Gentibus, **certe in ludis** Equestribus & militiæ rudimentis, tyronibus ac pueris frequentatam ex Anthologia & Juvenali erudite jam observavit idem vir magnus modo laudatus. Ut non mirum etiam Hirco insidentem videre Cupidinem in denario Gentis Fonteiæ. Pernicitatem vero ejusmodi Caprarum, quam superior videtur etiam arguere ad cursum incitata, vel ex Oppiano licet colligere,

De Venat. lib. II.

Αἰγῶν δ᾽ αὖτε πολέες προβάτων τε παταγεῦσι φῦλα.
Οὐ πάλλων τούτων οἴων λανίων τε χιμάῤῥων
Μείζονες, ἀλλὰ θοῆσιν κραιπνοὶ θεῖαροί τε μάχεσθ.

Caprarum vero etiam sunt Oviumque admodum fera sæcula. Non multo hisce nostris ovibus hirsutisque Capris majores, sed ad currendum pernices validæque ad pugnandum. Sic inter Capras sylvestres, Ibices mirandæ pernicitatis docet

Lib. VIII. cap. 53.

Plinius. Unicornem vero eandem Capram superius depictam non mirabitur, qui vel Orygem Capreæ genus unicornu, vel Capras sylvestres seu Rupicapras cum uno cornu è media fronte ac dorsum versus inflexo, in Carpatho monte, Segestana, Bulgaria reperiri observabit apud veteres aut recentiores Historiæ Animalium Scriptores; cujus generis etiam animalia vel *Reem*, vel *Carcand*, ceu *Charsan* Arabibus dicta docet supra laudatus Bochartus, quem consulere poterit eruditus lector. Sic unicornu etiam animal in Æthiopia obvium describit commemoratus aliquoties Marmolius, instar jumenti cum hircina barba, & cornu in media fronte longitudinis trium pedum. Sed en tibi adhuc ex eodem tractu duos Panormitanorum nummos,

prio-

DE PRÆST. ET USU NUMISM. 161

priorem cum utraque nummi area, posteriorem cum aversa tantum parte, quibus Damæ rursus aut Arietis genus peculiare signatum itidem **occurrit**.

Geminum priori Nummum possidet Gaza Medicea, & cujus signatum priori parte animal Arieti aut Hircocervo tribuebat eruditus ejus custos. Quod postremum firmare posset Bellonius, cui Tragelaphus seu **Hircocervus** animal sine barba cum cornibus Caprinis, sed retortis sicut Arieti, & cui præterea rostro, fronte, & auriculis Ovem referre traditur. Sed obstant præter alia, cum pili longi ac nigri, quos eidem, colli prona supinaque parte tribuit, ut barbatus videatur, ac insuper circa stomachum, armos, pectus, juxta eam quam producit effigiem; tum autem Plinii & aliorum diversa de hoc Tragelapho traditio, quæ nec Bellonii figuræ, nec superiori nummo expressæ potest competere.

X   Plinius

DISSERTATIO TERTIA

Plinius ubi de Cervis egisset superiori capite continuo subdit: *Eadem est specie, barba tantum & armorum villo distans, quem Tragelaphum vocant, non alibi quam juxta Phasim amnem nascens.* Barbam itaque & armorum villum in Tragelapho agnoscit, unde illi nomen, cætera Cervo similem; alium proinde ab hoc Panormitanorum animali, quod sine barba & illo armorum villo, ac præterea cum cornu non Cervino, sed Arietis instar retorto. Aliud Hircocervi genus describit nobis Nicolaus Menardus; Animal nempe Cervo simile magnitudine, capite, ore, agilitate, pilis, cornibus autem in tergum reflexis inque extremo contortis, pedibus ingenti Hirco simile, & quod in remotis Africæ partibus reperiri tradit. At nec Arietinum aut Ovinum caput, nec varietatem pellium illi adscribit, quorum utrumque præfert superior nummus. Scilicet quemadmodum in Caprarum genere, aliæ ad Cervorum naturam ac formam accedunt, ita aliæ rursus ad Ovium figuram, cum quibus alias magna illi animali societas & communio intercedit; unde & communes Hebræis aliisque Orientalibus voces, quibus utrumque animal designatur. Ita *Musmones* in Sardinia reperiri observat Strabo, Arietes nempe quibus pilus Caprinus loco lanæ, τίνονται ἢ ἐνταῦθα οἱ τρίχα φύοντες αἰγείαν ἀντ' ἐρίας κριοὶ, καλεῦνται ἢ Μούσμονες· *Nascuntur ibi Arietes, qui lana loco pilum ferunt caprinum, & vocantur Musmones.* Ne vero superius Panormitanorum animal idem cum hoc Musmone statuamus, (quod alias suadere posset Insulæ vicinia & ovinum ac arietinum caput) obstat rursus maculis distincta pellis, quæ non Capram sed Capream refert, & qua rursus Africanum Capreæ aut Damæ genus nobis adumbratur, etiam haud alienum ab iis animalibus, quæ vulgo hodie Barbariæ Damas indigitant.

Ne-

DE PRÆST. ET USU NUMISM. 163

Neque diſſimilis figura alterius Animalis ſuperius etiam depicti cum cornu Arietino & Hinnuli ſeu Capreoli itidem pelle, pluribus maculis diſtincta, & à Venatore apprehenſi, quale rurſus **Siculo** Gelonis Nummo acceptum ferimus. Communis nempe aliis quoque animalibus illa cum Capreis aut Capreolis pellium varietas. Plinius alicubi inter Indiæ animalia refert, *Et feram nomine Axin, Hinnuli pelle* **pluribus candidioribuſ-** Lib. VIII. *que maculis ſacram Libero Patri.* Agmen hic claudant c. 21. poſtremo loco, tum **peculiaris adhuc** ARIES ſignatus itidem in Panormitanorum nummo, tum CERVA **cornibus auratis** inſignis, obvia inter **Saloninæ** Gallieni Conjugis numiſmata.

Priorem haud dubio referre ad ſylveſtres illos Arietes, quales rurſus apud paſtorales Afros **exſtare tradit** Herodotus; Καὶ βασσάρια, ϗ ὕαιναι, ϗ ὕςριχες, ϗ ΚΡΙΟΙ Lib. IV. ΑΓΡΙΟΙ. *Et baſſaria, & hyæna, & hyſtriches, &* ARIETES AGRESTES. In poſteriori ſeu CORNUTA CERVA ne multum immorer, fecit Cl. Triſtani diligentia, Tom. III. à quo jam obſervata, quæ peti ea de re poterant è poë- pag. 101. tarum fabulis, puta Cerva Telephi, Herculis, Iphigeniæ loco ſubſtituta, quas χρυσκέρως vulgo nobis deſcribunt Sophocles, Euripides, Pindarus aliique. Quibus addi poteſt Phrixi Cerva juxta Valerium Flaccum,

Ipſa comes ſetis fulgens, & cornibus aureis. Lib. VI.

Nota

Nota autem lis, quam eo nomine Sophocli, gravissimo alias auctori, intendit Aristoteles in libro de Poëtica, quod Cervæ nempe cornua tribuat, qui alibi Cervis feminis cornua demit. Atticis autem τὼ ἔλαφον, pro Cervo usurpari, observarunt jam eruditi, atque ita quædam Aristotelis aliorumque auctorum loca, qui Cervis eo genere prolatis, cornua tribuunt, explicanda. Haud aliter nempe ac vel πάρδαλις, Τίγρις, apud Græcos, vel *Panthera*, *Tigris* apud Romanos, aliæque familiares in Orientis linguis femininæ terminationes, promiscue de utroque sexu sumuntur. Repertas tamen nonnunquam cornigeras Cervas testantur cum Gunterus in suo poëmate, tum Julius Scaliger, & postremus quidem suis temporibus servatum adhuc captæ id genus Cervæ caput.

Lib. III. de partib. Animal. c. 2.

Lib. III. Poët. c. 9.

Capreas vero aut Caprigenum genus, de quo paullo ante agebamus, excipere poterit Pantherinum, quod cum Caprigeno ob varietatem pellium, conjungentem supra vidimus Comicum. Varia autem hujus generis animalia signata occurrunt in antiquis Nummis, & iis maxime quibus Libero Patri comites adjunguntur. Notum quippe sacras vulgo huic Deo, Tigrides, Lynces, Pantheras, & postremas inprimis, quas Bacchi proinde symbolum vocat Philostratus, πάρδαλις ὃ θεῦ σύμβολον, & in quas proinde conversas Bacchi nutrices vulgo fabulantur Poëtæ. Hinc Panthera juxta eundem Philostratum in Pamphilia reperta cum torque aureo, & Armeniis litteris Rex Arsaces Deo Nysæo. Nota etiam ratio ejus rei, petita ex natura & indole illius animalis, quod vino inprimis deditum narrant, unde & vinosum vocatur Oppiano,

Imag. lib. I.

Lib. II. de Vit. Apoll. cap. 1.

Lib. IV. Cyneg. v. 319.

Θηρσὶ φιλακρήτοισιν ἐμήσατο πορδαλίεσσι.
Feris vinosis excogitavit Pantheris.

Adeo

DE PRÆST. ET USU NUMISM. 165

Adeo etiam ut non alia arte in eo capiendo utantur venatores, quam apposito illi potu, ex quo continuo solet ebriari, quod fuse narrat idem Oppianus, & firmant insuper Arabum **historiæ**. Hinc mos ille Veterum in Bacchi simulachris **Pantheriscum ad pedes ejus statuendi**, in quem Deus ille vinum è Scypho **effundit**, quem dextra tenet, sinistra autem Thyrsum ; **Docet id** nos Herodotus agens de veterum versatilibus scenis in quibus illo habitu depictum vulgo Bacchum tradit ; ἐν Περὶ αὐτ-
μῴω τῇ ἀριστερᾷ χειρὶ θύρσον κατέχων, ἐν ᾗ τῇ δεξιᾷ Σκύφος· κράτησει.
ἀθακαδίζετῃ ᾗ Πανθήρισκ@· πρὸς τῆς ξ Διονύσκ ποσίν. & paullo post, ἐκ ᾗ ξ Σκύφκ οἴν@· ἐγχυθήσεται ὁπὶ τ̂ ὑπο-
κείμ)νον Πανθήρισκον. *Sinistra quidem manu Thyrsum tenens, dextra autem Scyphum. Adsidet* **vero** *ad Bacchi* **pedes** **Pan**-
theriscum &c. Ex Scypho **autem vinum** in *subjectum Pantheriscum effundetur*. Hunc autem morem luculenter illustrant varii nummi superstites, in quibus Bacchum eodem plane modo depictum adhuc hodie videas, & quibus **luculenti commentarii vicem** præstat superior locus, cujus ignoratione minus eosdem adsequebantur eruditi antiquarii. Tres hujus generis, eosque præclaros inprimis & luculentos hujus rei **indices**, **signandos** hic duximus.

Prior nummus cum inscriptione DIS AUSPICIBUS sub Severo percussus, & jam à Cl. Tristano vulgatus, Tom. 11. cui pag. 61.

cui similem cum in Gaza Christinæ Augustæ, tum alibi me vidisse memini. Exhibet autem hinc Herculem cum **Clava**, illinc Bacchum juxta Heronis descriptionem, sinistra Thyrsum, dextra Scyphum tenentem, è quo in subjectum Pantheriscum vinum effundit. Sed dum dubitat Tristanus, **an juxta** Occonem, Canis sit nummo illo expressus, **an Tigris**, an Leopardus, **an Panthera, & cum tandem** tanquam de Cane explicat, minus feliciter **in ejus** interpretatione versatur. Plures alias occurrunt **nummi** apud eundem Tristanum, qui Bacchum cum Thyrso & ad pedes ejus Pantheriscum exhibent, quamvis sine Scypho. Alter vero supra expressus, & cum Bacchi habitu, Heronis descriptioni itidem consentaneo, ab Abonoteichitis in Paphlagonia sub Antonino Pio percussus, **cujus** ectypum Cl. Patini **beneficio nunc** primum vulgamus. Postremus vero Catinæ in Sicilia signatus, in Tabulis Parutæ occurrit, cum inscriptione in anteriori nummi parte ΚΑΤΑΝΑΙΩΝ. In eo autem ejusdem moris vestigium licet observare, Bacchum nempe vehiculo insidentem cum bijugibus Pardis, sinistra quidem Thyrsum, **dextra** autem Scyphum tenentem, è quo vinum non jam in Pantheriscum, sed in Pantheram aperto ore illud appetentem fundit. Ad quod etiam respexisse videtur Oppianus agens de Panthera.

Τȣ́νεκεν εἰσέτι νυῦ οἴνῳ μέγα καγχαλόωσι.
Δεχνύμεναι ϛομάτεσσι Διονύσȣ μέγα δῶρον.

Qua causa etiam nunc vino valde exultant,
Capientes ore Liberi Patris magnum munus.

Unde etiam lucem foeneratur præclarus gentis Vibiæ denarius apud Ursinum, qui illinc Bacchum, hinc Pantheram exhibet cum Thyrso, & Larvam insuper Aræ impositam, solita Bacchi & Liberalium symbola; & quo

DE PRÆST. ET USU NUMISM. 167

quo spectat itidem alius denarius gentis Carisiæ, cum simili fera ac Thyrso. Neque vero etiam parum hæc illustrat sequens nummus quantivis **pretii,** apud Cl. Patinum nobis inspectus, & cujus **ectypum** eidem rursus acceptum ferimus.

Percussus hic Nummus sub Vespasiano, & quidem Nicomediæ, Metropoli Bithyniæ, ut liquet **ex nummi** inscriptione, quæ præfert in priori parte litteras ΝΕΙΚΟΜ., in aversa autem quam expressimus Græcum nomen *Plancii Vari*, provinciæ illius Proconsulis. Hunc enim hujus Vari magistratum jam ante **colligere** mihi licuerat, ex duobus rarissimis nummis, **quorum alterum** videram in Gaza Medicea, **alterum** in Museo Christinæ Augustæ. Prior itidem cum **capite** Vespasiani, & **in** aversa parte cum Herculis insignibus, Clava, Pharetra, Arcu, ac inscript. ΛΑΝΚΙΟΥ ΟΥΑΡΟΥ ΑΝΘΥΠΑΤΟΥ, seu *Plancio Varo Proconsule*. Alter vero, quem ob attritas vetustate litteras legendum & explicandum mihi tradiderat antiquariorum apud vos princeps Franciscus Gottifredi, Vespasiani itidem caput & præterea locum signati nummi ΝΕΙΚΟΜΗΔ. seu *Nicomediensium* præferebat, parte autem aversa caput turritum & inscr. . . . ΝΚΙΟΥ ΟΥΑΡΟΥ ΑΝΘΥΠΑΤΟΥ, hoc est rursus, *Plancio Varo Proconsule*; ut exesas aliquot ac fugientes in priori voce litteras haut difficulter supplebam, etiam ante visum nummum Pati-

nia-

nianum. Idem nempe hic Plancius Varus cum eo cujus Tacitus alicubi meminit, quem Præturâ functum, Dolabellæ Othone mortuo accusatorem narrat exstitisse. Sed corrupte apud Tacitum *Plautius* pro *Plancius* hactenus vocatur, qui **ex indubia** trium, quos modo tradidi Nummorum fide emendandus venit; *Dolabella audita morte Othonis* **urbem introierat**. *Id ei* PLANCIUS VARUS *prætura functus ex intimis* **Dolabellæ** *amicis apud Flavium* **Sabinum** *Præfectum urbis objecit*. Ita & Tacito sua verba & huic Plancio suam gentem, qui in alienam irrepserat, restituimus. Diversæ enim Gentes seu Familiæ *Plancia* & *Plautia*. *Vari* autem cognomen multis Gentibus olim apud Romanos commune, ut Arriis, Attiis, Quinctiliis, Vibiis, aliisque, ac ut hic liquet, Planciis. Vides autem quibus artibus in Vespasiani gratiam irrepserit vir prætorius ac Bithyniæ, quod nummi superiores arguunt, sub eodem Cæsare Rector. Bithynia enim una è Populi Provinciis, ad quas regendas sub Proconsulis nomine mittebantur viri Prætorii, ut ex Dione constat, & qua de re alius occurret in sequentibus dicendi locus. Animal autem eodem nummo signatum, haud aliud quam Græcorum Πάρδαλις, Romanis vulgo PANTHERA. Id utique satis arguit cum varia, & maculis distincta pellis, unde orientalibus נמר *Namer*, & *Varia* Romanis dictæ eædem feræ, tum Cantharus ille, quem unguibus apprehendit, vinosis ut modo vidimus Pantheris apprime conveniens. Familiare insuper in Asia feræ genus, ac vel inprimis Cariæ & Lyciæ, ut liquet ex Agatharchide apud Photium, ac præterea ex Æliano, cui Πάρδαλις, Καρική ἢ Λυκιακὴ vocatur. Inde petita ejus in Romanis spectaculis celebritas & frequentia, de qua consuli potest Plinius; ut mittam Ciceronis eo nomine apud Cœlium accuratas tatas ac follicitas preces. Hinc in fimilis forte editionis memoriam, fub Varo Bithyniæ Præfide, eadem fera fuperiori nummo à Nicomedienfibus fignata, ficut utique fimili occafione nobiles id genus feras huic memoriæ vulgo impreffas vidimus. Neque enim Romæ folum, fed paffim in Provinciis, ac Metropolibus inprimis, theatricas id genus voluptates locum habuiffe vulgo notum. Quanquam hac in parte, Nicæam Theatrorum voluptatibus, Nicomediam vero doctrinæ ubertate præftantiorem tradat alicubi Libanius. Mitto vero illos, qui magnum inter Παρδάλεις & Pantheras difcrimen quærunt, quos prolixus Græcorum & Romanorum fcriptorum confenfus abunde refellit. Illud vero indicaffe obiter haud fupervacaneum puto, ita fignari vulgo in nummis antiquis Pardos, aut Pantheras, vel Pantherifcos, aut etiam Tigres, ut non continuo maculis illis diftinctum corpus præferre videantur, quibus tamen vel virgatis juxta Tigres, vel orbiculatis juxta Pantheras, hæc animalia conftat infignita. Quod monetariorum incuriæ omnino tranfcribendum, qui nonnunquam minus accurate figuram horum animalium tradidere. Unde factum, ut vulgo antiquariorum etiam principes, obvia id genus in nummis animalia promifcue foleant de Tigridibus, Pantheris, aut Leopardis etiam interpretari, ac Pantheras ut plurimum nobis pro Tigridibus obtrudere, ficut aliàs eafdem hodie Pantheras paffim cum Leopardis confundi notum.

Tom. II. de Vita Gal.

BISONTIS alias caput, bovis feri ac fetofi, neque infueti etiam in Romanorum fpectaculis, ut vel ex Xiphilino liquet, ex duobus nummis Andriorum memini protuliffe in fua Vefontione Cl. Chiffletium, præter alia Viri decora, his quoque ftudiis excellentem.

In Severo.

Y In

In priori quidem Taurum vides cornipetam cum inscriptione ΑΝΔΡΙΩΝ, quod de loco signati nummi accepit Chiffletius, in posteriori vero caput Tauri feri ac jubati cum Lyra, utrinque autem Tridente, in altera autem nummi parte caput juvenile sine ulla inscriptione. An vero utroque illo Nummo Bison sit ab Andriis expressus, quod existimabat Chiffletius, fateor haud mihi continuo persuasum: Equidem obvius & unicus quidem occurrit apud Goltzium nummus horum Andriorum, illinc cum Pallade, hinc cum ordinario Tauro ad victimam parato.

Nihil habet hic Taurus à vulgari diversum & ab ordinariis iconibus hujus animalis, neque consonum setosis illis ac jubatis Tauris sylvestribus, quos Bisontes antiqui nuncuparunt. Accedit, mirum videri posse, quid huic Græcæ Cycladum Insulæ commune sit cum Bisonte, quem solum Hercyniæ sylvæ & plagæ Septentrionalis hospitem Plinius, Solinus, aliique è recentioribus tradunt, nisi scirem in Thracia poni quoque

que ab Oppiano, & præterea Pausaniam de Bisontis æreo capite Delphos misso à Dropione Pæoniorum Rege, & posita illi è regione ab Andriis loricata Andrei conditoris sui statua, nonnulla quæ Chiffletius refert, commemorare: Alias vero in Pæonia, non Bisontem quidem, sed *Bonacum* aut *Bonasum*, Bovem itidem ferum & cum juba equina obvium refert Aristoteles, cui superior effigies posset eadem ratione adaptari, ni cornua in se flexa & contorta, acumine terram spectantia, cum Philosophus tum Plinius iidem Bonaso tribuerent. Luculentum Suidæ testimonium, optimi superioris nummi ac similium hujus Insulæ interpretis. Docet enim ille Minervam Taurobolum ab his Andriis cultam, occasione Tauri apud eos exilientis; ut postea vidi Nonnium quoque observasse, non indicato tamen Suidæ loco. Exstat vero ille in voce Ταυροπόλαν, quem erit operæ pretium hic adferre. *Etiam Minerva Taurobolos in* ANDRO *colitur. Anthropius enim dato Atridis* TAURO, *jussit ubicunque is è navi exiliisset, ædem Minervæ condere, & sic eos prospera navigatione usuros. Ille vero in* ANDRO *exiliit.* Καὶ Ἀθῦνα ἢ Ταυροβόλ@· ἐν ΑΝΔΡΩ. ὁ γὰρ Ἀνθρωπ@· δὺς ΤΑΥΡΟΝ τῆς Ἀτρείδαις, ἠκέλδυσεν ὅπη ἂν ἐκ τ̄ νεὼς ἄλητί, ἰδρύσκοδ Ἀθλυῶν. Καὶ ἕτως ἐὐπλόησαν. ὁ ἢ ἐν ΑΝΔΡΩ ἐξήλαJο. Nihil hic ut vides de Bisonte, sed omnia de ordinario Tauro, plane ad fidem superioris Nummi. Neque etiam reperiri apud Andrios Bisontes, vel Pausanias, vel alii referunt, sed tantum misso aliunde Delphos capite æreo bovis illius feri ac indomiti, positam è regione ab Andriis sui conditoris, ad indicandam Viri ferociam ac robur, loricatam statuam. Sed ne in similem errorem inducat viri sagacis alias ac eruditi auctoritas, sciendum neutrum illum Nummum ab eodem productum, & paullo

ante

ante expressum, ad Andrios vel ad Bisontem quicquam spectare. Prior, non quidem cum Tauro illo indomito, ut existimabat, sed cum Vacca & lactente vitulo, ad Apolloniam Illyrici urbem referendus. Dyrrachii enim & Apolloniæ solita illa symbola, utraque nummi parte signata. ΑΝΔΡΙΩΝ autem, non loci (quod in errorem induxit Cl. Chiffletium) sed Prætoris aut Magistratus nomen, sicut alterum ΘΕΟΦΙΛΟΥ, sub quibus nummus percussus, & cui geminum plane cum iisdem symbolis ac nominibus videas inter Apolloniæ nummos apud Goltzium. Omissas autem nonnunquam observo in utriusque cum Dyrrachiæ tum Apolloniæ nummis solitas illas loci ΔΥΡ. aut ΑΠΟΛ. initiales litteras (quas præfert nummus Goltzianus) adscriptis solum, præter consueta insignia, Prætorum nominibus ΑΝΔΡΙΩΝ, ΑΡΙΣΤΩΝ, ΑΓΙΑΣ, ΦΙΛΩΝ. & sexcentis id genus. Utrumque autem symbolum, cum Vaccæ cum lactente vitulo, tum quadratæ Arculæ, ab antiqua patria ceu Corcyræis, quorum erant Coloniæ Dyrrachium & Apollonia, juxta morem desumptum: sicuti eadem omnino videas in nummis Corcyræorum apud Goltzium. Posterior autem Nummus cum Tauri jubati capite ac pendente utrinque Tridente, ad Euboeam spectat, ut vel ex Goltzio liquet, aliisque obviis nummis illius Insulæ. Neque illi valde dissimilis Delphorum nummus apud eundem Goltzium, inde explicandus (silet hic enim ut sæpe Goltzii interpres Nonnius) quod Caryftii ex Euboea Bovem æreum Delphis dedicarint, auctore Pausania: nisi hunc postremum ad Bisontis illud æreum caput Delphos transmissum à Pæoniorum Rege placeat lubentius referre. Videtur enim aliquid ferinum magis ac indomitum spirare, quam Euboicus ille Taurus à Chif-

Tabul. Græciæ 11.

Thucidid. lib. 1. Plin. Tab. 1. in sul. Græc.

Tab. 1x. in sul. Græc.

In Phocicis.

DE PRÆST. ET USU NUMISM. 173
Chiffletio pro Bisonte Andriorum productus, aut illius Insulæ similes apud Goltzium.

DRACONES etiam alatos & coronatos exhibent aliquot Nummi selectiores, de quorum cum Aquilis & Elephantibus pugna Nicander & Plinius meminere; & quos diversos proinde ab iis intelligimus, quos alias Chamædracontes veteres nuncuparunt. Duos certe cum alatos, tum coronatos & barbatos Dracones videas currum ducentes in rarissimo Trajani nummo Miceo, quem signatum in Ægypto, ex ipsius nummi adspectu, & additis aliis symbolis, liquet. Frequentes enim illos Nummos mitto, cum obvio eodem ministerio, in quibus nempe mœsta frugum mater dracones vehiculum ducentes regit, plane juxta Claudiani descriptionem libris de Raptu Filiæ,

sinuosa draconum
Membra regens volucri qui pervia nubila tractu.

Volucres illi quidem vulgo, non autem alati, quales nempe Libycos Scorpiones alicubi describit Geographus, πλωτοὶ simul & ἀντίπους, quorum etiam Lucianus meminit, nisi quod membraneas alas instar cicadarum aut vespertilionum iis tribuat. Alatos tamen eosdem Cereris dracones exhibent etiam nummi quidam selectiores. Utriusque generis cum volucrium, tum alatorum simul hic habes ectypa.

Strabo lib. XVII. De Dipsaditas.

Y 3   Alatos

Alatos etiam serpentes non alibi, quam in Arabia reperiri tradidit jam olim Herodotus, cui vicinam addit Æthiopiam Josephus. An veró fabulosum statuendum sit omne hoc volucrium aut alatorum serpentum & Draconum genus, quæcunque veterum aut recentiorum occurrant ea de re testimonia, ipsi viderint, qui hoc sibi disquirendum putant. Lubentius certe referas in hanc fictorum classem, Draconem illum cum humano capite, qualem vidisse memini depictum in nummo quodam Amphipolitarum. Familiares nempe olim in Macedonia, cujus incolæ hi Amphipolitæ, Dracones, magnitudine simul ac mansueta natura singulares: ut de Pellæis observat Lucianus, & unde natam contendit illam fabulam de Olympiadis cum Dracone concubitu, & nato inde Alexandro. Cujus rei expressam videas memoriam cuidam Nummo ex eorum genere, quos vulgo *Crotoniatas* vocant Antiquarii, in quo Olympias in lectisternio decumbit inter duos serpentes. Eo refert etiam Nonnius nummum Macedonum apud Goltzium, in quo mulier seminuda escam serpenti porrigit: quod vulgatum alias salutis symbolum in priscis id genus monumentis. Neque diversus à mansuetis illis Draconibus Ajacis Locrensis Draco domesticus ac cicur, instar canis illi adhærens, ut tradit

dit Philoſtratus. Sacri quippe Dracones Heroibus, ut De vita
aliunde liquet ex Plutarcho in Cleomene. Iſte vero Apoll. lib.
Draco Amphipolitarum humano capite ſingularis ad- VII.
huc magis & mirandus. Si exſtarent hodie libri illi,
quos de hac primaria Macedonum urbe Zoilum ſcri-
pſiſſe auctor eſt Suidas, tum vibicibus illis, quas optimo vatum voluit inurere hic flagellator, libenter care-
remus, tum haberemus forte hoc ſymbolum magis explicatum. Neque ſic tamen diſſimulabo, illud me Oraculum facile credere illius loci, quo miniſterio frequenter videas functos id genus Æſculapios an Apollines,
genuinos ſcilicet & fraudulentos. Hinc apud Delphos
Draco ſub Tripode vocem edens juxta Lucianum, ſicut alias ab Æginetis Tripos aureus ad eoſdem miſſus
inſiſtens ſuper tricipitem ex ære ſerpentem. Hinc plures etiam illi Nummi, in quibus occurrunt Tripodes
Dracone vel ſerpente involuti, ſicut Troadis, Nicomediæ, Amaſtrianorum, Myndiorum, Lylibæi, Croto-
nis, aliorumque locorum; aliquando etiam ſupra Tripodem erecti. Neque enim illa Pithii ſolum ſerpentis
vulgaria ſymbola, ſed domeſtici etiam illarum urbium
vates, quos videas in Auguſtis Cimeliis Chriſtinæ, Palatino, ac Mediceo. Quo ſpectat eximie mos ille Arabum, quem refert Philoſtratus; qui à brutis animanti- In vit. A-
bus captabant auguria, Draconum corde vel hepate in poll. lib. 1.
cibis adſumpto. Ut illum etiam Draconum in vete- cap. 4.
rum auguriis uſum haud immerito obſervatum ab Ori-
gene videam in præclaro opere contra Celſum; ὁ δὲ
Δρακων ἐπεὶ ἢ, τυτω χρωνται τῷ ζώῳ οἱ οἰωνοσκόποι, Draco
autem, quandoquidem & illo animali utuntur Augures. A-
pollo nempe idem cum Æſculapio, juxta Macrobium,
hinc ſacri utrique Dracones ac ſerpentes, & proinde
iidem modo vaticiniorum, modo ſalutis ſymbola, in
priſcis

priscis id genus monumentis. Immo hinc alter Draco ille, χρησμὸς etiam αὐτόφων۞· ; cujus caput è linteis **humana** itidem specie, arte cujusdam impostoris Alexandri, non suis solum Paphlagonibus, sed Romanis etiam aliisque mire illusit aliquandiu. Legisti procul In Pfeudo- dubio non semel apud Lucianum lepidam renati illius mine. Æsculapii narrationem, quam præclare certe illustrat nummus alicubi à Goltzio descriptus, ΑΒΟΝΟΤΕΙ-ΧΙΤΩΝ ΓΛΛΥΚΩΝ; unde corrigendi Luciani codices, in quibus ΓΛΥΚΩΝ, novus ille non jam Epidaurius, sed Paphlagonius Draco nuncupatur. Abonoteichus enim ceu Aboni Murus vel Castrum urbs Paphlagonum haud obscura, & Luciano in hac historia sicut Suidæ aliisque, ἡ ξ Ἀβώνυ τεῖχ۞·, Patria callidi impostoris, & sedes præclari scilicet Oraculi. A duabus autem illis vocibus Ἀβώνυ τεῖχ۞·, ceu Aboni Castrum (frequenter enim pro Castro sumi hanc vocem etiam aliunde liquet) factum gentile nummo expressum Ἀβωνοτειχίτης, vel ut in aliis Ἀβωνοτειχάτης, sicut vulgo promiscue hæc sumi supra monuimus. Haud aliter nempe ac ab Ἀγοραίυ τεῖχ۞·, (quod male apud Stephanum Ἀγοραῖον) item Γορδίυ τεῖχ۞·, Ἐλαίυ τεῖχ۞·, Hellesponti quoque ac Lyciæ Arcibus, aliisque id genus, deducta itidem gentilitia Ἀγοραιοτειχίτης, Γορδιοτειχίτης, Ἐλαιοτειχίτης. Sed mereamur ulterius de venustissimo scriptore, & illo simul, quod præ manibus nobis est argumento. Memineram scilicet, me singularem loci ejusdem **Nummum, & ad** hanc forte histrioniam referendum, adnotasse inter alios rariores illustris Urbis Antiquarii Francisci Gottifredi, qui jam Christinæ Augustæ Gazam exornant. Non anxie mihi fuit laborandum, ut illius iconem & plurium aliquot rariorum ab obvia viri comitate jam absens impetrarem;

quibus

DE PRÆST. ET USU NUMISM. 177

quibus nova hujus operis editio ornatior in lucem prodiret, & ego iisdem Nummis aliquam lucem vicissim impertirer. Exhibet vero iste, de quo jam agimus, hinc ANTONINI PII effigiem, illinc duos serpentes, quorum alter **jacentis** caput lambit aut mordet, & inscript. ΑΒΩΝΟΤΕΙΧΕΙΤΩΝ.

Vides hic ejusdem **urbis Nummum cum altero** quem descripsit Goltzius, **signatum quoque circa eadem** fabulosi hujus Oraculi **tempora**. In eo tamen diversi, quod Goltzianus nomen renati hujus Æsculapii ΓΛΑΥΚΩΝΟΣ nempe habuerit signatum, quale illi à **Luciano tribuitur**, unum præterea serpentem in gyrum involutum, iste autem modo expressus duos exhibeat Dracones aut serpentes, non addito αὐτοφώνυ illius Oraculi nomine. Equidem geminum Goltziano nummum adservare quoque videas Gazam Eminentissimi Cardinalis Barberini, cum uno scilicet serpente, sed citra eandem Glauconis appellationem, licet alias percussum itidem sub Pio, & cum eadem inscriptione ΑΒΩΝΟΤΕΙΧΙΤΩΝ. Neque vero hoc dissimulandum, referri à Luciano hujus histrioniæ narrationem ad M. Aurelii tempora, cui bello Germanico cum Marcomannis & Quadis depugnanti, redditum ab hoc impostore oraculum refert, & insuper ab eodem Pseudomanti adscitum generum Rutilianum, per eadem Marci tempora celebrem. Omnes autem hi nummi ab Abo-

Z nocteinoteichitis percussi, ceu cum uno, ceu cum duobus serpentibus, Goltzianus nempe, Barberinus, & quem modo protulimus è Regia Christinæ Gaza, non Marci sed decessoris Pii vultum præferunt. Talis etiam alius Musei Patiniani in superioribus à nobis exhibitus, & cum Bacchi effigie ab his Abonoteichitis itidem sub Pio Cæsare signatus. Sed nihil hic Nummus ad eam, de qua Lucianus meminit, histrioniam, aut nummorum ejusdem loci & ætatis, qui serpentes exhibent, illustrationem. Unde fide maxime Goltziani nummi, qui Glauconis nomen præfert, omnino videtur statuendum, incepisse jam sub Pio hanc histrioniam, quæ sub Marco tandem incrementa & exitum habuerit. Illud utique colligas ex tota Luciani narratione, per multos annos fabulam illam egisse, Pseudomantin Alexandrum, cumque demum prope septuagenarium, & orbi adhuc cum suo Glaucone illudentem, è vivis discessisse. Cur vero superiori Nummo ibi expressos haud unus jam ille renatus Æsculapius, sed duo serpentes occurrant; aut cur unus desuper alterius jacentis caput lambat quasi, aut sugat, equidem haud facile licet divinare? Dracones quidem Pellæos, non solum immani magnitudine, sed ita mansuetos & familiares narrat in hac ipsa historia Lucianus, ut infantum etiam more lac è papilla sugerent. Ex horum autem genere erat Draco ille, futurus brevi Tutelaris Abonoteichitarum Æsculapius, paucis utique obolis Pellæ à præstigiatore illo Alexandro redemptus. At vero hic jam non mulierem, sed alterum sibi haud dissimilem serpentem lambit capiti ejus instar ἐπῳδῆ cujusdam, ut mihi quidem videtur, applicitus. Notus vero ac sæpe priscis traditus ille ἐπῳδῶν mos, incantationes ad vulnerum curationem auribus vulgo insinuandi, ac ut Arnobius

loqui-

loquitur: *Sonos auribus infundere dulciores, non medicinam* Lib. 1.
vulneribus admovere. Unde salutares id genus ἐπῳδαὶ,
ceu ad aurem incantationes, ad animæ quoque & adfectuum curationem translatæ à Zamolxide, & ejus
exemplo cum à Socrate tum à Zenonis sequacibus dogmata sua seu Oracula ita insinuare solitis, ut de prioribus frequenter apud Platonicos legas, & eorum Magistrum, de posterioribus vero ut alios mittam, vel fidem faciet Satyricus

Stoicus hic aurem mordaci lotus aceto.

Hinc translatæ eædem à sacris Oratoribus ad salutaria
ac divina Oracula credentium auribus percepta aut
percipienda, quibus & Christus ipse ἐπῳδὴς nonnunquam, ut Clementi, & Oracula ejus instar ἐπῳδῆς cu- Lib. v. Pæjusdam per aures ad animæ curationem demissa, ut non dagog.
semel Christianorum Tullio vocantur. Immo, quod Chrysohuc inprimis facit, notum iis qui scriptores antiquos ſtom. Orat.
versarunt, habitos vulgo serpentes cum ἐπῳδαῖς illis seu Baptiſm.
incantationibus obnoxios, tum eosdem etiam aures J. Chriſt.
lambendo vaticinandi peritiam inspirantes. Prius quidem, cum ex Davidis, tum ex Orphei, Aristotelis, aliorumque testimoniis, ac Marsorum aut Ægyptiorum
more vulgo eruditis notum. Hinc nempe surda Aspis
& aurem obturans dicta Regio Vati; *Sicut* A S P I D I S Pſ. LVIII.
surdæ obturantis A U R E M S U A M, *ne muſſitantium aurem* v. 6.
audiat, & divini **incantationem** *verbi.* Posterius autem
Heleni & Cassandræ exemplo docent Græci Poëtarum
Interpretes, ac inter alios Euripidis scholiastes, Ἐλθὸν- In Hecu-
τες ὄφεις καὶ τὰ αὐτῶν σπειλάξαντες ὦτε ὀξυηκόους εἰργάσουν[ο bam.
ὡσμόνες τὰς τ̃ θεῶν ἀκέειν βολὰς, ἢ μάντεις ἄκρες εἶναι. *Accedentes* S E R P E N T E S *& eorum* A U R E S C I R C U M-
L I N G E N T E S, *auditum illorum adeo exacuerunt, ut soli
consilia Deorum audirent, &* P R Æ S T A N T I S S I M I

Va-

VATES *evaderent.* Ita etiam, ut hæc jam ad Nummi noſtri interpretationem conferamus, gemino ſymbolo expreſſi; in eo duo ſerpentes occurrunt, quorum alterum jacentis capiti admotum, hanc illi non ἐπῳδὸν adeo, quam vaticinandi peritiam inſpirantis vicem præſtare videas. Famam ſcilicet de proximo Apollinis & Æſculapii adventu apud Abonoteichitas commoverat præſtigiator ille Alexander, & ſub tempus illius Epiphaniæ utriuſque nomen & laudes decantabat, ut tradit in hac hiſtoria Lucianus. Apollini autem non minus ac filio **Æſculapio** ſacri ſerpentes, immo idem ille cum Æſculapio, ut ſupra videbamus. Unde etiam ab illa utriuſque communione eundem Apollinem, ut verum quoque Ἐπῳδὸν deſcribit Dio Chryſoſtomus, nempe ὑγείαν ἐμπνέοντα τ̅ ψυχαῖς κ̀ σώμασιν, *ſalutem inſpirantem animabus & corporibus.* Ex quibus jam liceat mihi colligere, percuſſum hunc nummum ab Aboneteichitis, quo illo ſymbolo utrumque Deum mox adventurum adumbrarent, Apollinem nempe Æſculapii filii aures lambendo, vaticinandi peritiam illi inſpirantem, qua proſpiceret civibus, & felicis adventus, ac divinitatis ſuæ fidem omnibus faceret. Plana utique ex ſuperioribus omnia, & cum Luciani, ut mihi quidem videtur narratione apprime conſentanea. Quo & commode referri poſſunt, quæ de Melampode tradunt varii auctores, ac inter alios Plinius: *Qui credit iſta, & Melampodi profecto* AURES LAMBENDO *dediſſe intellectum avium ſermonis* DRACONES *non abnuet,* quod à Cæſare inverecunde contendebat; ut nempe Nummis imprimeretur cum ſua, tum Draconis ſui effigies; καὶ ΝΟΜΙΣΜΑ καινὸν ἐγκεχαραγμένον τῇ μὲν ᾗ Γλαύκωνος, τῇ δ' ἑτέρᾳ ᾗ Ἀλεξάνδρου: alibi vero traditur, eundem Deum Glauconis nomine divinitus inſignitum, ima-

imaginibus & simulacris, cum æreis tum argenteis expressum; γραφαί τι ἐπὶ τότῳ, καὶ εἰκόνες, ἢ ξίανα τὰ μἐν ἐκ χαλκῦ, τὰ δ᾿ ἐξ ἀργύρυ εἰκασμένα, καὶ ὄνομα γε τῷ θεῷ Παιδὶ Γλαύκων (non ΓΛΥΚΩΝ.) Neque ab hoc commento insignis istius impostoris abludens quoque illa capitis imberbis effigies, reliqua in serpentem desinens, cumque in multos gyros circumflexum, in nummo Nicomediæ signato sub Caracalla, quem vulgavit Tristanus, & qualem etiam possidet magnus horum studiorum fautor & admirator Durlacensis Marchio. Ut apposite vero hoc loco Tutelares istos & præsides Oraculorum Dracones pergamus illustrare, non novum jam aut fictum cum priori illo GLAUCONE, sed verum, si Diis placet, re ac nomine ÆSCULAPIUM repræsentat nobis alius non minus insignis Nummus ejusdem Cæsaris ANTONINI. Mole certe, elegantia, raritate inter primos ille numerandus, & luculentum Bracesiani Cimeliarchii ornamentum; cui geminum quoque exstat in divite illa gaza Cardinalis Buoncompagni.

Præclarum utique, mi OCTAVI, Majorum vestrorum & Urbis Æternæ monumentum; quod notam alias ex Livio, Ovidio, Valerio, Plinio, Claudiano, aliisque Epidaurii hujus hospitis narrationem tam venuste repræsentat: qui Romam scilicet Epidauro valetudinis causa accersitus Draconis effigie, Urbi salutem, Tiberinæ vero Insulæ nomen simul attulit ac tutelam. Sacra enim non solum inde Æsculapio hæc Insula, ut notum, Græcis quoque ΑΣΚΛΗΠΙΟΥ ἱερά, sed eadem ÆSCULAPII Insula, vel, quod idem, Pæonii aut Epidaurici Serpentis vulgo nuncupata. Unde jam in posterum non peregrini Medici, sicut Toxaris apud Athenienses Divis eo nomine adscriptus, sed quasi indigenæ **vicem** Urbi Æternæ præstiterit hic Medicorum Parens. En vero ibi Templa, Pinus, Tiberis, Insula, Anguis seu Draconis sedes ac Nomen, luculentus denique Poëtæ Commentarius,

Dionys. Halicarn. lib. V.

Lucian. in Scytha.

Ovid. Metam. lib. XV.

Scinditur in geminas partes circumfluus amnis
Insula nomen habet, laterumque à parte duorum
Porrigit æquales media tellure lacertos.
Huc se de Latia pinu Phœbeius anguis
Contulit: & finem specie cœleste resumpta
Luctibus imposuit: venitque salutifer Urbi.

[a] Lib. III. cap. 11.
[b] Arnobius lib. VII.

Quo respexit etiam præter [a] Augustinum de **Civitate** Dei, [b] Africanus alter, qui ex Epidauro nihil aliud adlatum, nisi magni augminis colubrum ridet, alibi vero ÆSCULAPIUS *inquitis Epidauro bonis Deus valetudinibus præsidens, & Tiberina in Insula constitutus.* Salutares nempe vulgo Deorum, sed maxime hujus Æsculapii Epiphaniæ, **qui** raro quidem, sed nunquam sine magno ipsorum **bono** visus Epidauriis, ut narrat in hac fabula Valerius, scilicet

Præsentes aliquid prosit habere Deos.

Unde ΣΩΤΗΡΟΣ etiam illi nomen in nummis eorundem Epidauriorum sub eadem Draconis forma tributum videas, sicut in alio ΚΩΙΩΝ ΔΡΑΚΩΝ. Quo spectare etiam observo Nummum mole & magnitudine ne singularem, inspectum nobis haud ita pridem in opulenta Christianissimi Galliarum Regis penu antiquaria, signatus ille Alexandri Severi ætate, cujus vultum præfert, & in aversa parte, serpentem cum Ara & Arbore, ac inscriptione ΕΠΙΔΑΤΡΙΟΝ. Neque vero mirum, si modo Draconis, modo serpentis Epidaurii nominibus designetur. Haud enim serpentis solum, sed peculiares etiam Draconis notas præferre nonnunquam videas, barbam puta, palearia & coronam cristatam, sicut in sequenti denario gentis Aciliæ. Haud insuetum vero huic salutari Deo, sua quoque præsentia alias beare civitates, liquet ex Philostrato in vita Apollonii, & Coorum Nummis aliorumque locorum, in quibus idem ΣΩΤΗΡ inscribitur. Ut non mirum proinde, si laboranti Urbi Æternæ suam quoque operam præsens ac manifestus benigne voluit impertiri, quæ à Roma hujus Æsculapii filia nomen suum derivabat, juxta Marinum Lupercaliorum Poëtam, ut docet alicubi Servius. Unde quoque haud aliam mercedem navatæ operæ, quam in eadem stabilem sibi sedem, & quidem extra ægrorum turbam voluit deligere. Ut ita Plutarchus hinc lucem mutuetur, qui Æsculapii fana Romæ extra urbem (sicut in hac Insula) apud Græcos vero in locis puris & sublimibus docet exstitisse. Multo minus adhuc Draconis speciem, in eodem hospite Epidaurio mirabitur; qui hanc illi familiarem videt passim in iisdem nummorum monumentis. Dracones nempe omnes sacri Æsculapio, ut observat Pausanias; si tamen excipias illum Erichthonium, quem Athenis ad pedem Minervæ simulacri exsculptum alibi idem Pausanias refert, & firmat quoque præclarus nummus Atheniensium Mediceus, qui idem illud Palladis signum cum jacente ad pedes Dracone repræsentat.

Lib. 1. c. 5.

Ad Eclog. 1.

In quæst. Rom.

In Corinthiacis.

In Atticis.

184 DISSERTATIO TERTIA

De Iside.

tat. Unde & huic Deæ Draconem sacratum statuit alicubi Plutarchus, quem Apollini alias ac barbato ejus filio vulgo adserunt prisca hæc monumenta. Sed mirare mecum obiter fatum illius Insulæ serpentis Epidaurici, ut quæ salutis quondam ara & sedes Romanis ex-

In Insulam conjectus est serpentis Epidaurici. lib. 1. cp. 7.

stiterit, eadem postea, ut ex Sidonio liquet aliisque, sub Christianis Imperatoribus rei capitalis accusatorum carcer exstiterit & carnificina. Plures vero mitto aliarum urbium Tutelares id genus Dracones & Pseudomantes, qualis etiam Lanuvinus ille, obvius vulgo in denariis Gentium Romanarum, & de quo Propertius,

Lib. 1 v. Eleg.

Lanuvium annosi vetus est tutela Draconis.

Neque minoris erit pretium operæ, referre in hunc censum Draconem alium, illo vel Paphlagonio vel Epidaurio vix minus singularem; quem ex præclaro SEVERI Nummo descripsit quidem Erizzo, sed ita ut nec sensum nec locum signati Nummi sit adsequutus.

ΠΑΤΤΑΛΙΑ hæc Urbs Thracum, non vero incerta aliqua Græciæ Provincia, sed quæ corrupte apud Stephanum aliosque παιςαλία, vel παιςαλία legitur: unde causam crederem ignorantiæ nobilis Antiquarii, nisi hanc viderem ejus frequentem in tradendis Græcis nummis infelicitatem. Occurrunt vero alii quoque ejusdem urbis inter Nummos cum M. Aurelii tum Getæ;

tæ; inscript. ΠΑΥΤΑΛΙΩΤΩΝ; unde corrigendum iterum Stephani παυταλιώτων. Dicta quoque eadem urbs ULPIA PAUTALIA ab ævo Ulpii Trajani; sicut id rursus constat ex præclaris aliquot Nummis, signatis in honorem Faustinæ Junioris & Caracallæ, cum inscript. ΟΥΠΙΑC ΠΑΥΤΑΛΙΑC, quales & in Gaza Medicea, & in Regia Parisiensi, & in Museo Cl. Seguini mihi vidisse contigit. Geminum quoque notabam nuper in nummo Getæ apud Leonardum Agostini celebrem Urbis Antiquarium, in quo Aquila cum fugientibus ac exesis litteris, quales tamen assequebar ΟΥΠΙΑC itidem ΠΑΥΤΑΛΙΑC. Ea nempe ratione, qua alia ejusdem Thraciæ urbs *Topirus*, & Daciæ *Serdica*, & præterea *Nicopolis*, *Anchialus*, *Mitylene*, aliæque nobiles civitates, ULPIÆ itidem vocantur in selectis aliquot Nummis Severi, Caracallæ, Getæ, Gordiani & aliorum: ΟΥΠΙΑC ΝΙΚΟΠΟΛΕΩC; ΟΥΠΙΑC ΤΟΠΕΙΡΟΥ; ΟΥΠΙΑC CΕΡΔΙΚΗC; ΟΥΠΙΑΝΩΝ ΑΓΧΙΑΛΕΩΝ, & ΟΥΠΙΑC CΕΟΥ. ΜΥΤΙΛΗΝΗ.c. Sed de hac appellatione & loco obiter. Sicut vero alii Nummi hujus urbis *Pautaliæ* modo adlegati, vel Patrium Amnem, solita cultum ab accolis religione; vel Bacchum cum thyrso & cyatho; vel Cybelen leonibus vectam, grata & solennia Thracum Numina, repræsentant; vel Salutem quoque familiari symbolo, serpente involutam, cui escam porrigit; ita iste supra depictus Draconem, tutelarem scilicet loci Genium, haud minus quam alii superiores nummi ante excussi, omnino videtur mihi arguere. Magnitudine certe ille simul & spirarum flexu magis adhuc admirandus, & lingua exserta quasi alter Glaucon, ad fundenda itidem Oracula accinctus. Huc facit quoque Dracon alter, plures ingens gyros, in vicina *Tomo* Ponti

In Græca Christiana Augustæ.

186 DISSERTATIO TERTIA

Metropoli, quem repræsentat Nummus Gordiani Mediceus, cum inscript. ΤΟΜΕΩΣ ΜΗΤΡΟ. ΠΟΝΤΟΥ.

In Cimelio Regio Sued. Neque diversus alter sinuans immensa volumina, in rarissimo Nummo *Marcianopolitarum*, cum Severi Alexandri & Mammææ capitibus, in priori nummi parte,

Ὡς ᾗ Δράκων βλοσυρωπὶς ἐλίσσετῃ ἀγκύλ۞ ἕρπων.

Geminum quoque eidem vidi exstare in Regia Gaza Parisiensi, cum effigie Caracallæ & matris itidem Juliæ Domnæ ac inscriptione ΕΠΙ ΚΥΝΤΙΛΙΑΝΤ ΜΑΡΚΙΑΝΟΠΟΛΕΙΤΩΝ. *Marcianopolis* vero Mysiæ se-
Lib. xxvii. cundæ, seu unius è sex Thraciæ Provinciis juxta Ammianum civitas, à Marciana Trajani sorore ita cognominata. Paria vero cum ejusmodi Dracone facientem suppeditabat eadem Regia Gaza, in Nummo *Hadrianopoleos*, alterius Thraciæ Provinciæ, signato itidem Caracallæ temporibus, cui similem apud Cl. Patinum inspexi, sicut & haud vulgarem *Dionysopolytarum*, quem præclaro ejusdem Viri his studiis excellentis beneficio, aliis quoque inspiciendum damus.

Præfert singularis hic Nummus, in priori quidem parte Gordiani & Serapidis capita (qualia Neronis itidem & Serapidis, aut aliorum id genus Cæsarum occurrunt) in posteriori vero, ut vides, Serpentem tortuosum, cum inscriptione ΔΙΟΝΥΣΟΠΟΛΕΙΤΩΝ, urbis itidem Ponticæ cum Tomo, seu Scythiæ illius quæ postea inter sex Thraciæ Provincias relata, & cujus celebriora oppida Dionysopolim & Tomum recenset

set Ammianus. Ut haud mirum quoque, si eadem ser- Lib. 11.
pentis aut Draconis symbola præferre utramque videas. Apollinem alias & Bacchum tutelare utriusque loci Numen, signant earundem nummi apud Goltzium, & Tomi quidem Apollinem, **utpote** Coloniæ Milesiorum, quibus Apollo cultus; alterius vero Bacchum, cujus nomine dictam eandem, & **ipsa** loci appellatio, & exul in iisdem oris poëta alicubi retulit. Unicum præterea horum Dionysopolitarum **nummum** memini me obfervasse in penu antiquaria **Collegii** Claromontani Parisiensis à Sirmondo collecta, & quidem inter numismata Alexandri Severi. Haud vero crederem frustra me hactenus laborasse, in commemorandis tam præclaris & vulgo reconditis antiquitatis monumentis, quæ Dracones & serpentes id genus signant. Hinc utique non leve illud, sed singulare quoddam beneficium præstare videar haud vulgares id genus Nummos (& cujus generis Ægyptii aliquot, adhuc infra adducentur), quod ab iis etiam unice exigendum Cl. Bochartus, cum suis ad me litteris, tum alicubi in præclaro opere agnoscit. *Ex Nummis*, inquit, De Animal.
id genus, cum depictis Dracombus figura eorundem & magni- sacris pag.
tudo erui potest, quorum minimi quinque cubitorum, maximi 429.
quadraginta traduntur. Alterum præterea ex iisdem **colligas**, in *Macedonia*, *Thracia*, *Paphlagonia*, *Mysia*, *Ponto*, ac *Bithynia*, vicinis regionibus, haud alios locorum Genios & Custodes gratiores id genus Draconibus exstitisse. Consulto enim omitto plures Græciæ Asiæque nummos, in quibus eandem loci tutelam ac salutem videntur arguere, & ad quos respexit divinus Maro,

Incertus Geniumne loci, famulumne parentis
Esse putet.

Ubi audiatur Servii glossa; *Nullus enim sine* GENIO *locus*

cus est, qui per ANGUEM *plerumque ostenditur*. *Persius:*
Pinge duos angues; pueri sacer est locus. Quales etiam duos
angues videas, aut arcum & pharetram amplectentes
in Nummis ΚΡΗΤΑΙΩΝ aut ASIÆ RECEPTÆ:
aut vincientes duo ligna in nummo Cyzicenorum; aut
obvolutos velut circulum cum duobus in medio tor-
quibus in Romano Numismate; aut coronatos eosdem cum Caduceo, Cornucopia, Palma, in nummo
Otaciliæ Ægyptio. Etenim Ægyptiorum imprimis
hanc fuisse de Serpentibus ac Draconibus opinionem,
ut divini aliquid illorum naturæ tribuerent, docuit jam
olim Philo Bybliensis apud Eusebium, ac proinde ut
loci Genium ac Tutelam eorum symbolis adumbrarent, præter alia monumenta, arguunt plures inediti
eorum Nummi, percussi sub Cæsaribus, Nerva, Trajano, Hadriano, Pio, aliisque; in quibus aut Dracones
id genus coronati, aut iidem cum Caduceo, Sistro, Spica; aut etiam cum venerabili illorum Serapide depinguntur. Quo nomine etiam ΑΓΑΘΟΙ ΔΑΙΜΟΝΕΣ,
seu *Boni Genii* iisdem nuncupati, ut observabam nuper
in præclaro nummo Ægyptio Cimeliarchii Regii Parisiensis; in quo illinc Neronis effigies, hinc Draco
coronatus cum inscriptione aliquantum exesa ΝΕΟ.
ΑΓΑΘ. ΔΑΙΜ. ceu Νέ⊙ Ἀγαθὸς Δαίμων. Ut inde certe liqueat, non solis Phœnicibus ita appellatum Draconum genus, de quo aiebat Philo modo laudatus, Φοίνικες ἢ αὐτὸ ΑΓΑΘΟΝ ΔΑΙΜΟΝΑ καλοῦσιν, *Phœnices*
vero ipsum ΒΟΝΥΜ GENIUM *vocant*; quomodo &
Servius interpretatur, ΑΓΑΘΟΙ ΔΑΙΜΟΝΕΣ, *quos*
Latini GENIOS *vocant*. Tales utique duo illi Dracones, qui olim erranti Alexandro cum ductoribus &
toto exercitu, ac inopi consilii viæ duces repente leguntur exstitisse, qui incolumem in Ammonis Oraculi

In Gaza
Medicea.

Apud Eu-
seb. de Præ-
par. Evang.
lib. 1.
Ad lib. 111.
Georg.

culi sedem ducerent reducerentve: Rem aut si mavis
fabulam narrantem Arrianum nosti, quod alias non Lib. III.
Draconibus sed Corvis (auguralibus scilicet avibus)
tribuit Strabo. At vero inter Ægyptios Dracones ac Lib. XVII.
Serpentes, antiquis nummis effigiatos, nonnullos adhuc videas, quos haud male ad ASPIDES, notas
utique in eo tractu, referunt eruditi antiquarii, & cujus generis unam hic exprimendam duximus, signatam
in Ægyptio Faustinæ senioris nummo,

E majorum nempe Aspidum genere, quibus haud injuria, ut vides, tumidam cervicem ac latum corpus cum
Nicander tum Lucanus noster tribuunt; neque male
eadem ad Ammiani descriptionem comparata, *quas* Lib. XXII.
omnes magnitudine & decore Aspis facile supereminens, nunquam sponte sua fluenta egreditur Nili. Neque tamen unius magnitudinis Aspis apud Ægyptios, cujus duo
genera Strabo, tria Galenus, plura quoque Ælianus
recenset, & quidem aliquas trium quatuorve cubitorum; ad quas proinde haud male superior videtur referenda. Præcipuo vero honore cultam Aspidem apud
Ægyptios, ceu divinæ potentiæ symbolum, liquet
alias ex Plutarcho; ut non mirum sit proinde solitis De Isid. &
Cereris insignibus, Papavere nempe ac spica, eandem Osirid.
hic ornatam intueri. Quis vero fœcundam frugibus regionem

190   Dissertatio Tertia

gionem ignorat? aut ejus Metropolim (in qua procul dubio percussus hic & similes nummi) cum aliis rebus, tum frugum copia opulentam, juxta [a] Arrianum, ac ut [b] Ammianus loquitur, *alimentorum uberi copia circumfluentem* non audivit? Unde & alia mittam, & insertam Justini legem Codici Theodosiano ac Justinianeo *de frumento Alexandrino*, & alibi in eodem Codice Theodosiano *Alexandrini status*, ceu commeatus frumentarii ex Alexandria Constantinopolim deferri soliti factam mentionem reperias. Quo spectant naves illæ σιταγωγοὶ apud Lucianum, quas similiter ex Ægypto in Italiam commeatum ejusmodi docet transportasse, μίαν τ̃ ἀπ' Αἰγύπτε εἰς Ἰταλίαν σιταγωγῶν. Ut certe haud alio sit opus interprete, cur eadem urbs, vulgo in antiquis nummis, sub symbolo sedentis mulieris cum Cornucopia & duobus aut pluribus spicis adumbretur. De addito autem superiori Aspidi, præter Cereris insignia, peculiari capitis ornamento, agemus paullo infra. Sicuti vero pro Geniis, Oraculis, divinæ potentiæ ac virtutis symbolis habitos vulgo Ægyptios Dracones ac Serpentes haud aliunde luculentius constat, quam ex hac ipsa Nummorum supellectile, sic aliis quoque gentibus frequentata eo nomine ac publico ære itidem signata eadem Draconum ac Serpentum symbola, abunde supra videbamus. Nec frustra Arabes quoque ab iis auguria captantes diximus, quos utique auguriorum non studiosos solum, sed inventores perhibet Clemens Alexandrinus. Hinc Draconem quoque spiris variis involutum suppeditat apud Ligorium, in inedito opere, nummus Arabum ΔΟΥΜΑΘΗ-ΝΩΝ. Neque Romani, ut jam vidimus, alieni ab ea religione. Unde factum ut sequentibus etiam sæculis inter signa Romanorum militaria, præter Aquilas, recepti

[a] Lib. III. περ. ἀναϐ.
[b] Lib. XXII.

In Navigio.

Lib. V. Stromat.

cepti etiam fuerint Dracones; qui summitati hastarum aptati, non minus in acie & in castris, quam cives in urbibus defenderent scilicet ac tutarentur. Res ex Vegetio, Ammiano, Claudiano aliisque jam nota. Volucres certe non minus ac priotes illi, de quibus paullo ante agebamus,

> *Hi volucres tollunt Aquilas, hi picta Draconum*
> *Colla levant, multusque tumet per nubila serpens.*

Claud. 111. Consul. Honor.

Quo loco subiit mihi opportune Luciani memoria, qui ridet alicubi scriptoris belli Parthici ineptias, tradentis, à Parthis Dracones (non effigiatos jam sed vivos) contis adfixos & in altum sublatos, procul in hostes conjectos, unde magna Romanorum strages orta esset. Addit vero Lucianus, Dracones Parthis signum esse multitudinis (hoc est militaris apud eos ordinis nomen) & quidem inde dictum, quod mille circiter Dracones vivos unus Draco regere aut formare soleat. Neque tamen carere plane exemplo haud absimile factum, ut testes alios mittam, liquet mihi ex Galeno, qui tradit virum quendam Carthaginensem in prælio cum Romanis, serpentibus ceu venenatis bestiis plenas ollas in hostes immisisse, & ita incautos multos oppressisse, neque enim tela ejusmodi in hostes mitti solita. Alias Aquila Draconem unguibus tenens, ut liquet ex Josepho, insigne olim fuit Spartanorum: quo signatæ erant illorum ad agnatos suos Judæos litteræ. Unde Aquilam etiam videas in Nummo horum Lacedæmoniorum Mediceo. Neque diversum ab eo fuisse symbolum Tyranorum Ponti incolarum, arguit adhuc hodie eorum Nummus, in quo similiter Draconem in gyrum circumflexum ore gestat, cum inscript. ΤΥΡΑΝΩΝ. Aquilam alias ac Serpentem mutuo se respicientes videas in nummis Nicomediæ percussis cum

Quomod. Confer. Histor.

Lib. de Theriaca ad Pison. pag. 460. edit. Græc. Basil.

Lib. Antiquit. XII. cap. 8.

effigie

effigie Commodi. Non alatum jam vero ac sublimem,
sed jacentem ac prostratum Draconem, mysticum
nempe illum, exhibent Nummi Christianorum aliquot Cæsarum, Valentiniani Junioris, Libii Severi,
Heraclii & aliorum, de quibus alio loco. Sicut autem
Draconem divinitatis cujusdam ac salutis, ita P A G U-
R U M Sapientiæ, ut volunt, symbolum, brachiis expansis papilionem apprehendentem exhibent denarii
Gentis Durmiæ apud Ursinum, præter Græcos aliquot
Nummos apud Goltzium.

Et ne solum vel propitios, vel infestos illos Aëris, Sylvarum aut Nili etiam incolas commemoremus, D E L-
P H I N O S vero φιλανθρώπες & *Oceani Cælique decus* prætereamus ingrati, quos tamen magna Nummorum copia, haud minus ac Siculum vel Carpathium pelagus,
conspiciendos præbet. Neque vero obvios ibi hospites, aut aliunde satis notos, frustra me credas adlegasse. Negat enim Bellonius, tales esse Delphinos, quales visuntur in Marmoribus & Numismatibus antiquis;
repando nempe corpore, & dorso incurvo, quamvis in
reliquis figuram consentire fateatur. Plinius vero postremam illam repandi & inflexi dorsi formam iisdem
tribuit. Mirum autem, ut hoc dicam in limine, & vix
ulli, opinor, quam Bellonio credibile, tot ac tam variis
vetustatis monumentis male expressam figuram hujus
piscis, obviam passim & familiarem in iisdem locis, in
quibus illa auro, argento, ære cælabatur. Innumeri vero sunt, in quibus, ut paullo ante monebamus, vel capita exornat Urbium & Insularum Siciliæ, Græciæ Asiæque Delphinus; vel occurrit ille Neptuni Tridenti
involutus; vel ubi modo singuli, modo plures etiam
numero signant aversam Nummi partem. Cuinam vero persuadebit Bellonius in hunc errorem constanter

adeo

adeo tot littorum accolas conjuraſſe, familiari obtutu facile revincendum? Sed non hic opus eſt ea defenſione. Nummos enim & Bellonium, alioſque ab eo diſſentientes expediemus haud difficili, ut ſpero, negotio. Signatus nempe Nummis Delphinus haud uno habitu, idemque modo quietus & fixus, modo frequentius ſalientis & vectoris inſtar; Unde etiam vulgo **depictum** in iis videas, cum inflexo capite, repando ſeu incurvo corpore, cauda vero prominente & **erecta**; ſcilicet dum veluti Chori in ſpeciem ludit per undas, *laſcivaque jactat corpora*. Obvia hujus rei exempla ſuppeditant magna copia nummi locorum maritimorum, iique præ ceteris in quibus feſſorem habent, cujus generis nonnulli paulo infra adducentur. **Aliquando** vero quietior Delphinus, & tum citra illam repandi corporis, aut ſublatæ caudæ jactationem depingitur; ſicut ille in nummo Vitellii, Tripodi innixus mox quoque inſpiciendus. Falſus ergo Bellonius, qui eodem ſemper habitu depictum in Nummis Delphinum credidit, aut repandum ejuſmodi aut inflexum **corpus o**mnino illi ſalienti & ab undis exilienti detraxit, ac ita monumentis id genus, quæ ut plurimum tales **nobis** Delphinos repræſentant, fidem omnem voluit derogare. Præter enim luculentam veterum ac oculatorum teſtium nubem, quibus frequenter conſpecta forma repandi illius dorſi; unde & *curvi Delphines* vocantur Ovidio; neque nos voluptatis illius fuimus inexpertes, cum nuper in navigatione Melitenſi, Siculum littus legeremus. Sed viciſſim haud minus cenſuræ obnoxii Plinius, aliique nonnulli recentiores, qui vel ob inſpectos tantum ſalientes id genus Delphinos, aut eoſdem in priſcis aliquot monumentis depictos ea forma, perpetuam, neque aliam, quam incurvi & repandi corporis

poris figuram iisdem inconsulto tribuêre. Delphinos aliàs id **genus**, Tridente passim circumvolutos videas **in nummis** locorum mari adjacentium, Serpentum nempe instar tortuosos, qualis præter quamplures id genus, occurrit apud Goltzium in numismate Teni, unius è Cycladibus. Eorumdem vero Insulariorum nummum protulit quoque Tristanus, signatum ætate Alexandri Severi; qui tamen non Delphinum, sed ejus instar serpentem Tridente involutum exhibet: quod ad Neptunum Medicum cultum in ea Insula refert nobilis antiquarius; quam & serpentibus olim abundasse tradidit Hesychius Milesius, & ὀφιῶσαν quondam dictam Stephanus. Quæ certe satis idonea mihi videntur testimonia, cur non audeam continuo oculorum aciem temere desiderare in viro haud parum perspicace in contemplatione id genus monumentorum, atque ita in eo nummo, Serpentis loco, Delphinum Tridente involutum, familiare Insulariis & quidem his Teniis symbolum adfirmare: quod alias cum situs loci, tum productus à Goltzio nummus, omnino videretur arguere. Neque tamen dissimulandum, alibi ab eodem Tristano productum Maximiliani Herculii nummum, in quo itidem Serpens Tridenti implicatus visitur, sicut rursus mutatis vicibus Tridentem Apollini apud Tarsenses tributum legas, apud Dionem Chrysostomum, quod non debuit ibi viro magno negotium facessere. Haud magis utique, quam Jovi Tridentem, Fulmen Palladi, Apollini Hederam, Baccho Radios, Isidi Lunam, Arcum & Pharetram Veneri, Serapidi juncta Jovis, Solis, Plutonis, aliorumque Numinum symbola, tributa spectare in priscis id genus monumentis; qua de re infra. Alias vero Anticyris, teste Pausania, urbis insigne occurrrebat Delphino insi-

Tabul. Insul. Græciæ.

Lib. de Origin. Constantinop.

Orat. XXXIII.

insidens cum Tridente Neptunus, qualis nempe in Tarantinorum nummis loci conditor Tara vulgo depingitur. Sed ex iisdem etiam monumentis colligas ea, quæ de reliqua figura hujus piscium **Regis,** Plinius aliique verius tradidere; **rostrum nempe simum,** oris scissuram longam, rictum latum, oculos magnos, pinnas in ventre ac dorso, ac duas in cauda veluti lunatas. Immo non figuram magis, quam naturam man **sueti hujus** hominum ac puerorum amatoris, discas ex adlatis **modo** iconibus, cum sessore puero: quam rem alias **tot** testibus & exemplis firmant vulgo auctores, ut ab incredulis etiam fidem videantur extorquere. Ut minus jam mirum videatur, quod legebam nuper apud Ecclesiasticæ Historiæ conditorem, **non** Citharœdum nempe aliquem, sed Lucianum martyrem à Delphino depositum apud urbem Nicomediæ Helenopolim. Adeo ut haud dissimilem quoque vectorem ego mihi optarim, cum nuper Bajas Puteolis **commoto** repente mari trajicerem, & exclamarim propemodum **cum auctore** veteris Epigrammatis inediti, *Philostorgus Eccles. Hist. lib. 1.*

Εἴθ' αἰὼ διλφίζιν ἐμοῖς βασιλεὺς ἐπ' ὤμοις
Πορθμιδιθεὶς ἰσίδη τὴν γλυκύπαιδα Ῥόδον.

Memineram enim **forte** illius adolescentis, **quem dorso** placide exceptum ex Bajano Puteolos ad **ludum litterarium** quocunque diei tempore secure Delphinus deferebat. Sed nota imprimis ex eodem Plinio, Æliano, aliisque, Delphini illius apud Jasenses historia; qui exstincti pueri desiderio, à quo se conscendi patiebatur, mox contabuit. In cujus singularis adfectus memoriam, signatum proinde Nummis Jasensium Delphino insidentem puerum tradit alicubi præter Ælianum Plutarchus, Τῦ πάθυς ὑπόμνημα Ἰασίων τὸ χάραγμα *De soler. Animal.*
ῦ ΝΟΜΙΣΜΑΤΟΣ ἔπι ΠΑΙΣ ὑπὲρ ΔΕΛΦΙΝΟΥ
ὀχύ-

196 DISSERTATIO TERTIA

ἐχύμῳ⊕ Neque vero minus adludunt ad innoxios id genus amores, alii Nummi eximiæ vetuſtatis, quibus Delphinos itidem hominum, & maxime puerorum vectores aut colluſores videas. Tales cum vulgo priſci Tarantinorum, Brundiſiorum, Piſauriorum, Nummi, tum alii rariores Aliſarnæ Urbis Troadis, in quibus homo Delphino vectus, cum Victoria & **Corona**. Sed ſingulares inprimis hanc in rem & frequentes Corinthiorum nummi variæ magnitudinis, & nonnulli maxime cuſi ſub Divis fratribus M. Aurelio & L. Vero, in quibus modo Puer inſidens Delphino, modo ſupra eundem erectus, modo etiam Delphinus jacet ſub arbore, cui incumbit Puerulus dormiens; quales plures adſervat Gaza Medicea & Muſeum Patinianum. Quibus etiam adnumerandus venit ſequens nummus ſub Commodo percuſſus.

Lib. IX.
Ep. 33.

Neque mirus adeo tibi videbitur, non jam in mari vector, ſed adjacens etiam in terra ſuper incubanti puero Delphinus; qui apud juniorem Plinium blandos legiſti procul dubio Delphini & Hipponenſis cujuſdam pueri amores, & hæc inter alia: *Incredibile (tam verum tamen quam priora) Delphinum geſtatorem colluſoremque puerorum, in terram quoque extrahi ſolitum, areniſque ſiccatum, ubi incaluiſſet in mare revolvi.* Equidem non familiare ſolum noſti horum Corinthiorum ſignum,

Ario-

Arionem nempe Delphino insidentem, ut præter alios notavit quoque Dio Chrysostomus, sed geminos id genus casus narrantem videas Pausaniam in Corinthiacis, unde nummi superiores possunt illustrari; & Lucianum præterea, qui puerum quendam mortuum, in Isthmum à Delphino deportatum narrat. Quin præter illum Citharœdum, aut vulgares id genus pueros, recordaris, ut opinor, haud absimilem Icadii ipsius Apollinis filii navigationem, Delphini tergo delati prope Parnassum incolumis. Signant adhuc rei memoriam nummi Delphorum, cum figura Delphino insidente, tum sacratus inde Apollini Delphinus; ut liquet tum ex Vitellii & Vespasiani nummis, in quorum aversa parte **Tripus Delphino impositus**, cum inscriptione AUGUR, tum ex nummo ejusdem Vitellii Quindecemviri, supra obiter à nobis adlegato, in quo Cortina **Apollinis Delphici** cum Delphino itidem superincumbente, infra vero **Corvo**.

Orat. XXXVII.
In Navigio.

Eo lubentius mitto alias eruditorum de hoc nummo conjecturas, quod hic optimum illius & luculentum dabimus interpretem Servium; *Inde cum Italiam peteret (Icadius nempe) naufragio vexatus, Delphini tergo exceptus dicitur, ac prope Parnassum montem delatus, Patri Apollini Templum constituisse, & à Delphino locum Delphos appellasse; Aras deinde Apollini tanquam Patri consecrasse, quas ferunt*

Ad Æneid. lib. III.

DISSERTATIO TERTIA

ferunt vulgo Patrias dictas. Hinc ergo Delphinum aiunt inter sacrata Apollinis receptum, cujus rei vestigium est, quod hodieque QUINDECEMVIRORUM CORTINIS DELPHINUS circumfertur, ob hoc scilicet, quia QUINDECEMVIRI Librorum Sibyllorum sunt antistites. Sibylla autem Apollinis Vates, & Delphinus Apollini sacer est. Vides utique, mi OCTAVI, quam amice mutuam sibi lucem præstent doctissimus Grammaticus ac Nummus iste Vitellianus, quod effugit alias Cl. Tristani diligentiam, in suscepta illius Numismatis explicatione: Et hoc pridem quidem notaveram, quum vidi postea in eundem quoque Servii locum jam incidisse Rubenium, eruditum Nummorum Areschotanorum interpretem. Obvias & mythologicas harum rerum explicationes mitto : neque enim id jam agimus. Præter Delphinum vero, *Corvus* in hoc nummo conspicuus, tanquam sacratus Apollini, ut supra ex Plutarcho & Porphyrio notabamus, & bene etiam monuit Tristanus; non autem *Cornix* hic statuenda, ut dubitabant tamen Viri docti, & cum iis idem ille peritus alias veteris hujus memoriæ explicator Rubenius. Gemino nempe errore, quem in Celso arguit alicubi Origenes, è Corvo, cujus mentio in sacra Diluvii historia, Cornicem similiter faciente: Τὸν Κόρακα εἰς Κορώνην μεθείληφε. Ut vero ad Delphinos id genus gestatores redeamus, neque mirum proinde blandi hujus puerorum & cantus amatoris sessorem videre nonnunquam Cupidinem, sicut præter denarios Gentis Cordiæ & Lucretiæ apud Ursinum, ac nummum Augusti cum selectis aliis à Cl. Seguino vulgatum, in sequente numismate hactenus inedito.

Lib. I v.

Per-

DE PRÆST. ET USU NUMISM. 199

Percussus ille Nicomediæ temporibus Commodi, in quo similiter occurrit Delphino insidens puer iste Dioneus, qualem etiam videas in nummo Perinthiorum signato sub Elagabalo, & nonnunquam in gemmis antiquis. Ut jam illam præteream, inspectam mihi apud vestratem Leonardum Agostini, in qua Cupido occurrebat, non Delphino quidem, sed vehiculo insidens, quod trahebant duo Delphini. Ac plane apposite ad superiores hujus Cupidinis Delphino insidentis imagines, legas olim adlusisse Palladam, in veteri Epigrammate,

Γυμνὸς ἔρως διὰ τῦτο γελᾷ, καὶ μείλιχός ἐστιν,
  Οὐ γὰρ ἔχει τόξον καὶ πυρόεντα βέλη
Οὐδὲ μάτlω παλάμαις κατέχει Δελφῖνα κὶ ἄνθο-,
  Τῇ μὲν γὰρ γαῖαν, τῇ δὲ θάλατlαν ἔχει.

Nudus Amor ea de caussa ridet, ac blandus est; Non enim arcum habet, aut ardentes sagittas. Neque frustra manibus Delphinum cohibet ac florem; Illa enim Terram, hac Mare tenet. Si floris loco, flagellum dextræ hujus sessoris tribuas, eundem continuo fatearis in superiori nummo ac illa imagine depictum, nudum nempe, inermem, & sinistra Delphinum, cui insidet, cohibentem: haud aliter nempe ac seminudas Nereides, Delphinorum quoque tergis inequitantes describit alicubi Lucianus; Sic alius adhuc Faustinæ nummus occurrit in eadem Augustæ Christinæ Gaza, in quo Venus cum pomo & hasta,

In Gaza Reginæ Christinæ.

In eadem Gaza.

In Dialog. Marin.

sta, Cupido supra Delphinum, à sinistra autem parte monstrum aliquod conspiciuntur. Alium quoque, eundemque præclarum Laodiceorum Nummum possidet, Gaza Medicea, qui hinc nudam exhibet Venerem, ornandis capillis intentam, Cupidinem etiam cum pharetra & sagitta, illinc vero Delphinum. Quæ utique haud leviter firmant Ursini conjecturam, ad Veneris mari ortæ intuitum priores illos denarios Gentium Romanarum referentis, aut vero parum illustrant, quæ de hoc ἐπαφροδίτῳ pisce dixit ingeniosissimus vates,

Seu fuit occultis felix in amoribus index,
Lesbida cum domino, seu tulit ille Lyram.

Quis vero huic marinæ originis puero, non credet magis appositum vectorem Delphinum, quam vel Hircum forte, aut etiam Tigrim? quibus tamen inequitantem videas Cupidinem in denario Gentis Fonteiæ apud Ursinum, ac præterea in nummo quodam M. Aurelii Mediceo. Neque aliter Matrem ejus παίδημον,

Lib. v 1.   Capro quoque impositam legas apud Pausaniam ; unde prior denarius gentis Fonteiæ potest obiter illustrari. Ceteroquin haud aliena ab hac mansueta Delphinorum indole, quæ de iisdem ad naves placide accurrentibus ac apud eas corpora saltu jactantibus, socios etiam se iis ac duces præbentibus, vulgo narrant auctores auriti simul & oculati. Audi de navium adpulsu

Tom. v. facundissimum Christianorum Tullium, Δελφίνων ἐν
Hom. I. πλῇ παιζόντων γαλήνῃ, καὶ παρ᾽ αὐτοὺς τῆς νηὸς οὖ᾿ τοίχες
p. 1. edit.
Savil. κυβιςώντων πολλάκις. *Delphinis placido tranquilloque mari ludentibus, ac sæpenumero apud ipsa Navis latera salientibus,*

Lib. I. cap. *capite in undas dejecto.* Qua de re etiam videas Græcum
xxxIII.
ep. 94. Philippi Epigramma in Anthologia. Huc autem spe-
In Gaza ctat inter alios præclarus Alexandri Severi Nummus,
Medicea. in quo media Navis cum velo, ad cujus latus duo Delphini

DE PRÆST. ET USU NUMISM. 201

phini occurrunt coronam sustinentes, & inscr. ΤΑΡ-
ϹΟΥ ΜΗΤΡ. ΑΔΡ. ϹΕΟΥ. ΑΛΕΞΑΝΔΡ. Ex quo
nummo alias, ut obiter hoc dicam, discimus quoque,
caput Ciliciæ Tarsum, *Hadrianæ, Severæ,* & *Alexandrinæ* nominibus, à totidem scilicet Augustis, quorum
beneficio restaurata fuit vel ornata, nuncupatam: haud
aliter ac eadem quoque nomina obtinuisse legas *Ama-
siam* Ponti Metropolim, in vetustis illius nummis, aut
alterum insuper *Antoninianæ*, ab Antonino nempe Caracalla, eidem Tarso tributum in alio nummo ejusdem
Cæsaris, ΑΔΡ. ϹΕΟΥΗ. ΑΝΤΩΝΕΙΝ. ΜΗΤΡ. ΤΑΡ-
ϹΟΥ, seu *Hadrianæ Severæ, Antoninianæ, Metropoleos, Tar-
si.* Sed hæc alterius loci, & de Delphino hactenus. Quibus & hoc obiter addam, PELAMIDUM celebratam
olim Byzantii piscationem, de cujus ratione præter
Aristotelem ac Plinium, prolixe disserit Strabo, qui Lib. VII.
ex ea copiosum reditum Byzantinis Romanisque provenire commemorat. Tales autem occurrunt nonnunquam in priscis Byzantinorum nummis, qui vulgo
duos id genus pisces præferunt, ut bene conjecit Tristanus, ex Sabinæ Augustæ nummo Byzantino à se quidem non inspecto, sed descripto tantum ab Occone
sub mentione duorum piscium; qualem utique videas
in sequenti nummo Plautillæ Musei Patiniani jam Regii, hic quoque tuis & legentium oculis subjiciendum.

Merebantur equidem hi pisces signari in nummo suæ
C c   Me-

Lib. VII. Metropoleos, ut festive Archestratus apud Athenæum, ingentis cujusdam Θυννίδος, seu Pelamidis Μητρόπολιν vocat Byzantium. Unde patet etiam, cur hos pisces **Oppianus** sobolem Euxini maris indigitarit,

Lib. V. Halieutic.
φῦλα ἢ ΠΗΛΑΜΙΔΩΝ ἐκ μῶν ἥς ὅ εἰσι θαλάσσης Εὐξίνε.

Lib. IV. c. 4. aut cur magnam piscatorum multitudinem inde Tarenti & Byzantii exstitisse, observet in Politicis Aristoteles. Erudite **vero** & ingeniose Tristanus, veteris illius oraculi de Byzantio (cujus Stephanus Byzantius, Eustathius, aliique meminere) versum extremum,

Ἔνθα ἰχθῦς ἐλαφός τε νέμον βόσκονται ἐπ' αὐτόν.

Ubi piscis nempe & Cervus pascentur in eodem pascuo, de Pelamide & Cornu Byzantino explicavit; duce utique Strabone, cui κέρας istud dictum simile Cornui Cervino, & in cujus angustia Pelamides, eodem authore, vulgo capiuntur. Alias apud Chalybes quoque frequentem fuisse Pelamidum piscationem alibi tradit **Lib. XII.** idem Strabo. An vero commemorabo hic adhuc quatuor Pisces, expressos in præclaro quodam Neronis nummo, & quem jam excusere nobiles antiquarii, Polypum, Sepiam, Cammarum & Pompilum.

Erizzo ad denotandam Neronis impietatem, sævitiam,

tiam, libidines, signatum hunc nummum credit, cui certe suffragari non possum. Si Lucano enim forte licuit, ut viderunt jam viri docti, & aliquando pluribus ad elegantissimum Poëtam docebimus, Neronem oblique sub laudum involucris perstringere; non proinde existimabimus, nummum auctoritate publica & florentis Principis imagine percussum eum in finem, ut vitia ejus ac infamiam illo ære signaret. Tristanus aliquanto opportunius refert ad natales Claudiæ Neroni è Poppæa genitæ, & festum illud Amphidromia, quinto à natali die celebrari solitum, quo inter alia Polypi, Sepiæ, aliique id genus pisces mitti à propinquis & familiaribus consueverant, sicuti ab Athenæo aliisque observatum. Sed obstare videtur tum, (ut jam vidit Tristanus) quod mos ille Græcus foret, nummus autem vel Romæ, vel certe in Romana Colonia sit percussus, ut liquet ex Latina epigraphe anteriori nummi parte adscripta; tum illud insuper, quod vulgo non Cæsarum, sed Augustarum vultus præferant nummi illi, qui fecunditatem domus Augustæ solebant indicare. Neque tamen alienum crederem, ad fecunditatem Poppææ respexisse, qui nummum cælandum curavere; quam & Nero *ultra mortale gaudium accepisse* dicitur apud Tacitum, & Senatus votis, supplicationi- Annal. x v. bus, Templo etiam Fecunditati decreto prosequutus. Opportune itaque in hujus fecunditatis memoriam, & incredibile illud Neronis gaudium inde conceptum, signati videntur ii Pisces; quos fecunditatis præcipuæ observant Aristoteles, Athenæus, Plinius. Ne jam præteream Piscem alium singularem, quem in nummo Lopadussæ Africi maris Insulæ signatum videre licet apud Goltzium.

Tab. Insul.
xxviii.

Piscis, ut vides, ex aculeatorum genere, cum aculeis nempe **à cervice ad caudam**, & porrecto ac peculiari quodam Rostro. Qualis autem sit, neque indicat Goltzii **interpres** Nonnius, neque certiores reddent **neoterici**, qui de Piscibus scripsere, Rondeletius, **Salvianus**, Gesnerus, aliique, apud quos ei similem vix facile reperias. At mox illud suboluit, ad APRINUM ceu PORCINUM piscis genus omnino referendum; quale cum marinum tum fluviatile agnoscunt antiqui auctores, Aristoteles, Athenæus, Plinius, & plures alii. Sicut enim obvii Elephanti, Leones, Boves, Equi, Canes, Asini, Vituli, Vulpes, Lepores, aliique id genus, cum terrestres tum aquatiles; ita Porci etiam iique & sylvestres & domestici; cui generi superior Piscis videtur nobis adscribendus. Certe & Aprinum, quod præfert Rostrum, & setæ instar Apri à capite ad caudam porrectæ omnino illud arguunt; ut haud immerito idem statui possit cum eo Pisce, qui ΚΑΠΡΟΣ seu APER apud Aristotelem ac Athenæum vocatur. Obstare forte illud **posset**, quod non marinum sed fluviatilem videatur eum statuere Philosophus, dum illum in Acheloo amne generari observat; & ex eodem Plinius, apud quem *Caper* vocatur qui Aristoteli κάπϱος, manifesto librariorum errore, quibus potius quam eruditissimo auctori puerilem Græcæ illius vocis ignorantiam malo equidem transcribere. En utriusque verba, & Aristote-

DE PRÆST. ET USU NUMISM. 205

stotelis quidem, ὅτι γὰρ ἀφιᾶσιν, ὥσπερ γρυλλισμὸν, καὶ   Lib. IV.
ὁ ΚΑΠΡΟΣ ὁ ἐν τῷ Ἀχελῴῳ, hoc est, Gaza interprete,   Hist. Anim.
his enim quasi grunnitus quidam emittitur. APER *etiam*   cap. 9.
piscis, quem amnis Achelous gignit, vocalis habitus est. Sic
Plinius, *Et is qui* CAPER (legendum APER) *voca-*   Lib. XI.
tur in Acheloo amne grunnitum habet. At vero nihil ob-   cap. 51.
stat, cur non & Aprum piscem maris incolam statua-
mus, quem Philemon Comicus apud Athenæum cum
Scauro & Glaucisco marinis piscibus conjungit, & apud
Argivos frequentem docet,   Lib. VII.

   Εἰ δ᾽ ἔλαβον ἀρτὶ Σκάρον, ἢ κ᾽ τῆς Ἀττικῆς
   Γλαυκίσκον, ὦ Ζεῦ σῶτερ, ἢ ᾽ξ Ἄργους ΚΑΠΡΟΝ.
   Quod si mihi tum datus fuisset Scaurus, aut ex Attica
   Glauciscus, ô Jupiter servator, vel ab Argis APER.

Argos quidem ad Inachum fluvium sita, sed mari satis
vicina, unde facilis marinorum Aprorum proventus.
Idem vero Athenæus alibi dubitari docet ab Epichar-
mo, annon sues iidem sint cum Apro,

   Χαλκίδες τ᾽ ὕες τ᾽ ἱέρακες τ᾽ χ᾽ ὁ πίων Κύων,

additque Athenæus, εἰ μὴ ἄρα ὅτι οἱ αὐτοί εἰσι τῷ ΚΑΠΡΩ,
Chalcides & Sues, Milvi, ac pinguis Canis ; nisi forte sues ii-
demsint cum APRO. Marini itidem ii pisces, quos ibi
cum suibus complectitur. Male autem Dalechampius
κάπρον ibi per *Capriscum* reddit, sicut alio apud eundem
auctorem loco, quo juxta Aristotelem inter Pisces vocem solum edere observat, ΚΑΠΡΟΝ κ̣ τ̣ πάμπον χοῖ-   Lib. VIII.
ρον; APRUM, (non Capriscum) *& fluviatilem Porcum*,
quem locum citat etiam alicubi Eustathius, ubi plures   Ad Odyss.
vocales Pisces enumerat. Nec prætereundus hic Hesy-   M. pag.
chius, qui Aprum hunc eundem cum Phagro, marino   1710.
itidem pisce, existimavit, ut ejus verba hodie præferunt, κάπρος ουαγρος, ὗς ἄγριος, ἢ τ̣ Φάγρον ἰχθύν. Mirum equidem, ut ingenue fatear, quod diversos pisces,

        Cc 3   Aprum,

Aprum & Phagrum, pro uno eodemque nobis obtrudat eruditissimus Grammaticus; quum diserte veteres accurate eosdem distinguant. Neque etiamsi aliqua occurrat inter eos adfinitas, continuo nomen & genus idem utriusque statuendum. Quin de Phagro agens Athenæus, plures recenset Pisces, quos ei similes narrant auctores; puta Erythrinum, Hepatum, Chromin, Anthiam, aliosque id genus, nulla Apri facta ibi mentione, de quo tamen, ut vidimus, non uno agit loco. Strabo etiam inter pisces Nili peculiares, Porcum & Phagrum, sed ut diversos recenset, Χοῖρ۞ καὶ Φαγρώ۬ρ۞, ἐν ᾧ Φάγρον καλέσι, *Porcus & Phagrorius, quem Phagrum etiam vocant.* De Phagro certe Nilotico testis luculentus Plutarchus, qui eum una cum Nilo apparere, ac optatum illius incrementum nunciare alicubi refert. Ex his autem modo adlatis omnino augurabar corruptum Hesychio locum, quem intactum reliquere novi editores, eundemque ita restituendum, Κάπρ۞ σύαχ۞, ὗς ἄγριος۞, ἢ τ Ἀργεῖον ἰχθύν. Aper nempe celebris apud Argivos piscis, ut supra ex Athenæo vidimus, & firmat præterea Eustathius, qui haud parum hanc nostram emendationem adserit; Ἱστοροῦσι ᾗ καὶ εἶδ۞ ἰχθύ۞ ΕΝ ΑΡΓΕΙ ΚΑΠΡΟΣ εἶναι, ὡς δηλοῖ καὶ τὸ, ἐξ Ἀττικῆς Γλαυκίσκον, ΕΞ ΑΡΓΟΥΣ ΚΑΠΡΟΝ. Adludit, ut vides, ad superiorem Philemonis versum citatum ab Athenæo, ac simul ad pervulgatum apud **veteres** proverbium de optimis piscibus, Glauciscus nempe ex Attica, & Aper ab Argis. Ignari autem hujus rei librarii, Ἀργεῖον ἰχθύν, vel si mavis τὸ ἐξ Ἄργυς, in notum sibi piscem Φάγρον ἰχθύν mutanda credidere. Certe majora lectionum portenta in optimum auctorem irrepsisse, vel nova quæ modo prodiit ejus editio satis evincit, & quæ plura adhuc in eodem restant emaculanda,

culanda, cujus luculenta liceret hic nobis dare specimina, qui aliquam operam in emendatione Grammaticorum Coryphæi etiam pueri olim posuimus, favente tum his conatibus eosdemque promovente magno Salmasio. sed hæc alterius loci. Cæteroquin idem Hesychius alibi, φαγώρι@- ἰχθὺς μικς, pro quo φάχ@- reponunt viri docti in nuperis adnotatis. At vero constare posse illam vocem φαγωρίκ, aut vero in φαχώ- ε/@- mutandam, liquere videtur ex superiori Strabonis loco, ubi hunc piscem utroque φαχώριν & φάχε nomine dictum docet. Sed quod hic præcipue spectandum occurrebat, illud utique liquidum, cum marinos tum fluviatiles Porcos veteres agnovisse, & quidem priores cum mole spectabiles, tum aculeatis, & periculosis spinis armatos; quæ certe haud male cum superiori effigie quadrare videntur. Plinius, *Apion maximum* Lib. XXXI. *piscium esse tradit Porcum, quem Lacedæmonii Orthragoni-* cap. 2. *scum vocant, grunnire eum cum capiatur.* Idem alibi, *In-* Lib. XXXII. *ter venena sunt piscium Porci marini, spinæ in dorso, crucia-* cap. 5. *tu magno læsorum.* Non autem hic moror recentiores, qui de Piscibus scripsere, quos in tradenda vel Apri vel Porci aquatilis veteribus commemorati figura graviter inter se dissentire videas, diversasque ac multum inter se dissimiles nobis obtrudere; ut ex Gesnero ac productis à Rondeletio & Bellonio iconibus constare poterit. Cautior, ut verum fatear, Rondeletius, qui Piscem quendam pro Apro, cujus Aristoteles meminit, sed dubitanter exhibet, in quo Rostrum quidem superiori Lopadoussiorum haud valde dissimile; sed cujus in reliquis figura squamosa & orbicularis haud perinde convenit, immo longe satis recedit. Quæ dubitatio aut dissensio neotericorum non mira adeo iis videbitur, qui & veteres etiam aliquos hic suspensos

& in-

& incertos observat; ex Athenæo certe haud liquido constare, an Τις & Ταυρίδες idem sit piscis genus, & quod locus supra à nobis adlegatus satis innuit, an rursus Υες illi seu *sues* iidem sint cum Apro. Unde non continuo accedo vestrati Salviano, qui unum & eundem piscem omnino statuit, qui Græcis dictus Κάπρ۞, Καπρίσκ۞, Κοῖρ۞, Ῡς & Μῦς, Latinis autem, *Caper, Aper, Porcus, Sus & Mus*; neque vero alium ab eo pisce, quem vestrates *pesce balestra* solent nuncupare. Quod certe, ut alia mittam, vel satis refellit adlatus supra Athenæi locus, quo juxta Aristotelem, Aprum & fluviatilem Porcum distinguit. Ne jam ulterius perstringam illum errorem, quo ipse Salvianus aliique pro Κάπρῳ & Καπρίσκῳ, ex corrupto aut certe vitioso Plinii loco, *Caprum* & *Capriscum* nobis obtrusere; quæ utique Caprina nomina non quidem Κάπρῳ, quæ vox Græcis Aprum seu Porcum sylvestrem sonat, sed Τράγῳ pisci quadrare poterant, cujus digna apud [a] Aristotelem ac [b] Athenæum occurrit mentio.

[a] Lib. VIII. hist. Anim. cap. 30.
[b] Lib. VIII.

De Fabulosis Animalibus in Nummis. Nec pigebit iis adnumerare fictitia illa & fabulosa Veterum Animantia, CAPRICORNUM, SPHINGEM, SIRENEM, STYMPHALIDEM, SCYLLAM, CHIMÆRAM, CERBERUM, HYDRAM, GRYPHEM, PEGASUM, CENTAURUM, MINOTAURUM, PHOENICEM denique; quæ non magis inter Poëtarum figmenta, quam inter mysteria Gentilium locum frequenter habuere, & quorum figuram varie nonnunquam authoribus traditam, Nummi veteres ob oculos ponunt. CAPRICORNI, quidem vulgaris apud antiquos effigies, Capri nempe cum cauda piscis involuta, ex monumentis id genus eruitur. Signatus ille vulgo in obviis Augusti nummis, & caussam quidem adferente Suetonio, quod natus esset illo

DE PRÆST. ET USU NUMISM. 209

illo sidere, magnamque inde fati ac thematis sui fiduciam haberet. Hinc ortæ de natali Augusti, ejusdemque horoscopo graves inter **Principes** hujus ætatis Chronologorum dividiæ ac **velitationes**; aliis ad vetus Kalendarium, aliis ad emendatum seu Julianum, natalem ejus diem referentibus, unde de horoscopante sidere diversæ oriebantur sententiæ, & inexplicabiles quidam nodi. In iis vero solvendis haud infeliciter videtur laborasse Gotifredus Vendelinus, dum **referente ac probante Alberto Rubenio** in postremis operibus nuper editis, in Genethliaco themate Augusti, sortem Fortunæ Capricornum docet obtinuisse; vel ut ipse potius Vendelinus sæculi nostri Ptolomæus eidem Rubenio **dictus**, suam hac **de re sententiam** promit, *natum Augustum cum Horoscopo surgentis Virginis, natumque eundem sidere Capricorni quintam sub terris domum Fortunæ signante.* Hinc utique apposite (quod jam vidit eruditus hujus memoriæ **investigator** ac interpres Rubenius) addita plerumque Capricorno in **nummis** Augustæis solita Fortunæ insignia, Gubernaculum navis, Orbis, Cornucopia, sicut videre licet in sequenti ectypo.

Epist. Gotifr. Vendel. ad Albertum Rubenium.

PATER PATRIÆ.

Unde jam liquet, cur ille Αἰγοκέρως, Augusti exemplo, fausti ominis ergo, aliis quoque vel agnatis vel Cæsaribus

bus in Nummis fit tributus. Hinc & in L. Cæsare ejus Nepote occurrit apud Tristanum, ac in Julia Paulla Elagabali Conjuge, & cum adstante Muliere, in præclaris nummis cum Hadriani, tum Antonini Pii, inscriptis FELICITAS AUG. Quæ insuper satis arguunt, cur *Felix* dictus sit Manilio Capricornus,

quid enim mirabitur ille Majus in AUGUSTO FELIX *quum fulserit ortum.*
Ita etiam geminos id genus Capricornos, ut luculentos duorum Cæsarum felicitatis indices, videas in nummo aureo Vespasiani ac Titi.

In Gazz Reg. Christin. & Medicea.

Lib. 11.

Sicuti & in altero Augusti æreo, cum illa supremæ felicitatis laude servatorum Civium, seu OB CIVES SER. Ut non mirum proinde signatum quoque Capricornum, non in Romanis solum, sed in rarioribus aliarum etiam Græciæ aut Orientis Urbium Nummis, sicut Zeugmatis Syriæ, & **Anazarbi Ciliciæ**: neque proinde opus cum Tristano hoc ad situm eorum locorum, partim montosum, partim ad mare aut ad Euphratem referre. Quam vero cum Ægipane communionem habeat Capricornus, docere potest Theon ad **Aratum**.

De SPHINGE, in qua tradenda non omnes Oedipi fuere, res magis anceps videri posset. Hanc enim inter Ægyptiorum inventa antiquarii vulgo referunt, quod tamen ab Agatharchidis apud Photium, Diodori,

Pli-

DE PRÆST. ET USU NUMISM. 211
Plinii, aliorumque constanti relatione alienum, qui eas inter veras Simias recensent, & ex Æthiopia in Ægyptum deferri contendunt. His accedit recentior & oculatus quidem testis Philostorgius, qui ubi varia Simiarum genera, αἰγοπιθήκων, δρκιοπιθήκων, λεοντοπιθήκων, κυνοκεφάλων, Capris nempe, Ursis, Leonibus, aut Canibus similium enarrasset, in illo ipso terrarum tractu familiarium, in eandem etiam Simiarum classem refert Sphingem à se visam, ad muliebrem formam accedentem. Sed operæ pretium erit audire auctorem ipsum hoc adserentem in illo Historiæ Ecclesiasticæ compendio, quod primus evulgavit magnum nuper Patriæ meæ ac litteratæ Jurisprudentiæ decus, Jac. Gottofredus. Καὶ Lib. III. cap. II.
μὴν ἐς Σ Φ Ι Γ Ξ ἦλθον, ἔςι Π Ι Θ Η Κ Ω Ν (αὐτὸ γὰρ Θ Ε Α Σ Α-
Μ Ε Ν Ο Σ Γ Ρ Α Φ Ω) ἧς τὸ μὲν ἄλλο σῶμα λάσιον ἐςιν ὡς τοῖς ἄλλοις πιθήκοις, τὸ δ᾽ στέρνον ἄχρι γε αὐτοῦ τοῦ τραχήλου ἐψίλωται, μαζοὺς δὲ γυναικὸς ἔχει ἐρυθροῦ τινος βραχίω. κεχροσιδῆς, ἐπαναςιμαζω, ἄπαν ἐν κύκλῳ τὸ γεγυμνωμένον τοῦ σώματω. ωθεδίονω, καὶ εἰς πολλώ τινα διαπέπαιαν ἀνθρωποφανεῖ. ἕνα τῷ ἐν μέσῳ χρώματι συναρπαζομένου (leg. Gott. συναρμοζομένου) τιτὶ προσωπον ὑπεροῳ γλωτῃ μᾶλλον, ᾗ εἰς γυναικίαν ἕλκει μορφίω. Sed & S P H I N X S I M I Æ genus est, (id quod C O N S P I C A T U S S C R I B O) cujus quidem reliquum corpus hirsutum est, ut aliarum Simiarum: pectus vero ad collum ipsum usque glabrum est, mammas muliebres habet, rubra quædam tenuique, quæ milio similis est, papula totum corpus, quæ nudatum est, in orbem percurrente, multumque decoris & gratiæ colori, qui in medio humano similis est, conciliante; facies vero rotunda plusculum est, & in muliebrem formam vergit. Additque in sequentibus, Græcanicam de hac Sphinge narrationem inde natam, quod Thebas ab Ægypto delatum hoc animal, ferum in primis & ab Oedipo interfectum, fabulæ locum de-
Dd 2   derit;

derit; alasque ob motus celeritatem eidem tributas, muliebre pectus ob similitudinem, & leoninum corpus propter innatam feritatem; sermonem vero illius animalis ad humanum accedentem, sed sono obscuro, ad ænigmaticum detortum. Neque mirum id esse, nam & multa alia Græcis (non Gentilibus hoc loco, ut vertit doctissimus interpres) morem esse in fabulam vertere: & ille hactenus. In eo itaque discrimen statuendum, quod fabulosæ omnino illæ fuerint Græcorum Sphinges, sicuti notat etiam Palæphatus; qualis nempe juxta Ausonianam descriptionem, *volucris pennis, pedibus leo, ore puella*, in obviis cum Augusti, & Chiorum nummis, tum in aliis simulachris Dianæ Ephesinæ, aut Galea Palladis, vulgo occurrit quum Ægyptias Sphinges ab iis diversas ac ἀπείρους, cum ex auctoritate veterum, tum ex monumentis in Urbe passim adhuc obviis, ac insuper ex Nummis etiam aliquot liceat observare. Quibus etiam accedit Ægyptii, & quidem luculenti scriptoris, Clementis nempe testimonium; qui nullas utique alas Sphingibus, sed totum corpus leonis, faciem autem hominis tribuit. Ita ut hinc errare pateat, tum qui non alias nisi alatas Sphinges credidere; tum qui inde omne hoc animantium genus continuo fabulosum statuunt. Nec juvat, quod vulgo tradunt antiquarii, ex Virgine ac Leone fictum ideo ab Ægyptiis, ut Nili sui incrementa hoc veluti symbolo adumbrarent: Notum enim, **cum feracem** monstris vel ignotis alibi animalibus Ægyptum & vicinam Æthiopiam, ut Strabo, Plinius, Ammianus, aliique observarunt, & juxta eosdem Theophylactus Simocatta, qui in specie de Nili animalibus ἀνθρωπομόρφοις multa veteres tradit commemorasse; tum è media rerum natura, & obviis in ea gente animalibus,

sym-

symbola ac figuras virtutum ac rerum cœlestium vulgo Ægyptios desumpsisse. Nec diffiteor tamen, illam mixturam hominis & bestiæ, Ægyptiis olim familiarem, ut præ aliis docet eximius apud Porphyrium locus, qui in aureo libello tradit volucrum & ferarum permixta ab iis cum hominibus corpora, ut ostenderent ex Deorum sententia, hanc quandam inter se communionem alere. Hinc Isis sub forma Leonis itidem, & cum facie muliebri occurrit nonnunquam in nummis Ægyptiorum, sicuti in quodam Antonini Pii, quem servat Gaza Medicea: Ut mittam petitæ quoque ab aliis mixturæ illius humanæ & ferinæ exempla; sicut adlati supra Amphipolitarum & Nicomediensium nummi evincunt, in quibus Dracones cum humano capite visuntur Sed ut modo è Philostorgio, Simocatta, aliisque notabamus, cum Æthiopiæ, Arabiæ, tum Ægyptii vel in primis Nili familiares accolæ id genus ἀνθρωπόμορφοι, seu *ambiguæ hominum & belluarum forma*, apud Tacitum: unde & propter novitatem animalium, jucundam in eo tractu terrarum suscepisse peregrinationem jam olim Severum, refert in ejus vita Spartianus. In eandem vero Simiarum id genus singularium classem, quibus juxta Sphingem, multa cum Homine & Leone communia, Κήβως etiam (aliis Κῆπως) relatos à veteribus novi, Agatharchide, Aristotele, Strabone, aliisque; qui leoninam faciem, pantherinum corpus, priores autem pedes manibus, posteriores humanis pedibus similes tradunt. Neque tamen, ut verum fatear, unam semper iis formam adfingentes eosdem videas. Cebos certe inter Simias referentem observo Proclum in Chrestomathia apud Photium, ὁ ΚΗΒΟΣ ἰσὶ ἢ ΠΙΘΗΚΟΥ εἶδος., CEBUS *est autem Simiæ genus*, eosdem-

De Abstinent. lib. IV.

Annal. 11.

Cod. CCXXXIV. Biblioth.

DISSERTATIO TERTIA

Lib. XI. pag. 485. edit. Græc. Basil.

eosdemque cum Simiis conjungentem Galenum, in eximio tractatu de usu partium, ubi docet, cur inferior maxilla, magna quidem Suibus, Asinis, Bobus, Equis contigerit, ἐλαχίςη ἢ ἀνθρώποις, καὶ ΠΙΘΗΚΟΙΣ, καὶ ΚΗΒΟΙΣ, καὶ Λυγξίν, *minor vero Hominibus, & S*I-MIIS, *& C*EBIS *& Lyncibus.* Alibi vero eundem, Galenum legas cum Simiam, tum Cynocephalum, Satyrum, Lyncem rursus commemorantem, ὥσπερ κ̀ ὅλως

Anatomic. lib. V 1. pag. 167.

ἱστορῆς Πίθηκα, Κυνοκέφαλον, ἢ ΣΑΤΥΡΟΝ, ἢ Λύγκα, *ubi vero plane Simia indigeas, Cynocephalum, aut* SATYRUM *aut Lyncem* desumendum. In quem magni auctoris locum, quum opportune incidissem, dum in ejus operum lectione versarer, haud dubitavi continuo, per *Satyrum* (ignotum alias feræ genus) ad Cebum eundem respexisse; ut liquere mihi videbatur ex superiori loco, ubi eadem animantia, excepto Cynocephalo, conjunxisse memineram. Rem vero mox confecit Strabo, qui non solum alicubi Sphinges, Cynocephalos & Ce-

Lib. XVI.

bos itidem conjungit, ΣΦΙΓΓΕΣ, καὶ Κυνοκέφαλοι, κ̀ ΚΗΠΟΙ, & SPHINGES *& Cynocephali, &* CEBI; sed clare alibi cultum docet apud Memphitas Babylonios Cebum, non jam ut priores leonina facie, sed Satyro

Lib. XVII.

simili; ἐσὶ ἢ ὁ ΚΗΠΟΣ τὸ μὲν πρόσωπον ἐοικὼς ΣΑΤΥΡΩ, τ' ἄλλα ἢ κυνὸς κ̀ ἄρκτου μεταξύ; *Est autem* CEBUS *facie quidem* SATYRO *similis, cætera vero inter canem & ursum.* Unde etiam colligas, haud unam fuisse horum Ceborum speciem, aliam quippe leonina facie & pantherino corpore; aliam vero Satyrum facie referentem, (ut cætera mittam) & Satyrum proinde magno Galeno nuncupatam. Quo etiam respexisse videtur Plinius, dum itidem juxta Galenum, Cynocephalos, Satyros

Lib. VIII. cap. 54.

& Sphinges alicubi conjungit, *Efferatior Cynocephalis natura sicut mitissima* SATYRIS *& Sphingibus.* Neque
ægre

DE PRÆST. ET USU NUMISM. 215

ægre ferent opinor Medicorum filii, haud magis ipsorum, quam Criticorum parenti hoc loco, & alibi quandoque lucem aliquam adtuliſſe. Sicuti vero inter diverſa illa Simiarum genera, **Cebi iſti ad virilem** aut Satyrorum formam accedebant; ita Sphinges rurſus magis ad muliebrem, ut ſupra tradentem Philoſtorgium, teſtem oculatum, videbamus, & arguunt **antiquæ** illarum effigies ære aut marmore inſculptæ. **Neque vero** hæc evertunt aliquot Nummi ſub Cæſaribus ſignati, & ad Ægyptum ſpectantes cum vulgatis etiam Græcorum Sphingibus, non virgineis ſolum, ſed alatis; quale ejuſmodi Παρθένιον ἧπαρ, ut Euripidi alicubi vocatur, occurrit in nummo veteri, cum inſcriptione **ÆGYPTOS**, ſed qui Romæ proculdubio percuſſus, non vero in Ægypto, ut exiſtimabat Triſtanus, ſub Græco Sphingis habitu **vulgo notiori**, Provinciam illam veris alias Sphingibus abundantem deſignavit.

In Phœniſſis v. 813.

Sed ut demus aliquot **id genus in** Ægypto etiam percuſſos, quales utique **occurrunt**, fabuloſas pro veris Sphingibus obtrudentes, cujus generis etiam ſuppeditat Menſa Iſiaca; non ideo tot aliis veterum auctorum ac monumentorum teſtimoniis diverſas apud Ægyptios Sphinges ceu Simias tradentibus, **omnem** continuo fidem valebunt derogare. Alatas quidem illas

Græ-

Græcorum Sphinges quod spectat, mirantur docti antiquarii, cur eas passim in Chiorum Nummis liceat videre expressas; quum nemo id veterum dixerit, & Sphingem in Thebano tantum agro habitasse fabulentur. Quasi vero fons & ratio omnium symbolorum aut insignium, quæ occurrunt etiamnum in veteri illa supellectile, indicari aut erui hodie possent, aut vero res ejusmodi continuo dent nobis explicatas, pauci illi qui supersunt, priscæ historiæ aut locorum enarratores? Mirentur vero iidem haud potiori jure cur illo Sphingis signaculo usum quoque olim Augustum constet. Quod à Suetonio, Plinio, ac Dione observatum, non solum arguunt adhuc hodie hujus Cæsaris nummi, & signatus, ut Fulvio videtur, in Gente Carisia denarius cum Sphinge, sed expressa eadem cum Augusto ac reliqua ejus progenie, in incomparabili illo Cimelio Regiæ Gallorum Gazæ, de quo post Tristanum novissime egit Albertus Rubenius eo opere, cujus editione præclare meritum **dicerem** de his nostris studiis J. Georgium Grævium, ni ille propriis ingenii ac doctrinæ bonis dives, iis etiam litteras ac eruditos large liberaliterque demereretur. Cæterum **en hic** quoque Sigilli illius, seu Sphingis **in** nummo Augusti occurrentis effigiem.

Sed ut ad Chiorum Sphingem revertamur, quid vero obstat,

DE PRÆST. ET USU NUMISM. 217

obstat, cur non statuamus continuo eandem tanquam fortitudinis & industriæ, juxta Plutarchum & Clementem apud Veteres symbolum, **cum** ab Augusto, tum à Chiis usurpatam? Nota certe **abunde ex** scriptoribus antiquis, Thucydide, **Diodoro, Strabone,** aliisque horum Insulariorum cum potentia mari quondam formidabilis, tum singularis quondam virtus ac industria; adeo ut omnium Ioniæ insularum nobilissima haud immerito Stephano nuncupetur. Nisi potius **& illud** placeat, Sphingem, tanquam in ænigmaticæ cujusdam & Oraculis allegoriisque involutæ sapientiæ symbolum à Chiis adhibitam videri. Neque id solum Ægyptiorum exemplo, quibus vulgo Sphinges ideo ante Templa positæ, quod, juxta eundem Clementem, doctrina de Deo esset ænigmatica & obscura; sed & recepto quoque apud alias Græciæ aut Asiæ urbes more. Sic à Phlegonte jam olim observatum, ut è Stephano Byzantio discimus, in priscis Gergithiorum Troadis Nummis, cum Sibyllam, tum Sphingem expressam; ἀφ' ἧς Γεργι- θία ἡ χρησμολόγ@ ΣΙΒΥΛΛΑ, ἥ τις κ᾽ τυπωθε ἐν τῷ ΝΟ- ΜΙΣΜΑΤΙ Γεργιθίων, αὐτή τε κὴ ἡ ΣΦΙΓΞ, ὡς Φλέγων ἐν Ὀλυμπιάδων πρώτη. Inde vero explicandus mihi videtur denarius Gentis Carisiæ, qui hinc caput muliebre, illinc Sphingem exhibet.

Lib. v Strom.

In voce Γίρχι.

Haud alia nempe illa Mulier, de qua silet Fulvius, quam Sibylla Phrygia, quam recepto, ut è Phlegonte audivimus,

E e

218 DISSERTATIO TERTIA

mus, more una cum Sphinge exprimendam curavit **Triumvir** Monetalis Carifius, ita ut etiam ad fignum Augufto familiare refpexerit, quod monuerat Urfinus. Nota autem non Phrygia folum, fed Erythræa etiam Sibylla, quas duas folas, non autem decem vult exftitiffe Martianus Capella, & poftremam hanc Erythræam eandem cum Cumana contendit. Erythræ autem & Chios, vicinæ ac fociæ urbes, ut cum aliunde conftat, tum ex errore Ammiani Marcellini; qui quod de Chio **dixit** Homerus, nempe fuperpofitum illi montem Mimanta, id tanquam de Erythris ab eodem dictum **refert**, loci vicinia proculdubio deceptus. Hæc autem præclare illuftrat Græcus Euripidis Interpres, Sphingem illam Thebanam, Socrati pro Vate aut Sibylla aliqua traditam narrans ; Σωκράτης ἢ ἐγχωρίαν αὐτὴν φασὶ χρησμολόγον δύσγνωστα μαντευομένην, *Socrates vero tradit Vatem illam fuiſſe indigenam, obſcura proferentem Oracula.* Accedit infuper celebris illa Prodici Chii de virtute ac vitio fabulis & allegoriis involuta tractatio, & quam diferte Clemens refert inter illuftria ænigmatum & allegoriarum exempla, quibus veritatem facris litteris contentam, à Græcis Barbarifque frequenter traditam fatis fufe oftendit. Adeo etiam, ut brevi poft factam doctoris illius Chii, ejufdemque allegoricæ **doctrinæ mentionem,** Sphingum ufurpata eam in rem apud Ægyptios fymbola, codem loco **moneat eruditiffimus Patrum.** Cui fententiæ de hac ænigmatica Chiorum Sphinge, videtur & hoc non parum fuffragari : jactaffe fe imprimis hanc Infulam veri Fabularum & Allegoriarum parentis natalibus, unde & fignatam accepimus illius Urbis monetam, illinc cum Sphinge, hinc cum Homeri effigie; cujus generis nummi nonnulli adhuc proftant, & qualem quoque adfervat

Lib. XXXI.

Ad Phœniſſas.

Lib. V. Stromat.

vat Gaza Palatina. Quo loco præterire non possum ingeniosam ac eruditam doctissimi Bocharti notationem; Sphingem nempe Φίκα Bœotis dictam, (ut liquet ex antiquis Grammaticis, Hesychio autem Βίκα) Schol. Hede muliere sagaci & per gryphos ac ænigmata, sui sæ- siod. culi ingenia exercente, à voce Phœnicia פקה, *Pikea*, aut *Phikea*, quæ apertum ac videntem notat, unde & Picus insignis olim apud Aborigines vates sit nuncupatus. Dum vero in eo versor, casu quôdam incido in aliam Cl. Tristani ea de re conjecturam; nempe ideo Tom. 1. videri sibi signatam in Chiorum Nummis Sphingem, Comment. tanquam peculiarem notam ab iis impressam doliis il- pag. 382. lis aut vasibus, quibus forte vina Mareotica ab Ægypto delata continebantur, & quidem ad distinctionem, ut existimat, vinorum, quibus alias ferax erat eadem insula. Optassem equidem, ne excidisset nobili ac erudito antiquario inanis adeo ac omnino indigna reliqua Viri solertia & accuratione observatio. Quasi vero copioso præstantissimi vini **proventu non abunde** fuerit nobilitata hæc insula, (quod præter veterum testium nubem, Chia illa fictilia, quorum Athenæus Lib. 1. meminit, & in iisdem Chiorum nummis vulgo cum Sphinge expressa, continuo arguunt; nec diffitetur Tristanus), ut necesse habuerit à peregrinis, & quidem Ægyptiacis vinis celebritatem quærere monumentis id genus? Galenus certe, inter ea vina, quæ antequam aucta Romanorum potentia celebratum fuisset Falernum, pro præstantissimis habita comme- Lib. 1. de moret, tria recenset Asiaticæ, Chium seu Arvisium, Antidot. à loco Insulæ ubi nascitur, Lesbium & Tmolitum à pag. 417. colle Tmolo, nulla ibi Mareotici facta mentione. Immo idem paullo ante monuerat, in tantum vinum Falernum eo præstare quod vulgo in cauponis venale prostat,

stat, in quantum vino, quod in Ægypto nascitur. Eandem Chio & quidem Arvisio vino, præ aliis Asiaticis aut Insulariis palmam tribuunt eruditi illi compotatores apud Athenæum. Unde licet colligere, non quidem caruisse haud incelebri vino Mareotico Ægyptum, sicuti Barthio videbatur, quem jure eo nomine perstringit Tristanus; neque rursus eam fuisse hujus vini Ægyptiaci præ aliis præstantiam, ut Chii multum de eo debuerint esse solliciti, quibus longe optimum & commendatissimum domi nascebatur. Aut quasi etiam (ut demus his Insulariis frequentatam vini Ægyptiaci vecturam) ideo Sphinx non solum fuerit continuo imprimenda vasibus vino scilicet Mareotico onustis; sed digna res utique visa esset, quæ publice moneta nobilissimæ illius urbis, ad posteritatis memoriam perpetuo signaretur? Quidni eadem ratione Alexandrum, compotatorem utique strenuum, Sphinge pro signaculo usum dicat, ac illius proinde nummis additam nonnunquam, ut videmus, Sphingem, (quæ percussi à Chiis nummi indicium) in memoriam scilicet aut custodiam vini illius Mareotici, quo forte præ aliis delectaretur? Haud aliter nempe ac frumentum in quodam Indiæ loco repertum, sigillo suo hunc Heroa obsignasse, jumentisque impositum tradidisse, apud Arrianum legisse memini. Neque vero ideo Augustum, Sphingem sigilli loco dicet usurpasse; quem non Mareoticis, sed Rheticis vinis maxime delectatum Tranquillus refert. Aut quasi denique non liceat nobis, aliquanto magis probabiliter, immo certe confidenter statuere, vel ad fortitudinis ac industriæ, vel ad ænigmaticæ cujusdam & Oraculis allegoriisque involutæ sapientiæ studium indicandum, familiare in eam rem & sibi haud male conveniens Sphingis symbolum,

bolum, Chios olim opportune ufurpaſſe. Sed quæcunque tandem fuerit ejus rei ratio, certe Sphingem ſignatam vidi in omnibus, quotquot verſare mihi hactenus licuit, **nobilis illius Inſulæ** numiſmatibus. Hujus generis aliquot, præclara inprimis ac minus obvia, occurrunt in Cimeliarchio cum Palatino tum Mediceo, & in poſteriori quidem nonnulla cum monetæ pretio, nempe ΑΣΣΑΡΙΑ ΤΡΙΑ, aut etiam ΟΒΟΛΟΣ, & præterea cum ſingularis cujuſdam pretii & raritatis epigraphe, ΣΤΕΦΑΝΗΦΟΡΟΣ ΧΙΟΣ. Cujus attributi rationem, ut obiter hoc dicam, non aſſequebatur in hac memoria verſatiſſimus alias Cimeliarcha nuper Mediceus, Petrus Filton; qui à vini & frumenti copia, Cornucopiæ & Amphoræ ſymbolis in eodem nummo expreſſa, *Stephanephorum* ceu *Coronigeram* dictam hanc urbem exiſtimabat. Alia enim longe cauſa hujus nomenclationis, quam cum aliunde, puta è Platone, Athenæo, Philoſtrato, tum inprimis ex Marmore Arundelliano, & Nummo quodam veteri, quem videbam nuper in Regia Gaza Pariſienſi, præcipui magiſtratus conſtat exſtitiſſe, cui Religionis & ſacrorum cura incumbebat: qua de re conſulendi ad utrumque illud antiquitatis monumentum Cl. Viri Seldenus ac Triſtanus. Illud vero indictum haud licet præterire, Nummum ea de re ſub Trajano Decio percuſſum, quem adtulit Triſtanus, aliter ab eo deſcriptum, quam reperi in eodem vel ſimili numiſmate, quod poſſidet, ut modo innuebam, Regia Gallorum Gaza. Eadem nempe in utroque ſymbola hinc Decii Imperatoris, illinc vero Bacchi & Ariadnes in Bigis Pantherarum, niſi quod Regius nummus præeuntem inſuper habeat Cupidinem, epigraphen vero accurate mihi inſpectam, ΕΠ. ΑΥΡ. ΑΠΦΙΑΝΟΥ ΑΘΗΝΑΙΟΥ ΑΡΧΙ.

ΚΑΙ ϹΤΕΦΑΝΗΦ. ΜΑΙΟΝΩΝ, hoc est, *sub Aurelio Appiano, Athenæo, Pontifice & Stephanefero, Mæoniorum.*

Tom. II.
Comment.
pag. 595.

Quam vero inscriptionem adfert Tristanus, ΕΠ. ϹΤΡ. ΑΨΤΙΑΝΟΥ ΒΑΧΑΡΑΤΟ Β. ϹΤΕΦΑΝΗ. ΜΑΓΝΗΤΩΝ, de qua potest consuli. Nollem equidem de fide nobilis antiquarii & de his nostris studiis bene meriti temere dubitare. At crederem facile, præter attritas vetustate litteras, eo inductum, ut Magnesiis hunc nummum tribueret, ob additum illud ΣΤΕΦΑΝΗΦΟΡΟΤ attributum, cujus in fœdere Smyrnæorum & Magnesiorum factam mentionem reperiebat in Marmore Arundelliano. Horum vero ΜΑΙΟΝΩΝ, sicuti scriptum in nummo Regio, plura memini me vidisse numismata; unum quidem cum Herculis effigie in Cimeliarchio Palatino, alterum vero in Gaza Reginæ Christinæ, cum capite muliebri velato & turrito, ac inscriptione ΜΑΙΟΝΙΑ, in aversa vero parte cum Fortunæ effigie, & epigraphe ΜΑΙΟΝΩΝ. Quod si revera similem nummum vidit Tristanus, qualem nobis descripsit, à Magnesiis sub eodem Decio & cum iisdem symbolis percussum; tum inde magis recepta in publicis monumentis horum Σηφανηφόρων auctoritas elucescit. Illud vero singulare habet superior Nummus Mediceus, quod non jam præsidi sacrorum, sed ipsi etiam Urbi tribuatur hoc nomen Σηφανηφόρε; adinstar nempe earum urbium, quæ Νεωκόρων appellationem, ædituis & sacrorum curatoribus propriam, ad se quoque derivarunt, & continuo in publicis Nummorum aliisque monumentis, loci aut Gentis nomini adscripsere: ut obvia passim hujus rei exempla contestantur. sed hæc obiter.

SIRENUM vero genuina illa, quam iis veteres adscribunt, forma ex Nummis demum eruitur; superior

nem-

nempe Virginis, reliqua, non in piscem, ut vulgo, sed in avem desinens, juxta Ovidianam descriptionem,

Pluma, pedesque avium, cum Virginis ora geratis.

Errat vero mea sententia Aldrovandus, qui adserit obiter Grammaticos Græcos à pectore ad superiora, avis vel passeris effigiem, inferiori vero parte, formam Virginis illis tribuisse: plane contra Nummorum & auctorum veterum fidem. Vellem ut Grammaticorum illorum loca adtulisset; quum & Eustathius, & Apollonii Scholiastes, & alii id genus nequaquam id tradant, nec ab Homeri, Apollonii, Ovidii, aliorumque descriptione discedant. Sed facilis fuit hic lapsus homini, qui omnibus aliis præsidiis potius, quam Græcis litteris instructus, apprime tamen instituto operi necessariis, præclarum alias & victurum opus adgressus mihi videtur. Errat enim gravius idem Aldrovandus, quum volucres id genus Sirenas haud plane fabulosas censet, earumque visa superioribus sæculis in Neapolitanis oris vestigia, quibusdam id tradentibus credit. Nimis certe credulus hic fuit, & Luciano confidentior; qui instituta quadam cum Sirenibus comparatione, continuo hanc addit cautelam, *si umquam tamen exstiterint, εἴ τινες ἄρα ἐγένοντο*. Quis enim nescit, tres illius nominis Virgines Siculas, in totidem canora monstra à Poëtis conversas, fabulæ locum dedisse; quod præter alios docere illum potuisset Servius, *secundum fabulam tres in parte Virgines fuerunt, in parte volucres, Acheloi fluminis & Calliopes Musæ filiæ.* Quod vero tradit idem doctissimus Grammaticus, unam voce, alteram Tibia, tertiam Lyra cecinisse, firmant adhuc ex parte nummi antiqui Neapolitanorum in quibus Parthenope Siren cum Tibia visitur; qualis ille qui in Gente Petronia Fulvianæ collectionis occurrit.

In Nigrino.

Ad lib. v. Æneid.

Hine

Hinc nempe Augusti effigies, à quo instaurata Neapolis; illinc ut jam vidit Ursinus, Siren Parthenope. Ubi videas etiam gallinaceos pedes haud immerito Sirenibus à quibusdam ex antiquis tribui, sicut inter alios à Fulgentio; *Sirenes volatiles & inde gallinaceos pedes, quia libidinis adfectus omnia quæ habet spargit.* Ingeniose vero doctissimus Bochartus nomen illud Sirenis, ab Hebræorum vel Phœnicum *Sir* seu *Cantico* derivat: nisi placeat potius Græcis, post metamorphosim dictas Σειρῆνες, à voce Σείρη ὀρνιθάριον τι μικὸν, exigui volucris genere apud Hesychium, quo illas etiam Poëtæ vulgo induunt. Alas certe illis & cantum cum Musis communem tribuunt Veteres; unde Porphyrius, τὰς Μούσας ἐπτέρωσαν καὶ τὰς Σειρῆνας. Quin alatam etiam Sirenem, infra sellam sedentis mulieris spectare licet in nummo quodam Demetrii Soteris Mediceo, si fides habenda erudito nuper Admirandis Magni Ducis præposito: neque enim omnia & singula observare mihi licuit, quæ in tam ampla & divite penu omnis antiquitatis prostant. Recentium vero pictorum errorem in piscem eas convertentium, refellere poterant pictores antiqui apud Ælianum; quem jam ante Antonium Augustinum jugulasse animadverti vestratem Annibalem Caro, plurimæ elegantiæ Virum, in vernaculis Epistolis. Unde nollem amicissimum virum, & optime jam de hac antiquitate meritum, ac ulterius in dies meriturum, vulgato illo errore deceptum, Nummum

Mytholog. lib. 1.

De Abstin. l. 111.

Gen-

Gentis, ut exiſtimat, Coſſutiæ primum à ſe editum, in quo ſuperne mulier, infra piſcis, **ad Sirenem** detorſiſſe.

Nereidos nempe alicujus figuram continuo hic agnoſcis, cujus generis, uti & haud diſſimilem Amphitrytes, ac Tritonum videmus paſſim in antiquis Græcorum & Romanorum nummis. Conſentaneæ iis quoque Syriæ illius Derceto*s* effigies, quæ dimidia itidem parte mulier, à femoribus autem ad pedes piſcis, à Lu____no commemoratur. Unde frequentes etiam ejuſmodi figuræ, Mulieris nempe ſcopulo inſidentis & parte inferiori aquis immerſa, in priſcis Syriæ ac Meſopotamiæ nummis occurrunt, de quibus alibi. In eundem etiam errorem incidiſſe obſervo **veſtratem Fortunium Licetum**, qui in opere de reconditis veterum Lucernis noviſſimæ reviſionis, ejuſmodi Nereida vaſi inſidentem, ſuperne nempe mulierem, **infra vero piſcem**, de Sirene Parthenope accepit; cujus tamen longe aliam figuram paullo ante in denario gentis **Petroniæ** vidimus. Equidem (ne quid diſſimulem) popularem illum errorem, implumes, vulgo Sirenes tradentium, tueri forte illud poſſet, quod apud Stephanum Byzantium ac Suidam legas; Sirenas nempe, ſuſcepto cum Muſis in Creta certamine, cantu inferiores deprehenſas, præ dolore plumas abjeciſſe, indeque vicinum locum Apteræ ſeu *Implumis* nomen conſequutum. Cui rei aut fabulæ poſſet ſuffragari rariſſimus il-

De Rea Syria.

Lib. vi. cap. 35.

In voce Ἄπτερος.

lius

lius urbis nummus qui exſtat in Gaza Medicea, illinc cum capite muliebri ac epigraphe ΑΠΤΕΡΑΙΩΝ; hinc cum figura quadam ſtante, ſed obſcura ob nummum injuria temporis male acceptum, & quam ad Sirenem ejuſmodi implumem forte liceret cum Cimeliarcha Mediceo referre. Sed neque eadem deſinens in piſcem, ut vulgo Siren hódie traditur; ac ut verum fatear, potior hic longe auctorum illorum & monumentorum veterum ratio, qui haud aliter quam alatas id genus Sirenas repræſentant, tum non alias earum ſedes, quam in Siciliæ & Magnæ Græciæ ſeu Italiæ oris vulgo adſignarunt.

Ut vero in hos Sirenum ſcopulos impegiſſe intelligas ipſos antiquariorum anteſignanos, neque prætereundus hoc loco error Fulvii Urſini, qui cum in Gente Petronia traditam ſupra Parthenopes Sirenes effigiem erudite obſervaſſet, aliam tamen haud parum diverſam, obviam in denario Gentis Valeriæ, de Sirene quoque explicavit.

Neque enim Siren, galeata hæc avis & ſpiculis armata, ſicut Urſinus exiſtimabat, aut vero Harpyia juxta Antonium Auguſtinum; ſed STYMPHALIS, nota è ſcriptoribus ac Poëtis antiquis Arcadiæ volucris, de quo avium genere & ratione nominis Lucretius,

Lib. v.
—— unciſque timendæ
Unguibus Arcadiæ volucres Stymphala colentes.

quæ

DE PRÆST. ET USU NUMISM. 227

quæ nempe homines invadentes, juxta Comicum, pinnis ferratis seu spiculis emissis advenas conficiebant, æreis autem crepitaculis juxta Apollodorum, aut vero crotalorum strepitu cum **Diodoro**, ab Hercule fugatæ primum, dein sagittis confixæ **leguntur**, sicut præter alios Boethius, *Lib. 1. Biblioth. lib. v.*

Fixit & certis volucres sagittis.

Hinc videmus Herculem, in veteri nummo Stymphaliorum, in memoriam scilicet hujus beneficii, signatum cum inscriptione ΣΤΥΜΦΑΛΙΩΝ ΣΩ, Σωτηρ. nempe, seu servatoris illius tractus. Unde etiam *Herculeas aves* vocat illas Stymphalidas Claudianus, quo non possumus dare meliorem superioris nummi interpretem, *Lib. 1 v. Cons.ul. Philos.*

Audieram memorande tuas Stymphale volucres,
Spicula vulnifico quondam sparsisse volatu.
Nec mihi credibilis ferratæ fabula pinnæ
Visa diu, datur ecce fides, & cognitus Hystrix
Herculeas affirmat aves.

In Hystricem.

Agnoscis utique, *monstra hæc Stymphalia*, sicut **vocantur** Catullo, spiculis armata, & plane ad nummi fidem; quamvis Galeæ loco, cirrum iis in capite tribuentem Plinium norim; sed non mirum, armatam avem & ad prælia accinctam; Galea quoque à pictoribus aut cælatoribus antiquis ornatam. Ut certe haud parum sim lætatus in eandem de hoc Nummo sententiam incidisse quoque commendatissimæ famæ & eruditionis Virum, Nicolaum Heinsium nostrum; sicut ex litteris ejus ad virum omni laude virtutis ac doctrinæ ornatissimum Emericum Bigotium exaratis, haud ita pridem lubens percipiebam. Vides utique nihil fuisse huic monstro cum Sirene, præter alas, commune; quam non spiculis aut pinnis ferratis, sed aut Lyra *In Mandlium. Lib. x 1. cap. 37.*

Ff 2 aut

aut **Tibia**, ut supra videbamus, armant ac induunt **Veteres**; aut vero cum obscœnis illis Harpyis, si vel **A**pollonii vel **V**irgilii descriptionem de iisdem consulas, qui non spiculis rursus, sed contactu omnia fœdare illas docent. Adeo ut cum Pythia vate apud Æschylum exclamare liceat, **haud esse** diras illas volucres, quas utique aliter in tabula depictas vidisse sese meminerat,

In Eumenid.
  Οὐδ' αὖτε Γοργείοισιν εἰκάσω τύποις
  Εἶδον ποτ' ἤδη Φινέως γεγραμμένας.
  Δεῖπνον Φερούσας.

Signatas vero crederem (ut obiter hoc addam) has **aves** Arcadicas in denario hujus Valerii, vel in memoriam alicujus expeditionis in Arcadiam & vicina Stymphalo loca susceptæ; haud aliter ac à geminis id genus incolis, marinis monstris, Elephantibus, Camelis, **Crocodilis,** Maritimas, Africanas, Arabicas, Ægyptias victorias vulgo in nummis antiquis signatas nosti: Aut vero ad denotandam forte Familiæ originem, tanquam ex iis Arcadiæ locis in Italiam deductæ; consueto iterum Gentium Romanarum more, memoriam ejus rei symbolis id genus posteris prodendi, de quo alibi. A Sabinis quidem Romam translata gens Valeria, juxta

Lib. iv.
Halicarnassensem, Sabini rursus à Pelasgis; Arcadia autem olim Pelasgia, ut vel ex Stephano liquet, nuncupata. Ut mittam Arcadis Euandri ejusdemque comitum in Latio sedem; aut stellam in vertice capitis, anteriori parte ejusdem nummi expressam, quo Stymphalis depingitur, in memoriam forte Arcadum προστελείων.

Scyllam vero **cum** latrantibus canibus infima inguinum parte, obvius Sexti Pompeii denarius exhibet; figura ita Maronianæ descriptioni consentanea,

ut

ut illius nummi circa eadem tempora percussi interpres divinus Poëta extitisse videatur. De monstri vero hujus origine ac nomine, illud præter Grammaticos tradit Procopius, inde Scyllæ nomen ei inditum, quod in ea freti parte magna sit σκυλάκων seu canum pisciumcopia, quos catulos vocant. Alias idem monstrum quoque exhibet singularis quidam Nummus à Tarsensibus percussus, quem observabam nuper in Regia Gallorum Gaza, & cujus ectypum jam vulgavit Tristanus. Cerberum autem, Chimæram, utrumque triceps animal & Poëtarum itidem figmentum, depictum, haud semel nosti in vetustis nummis. Cerberum quidem cum Hercule ejus domitore in altera nummi parte, nummus Pisaoriorum apud Goltzium & eidem geminus in Gaza Medicea repræsentat; sicut eundem Herculem, Cerberum percutere paratum exhibent nummi Perinthi & Conticæ Heracleæ sub Gordiano percussi. Qui utique egregie illustrant id quod præter alios à Libanio traditum notaveram, & jam vidisse Tristanum postea deprehendi; domito demum illo monstro, conditam ab hoc Heroë urbem sibi cognominem Heracleam; in quam alias deductum ex inferis ab Hercule Cerberum refert Diodorus; Eundem rursus tricipitem Canem cum Plutone, seu juxta sedentis pedes, spectare licet in Gaza Medicea, in nummo insigni Trallianorum, cum Antonini Pii effigie. Chimæram vero non solum ostendunt vulgares Corinthiorum nummi, una cum Bellerophonte, sed & alii etiam Seriphiorum, cujus rei causam ignorare sese fatentur eruditi antiquarii. Haud aliam vero existimarem, nisi deductam forte in ea loca à Corinthiis Coloniam; sicut de illo more inde vulgo petendi gentis insignia agetur paulo infra. Ab Atheniensibus

sibus quidem deductos primum novi Scriphios ex Herodoto ; sed ita ut nihil obstet, alio tempore eosdem à
Corinthiis instauratos. Polydecten vero & Dictyn Se-
riphi conditores referri ab Apollodoro videas. Alias
non Bellerophontem quidem Chimæræ debellatorem, sed Perseum in Insulam illam appulisse memorant
auctores, qui adlato Gorgonis capite incolas in lapides
converterit. Ut non mirum sit proinde *Saxi Seriphii*
nomine ab Annalium scriptore eandem denotari, sicut
alias Origeni vocatur in opere contra Celsum, minima
& ignobilissima **Insula.** Neque prætereundum hoc loco, observatum à me alicubi in penu antiquaria Pyrrhi
Ligorii, quam habet Christina Augusta, nummum
Hadriani, in cujus itidem aversa parte Bellerophon
Pegaso vectus, & Chimæra depinguntur, cum loci nota ΑΛΑΙΩΝ ΚΙΛΙΚΩΝ. Interpretem vero illius
Nummi dabimus Stephanum Byzantium, qui in voce
Ταρσός observat, lapsum in terram cum Pegaso Bellerophontem, in solo hujus Ciliciæ Urbis oberrasse καὶ
ΒΕΛΛΕΡΟΦΟΝΤΗΝ & τῷ ΑΛΗΙΩ πεδίω πλανηθῆ-
ναι. **Idem vero** in voce Ἀλαί notaverat, urbem illam
esse Ciliciæ, à qua dictum sit Ἀλήιον πεδίον, & ad quam
etiam spectat hic nummus. Consona quoque his legas
apud Hesychium, in voce Ἀλήιον. Chimæram alias
cum Ibide calcantem Crocodilum, videre licet inter
editas Gemmas antiquas Leonardi Agostini. H y-
d r a m autem, non jam triceps, sed septiceps monstrum, ejusdemque debellatorem Herculem, signatum
quoque vidimus in variis Græcorum nummis, qui de-
cantatos illius Amphitryoniadæ labores subinde ante
oculos ponunt. Quo spectat præclarus quidam & plane singularis nummus Herculii Maximiliani, haud semel mihi inspectus in Gaza Christinæ Augustæ, & è
maxi-

maximorum, seu *Medaglioni*, quos vulgo appellant vestrates genere: in quo Hercules visitur Hydræ illius πολυκεφάλυ, cum qua decertat victor, cum inscriptione HERCULI DEBELLATORI. Per Hydram autem, renascentem post tot funera, Christianorum gentem intendit designare novus hic Hercules; qui de prostrata scilicet eadem ac triumphata, cum Jovio suo Collega, hoc apud posteros monumentum voluit perennare. Gemina laus utrique Augusto impie quæsita jam olim in veteri lapide, quem adtulit etiam eminentissimus Annalium scriptor,

DIOCLETIANVS IOVIVS. ET
MAXIMIAN. HERCVLÆVS
CÆSS. AVGG.
AMPLIFICATO PER ORIENTEM
ET OCCIDENTEM
IMPER. ROM.
ET
NOMINE CHRISTIANORVM
DELETO QVI REMP.
EVERTERANT.

Vides utique eum lapidem, luculentum nummi hujus commentarium, & utrumque vanæ haud minus quam impiæ jactationis monumentum. Sic Julianum in Epistolis audias Constantium vocare, πολυκέφαλον Υ- Epist. xxiii. ΔΡΑΝ, HYDRAM *multorum capitum*; ut germanum illius Cæsaris in Christianos odium agnoscas. Ita improborum quoque supplicia, Hydræ renascenti comparat alicubi gentilis itidem Libanius; sicut alias Pro- In Basilico. æresii æmulos sophista Eunapius. Neque vero ad Hydrum serpentem ab Hercule peremptum, ut vulgo mythologi, sed ad Hydram quandam mulierem sophisti-

ces

In Euthy-
damo.

ces peritam, & ab Hercule non citra opem Jolai fratris devictam retulit jam olim eam fabulam Plato. Quod proinde symbolum, Hydræ nempe nummo, de quo agimus, expressæ, haud **male scilicet** in Christo addictorum sectam, & sociam utriusque Augusti in eadem debellanda operam, quadrare furentibus videbatur. Alias adinstar hujus Hydræ, ceu Draconis vulgo cum septem capitibus depicti in iisdem nummis, ἑπτακεφάλυς Dracones apud Brachmannos exstitisse observantem lego Damascium in vita Isidori apud Photium. Quamquam novem etiam capita videas alios huic Hydræ adscribentes, atque inter eos Gregorium Nazianzenum, eo loco, quo apposite has ipsas quatuor, de quibus agimus, multicipes belluas commemorat ac describit; & cujus locum proinde, ut luculentum sequentium Nummorum interpretem haud pigebit hic adponere;

Tom. 1.
Orat. 111.
in Julian. 1.

τὴν ΥΔΡΑΝ ᾗ οὐδεὶς πώποτε εἶπεν ἥμερον, ὅτι ἐπτὰ κεφαλὰς ἀντὶ μιᾶς περιβάλλετο· ἔτι τῷ μύθῳ πιςεύειν· οὐδὲ τ̅ Πατερικὴν ΧΙΜΑΙΡΑΝ, ὅτι τρεῖς κ̀ ἀνομοίας, ὥςε εἶναι φοβερωτέραν· ἢ τ̀ εν ἅδε ΚΕΡΒΕΡΟΝ, ὅτι τοσαῦτας τι κ̀ ὁμοίας· ἢ τὸ θαλάττιον κακὸν τ̀ ΣΚΥΛΛΑΝ, ὅτι ἐξ εν κύκλῳ κ̀ φοκλοςάτας. *Atqui* HYDRAM *nemo unquam mansuetam dixit, quod novem capita pro uno proferret; nec Pataricam* CHIMÆRAM, *quod tria ac diversa, ut terrorem majorem adferret; aut illum apud Inferos* CERBERUM, *quod totidem & similia; aut* SCYLLAM, *æqoream pestem, quod sex in orbem, maximeque horrenda.* Mitto quæ in hac descriptione non videntur satis consentanea iconibus horum monstrorum, quas exhibent nummi antiqui; ut quum vel Hydræ, ut diximus, novem, aut Scyllæ sex in orbem capita tribuit, quum tria tantum ima inguinum parte eidem adscribant denarii Gentis Pompeiæ. Novi enim aut quam diversa nonnunquam de iisdem rebus tradant

DE PRÆST. ET USU NUMISM. 233

tradant antiqui fabulatores; aut quantum sibi nonnunquam pictores ac cælatores jam olim indulserint in iisdem exprimendis; aut denique quam veniam mereantur, qui in talibus recensendis minus se præstant accuratos. Verum ut habeant otiosi, quo ad illas horum Monstrorum Imagines, veterum id genus Auctorum de iis loca, & Poëtarum, quas ferunt fabulas jucunde exigant, en cum SCYLLAM biformem cum latrantibus Canibus, tum tricipitem CERBERUM; CHIMÆRAM triformem; septicipem HYDRAM; qualia in antiquis Nummis, cum suis debellatoribus Bellerophonte aut Hercule depinguntur. Neque enim hæc antiquariis solum scribimus, aut iis quibus obvia id genus monumentorum supellex continuo ante oculos posita, & quibus proinde levia hæc & trita forte videbuntur.

234   Dissertatio Tertia

Gryphas autem & Pegasos, alata & fabulosa monstra, Græcorum & Latinorum nummi frequenter repræsentant, quamquam de postremis videatur dubitare Plinius, an eadem fictitiis velit adnumerare: Æthiopiam enim multa similia monstra generare, pennatos equos & cornibus armatos, quos Pegasos vocant, alicubi agnoscit, at alibi, *Pegasos, equino capite volucres, & Gryphas aurita aduncitate rostri, fabulosos reor, illos in Scythia, hos in Æthiopia.* Ctesias vero in Indicis, veros id genus Gryphas agnoscere non veretur; ut alios mittam, quibus ad Euphratem traduntur inspecti, & proinde Εὐφρατήσιοι χρύπες nuncupantur; aut Magistrum Benjaminem, cui תנשר הגדול הנקרא גריפו *magna Aquila Gryphes dicta.* Marinos autem Gryphas, in caudam nempe tortuosam desinentes, videre licet in nummis Ycliton apud Goltzium. Quod vero hic minime licet præterire, occurrit apud Tristanum nummus cum Gryphe & adscriptis litteris ΠΑΝ, quas ad Panem continuo refert, quem inde colligit priori nummi parte signatum, atque inde longam de Pane ῥῆσιν instituit. At vero ab ea facile potuisset ibi supersedere nobilis antiquarius. Neque enim Panem, sed Panormitanos Siculos innuunt initiales illæ litteræ ΠΑΝ, ut mihi continuo liquebat ad primum nummi apud Tristanum intuitum. Ita enim noveram signatos frequentissime Panormitanorum nummos. Et consultus mox Paruta id verissimum docuit, qui eundem inter Panormitanorum nummos refert.

Lib. VIII. cap. 21.
Lib. X. cap. 49.

In Itinerario.

Tom. III. Comment. pag. 85.

Idem

DE PRÆST. ET USU NUMISM. 235

Sicilia Pa-
rutæ &
L. Agostini
Tab. IX.

Idem vero ille nummus, quem expressum à Tristano
reperies. De barbata & hirsuta figura consule Augustinum Jueges in Annalibus Panormitanis, quibus tra-
ditos à Paruta nummos Panormi inseruit & explicavit. Gryphem quod spectat, & de quo hic sermo
vertebatur, haud mirum eundem, qui Apollini,
ut supra vidimus, sacer habebatur, frequenter nummis variorum locorum insculptum. Eundem certe
crebro etiam signant nummi ejusdem Insulæ Syracu-
sani. Vetus alias Panormi insigne, non Phœnicem exstitisse, ut nonnulli crediderant, sed Aquilam, ex antiquis id genus Panormitanorum nummis colligit vir Marianus
doctus in scripto vernaculo Antiquitatum Panormi- Valgarnera
tanarum. Gryphis vero vulgo haud dissimiles P E G A- di Paler-
s I, quod nomen alias velocibus aut Circensibus Equis mo.
tributum itidem nosti; quo & adludit Ausonius, ex
emendatione viri magni,

Pegasus hinc dexter currant, ibi lævus Arion,
Funi sed quartum det tibi Castor equum.

Sic alium Pegasum, multis quidem palmis nobilem,
sed tandem ad pistrinum infelici fato condemnatum,
& eo nomine cum Thessalia patria sua expostulantem
legas in veteri Epigrammate incerti auctoris,

Σοὶ πάτερ, Θεοσαλίη πωλοτρόφε μέμψιν ἀνάπλω,
ΠΗΓΑΣΟΣ ἐς ἀδίκε τέρμαζω ἰωπάσπ.

DISSERTATIO TERTIA

Neque vero multo felicius fatum nobilioris hujus, de quo agimus, Pegasi; à cujus fracto nempe calcaneo, & impresso ejusdem vestigio, caput Ciliciæ Tarsum denominatam tradit Polyhistor ille Alexander apud Stephanum Byzantium, & Avienus,

Impressæque solo liquit vestigia calcis.

A sessore vero ejus Bellerophonte, & inde orta pedis claudicatione, urbis etymon deducere malebat Thrax Dionysius, eodem Stephano auctore. Certe adhuc hodie rei seu fabulæ memoriam signare videtur impressus in Tarsensium nummo Mediceo, percusso temporibus Alexandri Severi, pes aut vero crepida. Haud aliter ac Lacedæmone olim locum quendam Sandalium appellatum tradentem lego Ptolemæum Hephæstionem apud Photium; ab Helenæ itidem Sandalio, quod illic exciderat, dum eandem Alexander persequitur. Σανδαλιῶτις alias dicta olim Sardinia, ut pro Σανδαλώτη bene apud Hesychium emendarunt viri docti, à figura, ut videtur, Sandalii. Cæterum ut *Pegasi*, sic *Volucres* dicti celeres id genus equi, qualis ille cui simulacrum aureum crexisse L. Verum Capitolinus refert, aut nonnunquam *Phœnices*, *Coraces*, sicuti Cleosthenis Equi apud Pausaniam; vel etiam *Aquilæ*, ut in veteri Epigrammate,

Ὀξὺν ἀελλοπόδων λάμψας πλέον ΑΙΕΤΟΣ ἵππων

aut nonnunquam *Aquilones*, ut in saxis antiquis, & qua ratione *Ventosos* eosdem jam olim dixit Ovidius,

Primaque ventosis palma petetur equis,

hoc est juxta Silium, de Equo itidem Circensi, *& ventos post terga relinquit*. Hyginus autem de Oenomao, *Equos aquilone velociores habuit*. Sed ut ad Pegasum redeamus, occurrit ille frequens in nummis Corinthiorum insigne, vel solus vel cum sessore Bellerophonte, modo cum

DE PRÆST. ET USU NUMISM. 237

cum Leone, modo cum Chimæra depugnante, inscr.
COL. L. JULIA. COR. seu *Colonia Laus Julia Corinthus.* Quo etiam referendi duo denarii Gentis Cæciliæ, à diligentissimo hujus memoriæ investigatore Patino primum editi.

Neque enim illi, quod arbitrabatur Vir amicissimus, ad Duumviros ad frumentum emendum, sed ad Coloniam Corinthum ab illis Duumviris deductam, omnino sunt referendi: sicut CORINT. etiam nomen in priori alterius denarii parte expressum satis aperte denotabat. Unde etiam his denariis nomina & memoriam debemus eorum ducum, à quibus excitatum denuo clarissimum illud Græciæ lumen. Veneris autem caput in altera nummi parte cum Corinthi inscriptione satis arguit, quam venuste urbem eam vocarit elegantissimus Orator, omnium urbium quæ sunt, aut quæ fuerunt VENUSTISSIMAM, πόλιν τ̓ ἡδιῶν τε καὶ χαριεστέρων ΕΠΑΦΡΟΔΙΤΟΤΑΤΗΝ. Ut mittam quæ de Veneris apud Corinthios fano & cultu è veteribus, Strabone puta, Pausania, aliisque jam nota: aut quod

Dio Chrysost. in Corinthiaca.

vete-

veteres Grammatici docent, Κορινθιάζεμεν idem esse quod ἑταιρεῖν, aut quod adhuc fœdius, τὸ μαςρωπεύειν. Ut proinde satis opportune moneta illa Corinthiorum Pegaso signata, πῶλ@· iisdem juxta Pollucem vocaretur; καὶ ΠΩΛΟΣ τὸ ΝΟΜΙΣΜΑ τὸ ΚΟΡΙΝΘΙΟΝ ὅτι ΠΗΓΑΣΟΝ ἔχει ἐκτετυπωμένον; PULLUS *autem dicitur Nummus* CORINTHIUS, *ideo quod* PEGASUM *haberet insculptum.* **Ea autem voce,** non pullus solum, ad quem ibi **respicit Pollux**, sed præterea merx illa Corinthiorum vendibilis, si Hesychium consulas, vocabatur; Πῶλ@· ἑταίρα, πώλας γὰρ αὐτὰς ἔλεγον, οἷα Ἀφροδίτης πῶλας. Unde & Euripides olim, περὶ τῶν ἐν Κορίνθῳ, ἑταιρίδων, (ut citatur eidem Polluci alia occasione hic locus) seu de Corinthiacis agens prostibulis, καὶ τὰς μὲν ἀξεὶ πῶλον ἀνειδεῶς.

Illud præterea ex iisdem Pegasis, aut πώλοις Corinthiacis colligas, cur in priscis Corcyræorum & Syracusanorum nummis, obvius passim occurrat Pegasus. De postremis res obvia in Sicilia Parutæ à Leonardo nostro recensita; & nos quoque haud unum hujus generis nacti sumus nuperrime in illa ipsa Syracusarum urbe. Corcyræorum vero Nummum cum signato Pegaso Severi temporibus exhibet Gaza Medicea, & alterum cum Plautillæ effigie, νομισμα Augustæ Christinæ. Corcyræ nempe sicut & Syracusarum Metropolis, quod Thucydides aliique authores docent, Corinthus. Retenta autem vulgo à Coloniis ceu Filiabus, Matris suæ insignia, & eadem publicis monumentis, ad memoriam prodendæ originis, consueto more contestata; quod vel hæc nummorum supellex clarissime nobis ante oculos ponit. Hinc idem Pegasus in nummis Ennæ Siculæ Urbis signatus, quippe à Syracusanis, quod Stephanus tradit, conditæ. Neque aliud arguunt
vel

vel frequens *Minotaurus*, in aliis Siculis urbibus, vel *Hercules* in Thasiorum, vel *Noctua* in Lebediorum Nummis, (ut sexcenta id genus mittam) nisi id quod aliunde etiam constat, à Cretensibus, Tyriis, Atheniensibus, eosdem illos populos propagatos. Ut vel inde satis liqueat, quantum lucis ad Geographiam **veterem,** & locorum origines emendandas, conferant id genus monumenta. Sed hæc alterius loci. Neque tamen Corinthi solum, aut Coloniarum ab ea deductarum, sed Africæ etiam insigne Pegasum videas in antiquis **aliquot** nummis, ob celerum nempe Equorum in ea regione proventum, ut bene jam monuit Cl. Tristanus. Præclarus autem alius quidam Antonini nummus, in quo apparet Mercurius Pegasum manu ducens; qui scilicet Aquilæ vice, alterum illum Ganymedem in cœlum veheret. Quo spectat alter insignis à Cl. Seguino nuper vulgatus, qui eundem catamitum exhibet sublimem inter Gryphis alas vectum: aut similiter Pegaso raptus in cœlum, ut Tristano visum, Augustus, ut Peireskio Marcellus, aut juxta Rubenium (cui & ego adsentior) Drusus Germanicus, in illa incomparabili Gemma Tiberiana. Honestiori utique vectura sublati in Deorum sedem, quam Vulcanus ille κεραπίας; quem Asino alato, in cœlum à Baccho reductum, **apud Ari-** In Bacstidem legas. Mitto enim aut Comam Berenices ab chum eodem Equo alite in cœlum deportatam, juxta Catullum, aut eodem vectam vel Auroram, vel filium ejus Hesperum, juxta Lycophronem, aliaque prisca monumenta, quod jam erudite observavit Belgarum par insigne, Gevartius ac Rubenius.

Centauri & Minotauri, ut feritate, ita forte nascendi æquales, si Plutarcho credimus & Phlegonti Tralliano, qui ex promiscuis hominum & belluarum

DISSERTATIO TERTIA

rum congressibus nata hæc monstra credidere. Geminum legas in eam rem apud Philonem locum, qui ut Minotaurum ex Pasiphaes cum Tauro concubitu, ita ex infandis id genus hominum bestiarumque συνουσίαις, tradit natos forte Centauros, Chimæras, aliaque id genus monstris similia. Quæ ratio forte vel authoritas movit beatum Hieronymum, ut dum visum Eremitæ simile monstrum refert, in incerto ponat quæ de illius natura ac veritate dicuntur: quod alias refellit Lucretius,

Ne forte ex homine & veterino semine equorum
Confieri credas Centauros posse;

& cum Lucretio, ut alios mittam, non Palæphatus solum, sed aliquanto majoris auctoritatis Galenus. Hunc enim videas aperte negantem ἱπποσκελῆ ejusmodi ἄνθρωπον, aut ἱππάνθρωπον (ut hoc monstrum vocat, haud aliter ac Maimonides in præclaro opere, אדם םים, hoc est, *Equum Hominem*) posse ex infandis id genus congressibus procreari, & Pindaro, utpote Poëtæ condonandum, à quo traditum sit, homines quondam Magnesiis equabus mixtos; unde continuo natus sit mirabilis exercitus, matribus quidem inferne, supra autem patribus similis. Plura audies eam in rem disputantem, in insigni illo de usu Partium commentario. Ut certe non ferenda sit vestratis F. Angeloni credulitas, optimo jure à Cl. Tristano jam castigata, dum ideo Centaurum in Gallieni nummis depictum statuit, quod scilicet ejusmodi monstrum Populo Romano exhibuerit spectandum Gallienus. Equidem haud unius generis nummi ita Centauros illos exhibent depictos, præter residua adhuc veterum statuarum monumenta, ut fabulosa monstra facile sese prodant. Hinc marem etiam & feminam Centauros spectamus in pulcherrimo

Num-

Lib. de special. legib.

In vita Pauli Eremitæ pag. 238. edit. Froben.

More Nevoch. Part. I. cap. 60.

Lib. III. de usu Partium pag. 392. edit. Græc. Basil.

DE PRÆST. ET USU NUMISM. 241

Nummo Juliæ Severi à Cl. Seguino evulgato, currum Liberi Patris trahentes, & feminam quidem inflantem fistulam.

Reliqua quæ ad præclari hujus nummi explicationem faciunt, petere licet ex eodem Seguino. Bacchum quidem itidem cum Ariadne sedentem exhibet alius nummus Faustinæ junioris, ab iisdem Nicæensibus percussus. Illud vero spectamus hoc loco Centaurorum ministerium, quale utrique præstant in superiori nummo, ut non mirum sit Centauros Baccho militantes, legere passim in Nonni Dionysiacis. Neque aliter Centaurus sagittarius occurrit comes Baccho adjunctus, aut Prusiæ sub Bacchi habitu depicto, in antiquis hujus Regis nummis Mediceis. Similem quoque Centaurum exhibet in eadem Gaza Medicea nummus Antonini Pii Ægyptius: Ut inde liqueat mos vetus Centauros illo habitu in nummis signandi, quem à Gallieno repetitum arguunt varia ejusdem numismata cum Centauro id genus Sagittario, & inscriptione Apollinis. Sagittarius enim, quod jam viderunt viri docti, vulgo in Dianæ tutela & Apollinis. Bacco itaque juxta & Apollini Centauri illi in antiquis nummis aut monumentis adscripti, unde & Manilius illustratur,

Et Phœbo sacer ades, & una gratus Iaccho   L b. 1.
Crater, & duplici Centauri imagine fulget.

Alias idem quoque ministerium, quod Libero Patri in supe-

In Gaza Christinæ Augustæ.

Vid. lib. v. XIV. & XXXIII.

superiori nummo, aliis quoque exhibentes cernimus hos ἱππανθρώπες. Sic Bigas Triumphales quas duo Centauri trahunt, memini me vidiſſe inter nummos Trajani Gazæ Farneſianæ. Victoriam quoque cum Bigis Centaurorum notavi rurſus in alio Trajani nummo Ægyptio. Centaurorum etiam Quadrigas eandem operam Herculi præſtantium exhibet nummus M. Aurelii, cum inſcriptione TEMPORUM FELICITAS. Quum tamen Centauros Herculem fugientes, ſuavi Sirenum cantu periiſſe tradat Ptolemæus Hephæſtio apud Photium, & inde Sirenas dictas Lycophroni Centauricidas. Quemadmodum vero Bacchum & Ariadnen à duobus Centauris in ſuperiori nummo Nicæenſium, ſic vel à duabus Pantheris ductos videas, ut in nummo Magneſiorum Trajani Decii, modo etiam à Satyro & Panthera ut in ſequenti numiſmate, cujus ectypum mihi indulſit illuſtris antiquarius Franciſcus Gottifredi.

In Gaza Buberini.

Percuſſus ille nummus, ut vides, ſub Antonino, Pio, ac ut licet augurari, in aliqua celebritate Bacchanalium. De Satyro vero aut Panthera Bacchi vehiculo ſubjunctis, trita omnia, & in ſuperioribus etiam excuſſa.

De PHOENICE vero, res forte anceps cuipiam videri poſſet, an continuo in hanc fabuloſorum animalium claſſem veniat adſcribendus. Equidem illibenter,

non

DE PRÆST. ET USU NUMISM. 243

non Tacito jam dicam, Plinio, aliisque id genus auctoribus, sed tot sanctissimis Viris, Clementi, Tertulliano, Origeni, Cyrillo, Gregorio Nazianzeno, & geminis sermonibus cogimur dicam mendacii scribere, qui aut veram, aut dubiam vel *possibilem* saltem de Phœnice narrationem credidere. Postremum certe videas omniscium Origenem haud refugientem in præclaro opere contra Celsum; quod ab aliis rursus nosti impugnatum, qui nullum id genus animal μοναδικὸν esse posse statuerunt, & quorum sententiæ lubentius & nos quoque suffragamur. An vero Græcæ vocis apud Regium Vatem homonymia, & Palma in Syagris renascens, cujus Plinius meminit, occasionem illi de Phœnice fabulæ dederit, ut nuper observabat doctissimus Bochartus, fateor equidem haud mihi continuo probari. Ut enim demus sacros Christianorum Antistites, illa vocis Φοίνιξ@- apud Regium cantorem ambiguitate deceptos; at certe nemo dixerit eandem imposuisse Herodoto, aliisque antiquissimis inter Gentiles scriptoribus, à quibus traditam, & non à se repertam illam de Phœnice narrationem, avide in suos usus pii Antistites transtulere; Eo nempe consilio, quo irrisum & explosum adversariis resurgendorum aliquando corporum Mysterium, familiari apud ipsos Gentiles symbolo, adumbrarent tuerenturve; quod primum omnium nec perfunctorie factum à vestrate Clemente in aurea illa ad Corinthios Epistola; quod cedro & auro omni præstantius aurei sæculi monumentum Britannico orbi, ab annis haud ita multis acceptum ferimus. Inde etiam Phœnices vulgo in Cœnotaphiis Martyrum depictos, tanquam resurrectionis symbolum, liquet ex Actis Passionis S. Cæciliæ, ut jam observarunt viri docti. Illud vero sanctissimorum ho-

Lib. IV.

Lib. XIII. cap. 4.

Hh 2   mi-

minum institutum egregie vel firmant vel illustrant obvii passim in nummis consecratorum apud Romanos Phœnices; qui Gentilium sententiæ de Augustis suis è busto ad cœlum prosilientibus, & in novam eandemque æternam vitam adsertis, prodita symbola adhuc hodie conspiciuntur. Hinc solemnes illæ inscriptiones, depicto Phœnici adscriptæ, ÆTERNITATI AUG.; ne miremur *æternam avem* dictam jam olim Claudiano,

Æternam ne perdat avem.

aut vero illud Christiani Vatis apud Eusebium, post recitatam de Phœnice Gentilium narrationem,

Ἑλληνικῆς Ἑλένης ἐξ αὐτῆς λόγοις
Πάσητε, λοιπὸν τὴν ἀνάστασιν σίβων.

Græci ergo Græcis fabulis si creditis,
Ne jam negetis suscitari mortuos.

Unde Christianis etiam Cæsaribus idem novæ vitæ, vel novi quasi & fortunati quidem sæculi symbolum frequentatum. Præclarum inprimis ejus rei argumentum præbent obvii alias Nummi Constantini Junioris, in quibus Phœnix modo supra rupem, modo supra sphæram, ut in sequenti nummo, collocatus cernitur, cum memorabili illa inscriptione, FEL. TEMP. REPARATIO, seu *Felix Temporum Reparatio.* Cui insuper præmittemus insignem alium Nummum magni Constantini parentis, in cujus aversa parte occurrunt duæ figuræ cum Globo, supra autem Phœnix itidem radiatus, cum inscriptione illis temporibus familiari GLORIA SÆCULI VIRTUS CÆSS. Ejus autem iconem exprimendam curavimus beneficio viri commendatissimi nominis, Amplissimi Joachimi Camerarii nostri, præclari illius Nummi possessoris.

Ubi

DE PRÆST. ET USU NUMISM. 245

Ubi videas nempe Phœnicem eadem figura, qua illum nobis Herodotus, Plinius, Solinus, vetus Poëta apud Eusebium, Claudianus, aliique tradidere; Aquilæ nempe magnitudine cum plumeo apice seu *corona radiata*, quam in ejus descriptione *solis imaginem* vocat Achilles Tatius; ut facile inde sacrum soli animal & Horo in Hieroglyphicis, dictum *solis symbolum* adsequamur. Lib. 111.

ACCEDUNT præterea alia quædam cælata in Nummis id genus monstra, quibus symbolorum aut Naturæ Interpretes, possunt industriam suam excitare aut ornare luculentius. Unum quod inter Hieroglyphica Ægyptiorum animalia retulerim, exhibet Nummus Mediceus Hadriani, in quo cauda, corpus & pedes Leonis, pectus Crocodili, caput Isidis cum flore, & desuper

De Monstrosis Animalibus in Nummis.

Hh 3　　　　　　　　　Sphinx

246 DISSERTATIO TERTIA

Sphinx cum rota. Hæc enim omnia Ægyptium nummum satis arguunt, & mea sententia, juxta familiaria illis symbola, Lunæ concordem cum Sole in hæc inferiora virtutem, & recurrens statis vicibus Jovis sui Ægyptii incrementum. In vicina quidem Æthiopia haud unum agnoscit monstrum Plinius, ex variis id genus animalium formis concretum, collo etiam, cauda, pectore Leonis, cætera diversum. Neque alienus ab hoc loco Nummus quidam plane singularis Gordiani Pii à Nicæensibus in Bithynia percussus, in quo figura inequitans monstro, capite equino, cum brachio veluti loco **dextri** pedis baculum serpenti involutum apprehendente, priori sinistro pede humano, duobus posterioribus equinis, cauda vero instar serpentis inflexa. Eques autem ipse ornatus galea ac thorace, dextra coronam tenens. Ipsa vero monstri inscriptio haud minus singularis, ΙΠΠΟΝ ΒΡΟΤΟΛΟΔΑ ΝΙΚΑΙΕΩΝ. Sed operæ pretium est, ipsam rarissimi & plane singularis Nummi iconem conspiciendam dare, beneficio Christinæ Augustæ, cum aliis id genus ex Regia vere ejus Gaza depromptam.

Lib. VIII. cap. 21.

Quid autem monstri alat hæc figura, fateor me juxta ignarissimos scire, neque ad quam vel histrioniam vel fabulam adludat hæc inscriptio, adsequi adhuc certo potuisse. Neque vel ex antiquis Strabo, vel Dio Chrysosto-

DE PRÆST. ET USU NUMISM. 147

softomus, vel Memnon apud Photium, aliique, qui multa de hac primaria Bithyniæ Urbe, ejusque vel Conditoribus, vel Tutelaribus Diis, Hercule, Baccho, Nicæa, Naiade, cæterisque observarunt, vel quos consului, eruditi monumentorum id genus interpretes, facem hic mihi prætulere. Si Arriani opus exstaret, **quo τὰ μυθικὰ** Bithyniæ complexus apud Photium **traditur**, aut Alexandri, Menippi, Demosthenis commemorata antiquis Grammaticis Bithyniaca, haberemus forte hanc rem magis explicatam. Quo loco mihi in solatium occurrit magni illius Herculis Musarum, Josephi Scaligeri confessio, profitentis tam multa in Nummis & inscriptionibus antiquis latere, quæ nos fugiunt, & ex quibus tot præclara ac recondita liceret eruere, si illa utique possemus adsequi. Alius quidem Nummus ejusdem Gordiani & ab iisdem Nicæensibus signatus, Bacchum eumque seniorem illum Barbatum exhibet, cujus cum ^a Diodorus meminit, tum ad Demosthenem ^b Ulpianus, Pantheræ super incubantem; urbis nempe illius προτυπωρα, ut supra notabamus, cum Victoriam, quam gestat, & quæ ad Nicææ nomen videtur adludere.

^a In Scaligerianis pag. 222.

^a Lib. IV.
^b Ad Orat. περ. μυθ.

Sed nihil Nummus ille ad priorem, neque magis alter Macrini Nicææ itidem percussus, cum figura monstro simili, non Equo quidem sed Elephanti insidente, quem videbam nuper in Collegio Claromontano Parisiensi. Cebos quidem Simiæ genus, priores pedes manibus,

nibus, posteriores autem humanis pedibus similes habuisse, supra ex Aristotele & Agatharchide tradebamus. At non Simiam hic, sed Equum cum dextra & pede humano, eique insidentem Equitem licet intueri. Ne quid tamen hic intentatum relinquamus, crederem facile ipsum Gordianum designari illo emblemate Bithyniam peragrantem, & quasi alterum Æsculapium, ceu gratum salutis auctorem conspicuum iisdem factum. Designati enim vulgo, ut nosti per Figuras Cæsarum Equestres, eorundem Adventus, & quidemaliquoties in residuis hujus Gordiani nummis. Instar vero præsentis Æsculapii exceptum à Nicæensibus arguere videtur baculus ille serpente involutus, familiare hujus Epidaurii Dii symbolum, cujus etiam, ut antea monebamus, præ numinibus aliis salutares & frequentatæ vulgo apud Græcos Epiphaniæ. Æsculapium certe Nicææ cultum, haud minus ac Epidauri liquet ex Nummo Antonini Pii, in quo Æsculapius cum serpente ac epigraphe ΣΩΤΗΡΙ ΑΣΚΛΗΠΙΩ ΝΙΚΑΙΕΙΣ. Ut mittam Acesium juxta Æsculapium, & in ejus æde cultum apud Epidaurios, in alio nummo eorundem Nicæensium obvium, sicut præclare eruit illum & explicavit Tristanus. Neque cuipiam mirum videbitur, apprehensum aut gestatum ab illo Equo Æsculapium, qui equorum simul & hominum salutem huic Deo Epidaurio curæ olim fuisse meminerit, & eundem proinde juxta Equestrem Neptunum, invocari ab Hierocle in præfatione Veterinariæ Medicinæ, κεκλήσω δ' ἡμῖν συμφορεῖς ᾧ λέγω τῶ δὲ, ποσειδῶν τι ἵππει۞, καὶ ὁ ᾧ τ̃ ἀνθρώπων ᾗμοις ΣΩΤΗΡ ΑΣΚΛΗΠΙΟΣ, ᾧ παντῶς πα κ̀ ἵππων μέλῃ; *Invocentur vero & nobis operis hujus adjutores, Neptunus quidem Equestris, humani autem generis* SERVATOR ÆSCULAPIUS, *qui omnino etiam* EQUORUM CURAM *gerit.* Neque
alias

DE PRÆST. ET USU NUMISM. 249

alias à Gordiano abludens hujus Equitis effigies, maxime si Græcorum & Barbarorum nummorum rationem habeas, in quibus vulgo Cæsarum minus decoræ & inconcinniores formæ conspiciuntur, & adeo nonnunquam, ut fatente Cl. Seguino, Imperatores isti non vultu, sed solo nominis indicio agnoscantur. Ut certe id in eos quadret, quod de primis nascentis **picturæ** rudimentis observat alicubi Ælianus, adeo **rudi & imperita** arte effecta à pictoribus animalia, ut necesse haberent ad ea adscribere, hoc est Bos, Equus, Arbor. Accedent vero firmandæ huic conjecturæ, aliorum quoque Cæsarum cum monstris cælatorum figuræ, in aliis barbaris & Ægyptiis nummis. Talis Hadrianus cum monstro Cynocephalo, in Nummo ejusdem Cimeliarchii inclytæ Reginæ. **Ut** jam mittam Isidem monstro etiam insidentem cum Sistro, quam Faustinæ nummus exhibet in cadem Gaza. Sed hoc fateor turbare videtur inscriptio illa superioris Nummi, ΙΠΠΟΝ ΒΡΟΤΟΛΟΔΑ ΝΙΚΑΙΕΩΝ, quæ & sensum reconditum & vocem Helladi hactenus, quod sciam equidem, inauditam videtur continere. Βροτοδαίμονας quidem novi dictos Græcis post mortem cœlo insertos, **ut** ex Hesychio constat; sicuti alias βροτολοιγόν, **Martem** Homero, quod nemo ignorat, Amorem **autem in** veteri Epigrammate, quod Argentario, **in** Anthologia adscribitur, nuncupatum. Unde haud difficulter licebat illas voces in nummo distinguere, & supplere ΙΠ**ΠΟΝ ΒΡΟΤΟΛΟΙΓΟΝ ΔΑΙΜΟΝΑ ΝΙΚΑΙΕΩΝ**, *Equum hominum perniciem, Genium Nicæensium.* At non continuo licebat adsequi, quomodo illud attributum huic Equo conveniat, qui Æsculapii salutare numen apprehendit, ac proinde salutis potius quam perniciei auctor statuendus. Facessant certe præ illo Equite ci

In select. Numism.

Lib. x. Var. hist. c. 14.

Lib. 1. Epig. 77.

insidente, Bellerophontes, Persei, Antinoi, aliique in Pegaso, aut Gryphe sublimes; Hoc vero Equinum monstrum cum humano pede & brachio, quo Epidaurium Serpentem tenet, opportune mihi in **memoriam** revocat simulachrum illud apud Phigdenses Arcadas, In Arcadi- cujus meminit Pausanias, Equino itidem capite, corpore tunica velato, **una** manu Delphinum, altera Columbam tractans. **Aliud** quoque in Syracusanorum nummis suppeditat **Gaza Medicea**, capite itidem Equino, cauda bifurca, stipiti incumbens, & Draconi cætera simile. Alterum rursus in iisdem videas alatum, Equino capite, cum duabus tibiis equinis, infra pectus caudam serpentinam. De quibus proinde usurpes ilOrat. 1. lud Gregorii Nazianzeni, Θηρίον ἐκ πολλῶν θηρίων συγκείμενον πολυειδὲς καὶ πολύμορφον *ex multis belluis conflatam variam quandam & multiplicem belluam*. Neque Serpens ille prætereundus, Equi dorso impositus, in rarissimo nummo Ægyptio Domitillæ Augustæ, Vespasiani Conjugis, quem vidisse contigit in Museo Lomeniano Cl. Patini, ac pro solita ejus comitate, illius ectypum ab eodem impetrare.

Similem etiam Nummum habet Gaza Medicea sub Domitiano percussum. Referendum vero illud monstrum ad hieroglyphica id genus Ægyptia, ex diversis animantibus vulgo apud eos conflari solita; sicuti ex Porphyrio supra videbamus, aliisque antiquis eorum monumentis paullo ante commemoratis, & de quibus
iterum

DE PRÆST. ET USU NUMISM. 251

iterum Nazianzenus Ægyptum alibi compellans, secunda nempe in Julianum Philippica; τ' ἄλλα τι ὅσα πλάσμασι ἢ γραφαῖς ἐπ' ἴσα συνιδεῖτα καὶ ἀλλήλοις; aliaque quot- Tom. 1. quot conficta tibi aut picta animalia, è diversis generibus con- Orat. iv. flata & prodigiosa. Ex his autem quæ supra adtulimus, abunde colligas, familiarem imprimis illi genti petitam à Serpente vel Dracone mixturam, ob divinitatem vel providentiam ei animalium generi passim apud eos tributam; ut ex præclaris & antiquis eorum Nummis luculenter demonstratum. Alias ut equitantem hic vides Serpentem, sic rursus Serpenti instar Equi vel Cameli inequitantem samaclem, hoc est satanam, è libro Medrach tradentem legas Magistrorum doctorem in laudato supra opere. Cæterum plura id genus ex vete- Maimonid. rum Nummorum penu erui adhuc possent; unde iis Mor. Nevoch.p.11, qui monstra vel vera vel fabulosa congerunt, uberior cap. 30. materia diligentiæ & contemplationis suppeteret. Haud inanem illam insuper ad mysteria veteris sapientiæ, aut obscura nonnunquam auctorum loca illustranda, facile unusquisque intelligit. Ita quidem, ut abunde de illorum judiciis securus in posterum esse debeam, qui ad aliquam Naturalis Historiæ lucem nihil omnino conferre, id genus monumenta hactenus credidere; aut qui meam hac de re sententiam, nimio cuidam erga Helenam, quam ornandam hic suscepi, studio & amori videbantur forte tribuere. Equidem quando id veris & novis ferme probationibus non vicissemus, luculentos ejus rei testes ac præcones dare hic possem, in hoc ipso naturalis historiæ argumento, aliorum industriam & conatus quodammodo supergressos. Unus est Ulysses Aldrovandus in Herculeo opere, qui Nummorum subsidium ad ejus illustrationem frequenter advocasse haud contentus, amplissimum alicubi hoc iis

Ii 2 testi-

Ornitholog. lib. 11. de Aquila. testimonium præbuit, *Ut modo studiosi omnis Antiquitatis utilitatem aliquam ex nostris hisce Naturæ historiis percipiant, suis propriis ac aptis locis* Numismatum *Imperatorum, aliarumque Familiarum antiquissimarum, & præsertim Aquilæ inscribuntur, utrumque latus declarare decrevi: Atque id eo lubentius facio, cum cognoscam hoc eruditissimo sæculo in maximo haberi honore illa studia in quibus variæ traduntur Historiæ, &* Præsertim illa quæ ad Numismatum, *Marmorumque antiquorum lectionem spectant.* Multa enim sub eorum cortice latent mysteria naturæ, *quæ maxime & perscrutantium palato arrident animumque oblectant: Fateor equidem me* ex hisce studiis maximum semper fructum percepisse, *atque hic inter alios authores Æneæ Vici, Huberti Goltzii, Gulielmi Chouli Galli, Sebastiani Erizzi opera usum fuisse. Sed studia isthæc inprimis promovet autopsia ipsa, ideoque tum Romæ, Florentiæ, Ferrariæ, tum etiam in aliis locis apud Serenissimos Principes rarissima multa vidisse* mihi plurimum profuit. Quid potuit obsecro diu luculentius ad commendationem hujus mercis in hoc ipso contemplationis genere, idque ab homine nullo ad id peculiari consilio & tractatione adducto? suffragatur eidem clarissimum Galliæ suæ lumen, & cum monumentis aliis reconditæ doctrinæ, tum novissimo de sacris Animalibus immortale, Samuel Bochartus. Ille enim lecta priori hujus libri editione, & de nova ista, quam adornabam certior factus, ab hoc inprimis singularium in Nummis cælatorum animalium argumento, immane quantum huic supellectili pretium statuit, & quam inde magni nunquam satis æstimandæ utilitatis fructus percipi possent, suis ad me litteris haud ita pridem significabat. Supersedeo à verbis ejusdem commemorandis, quia cum mea laude conjuncta versantur.

DISSERTATIO QUARTA.

DE PRÆSTANTIA ET USU NUMISMATUM ANTIQUORUM.

Quidem illum, de quo modo agebamus, in ipsius NATURÆ contemplatione, rei hujus antiquariæ usum ac præstantiam, haud leviter vel firmat, vel illustrat; quod neque in ornanda PLANTARUM Historia supervacua omnis hæc Nummorum veterum supellex censeri debeat. Etenim qualis olim fuerit figura SIL- *De SIL-* PHII aut LASERPITII Cyrenaici, decantatæ adeo *PHIO Cy-* apud veteres plantæ, nequidquam apud recentiores *renaico in* Herbarum collectores ac interpretes quæras; nec aliunde hodie quam ex Nummis disces. Hæc enim planta, quæ vel sola Cyrenaicam regionem per plura sæcula nobilitavit, unde & *Laserpiciferas Cyrenas* vocat Catullus, & cujus Laseris aliquot pondera in publico Populi Romani ærario recondita narrat Plinius, jam ante illius & Strabonis etiam ætatem, si fides eis habenda, apud Cyrenenses defecerat, cujus rei causam ᵃ hic in *ᵃ Libro XI.* barbaros, ᵇ ille in publicanos transfert. Severi tamen *ᵇ Lib. VIII.* ætate, Laseris illius Cyrenaici copiam adhuc Romæ *cap. 3.* superstitem extitisse, liquet mihi ex Galeno, qui in confectione antidoti, quale sibi frequenter paratum docet, adhibendi inter alia ὀποῦ Κυρηναικοῦ diserte me- *Lib. 11. de* minit. Ne putes solum in libris simplicium, hujus Lase- *Antidot.* ris in genere magnum auctorem meminisse; unde lo- *p. 440. edit.* *Græc. Basil.*

DISSERTATIO TERTIA

ca quædam viri docti ad Dioscoridem congesserant. Quod vero Aristoteles, Aristophanis interpres, Tzetzes, Hesychius, Suidas, olim tradiderant, Silphium in Cyrenensium Nummis vulgo signatum fuisse; manifeste etiamnum docent argentea & vetusta illius tractus Numismata, obvia in Cimeliarchiis antiquariorum. Unde etiam non piguit magnum Solini interpretem, nummos hujus generis, haud in uno Exercitationum Plinianarum loco producere; quo nobilissimæ illius plantæ vulgo ignotæ figuram ex iisdem repræsentaret; quod jam ante eum præstiterant duo Antonii, Piso & Augustinus in collectione Veterum Numismatum. Alteram quidem hujus Silphii figuram non parum diversam, ex antiquo Dioscoridis codice depromptam exhibet etiam idem ὁ πάνυ Salmasius; sed ita ut adulterinam eandem, aliam certe quam Cyrenaicam fateri ei sit necesse, & priorem ex Nummis prolatam, germanam & genuinam agnoscere. Nam quod alias prioribus curis, nihil in hac Nummi figura simile Apio reperiebat; cui similia tamen hujus *Libyei caulis* (sicut

Lib. XIV. Antiphani vocatur apud Athenæum) folia, veteres auctores Theophrastus, Dioscorides, Plinius constanter tradidere, alibi postea producta accuratiori ex duobus aliis Nummis Silphii icone, feliciter retractavit; & sequens gemini nummi effigies deprompta ex Gaza Palatina hic ante oculos ponet.

Quod vero notat Tzetzes, in iisdem Nummis, non plantam solum, sed ipsos quoque signari Cyrenenses
Sil-

Silphium Batto conditori suo offerentes (unde natum etiam proverbium Βάττε σίλφιον) fateor in residuis hodie Cyrenarum nummis nondum mihi obfervatum. Nec ideo tamen continuo illustri Scaligero accedo, falsi eo nomine Tzetzem arguenti; quod tamen pridem ante illum Græculum, levioris forte fidei, gravior aliquanto testis Aristoteles tradiderat: sicut recte ex veteri Aristophanis interprete colligit Salmasius, ut nulla amplius superfit ratio dubitandi. Nec enim quia Nummi ejusmodi hodie non exstant, labat continuo illorum fides; quasi omnia id genus numismata superessent, quorum veteres meminere, & præsertim gentis Africanæ; aut etiam talia adhuc quotidie non eruantur, prioribus antiquariis & ipsi olim Scaligero ignota. Ut mittam nihil alienum aut insolitum, sed familiare potius in Nummis id genus symbolum denotari, ut nobilissimæ apud se plantæ caulem offerrent suo Conditori; haud aliter ferme ac vel Palmæ, vel Lauri ramos, vel Spicas etiam offerentes nonnunquam Cæsaribus videas feraces iisdem Provincias. Factum etiam illud Cyrenensium Batto & ejus progeniei Silphium offerendi tangit Hesychius, ubi simul meminit Nummorum cum caule Silphii in iisdem expressi; Βάττε Σίλφιον. παροιμία ἐπὶ τ̅ τὰς ὑπερβαλλέσας ἡμᾶς εὐεργεσιομένων μεμνηνεκέναι ἢ ἀπὸ τȣ̃ Κυρίωαίκες ἐπὶ τ̅ Βαττιαδῶν μεταδȣ̃ναι ἐξαίρετον τὸ Σίλφιον, ὃ τι μή πω παρ' αὐτοῖς ὧςε κὴ ἐν τῶ νομίσματι ὅπε μὲν Ἀμμῶνα, ὅπε ἢ Σίλφιον ἐγκεχαράχθαι. Ad quod proverbium respexisse observo celebrem ipsius Cyrenæ Antistitem; Τρύφωνι τὰ δῶρα παρεσκεύασμὲν, ἐπὶν Σιλφίε πλέω Βάττε γὰρ ἀκέεις αὐτί. Tryphoni dona paravimus, Laserpicium Silphii copiosum, BATTI scilicet SILPHIUM audis. Locum vero Hesychii integrum adduximus, ut vindicaremus etiam illum à

In Canon. Isagog.

Synesius ep. cxxxIII.

repre-

reprehensione viri magni, qui postrema verba de Nummo Cyrenensium cum caule Silphii, nihil ad explicationem proverbii *Batti Silphium*, nec ad honorem Batti quicquam pertinere, ad Solinum tradit. Atqui nihil hic peccavit, aut alienum adseruit summæ accurationis Criticus, qui ubi rationem illius proverbii adtulisset, petitam ex more illo aut facto Cyrenensium, præstantissimum Silphium Batto, aut alicui ex ejus progenie offerendi, causam opportune adjungit, quod hæc planta in tanto apud Cyrenenses honore haberetur, ut eam etiam in altera Nummorum apud se percussorum area signari curaverint, unde utique lux proverbio non mediocris accedebat. Nec minus etiam ibi lapsus est vir summus, dum eodem Hesychii loco deceptus, imberbis vultum ex Cyrenensium Nummo prolatum, pro Jove Ammone obtrusit, aut quum sententiam suam de priscis & recentioribus Cyrenensium Nummis ac figuris, in anteriori illorum parte expressis adtulit, qua de re uberior alibi dicendi erit locus. Battus enim, ut obiter hoc moneam, aut Ptolemæi Cyrenensium Reges vulgo depicti cum Silphio, quod de postremis etiam adnotasse video Virum variæ & reconditæ doctrinæ Isaacum Vossium ad Melam. Equidem fateor posse τὴν μίαν in sententiæ suæ patrocinium, præter Hesychium, Suidam quoque advocare, qui itidem in una Nummi parte Ammonem, altera Silphium signatum à Cyrenensibus tradit. Sed aut Suidas ipse cum Hesychio deceptus, qui pro Batto aut Ptolemæis, Ammonem in iisdem depictum credidere, aut quod longe mallem, alios adhuc Cyrenensium præter hos, quos hactenus viderunt antiquarii, nummos inspexere. Certe longe diversa Ammonis effigies, qualem è nummo veteri protulit idem celeberrimus

rimus Vossius, & de qua nos alibi in sequentibus. Neque vero hic praetereundum, quod idem Suidas tradit, Ampeliotas Africanos Delphis caulem Silphii dedicasse, ut eximium quendam honorem habitum nobilissimæ huic plantæ vel inde facile adsequaris. Ut non mirum sit, traditam quoque videre ab Arriano Cyrenensium in custodiendo Silphio sollicitudinem, qui sepem illi obducebant, quo greges ovium inde arcerent, & ideo quidem, quod magni fieret apud eos Silphium, ὅτι πολλῦ ἄξιον Κυρluωαίοις τὸ Σίλφιον. Unde etiam Augustus inter blanditias illas, quibus Mæcenatem suum nonnunquam demulcebat, *Laser Aretinum*, eadem ratione qua illum *Ebur ex Etruria*, aut *Tiberinam Margaritam*, teste Macrobio, solebat indigitare. Quin & illud haud pigebit addere, haud dissimilem valde huic Silphio Cyrenaico figuram ex horto Patavino expressam, in libro Prosperi Alpini de Plantis Exoticis vidisse me non ita pridem apud laudatum modo Isaacum Vossium. *Lib. III. πeρ. ἄra-ὄuir. Lib. II. Saturnal. c. 4.*

Alterius vero Plantæ, nec minus olim nobilitatæ luculentam etiam figuram Nummi Veteres nobis suppeditant. LOTUM Ægyptiam intelligo, quem Lilio similem, immo Lilium Ægyptium, juxta Herodotum, tradunt vulgo auctores, Theophrastus, Dioscorides, alii, & usibus variis ac dignitate in ea gente celebrem docent. At vero vulgo veteribus litem hic intendunt recentiores, qui illos ex una planta male duas effecisse existimant; neque enim revera aliam esse Loton illam Ægyptiam, quam Nymphæam albam. Hujus enim Loti duo esse genera solo colore discreta; unum rosacei coloris, quod idem sit cum Colocasia seu Faba Ægyptia; alterum flore albo & Lilio simili, quod nihil aliud sit quam Nymphæa Nilotica. Hæc inter alios viri ma- *De* LOTO *Ægyptia in variis Nummis.*

K k gni

258   Dissertatio Quarta

gni ad Solinum sententia, quam pluribus ibi adstruere
conatur. Sed ut largiamur multa habuisse hanc Loton,
cum Nymphæa communia; puta originem in palustribus locis aut amnibus, florem Lilio similem, caput instar papaveris, haud tamen omnino easdem plantas exstitisse, constare poterit ex præclaris aliquot Ægyptiorum nummis, quibus frequenter cum flos Loti, tum Caulis, tum Fructus exprimuntur. Insignes hanc in rem duo qui sequuntur, quorum prior insuper Harpocratem exhibet digitum ori admoventem, alter Isidem Oro admoventem ubera.

Flos nempe ille expansus, cui insidet Harpocrates in priori nummo, haud alius quam Lotus, ut vel ex Plutarcho & Iamblicho liquet; sicut erudite jam monuit Cl. Tristanus. Aperte certe Iamblichus libro de Mysteriis Ægyptiorum; *si quidem Ægyptii fingunt in Loto sedere Deum supra lutum.* Sic iidem, auctore Plutarcho, Solem infantem è Loto prodeuntem depingebant, addita ejus rei ratione, οὐδὲ τ̀ Ἥλιον ὁκ ΛΩΤΟΥ νομίζουσι βρέφ@- ἀρτιγενῆ νεογιλὸν, ἀλλ᾽ οὕτως ἀνατολὴν ΗΛΙΟΥ γράφουσι, τὴν ἐξ ὑγρῶν Ἡλίε γινομένην ἄναψιν αἰνιττόμενοι; *Neque putant Solem infantem recens natum è* Loto *exiisse; sed* sic ortum Solis pingunt, *innuentes, quomodo is ex humidis accendatur.* Caulis autem, quem manu gestat, itidem Loti, qualem omnino describit Prosper Alpinus, meliora

Lib. de Isid.

liora de hac planta, ut ipse agnoscit, edoctus ab erudito Medico, à quo Plantas Loti in Ægypto decerptas, cum floribus, fructibus, caulibus, foliis, se accepisse profitetur. Consule librum ejus, si tanti videatur, de Plantis Exoticis. Loti itidem Caulis, quem præfert infans Orus in altero nummo, Isidis matris uberibus admotus; Ornamentum autem illud capitis cum **Harpocratis** tum Isidis, Flos itidem Loti non expansus, quod non observavit Tristanus. Flores nempe in hac Planta candidis Liliis foliorum angustia proximi, multi ac densi, ut testis oculatus eosdem describit Alpinus; unde veteres etiam florem hunc non Lilio solum similem, sed nonnulli, ut etiam Herodotus, Lilium vocarunt. Unde jam adsequimur, non de Lilio, ut multi existimabant antiquarii, sed de hoc Loto explicanda illa capitis insignia, quæ frequenter in Ægyptiorum nummis occurrunt Lilio haud absimilia. Certe familiare fuisse Ægyptiis illud capitis insigne, sicut apud Græcos & Romanos Laurum vel Quercum, licet ex Heliodoro præterea colligere, apud quem præconum capita Niloo Loto redimita leguntur. καὶ τάς τι κε- Lib. 1. Φαλὰς τῷ Νειλώῳ λωῷ καζαςήψαντες. Huc spectat etiam sequens nummus, in quo juxta hieroglyphica Ægyptiorum symbola, de quibus fuse jam egerunt Viri docti, Isidis caput Hydriæ impositum cernitur, cum simili capitis ornamento.

260 DISSERTATIO QUARTA

Nonnunquam vero floris loco, fructum ipsum Loti adhibitum videas inter duo folia, quo nempe insignitus occurrit Orus in superiori nummo, cum Matre Iside depictus. Loti nempe hujus fructus magnitudo, quanta papaveris maximi Theophrasto traditur. Eodem etiam capitis ornamento Osiris decoratus in quodam Ægyptio Trajani nummo à Cl. Seguino evulgato, ut facile mihi primum Gallorum antiquariorum decus largietur.

Lib. I v. Hist. Plant. cap. 10.

Non Loti, sed Perseæ Ægyptiæ ceu vulgaris Persicæ fructum existimarunt nonnulli in nummis id genus signatum, moti auctoritate Plutarchi, qui inter stirpes Ægyptias, Perseam Isidi maxime consecratam tradit. Mitto illud, quod Perseam Ægyptiam, & vulgarem Persicam confundant; quas tamen diversas arbores fuisse ac inter se haud parum dissimiles, vel ex Theophrasto satis liquet, & vere etiam ab eruditissimis viris observatum. Certe Perseæ Ægyptiæ fructum figura oblongum & Amygdalæ modo describit Theophrastus; Plutarchus autem citato loco, cordis speciem, folium autem linguæ referre tradit. Unde factum etiam observo, ut Arabes vocem ﺍﺟﺎﺹ cum arborem fructum ferentem instar dactyli, tum Perseam etiam interpretentur. Dactylorum enim sicut & Perseæ fructus figura vulgo oblonga; unde & nomen illud prioribus hæsisse

Lib. de Isid. & Osirid.

DE PRÆST. ET USU NUMISM. 261

sisse vulgo existimatur. Videant autem quam parum eâ conveniant cum figura rotunda fructus, in commemoratis modo aut similibus nummis expressi. Coronam autem è Loto, Osiri familiarem, liquet insuper ex Plutarcho; qui refert Isidem ejus cum sorore congressum agnovisse, ex Corona Loti ab eodem apud Nephtyn relicta, καὶ τεκμήριον ἰδοῦσα, τ μὴν ΛΩΤΙΝΟΝ ΣΤΕΦΑΝΟΝ, ἐν οἴκοις ὃν περὶ τὴν Νέφθυν κατέλιπε. Locus autem signati superioris nummi, ut obiter hoc addam, singularis, nempe urbs Coptus, à qua lingua Ægyptia hodierna Coptica dici meruit, & quod oppidum à voce Ægyptia, quæ privationem notet ob Osirin ibi è vivis sublatum, derivat eodem loco Plutarchus. Cæteroquin diversum aliquanto à superioribus capitis ornamentum, in sequenti Galbæ nummo Ægyptio occurrit, quod an rursus ad Lotum referri possit, videbit ipse, qui hunc nummum aliosque id genus, quos possidet præclaros & selectos, propriis observationibus brevi illustrabit, Patinus noster.

Lib. de Isid.

Florem autem Loti frequentius inter capitis ornamenta receptum videas in antiqua illa Ægyptiorum nummorum supellectile. Nilum certe, præter supra commemoratam Isidem, alibi etiam Osiridem, eodem ornamenti genere non caruisse, præter alios arguit nummus Hadriani Mediceus. Illum enim ἄνθεσι Νειλῴοις, seu Nili floribus, quorum Heliodorus meminit, adnu- *Lib. 11* meran-

merandum, jure Parenti suo hoc officium liquet præstitisse. Regibus vero & Reginis, ad Isidis nempe & Osiridis exemplum, eundem honorem habuerunt Ægyptii; sicut nummi aliquot superstites adhuc hodie contestantur. Juncta enim eodem modo videas Ptolemæorum cum conjugibus capita, cum flore illo in vertice, aut cum diademate in ejusmodi florem desinente. Quo refero nummos aliquot hujus generis in Gaza Medicea mihi inspectos, quorum unum eruditus illius Cimeliarcha male ad Jovem Ammonem referebat. Talem etiam florem Arsinoë Philadelphi & alter Ptolemæus in capitis vertice apud Ursinum præferunt; prior ex Nummo aureo, alter ex Gemma veteri expressus. Neque enim audiendus vir doctus, qui in Notis ad has Fulvii Imagines, florem illum de Silphio, & non de Loto accepit, ac proinde à Cyrenensibus profectum utrumque hoc monumentum credit. Figura enim illius floris ibi expressa à Silphio longius discedit, de quo paulo ante egimus, & Lotum revera Lilio haud absimilem prodit. Quæ omnia certe egregie illustrant haud ignotum eruditis antiquariis Diodori locum, quo receptum tradit apud Ægyptios, Leonum non solum, Taurorum & Draconum, capita Regibus suis circumdare; sed Arbores etiam, Ignem & suffimenta in vertice eosdem gestare; cum ut his decore se exornent, tum ut stuporem aliis & superstitionem simul injiciant. Ex quibus præterea lucem aliquam foeneratur Athenæus, qui Coronas plexas ex floribus Loti apud Alexandrinos commemorat, quibus postea *Antinoëarum* nomen suave poëtæ cujusdam commentum dedit. Ipsum certe Antinoum eodem Loti flore coronatum videbam non ita pridem in singulari ejus nummo incomparabilis Regiæ Gazæ Parisiensis. Immo

Lib. 1.

Lib. xv.

DE PRÆST. ET USU NUMISM. 263

mo etiam Animalium apud eosdem Ægyptios vel sacrorum vel nobilium capita, haud absimili ornamento insignita nonnunquam observo in priscis ejusdem gentis nummis; cujus generis en tibi Serpentem signatum inter Ægyptia Hadriani Numismata, **cum** Sistro & Caduceo.

Serpens ille forma & magnitudine conspicuus, ac è majorum, ut videtur, illarum Aspidum genere, de quibus supra egimus. Ornamentum autem capitis, si Tristanum consulis, qui præclarum illum Nummum jam ante evulgavit, lucerna, & **ex earum quidem genere,** quas in Pompa Isidis prælatas tradit Apuleius, *aureum* nempe *Cymbium in medio suo patore flammulam suscitans largiorem.* At certe florem potius esse, quam Lucernam aut illud Cymbium Apuleianum, cum abunde **ex superioribus,** tum ex accurato examine **ipsius nummi liquere** mihi videtur. Eo forte **facilius referri posset** prælatum capitis insigne in alio Serpente seu **Dracone**, insignis magnitudinis.

Tom. I.
Comment.
pag. 498.

Lib. 1 x.

Pri-

Primus olim protulit cum Erizzo, inter nummos ejusdem Cæsaris Hadriani, qui insigne illud capitis de crista aut caruncula interpretatur. Fortunius autem Licetus in novissimo opere de reconditis antiquorum Lucernis, multis capitibus eundem Nummum sibi illustrandum suscepit, & eo fine imprimis ut Lucernam, hujus Serpentis capiti impositam doceret. Mitto quidem indigna erudito antiquario, quæ adfert ad illustrationem & explicationem **hujus rei**; ut quum de Adriani consilio suam in **Græca &** Latina lingua peritiam ostentandi, mixta scilicet nummi epigraphe ex Græcis Latinisque litteris L I Δ, nos vult certiores reddere; aut quum easdem numerales litteras festive sane interpretatur, *Lucernas Invenit Delta*, quæ certe nihil **aliud** sonant, ut vulgus antiquariorum novit, quam annum imperii Hadriani decimum quartum, quo percussus est hic nummus. Alias non jam florem aut Lucernam, sed Cristam revera aut carunculas præferre videtur alius nummus cum signato Dracone, & Caduceo itidem ac spica, cujus ectypum amicissimus Patinus nobis indulsit.

Lib. XVII. Strabo uno vel altero loco refert magnos Dracones in Æthiopia occurrere, quibus superne herba nascitur, &
Lib. XVI. quos haud injuria fabulosis alicubi adnumerat. Interpretes vero vulgo pro ποία seu herba, πτέρυξ ibi seu alas legunt, ac eorum fide, de volucribus scilicet draconibus hæc loca passim accipiunt viri docti. Ad illud vero draconum genus referre quis posset superiorem, modo expres-

DE PRÆST. ET USU NUMISM. 265

pressum, ni opportunius liceret de carunculis explicare, quas alias huic draconum generi veteres tribuunt. Neque aliter magnus Galenus de Basilisco agens alicubi, tres in capite eminentias docet illum habere, ἐπὶ τῇ κεφαλῇ τρεῖς ὑπεροχάς. Diversi vero rursus à superioribus duo illi Dracones aut Serpentes, quorum alter mammosus nempe Isidem, alter Osiridem nobis adumbrat. ^{Lib. de Theriaca ad Pison. p. 460.}

Perseæ fructum inter duo folia signatum credit Tristanus in priori illo Dracone, qui Isidem repræsentat. At Perseæ Ægyptiæ fructum aliter describunt nobis veteres, ut paullo ante innuimus, oblongum nempe & amygdalæ instar, cui minus convenit illa fructus effigies duobus foliis inserti. Ut proinde melius Loto posset adaptari, cujus fructum instar Papaveris maximi eosdem docentes diximus. Alterum vero illud insigne appositum capiti Osiridis sub Dracone itidem adumbrati, frequenter signatum videas in Hieroglyphicis Ægyptiorum monumentis, de quibus consulendi illorum promi condi Laurentius Pignorius in Mensa Isiaca, & Athanasius Kircherus in suo Oedipo. Ad quæ referenda etiam sequens effigies, deprompta è penu antiquaria Viri eruditæ ac elegantis industriæ, Petri Bellorii nostri, quæ Ægyptium seu Isiacum sacrorum ministrum exhibet, cum solito illo capitis ornamento, subligaculo sacerdotibus Ægyptiis familiari, de quo Apuleius,

Ll

266   **Dissertatio Quarta**

Lib. xi.
Metam.

Oneiroer.
lib. iv.
cap. 85.

leius, *sed Antistites sacrorum proceres illi candido linteamine cinctum pectorale ad usque vestigia strictim injecti,* & appositis cum florum aut fructuum primitiis, tum insuper Anseribus vulgo Isidi sacris, **ac juxta** Artemidorum, in Templis diversari solitis.

Sicut

DE PRÆST. ET USU NUMISM. 267

Sicut autem Serpentes & Dracones passim floribus id genus coronatos, ita Arietem quoque cum simili capitis insigni conspiciendum præbet Nummus Hadriani Mediceus; sicut alias **Leonem radiatum** Ægyptii aliquot nummi, ut eo nempe symbolo Solem nobis adumbrarent, ut jam viderunt viri docti. Neque vero huc spectant, aut *Oleæ* coronati frequenter in Romanorum & Græcorum nummis, vel Boves, **non victimarum** solum more, sed quod apud Barbaros susceptæ etiam pacis indicium, ut ex Ammiano licet colligere; Lib. xxiv. aut Equi vel jugales, vel desultorii, in Triumphi nempe aut etiam Circensis vel Olympicæ victoriæ signum, aut Elephantes cum corona vel capiti, vel dorso imposita, in duobus præclaris nummis Caracallæ, priori Mediceo, posteriori apud Erizzum; aut Cervus denique *Corona Hederacea* cinctus, unus scilicet è Mithridatis (Liberi Patris nomen & habitum mutuati ut infra videbimus) custodibus juxta Ælianum, ac proinde in Lib. 1 v. ejusdem nummo signatus. Ita quidem, ut mihi jam cap. 40. non opus sit, *Laurum*, *Spicas*, *Populum*, *Apium*, *Quercum*, *Hederam*, *Oleam*, *Myrtum*, *Pampinum*, obvia cæteroquin in Nummis, & nota Deorum Dearumve, Regum, Cæsarum, Triumphantium, Bacchantium, Hieronicarum, & præterea Tripodum, Sellarum etiam Curulium decora vel insignia, in subsidium hujus contemplationis, quam commendare hic institui, advocare.

STROBILUM quidem ceu NUCEM PINEAM, *De* Nuc *e* tanquam vetus Vindelicorum insigne, videmus in ve- Pine a *in Nummis ac* tustis aliquot Nummis, cum Augusti effigie in ante- *ejus usu in* riori parte. En duos id genus, quorum unus solam *Mysteriis* Nucem id genus Pineam, alter sedentem ac turritam *Gentilium.* mulierem, Urbis symbolum, in cujus gratiam percus-

Ll 2　　　　　　　　sus

268 DISSERTATIO QUARTA

fus Nummus, exhibet, quæ dextra Strobilum itidem, finistra Cornucopiam tenet.

Marco enim Velsero lubenter adsentimur, qui eosdem Patriæ suæ & nobili Augusti Coloniæ, unde nomen etiam meruit, vindicavit; ac à Pinus in eo tractu frequentia, petitum Urbis ac Gentis insigne erudite adseruit. Nec mirum utique, quum & haud absimilem quoque Strobilum signatum videre liceat in priscis aliquot Græcorum Nummis, ob eandem nempe arboris illius copiam in eorum tractu. Hinc Mamertinorum nummus apud Goltzium cum Nuce Pinea, addito Martis capite, & inscriptione ΑΡΕΟΣ, qui Mamers Oscorum lingua vocabatur. Quum enim passim laudetur veteribus Pix Bruttiorum, (unde etiam eorum nomen derivat doctissimus Bochartus) in quorum ditione erat Mamertum; ita apud Urbem illam sylvam fuisse narrat Strabo ferentem optimam Pinum, quod jam viderunt eruditi antiquarii. Neque vero alia de caussa signatum etiam reperio cum Delphino Strobilum in sequenti nummo Syracusanorum, quorum tractus non maritimus solum, sed ferax etiam illo arboris genere.

Tab. xxvii.
Mag. Græ-
ciæ.

Lib. v.

Oc-

Occurrit præterea Nux id genus Pinea cum symbolis aliis in præclaro Myrinæ urbis Æolidis nummo Mediceo, qualem etiam **videre** licet apud Tristanum, Tom. 11. quamquam minus accurate expressum. **Ut jam** nihil Comment. dicam de Ærea illa Nuce Pinea, **vetusti ac singularis** pag. 140. operis, quam in Mole Hadriani, obvio **adhuc & jucundo** spectaculo, lubentes sane hic intuemur. Neque vero celebritatem locis aut monumentis id genus **inde** quæsitam miraberis; qui, ut alia mittam, nobilem hanc Nucem in Liberi Patris mysteriis, procul dubio **apud** eruditissimum Clementem legisti, idque firmatum antiquo illorum mysteriorum interpretis Orphei testimonio,

ΚΩΝΟΙ χ ῥόμβοι, χ παίγνια καμπεσίγυια.   In Protre-

PINEÆ NUCES, *& trochi, & ludicra membra flectentia.* ptico.
Unde etiam vidisti, ut opinor, non semel in antiquis Bacchantium, qualia plurima hic in Urbe supersunt, monumentis, Nuces id genus Pineas Thyrsorum fastigio impositas. Immo inde factum observo, **ut κῶνοι** etiam dicti sint iidem Thyrsi, quod erudite, ut solet, notat Hesychius, Κῶνοι οἱ θύρσοι, καὶ οἱ φέβιλοι, καὶ οἱ φόμβοι. Sacer quoque & frequens hujus cum arboris, tum fructus usus in sacris Cereris. In iis enim Pinus Ramum infra lectum collocare soliti, & Pinus fructum seu Conum simulacro Deæ adponere, idque ad indicandam generationis vetustatem. Docet id Stephanus in voce Μιλητ@, cujus verba partim mutila, partim corrupta, ita supplenda censeo ac emendanda; οἱ γὰρ Ἀθηναῖοι ἐν τοῖς Θεσμοφορίοις ΠΙΤΤΟΣ ΚΛΑΔΟΝ ὑπὸ τὴν στιβάδα, χ ἐπὶ τῷ Δημητρὸς ἱερᾷ ΚΟΝΟΝ (non κλῶνον) ΠΙΤΤΟΣ ἐτίθεσαν, διὰ τὸ ἀρχαῖον τῆς φύσεως. **Strobilus** nempe ceu Pinus fructus Græcis etiam κῶν@ simpliciter, vel πίτυ@ seu πιτύϊν@ κῶν@ dictus; ut vel ex

superiori Orphei versu, ac præterea ex Theophrasto, Athenæo, Hesychio, aliisque vulgo notum, idque propter figuram κωνοειδῆ. Athenæus quidem, Θεόφραςῶ ἢ τὸ μὲν δένδρον πεύκην ὀνομάζἐι, τ ἢ καρπὸν ΚΩΝΟΝ; *Theophrastus autem arborem quidem Pinum vocavit, fructum autem* Conum. Ut vel inde liqueat, nihil causſæ fuisſe, cur nobilis & eruditissimus Senex novissimi Theophrasti Interpretes **castigaret**, qui obviam πεύκης vocem apud illum **auctorem** per *Pinum* reddunt, cujus loco *Picem* **scilicet** vertere debuisſent ; hanc enim esſe πεύκην, Pinum autem πίτυν. Illud enim in Theophrasto veluti peculiare obſervat Athenæus, ut quem Pinus fructum alii πιτύϊνα κάρυα, aut πιτύϊνον κῶνον appellarint, ipſe κῶνον ſimpliciter, arborem autem ipſam πεύκην indigitarit. Et ita certe accepisſe poſtremam hanc vocem Theophraſtum, clarisſime liquet ex peculiari capite, quo πεύκης & πίτυος differentiam tradit : vulgo alias πίτυν de *Pinu* apud Græcos, & πεύκην de *Pice* invaluiſſe, extra dubium utique, nec probationibus res indigebat. Ut vero ad Stephanum revertamur, lacunam in eodem ſub initium ſuperioris loci occurrentem, cum voce Ἀθηναῖοι ſupplevimus ; non ſolum quod apud eos, ut omnes norunt, & ab iis orta ſint ſacra illa Deæ legiferæ Theſmophorica, quorum ibi mentio ; ſed etiam quod Miletus, ad quam refertur hæc à Stephano notatio, esſet Colonia Athenienſium, ſicut vel ex Herodoto conſtat ; & quam alias à Pinuum copia, aut quod primum ibi nata esſet Pinus, πιτυοῦσαν dictam, obſervat in eodem loco Byzantius Grammaticus. Præclare autem eundem ac ſuperiora illuſtrat, qui & inde viciſſim explicandus venit, ſingularis quidam Catinenſium Nummus Mediceus, in cujus averſa parte figura occurrit nuda cum Ramo Pinus in dextra, ad pedes autem

DE PRÆST. ET USU NUMISM. 271.

tem Nux Pinea cum epigraphe ΚΑΤΑΝΑΙΩΝ. Ad
ista enim Liberi Patris aut Cereris mysteria liquet continuo referenda eadem symbola, in quibus, ut modo è
Stephano videbamus, cum Ramus Pinus, tum fructus
ejusdem solebat adhiberi. Sacrum autem Baccho ac
Cereri locum, non tam mihi fidem faciebant luculenta veterum ea de re testimonia, vel obvii ejus urbis
nummi, modo cum Bacchi Bigis Pantherarum aut si
mavis Tigridum vecti, modo cum Spiceæ Deæ effigie;
quam inspectus mihi coram loci situs, dum nuper Siciliam lustrarem. Unde etiam, ut ad aliorum quoque
Numinum vel mysteria, vel symbola traductum eundem Pinus fructum intelligas, Æsculapius imberbis altera sceptrum, altera sativæ Pinus fructum tenens
apud Pausaniam descriptus alicubi occurrit. Ex quo In Corinusu certe Pineæ Nucis in mysteriis ac Religione Gen- thiacis.
tilium, nata illa Talmudicorum prohibitio, quæ
in libris eorum legitur, אלו דברים אסורים לכבור לנוים In Avod.
אצטובלין שוח וכו׳; *Ha res vetita funt, ut vendantur genti-* Sara.
bus, nempe NUCES PINEÆ, *ficus albæ, &c.* & addita
mox ratione, quod vulgo eas ante Idola sua suspendant: quæ vides quam sint consentanea iis, quæ modo
è Stephano aut Nummis de hoc more tradebamus. E-
quidem nugabantur suo more illi recutitorum Magistri, qui vocem אצטובלי, formatam è voce ςρόβιλ@-,
ut sexcenta talia, de *fructu Cedri* interpretabantur, quod
erudite jam ad Maimonidem notavit magnæ quondam spes altera non Bataviæ solum suæ, sed remoti
Orientis, Dionysius V. ossius. De arbore vero ipsa Pi-
nu Deæ Matri sacra, aut vero Pane, Pinu cornua præcincto, quam eidem etiam adjudicant hæc monumenta, non agimus hoc loco: trita enim omnia & pervulgata, nisi forte illud ex Arnobio minus obvium, hanc Lib. v.
Arbo-

DISSERTATIO QUARTA

Arborem ſtatis diebus in Cybeles ſanctuarium intromitti ſolitam. Cæterum ſicut Miletum, ita Lampſacum quoque πιτύεσσαν olim dictam, à Pinuum copia, obſervat itidem in voce illius urbis Stephanus. Haud aliter vero ac ipſum Pinus fructum, Vindelicorum veterum aut Mamertinorum inſigne, exhibent antiqui nummi; ob frequentiam & celebritatem illius arboris, quæ Statio *Sylvarum gloria*, Plinio autem, *in maxima admiratione verſari* traditur: ſic LARICES etiam Pinui, vel eodem fatente Plinio, ſimillimas, nec alibi juxta eundem notas, quam in Padi ripa, depictas noſti in denario gentis Accoleiæ apud Urſinum: in commendationem ſcilicet hujus arboris variis etiam uſibus celebratæ, & memoriam originis horum Accoleiorum, quod jam præclare monuit Fulvius. Noſti enim conſuetum illum morem Græcis juxta & Barbaris ſolemnem, ab iiſque ad Romanos etiam traductum, ſicut vulgo feracia apud ſe Animalia, ita ſingulares quoſque ac domeſticos Flores, Plantas, Frutices, Arbores, earumve Fructus, publicis id genus monumentis, ceu genuina locorum illorum ſymbola vel inſignia, commendandi. Id enim & *Silphii* Cyrenenſium, & *Loti* Ægyptiorum exemplo modo videbamus, & evincit ulterius nota & copioſa Nummorum veterum ſupellex; in quibus *Abies* Germaniæ; *Apium* Selinuntiorum; *Olea* Athenienſium; *Palma* non Tyri ſolum, Damaſci, Judææ, Alexandriæ, ſed Phœnicum præterea in Sicilia, Africa & Hiſpania Coloniarum; *Spica* Italiæ, Siciliæ, Hiſpaniæ, Ægypti, Africæ; *Vitis Ramus* aut *Botrus* Chiorum, Entellanorum, Thaſiorum, aliorumque id genus locorum, optimorum vinorum proventu nobilium; *Dictamnus* Cretenſium aliquot locorum; *Thuris Ramus*, ut infra videbimus, Arabum; *Malum Medicum* Parthorum

Lib. XII.
cap. 10.

rum; *Manna* urceo inserta Hebræorum; *Rosa* denique (ut vulgo existimatur) Rhodiorum, vel insignia, vel quasi indices quidam conspiciuntur.

Ac Rhodiorum quidem obvios illos Nummos quod spectat, equidem vulgo in iis ROSAM insculptam, hodiernos videas antiquarios magno passim consensu statuere: quamquam haud adfabre factam nonnulli fateantur, ac proinde superiori sæculo, quidam Heliotropium, alii Rosolaccium eandem plantam interpretarentur. At vero Florem illum, non Rosam, aut potius has plantas indicare, sed Florem Mali Punicæ seu BALAUSTIUM, quo ad tingendas lanas utebantur olim Rhodii, nuper mihi coram adserebat recondita vir doctrina ac insigni ingenio Isaacus Vossius. Fundus illi hujus observationis, corruptus quidem sed emendatus ab eodem ex libris antiquis, Alciphronis locus; ἀφεὶς τὸ φορτίον αὐτοῖς ἰχθύσιν, ἀφεὶς ἢ καὶ ἡμᾶς ἐν τῷ σκάφει, ὤχετο ἐπὶ λέμβου κωπηρέσι τισὶ ΡΟΔΙΟΙΣ ΒΑΛΑΥΣΤΟΥΡΓΟΙΣ ἀναμιχθεὶς· *Sarcinam vero relinquens piscibus, nobis etiam in scapha relictis, trajecit in lembum, permixtus remigibus quibusdam* RHODIIS BALAUSTIORUM *opificibus.* De hoc Flore autem Balaustio ad tingendas lanas opportuno, testis luculentus Plinius; *Sed circa Carthaginem Punicum Malum cognomen sibi vindicat,* mox *Flos* BALAUSTIUM *vocatur, & medicinis idoneus, &* TINGENDIS VESTIBUS, *quarum color inde nomen accepit.* Neque, ut verum fatear, id mihi continuo mirum videbatur, signatam nempe nummis Rhodiorum illius usus memoriam: qui memineram haud absimili ratione, Concham Purpuræ Tyriæ exstare in antiquis aliquot Tyriorum nummis, quales videas apud principes Gallorum antiquariorum Tristanum & Seguinum. Ut mittam productum alicubi

De ROSA *vel* BALAUSTIO *in Rhodiorum Nummis.*

Nonnius ad Col. tzium.

Ant. Augustin. Dial. 11.

Epistol. 11.

Lib. XIII. cap. 19.

274   **Dissertatio Quarta**

<small>Tom. 1. Comment. pag. 58.</small> cubi ab eodem Tristano, Hierapolitarum nummum, in quo lanæ manipulum capiti Cereris impositum inde colligebat, quod præstantissima apud eos tinctura Straboni commendaretur. Accedebat mox Dioscoridis, quem consulebam, auctoritas; qui Βαλαύσιον illud, seu agrestis Mali Punicæ florem describens, plura ejus genera recenset, ac inter alia πορφυρῶν (ut Oribazius apud eundem legit, alii πυῤῥόν,) καὶ ῥοδέχρουν, *purpureum & rosaceo colore.* Præterea quod florem illum agrestis Punicæ, similem adserat Cytino, seu flori sativæ Punicæ; qui certe cum flore in nummo Rhodiorum expresso haud male quadrare videbatur. Neque aliter Balau-

<small>Lib. vi. Simplic.</small> stium describit alicubi Galenus, nisi florem esse sylvestris Punicæ, sicuti sativæ Cytinum. Confudit quidem suo more Plinius utrumque hoc Mali Punicæ genus sativum & sylvestre, cum superiori loco, tum alibi, ubi

<small>Lib. xxiii. cap. 6.</small> Balaustium in genere vocari dicit flosculos in Cytino erumpentes, antequam Malum ipsum prodeat. Melius utrumque distinxit juxta Dioscoridem & Galenum,

<small>Hesychius.</small> magnæ accurationis Grammaticus, Βαλαύσιον εἶδ@· ροιᾶς φέρον ἄνθ@· ἁρμόζον πρὸς ἰεράπευαν; *Balaustium species Mali Punici, florem ferens ad curationes opportunum,* seu ut Plinius de eodem loquitur, *medicinis idoneum.* Haud male vero hæc illustrant Arabes, quibus non solum جلم describitur Malum Punicum sylvestre, quod sine fructu florem profert, & ex quo Mel collectum exsugi tradunt; sed quibus etiam flos ille non solum جلّام, sed voce ejusdem ferme soni cum Græco Βαλαυσίῳ, vocatur بلوسطيون. Unde satis liquet, haud de alio, quam de hoc Balaustio intelligendum esse Theophrastum in loco, quem minus adsequuti sunt viri docti, & qui aliquam inde lucem mutuatur. Ubi

enim

DE PRÆST. ET USU NUMISM.   275

enim investigandum docet, an ex plantis aut arboribus quæ vulgo flores ante fructus emittunt, dentur etiam, quæ flores tantum steriles & sine fructu proferant, mox id duobus exemplis firmat, ἐπεὶ γὴν χ ἔνια κ̀ Lib. 1. Hist. ἀμπίλυ κ̀ ῥοᾶς ἀδυνατᾶ πλειοκαρπεῖν· ἀλλὰ μδὴ μίχρι ὅ ἀν- Plant. c. 12. θὸς ἡ ψίωσις. *Etenim genus quoddam & vitis &* PUNICÆ *fructum perficere nequit, sed ad florem usque generatio tantum pervenit.* Magnus Heros Julius Scaliger, ex natura rerum ignota ait hæc genera. At quod Punicæ illud Mali genus spectat, quod non ultra florem procedit, non aliud, ut vides, quam hoc Balaustium, & Arabum بـ eodem modo ab iis descriptum. Eleganter autem mox subdit Theophrastus floris illius descriptionem, quæ ad firmandam sententiam de Rhodiorum nummis multa videtur habere opportuna; γίνε] ἢ κ̀ τότι τ̆ ῥοᾶς ἄνθος πολὺ κ̀ πυκνὸν ἄνωθεν ὅλ(· ὁ ὄγκος πλατὺς, ὥσπερ ὁ τ̆ ῥόδων, κάτωθεν ἢ στενώτερ(· δι' ὃ ὡς μικρὸν ὥσπερ ἐκ[]ερμ[]μ(· κύτιν(· ἔχων τὰ ἄνω χειλώδη. *Flos quoque Punicæ copiosus densusque est, superiori parte globosus, latus* AD INSTAR RO-SÆ; *inferiori angustior est, à qua paulisper quasi Cytinus expansus in summo labiis multis præditus.* Ita emendant hunc locum viri docti, quem paulo aliter expressit Gaza, & inde hanc suam emendationem firmant, quod flos utriusque Punicæ sativæ & sylvestris, **maxime autem** sylvestris, Rosam æmuletur. Ut non mirum proinde videri posset, si in Rhodiorum nummis obvium florem de Rosa vulgo acceperint antiquarii, qui revera esset flos sylvestris Punicæ. Sic Sidam herbam Niloticam, ita dictam à similitudine cum Malo Punico, quod Græcis Σίδη etiam vocatur, docet alibi Theophrastus, **florem habere calici Rosæ similem sed majorem**, τὸ ἢ ἄνθ(· ἔμοιον Lib. 1 V. ῥόδυ κάλυκι. Ut jam illud mittam, haud novum fuisse Hist. Plant. se in hac Insula aliisve locis, ut arbores alibi frugiferæ, cap. 11.

276 DISSERTATIO QUARTA

in iis steriles tantum flores emitterent. Certe Perseas **arbores** in Ægypto frugiferas, in Rhodo vero florere tantum nec fructum ferre observat Theophrastus. Sicut vero apud hos Insularios florem hunc agrestis Punicæ, è doctissimi viri sententia, sic ipsum Malum sativæ **Punicæ** signatum noveram in priscis aliquot nummis cum Dionysii Siculi Tyranni, tum Posidoniaton, quales videre licet apud Goltzium. Neque enim solum variis usibus celebrem apud Medicorum filios, sed mysticum **etiam apud** veteres fructum, juxta commemoratum paulo ante **Strobilum**, legisse non semel recordabar; haud abs re proinde antiquis id genus monumentis insculptum. Simulachrum certe Jovis Casii exstitisse Pelusii refert Achilles Tatius, gestantis Malum Punicum, *cujus ratio plane foret mystica*, ᾧ ἢ ῥοιᾶς ὁ λόγ@ μυςικός. Unde etiam in Sacris Thesmophoricis ab ejus usu **mulieres** olim prohibitas docet alicubi **Clemens** Alexandrinus; ac ideo, ut licet inde **colligere**, opportune Proserpinæ à Platone Mali Punici granum ei datum, ne diu apud matrem remaneret, quod tradit Apollodorus. Alias nobilior adhuc usus ejus apud Persas, qui, referente Herodoto, Mala Punica argentea in armis gestare soliti; ut non mirum insignis hujus Mali donum magno Regi à rustico quodam oblatum, **longe** gratissimum accidisse. Sicut itaque fructum ipsum, non uno nomine veteribus celebratum, antiquis id **genus monumentis** haud frustra insculptum observabam; ita ejus florem traditis supra usibus apud Rhodios, ut liquet ex Alciphrone, commendatum, publica eorum moneta signari quoque meruisse, haud ægre largiebar. Immo quum iidem Rhodiorum Nummi, in altera Nummi facie, solis imaginem præferant, opportune indicabat idem doctissimus Vossius Arnobii locum

*Lib. III.
Hist. Plant.
cap. 5.*

Lib. III.

In Protrephio.

Lib. I. Bibliotb.
Lib. VI.

*Ælianus
Var. Hist.
lib. 1. c. 33.*

DE PRÆST. ET USU NUMISM. 277

cum, ubi scribit, è genitalibus Agdestis prodiisse plan- Lib. v.
tam Balaustiis onustam; unde apparebat arborem hanc
Atti, id est soli sacram fuisse. At vero hæc omnia longe
clarius ante oculos ponent tum Rhodiorum Nummi cum Sole & flore in iisdem vulgo signato, tum Cytini seu floris Mali Punicæ adspectus, cui simile plane
Balaustium tradit Dioscorides. Priorem è nummo Gazæ Palatinæ, posteriorem è Matthioli ad Dioscoridem
Commentario habes hic depictum.

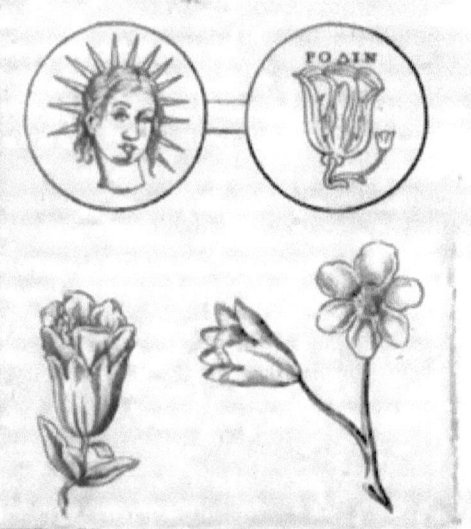

Vide jam ac statue, OCTAVI, cui sententiæ lubentius
accedas; an ROSAM scilicet cum vulgo antiquariorum, an vero cum doctissimo Vossio, Florem agrestis
Punicæ seu BALAUSTIUM (à quo Βαλαυσεργος
tinctores illos Rhodios vocat Alciphron) nummis
Rhodiorum traditum velis definire. Neque vero te vel

Mm 3   quem-

quemquam alium moveat, aut Rhodi à Rosa, ut Græco Pindari Interpreti, è quorundam sententia traditur, deducta nomenclatio; aut vero Eustathii, qui in eandem de Rosa illa Rhodiorum opinionem concessisse mihi videtur auctoritas. Notæ certe Grammaticorum veterum ineptiæ, in eruendis locorum nominibus, ex quavis nominum adfinitate continuo arreptæ, & à magnis viris sæpe jam ac feliciter profligatæ; quod & nobili huic Insulæ haud mirum quoque accidisse. Præterquam enim, quod alias Rhodi originationes, haud minus forte ineptas, tradunt nonnulli Grammatici, ut ῥόδα τὸ πλωΐζειν, seu à *multa agitatione aquarum*, antequam insula illa emergeret; aut vero juxta Diodorum, à Rhode Nympha: sic aliunde etiam à Syriaca nempe aut Chaldaica voce ירוד *Jerod*, hoc est Draco, & per aphæresin רוד *Rhod*, ob Serpentum nempe & Draconum copiam, eandem deducebat doctissimus Bochartus. Certe eadem ratione Ὀφιοῦσαν prius dictam, & serpentibus abundasse observant antiqui auctores & Grammatici, Diodorus, Heraclides, Hesychius, aliique: Neque tamen inde soli Rhodo peculiare hoc nomen *Ophiusæ* extitisse, ibi cum viro magno colligas; qui Ovidium, Cyprum per *Ophiusia arva* alicubi designantem, aut memoria lapsum, Rhodi nomen perperam Cypro tribuisse contendit, aut pro *Ophiusia* legendum *Amathusia*, audaci nimis conjectura, & quam nulli è veteribus libris agnoscunt. Nihil enim obstare debet, cur non & Cyprus dicta fuerit olim *Ophiusa*, sicut erudito non minus quam ingenioso vati indigitatur, quo nomine præter Rhodum, plura alia loca ita dicta observo non uno loco apud Stephanum de Urbibus; puta *Besbicum*, parvam insulam ad Cyzicum, *Cythnon* ac *Tenum*, duas è Cycladibus, *Libyam* seu *Africam*, ac præterea urbem

bem ad Pontum Euxinum *Tyram*. Quin etiam Plinius inter insulas Cretæ vicinas, *Ophiussam*, quandam alicubi recenset, sed hoc obiter. Neque vero ideo hæc de Rosa, aut Rhodi vulgo inde deducta nomenclatione dicta quisquam putet; quasi varia ac nobilia quidem loca à cognominibus **Floribus**, **Plantis**, **Fructibus** appellationem derivasse ignorem: sicut vere nonnunquam eam inde eruunt prisci auctores & Grammatici. Illustrant id certe cum *Miletus* & *Lampsacus*, quæ πιτυᾶ-σαι, prius dictæ à *Pinus* copia, ut supra vidimus, tum insuper exempla Φυτωνύμων, *Cyparissi*, *Elea*, *Daphnus*, *Sycarum*, *Cotinusa*, *Selinuntis*, *Tremithus*, *Rhamnusia*, *Cerasuntis*, *Ericousa*, *Myrrhina*, quæ locorum id genus nomina haud male deducere videntur Græci Grammatici, à cognominibus apud eosdem **Græcos** arboribus aut plantis, *Cypresso*, *Olea*, *Lauro*, *Ficu*, *Oleastro*, *Apio*, *Terebintho*, *Spina Alba*, *Ceraso*, *Erice*, *Myrtho*. Sic *Stachas* planta in Cycladibus frequens, à qua & **Stœchades** Insulas ad mare Ibericum derivat alicubi magnus Galenus, & apud Ammianum oppidum *Zaitha* in finibus Romani & Persici imperii, *locus, qui Olea arbor interpretatur*. Immo ut *Rhodum* à *Rosa*, sic *Cyprum* à flore aut arbusto *Cyprio*, *Tralles* Ἀνθειαν seu *floridam* prius dictam à copia florum ibi provenientium, observant iidem **veteres** Ἐθνικῶν collectores, aut **interpretes**. At vero, neque inter illa exempla à Plantis nempe ac Floribus quidem denominatorum locorum, relatam videas, quod minime tamen fuisset prætereundum, claram hanc Rhodum; puta vel à Stephano, qui aliquoties & ex professo quidem hoc agit, aut ab ipso Eustathio, ubi in simili argumento versatur. Neque etiam, ubi loca Rosetis feracia vel nobilia commemorat Plinius, Rhodum recenset; quod tamen vel sola nominis ratio inde scilicet

Lib. 1 v. cap. 12.

Lib. 1. de Antidot. pag. 435. Lib. xxiii.

In vocibus Σύκαςι, Τριμύθους, & alibi.
Ad Dionys. Periept.
Lib. x x 1. cap. 4.

cet petita, & Insulæ celebritas omnino suasisset; qui *Prænestinas, Campanas, Milesias, Trachinias*, & Rhodo viciniores, *Alabandicas*, aliasque id, genus non omittit. Ut jam *Melitensem Rosam* Tullio, aut *Midæ Rosetum* Tertulliano, *Rosam Hierosolymitanam*, *Pæstanam*, plurésque id genus aliis commemoratas præteream. Neque insuper (quod huc inprimis facit) inter ea quæ Rhodi eximia nascebantur, & quorum meminisse observo nonnunquam auctores antiquos, Rosam relatam facile reperias. *Uvas passas* & *Caricas* **Rhodiorum laudant**

Lib. I. non semel, ac inter alios Hermippus apud Athenæum: *Panaceam* eorundem non minus ac Triccarum vel Epi-

Lib. I. de dauri Andromachus Neronis Medicus apud Gale-
Antidot. num; *Rhodiam Radicem* alii, quod in Rhodo nascatur:
pag. 428. quamquam Dioscorides, & ex eodem Galenus illam videantur tantum in Macedonia agnoscere, & inde dictam, quod contrita Rosas redoleat. Adde herbam *Helenium*, quam ab Helena dictam, in Rhodo frequenter provenire tradentem video Ptolemæum Hephæ-

Cod. cxc. stionem apud Photium; περὶ τ᾽ Ἑλενίας βοτάνης, ἡ ἐν Ῥόδῳ
lib. IV. φύεται, *de Helenio herba, quæ in Rhodo nascitur*. Sic & *Sili-*

Lib. IV. hist. *qua Rhodia* Theophrasto aliisque laudata; & *Crocinum*
Plant. c. 24 *Unguentum* è Rhodo nobilissimum, Apollonio libro de

Lib. XV. unguentis commendatum; referente Athenæo. Quibus insuper licebit addere, aut *Æruginem* ac *Cerussam*,

Lib. VII. peculiare Rhodiorum opus, auctore Vitruvio; aut
cap. 12. *Ostrum* seu *Rubrum* illud, quod de hac Insula creari tra-
Lib. VII. dit idem auctor, & de quo mox plura; aut etiam *Ba-*
cap. 3. *laustium* de quo agimus, & quo lanas itidem inficiebant Rhodii, nisi ex Alciphrone liquere videretur, aliunde illud ab iis petitum. De *Rosa* vero Rhodiorum, ut vides, ne γρῦ quidem; si unum forte excipias Grammaticum, Græcum Pindari Interpretem, vocis homonymia

co,

DE PRÆST. ET USU NUMISM. 281

eo, ut videtur, cum suis auctoribus adductum. Neque vero alia etiam de caussa patrocinari observo illi sententiæ Eustathium, & Rosam vetus Rhodiorum insigne agnovisse. Futilis certe, neque digna erudito alias Grammatico ratio, quam adfert ejus rei: Rosam scilicet, non solum Soli domesticam, sed & Rhodum Insulam, ob homonymiam vocis cum Rosa, Soli ideo sacratam; Pindarum enim juxta alios, sacram Soli Rhodum indigitare. En ejus verba, ne quidquam interpretatione nostra videamur illi adfingere; ἴσιον ἢ ὡς ἡ A.l Odyss. μόνον τὸ ἄνθ@ τὸ ῥόδον οἰκείωται τῷ ἡλίῳ, ἐ ἔργον ἡ ῥοδοδάκτυ- E. p. 1527. λ@ ἡὼς, ἀλλὰ καὶ ἡ Ῥόδ@ ἡ νῆσ@ διὰ τὼ πρὸς τὸ ἄνθ@ ὁμωνυμίαν. ἡλίου γὰρ ἱερὼν τὼ Ῥόδον ἄλλοι τί φασι καὶ ὁ Πίνδαρ@. Quid vero ineptius, quam ab homonymia vocis Rhodi cum Rosa, devotæ inde Soli urbis cultum arcessere? de quo inter alios Manilius,

Tuque domus vere Solis, cui tota sacrata es. Lib. IV.

Quia scilicet Rosa in Rhodiorum nummis signata, ut videtur certe collegisse Eustathius, ideo etiam Solis effigies, quam passim præferunt Rhodiorum nummi, & supra etiam adlatus, iis quoque fuerit insculpenda? Quis vero nescit Phœbeiam Urbem, Solem jactasse Aristid. de Ἀρχηγέτω; quem proinde ὦ Ῥοδίων ἄρχετε compellat Ju- Concord. piter apud Lucianum; non quod Insula illius Dei do- In Jove num fuisset, juxta Pindarum; sed ob rationem à Plinio Tragœdo. adlegatam, Rhodi nempe aut Syracusis nunquam tanta nubila obduci, ut *non aliqua hora Sol cerneretur*: quod Lib. II. ipsum etiam de Alexandria observat Ammianus, *nullo* cap. 64. *pene die incolentes hanc civitatem, Solem serenum non vident.* Lib. XXIII. Adeo tamen, ut juxta Eustathium, nisi accessisset vocis hujus Insulæ cum Rosa homonymia, tota illa luce ca- 1 Ἀέθλοις ruisset Phœbeia Rhodus; aut Phœbus ipse addictæ si- τ. νύμφαν bi sponsæ, ut ¹ Pindaro vocatur, amoribus, & admirabi- lymp. VII.
li illo

li illo Colosso fuisset omnino privatus. Sed satis est ineptiarum. Illud autem inde colligas, quod hic spectandum veniebat, eam Rhodi à Rosa denominationem, & Rosæ inde in Rhodiorum Nummis depictæ petitam rationem lubricam **valde**, nec idonea ulla auctoritate stabilitam. Rursus vero **florem** illum agrestis Punicæ seu Balaustium **vel** Purpurei vel Rosacei coloris, Dioscoridi commemoratum, ad tingendas Rhodiorum lanas valde opportunum fuisse, immo etiam familiare: sicut Plinium certe hunc ejus **usum** diserte tradentem jam ante vidimus. Quamquam alias occurrit Purpuræ Rhodiacæ mentio apud Vitruvium, loco supra indicato, *Hoc Rubrum Rhodo etiam Insula creatur.*

Lib. VII. cap. 3.

Phœnices nempe Rhodi olim incolæ; ut pluribus id ex auctorum veterum fide aliisque argumentis erudite adseruit celeberrimus Bochartus; qui proinde purpureo ac puniceo colore lanas inficiendi artificium sibi familiare videntur in eam Insulam intulisse. Purpureus autem ille color, seu puniceus & eximie rubens, (hæc enim vulgo apud veteres synonyma) non è Concha solum vel Tyria, vel Coa vel Laconica, aliorumque maritimorum locorum, aut etiam Rhodiaca, sed præterea è Florum **& Herbarum succo, ad** ejus imitationem, lanarum infectoribus frequenter parabatur. Ad utrumque morem respexit Tertullianus; *Nimirum enim Deus demonstravit succis Herbarum, & Concharum salivis incoquere lanas.* Ita florem quendam Purpureum **apud** Indos observat Ctesias, ex quo purpura Græcâ non inferior conficiebatur. Hinc itidem factam è radicibus tincturam apud Hierapolitas Phrygios, coccineam & purpuream æquare observat Strabo. De herbis quoque tradit in genere Plinius, Transalpinam Galliam, inde tyrium atque conchylium tingere; quod alibi

Lib. de veland. mulierib.

In Indicis.

Lib. III.
Lib. XXII. cap. 2.

alibi rursus de vacciniis & purpura inde petita explicat, *Item vaccinia Italiæ in aucupiis sata, Galliæ vero etiam* Lib. xvi. *purpuræ tingendæ causa*, ut omnino legendus ille locus cap. 18. cum doctissimo Turnebo, & optimo codice Chiffletiano. Quæ firmat etiam Vitruvius, *Eadem ratione Vac-* Lib. vii. *cinium temperantes, & lac miscentes, purpuram faciunt ele-* cap. 14. *gantem*. Mitto jam aut Fucum illum Cretensem, è quo fiebant præstantissimæ olim tincturæ, & purpura quidem potiores, quamdiu erant recentes, ut diserte tradit Theophrastus; aut Coccum è granis Galatiæ, Lib.iv.hist. Africæ, Lusitaniæ, Imperatoriis, ut Plinius alibi loqui- Plant. c. 7. tur, destinatum paludamentis, aut denique Byssinas Lib. xxii. vestes purpureum colorem imbibentes, unde & byssum pro purpura sumi nonnunquam in veteri fœdere, docuerunt jam viri magni. Inter βάμματα itaque illa veterum, Ruber seu acutissimi ruboris color solitus inprimis commendari, eoque magis, quo ad purpureum propius accedebat. Hinc Hesychio καταβαπτὲς explicatur καθερυθραίνει ἐρυθρῷ βάμματι. Sic hujus generis tincturæ celebratæ, quæ Sardibus fiebant, ut liquet rursus ex Hesychio, cujus locus emendandus; βάμμα Σαρδιανικὸν (non Σαρδινικὸν) τὸ Φοινικοῦν, διαφορὰ γὰρ τὰ ἐν Σάρδεσι βάμματα. Sardium nempe in Lydia illæ tincturæ punicei seu coccinei coloris, non vero Sardiniæ Insulæ; ut ex hoc loco perperam colligebant viri docti. Id vero, quod pridem notaveram, & certe haud erat notatu difficile, à magno etiam Salmasio animadversum vidi in nova, quæ modo prodiit, Hesychii editione. Hinc itaque profectæ illæ vellerum tincturæ, & floridarum lanarum infectores, in quos passim insurgunt prisci Ecclesiæ doctores, Clemens, Tertullianus, aliique, & Lib. 1. de *medicamenta ex suco, quibus lana colorantur*; quo loco ta- cultu femen ne quid dissimulem, vocem *genæ* pro *lanæ* omnino min.

repo-

reponendam censeo: neque enim ibi agit gravissimus Censor de tinctura vestium, sed de pigmentis illis, quibus solitæ jam olim mulieres faciem inficere, aut genis ruborem conciliando, aut superciliis nigrorem. Unde continuo addit, *& illum ipsum nigrum pulverem, quo oculorum exordia producuntur.* Ita infra, ne de veritate hujus emendationis dubites, GENAS RUBORE *maculant, oculos fuligine porrigunt,* alibi, *qua cutem medi-* De Virgi- *caminibus urgent*, & rursus alio loco, *faciem morosiorem* nib.veland. *lavacro macerant, & aliquo eam medicamine interpolant.* Et plane in eundem sensum, de utroque more Cle-
Pædagog. mens; καὶ τ̃ ὀφρύσι τὴν ἀσβόλην ἀναματτόμεναι, καὶ ΨΙΜ-
lib. III. ΜΥΘΙΩ ΤΑΣ ΠΑΡΕΙΑΣ ἐπιχρίζομεναι; *& supercilia*
cap. 2. *fuligine illinunt, &* FUCO GENAS *terunt.* Melius vero ibi interpres ψιμμύθιον per *Cerussam* vertisset, quæ eundem usum præstabat: diversæ enim Plantæ, Fucus, Cerussa, **Anchusa**, ex quibus vulgo fiebant medicamina illa aut pigmenta muliebria, quibus genis ruborem conciliabant. Galenus certe, magnus & accuratus auctor, de simili mulierum cultu aut medicamine agens
In Protre- alicubi, ἀγχούση ᾗ ψιμυθίῳ καὶ φύκει κεκαλλωπισμέναι,
ptico. *Anchusa & Cerussa, & Fuco ornata,* seu illitæ. Quæsitus itaque jam olim impense in vultu æque ac in vestibus rubor ex Plantarum & Radicum succis, & quam in rem, ut vulgo jam notum, Fucus inprimis adhibitus (neque ille tamen unius generis) cum ad inficiendas purpuras, tum ad colorandas genas. Ad priorem vero usum opportunum fuisse inprimis Balaustium seu Florem agrestis Punicæ, quo usi tinctores Rhodii in lanis inficiendis, & purpureo aut puniceo colore imbuendis, facile utique licet colligere. Cui rei poterat maxime inservire Balaustium juxta Dioscoridem vel Purpurei, vel alias Rosacei coloris. Rosæ enim inter alios colores

colores vulgo puniceæ, de quibus, ut mittam obvia è Marone *punicea roseta*, Propertius, Eclog. v.

Et dare puniceis plena canistra Rosis.

Ut proinde non solum ex illo flore agrestis Punicæ mel collectum exsugeretur, quem ejus usum supra tradentes Arabas innuimus; sed eximia illa etiam & purpurea tinctura peteretur. Ita ut vere in eam quadraret vetus illud Rabinorum proverbium, אשיק עסקד ברומנא.

Pretiosum sit opus tuum instar Mali Punici. Neque mirum proinde ab eodem opere dictos Alciphroni Rhodios tinctores, βαλαυςέργες. Sic à Purpurarum copia vel præstantia, loca quædam olim denominata leguntur; ut præter alia, Cythera πορφυρέωσα Aristoteli dicta, auctore Stephano, διὰ τὸ κάλλ@ τὸ ὡραῖ τ πορφύρων. Grammaticus vero aliquis, ex eorum nempe genere, qui ineptas quasque verborum originationes undecunque venantur, ipsam etiam Rhodum inde dictam continuo argutaretur, nempe quasi Ῥοίδιον, seu à pusilli Mali Punici genere, de quo Menander apud Athenæum, Ῥοίδια Lib. xiv. αὐτὰς ὠνέμασιν διὰ τέτων; *Rhoidia ipsas ea de causa nominavit.* Equidem ab hoc fructu, nobilem Hispaniæ urbem, priscis Illiberin vel Illiberrin, *Granatam*, à Malo Punico, vulgo *Granato*, nuncupatam tradunt; quam aliunde tamen, & à voce barbara *horreorum domum* denotante, derivantem video Alvarum Gomezium, & cui accedit Cl. Lib. 11. de Mendosa ad Concilium Illiberitanum. Ab iisdem Malis Punicis, quæ Græcis etiam Σίδαι vocabantur, appellatum alias crederem, vicum quendam agri Corinthiaci Σιδοῦς dictum; cujus Xenophon, Plinius, Stephanus, aliique meminere. Illum enim malis præstantissimis, iisque purpureis abundasse, docent varii auctores, apud Athenæum, Antigonus, Carystius, Nicander, Eupho- Lib. 111. rion seu Archytas. Eadem utique ratione, qua alibi Si-

dam

286 DISSERTATIO QUARTA

Lib. c. 1 v. dam dictam tradit ex Agatharchide idem Athenæus, regionem Malis Punicis feracem, de qua contendebant Bœoti ac Athenienses. Illud vero minime adhuc prætercundum hoc loco, duos mihi occurrisse nummos in Cimeliarchiis Galliæ ac Italiæ vestræ, cum iisdem Rhodiorum symbolis, Solis nempe, & in altera nummi parte Floris illius, de quo hic sermo. Unus nempe cum addita epigraphe ΣΤΑΣΙΩΝ. Hujus autem nominis urbs haud alibi hactenus mihi lecta, quam apud Stephanum; sed qui in Persia, & quidem in magna rupe positam docet. Inter P. Ligorii collectiones antiquarias ineditas, observatus etiam mihi Nummus Elagabali, qui in aversa parte præfert Coronam Querneam, & inscriptionem ΔΗΜΟC ΜΗΤΡΟΠΟΛΕΩC CTACIOC. Quænam autem fuerit hæc Stasis Metropolis, fateor me satis assequi non posse. Neque enim concedes opinor, extra Romani Imperii fines quærendam, aut è Perside arcessendos nummos, cum Romani Imperatoris effigie percussos. Unde ut libere dicam, vereor ne vel nobis hic imponat Ligorius, vel sibi ab aliis imponi passus sit, perperam descripta hujus nummi epigraphe; cujus rei infinita occurrunt exempla in operibus illius ineditis, de quibus nostrum supra judicium protulimus. Stasin vero illam cum Rhodiorum symbolis, in Cypro forte investigandam crederem, Rhodo haud procul dissita, à qua nempe urbe dictus sit Stasinus ille Cyprius, cui Cypria poëmata à Proclo tributa novi apud Photium. At vero Metropolim eandem Cypri, nemo facile ex fide nummi à Ligorio producti continuo statuet; quem Insulæ primatum Paphum olim ac Salamina, postea vero, ætate nempe Constantinopolitanorum Cæsarum, postremam ex iis tum Constantiam seu Justinianopolim dictam obtinuisse,

In Bibliotheca Reginæ Christinæ.

nuisse, aliunde constat. Alter vero Nummus cum iisdem Rhodiorum symbolis, Lutetiæ nuper admodum mihi inspectus inter Numismata Peireskiana, quæ jam possidet illustris Harlæus, cum loci nota ΖΕΙΝΙΩΝ: de quo loco altum adhuc magis apud antiquos & recentiores Geographos silentium. Omnino autem liquet ex additis symbolis, spectare juxta priorem Stasiorum, ad aliquam Rhodiorum Coloniam, aut Urbem vel Vicum, qui in ditione Rhodiorum fuerit. Plures enim deductas à Rhodiis, & quidem in Hispaniam usque Colonias, aliunde liquet. Et hæc quidem hactenus de Nummis nobilissimæ hujus Insulæ, ac symbolis vulgo iis insculptis; de quibus liberum sit lectori judicium, in quam velit sententiam concedere.

Sicut vero *Malum Punicum*, seu potius florem ejus *Balaustium*, in commemoratis modo Rhodiorum Nummis investigabamus; ita suavem alterius quoque Mali, olim adhuc nobilioris adspectum, liceat mihi ex eadem penu subministrare: Exhibet vero illud rarissimus & plane singularis nummus, quem possidet singulare Urbis & horum studiorum decus, Camillus Maximi; cujus beneficio eundem hic lectorum oculis subjiciemus.

De Nummo Parthico, & Malo Medico in eodem.

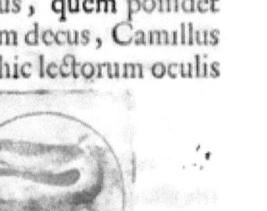

Nummus ille, ut continuo vides, Parthicus, & ex eorum genere, quos *Sagittarios* vocarunt olim Persæ, ut liquet ex Plutarcho; τὸ γὰρ Περσικὸν νόμισμα ΤΟΞΟΤΗΝ ἔχειν. *Numisma vero Persicum* SAGITTARII In Apophthegm. nota

nota signatum est. Immo, quod nummi ipsius adspectus, mihi aliquoties visi, satis arguit, barbarici ille seu Parthici metalli, cujus glebulam à se repertam continuò ad Trajanum Imperatorem, tanquam singulare quoddam Cimelium misisse se profitetur Plinius secundus, scripta eodem nomine ad ipsum Trajanum epistola; *Quod paullo tardius feci, dum requiro gemmam, quam sibi habentem imaginem Pacori, & quibus insignibus ornatus fuisset, subtractam indicabat. Volui enim hanc quoque, si inveniri potuisset, simul mittere, sicut glebulam misi, quam se* ex PARTHICO METALLO *adtulisse dicebat; signata est annulo meo, cujus est aposphragisma, Quadriga.* Quid verò vel jucundius vel utilius, suavissime OCTAVI, quam simile quid oculis usurpare, quod magni muneris loco Terrarum Domino miserat, aut mittendum quærebat Romanus Præses, & qua de re per epistolam sollicitè adeò monere illum non dedignabatur? Geminum certe beneficium præstare agnosces hunc singularis raritatis Nummum, quale ex Gemma cum Pacori imagine quærendum sibi putabat Plinius. Ac de insigni quidem capitis, cui simile omnino videas præferre Parthum genuflexum in nummo Trajani inscripto REX PARTHIS DATUS, agetur in sequentibus alio loco, ubi insignes rursus Arsacidarum nummos proferemus. Notus præterea mos & habitus illius gentis, flexo genu dextro sagittandi in acie solitæ, & aliarum quoque gentium sagittariis haud inconsuetus. Talem etiam videas cum inter Thasiorum nummos apud Goltzium; tum in veteri nummo inter Panormitanos relato in Sicilia Parutæ à Leonardo nostro, nova nummorum accessione locupletata.

Lib. x. Epist. 16.

Tab. XIIII. Insul. Græciæ.

Hæc

DE PRÆST. ET USU NUMISM.   289

Hæc autem ipso adspectu, & vulgatis de illo more auctorum testimoniis, liquida satis & manifesta. Unde jaculum illud ante sinistrum genu protensum in priori nummo, revocat mihi in memoriam, aut Romanos in prœlio quodam contra Parthos, duce M. Antonio, procumbentes in genua objectis scutis; aut Chabriæ Atheniensis ducis inventum, objecto genu scuto, projectaque hasta, imperum excipere hostium milites suos docentis. Arcus vero & amentatum jaculum in eodem Parthico nummo conspicua, solita gentis illius arma, ut vulgo notum, ac de Persis jam olim tradidit Arrianus. De Arcu inprimis, notum ita propriam ac solennem fuisse Regum illorum armaturam, ut ex eodem à Dario una cum scuto amisso, & apud Alexandrum conspecto, eum continuo ut mortuum deflerent mater, uxor, & filiæ captivæ. In describendis Persarum armis, Pharetram etiam opportune addit Herodotus, qualem gestat pileatus miles in posteriori nummo depictus, ad sinistrum latus adpensam. Ad dextrum enim femur pugiones gestasse olim Persas idem auctor observat. Arcus autem ille in utroque nummo signatus, docere potest, quo jure Parthi Dionysio vocentur ἀγκυλότοξει,

Πάρθοι ναιετάουσιν ἀρήιοι, ἀγκυλότοξοι.
Parthi degunt Martii, curvis arcubus utentes.

Unde conferri etiam potest cum iis, quæ de Parthici

Plutarchus in M. Antton.
Cornel. Nep. in Chabria.
Lib. VII.
Arrianus lib. II.
Lib. VI.

Oo   vel

vel Scythici Arcus (quem pro eodem sumit Ammianus Marcellinus) figura tradiderunt veteres, & quam non semper adsecuti sunt viri docti. Opportune quædam ea de re notantem vide doctissimum Isaacum Vossium ad Melam. Agnoscis utique hinc aperte, non corniculatam fuisse Arcus illius figuram, instar litteræ C; ut ex male intellecto Agathone colligebant viri docti; sed eandem incurvam quidem, juxta Dionysium & Melam, angulos utrinque extimos habuisse; cui proinde Arcui haud male Ponti figuram comparantes videas cum Melam, tum Ammianum. Sed in postremo miror mendum non animadvertisse viros longe eruditissimos, quod tamen totum loci sensum perturbabat, & **aliam** longe figuram huic Arcui tribuebat, ut fatetur etiam ad Melam vir doctissimus, quam vel auctores alii, vel ipsa indubia nummorum ac lapidum monu-

Lib. xxii. **menta** præferunt. Verba sunt Ammiani; *Cum Arcus omnium gentium flexis curventur hastilibus, Scythici soli vel Parthici circumductis utrinque* EXTRORSUS *pandis & patulis cornibus*; Ita enim legendum omnino statuo, non *introrsus*, quæ vox meras hic tenebras offundebat. Id vero quod depicti illi Arcus Parthici cum pandis extrorsum cornibus luculenter arguunt, innuebat etiam Terentianus,

Ceu Parthus solet aut Scythes
Arcus cornibus EXTIMIS.

Eadem quoque cum superiori, figura Arcus, quem Herculi passim tribuunt antiqua numismata; quippe cujus Arcum Scythicum itidem fuisse tradunt antiqui auctores. At vero hic non tam anterior, quam aversa pars Nummi illius Parthici spectanda occurrebat; quæ an florem repræsentaret, an fruticem, vel arborem, & qualem hujus generis Plantam, non significabant eruditi

DE PRÆST. ET USU NUMISM. 291

diti Urbis Antiquariɪ. Vidi etiam alibi, qui ad primum Ectypi ad me transmissi intuitum, non Plantam, sed Montem ibi cælatum existimarent, neque illos de plebe, sed è primo ordine Antiquariorum. Neque vero Apollodorum, Arrianum, Quadratum, aliosque, quos laudatos veteribus memineram, rerum Parthicarum scriptores licebat mihi consulere, qui si temporum injuria mansissent superstites, hærentem forte sublevassent. Nobilem quidem & familiarem in Parthia florem Philadelpheum nuncupatum videbam in Apollodori de rebus Parthicis apud Athenæum fragmento; Lib. 15 v. sed quem ita describit, ut nihil ad illustrationem hujus Nummi conferre mihi liqueret. Verum hic hærenti occurrit opportune, haud aliud symbolum vel insigne præclaro illo Nummo, quam fructus MALI MEDICÆ designari. Neque certe, ut id statuerem, una me ratio impellebat. Primo consuetus ille mos tam Græcorum, quam Barbarorum, abunde jam à nobis illustratus, singulares quosque ac domesticos vel Flores vel Plantas, monumentis id genus tradendi. Inter Plantas vero seu Arbores præter cætera loca peculiares & singularis olim raritatis, Medicam Malum relatam continuo noveram; & juxta eosdem auctores, Theophrastum, Plinium, aliosque, non alibi quam apud Medos & in Perside nasci. Adeo ut non mirum, si quemadmodum Silphium suum Cyrenenses, Lotum Ægyptii, Dictamnum Cretenses, Malum Punicum alii, ita quoque Malum hoc sibi proprium Medi seu Parthi (nosti enim utriusque nominis communionem) eidem memoriæ commendarent. Secundo, non raritas solum, sed nobilitas & celebritas hujus Arboris, seu *Felicis Mali*, quæ, ut ille ait, *inclaruit etiam carminibus Mantuanis*, & de qua Plinius, *Nec alia arbor laudatur in* Lib. XII. cap. 3.
Me-

Medis. Tertio, quo etiam spectat usus ejusdem apud **Parthos**, & ne promiscuum putes, **Proceribus** tantum **apud** eos consuetus; de quibus idem tradit haud uno in loco Plinius; eos commendandi halitus gratia, grana hujus Mali, & quidem solos usurpare solitos: PARTHORUM *populis hoc præcipue & à juventa propter indiscretos cibos, namque & vino fœtent ora nimio, sed* SOLI PROCERES *medentur grano* ASSYRIACI MALI, *cujus est suavitas præcipua in esculenta addita.* Quod etiam alibi rursus monet; & quo respexit etiam divinus vates, agens de hoc Malo

———— animos & olentia Medi
Ora fovent illo.

Postremo denique, ejusdem Mali Assyriacæ vel Medicæ ac ejus Fructus descriptio, ita à Veteribus tradita, ut certe huic figuræ nummo expressæ haud parum con**sentanea** mihi videretur. Arbor nempe, si illos audias, mediocris, brevi trunco, cujus rami longi, crassi, firmi, acutis spinis; Fructus autem, quos vulgo eosdem cum Citriis statuunt; quæ certe manifesto meam de hoc Nummo sententiam adserere mihi videntur. Neque vero illud valde me moratur, quod eam arborem lauro simillimam describat divinus poëta, aut quod vulgo eandem omnino cum vulgata Citro statuant Herbarum Interpretes. Illud enim scio peregrinam fuisse arborem, & parum proinde cognitam in Italia aut alias in Romano orbe; quæ Plinii etiam ætate adhuc in sola Media aut Perside nascebatur; *sed nisi apud Medos & in Perside nasci noluit.* Immo neque ejus fructus nisi sero admodum, è Perside in Græciam transportatus; ut licet colligere ex Antiphone Comico apud Athenæum. Nihil mirum itaque, si de tam remota arbore & vulgo incomperta, multa secus tradiderint Romani scri-

scriptores, quos in descriptione plantarum exoticarum, licet minus remotarum, haud semel hallucinatos constat. Neque illud ita liquidum aut in confesso, quod vulgo creditur, eandem omnino fuisse arborem cum vulgata Citro; quamquam haud dissimilem fructum credatur protulisse. Certe id negabat diserte Apuleius in Commentariis illis, quos ex professo de Arboribus scripserat, sicut tradit Servius, *apud Medos na-* Ad Georg. *scitur quædam arbor ferens* MALA *quæ* MEDICA *vo-* lib. 11. *cantur; mox hanc plerique* CITRUM *volunt, quod* NEGAT *Apuleius in libris quos de Arboribus scripsit, & docet* LONGE ALIUD GENUS ARBORIS *esse.* Sic in Italia pervulgatas jam fuisse Citros Plinii ætate, & Medicam Malum à Citro diversam eidem statui, haud male videtur colligere vir magnus ad Solinum. Sed ut demus libenter, Mali illius Medicæ fructum ad Citrium accessisse, à quo etiam non recedit ovata fructus illius figura in superiori nummo Parthico expressa; haud continuo sequitur eandem plane arboris aut fructus etiam figuram exstitisse, singularem illam adeo Medicam Malum cum Italica aut Europæa Citro. Notum enim, quam pro soli ratione varient nonnunquam eædem Arbores, aut Plantæ; ut jam olim monuit Theophrastus, ᾧ γὰρ ταῖς χώραις ὥσπερ καὶ αὐτὰ τὰ δένδρα Lib. 1 1. διαφέρειν καὶ ταῖς ἐργασίαις οὐκ ἄπωπεν. *Nam pro regionibus* Hist. Plant. *sicut & arbores ipsæ variant, cultura quoque inter sese dista-* cap. 6. *re, haud pro absurdo intelligi debet.* Quam meam de singulari hoc & rarissimo Nummo sententiam eo lubentius sum amplexus, quod eam probari omnino videam clarissimo Aulæ Electoralis & Athenæi Heydelbergensis Medico, Joanni Casparo Fausio nostro; cui ob singularem in Historia Plantarum peritiam, legendam hanc nostram notationem commiseram. Firmabat vero illam

294 DISSERTATIO QUARTA

lam vir doctissimus, monstrosis aliquot Citriorum iconibus, quæ ab aliquot Botanicis observatæ, cum superiori fructu Mali Medicæ adfinitatem aliquam habere illi videbantur. Neque vero prætereunda hoc loco, quæ à Marantha de Malis Medicis alicubi commemorantur; quod nempe *Mala Medica operoso cultu ita efformant, ut & maris & feminæ sexu distinguant: rem certe admirabilem & visu jucundissimam. Maris enim pomum adnatum habet* **quoddam** *veluti infantis genitale ejusdem* **cum** *pomo corticis &* **coloris:** *feminæ muliebre pudendum ad veram ejus effigiem efformatum videtur, quo simile magis sculptor non fingat.*

<sub>Lib. 1 1.
Meth. cognosc. simplic. cap. 11.</sub>

Punicis vero & Medicis Malis, cur non & MALA HESPERIDUM AUREA liceat continuo subnectere, quæ cum Medicis eadem viri quidam doctissimi videntur statuere? Herculis nempe fabulam, de Dracone Arboris in Mauritania custode, ab eodem interempto, & adportatis inde in Græciam pomis aureis, signant antiqui aliquot nummi, cujus generis unum hic exhibemus.

_{De MALIS AUREIS HESPERIDUM.}

Percussus ille nummus sub Geta, & à Tristano etiam adlatus, sed sine ulla inscriptione aut nota loci, in quo signatus, qualem nullam adserit in eodem exstitisse. At vereor equidem ne obscuræ aut exesæ vetustate litteræ

_{Tom. 11. Com. pag. 285.}

DE PRÆST. ET USU NUMISM. 295
teræ ut alibi haud semel, ita hoc loco viri alias perspicacis oculos fugerint. Occurrit enim mihi similis omnino ejusdem Getæ nummus in Gaza Christinæ Augustæ, qui à Pergamenis percussum arguebat, & in quo hanc inscriptionem eruebam, ΕΠΙ ϹΤΡΑ..... ΝΟΥϹ. ΑΝΕΘΕ. ΠΕΡΓΑΜΗΝΩΝ Β. ΝΕΩΚΟΡΩΝ. Hoc est, *sub Prætore .... Dedicavit, Pergamenis Bis Neocoris.* Solum nempe in eo Prætoris nomen, ærugine deletum occurrebat, de quo non anxie nobis laborandum. Cæterum haud absimilem quoque nummum, cum eodem Herculis habitu, & custode Hesperidum Dracone in arbore itidem pendente, ac insuper panario pomis Hesperidum repleto, quod in Pergamenorum nummo omissum, signarunt olim Tarsenses Gordiani temporibus, qualem servat Gaza Medicea. Inde vero continuo colligas, vana esse poëtarum figmenta, quæ de tribus tantum Hesperidum Malis vulgo fabulantur: quibus accedit Antiphanes Comicus apud Athenæum,

φασὶν τὰ χρυσᾶ μῆλα ταῦτ᾽ εἶναι τρία Lib. III.
Μόν'.

Dicunt Aurea hæc Mala tria esse Sola. Mitto jam reliqua, quæ hic ad decantatam fabulam spectant, aut ad natales & nomen pervigilis illius Draconis. Κηπυρὸν eundem dictum Euphorioni Chalcidensi, auctor est Helladius apud Photium, καὶ τὸν τὰ χρυσᾶ μῆλα τὸν ἑσπερίδων Codic. Φορῦντα ὄφιν Κηπυρὸν ὠνόμασε; *Et serpentem aurea mala ferentem* Κηπυρὸν *(seu horti custodem) nominavit.* Mirum viros cruditissimos, vel Hœschelium editorem, vel Interpretem Schottum, non observasse **locum in mendo** cubare. Neque enim ferebat Serpens Mala illa **Aurea**, sed hortum vel arborem eadem ferentem custodiebat, Κηπυρὸς ea de caussa nuncupatus. At quid proclivius fuit, quam Φορῦντα in Φρουροῦντα vertere; sicut omnino
liquet

DISSERTATIO QUARTA

liquet eo loco legendum, & apposite ad custodis illius officium. Eundem vero Leonis Nemæi fratrem exstitisse, tradit Ptolemæus Hephæstio itidem apud Photium. Servium autem non moror, qui fabulam illam de hoc Serpente, & malis Hesperidum aureis, de gregibus ovium rufam lanam habentibus, & ab Hercule, occiso pastore illarum custode, abactis explicavit; & ideo quidem, quod oves Græcis μῆλα dicantur; à rubore autem lanæ auro similis, existimasse qui audierant, mala aurea in Africa nasci. Nugæ & somnia Grammatici. Neque, ut verum fatear, magis arridet alia viri longe eruditissimi, & cujus mira alias ἐυστοχία in explicandis ex Oriente poëtarum fabulis, interpretatio, qui libro de Coloniis Phœnicum, Aurea Mala à dracone adservata, de opibus ab alio congestis interpretatur; ideo quod *malon* vel *melon* Arabice opes sonet, nempe مال. Ut enim poëtarum fabulis adscribamus, quæ de horti vel arboris illius natalibus, custodia, malis revera aureis, Herculis victoria vulgo fabulantur; at certe arborem illius nominis obviam in eo tractu, & fructum ejusdem aurei coloris fabulæ locum dedisse, liquet satis manifesto ex iis quæ de hoc arborum genere & earum fructu vel Theophrastus, vel citati ab Athenæo auctores tradidere. Ἑσπερίδα enim, cujus Theophrastus meminit, non de herba aliqua cum Plinio, sed de malo Hesperidum intelligi debere, monuerunt jam viri docti. An vero hæc Mala cum Citriis eadem fuerint, ut Rex Juba litteris consignasse traditur apud Athenæum; an vero cum Aurantiis, ut alii ex nominis adfinitate & colore colligunt, non anxie hic nobis disquirendum putamus? Vir doctus ex Batavorum Asclepiadarum ordine, qui postremus Theophrastum luculentis commentariis illustravit, multus in eo est, ut illorum

Cod. exc. Biblioth.
Ad lib. IV. Æneid.

Lib. V. de cauf. Plant. cap. 25.

Lib. III.

DE PRÆST. ET USU NUMISM. 297
lorum refellat fententiam, qui cum Citriis vel Aurantiis eadem hæc Hesperidum Mala crediderant, ac ut eadem fuisse cum Cydoniis, **vulgo Cotoneis** probet. Sed vereor equidem, ut intentum obtineat. Cydonia mala à primaria Cretæ urbe denominata, ad quam nascebantur, & unde primum in Græciam adlata, sicut Medica, Punica, aliaque id genus à regionibus, quæ iisdem feraces erant, quemadmodum & de Cerasis constat, de Cerasunte Romam primum à Lucullo perlatis; de quibus præter alios, Hieronymus, *Unde & de Patria nomen arbor accepit*. Hesperidum autem Malis hortus in Africa & ad Atlantem; unde in Græciam seu ab Hercule seu à quovis alio adportata, idem etiam loci natalis nomen, è quo primum adducta, retinuere. Si vero Cydonia & Hesperidum Mala eadem fuissent, cur non id uno verbo prodidissent veteres, qui utriusque arboris & fructus non semel meminere? immo cur de iis, ut diversis fructibus aut **plantis**, diverso etiam loco agit Athenæus, vel antiqui **auctores** ab illo producti? Multa certe in superioribus de Cydoniis confabulati erant eruditi illi convivæ, & quidem de aliis eorum speciebus, **sicut de iis**, quæ struthia **vocabantur**. In Græcia autem pridem nota erant, **nec diffitetur vir doctus**, cùm Cydonia illa, tum quæ Hesperidum Mala vocabantur. Hinc postrema **cum** Nuce Pinea, aliisque id genus symbolis, in Bacchi mysteriis vulgo recepta tradit Orpheus apud Clementem loco cujus anterior versus supra jam indicatus, sequens autem iste,

Μῆλά τε χρύσεα καλὰ παρ' Ἑσπερίδων λιγυφώνων.
Et Mala Aurea pulchra ab Hesperidibus canoris.

Tom. 1
Epist. ad
Eustoch.

Lib. III.

In Protreptico.

cui æque proclive fuisset eadem à viciniori Creta arcessere. An vero ideo hæc mala, ut obiter hoc moneam,

neam, in Bacchi mysteriis locum habuere, quod Mala & reliquos fructus Bacchus invenisse crederetur, ut Neoptolemus tradit alicubi apud Athenæum? Alias vero, Hesperidum itidem Mala apud Lacedæmonios exstitisse, odore quidem **grata**, sed non edulia, ὄσμα nempe καὶ ἄβρωτα, observat cum Pamphylus apud Athenæum, tum Hesychius inde emendandus, sicuti jam factum à magno Casaubono; Ἑσπερίδων μῆλα ἐν Λακεδαίμονι ἄβρωτά τινα μῆλα, pro quo prius vitiose legebatur; ἐν Λακεδαιμονία βρωτά τινα μῆλα. Vides præter Pamphyli auctoritatem, quam proclivis & necessaria emendatio, una littera *a* à fine prioris litteræ in **initium** sequentis retracta. At doctus ille Medicus, Theophrasti commentator, vulgatam Hesychii lectionem præfert, ut suam de Malis Hesperidum pro Cydoniis sententiam tueatur; nec Hesychium ex Pamphylo, sed Pamphylum apud Athenæum ex Hesychio emendandum contendit, ubi βρωτά nempe pro ἄβρωτα sit reponendum: legendum proinde in Athenæo ὄσμα ᾖ εἶναι καὶ βρωτά, καλεῖσθαι ᾖ Ἑσπερίδων μῆλα, *suaviter nempe olere & edulia, vocari autem Hesperidum mala.* Absurdum enim fuisse, ut poma id genus ἄβρωτα Diis suis apponerent Lacedæmonii, quod tamen ex Timarchide paullo ante tradiderat Athenæus. Sed fallitur omnino vir doctus, nihilque certius petita à Casaubono Hesychii emendatione ex Pamphyli apud Athenæum verbis, **& quam** alias loci ratio plane suadebat. Neque enim ἐν Λακεδαιμονία, sed ἐν Λακεδαίμονι omnino ibi legendum constat; *a* illud proinde otiosum optime in sequentem vocem retrahendum. Quid vero opus fuisset, aut Athenæi convivis, aut magnæ accurationis Critico Hesychio, illud ut singulare de his Lacedæmoniorum malis adnotare, quod forent nempe edulia?

Digna

DE PRÆST. ET USU NUMISM. 299

Digna res utique, quæ posterorum memoriæ proderetur, dari fructus, quos degustare ac edere liceat? At vero illud peculiare in hoc Malorum genere, & proinde notatu dignum, quod odore quidem grata essent, non autem gustu vel sapore: quod ipsum de fructu Mali Medicæ observarat jam olim Theophrastus, τὸ ᾗ μῆ- λον οὐκ ἐσθίεται μὲν, ὄσμον ᾗ πάνυ, *Pomum autem ejus non manditur, sed odore præcellit.* Hinc eadem etiam Hesperidum Mala non vulgo quidem in privatorum mensis, sed rite Diis à Lacedæmoniis adposita, ob odoris nempe præstantiam; sicut reliqua incensa, quæ iis eo nomine adolebantur. Terrestrium enim erat Deorum, seu malorum potius Geniorum comessationibus & cibis delectari; quod ex [a]Iamblicho, [b]Porphyrio, ac [c]Origene contra Celsum haud uno loco mihi liquet; at vero Cœlestium, odore seu Arabicis lætari halitibus, ut loquitur Martianus Capella. Sed condonandum facile Medico, πολλῶν alias ἀντιξίῳ, si Theologiæ Gentilium mysteriis non fuerit continuo initiatus.

[a] in vita Pythagor. cap. 4.
[b] Lib. II.
de Abstin.
[c] Lib. VII. & VIII.

Neque vero PALMAM, tot usibus nobilem, & his monumentis toties insculptam, liceat hic indictam præterire. Equidem non adducam obvios Palmæ ramos, aut in Victoriæ manibus elatos, aut vero vasibus vulgo insertos, tanquam pretium victoribus; eosque modo unum, modo duos, modo plures, nonnunquam, & frequenter cum inscriptione ludorum, quorum præmia constituebantur, puta, ΑΚΤΙΑ, ΠΥΘΙΑ, ΧΡΥCΑΝΘΙΝΑ, ΟΛΥΜΠΙΑ, ΕΠΙΝΙΚΙΑ, ΣΩΤΗΡΕΙΑ, ΜΕΓΙΣΤΑ, ΑΡΙΣΤΑ, ΑΥΓΟΥΣΤΙΑ, ΣΕΤΗΡΙΑ, ERACLIA, SACRA, CAPITOLINA, OECUMENICA, ISELASTICA, CERT. QUINQ. seu *Certamina Quinquennalia*; quæ in præclaris nec obviis passim nummis leguntur. Mitto etiam, Vasa cum insertis

De Palmis, & variis earum generibus in artepit Numismatis.

300   DISSERTATIO QUARTA

id genus Palmæ Ramis, sive singula, sive plura, Mensæ frequenter imposita; juxta morem antiquum, quo victoribus Olympicis Coronæ supra Mensas collocatæ, ut refert **Pausanias.** Duo ejusmodi Vasa supra mensam imposita, quamquam sine commemoratis Ramis, exhibet inter alios præclarus nummus Caracallæ, **cum** memorabili inscriptione, SEPT. TYRUS METRO COLONIA ACTIA ERACLIA. Unde certe discimus ab **Hercule Tyrio**, noto loci Numine, dictos ibidem **ludos Heraclios** seu Herculanos. En præclari nummi **iconem, quam beneficio** Christinæ Augustæ hic inserendam duximus.

Lib. v.

Cæteroquin **tria** etiam Vasa cum Ramis Palmarum, qualia frequenter alibi occurrunt, suppeditat nummus Valeriani Mediceus, inscriptus ΝΙΚΟΜΗΔΕΩΝ ΤΡΙC ΝΕΩΚΟΡΩΝ. Neque vero vel de origine hujus moris, Palmas victoribus in ludis tribuendi, quem ad Theseum refert Pausanias; vel de causa, è Plutarcho & Gellio pridem nota, quod sola hæc arbor opprimentibus non cedat, aut eadem eaque viridia semper folia **retineat**, trita & pervulgata omnibus commemorabo. Illud forte minus vulgatum, ejusmodi Palmæ Ramum Lacedæmoniis peculiari voce σαρὶρ dictum; quod me docuit Hesychius, Σαρὶρ κλάδ@ φοίνικ@, Λάκωνες. Crederem facile, etiamsi nullam scirem aliunde Laconum & Judæorum cognationem, latere in hac voce

DE PRÆST. ET USU NUMISM. 301

voce vestigium Hebræorum vel Phœnicum שרר *sarar*, quod *principatum tenere* denotat, ob dignitatem nempe & usum hujus Palmæ, quo respexisse crederes Horatium,

——— *Palmaque nobilis*
Terrarum Dominos evehit ad Deos.

Quin valde apposite hanc in rem Artemidorus alicubi auctor est, Principum liberos per Ramos Palmarum designari. Unde certe haud male collegisse videtur Tristanus, signatos in quodam Constantii nummo tres Palmæ Ramos, denotare tres Magni Constantini filios. At hic non tam excisos Palmæ Ramos, quam Arborem ipsam spectare intendebamus. Quum enim varia tradantur Palmarum genera veteribus, ac Theophrasto inprimis, qui haud perfunctorie de iis egit, aliæ nempe *Palmæ* pro natali solo *Siculæ*, *Africanæ*, *Creticæ*, *Cypriæ*, *Ægyptiæ*, **Judaïcæ**, **Phœniciæ**, *Syriacæ*, *Babylonicæ*; aliæ autem ex iis humiles & depressiores, aliæ majores, aliæ rursus steriles, aliæ frugiferæ; & ex frugiferis aliæ communes, aliæ Caryotæ; singula hæc antiquariæ hujus penus contemplatio haud parum vel juvat, vel illustrat. Omnium certe, quæ modo commemorabamus, locorum Palmas, exceptis forte Babylonicis, signant adhuc antiqui nummi. Et steriles quidem Palmas, quales vulgo Italicas & Europæas agnoscit a Plinius, Græcas alicubi b Theophrastus ac c Plutarchus, videas passim in SICILIÆ nummis Panormitanis, cujus generis plures exhibet Paruta. Babylonicas itidem steriles observat d Theophrastus, ex quibus lectos & vasa conficiebant. Tales nempe, quarum e Talmudici doctores meminere in Sanhedrin, ubi infrugiferas memorant Palmas Babylonicas, quæ scilicet ad aquas Babyloniæ amaras crescerent, ac ideo corruptæ ut fru-

Oneiroer.
lib.1. c.75.

a Lib. XIII. cap. 4.
b Lib. II.
Hist. Plant.
cap. 3.
c Sympos.
lib. VIII.
d *Sicula Palmæ.*
d Lib. II.
Hist. Plant.
cap. 8.
e *Sanhedr.*
fol. 96. 2.

Pp 3   ctum

ctum ferre non possent. Cæteroquin frugiferis Palmis abundasse Babyloniam, & inter alias quidem Regiis dictis omnium præstantissimis, quæ in horto Bagoæ nascebantur, observat Theophrastus, & ex eodem Plinius. Neque vero SICULAS steriles omnes fuisse, sed fructum etiam habuisse nonnunquam, licet immitem forte & immaturum, liquet ex aliis Panormitanorum nummis apud Parutam, qui frequenter Palmas exhibent cum adpensis Dactylis; consueto scilicet & peculiari hujus arboris more, quæ non fert fructus inter folia, ut vulgo reliquæ arbores, sed in summo trunco germen emittit cum pendentibus utrinque palmulis. Tres vero Palmas Panormitanis adscriptas, hic cælandas duximus, inter se aliquantum diversas.

Lib. 11.
Hist. Plant.
cap. 8.

Prior, ut vides, è Sterilium genere ac sine fructu, quales vulgo Europææ: Altera cum adpenso fructu seu Dactylis, & quæ vulgaris Palmarum id genus frugiferarum figura: Tertia reliquis humilior, quæ proinde videtur ex illo pumilarum genere, quale in Sicilia frequentissime provenire Theophrastus ac Plinius tradunt, & cui juxta Græcos ac Romanos, peculiaria etiam nomina tributa videas in linguis Orientis, Rabbinorum פּנק Arabum autem لعل & جس. Fructus etiam ejus haud parum diversus, ni potius Florem statuamus, ac ipsam arborem proinde nummo illi insculptam, è mascularum genere, quæ solæ eidem Theophrasto

phrasto ac Plinio, in spatha aut in palmite florere dicuntur. Neque vero florem solum, sed fructum in mascula agnoscunt iidem auctores, & juxta illos Hero- *Lib. 1.* dotus; ut inde liqueret eam non sterilem omnino aut infrugiferam statuendam, sicuti vulgo perhibetur. Certe apud Arabas à voce جلْ, quæ Palmam marem notat, fit vox جلْ, quæ dactylos sed viles innuit. Quum tamen iidem auctores cum Græci tum Arabes, fecundas tantum Palmas fœminas diserte agnoscant, & ex insertis adspersisve maris floribus feminas fecundari, & præstantiores dactylos producere doceant, nulla masculæ Palmæ fructus ratione habita; hinc vulgo etiam mares Palmæ infrugiferæ, & fructus ille, quem nonnulli iisdem tribuunt, ab aliis cum flore ejusdem haud immerito confunditur. Et quum vel maxime in Arabum scriptis, ob copiam & usum ejus frequentem, utramque paginam faciant & Palma, & quidquid ad eam spectat, cujuscunque sit sexus; hinc varia etiam legas apud eos nomina, quibus & mascula Palma, ut mas tantum admissarius, & modus ille feminas fecundandi, & flos maris seu semen ejusdem in feminæ spatham indi ea de causa solitum, exprimi consuevere: quibus haud parum illustrantur, quæ à Græcis aut Romanis, ex aliorum relatione, ea de re jam olim observata leguntur. Neque vero male illum Palmæ hujus vel florem vel fructum signare mihi videtur Palma tertio loco expressa, diversa utique à femina βαλανηφόρῳ, quæ secundo loco occurrit. Quod hanc enim spectat, haud ita steriles omnes Palmæ Europeæ, ac proinde Siculæ, ut fructus plane non ferant, sicut vulgo Italicæ aut aliorum locorum; sed quarum fructus videtur immitis statuendus, juxta maritimas quasdam Hispaniæ Palmas, de quibus id tradit Plinius, aut ad maturita- *Lib. XIIII.* tem *cap. 4.*

304   Dissertatio Quarta

tem non perveniens; sicut de Cypriis quibusdam observat Theophrastus, alibi autem in genere de Palmis in Græcia natis, & juxta eundem Plutarchus locis supra indicatis. Nisi illud etiam placeat, plerosque illos è Panormitanis Parutæ nummis cum Palma & Equo seu integro seu dimidio obvios, à Carthaginensibus, quod arguunt symbola & frequentes in iis Punicæ litteræ, signatos, & Africanis proinde potius quam Siculis adscribendos. In qua sententia fuisse jam olim video, virum hujus antiquitatis intelligentissimum Antonium Augustinum, qui nummos id genus ad Carthaginem refert. Certe vel signatum Equi caput satis arguit, aut Carthagine percussos, aut in Carthaginensium Coloniis (qualem Panormum scimus) cum solitis Metropoleos insignibus. Quod minus novum Panormi contigisse, quæ Regia erat Carthaginensium in Sicilia, hoc est juxta Polybium, βασιλική πόλις τ̃ τ̃ Καρχηδονίων ἐπαρχίας. Eædem itaque Palmæ in nummis Panormi & Carthaginis; quamquam, ut vidimus, nec iis destituebatur Sicilia, ut non & proprias Palmas in iisdem monumentis cælasse nonnunquam credi possit. Certe peculiaris adhuc Palma occurrit in nummo Selinuntiorum: unde haud alio opus habemus interprete, cur *palmis onusta* Silio, divino autem Vati *palmosa selinus* nuncupetur.

Lib. III. Hist. Plant. cap. 8.

Dialog. VI.

Lib. I.

Et Palma illa quidem cum frugifera, ut cernis, tum è pumi-

DE PRÆST. ET USU NUMISM. 305
pumilarum genere, cujus fructum Arabes peculiari
voce ﺟﻤﺎ vocant. CRETAM vero Insulam, haud u- *Cretica.*
no quoque Palmarum genere feracem, docet itidem
Theophrastus. Hinc Palma juxta Aquilam signata in
veteri & præclaro nummo Hierapytnæ urbis Creticæ,
quem olim adnotaveram in Gaza Christinæ Augustæ,
& cui geminum nuper forte apud Cl. Patinum inspectum, opportune hic inserendum duximus.

Prior Nummi pars caput turritum ac muliebre, notum
in nummis cum Cybeles tum urbium symbolum notat. Aversa autem, cum Jovis (cujus natalibus & se-
pulchro celebris Insula) alitem, tum Palmam cum Dactylis præfert, locum insuper signati nummi IEPA-
ΠΥΤΝΙΩΝ, & Prætoris aut Magistratus nomen, IME-
PAIOΣ. Hinc adferenda urbis hujus scriptura apud
Strabonem, ubi pro corrupta lectione ἱερέα πύδνης, ma- Lib. 1.
gnus Casaubonus restituendum putabat Ἱεραπύδνης,
probante id nequidquam nobili ac eruditissimo sene
in Exercitationibus ad Græcos Authores nuper editis. Emendanda eadem apud Dionem, qui in rebus
Cretensium ejusdem loci, sub nomine Ἱεραπύδνης me- Lib. XXXVI.
minit. sed hoc leve. Urbis vero illius situm, ac rationem nominis docet nos Strabo; ad Pytnam nempe Lib. 1.
Idæ collem sitam, à quo sit denominata, ἀφ' ἧ Ἱεραπύ-
τνα ἡ πόλις. Etiamsi vero Idam hunc πολύδενδρον καὶ με-
γαλόδενδρον Eustathio alicubi vocari nescirem, haud mi- Ad Dionys.
rum utique vel novum occurrisset, Arborem in ejus- Perieget.

Q q modi

modi nummo signatam videre. Collis autem hujus **Pytnæ**, & cognominis urbis nomen à Phœnicibus profectum, ex ipsa vocis formatione mihi continuo liquere videtur. Certe in plerisque **Creticis**, **Phœnicium** quid latere, idque se docturum alias, contestatur doctissimus Bochartus, eruditissimo opere de Coloniis Phœnicum, & ipsius Insulæ nomine Cretæ, ac urbis in eadem Itani exemplis interim firmat. sic πύτναν haud dubito præferre itidem vestigia vocis cum iisdem litteris radicalibus פטן vel פוטן, qua in oriente *dives pecorum* denotatur. Creta enim inter alia decora, pascuis & gregibus ferax, unde Dionysio ΛΙΠΑΡΗ vocatur:

Πολλή τι λιπαρή τι κ ΛΙΠΑΡΗ, ἧς ὕπερ Ἴδη.

Magnaque pinguisque, & bona pascua habens, quam super Ida.

Hinc in Ida Collis ille Pytna, pascuis id genus abundans, & ad quem posita urbs Hierapytna, à loci aut templi alicujus religione *sacra* insuper appellationem apud Cretenses nacta; sicuti pleraque Palæstinæ, Syriæ, ac Phœnices loca illud ΙΕΡΑΣ attributum frequenter sibi vindicare observo in antiquis & selectis nummis *Æliæ Capitolinæ, Gaderæ, Cæsareæ, Tyri, Sidonis, Gabalæ, Bybli, Apameæ, Damasci, Seleuciæ, Samosatæ*, (ut Ammiano vocatur) qua de re alibi: Illud vero ferme præteriissem, eundem hunc nummum Hierapytnæ signatum, reperiri inter nummos Siculos Parutæ, ut casu dum hæc scriberem observabam; quem nempe non ferendo errore, ad Himæram Siciliæ urbem refert, deceptus proprio Viri seu Prætoris, non loci nomine ΙΜΕΡΑΙΟΣ, quod recepto more, gentili ΙΕΡΑΠΥΤΝΙΩΝ additum, pro quo rursus male ΙΕΡΑΠΙΤΤΣ expressit. Sed Parutam, qui nummum ipsum non viderat, in errorem induxit Erizzo, è cujus descriptione
fatetur

Tab. xxv.
n. 9.

fatetur se nummum illum ita cælandum curasse. Iste enim agens de Dea Syria, obvia in Philippi numismate à Syris Hierapolitanis percusso, nummum hunc, de quo agimus, à se visum describit, in quo Pinus scilicet occurrat cum adjacente **Avi,** epigraphe autem ΙΕΡΑ ΠΙΤΥΣ; unde *sacram Pinum* efficiebat, aliisque litteris additis ΙΜΕΡΑΙΟΣ. Sed solenne Erizzo, nobili alias antiquario, graviter in citandis aut explicandis Græcis, quos adfert nummis hallucinari, & quem **proinde** caute in his legendum, nec ei temere fidem **obstringendam** novi. Magna quidem de his antiquitatis studiis benemerendi voluntate, sed exigua aut nulla etiam Græcæ litteraturæ peritia instructum, virum multarum alias imaginum, ad nummorum id genus explicationem sese comparasse mihi satis liquet: **quod hactenus** fatale plerisque fuit, si unum vel alterum excipias, qui in describendis vel interpretandis Græcorum nummis laborarunt. Quid statuas enim, **cum** aut Carrarum notæ Mesopotamiæ urbis primariæ, & Romanorum Coloniæ nummum, proinde consueto more, ΜΗΤΡ. ΚΟΛ. ΚΑΡΡΗΝΩΝ, seu *Metropoleos Coloniæ Carrenorum* inscriptum de Colcharenis, Græciæ scilicet gente, (qualis nulla legitur eo nomine) interpretatur? aut vero quum Magnesiorum Ioniæ nummum, sub Gordiano percussum, & cum addito Prætoris Aurelii Theodoti nomine, legit & explicat, *Anno primo Theodoti Regis Magnetum*; quasi scilicet aut privatim alias, aut vero illo ævo, Magnesiorum civitas, quæ pridem Asiæ Proconsulibus parebat, Reges suos habuerit? Mitto sexcenta id genus, **quibus adnumeranda** jam venit prava illa lectio & **interpretatio** hujus nummi Hierapytniorum Cretensium, alio perperam vel ab eodem Erizzo, vel à Paruta detorta. Opportune enim

Discors. sopr. le Medagl. p. 700. quart. Edit.

Pag. 66. ibid.

mihi non unus solum, sed geminus nummus inspectus, ut supra innui, cum iisdem omnino litteris ac symbolis, quibus nihil clarius exprimi potuit, aut minus tot errorum causam præbere. Immo alios etiam ejusdem generis adservat Gaza cum Palatina, tum Medicea, & in eo superioribus rariores, quod aliud proprium viri aut Magistratus nomen signatum habeant; nempe unus Palatinus & Mediceus ΞΑΜΑΓΟΡΑΣ, alter itidem Mediceus ΜΕΝΕΣΘΕΥΣ; & in quos proinde si incidisset Paruta, eosdem ad Himæram urbem procul dubio haud retulisset. Cæterum eadem in iis symbola, hinc nempe capitis turriti, illinc Palmæ & Aquilæ, cum inscript. ΙΕΡΑΠΥ. ac in uno etiam integra, ΙΕΡΑΠΥΤΝΙΩΝ. Quod vero hic etiam minime reticendum, occurrit inter Marmora Arundelliana, quæ cum Notis in Apologiam Apuleii vulgavit Cl. Pricæus, antiquum fœdus horum Hierapytniorum cum Præsiis, Cretensibus itidem, & quorum nummum possidet Christina Augusta, cum Cerere ac Bove, & inscript. ΠΡΑΙΣΙΩΝ. Observavi etiam fragmentum

Thes. Grut. p. v. fœderis Hierapytniorum in magno Inscriptionum opere, ubi ΙΕΡΑΠΥΤΝΙΟΙ itidem inscribuntur; ne liceat de vera Nummorum hujus oppidi epigraphe dubitare. Neque vero Palma in iis expressa, ex illo bifidarum aut trifidarum genere, quas in Creta frequenter nasci observat Theophrastus. Ad postremas hasce

Palma Trifida Cretica. trifidas referre quis posset Plantam peculiarem, expres-
Tab. Insul. IV. sam in nummo Camaræ apud Goltzium.

DE PRÆST. ET USU NUMISM. 309

Camara, ut ex Ptolemæo & Stephano scimus, urbs Cretæ. Ejusdem meminisse videtur Agatharchides apud Photium, si Schottum illius interpretem audimus; ὅτι κέχρηται ὁ Συγγραφεὺς Ἀττικιςὴς καίπιων τῇ τῶ καμάρας λέξι· Quæ ita vertit Schottus, *hinc digressione facta auctor monet, se quamvis Attice loquatur, Camaræ tamen (urbis in Creta) dialecto familiariter uti.* Sed quum duplicem sensum admittat ille locus, certe longe potior ille mihi videtur, qui nihil aliud innuit, nisi Agatharchidem, etiamsi Atticorum more scribat, usum voce καμάρας, notæ alias significationis, sed quæ minus Attica videbatur. Neque enim Camaræ natus aut cæteroquin Cretensis Agatharchides, sed Cnidius, ut Diodoro, Josepho, Luciano, aliisque vocatur; neque etiam Cretensi usus dialecto, (quæ præter voces ἰδιογλώσσες, quales plures apud Hesychium legas, Dorica ut plurimum fuit, sicut eruditis notum) ut satis arguit luculentum hujus Auctoris, quod apud Photium exstat, fragmentum, communi ferme dialecto conscriptum. Neque etiam illa Camaræ hujus inter Cretenses urbes nobilitas aut fama, (cujus obscura valde apud veteres, qui supersunt, mentio,) ut peculiaris dialecti ansam Agatharchidi præbere potuerit. Sed hæc obiter. Similem vero hujus oppidi Nummum habet Gaza Medicea; nisi quod loco crurium, quæ expressit Goltzius, aliud quid, aut duas nempe figuras, aut Pisces vide-

Cod. ccc. cap. 30.

videbatur signare ejusdem Cimeliarcha. Hæsisse autem me fateor aliquamdiu, cui frutici aut plantæ, eam quæ in nummo cum Goltziano, tum Mediceo occurrit, continuo adscriberem. Cretam quidem ἰδιέφυτον novi, & feracem plantis sui generis, aut selectis; adeo ut in ea Insula multi Botanici alerentur à Romanis Imperatoribus, & quotannis Romam mitterentur Ἀγγεῖα seu Vasa plena Creticis Plantis, quæ τὰ πλεκτὰ nuncupabant, nempe ἀπὸ τ̄ λύγων (non λυγῶν, quod aliud sonat) εἶναι πλέγματα, *quod è viminibus essent contexta.*

Lib. 1. de Antid. edit. Græc. Baf. p.414.415.
Utrumque me docuit Galenus, ac præterea Plantas easdem è Creta vulgo adferri chartulis involutas, quibus singularum nomina adscribebantur; quasdam vero solam habere inscriptionem nominis, aliquas cum accessione soli aut campi, in quo proveniebant. Postremum quidem beneficium præstat nobis hic Nummus, de priori aliunde ratio ineunda. Quod si in voce Camaræ, natali solo, ut videtur hujus Plantæ, quærendum esset illius vestigium, *Cammarum* aconiti speciem

Lib. xxiiii. cap. 3.
& à figura Cammari marini ita dictam docet Plinius, & quæ proinde huc non quadrat: ut mittam non *Cammarium*, sed Κάμμορον Græcis appellatam, quod jam observarunt viri docti. Neque huc etiam spectat alia Planta Κόμαρις, vel Κόμαρος, quæ occurrit in Lexicis recentiorum Græcorum, quam eandem cum Halimo contendit vir summus ad Solinum. Sed neque majorem communionem cum planta expressa in nummo hujus urbis Creticæ habere mihi videbantur aliæ Plantæ ejusdem Insulæ, quas præ cæteris suo loco commen-

Theophrastus, Dioscorides, Galenus, Plinius.
dant nonnunquam antiqui scriptores Historiæ Plantarum, puta *Dictamnum, Nymphæa, Chamædruas, Radix Idæa* (de cujus solo lis adhuc ambigua, an Creticum vel Phrygium), *Amylum, Sifer, Heraclium, Anisus, Poterion,*

Cu-

Cupreſſus, *Populus nigra*, *Trifolium*, *Seſeli*, *Stœchas*, *Fucus*, aut denique herba illa Ἀλιμ⊙·, quæ Solino inter Creticas ſola recenſeri meruit, quod admorſa nempe diurnam famem prohiberet. Unde ratione ſubducta, nihil occurrit opportunius, quam Palmis trifidis adſcribere ſuperiorem plantam ſeu arborem, quæ peculiares **erant** huic Inſulæ. Palmam certe continuo videtur arguere truncus cum denſis gradatiſque corticibus; **qui**bus Palmæ vulgo ſe faciles ad ſcandendum præbent: quód etiam de iis jam olim monuit Plinius, & quas **ra**dices in caudice Palmæ prominentes, per quas conſcendi poteſt, Arabes peculiari voce ןז, indigitant. Modum autem, quem adhibent vel Arabes vel Ægyptii in ſcandendis Palmis, docuit jam nos olim Lucianus; cujus locum ea de re noviſſime illuſtravit inſigni Vir eruditione ac virtute, mihique unice venerandus ſenex, Palmerius à Grentemeſnil. Nec alienum quod de bifidis his aut trifidis Palmis **obſervat** Theophraſtus, ſtaturam caudicis à parte **qua** finditur **vel** quinum cubitum, pareſque inter ſe prope partes ipſas adſurge**re**. Neque prætereundum hoc loco, tradi eidem Palmas diverſi admodum generis, fructu nempe, figura, magnitudine, foliis haud parum diverſas; ne aliquod diſcrimen hujus Palmæ cum ſuperioribus, aut vulgaribus alias Palmis, multum hic negotii faceſſat. Plinius quidem undequinquaginta Palmarum genera ſtatuit, ac Arabes, apud quos frequens hæc arbor, longe plura. Si quis tamen Carduorum **aliquod genus,** aut Plantam aliam in **illo** nummo **expreſſam malit, ubi veris** id vicerit, haud difficulter **adſenſum** impetrabit. Neque vero ſolum trifidas, ſed **in quinos** etiam truncos diviſas Palmas in hac Inſula agnoſcit Theophraſtus, ſed cujus locus levi emendatione indiget, ὡς ἢ τῇ Λιύπνη (aut

Lib. de Dea Syria.

Lib. 11. hiſt. Plant. c. 8.

Λαππαίων) τινὰ καὶ πυζακέφαλον. Ita enim legendum nomen illius Urbis Creticæ, quæ Λάππα vocabatur, & cujus Gentile Λαππαῖος, liquet iterum ex antiquo loci ejus nummo inscripto, ΑΣΤΑ. ΛΑΠΠΑΙ. seu Ἄσυλ⟨ον⟩ Λαππαίων; unde insuper sacram eandem seu inviolati soli, ut Livius alicubi explicat hanc vocem Ἄσυλ⟨ον⟩, exstitisse constat. Eadem urbs & Λάμπη dicta, auctore Stephano, sicut & Λαμπαίους illius incolas vocant cum [a] Polybius, tum [b] Dio Cassius, quorum iste eosdem una cum Cydoniis libertate aliisque beneficiis ab Augusto adfectos narrat. Alibi vero eadem urbs juxta indubiam Nummorum scripturam, recte Dioni Λάππα etiam vocatur. Occurrit quoque idem Lappæorum nummus apud Goltzium, sed in quo Asyli nomen tantum per ΣΤΑ. expressum, è superiori quem inspexi in Cimeliarchio Reginæ Christinæ, suppleri debet. His etiam adscribendus nummus insignis Domitiani, observatus mihi inter alios incomparabilis Regiæ Gallorum Gazæ, cum eadem inscript. ΛΑΠΠΑΙΩΝ. Creticis vero Palmis, CYPRIAS jam subnectere liceat, quarum haud unum genus exstitisse observat Theophrastus, & ejus simia Plinius, qui inter alia folium ibi latius, fructumque reliquis rotundiorem tribuunt. Alias frugiferæ etiam vulgares Cypriæ, sed quarum fructus seu Dactyli, instar Ægyptiorum recentes consumerentur. Ejusmodi Palmam βαλανηφόρον, & cum latis, ut videtur, foliis, signat adhuc hodie Cypriæ urbis Lapethi nummus.

In Gaza Christinæ Augustæ. Lib. XLV.

[a] Lib. IV.
[b] Lib. LI.

Lib. XXXVI.

Tab. IV. Insul. Græciæ.

Cypriæ.

Gen-

DE PRÆST. ET USU NUMISM.   313

Gentile nempe loci nomen juxta Stephanum, cum Λαπήθις- tum Λαπηθοῦς, quod postremum hic in nummo exprimitur. Navium cæteroquin stationem & navalia habuisse hunc locum observat idem Stephanus; unde etiam nominis originem ex Oriente haud incommode deducit doctissimus Bochartus. Egregie vero id firmat Scylax, aut qui sub ejus nomine circumfertur, cui Phœnicum urbs eadem **Lapethus** vocatur Λάπηθος Φοινίκων, ut recte ibi pro Λήπηθις emendat vir magnus Is. Vossius; & unde simul liquere videtur, cur Palma in superiori nummo hujus Urbis depicta. Hanc urbem certe inter primarias Cypri exstitisse, ex Hieronymo præterea colligas, ubi de adventu Hilarionis in eam Insulam verba facit: præmissa enim Paphi mentione, addit, *hoc Salamina, hoc Curium, hoc* L A P E- *Tom. 1.* T H U S *& urbes reliquæ conclamabant.* Ita enim legen- *Epist. in* dum ibi postremæ illius urbis nomen, pro quo *Lapi-* *vit. Hilar.* *the* & *Lapetha* occurrit in Frobeniana editione & libris scriptis, quod jam vidit in Scholiis ad hunc locum Erasmus. Sic in Excerptis Polybii Peireskianis, corrigendum idem Urbis nomen ἐν Λαπήθῳ, pro quo *pag. 197.* ἐν Λαπίθῳ effecerunt viri docti ex corrupta codicis lectione ἐν Ἀλπίθῳ, ac moti procul dubio auctoritate Ptolomæi, apud quem itidem corrupte Λάπηθος vocatur. Cyprias Palmas excipient vicinæ, nec iisdem, ut modo audivimus, dissimiles ÆGYPTIÆ *Ægyptia*

R r   aut

DISSERTATIO QUARTA

aut ALEXANDRINÆ, cujus generis unam habes in sequenti nummo.

Percussus ille ab Alexandrinis Ægyptiis, sicut arguit nummi inscriptio. Feracem certe Palmis fuisse illum tractum, aliunde satis liquet; sed cujus fructum partim viliorem, partim esui minus aptum describit Strabo, cujus locum, quia secus nonnullis acceptus, adscribemus; καθ' ὅλην ἡ τὴν Αἴγυπτον ὁ Φοῖνιξ ἀθρὺς ἐντός, καὶ ἐκφέρων καρπὸν οὐκ ἀβρωτόν ἐν τοῖς περὶ τὸ Δέλτα τόποις, καὶ περὶ τὴν Ἀλεξάνδρειαν, ὁ ἐν τῇ Θηβαΐδι Φοῖνιξ ἄριςος τῶν ἄλλων φύεται· hoc est, *Cum in tota Ægypto Palma sit è vilium genere, vel fructum ferat esui non aptum in locis apud Delta & Alexandriam, tamen in* Thebaïde *Palma omnium optima nascitur.* Ex hoc loco collegisse videtur vir magnus ad Solinum, id quod non semel innuit, Palmas nempe in tota Ægypto steriles fuisse seu infrugiferas præter Thebaïcas, aut vero Alexandrinas, sed quarum posteriorum fructus non erat edulis. Neque aliter Strabonis Interpres priora illa verba verterat; *Cum in tota Ægypto Palma sterilis sit:* quum tamen id non dicat Geographus, sed vilioris aut minus præstantis Palmæ genus totam Ægyptum habuisse, excepta Thebaïde, in qua longe optimum proveniebat. Aliud nempe ἀθρὺς seu vile & plebeium, ut vocat Palmulas id genus

Lib. XVII.

Lib. XIIII. c. 4.

DE PRÆST. ET USU NUMISM. 315

nus Plinius; aliud ἄκαρπον, seu sterile & infrugiferum: prioris generis Ægyptiæ Palmæ, præter Thebaïcas, posterioris Græcæ, aut alias vulgo Europææ. Certe non steriles quidem Palmas Ægyptias tradit fide dignus inprimis auctor Theophrastus, sed earum fructus juxta alias Africanas, Syriacas, Phœnicias, virides adhuc ac recentes vulgo suaves & gustu quidem gratos, minime autem durare, ut recondi possint, sed protinus putrescere, ac proinde recentes consumi, exceptis qui in paucis aliquot locis arenosis proveniebant. Quod ipsum repetit adhuc alio loco, ubi docet recondi tantum posse è Syriacis Palmulis eas, quæ in convalli nascebantur, *quæ vero* IN ÆGYPTO *& Cypro & alibi gignuntur, has recentes omnes consumi*; ὅτι᾽ ἢ ΕΝ ΑΙΓΥΠΤΩ καὶ Κύπρῳ κ. ὡ᾽ῤᾳ᾽ ταῖς ἄλλοις χλωρὰς ἐναλίσκεα᾽. Inde itaque Straboni ἀχρεῖς seu viles, vel ut Plinius loquitur de vulgaribus Dactylis, *plebeiæ* Ægyptiorum Palmæ, quod vulgo recondi & servari earum fructus non possent, & servati putrescerent, ac proinde recentes tantum ac virides comederentur, non vero quod plane steriles essent, aut ἄκαρποι. Sic idem Plinius: *Fructus Palmarum soli servati, qui in Judæa ac Cyrenaica Africa, non qui in* ÆGYPTO, *Cypro, Syria, & Seleucia Assyriæ.* Excipienda tamen illi erant, præter Judæam ac Cyrenas, vel Convallis Syriæ palmaria, vel pauca illa loca arenosa Ægypti & Phœnices, in quibus Palmarum fructus non edules solum, dum adhuc recentes, sed servari etiam ac recondi soliti. Certe de Thebaïcis Palmulis, id alio loco innuit; *Thebaïdis fructus extemplo in Cados conditur, cum sui ardoris anima.* Ergo diversi ab his fructus Palmarum Ægyptiarum, qui recentes omnes consumebantur, neque proinde tamen, sicut perspicue jam intelligis, steriles istæ ac infrugiferæ.

Lib. 11. Hist. Plan. cap. 8.

Lib. XIII. cap. 4.

Lib. XIII. cap. 4.

Rr 2　　　　　　　Hinc

Hinc etiam vel alii è neotericis, qui Ægyptum lustrarunt, vel Prosper Alpinus, cujus exstat opus de Plantis exoticis, & qui in Ægypto diu medicinam professus est, referunt maturas Palmulas in Ægypto autumnali tempore. Ut jam illud prætereum, quod quum variæ sint Dactylorum species, quæ septuaginta ab Arabibus commemorantur, hinc multæ etiam occurrant ex iis اشوص, seu viliores, quas pro divite sua copia, peculiaribus etiam vocibus indigitant iidem Arabes, puta دقل & رماك; unde tamen nemo dixerit sterilia aut infrugifera id genus Palmeta. Nec illud urgebo denique, quod Theophrastus agens alicubi de arboribus, quæ in certis regionibus frugiferæ, in aliis steriles occurrunt, illustret id exemplis & Perseæ extra Ægyptum, & Populi nigræ extra Cretam, Palmæ autem in Græcia sterilium; ubi opportunus utique locus fuisset id ipsum de Palma Ægyptia observandi. PHOENICEM vero Palmis etiam abundasse, vel sola nominis ratio videtur indicare, quod inde petitum multis existimatur; **Tyrum certe** Phœnices Metropolim, Patriam suam agnoscit **Palma** in Meleagri Epigrammate, quod extat inter alia inedita antiquissimi Codicis **Palatini**, qui **Vaticanæ** Bibliothecæ cum reliquis accessit,

Φοίνιξ μὲν νίκαν ἐνέπει, πάτραν τε μεγαυχῆ
Ματέρα Φοινίκων τὰν πλύπαιδα Τύρον.

Palma quidem victoriam indicat, Patriam vero jactat
Matrem Phœnicum liberis fecundam Tyrum.

Ut non mirum sit proinde eandem Urbem dictam Achilli Tatio φυτώνυμον, quod Phœnicia urbs foret. Hinc frequens adhuc hodie Palma in Nummis Tyri, Aradi, aliorumque Phœnices locorum, sed quæ nihil singulare habet aut à cæteris diversum. Idem de SY-

RIACIS Palmis licet statuere, cujus generis ostendunt praeclari aliquot Damascenorum Nummi, olim inter plures id genus selectiores, ab incomparabili Peireskio collecti, & nuper mihi observati Parisiis apud illustrem Harlæum. Ex iis autem illud continuo colligas, haud frustra à Palmarum frequentia & nobilitate laudatam olim hanc Syriæ, ut in ejus Nummis vocatur, Metropolim, & quam proinde *ramis germinare* dixit Statius; neque male etiam inde posse illustrari, quæ de Nicolais Palmulis, à Nicolao nempe Damasceno ad Augustum missis, [a] Plutarchus ac [b] Athenæus tradidere, quorum patriam nempe cum Hierichuntem, tum Damascum agnoscit vetus Geographus, qui sub Constantio vixit. Neque vero debuit Tristanus, ad Pruna Damascena easdem Palmulas, quas ab hoc Nicolao sibi familiari, *Nicolaos* denominavit Augustus, promiscue detorquere; quum eas diserte Φοίνικας, & Φοινικοβαλάνες vocent illi auctores, quibus nihil cum prunis illis Damascenis commune, quæ κοκκύμηλα τὰ ἐν Δαμάσκῳ aut Δαμασκηνὰ vulgo vocant veteres, Dioscorides, Galenus, Athenæus, aliique, qui eorum meminere, ac præstantiam præ reliquis laudant. Eadem etiam βραβυλα nuncupata, colligi videtur ex eodem Athenæo, ac præterea ex Suida, aut ex Theocriti Scholiaste, qua de re esto penes eruditos Botanicos judicium. Hujus vero generis DAMASCENA PRUNA, haud dubito signari in quodam nummo Damascenorum, quem duobus locis vulgavit idem Tristanus, opportune hic quoque inserendum. Quæ aliunde ad Nummi explicationem faciunt, nec sunt hujus loci, petat Lector ex ipso Tristani opere, nec suscepti laboris pœnitebit; saltem Pruna & Dactylos Damascenos, cum illo confundere & promiscue sumere caveat.

vid. Atheⁿæum lib.

[a] Lib. VIII. Sympos. quæst. IV.
[b] Lib. XIV.

Tom. 1. Comment. pag. 131.

At dum non tam in Prunis, quam in Dactylis Syriacis ac Phœniciis commemorandis verſamur, ſciendum poſtremos **peculiari** voce Phœnicibus dictos Σῦκας & Συκοβαλάνυς. Heſychius, Σῦκλαι Φοινικοβάλανοι· Συκοβάλανος τὸ αὐτὸ Φοίνικες. Salmaſius ὁ πάνυ, ut ex nova Heſychii editione mihi conſtat, emendabat poſtremum Συκλοβάλανος; ſcilicet, ob eam quæ præcedebat vocem, Σῦκλαι. At quum æque hæc corrupta eſſe potuerit, crederem illam potius ex ſequenti emendandam, neque in voce Συκοβάλανος quidquam movendum, ob rationes quæ mox indicabuntur. Minus autem moror diligentem Medicum, qui poſtremus Theophraſtum illuſtravit, & qui iis, quæ monenda **erant** in hoc Heſychii loco, prætermiſſis, quæ ſana erant male refingit; dum non Phœnicibus, ſed recentioribus Græcis ita dictum Palmæ fructum interpretatur, & poſtrema Συκοβάλανος τὸ αὐτὸ Φοίνικες, legendum putat Συκοβάλανος τὸ αὐτὸ Φοίνιξ, vel, τὸ αὐτὸ καὶ Φοινικὶς; quæ explicat de purpura, ſeu purpureo colore. Abſurde & ab hoc loco aliena. Quum autem perſpicuum ſit ibi Heſychium, conſueto more vocem peregrinam & Phœnicibus ac vicinis uſitatam adtuliſſe, qua Palmarum fructum ſibi familiarem, vulgo Græcis βάλανον aut Φοινικοβάλανον nuncupatum, indigitabant, certe inde etiam illius explicationem petendam liquet.

In-

DE PRÆST. ET USU NUMISM. 319

Indictam vero reliquit eandem doctissimus Bochartus, in commemoratione earum vocum, quas tanquam Phœnicias apud Hesychium occurrentes, cum aliis id genus sibi explicandas suscepit. Ego vero Σῆκας & voce hybride Σακοβαλάνες dictas existimarem Phœnicibus Palmulas, quæ in Convalle Syriæ Palmaria, aliisque Judææ Convallibus nascebantur. שחה enim & שוח Judæis, Phœnicibus, Assyriis *deprimere*, unde שוחא *fossa*, seu locus cavus valde ac depressus; βάλανος autem, ut vulgo notum, Palmæ fructus, posterioribus Græcis δάκτυλος dictus. Audiamus vero Theophrastum de locis Palmarum irriguis agentem, εἶναι ἢ πλῦ πιφῦν ἐν τῷ ΑΥΛΩΝΙ, ἐν ᾧ καὶ τὰ ΦΟΙΝΙΚΟΦΥΤΑ τυγχάνει. τ᾽ ΑΥΛΩΝΑ ἢ τοῦτον λέγειν ᾦσ᾽ Σύρως, ὅτι 2/ᾷ τ᾽ Ἀραβίας μέχρι τ᾽ ἐρυθρᾶς θαλάσσης, καὶ πολλὲς φάσκειν ἐληλυθέναι. τότε δὲ ἐν τῷ ΚΟΙΛΩΤΑΤΩ πεφυκέναι ᾦσ᾽ ΦΟΙΝΙΚΑΣ· *Tale autem in* CONVALLE *qua* PALMARIA *sunt exuberare;* CONVALLEM *illam per Arabiam usque ad Rubrum tendere mare, Syros adfirmare, ac plerosque qui inde venissent, referunt. Ejus itaque* CONVALLIS PARTE CAVISSIMA PALMAS *exoriri narrant.* Et notandum adhuc inprimis, quod innuit rursus alio loco, Θεωρίζεθ᾽ ἢ ΜΟΝΟΥΣ δυνατὸς φασὶν τ᾽ ἐν Συρίᾳ ᾦσ᾽ ἐν τῷ ΑΥΛΩΝΙ· *Recondi autem ex iis* (Palmæ nempe) *fructibus qui in Syria nascuntur, illos* TANTUM *posse, quos* PALMARIA CONVALLIS *parturit, volunt.* Αὐλὼν vero Gazæ interpreti Convallis, & si Hesychium consulas, τάφρος· hoc est שוח, vel *fossa*, seu locus cavus & oblongus. Sic Plinius docet præter decantatas Hierichuntis Palmas, commendatas insuper quarundam Judææ convallium. *Quamquam laudata & Archelaïde & Phasaëlide atque Liviade, gentis ejusdem* CONVALLIBUS. Hinc itaque cum Σῆκαι, tum

Lib. 11. Hist. Plant. cap. 8.

tum voce hybride (quales frequentes apud Orientales commerciis & communione Græcorum receptæ, sicut טטראמולין *Tetramulin* de quadrigis Mularum, aliæque id genus) Συκοβάλανοι dicti Phœnicibus ac Syris βάλανοι seu Palmarum fructus, qui in id genus Palmariis Convallibus, earumque, ut diserte tradit Theophrastus, CAVISSIMA & depressiori parte nascebantur, & qui soli transportari inde & recondi solebant. Nisi vero potius Palmulas ita dictas statuamus à voce שׂוחה *soucha*, quæ cum *natare*, tum *rigare*, seu *lavare* apud Orientales notat. Irriguis enim locis & multa aqua Palmas gaudere, Theophrastus ac Plinius docent. Quibus accedunt cum Strabo, qui nobile illud Hierichuntis palmetum totum irriguum tradit; tum Josephus, qui inde etiam celebratissimas ejus Palmas, apposite hic inprimis, *irriguas* vocat; τῆ ῇ ΦΟΙΝΙΚΩΝ ΕΠΑΡ-ΔΟΜΕΝΩΝ ῥύη πολλὰ τ̄ γλύκοση καὶ τ̄ πυρηρεσίαις διάφορα; PALMARUMQUE IRRIGUARUM *genera tam sapore, quam nominibus varia*; docetque quæ in ripis Jordanis proveniunt, longe esse fertiliores, minus autem quæ ab eo sunt remotæ. Immo inde etiam, quod hic rursus palmarium, peculiare & vicinum Palmæ nomen apud Arabas, quibus سقى *saka* non *rigare* solum, sed *Palmas aut vites colendas dare*, & vox سقي *sakion*, cum *nubem* magnis guttis effusam, tum *Palmam* significant. Neque minus occurrunt aliæ adhuc Arabum voces, ab eadem radice profectæ, quæ & abundantem pluvia nubem, & locum Palmis feracem notant. Ut etiam inde liquere videatur, aliter sentire eosdem Arabas, quam auctores, è quorum relatione tradebat Theophrastus, Palmas aquam scaturientem potius, quam pluviam quærere. Adferemus locum,

Bell. Jud. lib. 1. c. 4.

ut

DE PRÆST. ET USU NUMISM. 321

ut leve simul in eo mendum eluamus; ϑηζηλεῖν (non ϑηζηλε) ἢ μᾶλλον τὸ ναμαλιαῖον ὕδωρ ἢ τὸ ἐκ τ̃ διός. Necessariam illam, utut levem & obviam emendationem totius loci contextus satis superque arguit, nec aliter legisse videtur illius interpres Gaza. Vides autem, ut opinor, satis perspicue, ex eodem fonte profectum illud Arabum ښ‍ sakion, & Phœnicum apud Hesychium Σῦκαι ac inde Συκοβάλανοι de Palma & Palmæ fructu iisdem usurpatum. Unde etiam jam constat apud Hesychium, non postremam, sed priorem ex duabus illis vocibus emendandam, ubi Σῦκλαι male pro Σῦκαι legitur. Ex his vero rursus lucem aliquam ac emendationem fœneratur corruptus Plinii locus, agens de communibus Palmulis; *Ex reliquo genere plebeiæ videntur, Syri & Juba Tragemata appellant; Nam in aliqua parte Phœnices Ciliciaque, populari etiam nomine à nobis appellantur Balani.* Multa hic mirantur viri docti, aut à Plinii mente aliena, aut mihi nulla admiratione digna. Ego hoc unum de quo silent, cur nempe agens de Palmulis seu Dactylis Plinius, moneat quo nomine scilicet Cilicibus vocarentur: quum tamen de Palmis Cilicum, nec ipse in superioribus aut alibi, nec Theophrastus meminerint; qui alias accurate agunt de vario illarum natali solo, & multi sunt in commemorandis Palmis Europæis, Asiaticis, Africanis. Unde nullus dubito, expungendam hanc Ciliciæ vocem, & ita legendum ac distinguendum locum; *Syri & Juba Tragemata appellant. Nam in alia parte Phœnices Syriæque populari etiam nomine, à nobis appellantur Balani.* Hoc vult Plinius, Palmulas communes Syris quidem vocari Tragemata; à Romanis autem easdem Balanos appellari, nomine scilicet de hoc fructu populari etiam seu recepto in alia parte Phœnices ac Syriæ. Hæc ut vides ἀκόλυθα,

Lib. XIIII. cap. 4.

S s

λᵘϑυ, & cum doctissimo Grammatico consona, qui has Palmulas observat Phœnicibus dictas Συϱοβαλάνυς. **Sed librarii, qui sensum loci** non assequebantur, & quibus molesta proinde videbatur ista de Syris aut Syria repetitio, continuo à vicina Cilicia auxilium petiere. Illud vero *in alia*, pro *in aliqua*, habent codices antiqui, ac inter alios Chiffletianus, quod notavit Dalechampius. Unde illud etiam recte admisit ὁ πάνυ in Plinianis Exercitationibus, qui bis hunc locum tentat, cæteroqui irrito successu; modo illud *Ciliciæque* retinendo; **modo quod** absurdum ei videretur, vocari Plinio Balanos popularem Romanorum vocem, quæ tamen esset Græca, in vocem *Græciæque* mutando, & *Phœnices* ibi non de regione, sed de Palmulis interpretando. Et hæc quidem omnia, si quid judico, valde ἀσόχως, & contra Plinii mentem. Communes nempe Palmulæ exsiccatæ scilicet, Dioscoridi ξηραὶ, dictæ Syromacedonibus Græca voce τϱαγήματα. Cujus appellationis fontem docet nos Xenophon agens de Babyloniis palmulis; τὰς δὲ τινες ξηραίνοντες, τϱαγήματα ἀποίησαν; *Nonnullas vero exsiccatas pro bellariis reposuerant*. Earundem rursus Palmarum fructus, iique vulgares, in alia parte Syriæ ac Phœnices appellati Βάλανοι: sicut præstantiores Palmulæ, voce ex Phœnicia & Græca coalescente, Συϱοβάλανοι, seu *irriguæ*, ob rationes indicatas. Idem autem nomen Balanorum, Palmulis vulgo ex illo terrarum tractu petitis tribuerunt etiam Romani; nomen scilicet cum fructu, ut sæpe accidit, mutuando. Sic Plinius paullo ante agens de Palmulis alterius soli, nempe Orbis meridiani, *Eæ breves, candidæ, rotundæ, acinis quam* BALANIS *similiores*. Balani itaque proprie communes Orientis Palmulæ seu *Dactyli*, sicut posteriori nomine Græcis tandem ac inde vulgo

Lib. I. Cap. 129.

Lib. II. de Exped. Cyri.

Lati-

Latine loquentibus dicti. Quamquam non ita recentem hanc appellationem, ut volunt viri magni, possem ex Artemidoro colligere, qui Hadriani ac Pii temporibus vixit, & apud quem hæc reperio; αἱ ͂ Φοίνικ۞ Onciroer. βάλανοι, αἱ σπεδαίαι ΔΑΚΤΥΛΟΙ καλῦνται, *Palmarum* lib.iv. cap *Balani, qui maturi* DACTYLI *vocantur*. sed, ut verum 50. fatear, postrema ista existimarem **omnino glossema** alicujus magistelli, qui priores voces Φοίνικ۞ βάλανοι, ut passim Græcis olim dicti Palmarum fructus, **ac una** etiam voce Φοινικοβάλανοι, per vocem de iisdem recentioribus demum Græcis familiarem explicandam sibi in ora libri credidit, unde ab imperitis librariis in textum postea recepta; ut sexcenta talia, quæ in optimos auctores utriusque linguæ, quod eruditis notum, irrepsere. Certe cum ante, tum apud auctores Artemidoro coævos, & etiam infra ejus ætatem, Athenæum, Galenum, & è Latinis Solinum aliosque, qui ex professo de Palmis agunt, & eorum fructibus, ignota adhuc illa Δακἴύλων & *Dactylorum* de iisdem appellatio. Neque vero, ut ad priora redeam, mirari debuit vir doctus ad Theophrastum *Balanum*, quæ vox Græca est, *popularem* dici Syris ac Phœnicibus, haud magis certe quam *Tragemata*, vocem itidem Græcam, & Syris tamen pro Palmulis, auctore eodem Plinio, haud minus usurpatam. Nec enim ignorare debuit, his gentibus linguam Græcam juxta vernaculam antiquam, popularem evasisse post Macedonum in Syria imperium ac sedem; adeo etiam ut publica monumenta Græca lingua vulgo consignarent; quod vel tot nummi illorum locorum omnium clarissime docent. Sicut vero aut Palmariæ Convalles, aut illarum fructus irrigui Josepho dicti, ut vidimus, hoc est Συκοβάλανοι celebres per ea loca; sic à Palmarum copia *locus Palmarum* quidam

dam dictus vicinus Babyloniæ, de quo occurrit mentio apud Talmudicos, מפום והרא צײתא דבבל *ab ostio fluminis usque ad locum Palmarum Babyloniæ*; & pars Arabiæ olim, (quod jam monuit doctissimus Bochartus) דקלא *Dikla* nuncupata. Ad quas præterea voces דקלא & דקל *Dikla* & *Dakkel*, quæ Palmam apud Syros & Assyrios indicant, ficut etiam apud Arabas نخل, crederem omnino recentiores Græcos adlusisse, qui petitas ex eo tractu Palmulas, seu Palmæ fructus, Δακτύλȣς nuncuparunt. Quod enim vulgo viri docti, & juxta eos vir magnus ad Solinum, à digiti longitudine aut figura ita demum dictas existimant, haud mihi continuo probatur. Nam quum non Caryotides solum, quod largiuntur, sed reliquæ etiam Palmulæ, quas ab ea digiti figura Dactylos appellatas volunt, non unius generis aut figuræ tradantur, & quidem Plinio diserte, differre figura rotunditatis aut proceritatis, certe parum opportune Palmulis commune Dactylorum nomen hæsisset, rotundis nempe perinde ac proceris. Immo quum adhuc hodie Ægyptiis Palma seu arbor Dactylos ferens *Dachel* nuncupetur, haud possum satis mirari rursus eundem τ̃ πάνυ, illam ab hac voce δακτύλῳ deflexam statuere? An fugit hic virum, infinitæ alias, ut ingenue fatemur, doctrinæ, communis illa & antiqua דקל *Dakkel* seu *Dachel*, hoc est Palmæ in Syria ac vicinis locis appellatio, ut eam præter Arabas, apud Ægyptios adhuc hodie permanentem, ab hac voce δακτύλȣ, recentioribus demum Græcis pro Palmæ fructu (quod ipse alias contendit, & longe verissimum) usurpata, derivandam sibi putaverit? Quam proclivius certe & longe convenientius, ab antiqua voce & Palmæ natali solo propria, recentiorem Græcorum appellationem de illius fructu inde petito deducere?

Beracoth fol. 31. 1.

ducere? maxime cum obvia occurreret ratio duplex illud κ in κ & τ permutandi, juxta folitas ejufmodi litterarum adfectiones haud folis Doribus ufitatas, qui τὴ κ τρίπνης εἰς τ dicuntur Moschopulo, aliifque prifcis Grammaticis, & cujus rei varia exempla iidem fuppeditabunt. Qua ratione etiam ex *Dakkel* factum Græcorum Δάκἰυλ⊙-, & Gallorum *Datte*, de eodem Palmæ fructu. Sic viciffim τ Orientalium in κ Græcorum converfum, ut ex תכלא *Tacla*, factum Græcorum Κάχλα vel Κάχλη, quod viderunt jam viri docti. Neque vero felicius alibi, ufitatum iifdem Ægyptiis *Tamar* pro ficco Palmæ fructu, deducit itidem ὁ πάνυ, à Græca voce τρύγημα; quum tamen haud ignoraret, illud ipfum תמר *Tamar* commune effe Palmæ nomen apud Hebræos, & apud Arabas. Immo quum conftet in fpecie Arabas, juxta modernos Ægyptios, denotare hac voce تمر non promifcue quofvis Dactylos, fed ficcos tantum & fervari idoneos. Hujus generis vero tuliffe inprimis vel inclytam Palmis JUDÆAM haud *Judaica.* ignoras. Equidem inter regiones præftantiffimis Palmis feraces, & quæ Romanis acceflerant, primas illi genti vulgo deferunt, & quidem locis circa Hierichuntem, Strabo, Plinius, Galenus; nifi quod Plinius, ut fupra vidimus, addit alias quafdam Judææ Convalles, ut Anhelaidis, Phafaelidis & Liviadis, quod ex parte firmat etiam Jofephus, qui Phafaelidis palmeta Liviæ Bell. Jud. Auguftæ teftamento à Salome relicta commemorat; lib. 11. c. 8. ut vel inde eorum præftantiam facile adfequamur. Hinc vero Palma vulgo Judææ fymbolum in antiquis Romanorum nummis. At vero quod Strabo innuit, duplex erat illa Palma apud Judæos, ficut & in Ægyptia Thebaïde, Caryota fcilicet & Communis; Διττὸς Lib. XVII. ἡ ἐςὶν ὅτι ἐν τῇ Θηβαίδι, κỳ ὁ ἐν Ἰυδαίᾳ, ὅτι ἄλλ⊙-, καὶ ὁ

Κα-

326 DISSERTATIO QUARTA

Communis. Καρυωτίς. Communem illam Palmam cum **Dactylis** nempe seu vulgaribus Palmulis signant vulgo nummi Vespasiani ac Titi, cum JUDÆÆ CAPTÆ epigraphe.

Eadem Palmæ hujus figura, ut vides, cum frugiferis vulgaribus, quas vel aliorum locorum Nummi, vel traditæ ab Historiæ Plantarum scriptoribus icones repræsentant. At CARYOTAS illas Palmas omnium præstantissimas, & fructus ferentes cum magnitudine tum figura à communibus diversos, qui nobis ex iisdem Herbariis, quos vocant, ante oculos posuerit, fateor me nondum reperisse. Unde rem haud opinor ingratam me facturum censeo, si eandem obviam in præclaro nummo, & qui fere in omnium antiquariorum manibus versatur, ostendam. Nummus est sub Nerva percussus, in memoriam sublatæ vexationis, qua Judaici ritus jure aut injuria accusati graviter mulctabantur; cum illa proinde memorabili inscriptione, FISCI JUDAICI CALUMNIA SUBLATA.

Caryota.

Pal-

Palmam hic cernis Judææ symbolum, & quidem ferentem fructus, cum magnitudine tum figura ab aliis diverſos. Neque illi certe alii, quam Caryotides, Iſidoro *Nucales*, qui inter Judaicos eminebant; & ad quos reſpexit Poëta,

Hoc lenitur ſputo Jani Caryota Calendis.

Immo haud alii, qui eam decantato adeo Hierichuntis Palmeto celebritatem conciliarunt; **unde** illud Cleopatræ ab Antonio inſignis cujuſdam **muneris** loco datum, ab eadem cum aliis poſſeſſionibus magna mercede impetraſſe ſibi locari Herodem, refert Joſephus. Eo autem magis huic memoriæ præ aliis commendari merebantur, quod **non** vulgares ſed rariores etiam eſſent apud ipſos **Judæos**; idque gentis illius verſutia, qua hanc Palmam Caryotam & Balſamum, quo pretium augeret, non permittebat naſci in pluribus locis. Docet id alicubi Strabo agens de Ægyptiorum rebus, nec abſimili verſutia ab iis adhibita in Byblo Ægyptia, **quo reditus inde** itidem augerentur. Præter hanc rationem, quam innata gentis avaritia ſuadebat, crederem etiam acceſſiſſe ſolitam ejuſdem Φιλαυτίαν; ut quod apud ſe optimum & vix alibi naſcebatur, aliis gentibus inviderent, idque nonnunquam ſub idololatriæ Gentilium obtentu. Certe de Palmulis hanc apud Talmudicos prohibitionem legas,

אף דקל טב והצב ונקליבם אסור למכור לנא *Etiam Palmulas bonas, & Hederam, & Nicolaos non licet vendere gentibus.* הצב illud per *Hederam* reddimus, quæ ſolita eſt ejus vocis, juxta doctiſſimum Buxtorfium, apud Talmudicos ſignificatio; quamquam ad aliquam Palmæ ſeu Dactylorum ſpeciem videatur hoc loco referenda. Media enim ponitur inter Dactylos & Nicolaos, utrumque Palmæ fructum. Sed ut vulgo permiſcent

omnia

Bell. Jud. lib. 1. c. 13.

Lib. xvii.

Avod. Sa- ra. 1. in Miſchna.

omnia illi doctores, forte nativa illa *Hederæ* significatio hoc loco relinquenda, quæ ideo prohibita gentibus vendi, quod nempe in Bacchi mysteriis frequens esset. Talia enim quæ vulgo idololatriæ gentilium inservire putabantur, vetita iisdem venundari; qua de re pleni Talmudicorum libri, & adlatum supra Nucis Pineæ exemplum satis docet. Alias triduo tantum ante festa Gentilium prohibitæ iis vendi res omnes ultra diem duraturæ; ut docet nos Magistrorum Coryphæus, peculiari de Idololatria Commentario. Immo idem alicubi negat, **fructus** ad quæstum interdictos, licet idolorum cultui destinatos, quamdiu necdum eis oblati sint. At vero specialis hæc & indefinita circa Palmulas, easque præstantissimas, Talmudicorum prohibitio: ex qua utique illum fructum, tanquam suavitatis & raritatis præcipuæ, in sacris etiam Gentilium præcipuum quendam locum habuisse, haud obscure licet colligere; ni aperte id de eodem testaretur Plinius; *Nam quos ex his* (Palmæ fructibus) *honori Deorum dicamus Chydæos appellavit Judæa, gens contumelia numinum insignis.* Chydæos nempe per contemptum, quasi viles seu vulgares; quo nomine Palmulas id genus dictas, liquet præterea ex Dioscoride, ex quibus maturis vinum Palmeum fieri docet. Frustra ergo Plinium exagitat vir doctus ad Theophrastum; quasi præ ira & odio in Judæos ita fuerit abreptus, ut quid ageret aut scriberet, ignoraret: quod optimum enim in suo genere, honori Deûm tribui, non quod vile & abjectum. At id non ex sua, sed ex Judæorum Hellenistarum sententia dicebat Plinius, & in quos proinde tanquam in Numina, & omnem eorum cultum contumeliosos invehitur. Et quum pro *Chydæos* absurde idem vir doctus obtrudat apud Plinium vocem ידיע, an quæso vox ea Hebræa

Mos. Maimon. c. 9. §. 1. Cap. 7. §. 10.

DE PRÆST. ET USU NUMISM. 329

bræa magis aut Chaldaïca priori illa Chydæorum, quam proinde à Judæis inditam præfracte pernegabat? Datas autem honori Numinum Palmulas, quod aperte tradit Plinius, & haud obscure innuebant sua illa prohibitione Talmudici; firmare præterea videtur nummus Damascenorum, à Cl. Tristano alicubi vulgatus, in quo occurrit mulier nuda lancem Dactylis plenam serpenti adponens, quæ vulgo Deæ salutis symbolum in antiquis nummis. Per *Nicolaos* vero, quorum mentio in illo Talmudicorum præcepto, Palæstinæ Caryotas, de quibus agimus, intelligendos, liquet abunde ex doctoribus Gemaricis, qui hanc vocem נקלס seu *Nicolaos*, alibi in Mischna Talmudis Babylonici occurrentem, per vocem קורייס seu *Caryotam* explicant, quorum utraque Hebræis quidem esset peregrina, posterior tamen notior in terra Israëlis. Hanc doctorum de illis vocibus sententiam legas apud doctissimum Buxtorfium, in voce קורייסא. Inde vero jam indubie colligas, *Nicolaos* illos Palmæ fructus ad Augustum missos, & ita ab eo denominatos, non Dactylos communes, sed revera Caryotas fuisse, quibus nomen illud *Nicolaorum* adhæsit; male proinde ab Isidoro *Nicolaos* & *Nucales* seu Caryotas distingui; *Alii Thebaïci, qui & Nicolai, alii Nucales, quos Græci* Καρυωτὰς *vocant.* Immo inde liquet, non in Græciæ solum, sed in Orientis etiam linguas, & usum transiisse hanc *Nicolaorum* de his Palmulis appellationem; ex quibus agens de iis Plutarchus haud parum illustratur, τὰς μεγίστας καὶ καλλίστας τῶν Φοινικοβαλάνων ΝΙΚΟΛΑΟΥΣ ὀνόμασι, ᾗ μέχρι νῦν ὅτως ὀνομάζονται· *Maximas & pulcherrimas Palmulas* N I C O L A O S *nominavit, sicque* ETIAMNUM DICUNTUR. Apud Arabas vero, quibus Palmæ & earum fructus tam varias sortiuntur appellationes, eundem usum ho-

Tom. 1.
Comment.
pag. 130.

Sympos.
lib. VIII.
quæst. 4.

Tt   rum

rum Nicolaorum obtinere videas vocem haud remo-
tam نخل de Palma præstanti ac selecta (apposite plane
ad ἀπολέκτους palmulas, quarum Xenophon meminit)
à radice quippe نخل Hebræis נחל seu *nachal*, quæ *se-
crevit* & *elegit* apud eos notat. Ex quo fonte itaque,
eam *Nicolaorum* de Palma apud Talmudicos appellationem profectam posset quis forte arguere, ni obstarent
cum aperta illa Plutarchi & Athenæi de origine hujus
vocis testimonia, tum **ipsorum** Talmudicorum doctorum confessio, eam **vocem ut** plane peregrinam, &
ignotæ **sibi** significationis profitentium. Ut jam mit-
tam opportunum hic *Caryotæ* exemplum, & adlegati
supra *Strobili*, ac sexcentarum id genus vocum, quæ è
Græcia & Latio in eorum usum & sermonem paulatim irrepsere. Neque vero superiora potest infringere
citati apud Suidam scriptoris auctoritas, qui de Palmulis silens, Placentas à Nicolao Damasceno ad Augustum missas, *Nicolaos* ab eo dictas tradit. Sed facile scriptorem illum cum Plutarcho, Athenæo, Plinio, ac insuper cum Talmudicis doctoribus conciliabimus; qui
nomen **hoc** *Nicolaorum*, non Placentis, sed Palmulis
tribuunt; si dicamus Placentas illas ab hoc Nicolao ad
Augustum missas, procul dubio ex his Caryotis con-
fectas. Tales certe Placentæ è καρύοις, (unde Caryota-
rum nomen) olim usitatæ, & peculiarem etiam inde
appellationem nactæ. Hesychius, Καρύων, πλακοῦς ἔχων
κάρυα. Immo ejusmodi è Dactylis aut Caryotis Placentas, fuisse jam olim **inter præcipuos** Orientalium cibos, liquet adhuc ex non **una voce** Arabica, qua edu-
lium delicatum ex butyro & Dactylis confectum indigitant; qualis الوال item وخن. Tam Caryotæ itaque
quam Placentæ ex iisdem constantes, & ab hoc Nicolao

DE PRÆST. ET USU NUMISM. 331

lao ad Auguftum miſſæ, *Nicolaorum* nomine ab eodem donatæ videntur. Ex his autem Caryotis fiebant potiſſimum vina illa Palmea, quibus Oriens olim utebatur. E vulgaribus etiam Dactylis confecta liquet alias ex Dioſcoride ac Plinio. Sed è Caryotis, ut peculiari ac longe præſtantiſſimo Palmularum genere, optimum etiam & nobiliſſimum vinum parabatur; unde & apud Talmudicos קוריישי pro vini ſpecie legitur. Succo nempe commendatæ olim inter alia Caryotæ; Plinius, *Ab* Lib. XIII. *his Caryota maxime celebrantur & cibo quidem ſed & ſucco* cap. 4. *uberrima. Ex quibus præcipua vina Orienti, iniqua capiti, unde pomo nomen.* Nugæ quæ de nominis tradit origine. Aliud κάρυον, unde καρυωτὶς φοίνιξ, ſeu *nucalis palma*, & inde vinum Caryoticum; aliud κάρη ſeu κάρηνον. Et quanquam ab hac voce, ſeu à capite prior illa profluxiſſet, non inde continuo dictum liqueret vel fructum, vel vinum ex eo confectum, quod nempe capiti noceret. Id quidem non Caryoticis ſolum, ſed palmeis in genere vinis commune, ut iniqua eſſent capiti, haud difficulter largiemur. Hoc enim & cibo è recentioribus Palmulis tribuit [a] Dioſcorides, & vino etiam palmeo [a] Lib. 1. Xenophon, & ex eodem [b] Athenæus, καὶ ἦν ὥσπερ πίνειν cap. 129. ἡδὺ μὲν ᾗ κεφαλαλγές; *Vinum quidem illud potu ſuave erat,* [b] Lib. XV. *ſed capitis noxium.* Immo id extra dubium ponit vox Arabica سكر (hoc eſt **Hebræorum** שכר ſeu *Sicera*) qua *vinum dactylorum & potus inebrians* ex æquo innuitur; at non proinde à capite deducta, ſed à verbo سكر *ebrius fuit* aut *inebriavit.* Sic vinum ea de cauſſa, ut videtur, quod caput & cerebrum turbaret, vocarunt Orientales Syri, Aſſyrii, Hebræi, חמר & חמרא, à voce nempe חמר, quæ non caput rurſus, ſed *turbare & incaleſcere* apud eos indicat. Et hæc ſcripſeram, quum miratus

Tt 2   ſum ium in eandem cum Plinio sententiam descendisse non solum Hermolaum Barbarum in Corollariis suis ad Dioscoridem, sed etiam virum magnum, in nova accessione nobilissimi operis de Idololatria Gentilium, verum aliud agendo procul dubio, neque re satis accurate expensa. Cæteroquin vinum hoc Palmeum inebriandi vim habuisse, ex Hieronymo præterea colligas, in Epistola ad Nepotianum; SICERA *Hebræo sermone omnis potio nuncupata, qua* INEBRIARE *potest, sive illa qua frumento conficitur, sive pomorum succo, aut quum favi decoquuntur in dulcem & parvam potionem, aut* PALMARUM FRUCTUS *exprimuntur in liquorem.* Hæc autem omnia rursus valde illustrat sequens apud Chrysostomum locus, quem satis opportune in meis ex aureo Auctore Excerptis reperio; ΣΙΚΕΡΑ ἢ ἐκ πώδα φησὶ τ ΦΟΙΝΙΚΩΝ τ ΟΠΟΝ, ὃν ἐπιτηδόοι, συντεξέοντης τ καρπὸν καὶ καταθλῶντης εἰς ΟΙΝΟΥ μεταγημάποιν φύσιν. ΚΑΡΩΤΙΚΟΝ ἢ ἰσί τι καὶ μέθης ἐρχασικόν. SICERAM *autem hic vocat* PALMARUM SUCCUM, *quem adservant, pressum & contritum fructum in* VINI *naturam transformantes. Est autem illud* CAPITI GRAVE, *& ad* EBRIETATEM *provocans.* Aliud nempe aurei Oratoris Καρωτικὸν, seu Xenophontis ea de re κεφαλαλγές, aliud Καρυωτὶς. Inde vero crederem ad Palmam arborem, & Caryotam inprimis, è cujus fructu & succo, auctore Plinio, præcipuum id genus vinum in Oriente parabatur, respexisse Maimonidem sequenti illa sua lege; אילן שיח וגוים משמרין אתפרותיו ואומרים שהם טובים לעשותשר לבית כום פלוני ועושין מהן שכר ושותים אותן חרי זה האילן אסור בהנאה : *Arbor sit cujus fructus custodiebant gentiles, dictantes eos servari ad faciendam inde potionem pro hujus vel illius Idoli delubro, si*

de

DE PRÆST. ET USU NUMISM. 333
de potione ex iis confecta biberint die festo, usus illius arboris interdicitur. Ex illo autem Palmei vini usu in Oriente, profectæ communes illæ Arabum voces, quæ *custodire Palmetum aut Vineam, Palmarum & Vineæ custodem, Palmas aut Vites colendas dare* ex æquo significant. Neque vero Judæam solam ac Thebaïda, sed Babyloniam insuper ac ulteriorem Orientem, Caryotis illis feracem fuisse, ex Diodoro ac Strabone abunde licet colligere; quam prærogativam etiam inter Fortunatas Insulas, Canariæ tribuit alicubi Plinius. Apud Strabonem quidem legitur, Palmam Judæorum Caryotam, ὐ πλὺ κρείττονα ᾗ Βαβυλωνίϛ, *non multum meliorem quam Babylonia*; at crederem omnino ibi legendum, ὐ πλὺ χείρωνα, *non multum inferiorem*; quod longe & scribendi usui, & veritati convenientius. Babylonicæ enim Palmæ, juxta Theophrastum, & inter illas quidem Regiæ, omnium præstantissimæ cum magnitudine, tum virtute. Unde & selectos Palmarum fructus apud eosdem Babylonios, eosque magnitudine & pulchritudine mirabiles, non in promiscuo quidem usu familiæ, cui vulgares relinquebantur, sed Dominis tantum servatos docet alicubi Xenophon. Quin & Anich, scriptor è recutitorum gente, ac proinde hoc loco fide dignus, auctor est קשב vocari in Oriente Palmæ speciem in Perside provenientem, præstantiorem Palmis, quæ nascuntur in Palæstina. Et de Palmis hactenus tam Caryotis, quam Communibus, quæ in antiquis Nummis signantur.

Lib. VI. cap. 31.
Lib. XVII.

Hist. Plant. cap. 8.

Lib. II. de Exped. Cyri.

Alias quidem Plantas haud vulgares eadem adhuc latifundia possent nobis suppeditare. Neque enim Palmas suas solum Palæstina, sed cum Urnam, cui MANNA imposita, tum VIRGAM AARONIS exhibet adhuc in variis Nummis, qui aut Hebræis seu

Tt 3 Assy-

Assyriis, aut frequenter Samariticis litteris signantur. Utriusque generis hic habes.

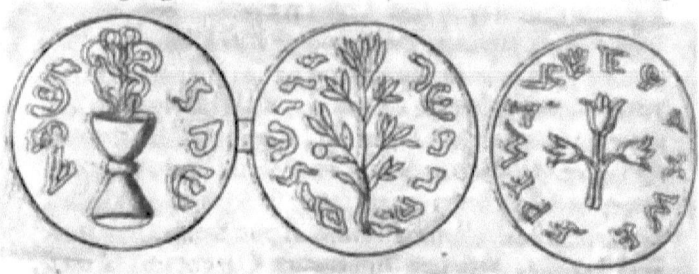

Nihil aliud innuunt litteræ diverso caractere utroque nummo expressæ, nisi *Siclus Israëlis*, & *Hierosolyma sancta*. Posterior cum litteris Samariticis, idem omnino cum eo, quem repræsentat & describit R. Azarias, & quem se Ferrariæ nactum tradit:

Menor Enaiim pag. 171.

ובביתותה מטבע הנו
ראיתי כתוב באותיות דלעילא שקל ישראל ובאמצעו ציצנת שד
עליה אשר לרעתי דל שקל דוד ומצד אחר ירושלים הקדושה
או ירושלימה קדושה ובאמצעו מטה בעל שלשה פרחים כפי
אלו הוצרות משני עבעיו ולבי אומר לי כי חרב נחמני צל שכה
וכתב שקל השקלים תחת שקל ישר אל

In circuitu autem moneta vidi scriptum litteris superne quidem SICLUS ISRAELIS, *in medio Urna cum litteris* שד *supra positis, quod meo judicio est* SICLUS DAVIDIS. *Ab altero latere* Jeruschalaim hakaduscha, *aut* Jeruschalaima Kaduscha, *seu* HIEROSOLYMA SANCTA. *In media Virga tribus floribus insignita hac ab utroque latere forma. Dicit autem mihi cor meum* R. Nachmanidem *pia memoriæ oblivione scripsisse* sakel hasekelim *pro* sekel Israël, *seu Siclus Israëlis*. Quæ alias ad Siclos id genus Hebræorum spectant, ita jam accurate excusserunt viri docti & litteraturæ Orientalis callentissimi, Waserus, Willalpandus, Schikardus, Waltonus, Hottinguerus, aliique, ut non occurrat

currat hic ulterior de iis dicendi locus. Hoc unum monere liceat, plures id genus nummos Samariticis litteris inscriptos & cum aliis etiam symbolis, suppeditare Cimeliarchium Mediceum. Neque vero pretiosas suas merces hic nobis invidit Sabæa. THURIFERAM certe ARBOREM, quanto usu olim sacram & nobilitatam scimus, tanto, vel fatente Plinio, ignotam ejus Lib. xii. faciem, neque ab ullo Latinorum, penetrata licet à cap. 14. Romanis Arabia, traditam. At cum Ramum illius arboris, tum CALAMUM præterea ODORATUM ex præclaro Trajani nummo opportune eruit felicissimæ indaginis antiquarius Tristanus.

Arabiam nempe à Trajano in formam Provinciæ redactam signat hic nummus, ut vel innuunt litteræ ARAB. ADQ. seu *Arabia Adquisita*. Provinciam autem illam consueto more repræsentat mulier cum Camelo, dextra Ramum, sinistra Calamum tenens. Ramum autem illum esse arboris Thurem ferentis, cum proprium Arabiæ decus suadet, tum similitudo cum Lauri foliis, qualem illi Arbori tribuit Theophrastus, Lib. ix. δαφνοειδὲς καὶ λειόφυλλον εἶναι, *Thuris folium laurinum le-* Hist. Plant. *veque*. Plinius autem, *Cortice lauri esse constat*; *quidam* Lib. xii. *& folium simile dixere*. Alii quidem, juxta eosdem au- cap. 14. ctores, folio pyri sed minore, aut lentisco similem hanc arborem tradunt; quæ nec multum abludunt à superiori

riori effigie. Virgas etiam Thuris suo tempore ad Romanos commeasse tradit Plinius, sed ramusculis vacuas, ut licet ex eodem facile colligere. Quo etiam referendus mihi videtur Ramus ille, quem Rex Arabum Aretas supplex manibus præfert in antiquo & insigni denario Gentis Æmiliæ.

De reliqua Nummi explicatione consuli potest Ursinus. Calamum autem, quem sinistra præfert mulier Arabiam repræsentans in superiori Trajani nummo, eundem esse cum CALAMO ODORATO, celebri itidem Arabum merce, erudite probavit Tristanus. Ita ut superior nummus utrumque illud repræsentet, de quo olim Propheta; *Ut quid mihi* THUS *de Saba adfertis*, *&* CALAMUM SUAVE OLENTEM *de terra longinqua?* Quid jam DICTAMNUM memorem, herbam Cretæ, quod nemo nescit, peculiarem, & quam præferunt non semel illius Insulæ Numismata, sicut præter alia, in singulari Paphiorum nummo Mediceo? An vero expressi in nummis Cauloniaton Italiæ vel Magnæ Græciæ ramusculi, eandem plantam repræsentent, ut existimabat Goltzius, fateor me dubitare, ac ad vulgarem lectionem lubentius referre. Mitto jam Coronam ex HYPOGLOSSO seu LAURO ALEXANDRINA, qualem in præclaro Myrinæorum nummo observavit itidem Cl. Tristanus. Quamquam autem vulgo diversæ illæ plantæ statuantur, quod Dioscorides, Galenus, aliique diversis locis de iisdem agant;

ita

Jerem. vi.
20.

Tom. II
Comment.
pag. 141.

DE PRÆST. ET USU NUMISM. 337
ita tamen utramque deſcribunt, ut vix certe magnum
inter eas diſcrimen fatearis. At vero illud obſtare mihi
videtur, ne continuo cum Triſtano, Laurum Alexandri-
nam in eo nummo ſignatam putem, quod hanc diſerte
tradant Theophraſtus, Dioſcorides, aliique, fructum
ſeu baccam in medio folio gerere inſtar ruſci ; at in
nummo illo quem videas apud Triſtanum, fructus extra
folia è pediculo pendeat. Decepiſſe videtur Triſtanum
ſecus producta à Matthiolo (quod ei nonnunquam ſo-
lemne) figura hujus Lauri Alexandrinæ, nec conſona
cum iis quæ de hoc frutice veteres & è recentioribus
etiam nonnulli tradidere. An advocabo hic præterea
FICUM RUMINALEM, quam cum paſtore Fauſtu-
lo, Lupa ac gemellis ſignat obvius Gentis Pompeiæ denarius apud Urſinum, & alius inter Incerta ab eodem
relatus?

Immo eandem etiam ære inciſam una cum fœta ſue ſi-
gnari credidit Erizzo, in ſequenti nummo Adriani.

Scrofa, quam ibi cernis multos fœtus enixam, ea nem-
Vu pe

pe quam sibi juxta Vatum præsagia, circa Laurentem agrum repertam, Junoni immolavit Æneas, & ad cujus repertæ locum, Lavinium ab eo condita, & mox in vicinia ab Ascanio Alba. At nihil ei cum Ficu Ruminali commune, quæ ad Romuli & Remi natales, & Romæ condendæ auspicia, ut vulgo notum, spectabat; & cum Lupa proinde ac gemellis, non cum hac fœta sue signanda veniebat. Non alia itaque hæc Arbor in superiori nummo statuenda, quam ILEX, sub quo arborum genere reperiendam hanc suem præsagiebant Æneæ Helenus ac Tiberinus:

Cum tibi sollicito secreti ad fluminis undam
Littoreis ingens inventa sub ILICIBUS *Sus*
Triginta capitum fœtus enixa jacebit.

Et certe alia longe Ficus Ruminalis figura in superiori nummo, alia hujus Ilicis; ut mirari satis non possim, quid nobilem antiquarium impulerit, ut illas arbores inter se, & discretas pluribus sæculis historias aut fabulas improvide confuderit. Neque vero parum hæc illustrant præclari quidam nummi, mole & raritate insignes, qui eandem suem fœtam exhibent, cum symbolis insuper Æneæ Anchisem ferentis, & superne Lavinio; aut cum Ænea & Ascanio navi egredientibus, & ardente Ilio. Prior nummus itidem Hadriani in Regia Gallorum Gaza, posterior Antonini Pii in Cimeliarchio Christinæ Heroïnæ mihi visus. An denique hic alias Plantas vulgo haud ignotas ulterius commemorabo? puta vel NYMPHÆAM ALBAM, Fluviorum imaginibus nonnunquam adpictam; aut APIUM, frequens in Selinuntiorum nummis, & à quo Urbi nomen; unde præterea Plutarchum illustramus, qui tradit alicubi Selinuntios Delphis aureum Apium dedicasse. Mererentur forte opportunius in hunc censum referri va-

Lib. Et a-
pud Delph.

DE PRÆST. ET USU NUMISM. 339

ri variæ adhuc Plantæ exoticæ, quibus signatos nonnunquam alios Nummos memini me vidisse, sed cum obiter & aliud nonnunquam agendo, tum quorum ectypa non possidemus, ut hic certo liceat aliquid de iis pronuntiare. Talis forte vel Commagenorum in Syria nummus, cum adpicto flore seu herba, & Cleopatræ alicujus effigie in anteriori parte, aut Antiochi Euergetis, cum flore itidem aut herba in aversa nummi area, quos in illustribus Italiæ vestræ Cimeliarchiis aliquando me vidisse recordor. Priorem cum addita Nummo epigraphe ΚΟΜΜΑΓΗΝΩΝ, eandem Plantam facile crederem cum herba in illo tractu celebri, & à natali solo COMMAGENE itidem dicta, (sicut Herba *Medica, Sinopis, Rhodia* vel *Idæa Radix*, aliæque id genus) ex qua præstantissimum & quantivis pretii medicamentum parabatur, quod impense laudat Plinius; *Alioquin celeberrimi usus est ad hoc in* COMMAGENE *Syriæ parte cum Cinnamo, Casia, Pipere albo,* HERBA quæ COMMAGENE *vocatur, obrutis* nive vasis, *odore jucundo, utilissimum ad perfrictiones, convulsiones,* cæcos ac *subitos dolores, omniaque quæ acopis curantur, unguentumque pariter ac medicamentum est.* Et de his hactenus. Quamquam ni alio nos vocaret instituti operis ratio, haud alia deessent etiamnum, ex quibus adsertam vindicatamque Nummorum in hoc contemplationis genere utilitatem liceret adhuc pluribus evincere.

In Gaza Christinæ Reginæ.
In Gaza Medicea.
Lib. XIX. cap. 3.

Vu 2   DIS-

DISSERTATIO QUINTA.
DE
PRÆSTANTIA ET USU
NUMISMATUM
ANTIQUORUM.

Sed forte majus erit operæ pretium, à brutis Animantibus, aut Plantis, ad nobiliorem rerum gestarum HISTORIAM oculos convertere; qui frequentior solet esse & quidem immensus hujus Nummorum tractationis campus. Neque tamen sollicitam quandam & operosam hujus rei probationem à me exigis hoc loco, OCTAVI præstantissime, quod nec unius est Dissertationis argumentum; & de quo, ut ingenue fatear, minus etiam videtur hic mihi laborandum. Vix enim hæc res hodie ullam habet dubitationem apud eos ipsos, quos vel nullo, aut levi admodum usu antiquariæ hujus supellectilis vulgo instructos videas. Ut mittam felicem multorum industriam, hic jam luculenter præluxisse; quorum curæ & lucubrationes in hoc genere talium cupidis passim ante oculos versantur. Quamquam, si meam quoque symbolam, ad aliquam suscepti argumenti illustrationem liceat obiter conferre; non una certe ratio, singularem & mirificam quandam Nummorum utilitatem in hoc genere, continuo suadere mihi videtur.

Causa utilitatis Nummorum in HISTORIA. Primam equidem subministrat illa injuria, vel temporum vel Barbarorum, vel epitomatorum, quos vocant, quæ mancam & mutilam magna sui parte Historiam

DISSERT. QUINT. DE PR. ET USU NUM. 341

riam priscæ ætatis ad nos hodie transmisit. Nec enim ullus ignorat, quota pars Historicorum veterum ex illa publica litterarum **calamitate superstes evaserit**; aut quam laceri præstantissimi quique ex iis hodierna die occurrant. Ruinas utique in iis agnoscas veterum operum aut ædificiorum, passim hic etiamnum obvias; in **quibus** modo atria & vestibula, modo diætas & lararium, modo laquearia & fastigia desideres: aut si **mavis** familiare exemplum Navis alicujus decumanis fluctibus quassatæ, in qua vel puppim, vel latera, vel proram frequenter requiras. Unde præclara multorum opera, quæ in colligendis reliquiis, aut resarcienda id genus jactura laboravit, in tantum laudem industriæ vel invenit, vel meretur, in quantum priscis illius naufragii tabulis eadem inniti consuevit. Altera ratio occurrit, illa crebra repugnantia apud Historiæ veteris scriptores Græcos & Latinos in rebus etiam gravissimis, ut nescias quibus nonnunquam acquiescere, aut quorum judicia & authoritas pluris apud te valere debeant. Ita confusa aut discrepantia sæpius apud eos tempora, patriam, nomina, aliaque præcipua rei gestæ momenta videas; ut dum in iis conciliandis aliquot Criticorum ingenia se exercent, eadem **ab hoc** conatu saniorum crebrius deterreant diligentiam. Id jam olim agnovit non aliarum solum partium scriptor luculentus, scribens contra Apionem; sed & fassi sunt haud illibenter testes domestici; qualis aut Dio Chrysostomus, qui observat multa incerta & repugnantia occurrere in historia superiorum temporum; quod & Strabo jam ante illum monuerat, priscos scriptores de iisdem rebus scribentes haud parum inter se dissentire. Nec id præteriit optimus censor Fabius, qui Livium frequentissime dicit dubitare, & quo teste *alii ab aliis*

Joseph. lib. 1.

Orat. xi.

Lib. viii.

Lib. 11. Instit. cap. 4.

aliis historicis dissentiunt; cujus quidem rei argumenta nullus adhuc hodie luculentiora dabit vel crebriora illo ipso Romanæ Historiæ principe Patavino. Hæc autem hodie tolli non potest aut argui diversitas, nisi ope & præsidio illorum, quos ut indubiæ fidei testes, secure hic liceat convenire. Tertia ratio ex eo potest intelligi; quod multa iisdem Historiarum aut Annalium conditoribus, vel odio, vel amore, vel incuria sint perperam tradita; quæ emendari hoc tempore, aut revinci, nisi publicis quibusdam tabulis non possunt. Adeo ut non continuo existimem à livore profectum illud Vopisci judicium quod hic opportune sese mihi ingessit: *Neminem scriptorum, quantum ad historiam pertinet, non aliquid esse mentitum, prodente me, quin etiam in quo Livius, in quo Sallustius, in quo Cornelius Tacitus, in quo denique Trogus manifestis testibus convinceretur.* Nec incommode rationem hujus rei tradit, ipse fidei non usque adeo exploratæ Historicus; quo teste scilicet, *tanta componentium rerum monumenta vel securitas, vel par huic vitium credulitas fuit.* Quarta accedit, quod omissa multa sint & præterita diligentissimis alias scriptoribus, quæ tamen ad summam rei gestæ, aut historiæ integritatem, momentum non leve conferre videbantur. Nec enim ulli facile, utut accurato & sedulo historiarum conditori, ea felicitas hactenus contigit, omnia scilicet vel adsequi vel tradere in amplissima nonnunquam materia, aut ab illius ætate longo temporum intervallo submota. Id vero supplere demum possunt reliqua Lapidum Nummorumve ejusdem ævi monumenta; in quibus publica fata populorum, aut gesta cæteroquin digna posterorum memoria, opportune fuerunt consignata. Qua ratione jam olim gravissimus auctor Polybius, ex ærea Tabula ab Hannibale descripta in Italia,

In Aurelia-no.

Curtius Lib. IX.

Lib. III.

DE PRÆST. ET USU NUMISM. 343

lia, & Lavinii reperta, fatetur sese fidem rerum gestarum depromere. Unde & apud Dionem Prusæum, *Orat. x.* Ægyptius quidam haud vane jactat, partim in Templis, partim in Columnis scriptam apud eos præcipuam priorum temporum memoriam. **Adeo ut** Livius etiam in dubiis rebus & vetustate incompertis, ad *Lib. 1 v.* inscriptiones antiquas non dubitaverit continuo pro- *cap. 20.* vocare. Quinta denique superest, obscure aut obiter multa passim iisdem scriptoribus tradita, **quæ nova &** dilucida cujusdam expositionis face indigent, ut legentium oculis quodammodo subjici possint, & eorum aviditatem luculentius explere. Ac talium immensa quædam seges in Historiæ veteris latifundiis sese offert, quorum usus vel voluptas vix commode posset hodie percipi, nisi aliunde lux illis & evidentia quædam major accederet, aut annisi essent veteres, æs, argentum,

―― *impressisve aurum animare figuris.*

Optimus enim, juxta Plutarchum, scriptor Historiæ, *De Gloria* qui ita eam texit; ut picturas omnino referat; & ad *Athenienf.* quam evidentiam nisum præ cæteris Thucydidem tradit, ut auditorem nempe tanquam spectatorem redderet. Hæc autem singula in veteri Nummorum supellectile adjumentum quoddam præcipuum, & singulare præsidium agnoscere, non pœnitendi certe beneficii accessio censeri debet.

AD HISTORIAM EXTERNAM minus conferre hic Nummi iis videbuntur, qui Romanos solum tractant, & vix aliis peregrinis, Græcis nempe & Asiaticis vulgo pretium ponunt. Haud una tamen in iis se offert Nummorum utilitas, seu in tradendis Regum vel Ducum apud Græcos aut Barbaros *Appellationibus*, seu in illustrandis præclaris eorum *Natalibus & Factis*. Ita ut vicem hodie fungantur illorum Clypeorum, qui in

tem-

templis ad memoriam rei gestæ adpendi olim consueverant, & ad quos crebro provocant antiquæ historiæ enarratores. Apud MACEDONAS quidem, fundatores ampliſſimi illorum imperii, ab HERCULE Leonicida genus derivaſſe, vel eorundem imagines in Nummis obviæ cum Leonis exuviis etiamnum arguunt. Quod ipſum tradit ex eorum fide, non è vulgo, ſed vere natus in oſtro Imperator; qui exuvias leonini capitis ſtirpis auctorem referentes, **Macedonum** Regibus familiares, & quibuſvis apud eos coronis ac gemmis potiores ſcribens, addit, Καὶ μάρτυς ἀξιόπιϛ۞ αὐτὸ Νόμισμα ᾧ Μακέδονۜ Ἀλεξάνδρε, ταύτῃ εἰκόνι καλλωπιζόμενον, ac TESTIS *hujus rei fide dignus eſt* NUMMUS *Alexandri Macedonis ejuſdem figura inſignitus.* Vides hic utique eruditiſſimum Cæſarem, ad Nummos, tanquam ad indubium originis illius ac moris indicium ſecure provocantem. Hic vero vir doctus illius editor, ipſum profert ALEXANDRI Nummum cum illis leonis exuviis, detracta etiam omni galea capiti adaptatis; quod poſtremum ſingulare & minus obvium in iiſdem numiſmatibus credit. Idem vero capitis inſigne in antiquioribus etiam AMYNTÆ, & PHILIPPI Nummis adhuc hodie intuemur, ut prætereum *Pharetram* & *Clavam,* quæ tum in ejuſdem Amyntæ, Philippi, Alexandri, tum poſterioris PHILIPPI numiſmatibus, ejuſdem originis fidem faciunt. Ut facile videas, non fruſtra eſſe omnino, quæ de antiqua HERACLIDARUM in Macedonia ſede, priſci auctores magno conſenſu tradidere. Idem certe hic Nummi, quod Tabulæ veteres apud Syneſium præſtant; quas tradit ſucceſſionem Regum ab HERCULE, ſuo tempore adhuc apud Cyrenenſes arguiſſe. Neque aliter eadem leonina pelle amictum Polynicem

legas

legas apud Hyginum, quem alias Ursi pelle induunt Tragici; quam ut illâ Thebanam originem argueret. Jactata nempe passim apud Veteres, neque ab unis Nepotibus, illa Herculis successio; **quem** (solemni adhuc temporibus nostris insania, **Gentem** suam ab antiquis Regnorum aut Imperiorum Conditoribus **derivandi**) generis sui auctorem talium aucupes passim referebant. Unde etiam eosdem à Socrate apud **Platonem** explosos videas, & illis opportune inculcantem, vigesimum ab Hercule, etiam quinquagesimum reputare debere illud esse fortunæ. Quod autem Heraclidis pellis Leonina toties in veteribus Nummis obvia, idem Tydeo pellis Aprina præstitit; qua auctore Hygino opertus itidem incedebat, quo à Caledone Apri interfectore genus se suum derivare indicaret. Si vero Philostratum audimus, non inane solum fuit generis insigne hæc pellis leonina, sed singularis cujusdam virtutis & præstantiæ. Tradit enim ille, sed fide Sophistica, Ajacem adhuc infantem leoninis illis Herculis exuviis involutum, **in** eaque parte factum invulnerabilem. Antiquissimis nempe mortalibus primo è foliis arborum, mox ex animalium exuviis quæsita corporis tegumenta; de quibus Lucretius,

In Theætæto p. 175. edit. Henr. Stephan.

In Heroicis p. 693.

Pellibus & spoliis corpus vestire ferarum. Lib. v.
Hinc, quod notum, & pelliti olim Patres conscripti, & ferarum pellibus induti, Mauri, Germani, aliæque horridiores gentes, veteribus commemorantur. Immo progressu temporis, non solum gentibus minus cultis, idem vulgo habitus retentus; sed iis quoque, qui horridius aut simplicius vitæ genus professi, se ad priscam illam simplicitatem componebant: quales nempe aut sanctissimi illi Viri, Elias, Esaias, Zacharias, Servatoris Præcursor; aut Gentilium etiam Heroës, de quibus

Strabo lib. XVII.

aperte

DISSERTATIO QUINTA

Ad lib. 1.
Argon.
v. 324.
aperte id testantem video Apollonii Scholiastem, Δέρμα ἢ ὁ μδρ᾽· σύνηθες γὰρ τοῖς Ἥρωσι τὸ δερμαλοφορεῖν· *Pellis quidem; consuetum Heroibus pellem gerere:* aut sapientiæ studiis apud eosdem Gentiles clari, sicut de Dione oris aurei constat, **quem sæpe** leoninum exuvium gestasse Suidas & Photius tradunt. Inde etiam priscis Christianorum Ascetis, simile quæsitum corporis tegumentum; qui nempe sæculo renunciantes, vel ex arborum foliis, vel ex ferarum pellibus indumenta sibi conficie-

In vit. Pauli Eremitæ. bant. **Talis vel Paulus** ille Eremita, qui authore Hieronymo, *contextis palmarum foliis vestiebatur*; aut Hila-
In vita Hilarionis. rio apud eundem, *sacco membra coopertus, & pelliceum habens ependyten*; aut Simon ille Monachus, de quo refert
Lib. 1. Epistol. 475. **Isidorus** Pelusiota, ἡ σισυρα συνίστασι γυμνὸν ὃν ἀμπίχεται· *ex caprinis pellibus contexta vestis qua amictus est, nudum esse ostendit.* Scilicet his insignibus, seu animalium exuviis, sicut Macedonum Reges sese Herculis traduces, **ita isti se Eliæ**, aut Joannis successores contestari cupiebant.

De Cornutu Nummis Alexandri Magni.
Sed splendidiorum adhuc Natalium, qui Alexandrum Herculis non tam traducem, quam fratrem probarent, CORNIGERI ejusdem in Nummis habitus fidem facit; qui illum scilicet Jovis Ammonis filium non minus arguit, quam inscriptio ejusdem apud Phi-
Lib. de vit. Apollon. 1. cap. 6. lostratum, ΑΛΕΞΑΝΔΡΟΣ Ο ΔΙΟΣ, aut altera apud eundem, PATRI AMMONI. Unde & Alexandrum, non alio nomine designat Ovidius in Ibi;

Quam qui CORNIGERO *de Jove natus erat.*
Ita ut eodem illo habitu se adhuc hodie conspiciendum in Nummis præbeat, quo illum Clemens Alexandrinus depictum refert; quo teste scilicet, *voluit autem*
In Protreptico p. 36. *& Alexander Ammonis filius videri, &* CORNUTUS *insculpi à Statuariis.* ἐβούλετο ἢ καὶ Ἀλέξανδρος Ἄμμωνος υἱὸς εἶναι,

DE PRÆST. ET USU NUMISM.

εἶναι, κỳ ΚΕΡΑΣΦΟΡΟΣ ἀναπλάθειας πρὸς τ̇ ἀγαλμα-
τοποιῶν. Quo cultu etiam frequentasse illum convivia
innuit Ephippio apud Athenæum; indutum nempe Lib. vi.
Ammonis veste, Cornubus, Clava præterea &
pelle leonina. Eodem nempe quo frater Bacchus instituto; cui ideo Cornua adscribit **alicubi Diodorus**, Lib. iii.
quod Cornigeri Ammonis esset filius; quibus certe generis insignibus nescio an aliquis hodie Natales suos
aut Patrem ambitiose adeo probari vellet. Ut tamen
non mirum sit amplius, cur Æra Alexandrina apud
Arabas Epocha *Alexandri Bicornigeri* dicatur, ut observat illustris Scaliger; aut cur ille ab iisdem ذوالقرنين
Dulkernaiim, Δίκερως nempe seu *Bicornis* vocari soleat. Ita enim Heros ille cum in **Alcorano**, tum in
aliis scriptis Arabum vulgo **designatur**. Si vero rationem hujus appellationis ab iis quæras, continuo audies ita dictum, quasi nempe Orientis & Occidentis
domitorem. Id certe tradunt præter alios & Glossator
eorum Gieuhari, & clarissime **in compendio** Astro-
nomico & Nautico Achmad ben Magad, Cl. Seldeno citatus ad Origines Eutychianas; cui vocatus eo
nomine Dulkernaiim, seu Bicornis Alexan-
der, quod, ut habent Arabica, *Orbis totius Rex erat à Cor-*
nu seu plaga Orientali, usque ad Cornu seu plagam **Occiden-**
talem. Consona iisdem lego apud **Abul** Pharagium,

وسمي ذالقرنين لبعذ قرني الشمس وهما المشرق Dyn. v.
والمغرب *appellatusque est Dhulkarnain*, id est, duo habens
Cornua, *quod duo Solis cornua adsecutus esset Orientem &*
Occidentem. Neque etiam Græcis scriptoribus ignota
illa Orientis & Occidentis Cornua, arguit præter alia
Κέρας Ἑσπέριον, seu *Cornu Occidentale* apud Diodorum Lib. iii.
de Africæ regione usurpatum, cui præerat Amalthea. pag. 101.

Xx 2   Verior

DISSERTATIO QUINTA

Verior tamen & simplicior meo judicio hujus denominationis ratio, quæ scriptores illos Arabas fugisse videtur, petita nempe à cornuta hujus Alexandri effigie, quam vocis originem apposite cum altera illa de Orientali & Occidentali plaga indicavit etiam ὁ Ἀρξίκαιτος Golius, meus olim in hac lingua informator. Immo neque Alexandri solum apud Arabas, sed quasi ejus, si Diis placet, superstitum adhuc Nepotum retenta alibi in Oriente appellatio. In provincia certe quadam Balaxiæ, singulos Reges tanquam ab Alexandro genus ducentes, ZULKARNEN, (DULKER-

Lib. 1. cap. 25. NAIIM **verius**) seu *Bicornigerum* dici refert Paulus Venetus. Horum autem omnium ratio lateret ferme nos **hodie**, ni opportune Cornigerorum cum Alexandri, tum successorum Numismata appellationis hujus causam & fontem indicarent.

De Cornutis Nummis Successorum Alexandri, aliisque ejusdem generis.
Lib. V pag. 360.

Transiere enim ad ejus Successores, una cum imperii dignitate, eadem quoque Capitis insignia; quo se utique vel oris & habitus similitudine, necessarios quasi & legitimos hæredes probarent. Hoc studio certe incensum Philippum, penultimum Macedonum Regem, narrat Polybius; illum serio nempe in id per totam vitam incubuisse, ut ex cognatione Alexandri & Philippi videretur; quod arguit adhuc hodie depicta ejus in nummis effigies cum leoninis Herculis δεχηγίτου exuviis. Neque enim solum projectam Alexandri cervicem, & levitatem oculorum in aliquot Hæredum ejusdem imaginibus spectamus, quod adnotaverat jam

In Pyrrho. olim Plutarchus; verum etiam leoninam pellem, & CORNUA ARIETINA, quæ Ptolemæorum, Lysimachi, aliorumque in nummis capita etiamnum decorant. Nec jam an ARIETINA illa, ut modo innui, vel HIRCINA Cornua fuerint, admodum laboro;

boro; quod sollicitum habuit virum doctum in notis ad Græca Goltzii numismata, ob Plutarchi Caprina Pyrrho tribuentis auctoritatem. Utriusque enim generis, nempe *de* CAPRIS *&* ARIETE *cornutos*, ut vocat illos Tertullianus, in his monumentis videas (ut de TAURINIS jam nihil dicam); quæ nec gravissimi auctoris fidem minuunt, nec ideo eadem inter se confundi patiuntur. Tryphonis certe nummum cum HIRCINO Cornu protulit Willalpandus, cujus ectypum etiam è Cimeliis Christinæ Augustæ depromptum infra subjiciemus. Equidem non uno Cornuum genere insignes occurrunt in antiquis nummis Gentilium, DII, FLUVII, HEROES. De DIIS, ita jam olim illa distinxit Porphyrius in aureo libello, ut JOVI Arietina, PANI Hircina, LIBERO autem PATRI Taurina præbeat Cornua, οὕτω δὴ κ᾽ οἱ Ἕλληνες τῷ μὲν τ̄ Διὸς ἀγάλμαλι Κριᾶ προσῆψαν κέρατα, Ταύρᾱ ᾗ τῶ Διονύσω, τ̄ ᾗ Πᾶνα ἐξ ἀνθρώπε κỳ αἰγὸς συνέθηκαν. *Ita vero Græci, Jovis quidem simulacro* Arietis Cornua, Bacchi *vero Taurina adaptarunt; Panem autem ex homine & Capra composuerunt.* Quo nomine etiam hos Gentilium Deos suggillat alicubi Arnobius; *sed, quid ego Diis datas falces & fuscinas rideo? quid* CORNUA *& galeros?* Ac de JOVE quidem seu AMMONE κριοπροσώπῳ trita videntur omnia; nisi quod haud vulgarem ejus effigiem ex antiquo Cyrenensium nummo protulit doctissimus Isaacus Vossius, in eruditissimis notis ad Melam, & eandem ex emendato Curtii loco præclare adseruit.

In Apologetico.

De Abstinent. lib. III.

Lib. VI.

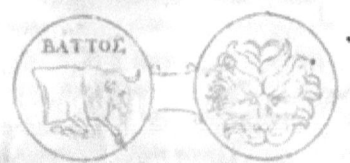

Neque piguit hic eandem effigiem lectorum oculis subjicere, quod diversam rursus figuram Jovis itidem Ammonis in aliis nummis antiquis signari haud ignorem. Talis certe, quem apud Cl. Seguinum inspectum, ejusdem beneficio hic vulgamus.

Ammonem, ut vides, aperte arguit non tortum solum Arietis cornu, sed vel sola inscriptio ΘΕΟC ΑΜΜΩΝ, *Deus Ammon*. Signatus autem ille nummus à Mytilenæis Lesbi incolis, ut liquet ex aversa nummi parte, & in memoriam quidem concordiæ & communionis cum Pergæis. Unde autem oriatur illa discrepantia in tradenda figura hujus Ammonis aperiendum. Juppiter nempe sub Ammonis nomine & Arietis forma cum Afris, tum Græcis etiam cultus. Prior ille vulgo celebrior, sede nobilissimi Oraculi sacratus, ac Libyci Dei nomine passim dictus. Dionysius,

Καὶ τὶ μὲν Λιβύησις Θεῦ ψαμάθῳ ὑπὸ πλῶ.
Et Templum Libyci Dei in arena multa.

Et Nonnus,
> Βῆλ⁎ ἐφ' Εὐφράτῃ Λίβυς κεκλημ⁎ Ἄμμων. Lib. II.
> Belus ad Euphratem Libycus vocatus Ammon. Dionyſ.

Sic Propertius,
> Hoc neque arenoſum Libyci Jovis explicat antrum. Lib. IV.

Quæ loca in re alias haud obſcura ideo adtulimus, ut Ekg. 1.
eadem opera Suidæ medicas manus præſtaremus, apud
quem legitur Ἄμμων ὄνομα Ξεοῦ Ἑλληνικῦ. Eruditiſſi-
mus Reineſius explicabat Dei Gentilis, non Græci, juxta
Portum, quem eo nomine perſtringit. At uterque fallitur. Legendum enim omnino, Ἄμμων ὄνομα Ξεοῦ Λι-
Ϭυκῦ, quod vulgo Ammonis, ut videmus, adtributum. Neque certe Suidam in explicanda Ammonis
voce, de hoc Jove Libyco mentio effugere poterat.
Celebris itaque paſſim non apud Afros ſolum, ſed a-
pud Græcos alioſque hic Libycus Juppiter, quamquam vulgo minus nota eſſet ejus effigies, quod ſatis
innuit Curtius; *Id quod pro Deo colitur, non eandem effi-* Lib. IV.
giem habet, quam vulgo Diis artifices accommodarunt. Um-
bilico maxime ſimilis eſt habitus, ſmaragdis & gemmis
congmentatus. Poſtremum obſervat etiam Diodorus. Lib. XVII.
Huic vero conſentanea illa effigies ſuperioris nummi
ab ipſis Afris percuſſi; quo referenda etiam illa Afri
Scriptoris, hunc Jovis habitum ridentis, *Si nudo Jo-* Arnob.
vi Cornua *detrahat.* At vero non Afris ſolum, ſed lib. VI.
Græcis etiam cultus Juppiter Ammon, eique ſimulacrum cum Arietinis cornibus erectum, figurâ in reliquis conſentaneâ illi, quam vulgo Jovi Græci artifices commodant. Tale ſimulacrum apud Megapoli-
tanos Arcadas obſervat Pauſanias, ἄγαλμα Ἄμμων⁎ Lib. VIII.
πρὸς τῇ οἰκίᾳ ταῖς περαγώσις Ἑρμαῖς εἰκασμένον, κέρατα ἐπὶ
τῆ κεφαλῆς ἔχων κρι⁎. *Ammonis ſimulacrum domi quadratis*
Mercuriis ſimile, Arietis cornua capiti habens adpoſita. Cujus

jus Ammonis simulacrum πγεάγωπον opportune exhibet sequens marmor, quod inter Illustrium imagines ab Achille Statio superiori sæculo vulgatas spectatur.

Illustr. Vir. &c. Rom. 1569. n°. 47.

Agnoscis utique quam præclare Pausaniam illustret, è quo vicissim explicandum veniebat hoc Marmor. Inde etiam lucem mutuatur Nummus ille à Mytilenæis **percussus**, cum adposito Dei ipsius Ammonis nomine.
Nihil

DE PRÆST. ET USU NUMISM.   353

Nihil enim singulare habebat Græcorum Ammon præter Arietis cornua, ut innuebat Pausanias, & liquet ex residuis statuarum & nummorum id genus monumentis; non vero peculiarem illum habitum umbriculo similem, & ex smaragdis ac gemmis coagmentatum, quem Libyco tribuunt Diodorus & Curtius, ac vindicat eidem Cyrenensium nummus. Immo inde factum observo, ut quum Libycus Ammon, quantum nomine & fama pervulgatus esset apud veteres, tantum ob itineris molestiam incredibilem, vulgo ab hominum conspectu remotior ageret, inde etiam minus notam ejus effigiem sub illo Græci Ammonis κριοπροσώπε habitu, veteres nobis aliquoties adumbrarint. Certe cum alias in denariis aliquot Gentium Romanarum, tum in pluribus nummis Ægyptiis sub Trajano, Hadriano, aut Antoninis percussis, occurrit aliquoties Serapidis aut Jovis Ægyptii caput cum Cornu Arietino, ad Græci Ammonis formam depictum. Quin non Juppiter solum, sed JUNO etiam AMMONIA apud Eleos culta, ut in Eliacis observat itidem Pausanias. Ad quam spectare videtur sequens nummus Pyliorum apud Goltzium, quod jam vidit Nonnius.

Haud vero prætereundum, inde etiam factum, ut Juppiter Bœotiis Καραιός vocaretur. Hesychius, Καραιός Ζεὺς ὑπὸ Βοιωτοῖς, ὕτω προσαγορεύεται ὡς μέν τινες φασὶ διὰ τὸ ὑψηλὸς εἶναι ἀπὸ τῦ κάρα. Neque enim apud Arcadas solum

solum, sed cum Lacedæmone, tum etiam Thebis cultus hic Ammon κριοπρόσωπ۞ ; unde delubri hujus

Lib. I x. Rei apud Thebanos meminit alibi Pausanias. Καρωὸς autem Thebanorum, factum ex Hebræorum vel Phœnicum, quorum erant coloni, כר, quibus ovinum genus, & כרים Aries etiam bellicus in veteri fœdere vocatur. Frustra itaque à capite seu à voce κάρα, quod *sublimis* nempe foret hic Juppiter, hoc ejus adtributum derivabat, quamquam dubitanter & ex aliorum fide, Hesychius. Mitto vero causas vulgo notas, quas cum Historici, tum Grammatici & Mythologi veteres juxta ac recentiores adtulere, cur Arietina cornua huic Jovi tribuat antiquitas. Plures enumerantem vi-

Ad Æneidos I v. de Servium aut Hyginum, quos nihil moror. At meo judicio longe verissima & reliquis potior, quam adfert

In Euterpe. antiquissimus auctor Herodotus; Arietina scilicet facie depictum Jovem Ægyptiis, à quibus Ammonii hauserint eorum coloni, Ἀμμῶν enim ab Ægyptiis Jovem vocari; quod firmat etiam Plutarchus, libro de

Lib. v. Iside, ac præterea Origenes contra Celsum. Notus certe cum vetustissimus mos Ægyptiorum sub animalium figuris Deos suos effingendi; tum præcipuus Arietis apud eosdem cultus, ut fecunditatis symboli. Unde ab iis primum translata Arietina facies ad Deorum hominumque parentis symbolicam effigiem. Neque vero solum Juno Ammonia, sed SISPITA etiam seu LANUVINA in Latio culta, non jam Κριοπρόσωπ۞, sed Τραχοκέρως vel Αἰγοκέρως, cum CAPRINIS nempe Cornibus, cujus effigies obvia in denariis Gentis Papiæ, Prociliæ & Rosciæ apud Ursinum; Talia etiam PANI & SATYRORUM gregi vulgo tributa; cujus generis præclara Marmora passim hic licet intueri. Neque vero fictis Gentilium simulacris, Cornutos
id

id genus Capripedes continuo adscribendos tradentem novi Hieronymum, qui & talem Paulo Eremitæ occurrisse, aliumque sub Constantino Cæsare Alexandriam perductum narrat, & quem universo mundo teste defendi ibidem adserit. Consulat eum si velit Lector; longior enim narratio, quam ut hic eam intexamus. At vero non Hircina jam, aut Arietina, sed **Taurina** Cornua, Isidi, Baccho, Fluviis adposita videas in antiquis eorum simulacris. De Iside consulenda Hieroglyphica Ægyptiorum monumenta, & qui in iis explicandis laborarunt viri docti. Galeam certe Isidi è Bovis capite à Mercurio datam auctor est Plutarchus. Bacchum quod attinet, inde liquet non frustra illum Ταῦρον & Ταυροκέρωτα dictum à poëtis antiquis, quod alicubi Athenæus observat; quibus certe nominibus apud Euripidem aliquoties designatur; & quo etiam respexit alicubi Plutarchus, Bacchum innuens, ἄξιε Ταῦρι, *bubulis* nempe, ut de Jove alicubi Arnobius loquitur, *cohonestatum cornibus*. Hinc eundem etiam *Tauri* seu *Tauriformis* nomine & habitu apud Cyzicenos cultum, idem etiam Athenæus notat; Κυζίκῳ ἦ καὶ Ταυρόμορφῳ ἵδρυται. *Cyzici Tauriformis etiam statuitur*. In cujus proinde honorem institutum in eadem urbe festum Ταυροχόλια licet ex Hesychio colligere, Ταυροχόλια ἑορτὴ ἐν Κυζίκῳ. Sic apud Ægyptios Bacchi simulacrum Tauri forma exstitisse, apud Argivos autem βυγένην eundem dictum, auctor est Plutarchus. Hujus vero Bacchi Ταυροκέρωτ® memoriam servant adhuc antiqui aliquot nummi. Unum alia occasione supra protulimus, vulgatum jam à Cl. Seguino, qui Bacchum cum Iside vehiculo insidentem exhibet cum bijugibus Centauris. In eo enim videas minuta Cornua, quasi primum prodeuntia, quale nempe cornu

Tom. 1. in vita Pauli Eremitæ pag. 238. edit. Frobern.

Lib. de Isi-de.

Lib. XI.

In Bacchis v. 362. & 406.

In quæst. Græcis.

Lib. V.

De Iside & Osiride.

356 DISSERTATIO QUINTA

In Imaginibus pag. 574.

nu è Bacchi temporibus erumpens obſervat alicubi Philoſtratus. Huc referendum etiam caput imberbe cum Cornu Taurino, & corona è pampino, quod inſuper ſatis arguit nummi inſcriptio, ΔΙΟΝΥΣΟΥ ΣΩΤΗΡΟΣ ΜΑΡΩΝΙΤΩΝ. Talem certe cum prædicto Cornu, adnotavi inter nummos argenteos Principis Auguſtini Chiſii, tuo beneficio mihi inſpectos. Et quo ſpectare etiam mihi videtur imberbis Ταυροκέρως in ſequenti nummo Megaræ in Sicilia percuſſo.

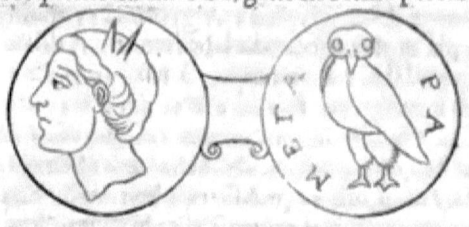

Cultum per ea loca Liberum Patrem ſatis arguit cum ſitus vino ferax, tum inde frequentes Botrus, obvii in nummis locorum adjacentium Entellæ, Naxi & aliorum. Hinc & alius nummus ΜΕΓΑΡΑΣ ΥΒΛΑΣ dictæ, non autem Υβλαίας, ut exiſtimarunt viri docti, in quo figura ſtans cum Scypho, quem effundit. Noctua vero, ut obiter hoc dicam, in averſa nummi parte ſignata, in memoriam nempe deductæ in ea loca Coloniæ à Theocle Athenienſi, ut ex ᵃ Thucydide & ᵇ Strabone liquet. Aliquando vero eundem Bacchum, non δικέρωτα jam, ut vocatur alicubi Auſonio, ſed uno Cornu inſignem depingunt nobis antiqua id genus ſimulacra, ſicut in ſequenti nummo Agyrinæ, urbis itidem Siculæ, cujus pars averſa Minotaurum exhibet.

ᵃ Lib. VI.
ᵇ Lib. VI.
Ep. XXVIII.

Scilicet juxta Horatium,
Te videt insons Cerberus aureo Cornu decorum.
Nisi forte quis malit GERYONEM illo nummo designari, quem ut Heroëm religiose ab Agyrinensibus cultum observat civis ejusdem loci Diodorus; idque Hercule procurante; Ὡσαύτως ἢ ϰ τ̃ Βοῶν τῆς ἀπηλυπω- Lib. IV. θείσιν ἴχνεσιν τὼ ἀφ᾽ ἑαυτῶ προσηγορίαν σπηθείς, ἡ μὲν ☉ καθίερωσιν Ἥρωι Γηρύονι ὁ μέχρι τ̃ νῶν ἡμαίτῃ ῶῥα τῆς ἐγχω- ρίοις· *Notas item boum ungulis expressas de se adpellavit; atque tum adem Heroi Geryoni consecratam dedit, quam nunc quoque religiose incolæ colunt.* Unde etiam liqueret, haud frustra Taurinum Cornu illi tribui, quem à Boum custodia celebrem antiquæ fabulæ repræsentant, & quo interempto, Boves Herculem abegisse memorant. Nisi obstare illud videatur, quod parum figuræ tricorporis hominis, qualem vulgo hunc Geryonem depingunt fabulæ, quadret superior **effigies**. Ex ipsa vero Nummi inscriptione ΑΓΥΡΙΝΑΙΩΝ, Stephanus obiter emendandus, apud quem Ἀγυριώη & Ἀγυριναῖοι pro Ἀγυρίνη & Ἀγυρναῖοι perperam legitur. Cur vero Taurina Cornua Baccho tributa, varia adferunt veteres; aut ad natales demonstrandos, quod Cornigeri Ammonis esset filius, juxta Diodorum; aut quod bo- Lib. III. bus sub jugum ductis primus sementem fecerit eodem auctore; aut à vini ferocia, quod nimio vino homines truces fiant, cum Festo & veteri Interprete ad Horatium; aut denique, quod Cornibus usi sint antiqui ad

pocu-

358 DISSERTATIO QUINTA

pocula, unde Bacchum Cornigerum depictum, & Ταῦρον poëtis dictum adserit Athenæus, cui plane consona apud **Eustathium legas**. Cornu certe antiquitus poculi loco fuisse adhibitum, docet etiam alter Homeri Scholiastes, qui vulgo Didymus creditur, πρὸ δ̄ γὰρ Ὀρεθλίας τὴν τ̄ ποτηρίων χρῆσιν, κέρασιν ἔπινον· ita enim postrema emendanda, pro quo corrupte legitur εἰς κέρας ἔπινον, quod vidit etiam eruditus & florentis spei juvenis Gilbertus Cruperus in Crepundiis ineditis, qui ἐν κέρασιν ἔπινον eodem loco legendum statuit. Auctor quoque Etymologici MS. qui Photius Patriarcha existimatur, & apud eruditissimum Marquardum Gudium nostrum mihi inspectus, Κεράσαι, τὸ πάλαι γὰρ κέραζιν ἔπινον, ὅθεν κ̄ ἡμεῖς, τὸ αὐτὸ ποιοῦμεν. Neque aliter vel Athenæus, vel Eustathius, locis supra indicatis, quam solitos veteres κέρασι πίνειν. Inde vero Ταῦροι dicti videntur pincernæ apud Ephesios; Hesychius Ταῦροι οἱ παρὰ Ἐφεσίοις οἰνοχόοι· quamquam non in Bacchi, sed Neptuni sacris ita appellatos apud Eustathium legam, ἐπὶ ἢ παρὰ Ἐφεσίοις, οἱ ἐν τῆ τ̄ Ποσειδῶνος ἑορτῆ οἰνοχοῦντες νύμφαι Ταῦροι ἐκαλοῦντο. Immo non Pocula solum, sed Taurina etiam Tympana Bacchantium apud Claudianum,

Insudant tonsis Satyri, T A U R I N A Q U E *pulsu*
Baccharum Bromios invitant T Y M P A N A *remos*.

Quin Liberi Patris exemplo, L I B E R A M etiam & C E R E R E M cum Cornu Taurino signare videntur varii Siculorum nummi, in quibus caput muliebre occurrit cum spicis & Cornu Taurino è temporibus erumpente, aliquando etiam sine spicis; cujus rei indicia suppeditabunt inprimis aliquot Panormitanorum numismata apud Parutam. Obvium autem & liquidum ex superioribus, cur vel frugum Mater, vel Bacchi socia, eodem illo Taurino insigni decorentur. Immo non Baccho solum, aut commemoratis modo Deabus, sed

DE PRÆST. ET USU NUMISM. 359

sed FLUVIIS etiam Taurina Cornua tributa vulgo
à Poëtis nosti, ut vel Eridano à divino Vate,

Et gemino auratus taurino cornua vultu Eridanus.

aut Tiberi vestro à Claudiano, ———— *taurina levantur* In Conf.
Cornua temporibus raucos sudantia rivos. Prob. &
Olyb.
quomodo & *Tauriformis Aufidus* dictus **Horatio**, & Mo-
sellæ *taurina frontis honorem* adscribit Ausonius. Hunc Idyll. 1 x.
vero morem fluvios sub Taurina effigie depingendi, ad
certos quosdam populos restringere videbatur loco
haud ignoto Ælianus, Βύσιν μδρ ἐν εἰκάζεσιν οἱ Στυμφά- Lib. 1 1.
λιοι μδρ τ Ἐρασῖνον κ̀ τ Μετώπλω, Λακεδαιμόνιοι ỷ τ Εὐρώταν, Var. Hift.
Σικυώνιοι ỷ κ̀ Φλιάσιοι τ Ἀσωπν, Ἀργεῖοι ỷ τ Κηφισόν. *Bobus* cap. 33.
quidem similes faciunt Stymphalii Erasinum & Metopen, La-
cedæmonii Eurotam, Sicyonii & Phlasii Asopum, Argivi Ce-
phissum. Ejus vero moris vestigia, & quidem latius usurpati, licet in antiquis quoque nummis observare. Sic
ACHELOUM cum Taurino cornu depictum exhibent
vetusti **nummi Ambraciotarum & Acarnanum**, quos
male Nonnius ad **Minotaurum** refert. Vulgo enim iste
barbatus, ille imberbis, cujus hic habes ectypum.

Ad Acheloum certe referendum fluvium in eo tractu
celebrem, vel ex Strabone præterea colligas, οἱ ỷ εἰκά- Lib. x.
ζοντες ἐξ αὐτῶν ταληθὲς, ΤΑΥΡΩ μδρ ἐοικέται λέγεται τ ΑΧΕ-
ΛΩΟΝ φασι, καθάπερ κ̀ οὗτ' ἄλλυς ποταμές, ἀπό τε τ ἤχων,
κ̀ τ κ̀τ' τὰ ῥέιθρα καμπῶν ἃς καλῦσι κέρατας· *Qui autem ex*
fabulis verum colligunt, TAURO *similem forma* ACHE-
LOUM *aiunt, ut & alios fluvios, ob strepitus & flexus alveo-*
rum,

DISSERTATIO QUINTA

rum, qui Cornua dicuntur. Neque vero prætereundum, id de Acheloo superiori nummo expresso, jam animadvertisse Laurentium Pignorium in Expositione Mensæ Isiacæ. At bicornem etiam **Rhenum**, videre licet in sequenti nummo Postumi.

Ratio autem obvia hujus rei, quod nempe in duo brachia scindatur; unde & Crines pro fluminum brachiis apud Aëtium, quod ad Solinum jam observavit Vir maximus. Duas vero causas illius moris reddit Strabo loco paulo ante commemorato; primam ob strepitum aquarum, alteram ob flexus alveorum: quam postremam tradit etiam alicubi Eustathius, κέρατα π͂ ταμῶν ἥπη

Ad Iliad. N. pag. 917.

καμπαί. Priorem vero, cum ob strepitum, tum ob vim aquarum, reperio apud Euripidis Scholiastem, qui in causas etiam anquirit hujus moris; Ε᾽πειχῶς ᾗ σ͂υ Π Ο-ΤΑΜΟΥΣ ΤΑΥΡΟΓΡΑΦΟΥΣ ἐζωγράφυντι χ̓ ἔλεξεν, ἴσως ὅτι ϖαϖαπλησίως τῷ μυκήμαϊ τ͂ ταύρων ἡ ἀπήχησις τ͂ ὕδατ, πιεῖ ἐν πῆς σφοδρῶς ῥέυσι π͂ ταμοῖς Διὰ τὸ βίαιον τ͂ ὑδάτων, ἅπερ τ͂ γλω̃ Διαρρήσσυσι παρεμπίπ͂οντα ὡς τῆς κέρασιν οἱ ταῦροι. Hinc & Oceanus Fluminum Pater Ταυρόκρανος dictus Euripidi, Η᾽ πύλον, Ω᾽κεανὸς ὃν Ταυρόκρανος ἀγκάλαις· *An per Pontum, quem Oceanus habens Taurinum caput cubitis &c.* Unde & Neptunus Hesiodo Ταῦρε Ε᾽νοσίγαιε, Hesychio autem Ταῦρε, Ταῦρε ὁ Ποσειδῶν, quin & festum illi sacrum Ταυρέα eidem doctissimo Grammatico, Ταυρέα ἑορτή τις ἀγομ͂η Ποσειδῶνι; & Pin-cernæ

Ad Orestis vers. 1380.

In Oreste v. 1380.

DE PRÆST. ET USU NUMISM. 361

cernæ in ejusdem festo Ταῦρος apud Ephesios, ut paullo ante monuimus. Ad hunc TAURUM Neptunum referendum videtur sequens Marmor, quod barbatum senem exhibet, cui frons turgida duobus Taurinis cornibus, barba autem vulgo hispida, qualis Neptuno in antiquis id genus monumentis tribuitur.

DISSERTATIO QUINTA

Immo hinc videas etiam Patrem Vatum de fluvio Xantho haud frustra alicubi tradentem,

Iliad. Φ.
Pag. 1233.
——— μεμυκὼς ἠΰτε Ταῦρος.

mugiens instar Tauri; & in eundem locum Eustathium observantem, **ex mugitu** illis communi factum, ut **Tauros** Mari & Fluviis immolarent veteres, quod ibi innuere voluerit **Homerus**: Ita certe apud Plutarchum legas, Lucullum transitus causa, Taurum Euphrati sacrificasse. Horum vero vel Deorum, vel Fluminum exemplo, **CORNUTI** etiam in antiquis nummis **HEROES**, **ALEXANDRUM** puta, ut supra innuimus, ejusque **SUCCESSORES**. Neque vero illi uno Cornuum genere insignes. **ARIETINA** quidem gestasse **ALEXANDRUM** vidimus, in cognationis memoriam cum Ammone κερσποσώπῳ; & illius exemplo, **LYSIMACHUM**, aliosque, ex Herois illius Hæredibus. Cujus moris ratio & hæc forte dari posset, quod sicut Diadema à Persis, ita etiam Arietina Cornua ab iis mutuatus sit Alexander. Equidem illud capitis ornamentum Persarum Regi, suo ævo tribuentem video Ammianum, **ex veteri forte** consuetudine depromptum; *aureum* **CAPITIS A-RIETINI** *figmentum interstinctum lapillis pro diademate.* Rex Persarum equidem per **Arietem** Cornigerum designatur apud **Danielem**, & Darius alio loco per Arietem **Cornutum**. Hinc & illud Petri Chrysologi de Persarum **Regibus** sui temporis, *Nunc impositis sibi Cornibus,* **quasi viros** *se esse doleant, effeminantur in Lunam.* At vero, ad κερσποσώπας istos Alexandri hæredes, spectare etiam liquet sequens Marmor, quo duo capita occurrunt juncta virile & muliebre, ac prius quidem cum insigni Cornu Arietino spectandum **venit**.

In Lucullo.

Lib. XIX.

Cap. VIII.
v. 20.
Cap. VIII.
v. 16.

In Hortis Mediceis prope Villam Julii III.

Cre-

DE PRÆST. ET USU NUMISM. 363

Crederem facile unum è PTOLEMÆIS, & quidem
Cyrenarum Regibus, una cum Conjuge illo Marmore expressum; juxta consuetum illis gentibus morem,
Ægyptiis inprimis & Cyrenensibus, Reges suos ac Reginas una junctis capitibus effingendi; cujus rei alia
occurrunt in sequentibus exempla, & firmabit interim

364 DISSERTATIO QUINTA

iste Nummus Mediceus, Cornutam rursus utriusque Conjugis imaginem præ se ferens, ni sculptoris incuria Cornua sint pro floribus expressa, quibus ornata sæpe Ægyptiorum Regum capita alibi jam diximus.

Neque vero male Cornu illud Arietinum Cyrenarum Regem ornabat in superiori Marmore, vicini Ammonis exemplo, qui non ignoras illud Poëtæ pervulgatum, *Laserpiciferis jacet Cyrenis,*
Oraclum Jovis inter æstuosi.

At non Arietina solum, sed TAURINA etiam CORNUA gestasse videas aliquot ex Alexandri hæredibus, In Syriacis. ut SELEUCUM, cujus rei causam tradit Appianus, quod sacra quondam faciente Alexandro, fugientem Taurum cornu apprehendisset; quod Politianus male Miscellan. ad Lysimachum transtulit. Id enim diserte de Seleuco cap. LXXII. refert Appianus; nec etiam Taurinum, sed Arietinum Cornu spectatur in obviis Lysimachi nummis. Tale etiam apud Lutatium, Mithræ simulacrum, vultu Leonis, Persico habitu, utraque manu reluctantis Tauri cornua comprimens; quomodo & Hercules Acheloum domans, apud Poëtas vulgo & in nummis etiam depingitur. Sic figura nuda cornubus apprehendens Taurum inspecta mihi in nummo Gazæ Barberinæ, ex eo numismatum genere, quæ vulgo *Crotoniatas* vocant. Unde etiam ad hoc Seleuci factum, quod refert Appianus, adludere videtur sequens nummus,

qui

DE PRÆST. ET USU NUMISM. 365
qui hinc Seleucum Regem, illinc Taurum cornipetam
exhibet.

Aliam vero causam adfert Libanius, Seleucum nempe *In Antio-*
ex ære apud Athenienses exstare cum Taurinis Corni- *chico. pag.*
bus; Τιμῶσι αἰωῆι χαλκῇ τὸν ΣΕΛΕΤΚΟΝ ΤΑΥΡΟΥ *331.*
ΚΕΡΑΤΑ τῇ κεφαλῇ προσθέντες, τῶν διὰ τὸ γνώρισμα τῆ
Ἴος. *Statua area* SELEUCUM *honorant,* TAURINA
CORNUA *capiti ejus adaptantes, illudque propter Ius
insigne.* Ius certe simulacrum juxta Isidem βυκέρων seu
bovinis cornibus Herodoto vocatur; unde etiam auctor Lib. 11.
est Philostratus, statuam ei in antiqua Nino positam, Lib. 1. de
cui ab utroque tempore parva prominebant cornua: Vit. Apol.
Apollonium etiam plura de ea Statua reputasse & colle- cap. 3.
gisse, quam vulgo existimabant illius urbis Sacerdotes.
Haud aliter nempe ac Hyllum Herculis filium, Cornu parvum ad lævam capitis partem adnatum habuisse
refert Ptolemæus Hephæstio apud Photium. Neque
etiam prætereundus DEMETRIUS POLIORCE-
TES Antigoni filius, quem cum Taurino cornu è temporibus prodeunte exhibet sequens Nummus.

Zz 3   Non

Dissertatio Quinta

Non ferendus autem Nonnius, qui hunc Nummum aliosque ejusdem Regis, ad alium Demetrium, Antigoni nempe Gonatæ filium, & Macedonum Regem transtulit; quum omnino, ut aliunde etiam constat, ad nobiliorem illum Demetrium Poliorcetem sit referendus. Nequidquam etiam hærent eruditi antiquarii, an Arietinum, an Hircinum, an Taurinum Cornu eodem nummo sit expressum. Taurinum enim omnino statuendum est, illudque à Demetrio usurpatum Liberi Patris exemplo, cujus cultum & morem æmulatus à [a] Diodoro & [b] Plutarcho traditur; quod ipsum etiam de Patre ejus Antigono refert [c] Herodianus. Adeo ut ΤΑΥΡΟΚΕΡΩΣ non minus dici debuerit hic Demetrius, quam Attalus ille Apollinis oraculo vocatus eo nomine apud Pausaniam legitur. Alias geminum Cornu Taurinum cum Elephantis proboscide, A F R I C Æ symbolum constituere videas in denario gentis Norbanæ; idque ut facile licet augurari, ob frugum copiam, unde & Africæ quasi *terra Spicarum* nomen eruebat alicubi doctissimus Bochartus. Neque vero Arietina solum vel Taurina, sed H I R C I N A etiam Cornua antiquorum Regum capitibus adposita nonnunquam videas. De Hircino Cornu obvio in nummo TRYPHONIS supra monuimus, & infra adhuc alia occasione visuri sumus. De PYRRHO itidem indicatum, gestasse illum Hircina Cornua; unde etiam agnitus legitur apud Plutarchum, deposita nempe insigni Galea, καὶ ταῖς τραγικαῖς κέρασιν, ὁ *Hircinis Cornibus*. At vero omnium clarissime id evincit nummus ANTIGONI vulgo TUTORIS Macedoniæ Regis, cujus caput ornatum Cornibus Hircinis, iisque prominentibus & Clypeo inclusum, è Musæo Christinæ Augustæ depromptum hic exhibemus.

Simi-

[a] Lib. xx.
[b] In Demetrio.
[c] Lib. I.

In Phocicis.

In Pyrrho.

Similem etiam possidet Gaza Palatina & Medicea. Macedonum autem Regem satis arguunt Clypei illi cum stellis, quales itidem videas in nummis Antipatri apud Goltzium, aliisque inscriptis, ΜΑΚΕΔΟΝΩΝ ΠΡΩ- Tab. Græc. ΤΗΣ; unde utique adsequimur consuetum Regionis ˣˣˣᵛᴵᴵᴵ· illius symbolum. Ad Antigonum autem Gonatam spectare non posse superiorem nummum, sicut dubitare videbantur eruditi antiquarii, satis evincunt nummi illius Gonatæ cum adscripto nomine à Goltzio pro- Tab. Græc. ducti, & ab isto non parum diversi. Unde superest, ut ᵉᵃᵈ· illum Antigono Tutori adscribamus, cujus nota cum Arato & Achæis contra Lacedæmonios societas, multisque Græcorum monumentis celebrati fama & virtus. Ut non mirum sit, in aversa nummi parte, Palladem videre armatam, quæ dextra Clypeum tenet, sinistra autem Fulmen vibrat. Neque vero te fugit opinor, inde etiam profectum morem illum Regum aut Heroum κεραλοφόρων; quod sicut norunt viri docti, olim Galeæ militares, præfixa vulgo ad terrorem haberent animalium Cornua. Id certe de Thracibus observat Hero- Lib. vii. dotus, æreas habuisse Galeas & desuper Bovis Aures & Cornua. Sic de Gallis Diodorus, in more illis posi- Lib. v. tum, ut æreas haberent Galeas cum magnis appendicibus, quibus vel Cornua adfixa, vel Avium aut Quadrupe-

DISSERTATIO QUINTA

drupedum facies adjunctæ. Hinc & alibi docet, ideo Ammoni tribui caput Arietinum, quod hoc signo ornatam in bello Galeam gestasset. Hinc & Hastis etiam Capreæ Cornu præfixum apud **Æthiopas**, **Herodotus** itidem & Strabo alicubi adnotarunt. **Servium autem** mitto, quem ratio hic fugit, apud quem *Cornua Cristæ* divino Vati commemorata sunt Comæ, ideo quod Cornua sint proprie Cincinni ob adsinitatem vocis κόρση. Κέρατα certe Græcis de capillis promiscue dici haud ignoramus, sicut Cornua apud Satyricum,

Cæsariem madido torquentem cornua cirro,

& quomodo apud Arabas قرن, قرون de Cirro seu demisso seu torto sumi notant eorum Lexicographi: at alia ratio hujus vocis, ubi de Galeis aut Cornibus veterum Heroum agitur. Quam melius itaque ex linguis Orientis potuisset hujus rei fontem eruere; quibus, ut omnes hodie sciunt, eadem voce *Cornu*, *Corona*, *Potentia*, ac *Splendor* vulgo nuncupantur. Unde Cornu Regium insigne apud Phœnices, & Hebræorum קרן seu *Cornu* Chaldæis Interpretibus aliquoties מלכותא seu *regnum* redditur, ut vidit illustris Grotius, & *Cornua* pro *Regno* & *Regibus* passim in veteri Fœdere. Certe vel ex cornuta Alexandri, Seleuci, Lysimachi, Demetrii, Antigoni, Ptolemæorum, aliorumque id genus effigie satis jam liquet, cur per decem Cornua decem nempe successores Alexandri è Syriæ puta aut Ægypti Regibus designentur apud Danielem; *Et habebat Cornua decem.* Item, *Porro* CORNUA *decem ipsius Regni,* DECEM REGES *erant.* Unde clarius etiam adsequimur, cur à divino Revelationum Auctore dictum, ϰ̀ τὰ δέκα ΚΕ-ΡΑΤΑ ἃ εἶδες, δέκα ΒΑΣΙΛΕΙΣ εἰσιν; *Et decem* COR-NUA *quæ vides, decem sunt* REGES. Alibi autem, *Et video ex mari bestiam adscendentem, quæ habebat capita se-*

dtem,

DE PRÆST. ET USU NUMISM. 369
ptem, & CORNUA DECEM, & *in* CORNIBUS
suis DECEM DIADEMATA. Ut non mirum etiam,
vel Cornua aurea, Coronæ vicem testantia prælata in
pompa Philadelphi apud Athenæum; vel Cornua inter auguria imperii nonnunquam relata; ut à Capitolino inter alia portenta, quibus illud Antonino Pio
superos præsagiisse ostendit, *Et post Consulatum in viridario Taurus marmoreus, Cornibus ramis arboris accrescentibus adpensus est.* De M O S E vero, cui & vulgo Cornua
in Nummis ejusdem & Simulacris, sed recentioris fabricæ, tributa, res nota ex homonymia vocis קרן, quam
cum vulgo alii Interpretes de radiante & splendente
Mosis facie explicent loco Exodi πληθυνθήσῳ, Vulga- Cap. xxxiv.
tus expressit, *quod cornuta esset facies:* unde nata illa pi- v. 29, 30.
ctorum & cælatorum de adfingendis Mosi cornibus
præpostera industria. Quamquam & Hieronymum
haud ignorem, Cornutam revera effectam Mosis fa- Ad cap. Lx.
ciem existimantem; neque alienum ab illa senten- Esaiæ.
tia illustrem Grotium, qui inde factum observat, ut
Mneues, qui apud Ægyptios cum cornibus colebatur,
ipsi Aben Esdræ non alius credatur à Mose. Neque
tamen dissimulandum, præter vulgatum Interpretem,
reliquos omnes, Græcos, Samaritanum, Syrum, Chaldæum, Arabem, de radiis & splendore vultus Mosis
eundem Exodi locum simpliciter interpretari; quibus
certe accedit fide dignus interpres Paulus, cui per δέξαν 11 Cor. 111,
ᾗ προσώπυ redditur juxta nempe LXX Interpretes, 7.
δεδόξασται ἡ ὄψις ᾗ χρώματ(Θ- ᾗ προσώπυ αὐτῇ, & quod explicat Chaldæus Paraphrastes באפיהו ארי וי יקרא
quod multiplicatus esset splendor gloriæ vultus sui. Quo respexisse etiam videtur Photius Patriarcha in Etymologico MS. cujus supra meminimus, ΚΕΡΑΣ δηλ διαφορα, τῶ τείχα &c. καὶ ΤΗΝ ΔΟΞΑΝ, καὶ κεφαλῆς. Fa-

Aaa &a

370   Dissertatio Quinta

cta autem Cornuti Mosis ξ νομοθετου mentio, revocat etiam mihi in mentem antiquum Catinensium nummum, quem Charondæ, patriæ suæ aliarumque adhuc urbium Legislatori, tribuebat vir doctus in Epistola edita ad Cl. Seguinum. Quam sententiam dum inde adstruit diligens antiquarius, quod vulgo divinis honoribus adfecti sint legumlatores, & Zaleuci exemplo evincit, firmare luculentius poterat Iamblichi testimonio, qui de Charonda id nominatim observat, divinos eum honores à Civibus suis consequutum. Sed ut ingenue dicam, Silenum omnino referre mihi videtur producta à viro docto & expressa illo Nummo effigies; **quem frons calva**, simus nasus, reliqua facies, ipsum denique Cornu, verum Bacchi nutritium, satis superque arguunt. Neque aliter effingunt illum antiqua marmora, quibus hic toties insculptus **occurrit**, nisi quod Cornutus aliquando, alumni & Satyrorum exemplo, nonnunquam sine Cornibus occurrat. Ad quem Silenum etiam haud incommode referendus videtur Cornutus itidem & barbatus senex in alio Catinensium **Nummo, quem inter** reliquos ejus loci vulgavit Paruta.

De vita Pythag. c. 30.

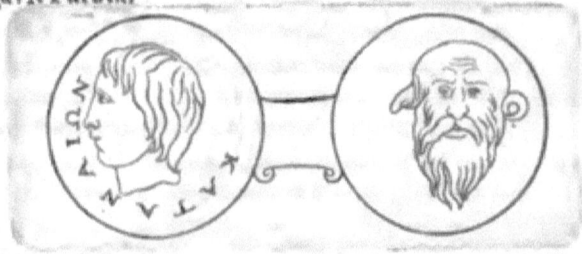

Haud mirum vero eundem in nummis Catinensium signari, quibus non semel Bacchus alumnus **insculptus**, & quorum ager, ut alibi jam diximus, totus Cereri & Libero

Libero Patri sacer. De Cornu vero Amaltheæ, quo ceu abundantiæ & fecunditatis symbolo, nihil frequentius signant Romanorum Nummi, & cum Dearum quidem ac Virtutum effigie, res vel pueris nota. Cur vero hoc nomen Κέρας Ἀμαλθείας, tertiæ è renatis Jobo filiabus tribuerint LXX Interpretes, pro quo *Keren Happuc* habet textus authenticus, Vulgatus autem *Cornu Stibii*, fratri meo in Historia Jobi, quam paratám habet, disquirendum relinquimus. Alias veterum aut recentiorum de eodem loco expositiones mitto. Mihi, ut ingenue dicam, haud displicet Chaldæi Paraphrastis interpretatio de splendore gemmæ, significationi utriusque vocis apud Hebræos consentanea; τῷ קֶרֶן nempe de *splendore*, τῷ פּוּך autem vel הפוך de *gemma*. Equidem ad formam virginis commendandam, omnino videtur adlusisse impositum hoc ei nomen; cui etiam deducta illa à splendore gemmæ, seu lapilli appellatio egregie quadrat. Nec aliter adhuc hodie cum Coraliis, Margaritis, alio denique pretiosi lapilli genere, formarum spectatores aut præcones easdem conferre consuevere. Accedit ratio mercis Arabicæ, quæ illius tractus feminis & nobilioribus quidem, cum olim tum adhuc hodie familiaris, scilicet ut Erytræis lapillis, de quibus passim poëtæ, seu rubri maris spoliis se exornent,

Nec minus Eois pectus variare lapillis.

Quæ rursus virgini Arabicæ, & quidem summo loco natæ, ceu petitæ inde illius appellationi apprime conveniunt. Qui de *Stibio* cum vulgato Interprete vocem eo loco explicant, minus id mihi probant. In Fuco enim muliebri, tria illa jam olim recepta haud ignoro, Purpurissum, quo genis aut labiis ruborem; Cerussam, qua candorem ori aut collo; Stibium vero, quo nigro-

Tom. 1.
Epist. ad
Furiam
pag. 81.

rem oculis illibant. Unde *orbes Stibio fuliginatos* vocat alicubi Hieronymus, qui eadem hæc, quæ modo innui, ita in fuco muliebri distinguit. At cultus ille, quo **infuscantes** nativum decus, ora oculosque depingebant, inter lasciviæ muliebris argumenta vulgo ipsis Gentilibus habitus; unde turpe jam illud olim visum poëtæ,

Naturæque decus mercato perdere cultu,
Nec sinere in propriis membra nitere bonis.

Ut equidem minus mihi fiat verisimile, inde virum sanctum & gravem, filiæ nomen & commendationem quæsivisse. Immo levem certe gratiam hodie inirent, qui à pigmentis id genus muliebribus, Veneres suas laudandas sibi aut appellandas crederent. Nisi forte illud placeat, à splendore nigrorum oculorum, hanc Sancti Herois filiam indigitatam; quod egregie certe illustrat vox קרן pro *splendore faciei*, seu *radiis* è facie micantibus, à Mose aliisque scriptoribus sacris frequenter adhibita. Nigri autem oculi maxime nitentes, & vulgo olim inter prima formæ munera; unde & Græcis κυανόφρυες & μελανόφρυες dictæ id genus Veneres. Quia autem Stibio nigror ille, ubi nativus deficiebat, procurabatur; hinc vox הפוך quæ *Stibium* frequenter notat, de ipso nigrore sumi potuit; haud aliter certe **ac apud Arabes**, è quorum gente hæc Virgo μελανόφρυς, vox ﻛﺤﻞ tam de *Stibio* quam de ipsa *nigredine oculorum* dicitur. Et hæc obiter, ne vel indicta plane nobis abiret nobilis Virgo, Cornu nomen præ se ferens, & si fides Græcis Interpretibus, Cornu Amaltheæ, toties in hac nummaria supellectile obvium. Qui autem aut quando factum, ut quod eximium olim honoris ac dignitatis insigne habebatur, ludibrii & contumeliæ argumentum etiam apud vilissimum

quem-

DE PRÆST. ET USU NUMISM. 373
quemque tandem evaserit, nihil adtinet hic operose
disquirere. Id certe non heri primum aut hodie receptum, satis liquet ex Artemidoro; apud quem destinato cuidam proco, & ex Ariete cui insidebat lapso, futuræ mox conjugis adulterium portendi auguratur nonnemo his verbis, ὅτι ἡ γυνή σε μοιχεύσει, ἢ τὸ ΛΕΓΟ- Lib. II. O-
ΜΕΝΟΝ ΚΕΡΑΤΑ αὐτῷ ΠΟΙΗΣΕΙ. *Quod Uxor tua ma-* neirocrit. cap. II.
chabitur, & QUOD DICI SOLET CORNUA *tibi*
FACIET. Quæ postrema satis indicant id vulgatum
σκῶμμα, jam ante Artemidori ætatem proverbii loco
invaluisse. Ut non mirum sit, sequutis postea sæculis,
Andronicum Comnenum Imperatorem, Cornua in
infelicium maritorum ludibrium suspendere solitum,
quorum toros adulterio fœdarat, ut liquet ex Niceta,
& jam vidit in originibus patriis vir ingenio & eruditione insignis Ægidius Menagius. Immo id in Hebræorum Apologis jam olim exstare, tradentem video
Drusium; ut qui nempe haberet uxorem adulteram, Ad Exod.
illi vulgo adfingerent duo cornua, quod rursus in Quæ- XXXIV.
stionibus Hebraïcis ita explicat; *Cæterum reperimus e-* v. 29.
tiam secundum priorem sensum in libro Ebræo, qui Masal Lib. I.
Cadmoni vocatur cap. 26. עוׄר פׇּנֵי קֶרֶן *quod significat cutem*
faciei cornutam, de eo cui uxor adultera erat. Et de Cornutis Veterum Nummis hactenus in eorum gratiam,
qui meam de illis sententiam aliquoties efflagitarunt;
quibus dum satisfactum cupio, liceat mihi adaptare
hoc ingeniosissimi Nasonis, quamquam alio respiciens, votum,

—— *& nondum cornua sumpsi.*
Nec mihi sumendi causa sit ulla velim.

Equidem nec à Diis solum & Heroibus Natales aut In- *De variis*
signia, sed NOMINA etiam ac APPELLATIONES *Cognomini-*
mutuatos nosti magnanimos illos Alexandri Hæredes. *bus successo-*
rum Alexandri.

Aaa 3 Ne-

374 DISSERTATIO QUINTA

Neque enim Jovis illa vel Herculis cognatione contenti, ni Deorum etiam titulos & honores aperte inva- *Orat.LXIV.* derent. Unde perstringit alicubi Dio Chrysostomus, illam eorundem in adoptandis Nominibus vanitatem, qua *Ceraunos* seu *Fulmina*, *Aquilas*, *Poliorcetas*, immo *Deos* quoque, inepte non minus ac impie se ipsos nuncuparunt. Tales utique adhuc hodie in antiquis nummis adparent Ptolemæi, Seleuci, Antiochi, Demetrii, Tryphones, aliique, non solum cum splendidis NICATORIS, NICEPHORI, MAGNI, EUSEBIS, EUERGETIS, PHILOPATORIS, EUPATORIS, PHILOMETORIS, PHILADELPHI, AUTOCRATORIS etiam seu *Imperatoris* Cognominibus; verum etiam cum ambitiosa, SOTERIS, EPIPHANIS, CERAUNI, DIONYSI, THEOPATORIS, DEI quoque citra ullas ambages appellatione. Ita quidem ut iis maxime occurrunt insigniti, qui magis in Deum sacrilegi, aut in proximos impii, aut in socios perfidi exstitere, aut alias cladibus magis quam victoriis nobilitari leguntur. Quæ recepta tamen in Oriente inanis & superba titulorum nomenclatio, ad posteros quoque eorum aut hæredes transiit; ut adhuc hodie obvia in iisdem oris exempla satis superque arguunt. Diversus vero à Dione Chrysostomo Sophista *In Antio-* Libanius, qui eadem cognomenta jure desumpta à pa-*chica.* triis Syriæ Regibus alicubi contendit, & inde de præclaris singulorum moribus faciendum judicium secure pronuntiat. Ut jam in hunc censum non referam, minus decoras, aut alias à Regionibus quibus imperitabant, deductas appellationes, PHYSICONIS, AULETIS, LATHURI, HIERACIS, SEDETIS, ZEBENNIS, CYZICENI, quas insuper eorundem Alexandri Hæredum Nummi exhibent. Illud vero vel bene-

beneficium vel commodum adfert ampla illa Cognominum id genus supellex in Numismatibus antiquis adhuc frequens, ut confusos vulgo inter se Antiochos, aliosque barbaros Reges distinguere, aut illustres eorum appellationes, de quibus silent ferme Auctores, ex iisdem deprehendere liceat.

ΝΙΚΑΤΟΡΟΣ quidem nomen, SELEUCO in Nummis antiquis tributum occurrit, quos ad illum vulgo referunt Antiquarii, à quo SELEUCIDARUM incepit series & regnum, & quod illi à victoriis potius, quam à Nicatore cæso inditum refert ᵃ Appianus. At intercedere illud videtur, quod Epiphanis cognomentum iidem Nummi præferant, scilicet ΒΑΣΙΛΕΩΣ ΣΕΛΕΥΚΟΥ ΕΠΙΦΑΝΟΥΣ ΝΙΚΑΤΟΡΟΣ; quale demum ab uno ex Seleuci hujus successoribus Antiochis primo usurpatum innuere videtur idem Appianus, & de quo Epiphanis nomine paullo infra. Nicatoris quidem cognomentum primus intulit SELEUCUS, Regum post Alexandrum maximus, auctore Arriano; cui mortuo Templum *Nicatorium*, tanquam Heroi exstructum tradunt iidem veteres. Firmat id præclare Strabo, qui scribit Antiochenses, Seleucum Nicatorem ut Heroa coluisse, & in Casio monte apud Seleuciam festum ei diem egisse. Quo respexisse etiam Hesychium obiter observo, Νικάτωρ ἥρως ὃν κ̃ ἡμῶσι τινές, ubi perperam antea *Nicanor* legebatur, errore in scriptis & editis veterum libris familiari. Nec audiendus est proinde illustris Scaliger, qui observata hac nominis varietate, Nicanorem tuetur auctoritate Nummorum, in quibus ΣΕΛΕΥΚΟΥ ΝΙΚΑΝΟΡΟΣ, (à Goltzio scilicet deceptus) Nicatorem vero dialecto Macedonica dici demum existimat. Non semel, ut obiter hoc dicam, alienis oculis virum incomparabilem

De Cognominibus NICATORIS, NICEPHORI, &c. *in variis Nummis.*

ᵃ In Syriacis.

Lib. VII. *πς. ἡμῶ̃ς.*

Lib. XVI.

Animad. ad Euseb. p. 118.

num-

nummos veteres inspexisse deprehendo, quorum aliis fidei & auctoritati plurimum solet & merito quidem, tribuere. Ita ut vel unum hoc adferam, forte mihi dum hæc scriberem oblatum, nummum citat in iisdem Eusebianis, COL. JUL. AUG. PEL. BER. scilicet, *Colonia, Julia, Augusta, Pella, Berytus*; Ubi cur Pella vocetur Berytus, dicit se non magis scire, quam quare Berytus Beroë. At facile poterat prius illi dubium eximi. Nummi enim illius inscriptio, COL. JUL. AUG. FEL. BER. seu *Colonia Julia Augusta Felix Berytus*; quod jam olim notarat Plinius, *Berytus Colonia, quæ Felix Julia appellatur*. Sicut rursus videas in aliis Nummis Gazæ Mediceæ & Lomenianæ COL. JUL. AUG. PELLA. Ita ut inter diversas illas duas urbes, nulla fuerit proprii nominis communio, quæ ex prava nummi lectione viro magno negotium facessebat. A primo autem illo Nicatore, Heroum consecratorum more, urbs Syriæ Νικαΐορις denominata, quæ rursus inter nummos Vespasiani occurrit apud Goltzium cum inscriptione ΝΙΚΑΤΟΡΙΤΩΝ; Factum vero postea, ut illud Nicatoris cognomentum, ambitiose etiam nonnulli ex Herois illius successoribus usurparint. Talis DEMETRIUS Soteris filius, cui idem nummi veteres largiuntur, ΒΑΣΙΛΕΩΣ ΔΗΜΗΤΡΙΟΥ ΘΕΟΥ ΝΙΚΑΤΟΡΟΣ, qui corrupte apud Josephum, Justinum & eundem Scaligerum in Excerptis Græcis, Nicanor hactenus vocatur. Eadem vero ratione NICEPHORI nomen ANTIOCHO DEO, Alexandri Balæ, ut videtur, filio adhæsisse, docet rarior ejus nummus cum inscriptione ΒΑΣΙΛΕΩΣ ΑΝΤΙΟΧΟΥ ΘΕΟΥ ΕΠΙΦΑΝΟΥΣ ΝΙΚΗΦΟΡΟΥ, quod vix aliunde constare existimem. Exemplo scilicet Jovis Nicephori, cujus Spartianus alicubi meminit, & à quo

DE PRÆST. ET USU NUMISM. 377
quo urbs dicta videtur Nicephorium circa Edessam sita, juxta Stephanum; ni forte hunc Antiochum Nicephorum, conditorem illius loci, liceat ex eodem nummo colligere. Immo non solum Nicatores aut Nicephori, sed ΚΑΛΛΙΝΙΚΟΙ etiam dicti quidam è Seleuci posteris, Herculis nempe exemplo, cujus se traduces profitebantur, & cui *Calliniei*, & *Alexicaci* cognomina inter primos tributa refert alicubi Aristides. No- In Hercutus vero error Ammiani, qui Seleucum illum Nicato- lem. rem cum Callinico confundit, dum priorem cum Arsace fundatore Parthici imperii superatum scribit, *cui* Lib. xxiii. *victoriarum celebritas hoc indiderat cognomentum*. Neque enim Nicator, sed Pronepos ejus Seleucus Callinicus ab Arsace devictus, ut viderunt jam ad eum locum Viri docti, & de quo occurrit itidem nummus, ΣΕΛΕΥΚΟΥ ΚΑΛΛΙΝΙΚΟΥ ΒΑΣΙΛΕΩΣ. At præter eundem Callinicum, quartum vulgo in serie Regum Syriæ, idem etiam cognomentum usurpasse video DEMETRIUM PHILOMETOREM in antiquo nummo amplissimi Camerarii nostri, cujus inscriptio ΒΑΣΙΛΕΩΣ ΔΗΜΗΤΡΙΟΥ ΦΙΛΟΜΗΤΟΡ ΕΥΕΡΓΕΤΟΥ ΚΑΛΛΙΝΙΚΟΥ.

Ad quem Demetrium spectet hic Nummus difficile videtur hodie statuere, quum utriusque appellationis *Philometoris* & *Calliniei*, alicui è Demetriis tributi, nulla quod sciam occurrant alibi vestigia; sicut nec alias Demetrii *Philopatoris*, aut *Philadelphi*: qualia tamen cognoB b b menta

menta Ptolemæorum aut Antiochorum exemplo gestasse quoque Demetrios video in antiquis & selectis eorum nummis. Tales certe inter numismata Peireskiana observati mihi Parisiis, apud illustrem Harlæum, inscripti nempe præter Demetrium Nicatorem supra commemoratum, ΔΗΜΗΤΡΙΟΣ ΘΕΟΣ ΦΙΛΟΠΑΤΩΡ ΣΩΤΗΡ; alius ΒΑΣΙΛΕΩΣ ΔΗΜΗΤΡΙΟΥ ΦΙΛΟΜΗΤΩΡ ΕΥΕΡΓΕΤΟΥ; tertius denique, ΔΗΜΗΤΡΙΟΥ ΘΕΟΥ ΦΙΛΑΔΕΛΦΟΥ: quæ utique quantivis neque satis æstimandi pretii cimelia lubenter hic evulgamus, quæ præterita historiarum & annalium conditoribus, Regum illorum cognomenta ita accurate signant. Quum autem duo in Syriæ Regum serie Demetrii vulgo ab auctoribus statuantur; unus *Soter* dictus; alter filius ejusdem *Nicator*; quibus tertius addi potest ex Josepho & Appiano Demetrius *Eucærus* Antiochi Eusebis filius; ex superioribus nummis licet colligere, *Soterem* dictum etiam *Philopatora*; *Eucarum* vero Philippi fratris exemplo, *Philadelphi* cognomen sibi quoque vindicasse: nempe juxta nummum ejusdem Philippi à Goltzio productum, & Scaligero quoque citatum in Eusebianis, ΦΙΛΙΠΠΟΥ ΕΥΕΡΓΕΤΟΥ ΦΙΛΑΔΕΛΦΟΥ. At quis fuerit Demetrius ille Philometor, qui Callinicus itidem exemplo alterius Seleuci vocatur in nummo supra expresso, & qualem vidit etiam Goltzius, parum liquere videtur. Neque enim idem cum Nicatore, qui solus illius nominis superest in serie Regum Syriæ; neque vero ad filium Antigoni Demetrium Poliorcetem, aut alterum Demetrium Macedonum Regem & Antigoni Gonatæ successorem referri debet; quorum alia vulgo effigies in antiquis eorundem nummis. Barbatus nempe Demetrius Nicator, ut vel apud Goltzium videas; Po-

Pag. 150.

liorce-

DE PRÆST. ET USU NUMISM.   379
liorcetes autem alio vultu, quem supra expressimus
cum cornu taurino, **quem alias à** singulari erga parentem Antigonum pietate Φιλοπάτορα vocat Plutarchus. In Deme-
Unus videtur superesse Demetrius Poliorcetæ filius, ab trio.
Arsinoë in Cyrenarum Regni possessionem missus, sed Justin. lib.
mox tanquam matris adulter à Berenice **filia, cui** de- xxvi. c. 3.
sponsatus erat, interfectus. Ad Soterem **alias Deme-
trium,** vulgo Duodecimum in serie Seleucidarum, referendi sunt alii nummi à Phœnicibus **Tyriis aut Si-
doniis** percussi; quales vidi in Gaza Medicea, **cum inscript.** ΔΗΜΗΤΡΙΟΥ ΒΑΣΙΛΕΩΣ ΣΙΔΩΝΙΩΝ,
aut ΔΗΜΗΤΡΙΟΥ ΒΑΣΙΛΕΩΣ ΤΥΡΙΩΝ; pro quo
postremo apud Goltzium corrupte legitur, ΤΥΡΙΩ-
ΝΟΣ, quasi *Tyrios* nempe **dictus** fuerit ille Demetrius.
Neque vero eosdem ad peculiarem aliquem Sidonis
aut Phœnicum Regem Demetrium **referre debuit nobilis** Gazæ illius custos. Phœnice enim, cujus Metropoles Tyrus & Sidon, **pars & appendix Syriaci Regni**
Seleucidarum. **Ad quem Soterem Demetrium** referendus etiam sequens nummus.

Juxta vero antiqua illa Nicatoris aut Callinici cognomenta, inde etiam sequiori ævo inter titulos Persarum
Satrapæ ΝΙΚΗΤΗΣ apud Simocattam legitur. **Qua** Hist.lib.iv.
ratione nempe apud Romanos jam **olim,** INVICTI cap. 17.
occurrunt Cæsares dicti in antiquis aliquot **nummis,**
ut SEVERI INVICTI AUG. P. FIL. in nummo
Getæ, & INVICTUS AUGUSTUS COS. III. in
              Bbb 2   alio

alio Alexandri Severi, apud Tristanum. unde adposite Manilius de Augusto,

Lib. I.

Sit pater invictus patriæ, sit Roma sub illo.

Certe ipsi ROMÆ adtributum INVICTÆ iidem quoque Nummi nonnunquam largiuntur; ut aureus Prisci Attali, INVICTA ROMA ÆTERNA; alius Alexandri Tyranni, INVICTA ROMA FELIX CARTAGO. Quin sicut NICATORIS cognomen Seleuco, ita VICTORIS prænomen magno CONSTANTINO usurpatum; ut rursus ex ejusdem nummis liquet; in quibus VICTOR CONSTANTINUS MAX. & ad ejus exemplum Filius Constantius, VICTOR Terra Marique CONSTANTIUS inscribitur *Lib. XVII.* apud Ammianum, qui alibi JULIANUM ejus suc- *Lib. XV.* cessorem VICTORINUM per ludibrium dictum observat. Notæ vero ejusdem generis VICTORIÆ, NICE, CALLINICE, AGATHONICE, frequentes mulierum appellationes, quas tradunt antiqua marmora.

De Cognomine ΣΩΤΗΡΟΣ in variis Nummis.
Origin. lib. XII. c. I.
Lib. VI.
πς. ἀἶαξ.

ΣΩΤΗΡΟΣ vel SERVATORIS cognomen PTOLEMÆO LAGI à Rhodiis primùm concessum, nummi ejusdem repræsentant; quod illi utpote Syriæ eversori præter fas omne tributum contendit Josephus, & quale aliis pluribus dein cum Lagidis, tum Seleucidis adhæsit. Notat vero Arrianus, eundem juxta quosdam SOTEREM dictum, quod vulneratum & jacentem apud Mallos Alexandrum objecto scuto protexerit, sed falso; neque enim illi pugnæ interfuisse Ptolemæum, ut ab ipsomet memoriæ proditum est. Id vero illi cognomen, quocunque tandem jure aut titulo delatum, cum BERENICE conjuge commune apud Ægyptios evasit; unde ΘΕΩΝ ΣΩΤΗΡΩΝ nomine post mortem ambo consecrati; ut non solùm ex monumento

Adu-

DE PRÆST. ET USU NUMISM. 381
Adulitano, de quo paullo infra, licet colligere, sed præterea ex Inscriptione veteri, & Porphyrii Excerptis Pag. 101.
apud Scaligerum. Quo nempe nomine Æsculapius & in Euseb.
Salus ΣΩΤΗΡΕΣ itidem vocantur in alia Inscriptio- Thes. Grut.
ne antiqua; aut quo elogio Patres Conscriptos Prusias MLXXIII.5.
Bithyniæ Rex in aditu Curiæ olim salutavit, χαίρετι Polyb.Exc.
ΘΕΟΙ ΣΩΤΗΡΕΣ, sicut eodem Antigonum ac De- Leg.xcvii.
metrium prosequuti sunt olim Athenienses; aut deni- Plutarch.
que juxta Phari inscriptionem ab Architecto Sostrato in Demetr.
Cnidio expressam, ΘΕΟΙΣ ΣΩΤΗΡΣΙΝ. Unde e-
tiam Heros vocatur alicubi Straboni idem Ptolemæus, Strab.xvii.
non aliter ac Seleucus Nicator cum eidem auctori, tum & Lucian.
Hesychio, ut modo videbamus: ad eum enim referri Hist.
debet, quod tradit Geographus, Elaiticam Præfectu- Lib.xvii.
ram dictam à fratre Ptolemæi primi, non autem ab Heroë. Heroës enim vulgo habiti primi Urbium aut Imperiorum conditores; quales ambo illi cum Seleucus,
tum Ptolemæus. Hæc autem SOTERIS, de qua hic
agimus, appellatio, à JOVE SOTERE desumpta,
(quibus nominibus illum apud veteres cultum, satis liquet, ac testes passim obvii) inde ad Conservatores aut
Benefactores Urbium vel Populorum, civium adula-
tione aut metu passim translata, ut præter alios docere
potest Eusebius, ὡς εἰκὸς ἦ παλαιῶν ἀπερφυλάκως οἷα Hist. Eccl.
ΣΩΤΗΡΑΣ ἐθνικῇ συνηθείᾳ παρ' ἑαυτῆς τῶν τιμῶν εἰωθό- l.vii.c.18
των τὸ τρόπον; Quippe prisci illi, absque ullo discrimine, cun-
ctos de se bene meritos Gentili quandam consuetudine tanquam
SERVATORES colere hujusmodi honoribus consueverant.
Inde nempe in Seleucum, Antigonum, Demetrium,
Gelonem, aliosque collatum ab Atheniensibus & Syracusanis hoc nomen; ut cum ex Diodoro, Plutarcho
& Athenæo constat, tum satis arguunt conjuncta vul-
go apud Græcos scriptores ΕΥΕΡΓΕΤΟΙ καὶ ΣΩΤΗ-
Bbb 3   ΡΟΣ

382 DISSERTATIO QUINTA

ΡΟΣ cognomina; quæ & Samaritani Antiocho Deo tribuunt apud [a] Josephum, & Nilo etiam alicubi [b] Julianus ac [c] Heliodorus. Frequenter vero non vivis solum, sed mortuis & consecratis delatum hoc ΣΩΤΗΡΟΣ nomen, sicut de Antigono Tutore observat Polybius, πιχαρῶν ἐ μόνον ἐκρίθη παρ' αὐτὸν τ καιρὸν Εὐεργέτης, ἀλλὰ ϰαὶ μεταλλάξας ΣΩΤΗΡ· *quapropter non solum eodem tempore vocatus est Euergetes, sed etiam post mortem* SERVATOR. Deorum enim apud illos hæc propria fuit appellatio, qui Ἄναϰτες, hoc est Σωτῆρες, dicti, juxta Græcum Euripidis Interpetem, Ἄναξ κυρίως Σωτήρ; unde Deos proprie utroque hoc nomine, homines vero καταχρηστιϰῶς vocari innuit, Ἄναϰτας ὡς δευτέρως Σωτῆρας. Hinc non mirum præter JOVEM ΣΩΤΗΡΑ, paullo ante adlegatum; aut præter NEPTUNUM, quem ΣΩΤΗΡΑ dictum apud Herodotum legas, scilicet, ut de se loquitur apud Lucianum, pro virili σώζων τοὺς πλεομένους, *servans navigantes*; aut præter CASTORES, (quos ΣΩΤΗΡΑΣ omnibus dici observat Strabo, eadem nempe qua Neptunus de causa) insuper APOLLINEM, ÆSCULAPIUM, BACCHUM, HERCULEM, tanquam benefica numina, sub eadem ΣΩΤΗΡΟΣ nomenclatione olim cultos; ut præter Pausaniam, aliamque veterum testium nubem, docent adhuc evidentius antiqui nummi. Tales vel Lapitharum in Thessalia inscripti ΑΠΟΛΛΩΝ ΣΩΤΗΡ, cujus generis unum hic è Gaza Palatina, ob nummi elegantiam cælandum duximus.

Qui

DE PRÆST. ET USU NUMISM. 383

Qui Nummus, ut obiter hoc dicam, egregie illustrat, id quod à priscis Grammaticis traditur, ac inter alios ab erudito Apollonii Rhodii Scholiaste, hos Lapithas dictos ὑπὸ Λαπίθυ καὶ Στίλβης νύμφης, *à Lapitho Apollinis filio, ac Stilbe Nympha.* Hinc enim Apollo cum Stella, quæ ad Stilben adludit, illinc Apollinis Lyra. Neque aliter ab hoc Apollinis filio eosdem Lapithas deducebat Diodorus; non vero à Lapitho Periphantis filio, ut apud Stephanum ex Epaphrodito traditur. Cæterum juxta Parentem Apollinem, alter ejusdem clarior filius, SOTER itidem inscriptus in Nummis Nicæensium, ΣΩΤΗΡ ΑΣΚΛΗΠΙΟΣ, aut ΣΩΤΗΡΙ ΑΣΚΛΗΠΙΩ ΝΕΙΚΑΙΕΙΣ, in nummo Regiæ Gallorum Gazæ. Cujus Æsculapii exemplo, dicti passim Medici Σωτῆρες, ut præter Lucianum aliosque, apud Aristænetum de Panacio Medico, Σωτῆρα τ᾽ ἄνδρα προσεῖπον, *Servatorem virum vocantes*; & quos proinde titulos *Medici* & *Soteris* conjungentes videas Chosroëm Persarum Regem in Epistola ad Mauritium Imperatorem, ἀναγορεύθωσαι π᾽ ὑμᾶς κλήσεις καὶ ΣΩΤΗΡΑΣ καὶ ΙΑΤΡΟΥΣ τῆς Περσῶν πολιτείας; *renuntiari vos Conditores, & SERVATORES, & MEDICOS Persarum Reipublicæ.* Præter ÆSCULAPIUM vero aut ejus adseclas, ΣΩΤΗΡΕΣ itidem BACCHUS & HERCULES; ille in nummis Maronitarum, ΔΙΟΝΥΣΟΥ ΣΩΤΗΡΟΣ ΜΑΡΩΝΙΤΩΝ, iste autem in nummis Thasiorum, ΗΡΑΚΛΕΩΣ ΣΩΤΗΡΟΣ· quomodo & hic Heros in aliis adhuc nummis, puta Stymphaliorum Arcadum inscribitur. Quam appellationem eidem Herculi, non ut belluas conficienti, sed ut Tyrannorum eversori, eximie alicubi vindicat aurea Dionis facundia; quæ ob similia beneficia generi humano præstita, SERVATOREM eum jure dictum commemorat. Unde factum,

ctum, ut ejus exemplo Athenienses eadem appellatione fuerint insigniti, auctore Demosthene, καὶ μὲν ᾗ τ̄ Ἡρακλέας παίδων ὡς τὰς ἄλλας ἔσωσε ΣΩΤΗΡΕΣ ὠνομάσθησαν, *quin etiam inter Herculis Liberos, qui alios servavit,* SERVATORES *dicti sunt.* Quem titulum iisdem Atheniensibus in Panegyrico vindicat Isocrates. In Thebanis autem eundem suggillat Græcus Orator, qui Philippum Macedonem, gravem saluti Græcorum Regem, eodem SERVATORIS titulo cohonestabant. Quo nomine quoque Tullius Verrem exagitat, eodem titulo à Siculis decoratum. *Itaque eum non solum Patronum istius Insulæ, sed etiam* SOTERA *inscriptum vidi. Syracusis heu quantum est! ita magnum, ut Latino uno verbo exprimi non possit. Is est enim* SOTER, *qui salutem dedit;* & quæ ibi plura rationem hujus nominis illustrant. Græcorum enim more, ad Romanos quoque vel Præsides vel Augustos transiit usus illius appellationis, quam Augusto etiam tribuit Philo, ὁ ΣΩΤΗΡ καὶ Εὐεργέτης Σεβαςός· & firmat vetus Inscriptio, Ἱέρεως θεᾶς Ῥώμης καὶ Σεβαςοῦ ΣΩΤΗΡΟΣ, *Sacerdotis Deæ Romæ & Augusti* SERVATORIS, ad exemplar nempe Sacerdotis annui ΣΩΤΗΡΩΝ Antigoni & Demetrii ab Atheniensibus, ut Plutarchus refert, instituti. Sic alibi rursus de CAIO idem Philo, ὁ ΣΩΤΗΡ κ̣ Εὐεργέτης εἶναι νομισθείς. Hinc eandem quoque Athenienses decernunt HADRIANO, in præclaro Nummo inscripto, ΟΛΥΜΠΙΟΝ ΣΩΤΗΡΑ ΤΟΝ ΕΥΕΡΓΕΤΗΝ. Ita sequutis temporibus Rex Regum Chosroës, sed auxilii indigus, litteris ad Mauritium Imperatorem scriptis, eum ΣΩΤΗΡΟΣ nomine cum epithetis aliis compellat; sicut Romanos in genere, ut paullo ante vidimus, ΣΩΤΗΡΑΣ vocare non erubescit. Julianus vero Cæsar, Eusebiam Augustam, conjugem Constantii,

DE PRÆST. ET USU NUMISM. 385
tii, ΣΩΤΕΙΡΑΝ etiam vocat. Mulieribus enim nonnunquam tributum hoc nomen, exemplo BERENICES supra indicatæ, aut alterius ex eadem Lagidarum stirpe, non SOSPITÆ, sed *Ægypti feralis Erynnis* CLEOPATRÆ, cui tamen ΣΩΤΗΡΟΣ cognomen nummi etiam largiuntur. Ita enim legam potius vel ΣΩΤΕΙΡΑΣ, quam cum Tristano ΣΩΤΗΡΑΣ. Σωτὴρ enim & Σώτειρα ex æquo Græcis *servatrix* in casu recto, non autem Σωτήρα. Hinc Venus Σωτὴρ in Inscriptione veteri, Ἀφροδίτῃ θεᾷ παναχάθῳ καὶ ΣΩΤΗΡΙ. Quod autem antea recte conjeceram, evicit postea idem Cleopatræ nummus mihi inspectus inter alios Regiæ Gazæ Parisiensis, inscriptus ΘΕΑΝ ϹΩΤΗΡΑ; pro qua priori voce male ΟϹΑΝ legerat idem Tristanus. Neque dissimilis error viri incomparabilis in Eusebianis novissimæ revisionis, ubi fide similis Nummi hanc Cleopatram Ægyptiace Οσανσώτειρα cognominatam tradit. Alias idem ΣΩΤΕΙΡΑΣ cognomen occurrit adhuc hodie in præclaris aliquot Nummis: quo scilicet præter Minervam apud Athenienses, DIANA Syracusis, CERES Apameæ, PROSERPINA Cyzici colebantur; ut ostendunt selecta illorum locorum numismata, vel ΣΩΤΕΙΡΑ tantum inscripta cum Dearum illarum effigie, vel ΚΟΡΗ ϹΩΤΕΙΡΑ, ut in sequenti nummo Cyzicenorum.

Thes. Gruti LIX. I.

In addend. ad Græc. Euseb. pag. 430.

In Gaza Christinæ Augustæ.

Ccc

DISSERTATIO QUINTA

Quæ illustrant utique lapides antiqui, in quibus aut cidem Proserpinæ, SANCTÆ, SERVATRICI; aut alias FORTUNIS, SALUTARIBUS, inscripta elogia: exemplo nempe APOLLINIS SALUTARIS, ut vocatur iste in nummis Volusiani. Quod Σωτῆρος attributum, cum FORTUNÆ etiam tribuit Pindarus, Σώτειρα Τύχη, tum alicubi THEMIDI; alibi etiam MEDEÆ, tanquam navis Argo servatrici. Ut jam illud prætereant, inde *Soteria* vel Σωτήρεια, dictos olim ludos in Deorum honorem celebratos; ut liquet rursus ex præclaro nummo Ancyranorum, percusso temporibus Caracallæ, ΑϹΚΗΓΕΙΑ ϹΩΤΗΡΕΙΑ ΙϹΘ. ΠΥΘΙΑ ΑΝΚΥΡΑϹ. Mitto vero hic notos ex libris juris civilis, *loci* vel *locorum servatores* in celebrioribus oppidis constitutos, qui saluti civium eorumque commodis consulerent: seu ut Porphyrius alicubi loquitur, τῆς σωτηρίας τ̃ πόλεων φροντίζοντες. Unde insuper satis liquet, quam meliori titulo ac jure non unius Urbis aut Populi, sed universi generis humani liberatorem antiqua Hellenistarum pietas SOTEREM salutavit.

ΕΠΙΦΑΝΟΥΣ familiare in iisdem Numismatibus nomen occurrit, quo præsentes in Mysteriis Deos, Gentiles olim prosequebantur. Unde etiam Epiphaniæ frequentes & salutares eorum adparitiones dictæ; ut eruditis **notum**. Hinc Lucianus agens de Hephæstione ab Alexandro consecrato, somnia ejusdem, Epiphanias quasdam, aliaque ejusdem vaticinia ab adulatoribus refert jactata, quo juvenili Alexandri cupiditati indulgerent. Ita ut eundem Heroïbus illis vel Divis continuo adscriberent, de quibus in genere ait Polybius, πιεῖν Ἥρωας τε καὶ θεοὺς ἐπιφαινομένους. Inde autem ad Reges Alexandri successores, tanquam manifestos

&

DE PRÆST. ET USU NUMISM. 387

& conspicuos quosdam in terris Deos, Hephæstione certe haud inferiores, & tum magis visibiles, translata eadem appellatio; ut præ aliis nummus ANTIOCHI clare exprimit, cum utroque titulo ΘΕΟΤ ΕΠΙΦΑΝΟΤΣ. Quod ipsum firmat egregie Appianus, qui In Syriacis. Antiochum narrat Epiphanem dictum, quod expulsis è patrio regno tyrannis, quasi patrius & domesticus Rex illis adparuisset, βασιλεὺς οἰκεῖος ὤφθη. Qua ratione certe apud Libanium dicuntur Cæsares Constan- In Basilico. tius & Constans, suis Provinciis ἀντὶ πατέρων φανέντες, aut apud Claudianum,

——— *venerabilis illi*, De Bello
Ceu Numen PRÆSENSQUE *vocor*. Gildon.

Epiphaniæ enim illæ Gentilium, quod observo, & hic ad rem facit, maxime de patriis ac domesticis Diis & eorum manifestatione vel præsentia (ut Tullius illam vocat) sumebantur; ut præter alios, auctor mihi Dio Chrysostomus, qui tradit vulgo credi conditores He- Orat. roas ac Deos, ut maxime eos decet, adire frequenter XXXIII. suas civitates, & maxime festis ac solemnibus diebus, aliis autem non conspicuos. Neque vero inanes habitæ ejusmodi Epiphaniæ, sed qualis hujus Antiochi apud Syros suos præsentia, efficaces & salutari quodam auxilio præditæ; quæ nempe aut ægris salutem, aut adflictis solatium, aut laborantibus præsidium portendere consueverant. Hinc (ut tria hæc beneficia paucis complectar) Isis culta apud Ægyptios ob ægrorum in adparitionibus curam, teste Diodoro, διὰ τ̀ ἐν θεραπείαις ἐμφα- Lib. 1. νείαν; & Philippo Medico ob sanatum Alexandrum *grates habebant veluti præsenti Deo*, auctore Curtio. Hinc rur- Lib. r. sus tradit Eunapius, Antistitem à Juliano Cæsare missum in Græciam calamitatibus adflictam, καθάπερ θεοὶ τινα ἀποπέμπων φανέντα. Diodorus vero celebriorem re- In Maximo.
fert

DISSERTATIO QUINTA

<small>Lib. v.</small> fert Deorum Samothraciæ Epiphaniam, ob admiran-
<small>Lib. iii.</small> da quæ præstabat in periculis auxilia; & Polybius, con-
sternatis Pœnis Heroëm quendam ἐπιφανέντα, viam iis
docet per Alpes indicasse. Ut vel inde satis liqueat,
cur eodem sensu quo ἐπιφάνεια, ita παρουσία quoque non
solum pro *præsentia* Numinis, sed pro *efficacia* quoque
<small>ii. c. i. v. 2.</small> usurpetur in Epistola Divi Petri; aut cur apud Mac-
<small>ii. c. xii.</small> cabæorum scriptores, non semel ἐπιφάνεια præclarum
<small>v. 21.</small> Dei factum notet, ut jam vidit ὁ πάνυ Grotius. Unde
perspicuum etiam, cur tot gaudiis & acclamationibus
prosequerentur **Gentiles** hanc domesticorum suorum
Numinum apparitionem, ut Syri ad conspectum hujus DEI EPIPHANIS ANTIOCHI; aut Memphi-
<small>In Thalia.</small> tæ apud Herodotum, qui ad Dei sæpe apud suos ma-
nifesti præsentiam, Ægyptios refert ingenti gaudio de-
libutos festos etiam dies agere. Præsentiam enim illam,
non votis solum sed sacrificiis etiam, & vario mysteriorum apparatu consueverant elicere, quo respexit Eu-
<small>In Proære-</small> napius, καὶ προσεύχειν ὥσπερ αὐτοκλήτῳ καὶ ἀνέυ τινὰς πραγ-
<small>sio.</small> ματείας φανέντι θεῷ, *& adhæsit tanquam sponte vocato, &
citra prævias quasdam sollicitationes præsenti Deo.* Ubi nempe eam adparitionem intelligit, quæ sponte à Deo concessa, citrà operosiorem adparatum, quo solebat eadem
provocari. Sacra enim instituta à Gentilibus ad impe-
trandas vel celebrandas illas domesticorum Numinum
<small>Lib. 1. c. 31.</small> adparitiones, cum aliunde, ut tentatis Tullo sacrificiis
apud Livium, tum ex Athenæo licet colligere; qui re-
<small>Lib. xiii.</small> fert Demetrium Phalereum, fratre Himeræo ab Anti-
patro trucidato, illius Epiphania celebrasse, ὡς τὰ ἐπιφάνια τῶ ἀδελφῶ ἰδών. Quæ sacrificia scilicet ad indicandam fratris EPIPHANIAM & quasi in Deos relati
præsentiam seu manifestationem instituebat Demetrius: haud aliter ac illo Epiphaniæ argumento, con-
secra-

DE PRÆST. ET USU NUMISM. 389.

secrationem Hephæstionis mentiebantur, amici Alexandri. Ut videas, mi OCTAVI, non hodie primum, vel veris vel fictis adparationibus, fidem divinitatis quæsitam, ac suum Divis cultum ea hominum opinione invaluisse. Eadem vero sacra ΘΕΩΦΑΝΙΑ etiam dicta, ex Philostrato observo; ubi Lacones interrogati, an ob præsentiam Apollinis Tyanei **Theophania** agitarent, εἰ καὶ θεοφάνια ἐπ᾽ αὐτῷ ἄξουσι. Unde patet Ἐπιφανείας & θεοφανείας voces de ipsa adparitione; Ἐπιφάνια vero seu Θεοφάνια usurpata pro festis in eorum memoriam aut desiderium agitari solitis: quod discrimen etiam scriptoribus aliquot Ecclesiasticis observatum videas, quibus alias τὰ Θεοφάνια aliquando etiam Θεοφάνεια non jam de Christi vel Magorum adparitione, sed de Christi Baptismo frequenter usurpantur; ut præter Chrysostomum aliosque, liquet ex Balsamone in Bibliotheca Juris Canonici: quo sensu etiam dies Baptismi Ἐπιφάνιαι ἡμέρα vocatur in Constitutionibus Apostolorum. At vero **hujus ANTIOCHI** exemplo, qui hoc nomen DEI EPIPHANIS in Nummis adhuc præfert, idem quoque legimus Caium Cæsarem ambivisse. In Eusebii certe Chronico ex versione Hieronymi, dicitur Caius Petronio Præfecto Syriæ præcepisse, sibi statuam poni Hierosolymis, sub nomine JOVIS OPTIMI MAXIMI. Hæc autem postrema in Eusebianis Græcis Scaligeri exprimuntur, ΔΙΟΣ ΕΠΙΦΑΝΟΥΣ, hoc est juxta eundem Scaligerum, *Jovis Illustris*; pro vulgata scilicet cognominis hujus Epiphanis apud Interpretes significatione. Ita tamen ut hujus appellationis dignitatem aut vim vocis non videatur mihi adsequutus; qua meo judicio instar JOVIS PRÆSENTIS & manifesti, absens etiam Caius à Judæis suspici Hierosolymis ac adorari impie voluit.

Lib. IV. cap. 10.

Pag. 1543. edit. ult. Parif. Lib. V. cap. III. p. 925.

Ccc 3

voluit. Gemino nempe inftituto, quo eofdem Jovis titulos & honores ambiens Diocletianus, *conspicuus & PRÆSENS JUPPITER cominus invocari voluit*; aut quo paffim Cæfares *præfentes Dii* feu Epiphanes, apud Poëtas ac Oratores invocantur, immo Diis etiam manifeftiores; ficuti de Augufto loquitur Ovidius,

Ut mihi Dii faveant, quibus eft manifeftior ipfis.

& Valerius Maximus, qui ejus rei caufam adfert; *quod cætera divinitas opinione colligitur, tua* PRÆSENTI *fide, paterno avitoque fideri par videtur.* Familiare vero id præ aliis Caio, ut abfens etiam præfentis Dei inftar coli vellet: unde ficut in Templo Hierofolymitano id fieri juffit Romæ conftitutus, ità ejufdem Roma abfentis fellam in Urbis Templo pofitam Patres adoraffe, & argentum, ex more introducto fub Augufto, quafi præfenti obtuliffe auctor eft Dio. Tangit alias & commemorat pluribus hanc Caii vefaniam Philo, qui eandem refert Inscriptionem ftatuæ, quam volebat fibi Hierofolymis dedicari, fub titulo nempe ΔΙΟΣ ΕΠΙΦΑΝΟΥΣ ΝΕΟΥ ΓΑΙΙΟΥ· quæ felicitas revera paullo ante eidem, fed ingratæ Urbi contigerat, in confpectu unici & veri vel ΔΙΟΣ vel ΘΕΟΥ ΕΠΙΦΑΝΟΥΣ. Neque vero ideo, quod inter ἀοράτους feu invifibiles Deos primum locum Jovi adfcripferit Theologia Gentilium, minus hoc illi ΕΠΙΦΑΝΟΥΣ feu PRÆSENTIS cognomen ex ejufdem placitis convenire quifquam exiftimet. De his enim alioqui non confpicuis Diis, nec φαινομένοις inftar Solis & Lunæ, Epiphaniæ illæ Gentilibus proprie dicebantur; tanquam de fingularis cujufdam & aliis inconceffi beneficii prærogativa, ut fupra ex Dione Prufæo vidimus. Hinc frequens etiam Deorum PRÆSENTIUM aut etiam PRÆSENTISSIMORUM mentio in Inscriptionibus

DE PRÆST. ET USU NUMISM. 391

bus antiquis, seu quod eodem redit, ΘΕΩΝ ΕΠΙΦΑ-
ΝΕΣΤΑΤΩΝ; quod & Constantino tribuit Orator
Anonymus, *quando illum dabitis diem, quo* PRÆSEN-
TISSIMUS *hic* DEUS *omni pace composita*. Tales nempe Dei Epiphanes præcipue à Germanis nostris olim
culti; quos tradit Cæsar, Deorum numero eos solum
ducere, QUOS CERNUNT, *& quorum opibus aperte* Comment.
juvantur, Solem puta, Vulcanum, Lunam. Ex his lib. VI.
autem facile adsequimur, cur eam vocem Epiphaniæ,
non ad fictam aut inanem, sed ad veram vel ΘΕΟΦΑ-
ΝΕΙΑΝ vel salutaris syderis adparitionem, primis
Christianæ Reipublicæ Triumviris manifestati, Societas Christiana jam olim traduxerit. Ad hanc vero
ΘΕΟΥ ΕΠΙΦΑΝΟΥΣ appellationem, Antiocho in
ejusdem Nummis, aliisque dein tributam, respexisse
patet Chosroëm Persarum Regem apud Simocattam, Lib. IV.
qui inter inanes titulos, ambitiosum quoque illum præfert, *inter homines Deos*, ΘΕΟΣ ΕΠΙΦΑΝΕΣΤΑΤΟΣ.
A primo vero Antiocho Epiphane dicta videtur urbs
Epiphania, ex qua oriundus Euagrius, & de qua præter Geographos adeundus Josephus. Quod vero non Antiq. lib.
prætereundum hoc loco, familiare illud ΕΠΙΦΑ- I. cap. 7.
ΝΟΥΣ cognomen, non LAGIDIS solum & SELEU-
CIDIS, hoc est notis Alexandri Hæredibus evasit;
sed ad NICOMEDES Bithynios, TIGRANES Armenios, & Parthorum ARSACES ac VOLOGESES
transiit: quod vix aliunde, quam ex residuis eorum
Numismatibus nobis liquet. Donec posteriori ævo,
non EPIPHANES solum, sed ΕΠΙΦΑΝΕΣΤΑΤΟΙ
dicti horum successores Persarum Reges, ut modo vidimus; quando scilicet EPIPHANES dicti eorum
Præfecti, ut vel arguit una inscriptio litterarum Vara-
mi Satrapæ, apud Theophylactum Simocattam. Hist. lib. IV.
K E- cap. 7.

DISSERTATIO QUINTA

De Cognomine ΚΕΡΑΥΝΟΥ & de Fulmine in variis Nummis.

ΚΕΡΑΥΝΟΥ seu FULMINIS cognomentum, PTOLEMÆUM Soteris filium majorem, & fratrem Philadelphi gestasse, præter Auctores, Nummus ejusdem docet, ΠΤΟΛΕΜΑΙΟΥ ΚΕΡΑΥΝΟΥ. A celebritate vero seu vi ignea fulminis, nomen hoc illi adhæsisse tradit Pausanias; Memnon autem **apud Photium**, ab importunitate morum seu væcordia. Sicut alias apud Eustathium lego, Κεραυνὸν quendam à voracitate dictum, quod impetuose in mensas irruens, easdem **plane** consumeret; quemadmodum alio iterum sensu, **sed** in sequiorem itidem partem, Alexander **Annæo** nostro alicubi dicitur, *Terrarum fatale malum* FULMENQUE. Unde mirum videri posset, hoc contumeliæ, juxta Memnonem, vocabulum, non à malevolis solum, aut joco militari, huic Ptolemæo tribui, sed etiam in nummis ejusdem signari. Quod Caios & Antoninos Bassianos in Caligulæ aut Caracallæ nominibus haud videmus usurpasse. Quamquam enim AULETIS, PHYSCONIS, & HIERACIS minus decoræ appellationes in Ptolemæorum numismatibus **etiam**num obviæ firmare Memnonis sententiam possent; quod frequenter nempe, *nec honor nec injuria, sed casus fecit hac nomina*, ut Macrobius docet in Asinæ & Scrofæ cognominibus contigisse, quæ nobilissimis apud Romanos viris adhæserunt; aliunde tamen potius, & à Jovis FULMINATORIS epithetis, juxta *Soteris* aliaque cognomina inde petita, lubet istud quoque CERAUNI derivare: quod firmat etiam Lucianus, qui Ægyptios præ gentibus aliis Deorum cognominibus usos docet. Id vero illustrat eximius Justini locus de Clearcho Heracleæ Tyranno, qui Jovis filius credi voluit; *filium quoque suum* CERAUNON *vocat, ut Deos non mendacio tantum, verum etiam nominibus illudat*. Ita eodem

Ad Iliad. A. pag. 862.

Saturnal. lib. 1. cap. 6.

In Imaginib.

Lib. XVI. cap. 5.

DE PRÆST. ET USU NUMISM. 393

eodem nomine insignitus occurrit unus è Seleucidarum genere, Callinici nempe nepos & Magni Antiochi frater, quem CERAUNON etiam dictum observat in Chronico Eusebius. Propiorem vero hujus nominis rationem liceat mihi ex Appiano eruere, qui Seleucum Nicatorem in condenda Seleucia ad mare, sequutum refert augurium fulminis, & ideo Fulmen in eadem urbe haud aliter ac instar Numinis consecratum, καὶ θρησκεύκσι καὶ ὑμνοῦσι ἢ νῦν ΚΕΡΑΥΝΟΝ, & In Syriacis, colunt *ac celebrant* etiamnum FULMEN. Ex quo lucem fœneratur Hesychius, qui Jovem sub CERAUNII nomine Seleuciæ cultum observat, ΚΕΡΑΥΝΙΟΣ ἐμϐρόντης ⊙. καὶ Ζεὺς ἐν Σελευκία. Hæc autem mire illustrant, cum antiquus Seleucensium Nummus, cum Seleuci conditoris effigie & Fulmine alato in aversa nummi parte, ac epigraphe ΣΕΛΕΥΚΕΩΝ.

Tum duo insupe sequentes Nummi, uterque cum Fulmine mensæ imposito, & prior quidem sub Pio Cæsare percussus, cum inscript. ΖΕΥϹ ΚΕΡΑΥΝΙΟϹ; alter itidem cum ipso nomine Seleucensium, ϹΕΛΕΥΚΕΩΝ· quos vere Regia Gaza Christinæ Augustæ nobis suppeditavit.

Ddd   Ce-

394 DISSERTATIO QUINTA

Ceraunius nempe Juppiter Seleucensibus haud aliter ac FULMINANTIS, FULGERATORIS, TONANTIS denique nominibus Romanis cultus; sicut præter Inscriptiones antiquas & unam quidem JOVI SANCTO BRONTONTI, firmant etiam obvii & frequentes Nummi cum epigraphe JOVI TONANTI, aut sequens JOVI FULGERATORI inter aureos Diocletiani obvius.

Hinc & nota Jovis Ales Fulmen passim tenens in aliis Nummis, juxta Manilium,

Lib. 1.
Assueti volitans gestat seu fulmina mundi
Digna Jove & cælo, quod sacris instruit armis.

& idem Fulmen Providentiæ Deorum in iisdem symbolum: sicuti clare liquet ex nummis, quibus Fulmen insculptum, cum inscript. PROVIDENTIÆ DEORUM. Neque vero JOVEM solum CERAUNION, sed MINERVAM quoque Fulmine armatam exhibent nobis antiqua numismata; quale supra expressum ANTIGONI Tutoris, in cujus aversa parte Pallas depicta fulmen vibrans, scilicet juxta Poëtam,

Ipsa Jovis rapidum jaculata è nubibus ignem.

Quo referri etiam debent alii nummi, in quibus Noctua Fulmen unguibus tenet; idem utique huic Deæ, quod Jovi Aquila ministerium præstans. Nempe juxta Etruscorum libros, certa Numina præter Jovem possidentia fulminum jactus; inter quæ potissimum Mi-

Ad lib. 11. nerva, ut ex iisdem & Varrone pluribus docet Servius.
Æneid. Quo respexisse etiam videtur præclarus Nummus & è
maxi-

DE PRÆST. ET USU NUMISM. 395

maximorum quidem genere, qui occurrit in Gaza Cardinalis Buoncompagni, sub Severo percussus, in quo spectare licet Vulcanum Jovi fulgura temperantem, ante autem stantem Minervam. His vero Numinibus, Manubias seu Fulminum jactus possidentibus, adscribendus etiam HERCULES; cujus ut alia mittam exempla, fulminantis figura occurrit in nummo Bruttio- ^{In Gaza} rum. Ut non mirum sit ejus ὑπόφενον ac æmulatorem ^{Medicea.} Alexandrum, Fulmen manu tenentem olim ab Apel- ^{Plin. lib.} le depictum: quamquam eo nomine à Lysippo repre- ^{XXXV. c. 10.} hensum, ut alicubi Plutarchus refert. Horum itaque ^{Lib. de Isi-} Numinum exemplo, non Ptolemæi solum & Seleuci ^{de.} dicti Græcis CERAUNI, sed Romanorum etiam Cæsares, TONANTES & FULMINANTES, ut de Augusto Virgilius,

      ———— *Cæsar dum magnus ad altum*
  Fulminat Euphratem bello.

alibi autem de eodem Nasone,

    Et jacit invita fulmina rara manu.

aut de Jove ac Domitiano Martialis,

    Adspice Tarpeium Pallantinumque Tonantem;

sicut tonare etiam ROMA apud Claudianum,

    Seu Cælum seu Roma tonat.

Hinc Fulmine etiam nonnunquam armati CÆSARES in selectis eorum Nummis, tanquam Joves Latii; qualis AUGUSTUS cum Corona radiata Fulmine & Stel- ^{In Gaza} la, ac inscr. DIVUS AUGUSTUS PATER, in aver- ^{Medicea.} sa vero parte, Castrum, & inscript. AUGUSTA EMERITA. Ita inter ejusdem Augusti Nummos à Nerva restitutos, unum videas cum Fulmine ac inscriptione DIVUS AUGUSTUS. Sic iterum in Gaza Medicea, ^{In Gaza} TRAJANUS visitur dextra Fulmen, sinistra hastam ^{Christinæ} puram tenens, retro Victoria coronam capiti ejus im- ^{Augustæ.}

            Ddd 2   ponens,

396　Dissertatio Quinta

ponens, cum solita epigraphe, S.P.Q.R. OPTIMO PRINCIPI. Cui geminum eadem suppeditat inter nummos Hadriani, in qua figura dextra Fulmen, sinistra hastam tenet, cum inscriptione DIVUS TRAJANUS AUG. PARTH. PATER. Qua ratione nempe Fulmen in dextra Julii Cæsaris collocat antiquum Epigramma,

Antholog. *lib. v. c. 1.* *Epig. 16.*

Δεξιτερῇ ᾗ Κεραυνὸν ἀγάλλετο χειρὶ κομίζων,
Οἷα Ζεὺς νέ۞ ἄλλ۞ ἐν Αὐσονίοισιν ἀκέων.

Dextra vero Fulmen ornabat manu ferens,
Ut Jupiter novus alius in Ausoniis audiens.

Ut mittam quod de Caio refert Tranquillus, quod plerumque aurea barba Fulmen tenens sit conspectus. Ex his vero possunt etiam illustrari frequentes in aliis LAGIDARUM & SELEUCIDARUM Nummis Aquilæ Fulmini insistentes, & duæ nonnunquam cum expansis alis & Fulmine, ut in quodam PTOLEMÆI numismate; ut nihil de ALEXANDRI EPIROTÆ, PYRRHI, AGATHOCLIS, HIERONYMI, aliorumque id genus Regum aut Tyrannorum Nummis dicam, cum signato in iis Fulmine, tanquam manifesto Providentiæ ac Imperii symbolo. Quo spectant etiam cum aureus Nummus ANTONINI PII, in Cimeliarchio illustrissimi Colberti nobis inspectus; in quo figura sedens spectatur cum Fulmine & hasta, inscript. autem IMPERATORI; tum alii sub Caracalla aut Maximiano signati, in quibus non jam Aquila aut Noctua, sed Leo radiatus Fulmen ore gestat. Aliud vero statuendum de Alcibiadis symbolo, quem in Clypeo nullum aliud insigne gentilitium expressum gestasse refert Plutarchus, præter Amorem ΚΕΡΑΥΝΟΦΟΡΟΝ.

In Alcibiade.

De Cognomine DIO-

At vero Deorum Cognominibus non solum, sed Nominibus etiam occurrunt nonnunquam insigniti;

ut

ut DIONYSI seu Liberi Patris adsumpto vero no- NYSI *in*
mine ANTIOCHUS unus è Grypi filiis, ANTIO- *variis*
XOY ΕΠΙΦΑΝΟΥΣ ΔΙΟΝΥΣΟΥ, de quo Josephus *Nummis.*
aliique possunt consuli, & cujus Nummum in superioribus adtulimus cum Elephante λυχνοφόρῳ. Adnota-
vit id jam olim Lucianus, qui Deorum appellationes *Pro Imagi-*
observat ab hominibus petitas; cujus rei exemplo sint *nibus.*
DIONYSI, Hephæstiones, Zenones, Posidonii; quæ
nec in nominum solum sed cognominum etiam vicem, ut hoc loco, transiere. Ita & THEMISO HER-
CULES apud Athenæum, & MENECRATES JUP-
PITER apud Ælianum, & NICAGORAS MER-
CURIUS apud Clementem, peculiari loco, ubi Re- In Protre-
ges & privatos etiam Deorum nominibus olim appel- ptico.
latos docet; quod & observat etiam alicubi Servius:
Antiqui Reges nomina sibi plerumque vindicabant Deo- Ad Ænei-
rum, &c. Immo quo honore prostibula etiam sua & pu- dos VII.
blicarum libidinum victimas decorarunt Græci, ut de
PHILE & LAMIA VENERE ex Athenæo eruditis Lib. VI. &
notum. Nec mirum sacris vulgaris hujus Deæ assidue XIII.
operatas, ab eadem nominis decus reportasse; quum
à Deo scilicet, à quo honorem adepti, nomina jam o-
lim mutuatos veteres, ex Plutarcho noverim; unde a- De Oracul.
lium Athenæum, alium Apollonium, alium etiam defectu.
DIONYSIUM dictum observat: qui locus mire hæc
& superiora simul illustrat. Transiere vero illius insaniæ exempla ad Romanos; unde in antiquis monumentis, ac Nummis vel inprimis, obviæ inscriptiones, ROMULO AUGUSTO, HADRIANO HER-
CULI COMMODIANO, JOVIO GALERIO; sicut aliunde JOVIUM DIOCLETIANUM, & MA-
XIMIANUM HERCULEUM dictos accepimus.
Eadem nempe ratione SILVIUS ÆNEAS jam olim
Ddd 3 dictus

DISSERTATIO QUINTA

dictus apud Poëtam, unus ex divi Æneæ posteris,

——— *& qui te nomine reddet*

SILVIUS ÆNEAS.

Ita referri huc etiam debent frequentes in iisdem nummis vel JUNO, vel CERES, vel VENUS AUGUSTA, cum Dearum nempe habitu & Augustarum effigie; ut præterea ex obviis earundem statuis licet hic passim observare. Ut mittam frequentia in lapidibus veterum petita à Diis Deabusque *Mercurii*, *Saturni*, *Phœbi*, *Dianæ*, *Palladis*, aliaque id genus nomina; aut Cypriæ cujusdam Reginæ, quam Ἀηζὼ seu *Latonam* dictam commemorat Lucianus. Unde equidem liquet, incautius alicubi adseruisse τ᾽ πάνυ Salmasium, apud Græcos pauca, immo nulla nomina extare, quæ sola solidaque Dei aut Deæ appellatione censerentur: nullos enim dictos *Apollines*, *Junones*, *Veneres*, *Tychen* seu Fortunam, sed immutatis nominibus, *Apollodoros*, *Herodoros*, *Aphrodisia*, *Eutychios*, &c. quæ certe cum loco supra indicato sui sæculi eruditissimus Clemens, tum copiosa monumentorum veterum supellex nimium refellunt, dum eadem ipsa ac solida Deorum Dearumve nomina, ut modo etiam audivimus, viris mulieribusque frequenter tribuunt. Immo sicut hominibus Deorum, ita Diis quoque ac Deabus indita virorum ac mulierum cognomina, ut JOVIS AGAMEMNONIS Spartæ, & STRATONICIDIS VENERIS, ab uxore Antiochi Soteris apud Tacitum, & in Marmoribus Arundellianis. Sic apud Leucadem, Actium, aliisque in locis, frequentata Templa ΑΦΡΟΔΙΤΗΣ ΑΙΝΕΙΑΔΟΣ, juxta Dionysium Halicarnassensem. Ita Romæ JOVIS AUGUSTI, APOLLINIS AUGUSTI, & similium non obscura appellatio in antiquis elogiis. Ipsum vero DIONYSI cognomen, præter adlegatum ex Nummis ANTIO-

CHUM,

eHUM, novissimum, juxta Josephum, genus à Seleuco ducentium, unum quoque è PTOLEMÆIS gestasse, ex Eusebio aliisque liquet; sed qui minus rectè in Chronico Eusebiano, & vulgo apud Chronologos DIONYSIUS pro DIONYSUS vocatur Verùm ejus nomen, ut alterius Antiochi de quo egimus, ΔΙΟΝΥΣΟΣ; sicuti in Porphyrii fragmentis, aliisque Græcis Excerptis apud eundem Scaligerum vocatur: quam- *In Euseb.* quam in nonnullis etiam, sed minus accuratis & gra- *p. 65.* viorum errorum plenis, ΔΙΟΝΤΣΙΟΣ dicitur. Ejusdem quoque mentionem reperio apud Lucianum, καὶ *Non te-* περὶ ΠΤΟΛΕΜΑΙΩ τῷ ΔΙΟΝΤΣΩ ἐπικληθέντι, & *mer. cred.* *apud* PTOLEMÆUM *cognomento* DIONYSUM, ac *Calumn.* sub eodem adductum olim in extremum capitis periculum Demetrium Platonicum, ob neglecta Bacchantium solemnia; ut vel inde colligas, quam benè nominis illius mensuram implerit hic Dionysus. Ejusdem etiam meminit Clemens Alexandrinus, sed cujus lo- *In Protre-* cus in mendo cubat; ΠΤΟΛΕΜΑΙΟΣ δὲ ὁ τέταρτος *ptico.* ΔΙΟΝΤΣΟΣ ἐκαλεῖτο, ᾧ Μιθριδάτης ὁ Ποντικὸς Διόνυσος ᾧ αὐτός. PTOLEMÆUS *autem quartus, vocabatur* DIONYSUS, *& Mithridates Ponticus ipse quoque Dionysus.* Quid audio, Ptolemæum Quartum dictum Dionysum, qui Eusebio in Chronico ac Porphyrio in fragmentis Undecimus, & in alia Græca Scaligeri collectione Duode- *Pag. 373.* cimus, hinc vulgo penultimus Lagidarum statuitur; quibusdam etiam recentioribus, etsi minus rectè, postremus, Cleopatræ nempe Cæsaris & Antonii Frater, (quod & adserunt Græca quædam Scaligeri Excerpta, *In Euseb.* sed inerudita) cujus Parens reverà citatis paullò ante *p. 65.* auctoribus traditur. Neque vero alius Dionysus occurrit in serie Lagidarum, & quartus Ptolemæus vulgo Philopator, cujus frequens apud Veteres mentio, &

quem

DISSERTATIO QUINTA

Lib. VII.
cap. 56.

quem alias *Gallum* etiam dictum & *Tryphonem* apud Plinium legas & Etymologici Auctorem, nusquam vero, quod sciam, Dionysum. Vel itaque Clementis illud μνημονικὸν ἁμάρτημα, quod miror non observasse viros doctos, qui illum notis suis & animadversionibus illustrarunt, vel quod malo de Ægyptio & longe eruditissimo scriptore opinari, corrupti ibi ejus codices, & loco τίμιος- vel ἰνδικαλος- aut δωδεκαλος- restituendum. Confusa enim vulgo hæc posteriorum Lagidarum historia, dum in constituendo Ptolemæi Lathuri seu Soteris successore dissentiunt Chronologi, quem alii hunc DIONYSUM ejus filium statuunt, alii rursus aut sororem Cleopatram (diversam ab Antonii Cleopatra) aut duos Ptolemæos Alexandros Euergetis Nepotes eidem præmittunt. Nisi placeat forte opinari tuendæ vulgari apud Clementem lectioni, sicut *Gallum*, ita *Dionysum* quoque dici potuisse quartum Ptolemæum:

In voce *Γάλλ.*

Gallus enim dictus juxta Etymologici Auctorem, quod instar Gallorum Matris Deæ, notis seu stigmatibus foliorum hederæ esset compunctus, eos enim in Dionysiacis continuo hedera coronatos: Γάλλος ὁ Φιλοπάτωρ Πτολεμαῖος διὰ τὸ φύλλα κισσοῦ καπέχθαι ὡς οἱ Γάλλοι. ἀπὸ γὰρ τ Διονυσιακαῖς πληγαῖς κισσῷ ἐπεφάνη τι. Ab eo itaque Hederæ usu, & simili in Dionysum seu Bacchum studio, DIONYSI quoque, aliorum, quos enumeravimus, Regum exemplo, cognomen mereri potuisset. MITHRIDATEM vero, DIONYSUM quoque dictum, recte observavit Clemens, quod notaverat olim Tullius, *Mithridatem Deum illum, Patrem, Conservatorem Asiæ, illum* DIONYSUM, BACCHUM, *Liberum nominabant*, ac præter Appianum, innuit etiam alicubi Dio Prusæus. Caussas quoque illius appellationis eidem tributæ tradentem audies Plutarchum in

Orat. pro Flacco.

Or. XXXVII.
Lib. I.
symp. qu. 6.

Quæ-

DE PRÆST. ET USU NUMISM. 401
Quæstionibus Convivalibus. Neque aliter PTOLEMÆI de quo egimus exemplo, qui non Dionysus solum, sed νέ⟨ο⟩ ὁ Διόνυσ⟨ος⟩, seu *Junior Bacchus* dictus, ut præter Porphyrium, aliaque Græca Scaligeri Excerpta, liquet præterea ex Menandro **Protectore**, ita M. ANTONIUS omni ejusdem Dei cultu adsumpto, hedera, pampino, MINOR DIONYSUS olim nuncupatus: quem cultum præter [a] Plutarchum & [b] Dionem, aliquot nummi adhuc hodie eidem tribuunt, & Augustum vitio ei **vertisse accepimus**. Immo ut ille Osiridis seu Bacchi habitu, ita ejusdem Regia conjux Cleopatra, cum stola Isidis in publicum prodiens, occurrit apud eundem Plutarchum. Solemnis nempe hæc Regum Asiæ aut Ægypti insania, ut Liberi Patris cultum & nomen adsumerent. Hinc in pompa Ptolemæi apud Athenæum, Alexandri & Ptolemæi statuæ cum aureis coronis hederaceis prælatæ: Hinc ANTIOCHUS EPIPHANES hedera revinctus in præclaro nummo Gazæ Mediceæ; unde illustratur Hippolytus in libello de Antichristo, ab insignis doctrinæ Gudio nostro primum vulgato, qui hunc Epiphanem observat inter alia Judæis imperasse, *καὶ κισσοὺς ἐςεφανωμένους ὑπὲρ ὤμων τῷ Διονύσῳ, & hedera coronatos pompam agere Libero Patri*. Hinc caput quoque ANTIOCHI DIONYSI, cujus supra meminimus, radiatum simul ac hedera coronatum in præclaro nummo Gazæ Farnesianæ, ut Solem nempe & Bacchum eodem symbolo exprimerent. Conjuncta nempe Solis & Bacchi numina, ut vel ex Macrobio liquet, qui Solem & Bacchum eundem probat; quod firmat etiam alicubi Servius, *unde eundem Solem, eundem Liberum, eundem Apollinem vocant*, ac insuper Dio Chrysostomus, qui tradit Rhodios, Solem, Apollinem, & Dionysum seu Bacchum

[a] In M. Anton.
[b] Lib. XLVIII.

Lib. V.

Lib. 1. Saturn. c. 17.
Ad Georg. 1.
Orat. XXXI.

Eee cun-

402   DISSERTATIO QUINTA

eundem reputare; quibus confentanea etiam legas a-
pud Arnobium. Eodem alias Bacchi hederati, ut cum
Tertulliano loquar, habitu infignitus etiam occurrit
ANTIGONUS apud Herodianum, quem egregie iterum illuftrat Nummus Mediceus hujus Antigoni, primi Afiæ Regis inter fucceffores Alexandri, in quo caput ejufdem barbatum ac hedera revinctum vifitur, in
averfa autem parte figura nuda navi infidens. Similem
hujus Antigoni nummum hic damus è Cimeliarchio
Cl. Seguini.

Lib. III.
Lib. I.

Eundem morem æmulatum filium ejus DEMETRIUM
fupra innuimus; ficut M. Antonii exemplo, CAIUM
quoque Imperatorem, modo Liberi Patris, modo Herculis, modo Jovis etiam habitum fimul cum eorum nominibus fibi vindicaffe, tradentem novi Dionem in
Excerptis Conftantinianis, & quod Philo pluribus e-
tiam commemorat. Eandem etiam vefaniam in ELA-
GABALO notat Lampridius; *junxit & Tigres* LIBE-
RUMQUE *fe vocans*, *eodemque habitu, quo Dii pinguntur,
quos imitabatur.* DIONYSI itaque totidem feu Bacchi, Caius ac Elagabalus; haud aliter ac Antiochus,
Ptolemæus, Mithridates, Antigonus, Antonius modo
enumerati, quibus addi poteft Perfeus poftremus Rex
Macedonum, hedera itidem redimitus in antiquo
marmore apud Urfinum. Ut non mirum videri debeat eos ad exemplum hujus Dei fefe libenter compo-
suiffe,

Pag. 670.
Legat. ad
Caium.

DE PRÆST. ET USU NUMISM. 403
fuisse, cujus florens juventa, insignes triumphi, longæ
peregrinationes, vitæ hilaritas, hos illi vel cultores vel
æmulos cum Reges tum Augustos conciliarunt. Immo hinc factum, ut sub ejusdem tanquam juvenis &
pulchri imagine multi olim fuerint privata religione
culti & consecrati. Unde nova illa nupta apud Apuleium defuncto in flore ætatis conjuge, & *imaginem de-* Metafuncti, *quam ad habitum* DEI LIBERI *formaverat*, morph. lib.
adfixo servitio divinis percolens honoribus, ipso sese solatio VIII.
cruciabat.

Immo nec superbis Deorum cum Nominibus tum *De appellationibus* Cognominibus contenti hi Asiæ aut Ægypti Reges, DEI &
ni ipsa quoque DEI appellatione (quo nempe Cœli-DEÆ in
tibus nihil reliquum facerent) vivi & in terris etiam-*Variis*
num agentes fruerentur. Adeo ut impletum videatur *Numnis*
in successoribus votum Alexandri, qui ut tradit aureus *Romanis*.
Orator, Deus esse noluisset post mortem, nisi aliorum Dio Chrys.
Deorum Rex esset. Quo nomine exagitat eosdem præ- Orat. IV.
clarus auctor, quod moriendi necessitati obnoxii, Immortalis Dei appellationem inepte sibi vindicarent.
Hinc illa ΘΕΟΥ nomenclatio, cognominis loco ab
ANTIOCHO Seleuci Nicatoris Nepote primum usurpata; ut vesaniam illam arguit adhuc hodie ejusdem
Nummus cum inscriptione, ΒΑΣΙΛΕΩΣ ΑΝΤΙΟ- In Gazo
ΧΟΥ ΘΕΟΥ; & alterius ΑΝΤΙΟΧΗ Nicephori, Mediceæ.
ΑΝΤΙΟΧΟΥ ΘΕΟΥ ΕΠΙΦΑΝΟΥΣ ΝΙΚΗΦΟΡΟΥ.
Sic DEMETRIUM NICATOREM ejusdem impietatis reum probant illius numismata, ΔΗΜΗΤΡΙΟΥ
ΘΕΟΥ ΝΙΚΑΤΟΡΟΣ, immo alios etiam DEMETRIOS in serie Seleucidarum, juxta præclaros Nummos Peireskianos supra adlegatos, ΔΗΜΗΤΡΙΟΥ In Cimel.
ΘΕΟΥ ΦΙΛΑΔΕΛΦΟΥ & ΔΗΜΗΤΡΙΟΣ ΘΕΟΣ ill. Harlæi.
ΦΙΛΟΠΑΤΩΡ ΣΩΤΗΡ. Ut minus novum accidat,
Eee 2 eodem

eodem etiam nomine alterum Demetrium Poliorcetem ab Atheniensibus nuncupatum, quod Plutarchus & Athenæus tradunt, ita quidem ut solum eum verum Deum agnoscerent, reliquos autem aut dormire, **aut** abiisse peregre profiterentur. Unde etiam nonnullam lucem mutuatur Actorum & Josephi locus, ubi Herodes Agrippa DEUS à circumfusa multitudine proclamatur; juxta morem nempe in vicina Syria, aliisque Orientis partibus pridem familiarem. Adeo ut illius exempla ad Mulieres quoque summi fastigii diffusa paullatim fuerint, **ut** BERENICES, ARSINOES, CLEOPATRAS; quod vix aliunde tamen, quam ex Lapidum Nummorumve monumentis licet hodie colligere. De BERENICE Ptolemæi Lagi Conjuge supra vidimus, eam ΘΕΩΝ ΣΩΤΗΡΩΝ nomine una cum marito apud Ægyptios consecratam. De eadem **insuper**, sicut & de ARSINOE illius filia, fidem facit præclarus Nummus cum duobus capitibus junctis in utraque parte, & inscriptione ΘΕΩΝ ΑΔΕΛΦΩΝ.

Prior nempe nummi facies PTOLEMÆUM & BERENICEM, posterior liberos exhibet eosdemque Conjuges, PTOLEMÆUM PHILADELPHUM & ARSINOEM, sicut indicabam nuper, ut nosti, fori hujus antiquarii regulo Francisco Gottifredi, ab eodem de illius explicatione consultus, & cujus beneficio primam præclari nummi notitiam debeo. De PHILADELPHO certe & ARSINOE explicandam illam

epi-

epigraphen ΘΕΩΝ ΑΔΕΛΦΩΝ, continuo suadebat insanus ejusdem Ptolemæi erga sororem amor, quem & adsumpto PHILADELPHI nomine, & nefariis nuptiis, templis præterea, aliisque divinis honoribus professum memineram; tum obvia ejusmodi appellationum apud eosdem Ægyptios exempla. Adeo ut quod sola ductus conjectura monueram, ac ut verissimum continuo arripuit laudatissimus senex, indubitatum postea deprehenderem ex lectione monumenti Adulitani, quod ex vetustissimo codice edidit jam olim Cl. Leo Allatius. In eo enim præclara legitur Ptolemæi Euergetæ, filii hujus Philadelphi, inscriptio, quam præteritis diebus frustra quæsitam, vir optimus ac omnis Romanæ antiquitatis intelligentissimus Benedictus Mellinus noster opportune subministravit. Ita autem se habent prima inscr. verba; ΒΑΣΙΛΕΥΣ ΜΕΓΑΣ ΠΤΟΛΕΜΑΙΟΣ ΥΙΟΣ ΒΑΣΙΛΕΩΣ ΠΤΟΛΕΜΑΙΟΥ ΚΑΙ ΒΑΣΙΛΙΣΣΗΣ ΑΡΣΙΝΟΗΣ ΘΕΩΝ ΑΔΕΛΦΩΝ ΤΩΝ ΒΑΣΙΛΕΩΝ ΠΤΟΛΕΜΑΙΟΥ ΚΑΙ ΒΑΣΙΛΙΣΣΗΣ ΒΕΡΕΝΙΚΗΣ ΘΕΩΝ ΣΩΤΗΡΩΝ ΑΠΟΓΟΝΟΣ. Et hic quidem versabamur in secunda editione hujus operis quum opportune duo alii testes exceptione majores accessere. Prior est similis nummus aureus drachmalis à Petro Seguino clarissimo Galliæ antiquario novissime vulgatus, in eleganti sua selectiorum Numismatum congerie, & quem iisdem Ptolemæis eorumque conjugibus imputat. Posterior est idem Nummus itidem aureus, sed majoris ponderis ac uncialis, cujus ectypum è Gaza depromptum viri alti fastigii, sed ingenii ac indolis sublimioris, Cumilli Maximi, eodem curante ac diligenti antiquitatis investigatore Petro Bellorio nostro, ad me opportune admodum transmisisti.

Non commode autem, ut obiter hoc dicam, doctissimus Allatius vertit ΘΕΩΝ ΑΔΕΛΦΩΝ in superiori monumento Adulitano, *Deorum fratrum*, quod ut de Dioscuris recte, ita de Philadelpho & Arsinoë dici Latine non potuit, exemplo appellationis Græcæ ἀδελφῶν communis utrique sexui, sed vertendum *Deorum fratris sororisque*. Quamquam non ignorem, Reges Ægypti dici Romanis scriptoribus de regnante utroque conjuge, ut apud Livium, *Legati ab Ptolemæo & Cleopatra Regibus Ægypti*, & mox de iisdem, *Gratiæ Regibus actæ*. Solemne nempe in Ægypto, ut Reginæ tanquam consortes supremi fastigii, in publicis solemnibus ac monumentis una cum maritis compellarentur exprimerenturve. Ita Ptolemæi Philometoris & Sororis etiam ejusdem ac conjugis Cleopatræ juncta simul nomina in litteris ad Oniam Judæum apud Josephum. Ex his vero adsequimur, non solum Philadelpho & Arsinoë hanc ΘΕΩΝ ΑΔΕΛΦΩΝ appellationem tributam; sed eandem etiam ad Parentis utriusque ΘΕΩΝ ΣΩΤΗΡΩΝ exemplum, de utroque conjuge fratre & sorore formatam. Immo si Græcum Theocriti Interpretem consulamus, communis etiam illa fuerit Parentibus Soteri & Berenice, superioribus Nummis expressa ΘΕΩΝ ΑΔΕΛΦΩΝ inscriptio. Tradit enim ille, hanc Berenicem Lagi fuisse filiam, ac ut inde licet colligere, conjugis proinde sororem, Lagi itidem, ut

omni-

DE PRÆST. ET USU NUMISM.   407

omnibus notum, filii, Βερενίκίω λέγε τίω Λάγν μὲν θυγα- *Ad Idyll.*
τέρα, γυναῖκα ἢ Πτλεμαίε ξ Σωτῆρ@·. An vero diversi *XVII.*
fuerint hi Lagi utriusque parentes, quod in nuperis *Theocr.*
Exercitationibus existimat nobilissimus Senex à Grentemesnil, cui observatus etiam hujus Interpretis locus; an vero in aliorum de his Berenices natalibus **silentio, continuo** fides huic Græculo sit habenda, **non** magnopere jam erimus solliciti, & totum hoc eruditi lectoris judicio libenter committemus. Illud certum eam **nomenclationem** ab Apolline **ac** Diana gemino Numine desumptam, juxta morem Ægyptiorum jam nobis Luciani & Nummorum fide abunde declaratum; aut si mavis à Jove & Junone, quorum auctoritate & exemplo, has Ptolemæi & Arsinoës nuptias defendit in præclaro alias Idyllio Theocritus. Qua ratione nempe
C A I U M legimus in Dionis Excerptis, quo revera se *Pag. 670.*
Jovem probaret, cum sororibus suis inprimis rem habuisse: unde & easdem in aversa nummi parte signari curavit, qui obvius adhuc hodie apud antiquarios. Neque aliter ac Philadelphi & Arsinoës **in superioribus** Nummis, ita Jovis & Junonis juncta nonnunquam capita videas in aliis antiquis numismatibus, ac Epirotarum inprimis, cum apud Goltzium, tum in Gaza Palatina & Medicea. Immo Goltzium geminam **nummi** de quo agimus inscriptionem vidisse, postea ex ejusdem Thesauro deprehendi; sed quam ad Apollinem ac Dianam referre illi placuit. Sic alteram inscriptionem Ægyptiam observo apud Gruterum, cum *Thes.*
iisdem vocibus Θ Ε Ω Ν Α Δ Ε Λ Φ Ω **N, &** in ultima lapi- *MLXXIII.*
pidis parte, Σ Υ Ν Θ Ρ Ο Ν Ο Ι Σ Ε Ν Α Ι Γ Υ Π Τ Ω Θ Ε Ο Ι Σ ; *7.*
quæ postrema vulgo de Osiride & Iside Ægyptiis usurpata ad Philadelphum itidem & Arsinoën, sanguine, solio, & eadem superiori appellatione junctos, haud
male.

male quoque referri possent. Hanc vero DEORUM nomenclationem utrique mortuo demum tributam, liceret ex Diodoro colligere, qui alicubi observat, Reges adhuc superstites Deorum quidem honoribus cultos ab Ægyptiis, non tamen sub Dei appellatione, excepto Dario Xerxis patre, cui soli id fuerit concessum;

Lib. I. τηλικαύτης τυχεῖν τιμῆς, ὡς δ' ὑπὸ τ̃ Αἰγυπτίων ζῶντα μὴν θεὸν προσαδευθῆναι μόνον τ̃ ἄλλων βασιλέων, *tantum honoris consequutum, ut etiam vivus ab Ægyptiis* DEUS *solus ex aliis Regibus vocaretur.* Hunc divinum alias Regum apud Ægyptios, seu superstitum seu jam defunctorum cultum,

Legat. ad præter Lucianum aut Diodorum, Philo pluribus alicu-
Caium. bi exponit, & ad quem respexit Lucanus noster,

Summus Alexander Regum, quos Memphis adorat.

Ipsam vero Arsinoëm DEI appellatione cum conjuge insignitam in superioribus Nummis, cultam quoque

Lib. XI. post mortem nomine VENERIS ZEPHYRITIDIS, ex Callimacho apud Athenæum, Catullo, Hygino, ac Stephano de Urbibus adnotarunt jam viri magni. Et ut juncta hic vides utriusque conjugis capita, in signum mutuæ necessitudinis & concordiæ, ita conjunctas quoque amborum statuas in Odeo Atheniensium

In Atticis. observat Pausanias; qui alibi ejusdem Arsinoës statuam in Helicone dicatam tradit. Ab eadem vero dictæ aliquot urbes Libyæ & Ægypti ARSINOES, quod observat Stephanus, & ad quas referendi forte plures nummi à magno illo Peireskio collecti, & observati mihi apud illustrem Harlæum, cum inscriptione ΑΡΣΙΝΟΗΤΩΝ. Quamquam & Syriæ aliarumque adhuc Regionum cognomines urbes, apud eundem Stephanum videre liceat; sicut & plures eo nomine Ægypti, Syriæ, Macedoniæ, aut Cyrenarum Reginas accepimus. Ad alteram certe ARSINOEM spectat

alius

alius Nummus cum capite velato, gemino cornucopiæ & inscriptione ΑΡΣΙΝΟΗΣ ΦΙΛΑΔΕΛΦΟΥ, Lysimachi nempe conjugem & hujus Philadelphi filiam, qualem expressit in imaginibus Ursinus, & nos aureum ac argenteum aliquoties vidimus in illustribus Cimeliarchiis. Idem tamen hujus Arsinoës cum priori fatum, si fides Memnoni apud Photium, qui tradit eam post Lysimachi nuptias, fratri etiam, Ptolemæo nempe Cerauno nupsisse. Diversa rursus alia ejusdem gentis & fastigii ARSINOE, soror itidem & conjux Ptolemæi Philopatoris, de qua Polybius in Historia, Lib. xv. & in Excerptis Valesianis. At vero alteri adhuc AR-SINOE consecratæ Templum erectum narrat Pausa- In Laconi-nias, Lacænæ nempe, non Ægyptiæ, & sorori uxorum cit. Castoris & Pollucis; hoc est totidem rursus ΘΕΩΝ Α-ΔΕΛΦΩΝ: Ut fatalem quandam in hoc Arsinoës nomine cum hujusmodi appellatione communionem videas. At vero præter Ægyptias BERENICEM & ARSINOEM, aut etiam CLEOPATRAM Antonii, ΘΕΑΝ ΣΩΤΗΡΑ dictam in ejusdem Numismate supra jam adlegato, STRATONICA Syra uxor primo Seleuci, dein Soteris Antiochi, ΘΕΑ pari ratione vocatur in Marmoribus Arundellianis. Quæ appellatio alterius Antiochi, Grypi nempe Matri CLEOPATRÆ tribuitur in ejusdem Nummis, ΒΑΣΙΛΙΣΣΗΣ ΚΛΕΟΠΑΤΡΑΣ ΘΕΑΣ ΚΑΙ ΒΑΣΙΛΕΩΣ ΑΝΤΙΟΧΟΥ, quorum ectypum hic habes è Gaza Palatina.

Fff   Quod

Quod illustre scilicet monumentum pietatis hujus Antiochi in matrem Cleopatram; ut intelligamus, cur eidem Regi in Nummo præponatur cum D E Æ attributo, aut cur idem Antiochus non G R Y P I solum, sed PHILOMETORIS etiam cognomine in Græcis Scaligeri Excerptis ad Eusebium vocetur. Cur vero Mater hæc Cleopatra nummo addita cum filii effigie ac titulo Deæ, abunde licet ex Justino colligere; *alter cui propter nasi magnitudinem cognomen* G R Y P O *fuit,* R E X *à* M A T R E *hactenus constituitur, ut nomen Regis penes filium,* V I S *autem omnis* I M P E R I I *penes* M A T R E M *esset*: quæ tamen ab eodem veneno postea extincta, quod filio præparaverat. Quod vero ferme exciderat, referendum ad Stratonices paullo ante commemoratæ non maritum sed filium A N T I O C H U M, nomenclatio illi tributa in Fœdere Smyrnæorum & Magnetum inter vetustissima Marmora Arundelliana, Θ Ε Ω Σ Κ Α Ι Σ Ω Τ Η Ρ. At corrigendus, ut obiter hoc dicam, Memnon apud Photium, ubi Seleucus Asiam filio Ἀντιόχῳ **commendasse dicitur**; quum non Antigonus tamen, sed **An**tiochus hujus Antiochi D E I parens, Seleuci filius & successor exstiterit: quod ut tralatitium, miror eruditissimum Schottum præteriisse. Nec tamen intra Ægyptios & Syros eadem se continuit insania, ut non ad vicinos etiam aut hæredes eorum potentiæ **Reges transierit**; Ita M I T H R I D A T E S superstes etiamnum divinis honoribus à civitatibus cultus, & Θ Ε Ο Σ præterea appellatus apud Athenæum legitur; sicut etiam apud Tullium loco jam supra adlegato, *Mithridatem* D E U M *illum,* ac quod expressit uberius Diodorus in Excerptis Valesianis, legatos singularum civitatum decretis publicis eum Θ Ε Ο Ν Κ Α Ι Σ Ω Τ Η Ρ Α declarasse. Idem de P H R A A T E Parthorum Rege obser-

DE PRÆST. ET USU NUMISM. 411
observat apud Photium Phlegon, Φραάτης (non Φράτης) ὁ ἐπικληθεὶς ΘΕΟΣ, *Phraates cognominatus* Deus. Unde successores eorundem Persarum Reges, non **Fratres solum Solis aut Lunæ**, & participes syderum dicti; ni manifestiorem adhuc Divinæ & Humanæ naturæ communionem indicarent. Liquet id ex Epistola Chosroæ Hormisdæ filii, Χοσρόης βασιλεὺς βα- Theophyl. σιλέων εἰρηνάρχης τοῖς ἀνθρώποις σωτήρ ⊙, ἐν ΘΕΟΙΣ μὲν Simocat. ΑΝΘΡΩΠΟΣ ἀγαθὸς καὶ αἰώνι⊙, ἐν δὲ Θεοῖς ἀνθρώποις lib. IV. ΘΕΟΣ ἐπιφανέςα]⊙·; *Chosroës Rex Regum Pacificus, Hominibus salutaris, inter* Deos *quidem* Homo *bonus & æternus, inter* Deos *autem* Homines, Deus *præsentissimus*. Agnoscis impiam ad unici servatoris ΘΕΑΝΘΡΩΠΟΥ, & sacra Christianorum mysteria adlusionem. Hinc de Persarum Rege apud Heliodorum, ΘΕΩ βασιλεῖ τι μεγίςῳ, Deo *Regique maximo*. Lib. V. Immo Athenienses jam olim & Græci reliqui, **præter** Antigonum ac Demetrium supra memoratos, T. Flaminium ob libertatem redditam, non ΣΩΤΗΡΑ solum sed ΘΕΟΝ etiam declararunt. Id certe ex præclara ejusdem Gemma eruit vir doctus ad Ursini Imagines. Hinc ad Patres Conscriptos translata quidem à Prusia Rege appellatio, quam supra memoravi, ΘΕΩΝ ΣΩΤΗΡΩΝ; sed & Nummi passim in Græciæ Asiæque civitatibus percussi, cum inscriptione, quam iidem adhuc hodie exhibent, ΘΕΟΝ ΣΥΝΚΛΗΤΟΝ, seu Deum Senatum. Quo referri possunt alii nummi earundem urbium, in quibus ut postea Cæsarum vultus, ita tum libera adhuc Republica signatus vulgo amplissimus ordo sub laureati capitis effigie, & cum inscriptione ΙΕΡΑ ϹΥΝΚΛΗΤΟϹ, seu *Sacer Senatus*. De quo more senatum effingendi audiendus Dio, Τραια- Lib.LVIII. νῷ ᾗ ὄναρ ἐγεγόνει, περὶ αὐταρχίαν πιένα δι, ἰδόντι ἄνδρα πρεσβύ-

DISSERTATIO QUINTA

πρεσβύτω ἐν ἱματίῳ καὶ ἐσθῆτι πορφυρῷ ἔτι ἢ καὶ ΣΤΕΦΑ-ΝΩ ἐςολισμῷον οἷα πα καὶ τω ΓΕΡΟΥΣΙΑΝ γράφεσι. *Trajano autem prius quam imperium adipisceretur, visum est in somnis, virum jam grandem natu, tunica togaque prætexta &* CORONA *insuper ornatum, qualis pingitur* SENATUS. Sed en ejus effigiem, qualis vulgo occurrit in Græcis ac sequentibus Smyrnæorum nummis, **cum** inscriptione **ΙΕΡΑ ϹΥΝΚΛΗΤΟϹ** seu *sacer senatus*, in priori facie utriusque numismatis.

Neque licet hic præterire alium eorundem Smyrnæorum Nummum, observatum mihi in Regia Gallorum Gaza, in quo capita occurrunt Senatus & Liviæ cum inscriptione ΣΕΒΑΣΤΟΥ seu *Augusti Senatus*, nempe ϹΕΒΑΣΤΗ ϹΥΝΚΛΗΤΟϹ ΖΜΥΡΝΑΙΩΝ ΙΕΡΟΝΥΜΟϹ; in aversa autem parte Templum itidem & inscript. ϹΕΒΑϹΤΟϹ ΤΙΒΕΡΙΟϹ ΕΠΙ ΠΕΤΡΟΝΙΟΥ. Qui præclarus Nummus Smyrnæorum cum Liviæ, Tiberii ac Senatus mentione, ac Templi præterea effigie, præclare certe illustrat, quæ apud Annalium scriptorem leguntur de certamine civitatum Asiæ in statuendo Templo *Tiberio, Matrique ejus ac Senatui*, & prælatis tandem, quod alibi indicat, Smyrnæis: quam proinde victoriam & Templi dedicationem hoc Nummo posterorum memoriæ prodidere. Unde insuper elucescit, & ipso facto probatur Tiberii moderatio, qua de admisso ejusmodi Templo, decreto ab urbibus Asiæ, in hunc modum alibi loquebatur: *Placitum jam*

Tacit. Annal. IV. c. 15.
Cap. 56.

DE PRÆST. ET USU NUMISM. 413

jam exemplum (Augusti scil.) *promptius secutus sum, quia* Annal. IV.
cultui meo veneratio SENATUS *adjungebatur.* Eadem cap. 37.
autem AUGUSTI, (qualis in Nummo illo Smyrnæorum Senatui tribuitur) quæ SACRI appellatio, &
vel ideo haud male amplissimo ordini **conveniens**,
quod Senatus, ut notum, haberi alibi **non potuit**, nisi in
Templo & loco per Augures consecrato. Quamquam
veram causam tam honorificæ appellationis, **vel** D E I,
vel S A C R I, vel A U G U S T I etiam S E N A T U S,
passim à Græcis aut **Asiaticis** nuncupati, & signati etiam publicis eorum monumentis eruere liceat ex Polybio; qui tradit Senatum Romanum in præcipua ve- Lib. VIII.
neratione fuisse apud Græcos & Reges Barbaros, quod
solo ejus nutu res Romanas regi existimarent, sicut innuit etiam alicubi Aristides, ita ut mere Aristocrati- Orat. de
cam judicarent formam Reipub. Romanæ. Unde Na- Romã.
bis Tyrannus Flaminium compellans apud Livium, & Lib. xxxiv.
loquens de Lycurgo; *noster legumlator non* **in paucorum** cap. 31.
manu Rempubl. esse voluit, quem vos Senatum appellatis.
Hinc idem Polybius alibi in Excerptis, refert omnes Pag. 818.
Asiæ populos Romam Legatos misisse, cum spes **suas**
omnes in senatu haberent sitas; hoc est, juxta Tullium, *Regum, populorum, nationum portus erat ac refugium* Lib. II. de
Senatus. Opinio autem illa & fiducia inde profecta, Offic.
quod penes Senatum jus viderent mittendarum legationum; de reditibus præterea, aliisque impensis statuendi, **ut** innuit eodem loco supra adlegato gravissimus auctor Polybius. Quibus liceat adjungere hæc Oratoris verba de Deiotaro. *Is Rex, quem Senatus hoc nomine sæpe honorificentissimis decretis appellavisset, quique illum* ORDINEM *ab adolescentia gravissimum* SANCTISSIMUMQUE *duxisset.* Unde factum jam adsequimur, cur DEUS vel SACER SENATUS ab obnoxiis

DISSERTATIO QUINTA

noxiis Regibus dictus, sicut à civitatibus ante, ac etiam aliquamdiu post dominationem Cæsarum, in earundem Nummis signatur; qua ratione & D E O S vocat Senatores, ævo adhuc suo Claudianus,

Is vi. Cons. Honor.

En quales memini turba verenda D E O S;

Var. lib. iv. cap. 25.

& S A C E R O R D O etiam appellatus à Theodorico apud Cassiodorum, *constat eum de se præsumere, qui & sacri Ordinis cupit fastigia prævenire;* & S A C E R S E N A T U S itidem ut in superioribus Nummis, apud Juvenalem,

Satyra xi.

Conjugium quæras, vel S A C R I *in parte* S E N A T U S *Esse velis.*

quomodo & *sanctum Senatum* Carthaginensium dixit divinus Maro,

Jura Magistratusque legunt, sanctumque Senatum.

Hinc & Apologeticum Justini, inscriptum *Imperatori καὶ* Ι Ε Ρ Α Τ Ε Σ Υ Ν Κ Λ Η Τ Ω, *sacroque Senatui, totique populo Romanorum.* Unde factum, ut Senatus sui exemplo, & juxta Judæorum Metropolim, R O M A ipsa *sacra* & *sacratissima* passim dicta fuerit; quod illi & novæ dein Romæ Byzantio ut peculiare adtributum, Cæsarum Constitutiones passim largiuntur. Immo contigit, ut eadem juxta amplissimum Ordinem, divino etiam nomine & cultu fuerit adfecta; unde Θ Ε Α Ρ Ω Μ Η non semel in priscis nummis occurrit appellata, sicuti à Poëta T E R R A R U M D E A *gentiumque* R O M A: scilicet postquam juxta Manilium,

Lib. i. v.

Italia in summa, quam rerum maxima R O M A *Imposuit terris,* C O E L O Q U E *adjungitur ipsa.*

Præclarus præ Nummis aliis cum hac appellatione, aut unus æreus Christinæ Augustæ, in quo caput muliebre cum inscriptione Θ Ε Α Ν Ρ Ω Μ Η Ν Κ Α Λ Η Ν; aut alter Mediceus, in quo caput turritum cinctum diademate,

DE PRÆST. ET USU NUMISM.   415
mate, ΘΕΑΝ ΡΩΜΗΝ, in aversa vero parte, caput
laureatum itidem & regium præterea vinculum, ΘΕΟΝ
CYNKΛHTON. Quo referendum mihi videtur illud
*nomen blasphemiæ,*quod septem **capitibus** inscriptum ge-
staße legitur bestia **aut mulier** in sacro Revelationum Apoc. xiii.
libro; & quod alias Hieronymus **ac Prosper** ad *Urbis* ¹·&ˣᵛⁱⁱ·³·
Æternæ appellationem retulerunt, Romæ cum alibi,
tum in ejusdem Nummis itidem familiarem. At cum
vix ante Antoninorum tempora eadem occurrat in
monumentis antiquis, quorum ævo demum templum
URBI ÆTERNÆ erectum accepimus; longe utique probabilius, immo extra dubium meo judicio positum existimarem, ad illud D E Æ nomen respexisse
sacrum scriptorem, R O M Æ pridem & potissimum à
Græcis Asiæ urbibus passim additum; **ut vel** clarissime
arguunt venerandæ istæ Nummorum reliquiæ. Hinc
Ara etiam Romæ dicata occurrit in priscis Elogiis, &
Sacerdotum *Deæ Romæ & Augusti* in iisdem mentio, (ut
jam supra vidimus) Ἱερέως ΘΕΑΣ ΡΩΜΗΣ κ̀ Σεβαστῦ Σω- Thes. Grut.
τῆρ©·. Ut non mirum proinde cur Claudiano sæpe ut ᶜ ᵛ· ⁹·
Dea invocetur, ὁ *Numen amicum,* aut *diva potens,* alibi,

 O *Dea, nec legum fas est occurrere matri.*   In v 1.
aut cur *tonare* illa eidem dicatur, quod jam ante innui. Cons. Ho-
Hinc & Senatui ac Romæ ut D E O & D E Æ Templa ⁿᵒʳ·
jam olim ab Urbibus Asiæ decreta, **ut vulgo notum**;
ac Senatui quidem etiam sub Cæsarum dominatione,
recenti adhuc scilicet nec dum obliterata illius ordinis,
cui adsueverant, veneratione, ut paulo ante è Tacito
vidimus. De Templo vero Romæ simul & Augusto
decreto, obvia res, cum aliunde, tum ex vulgari Nummo cum Templi effigie & inscr. R O M. & A U G. sicut
alias de Urbis Templo Claudianus,

 Conveniunt ad tecta Deæ.   I I I. Cons.
            Qui Stil. l. 11.

Qui honos pridem huic Deæ Gentium habitus à civitatibus Asiaticis, ac primum omnium à Smyrnæis, ut eo nomine se jactant apud Tacitum; *seque primos* TEMPLUM URBIS ROMÆ *statuisse M. Porcio Consule &c. stante adhuc Punica urbe.* Neque mirum proinde aut novum, eundem honorem quondam aut SENATUI, aut URBI tributum hominum non solum sed *Deorum* etiam genitrici juxta Rutilium, ab iisdem populis exhibitum quoque CÆSARIBUS rerum dominis, iisque vivis etiam, nec dum DIVIS. Hinc non pauci Asiaticarum civitatum & Coloniarum nummi, cum ΘΕΟΥ & DEI appellatione, in honorem AUGUSTI, LIVIÆ, aliorumque percussi: juxta Appianum nempe, qui tradit viventem adhuc Augustum ab Urbibus Diis fuisse adnumeratum. Quod firmat etiam Victor Schotti, & Horatius de eodem,

———— *præsenti tibi maturos largimur honores,*
Jurandasque tuas per nomen ponimus aras;
& quibus adstipulantem vide Servium ad illud Poëtæ; *Namque erit ille mihi semper Deus.* Ubi notanda eruditi Grammatici glossa: *Id est & post mortem & dum vivit. Alii Imperatores post mortem in numerum referuntur Deorum; Augustus Templa vivus meruit;* quod & in eodem prudentes arguisse monet Annalium scriptor. Inter plures autem id genus Nummos Græcarum civitatum, qui DEI appellationem Augusto tribuunt, unus occurrit mihi nuper Amphipolitarum Macedonum, inter collectos olim à doctissimo Sirmondo nummos, cum inscr. ΘΕΟΣ ΚΑΙΣΑΡ ΣΕΒΑΣΤΟΣ, in aversa vero parte Europa tauro insidens, & inscr. ΑΜΦΙΠΟΛΙΤ. Hanc tamen DEI vel DOMINI appellationem sibi tribui præsenti non est passus, ut Philo de eodem refert. Certe nummus Tarraconensium in Hispania,

DE PRÆST. ET USU NUMISM. 417
nia, post mortem ejus signatus cum inscr. DEO AUGUSTO, quam renovavit itidem Gallienus, cujus aureum nummum singularis raritatis notavi in Cimeliarchio Regio Parisiensi, cum capite Augusti laureato, & inscr. DEO AUGUSTO; in anteriori vero parte cum Gallieni ipsius effigie, ac inscript. GALLIENUS AUG. At vero eandem appellationem inter ejus successores, sed Augusti nominis & fastigii dehonestamenta, CAIUM ac DOMITIANUM impie videmus ambivisse. De CAIO etiamsi non adessent, præter domesticos testes, ejusdem Philonis ac Josephi testimonia; quorum iste eundem Templis & Altaribus per totum orbem, excepta Judæa, cultum docet, vel fidem faceret sequens Nummus ab Iliensibus percussus, olim Lomeniani nunc Regii Gallorum Musei, & cui similem habet Gaza Christinæ Reginæ; in quo hinc Caius & Augustus cum inscr. ΓΑΙΟΣ ΚΑΙΣΑΡ ΘΕΟΣ ΑΥΤΟΚΡΑΤΩΡ ΣΕΒΑΣΤΟΙ, seu *Caius Deus Cæsar Imperator Augusti*; illinc vero Romæ & Senatus capita, ac Pallas erecta cum hasta & ægide, ac inscript. ΘΕΑ ΡΩΜΗ ΙΕΡΑ ΣΥΝΚΛΗΤΟΣ ΙΛ. h. e. *Dea Roma sacer Senatus, Iliensium*.

Origin. lib. XVIII. cap. 10.

Vides ut superiora simul illustret, quæ de Romæ divinitate diximus ac veneratione Senatus, apud urbes Asiaticas, etiam sub priorum Cæsarum imperio. Similem DOMITIANI vesaniam arguit adhuc hodie ejus

Ggg   num-

nummus, in quo stans Imperator, ante figuræ ingenuâ lapsæ eum adorantes conspiciuntur. Equidem Cæsarem illum DEI nomine, non à Statio jam forte aut Martiali, sed ab universis Græcis appellatum, præ aliis docet simul & sugillat Dio Chrysostomus. At vero inusitata & singularis quædam nominis hujus inscriptio, quæ AURELIANO tribuitur, in nummo æreo, inspecto mihi in urbe Galliæ principe apud illustrem Sevium, nempe DEO ET DOMINO NATO AURELIANO AUG. Nummi ipsius αὐθεντία extra omne dubium posita apud præclaros Galliæ antiquarios; & mihi quoque, si me principibus Achivis inserere liceat, talis omnino visa. Sed en rarissimi & unici nummi ectypum, quod petenti lubenter indulsit Vir, qui non solum *floret ære vetusto*, sed & Regii ærarii inter alios cura, & fide sæpe in arduis probata.

Orat. XLV.

Non ergo adscititius, aut post mortem demum factitius iste DEUS, instar eorum, quos exagitat non semel Momus apud Lucianum: quamquam nec Cretensis esset, qui juxta Diodorum plerosque Deos apud se natos prædicabant. Alias idem etiam DEI nomen, CARUM Augustum gestasse, non auctor solum Calpurnius, sed ejusdem Nummi inscripti, DEO ET DOMINO CARO AUG. similis aurei effigiem, depromti è Cimeliarchio illustrissimi Colberti, habes hic beneficio omni laudis genere ornatissimi Carcavi; cujus fidei ac industriæ & Mæcenatis simul sui, & augusti insuper Regis vere Regia & incomparabilis

Dio lor. lib. v.

Num-

DE PRÆST. ET USU NUMISM. 419
Nummorum juxta ac Librorum Gaza feliciter commissa est.

Perperam autem vir incomparabilis, ad Carum defun- *Animadv.*
ctum jam & consecratum similes nummos refert; quum *ad Euseb.*
desint tamen ibi solita consecrationis vel nomina vel *pag. 242.*
symbola. Equidem præter rationes alias, & coætaneos auctores, qui docent Carum adhuc superstitem
id nomen adfectasse, ut jam olim ad Juliani Cæsares
monui, DIVI non DEI nomen consecratis olim
Augustis perpetua quadam observatione tributum
constat in Romanis id genus monumentis; ut præter
Auctores, vulgo etiam è Nummis notum. Immo hinc
ipsius CARI, mortui tum & consecrati, superstites
adhuc Nummi, cum DIVI elogio, Aquila aliisque
consecrationis notis, ac inscr. DIVO CARO PERSICO, aut DIVO CARO PARTHICO, ut qui nempe vivus adhuc DEUS, sed privata magis ambitione
dictus sit, post mortem demum publica auctoritate
DIVUS vocaretur. Græca enim fuit ΘΕΟΥ, ut notum, seu in Deos post mortem relati Imperatoris, non
vero Romana appellatio; quamquam vel à Coloniis,
vel à Gallieno, eandem defuncto quoque Augusto tributam supra notavimus. Sed de Consecratorum nominibus aut symbolis agetur alibi, & peculiari, si Deus
annuat, opere, quod adfectum habemus de Consecratione veterum tam Gentilium quam Christianorum.
Hic enim spectamus non defunctos, sed superstites divinis nominibus adfectos in antiquis id genus monumentis.

Ggg 2

mentis. Inde vero profectus paullatim mos ille inprimis sequioris ævi haud ignotus, ut *Numinis*, *Æternitati*, ac *Perennitatis*, aut similibus vocibus compellarentur Romanorum Cæsares; ac eorum Edicta, *Immortalis Lex*, *Oraculum*, *Cœleste Judicium*, *Sacræ litteræ*, *sacra responsa*, *divinum arbitrium*, apud Symmachum aliosque passim efferantur; sicut & *sacras* eorum *aures*, videre apud eundem licet. Unde jam olim Martialis, cui & *sacra Cæsaris aure frui* alicubi dicitur,

<small>Lib. VII. Ep. 99.</small>

Numen habet Cæsar, sacra est vis, sacra potestas.

<small>De Cognomine MAGNI in variis Nummis.</small>

Minus vesana hic forte aut importuna MAGNI appellatio, à Provinciarum aut rerum gestarum amplitudine desumpta, nec Alexandro solum, sed ejusdem Successoribus nonnunquam concessa. ANTIOCHO certe, celebri non tam ampliata, quam imminuta à Romanis magnitudine, MAGNI tamen appellationem jam olim adhæsisse, si non aliunde, utique ex ejusdem nummis constaret, inscriptis ΑΝΤΙΟΧΟΥ ΜΕΓΑΛΟΥ ΒΑΣΙΛΕΩΣ. Eadem quoque in alterius ANTIOCHI EPIPHANIS nummo occurrit à Commagenis percusso, ΒΑΣΙΛΕΥΣ ΜΕΓ. ΑΝΤΙΟΧΟΣ ΕΠΙΦΑΝΗΣ ΚΟΜΜΑΓΗΝΩΝ. Ptolemæum Lagi, alias Soterem, Magnum etiam vocat Justinus; ita tamen ut cognomentum illud continuo gestasse, inde argui non possit, quod nec Nummi, Lapides, vel antiqui Auctores docent. Ptolemæo tamen ejusdem Nepoti eam tribuit Monumentum Adulitanum supra adlatum, ΒΑΣΙΛΕΥΣ ΜΕΓΑΣ ΠΤΟΛΕΜΑΙΟΣ. Quam eandem quoque appellationem patri ejus Philadelpho largitur Demetrius Phalereus apud Josephum, in fronte litterarum, quas ad eum scribit, ut Ptolemæis familiarem redditam agnoscas. Transiit vero illa frequentius ad Arsacidas, quam ab antiquis Persarum

<small>In Gaza Christianæ Reginæ.</small>

<small>Lib. XVII. cap. 2.</small>

<small>Lib. XII. Origin. cap. 1.</small>

sarum Regibus, ut vulgo notum, sunt mutuati; unde & Xerxes ΜΕΓΑΣ vice cognominis in Græcis Scaligeri Excerptis ad Eusebium vocatur, & Artaxerxes se Magnum Regem inscribit cum **apud Esdram**, tum in capite litterarum apud Josephum. **Hinc apud** Græcos scriptores solo nonnunquam ΜΕΓΑΛΟΥ nomine, omissa etiam Regis aut alterius nominis mentione, eosdem designari videas; ut apud Isocratem de Artaxerxe rursus; τῇ ᾗ ΜΕΓΑΝ προσαγορευόμενον καταλύειν ἐπιχειρήσας, ΜΑGNUM *vero cognominatum subvertere tentabis.* Quamquam Persarum & Medorum Reges, qui ne minimam partem Asiæ tenerent, inique se Magnos Reges nuncupasse, visum fuerit Alexandro, ut auctor est Arrianus. Eandem tamen iis peculiarem, aliis autem inconcessam observat Dio Chrysostomus eo loco, quem vidi postea illustri Brissonio quoque adnotatum, ὅτι δὴ καὶ ΜΕΓΑΣ ΒΑΣΙΛΕΥΣ κέκληται ΜΟΝΟΣ ἐκεῖνος; *Unde etiam &* ΜAGNUS REX *solus ille vocatur.* Hinc consueto more non Artabanus solum apud Herodianum ΜΕΓΑΣ Βασιλεὺς **vocatur,** sed Caracalla etiam litteris ad eum scriptis, ΜΕΓΑΛΟΥ Βασιλέως filiam ambire sese profitetur: scilicet ut sub blanda honoris & adfinitatis illius specie **incautum** eundem opprimeret. In Nummis tamen Severi ΑΒGARUS Edessæ Regulus ΜAGNUS etiam vocatur, ΑΒΓΑΡΟΣ ΜΕΓ. ΒΑΣΙΛΕΥΣ; quod in ludibrium Parthorum Regis tributum ei à Severo existimat Tristanus. At alia penitior, quæ eum aliosque antiquarios fugit, ratio hujus appellationis; quod nempe Edessenorum Reges vulgo ΑBGARI, hoc est *Magni* Arabum lingua vocarentur: eorum autem Filii ΑSGARI seu *Parvi*; ut diserte in Catalogo Gassaniorum Regum videre licet apud Orientalis litteraturæ callentissimum

simum Pocokium. Et certe hoc A BG A R I familiare Edeſſæ Regulis nomen, (de quo jam ſupra quædam monuimus) haud aliter ac Ptolemæis vel Antiochis in vicina Syria & Ægypto, egregie firmant plures eorum Nummi ſub Marco, Severo, & Gordiano obvii. Unde omnino corrigendum patet Lampridii locum in vita Severi, ubi *Perſarum Regem Abgarum ſubegiſſe* dicitur: *Ad M. Aurel. pag. 52.* qui locus haud immerito ſuſpectus magno Caſaubono, alibi tamen ut genuinus ab eodem adſeritur. Ejuſdem erroris conſcius hodie Victor Schotti de Severo itidem, *ſubacto Perſarum Rege Abgaro*, in quibus locis vocem *Perſarum* omnino expungendam liquet, ac reſtituendam ejus loco *Edeſſæ* aut *Edeſſenorum*, quorum Regulis proprium Abgari nomen, non Perſis, unde etiam *Pag. 710.* Abgarus Εδίσσης ἀρχων vocatur in Dionis Excerptis Peireskianis, ubi male Αιδίσσης ſcriptum occurrit, quod alibi jam monui. Præterea obſcura tum erat Perſarum mentio, quum Parthorum adhuc floreret imperium, quibus erant obnoxii, & à quibus devictis P A R T H I C I cognomen, quod Nummi eidem tribuunt, retulit Severus. Accedit adnexa mentio apud Lampridium devictæ Arabiæ, cujus portio quædam erat Edeſſenorum Regnum, ut vel ex Tacito colligas; *Rexque Ara-* *Annal. lib. XII. c. XII.* *bum Abgarus advenerat*, & mox, *quod ſpretum fraude Abgari* (non Abbari) *qui juvenem ignarum & ſummam fortunam in luxu ratum, multos per dies attinuit apud oppidum Edeſſam.* Quæ omnia certe haud valde recondita miror cruditiſſimis interpretibus ad hunc Lampridii locum non animadverſa, & quorum præclaram quandam & majorem lucem acceptam ferimus nummis Abgarum ſub eodem Severo referentibus. Nec minus Occo arguendus, cui Abgarus in Gordiani Pii nummo obvius, pro Parthorum Rege traditur, quo tempore rurſus mutatis

DE PRÆST. ET USU NUMISM. 423

tatis vicibus Parthia Perſarum imperio acceſſerat. Unde etiam poſtea Perſicæ ditioni finitima evaſit hæc Edeſſa, Romani alias juris facta, (immo Romanorum, ut vel nummi arguunt, Colonia) ſicut utrumque legitur in Hiſtoria Gotthica Priſci Rhetoris, τῇ Ἐδέσσῃ Ῥω- *Edit. Reg.* μαίων πόλει, προσοίκῳ ᾖ Περσῶν χώρας, *Edeſſæ Romanorum* *pag. 74.* *oppido, finitima autem Perſarum ditioni.* Quæ vicinia forte Perſarum, Lampridio ac Victori illo ævo impoſuit, ſi errorem eum non librariorum, ſed Auctorum incuriæ malit quis imputare. Cui Edeſſæ, ut obiter hoc addam, hoc alicubi teſtimonium perhibet Chryſoſtomus, πόλιν μὲν ἀγροικοτέραν τ᾽ ἄλλων, εὐσεβεστέραν ᾖ, urbem *Tom. v.* *multis quidem agreſtiorem, magis autem piam.* Quod vero *Orat. LXV.* *pag. 478.* illam MAGNI appellationem adtinet, ut eam quo- *edit. Savil.* que minorum gentium Dynaſtis ac Regulis uſurpatam ſcias, hinc Chaganus Dynaſta litteris ad Mauritium Imperatorem ſcriptis, *Magnum Dominum* ſe ipſum in iiſdem indigitat, τῷ Βασιλεῖ τ᾽ Ῥωμαίων ὁ Χάγαν Θ. ΜΕ- *Theoph.* ΓΑΣ ΔΕΣΠΟΤΗΣ. Unde non mirum eundem hunc *Simocat.* ΜΕΓΑΛΟΥ ΒΑΣΙΛΕΩΣ titulum Cæſaribus fre- *edit. Reg.* quenter ab auctoribus tribui, ut ab Oppiano etiam Severo & conjugi Juliæ ſub initium elegantiſſimi operis,

Τὴν μεγάλην μεγάλῳ φυτεύσατο Δέμνα Σεβήρῳ.

& paſſim Diocletiano, Conſtantino, Conſtantio, Arcadio, Juſtiniano, ab Euſebio aliiſque ſcriptoribus Chriſtianis, Gregorio Nazianzeno, Syneſio, Procopio, aliiſque, quale & ſummo Jovi tribuit Venus apud Poëtam,

quem das finem REX MAGNE *laborum.*
Sicut nempe inter Deos Gentilium alii MAGNI, ita inter Reges, De DIS MAGNIS obviæ paſſim Inſcriptiones antiquæ, & de quibus Manilius, DI *quoque* MAGNOS *Quæſivere* DEOS. Unde clamor ille Epheſiorum.

DISSERTATIO QUINTA

Act. xix. 34. siorum in Actis, ΜΕΓΑΛΗ ἡ Ἄρτεμις Ἐφεσίων, MAGNA *Diana Ephesiorum*; cui similis plane in vicina & æmula urbe Pergamenorum apud Aristidem clamor,

Serm. Sacr. 11. τὸ πολυμνητον δὴ τοῦτο βοώντων ΜΕΓΑΣ ὁ Ἀσκληπιός, *celeberrimum illud clamantium*, MAGNUS *Æsculapius*: ut vel inde consuetum id genus acclamationis morem adsequaris. Caracallam vero inter Romanos Cæsares illud MAGNI cognomen sibi vindicasse, liquet mihi ex

D. de requir. absent. l. 1. Marciano Jurisconsulto, *Divi Severi &* ANTONINI MAGNI *rescriptum est*. Magnus nempe ille Antoninus **exemplo** Alexandri, quem scilicet æque ac res ab **eo gestas in** ore semper habuit, ut in ejus vita notat **Spartianus**. Alias idem MAGNI prænomen sibi ultro **à Senatu** delatum respuisse legimus alterum illum Alexandrum Severum, in ejus vita apud Lampridium. At

In Misopogone. Julianus alicubi de se ipso, καὶ ταῦτα ΒΑΣΙΛΕΥΣ ἀκούων ΜΕΓΑΣ, *& hæc* IMPERATOR *audiens* MAGNUS. Ita nempe vocati frequenter Cæsares illo ævo, ne æmulis Persarum Regibus inferiores dignitate viderentur. Unde & illud ΜΕΓΑΛΟΥ attributum paullatim etiam ad Cæsarum Palatinos translatum, ut ΜΕΓΑΝ ΔΟΜΕΣΤΙΚΟΝ, aliosque Aulæ Proceres. Cæteroquin non jam MAGNI, sed MAXIMI appellatio Constantino in ejusdem Nummis concessa: repetito nempe usu ex priori more, quo MARCI, COMMODI, SEVERI, ANTONINI, aliique MAXIMI ARMENIACI, PARTHICI, GETICI, in eorundem Inscriptionibus vocantur.

De Nummis ARSACIDARUM. Augustiorem adhuc REGIS REGUM appellationem Parthorum Regibus non vulgo solum auctores, sed rariores etiam ARSACIDARUM Nummi largiuntur; quos adferre hic obiter, haud ingratum erit opinor vel inconsultum. Unum observavi in Thesauro

DE PRÆST. ET USU NUMISM. 425
ro Mediceo, ΑΡΣΑΚΟΥ ΔΙΚΑΙΟΥ ΕΥΕΡΓΕΤΟΥ ΚΑΙ ΦΙΛΕΛΛΗΝΟΣ ΒΑΣΙΛΕΩΣ ΒΑΣΙΛΕΩΝ. Alterum Florentiæ itidem infpexi in Mufeo Gaddiano, cum fugientibus & exefis litteris, ΑΡΣΑΚΟΥ ΕΠΙΦΑΝΟΥΣ ΦΙΛΕΛΛΗΝΟΣ. Tertius in Gallorum Metropoli apud Cl. Seguinum mihi adnotatus, cum conjunctis inter alia Epiphanis & Euergetis cognominibus, ΒΑΣΙΛΕΩΣ ΒΑΣΙΛΕΩΝ ΕΠΙΦΑΝΟΥ. ΦΙΛΕΛΛΗΝ. ΔΙΚΑΙΟΥ ΕΥΕΡΓΕΤΟΥ ΑΡΣΑΚΟΥ. Quartus vero hic in Urbe, penes Virum de fummatibus Auguftinum Chifium adfervatur, reliquis adhuc meo judicio rarior, & fupra obiter indicatus; unde corruptum vulgo apud auctores Græcum Vologefis nomen reftituebamus, ΒΑΣΙΛΕΩΣ ΒΑΣΙΛΕΩΝ ΒΟΛΑΓΑΣΟΥ ΕΠΙΦΑΝΟΥΣ ΚΑΙ ΦΙΛΕΛΛΗΝΟΣ. Geminum quidem vidiffe Goltzium colligo, fed cujus veram lectionem, ut fæpe alias, non eft adfequutus; ita ut apud eundem divinari illam potius, quam conjicere liceat. Ad hunc enim refero, quem fub corrupto nomine ΑΝΟΥΛΑΓΑΣ pro ΒΟΛΑΓΑΣΟΥ cum Epithetis reliquis *Epiphanis, Philellenis* & *Regis Regum* adduxit. Nec felicior idem fuit in eruendo nomine ARSACIS, pro quo ΑΡΣΑΝΟΥ in ejufdem Thefauro perperam legitur: fed en tibi duorum è prædictis ARSACUM Nummis icones: Altera nempe è nummo Mediceo modo indicato deprompta, quam cum felectis quibufdam rariorum Numifmatum ectypis fuo loco inferendis lubenter indulfit magnum illud non Etruriæ folum fuæ, fed litterarum omnium ac difciplinarum fidus LEOPOLDUS Cardinalis; curavit autem feliciter arcta mihi, ut nofti, officiorum neceffitudine conjunctus, idemque fummo ingenio, nec minori prudentiæ, fidei, ac induftriæ laude florentiffimus
Hhh   Lu-

Ludovicus Strozza, cui commissa maximi Regis apud Etruscos suos negotia. Prior vero è Nummo Cl. Seguini expressa, juxta epigraphen **tertio loco à nobis modo descriptam**.

Præclaras has certe priscæ memoriæ reliquias, nonne quibusvis gemmis potiores fateberis, mi O C T A V I; solatium utique præstare amissæ illius gemmæ, quam alterius quoque Arsacidæ, Pacori nempe *habentem imaginem & insignia, quibus ornatus fuisset*, sedulo se requisivisse testatur Plinius junior, quam nempe insignis muneris loco ad Trajanum mitteret, ut jam in superioribus, producto alio nummo Parthico, monuimus. Insignium certe & Titulorum insuper, quibus iidem Reges ornabantur, nonne & relictam hic vides memoriam? **Ita tamen** ut hanc veniam ante omnia à Lectore petamus, si in superioribus iconibus exprimendis rudior videatur aut defecisse in quibusdam ars sculptoris; quando Nummi ipsi vetustate haud parum attriti occurrant, & ex plumbeis ectypis ad me curatis sint expressi, quorum archetypos ipse videram, & inscriptiones accurate, quantum licuit, notaveram. Diademate quidem revinctum vides caput A R S A C I S in priori Nummo, Comam vero quam minus diligenter sculptor expressit, regio Persarum & Parthorum more cincinnis variis tortam, ut facile se capillatum Parthorum Regem probet; unde notus ille Vespasiani apud Suetonium jocus; *Cum inter prodigia stella in cœlo crinita*

appa-

DE PRÆST. ET USU NUMISM. 427
apparuisset, ad PARTHORUM REGEM, *qui* CAPIL-
LATUS *esset, pertinere dicebat.* Elegantiorem vero alterius Arsacis Comam apud Tristanum videas, à quo　Tom. 11.
plura erudite de capillorum cultu Parthorum aut Per-　Comment.
sarum Regibus consueto, jam occupata non repetam　pag. 83.
hoc loco, & apud eum reperiet lector. Quibus addere
liceat, quod à Procopio refertur, insigne apud Persas　Bell. Pers.
eximium & à Rege proximum Comam fuisse cum re-　lib.11.cap
dimiculo auro & unionibus contexto. A Medis nem-　17.
pe, & eorum exemplo ab antiquioribus Persis hunc capillorum cultum, sicut alia insignia vel ornamenta, mutuati sunt Parthorum Reges; quorum gens alias, utpote origine Scythica, hirto capillo horrida agebat adhuc M. Crassi ætate. Utrumque certe clare nos docet
Plutarchus, agens de Surena Parthorum tum à Rege
proximo; Μηδικώτερον ἐσκδιασμῷ ἐσιλείμμασι προσώ-　In M.Cras-
πυ, καὶ κόμης διακρίσει, τ̄ ἄλλων Πάρθων ἔτι Σκυθικῶς ἐπὶ　so.
τὸ φοβερὸν τ̄ ἀνατίλλων κομώντων; *Erat ad* MEDORUM
morem fucata facie, & COMA *redimitus* DISCRIMI-
NATA, *quum cæteri Parthi etiam tum Scythico modo hor-
rerent capillo incompto.* Prius vero è Xenophonte hausisse mihi videtur Plutarchus, ubi similem Astyagis
Medorum Regis habitum describit, καὶ ὁρᾶν δὴ αὐτὸν κε-　Instit. Cyr.
κοσμημένον καὶ ὀφθαλμῶν ὑπογραφῇ ᾗ χρώματος ἐντρί-　lib. 1.
ψει, ᾗ ΚΟΜΑΙΣ προσθέτοις, ἃ δὴ νόμιμα ἐν ΜΗΔΟΙΣ·
*Quumque videret eum pigmentis oculorum, coloribus illitis,
&* ADSCITITIA COMA *ornatum: hæc enim omnia
apud* MEDOS RECEPTA. Unde etiam alibi docet
idem auctor, cur hæc omnia è Medorum cultu ad Per-　Instir. Cyr.
sas transtulerit Cyrus. Alterius vero ARSACIS ca-　lib.viii.
put, alio rursus capitis ornamento decorum occurrit,
quod Mitram potius quam Tiaram dixeris. Notum
quidem Tiaram, eamque rectam, consuetum olim

Hhh 2　　　　　　　fuisse

428   **Dissertatio Quinta**

Lib. xv.

fuisse Regum cum Persarum tum Parthorum insigne. Sed alia vulgo ejus figura, quadrangularis nempe, ac pilei instar turriti, ut Straboni vocatur, πίλημα nempe πυργωτήν. Neque his dissimilis, quæ in Augusti nummis occurrit cum Arcu & Jaculo, tanquam totidem Parthorum insignibus.

Talis itidem Tiaræ species, quamvis haud perinde acuminata, neque tot ornamentis conspicua, qua decoratus est sagittarius Parthus in Nummo, quem supra illustravimus, item Rex Parthus genuflexus in nummo Trajani supra etiam indicato, REX PARTHIS DATUS. Haud absimile alias capitis ornamentum gestare videas Cappadocem in sequenti numismate.

Ejusdem vero generis cum superiori Tiara insignis illa qua Tigranem Armeniorum Regem conspicuum exhibet præclarus quidam Nummus Mediceus, quem paullo infra producemus. Ex his autem liquet, non
                            Tiaram

DE PRÆST. ET USU NUMISM. 429

Tiaram vel Cidarim, (quæ fere promiscue sumpta ut infra dicetur) sed aliud capitis decus, nempe Mitræ instar præferre posteriorem hunc Arsacem; cui etiam haud absimile videas in nummis Abgari, de quo paullo ante egimus. Haud unum nempe capitis insigne usurpatum olim his Barbaris Regibus, modo Diadema, ut in nummo prioris Arsacis & altero quem expressit Tristanus; modo duplex etiam Diadema, quo usus dicitur Artabanus Parthorum Rex apud Herodianum; Lib. 1. modo Cidaris aut Tiara cum Diademate, ut infra in nummo Tigranis; modo aureum capitis arietini figmentum lapillis interstinctum, ut supra de Sapore Persarum Rege tradentem vidimus Ammianum, modo vero quoddam regiæ Mitræ genus, seu in orbem sinuatum capitis tegmen, quale in posteriori Nummo expressum; & ad quæ sinuata Parthorum insignia respexit Tacitus; *Nuntiavere accolæ Euphratem, nulla im-* Annal. v c. *brium vi sponte in inmensum attolli, simul albentibus spumis* 37. *in modum Diadematis sinuare orbes.* Ut mittam non sinuatum quidem in orbes, sed quadratum, haud minus ac Tiara, quamvis cætera diversum capitis tegmen, quod videas in sequenti Panormitanorum nummo.

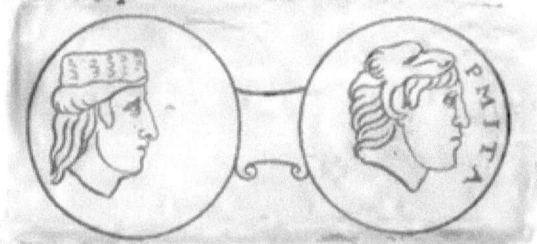

Parthorum autem vulgus pileatum fuisse, ut non immerito eos *pileatos Parthos* vocarit Poëta, sicut de Persis observarat olim Herodotus, pileis tamen haud in- Lib. VII.

Hhh 3 star

430 DISSERTATIO QUINTA

star Phrygum acuminatis, obvium ex duobus his Nummis, qui formam pileati in priori nummo Parthi, in posteriori Phrygis nobis ante oculos ponunt.

De appellatione Regis Regum.

Præter Insignia vero, Titulos hic etiam videmus & Nomina, quibus se vulgo jactabant iidem Parthorum Reges. Inde certe liquet ARSACIS nomen, quamquam iisdem familiare, eosdem non semper in titulis gestasse, ut Justinus tamen videbatur innuere, *Lib. XII. omnes Reges suos hoc nomine, sicuti Romani Cæsares Augustosque cognominavere*: utique à VOLOGESIS cognominibus vides abesse in adlegato ejus Nummo. At eosdem hic cernis Arsacidas, EUERGETIS ac EPIPHANIS cognominibus simul quandoque ornatos, ac iisdem inter se nonnunquam distinctos, non aliter ac Lagidas & Seleucidas, à quibus eadem videntur mutuati. Id vero quod præsidium adferat eruditis ad Historiæ & Chronologiæ veteris elucidationem, & Arsacidarum vel inprimis, quorum seriem ut confusam, aut vulgo *Vid. Isag.* ignotam tradere refugit Scaliger, judices fero omnes *Can. L. III.* serium antiquitatis ac litterarum amorem professos. *p. 323.* REGIS quidem REGUM Græcam appellationem in iisdem obviam, à Persis ad Parthorum Reges, & ab his rursus ad Persas rediisse, tralatitium nimis quam ut probatione indigeat. Neque minus obvium, solo REGIS nomine eosdem Persarum Reges Demostheni aliisque

scri-

DE PRÆST. ET USU NUMISM. 431

scriptoribus Græcis frequenter designari. Illud vero sua ætate insuetum, iis utique qui in Romano imperio degebant, observo apud Chrysostomum; Ὥσπερ γὰρ ὅταν λέγωμῳ τ̅ τ̅ ΠΕΡΣΩΝ ΒΑΣΙΛΕΑ, ὀχ ἁπλῶς ΒΑΣΙΛΕΑ καλῶμῳ, ἀλλὰ τ̅ τ̅ ΠΕΡΣΩΝ προστίθεμῳ, κ̀ τὴν τ̅ Ἀρμῳίων ὁμοίως; *sicuti enim quando* **mentio** *incidit* PERSARUM REGIS, *non simpliciter* REGEM *dicimus, sed* PERSARUM *addimus, & similiter de Armeniorum Rege.* Quamquam Græci non solum aut Barbari, qui vulgo stupent in titulis, sed Romani etiam scriptores ipsum REGIS REGUM titulum non veriti sint Arsacidis tribuere, ut ex Suetonio in Caligula, aliisque liquet, nempe

——— *Arsacio postquam se Regia fastu*
Sustulit.

Ita ut eundem, præter Auctores & Nummos, Marmora quoque iis largiantur in præclara Inscriptione, quam vidit jam olim illustris Scaliger, in qua duo Phraatis liberi obsides Romam missi PHRAATIS REGIS REGUM FILII, Romano etiam sermone citra ambages vocantur. Immo nec abstinuisse invidiosa quamquam appellatione Parthorum Reges in litteris ad Romanorum Duces aut Cæsaris etiam scriptis satis constat, ut ex Epistola Phraatis ad Pompeium, alterius Phraatis ad Augustum, Vologesis ad Vespasianum, Saporis ad Constantium, & Hormisdæ denique ad Justinianum, apud ᵃDionem, ᵇAmmianum, ac ᶜMenandrum Protectorem licet etiamnum observare. Nec tamen iis idem titulus à Romanis continuo delatus, ut ex responso Pompeii & litteris Augusti ad Phraatem, & Constantii ad Saporem, videre est apud eosdem Auctores, ac insuper apud Plutarchum in Pompeio. Unum forte excipias Vespasianum, quem à Vologese litteris

Tom. I. in Psal. XLIV. p. 632. edit. Savil.

Jos. Can. l. III.

ᵃ Lib. XXXVII. LV. & LXVI.
ᵇ Lib. XVII.
ᶜ Pag. 137. edit. Reg.

teris compellatum hoc modo, REX REGUM *Arsaces Flavio Vespasiano salutem*, eidem totidem verbis respondisse, nullo ex imperatoriis nominibus adsumpto, auctor est **iterum Dio**; moderatior nempe Alexandro, qui Dario succensuit, quod sibi Regis titulum, nec eundem Alexandri nomini adscripserat. Equidem in fragmentis Sallustii eundem titulum Regis Regum Arsaci abnegat Mithridates, pari jure cum eo agens, *Rex Mithridates Regi Arsaci*. Illustre quidem exemplum Chosroæ Persarum Regis, sed profugi, ut supra innuimus, & opus indigi apud Simocattam observo; qui litteris ad Mauritium Imperatorem scriptis, non solum ab ea REGIS REGUM appellatione abstinet; sed filium etiam se illius Augusti & supplicem vocat, ac omnia supremæ Majestatis elogia plena manu in eum congerit. Idem tamen Chosroës, ad Sergium Martyrem scribens, solitam Regis Regum appellationem retinet, quæ Persarum lingua SAANSAAN dicebatur. Id enim nos docuit Ammianus, *Persæ Saporem* SAANSAAN *appellabant, & Pyrosem, quod* REX REGIBUS *imperans, & bellorum victor*. *Saa* nempe Regem aut Dominum apud Persas notat, quod observarunt jam eruditi; unde non solum Varoranus Persarum Rex Σεγανσαὰν dictus, hoc est *Segestanorum Rex*, teste Agathia. Sed & eodem auctore Sapores Κερμανσὴν appellatus, ob gentem Cermaà patre devictam. Cæterum Persis Rex Βίσαξ appellatus juxta Hesychium, Βίσαξ ὁ Βασιλεὺς παρὰ Πέρσαις. Nec tamen eadem *Saansaan* ceu Regis Regum appellatio, ita Parthorum aut Persarum Regibus adhæsit, ut supra innuentem audivimus Dionem Prusæum, ut ad eorum exemplum alii nonnulli Barbarorum Reges eandem sibi aliquando non vindicarent. Immo ut mittam antiquiorem iisdem Nabuchodonosorem eodem titulo com-

DE PRÆST. ET USU NUMISM. 433

compellatum à Daniele, jam ante vetustissimi Ægyptiorum Reges eodem etiam ornati, ut viderunt jam eruditi, & constat ex aliquot eorum elogiis apud Diodorum, ac isto inter alia de Sesostri, ΒΑΣΙΛΕΥΣ ΒΑΣΙΛΕΩΝ ΚΑΙ ΔΕΣΠΟΤΗΣ ΔΕΣΠΟΤΩΝ ΣΕΣΟΩΣΙΣ, *Rex Regum & Dominus Dominorum Sesostris.* Quod postremum docet, non novam in eo tractu *Domini Dominorum* aut *Dominantium* appellationem, quam sibi vindicat pari fastu hodiernus Ægypti & Thraciæ Tyrannus. Alias & Priamus ac antiqui Troiæ Domini Straboni, & Agamemnon Livio ac Senecæ, & Tigranes [a] Plutarcho ac [b] Appiano, REGES REGUM dicti: ut mittam, quòd legebam novissime apud Photium, Mithridatem eundem quoque titulum ambivisse; quem narrat Memnon, Lucullo, omisso Imperatoris nomine respondisse, quod ab eodem REGIS REGUM titulo prior non fuisset compellatus, quibus consentanea de Tigrane & eodem Lucullo Plutarchus tradit. Exemplo autem & more antiquissimorum Ægypti Regum paullo ante indicato, Antonii CLEOPATRA superbo quoque REGINÆ REGUM nomine decorata apud Dionem legitur, & ejusdem filius Cæsario, è Jul. Cæsare scilicet genitus, REX REGUM etiam renuntiatus, ὀκείνω τι (scil. M. Antonius) ΒΑΣΙΛΙΔΑ ΒΑΣΙΛΕΩΝ, καὶ τ Πτλεμαῖον, ὃν Καισαρίωνα ἐπωνέμαζον, ΒΑΣΙΛΕΑ ΒΑΣΙΛΕΩΝ καλεῖθαι ὀκέλδσε; *Illam vero* REGINAM REGUM, *Ptolemæum autem Cæsarionem cognominatum*, REGEM REGUM *vocari jussit.* Prioris vero illustre exemplum Nummi etiamnum exhibent cum inscr. REGINÆ REGUM FILIORUM REGUM CLEOPATRÆ: unde satis liquet errasse eruditos, qui apud Dionem Βασιλίδα Βασιλίδων pro Βασιλέων, seu *Reginam Reginarum*, potius

Lib. 1

Lib. 1.
[a] In Lucullo.
[b] In Syriacis.

In Lucullo.

Lib. XLIX.

Iii quam

quam *Regum* legendum contendebant. At quod non perinde obvium, eandem etiam REGIS REGUM appellationem sequiori ævo vel ambivisse Romanorum Cæsares, vel ultro iis delatam, liquet mihi ex Gregorio Nazianzeno, ubi de Constantio verba facit, εἰ τὸ ΒΑΣΙΛΕΑ ΒΑΣΙΛΕΩΝ καὶ εἶναι κ̀ νομίζεται, *Nec quod* REX REGUM *& esset & appellaretur.* Potiori certe jure, quam Hannibalianus frater Delmatii, qui Rex Ponticarum gentium à Constantino renuntiatus, REX REGUM in ejusdem Constantini Excerptis vocatur. Nata autem hæc REGIS REGUM appellatio, aut quod Regibus imperarent, juxta Ammianum; quo sensu *Princeps Principum* Domitianus dicitur apud Martialem, & apud Ovidium Agamemnon *Dux Ducum*, hoc est juxta Tragicum, *ductor Agamemnon ducum*; sicut in Novellis lego Provinciarum Præsides *Judices Judicum* dictos, *& Provinciæ Præses videbitur quidam Judex Judicum*; respectu nempe Defensorum Civitatum, aliorumque inferiorum Judicum ac pedaneorum, quos habebant sibi obnoxios. Quo sensu certe Rex Regum optimo jure dici potuit Rex ille Indorum, qui auctoribus Strabone ac Nicolao Damasceno, in Syriam ad Augustum profectus, sexcentorum Regum Dominum sese vocare non dubitabat; & quo alias titulo prudenter Alexandrum abstinuisse docet alicubi Plutarchus. Aut vero frequenter ita dicti, ut non tam imperium sibi in alios Reges, quam primatum inter eosdem tribuerent: quo sensu etiam Rex Regum dicitur Atreus apud Senecam, *O me cœlitum excelsissimum,* REGUMQUE REGEM, & apud Horatium,

Liber, honoratus, pulcher, REX denique REGUM.
Sicut *Consul Consulum* in veteri Elogio, & *Pater Patrum ac Episcopus Episcoporum* Tricassinus Præsul apud Sidonium;

DE PRÆST. ET USU NUMISM. 435

nium; hoc est, primi & maxime conspicui inter Reges, Consules, Patres, Episcopos. De hoc certe postremo non sinit nos dubitare ipse Sidonius, qui de eodem loquens Antistite, *egone*, inquit, *cum sis procul dubio* PRIMUS *omnium toto quâ patet orbe Pontificum*. Unde & illustrandus venit vexatus ille apud Tertullianum *Episcopi Episcoporum* locus, seu vere seu ironice usurpati. Primus nempe juxta Sidonium, non Dominus; sicut Athenæ jam olim Ἑλλὰς Ἑλλάδος dictæ, & Calaris Sardiniæ Metropolis *Urbs Urbium* apud Florum, hoc est πρώτη Ἑλλάδος, ac πρώτη πόλεων, *prima* nempe *Græciæ*, aut *prima urbium*; quemadmodum Provinciarum Metropoles crebro vocantur apud Græcos & Romanos scriptores; quo sensu etiam Narbo & Tholosa *principatum Urbium tenere* dicuntur Ammiano, & quæ frequens notio eo sensu in Codice Theodosiano ac Novellis. Sic, quod nec prætereundum hoc loco, apud Macrobium, Janum Patrem dictum videas quasi *Deorum Deum*, hoc est quasi Deorum primum & antiquissimum, sicut Herodiano vocatur, Saturno certe coævum; aut forte, quod primus auctor fuerit Deorum cultus, ut de eodem paullo ante ex Xenone tradiderat Macrobius, *Janum in Italia* PRIMUM *Diis Templa fecisse, & ritus instituisse sacrorum*, non autem quod in alios Deos imperium haberet, sicut rursus intelligendus videtur Hierocles in aurea carmina, ubi de summo Deo agit; τὸν δημιουργὸν μόνον Θεόν, ὃν ΘΕΟΝ ΘΕΩΝ ἂν εἴποι τις, καὶ Θεὸν ὕπατον καὶ ἄριστον, *Creatorem solum Deum, quem* DEUM DEORUM *dixerit aliquis, & Deum summum & optimum*. Quo nomine nempe dictus ᵃHoratio *Rex Deorum Jupiter*, quod è ᵇPindaro ut alia expressisse video, qui Jovem alicubi Βασιλέα Θεῶν itidem vocat. Cæterum Persarum, ut hoc addam, exemplo, quibus fuit quodammodo peculiaris

Lib. VI. Epist. 2.

Lib. IV.

Lib. I.

Lib. I. Saturn. c. 9.

ᵃLib. III. Od. IV.
ᵇOd. VII. Nem.

illa *Saanſaan* ſeu REGIS REGUM appellatio, Turcæ quoque Sultanum ſuum eodem Conſilio peculiari voce nuncuparunt, ut de poſtremis obſervat Bryennius

Lib. 1. c. 9. Cæſar haud ita pridem ab eruditiſſimo Poſſino vulgatus, ΣΟΤΑΤΑΝΟΝ ἢ ΣΤΡΑΓΓΟΛΙΠΙΔΑ ὀνομάζουσις, ὅπερ σημαίνει ἡ αὐτοῖς ΒΑΣΙΛΕΥΣ ΒΑΣΙΛΕΩΝ ἡ παντοκράτωρ, SULTANUM STRANGOLIPIDEM *vocantes, quod apud ipſos notat* REX REGUM *& Omnipotens.*

De Cognomine PHI- PHILELLENIS etiam titulum uſurpaſſe videmus
LELLE- ARSACIDAS, quod iterum aliunde, quam ex Num-
NIS, &c. morum illorum fide vix conſtare exiſtimem. Mira vero in Darii, Xerxis, aliorumque id genus Hæredibus appellatio; quos utique Græcorum magis odio quam amicitia claros exſtitiſſe nemo neſcit. Unde etiam non

Damoſth. Philellena, ſed communem Græcorum hoſtem vocat
Orat. de alicubi Perſarum Regem Græcus Orator. Deſumpta
Claſſ. vero mihi videtur ab Arſacidis blanda & amica hæc nomenclatio, ad exemplum ſucceſſorum Alexandri, qui à privata in Parentes aut Fratres pietate, PHILOPATORAS, PHILOMETORAS, aut PHILADELPHOS ſe paſſim inſcribebant; & quidem uſurpaſſe prius illud nomen Arſaces illos & Vologeſes, ad demerendos ſibi Græcos Aſiaticos Syriæ, Meſopotamiæ ac reliquos illius tractus Parthici viciniores, qui Græcorum Coloniis & lingua paſſim florebant; ita ut à quibuſdam ex iis nummos id genus percuſſos ſtatuere liceat. Græcæ enim dictæ illæ civitates, haud minus ac ipſæ Urbes Græciæ, ſicut apud Livium Rhodiorum

Lib. XXXVII. Legati Romæ in Senatu conteſtantur: *Non quæ in ſolo*
cap. 54. *modo antiquo ſunt, Græca magis urbes ſunt, quam Coloniæ earum, illinc quondam profectæ in Aſiam.* Linguam nempe, mores, habitum, leges, ſacra, nomen quoque ſuarum

Me-

Metropoleon vulgo retinebant Coloniæ; unde Roma divino Vati *nascens Troia*, Carthago *urbs Tyria*, Syracusæ *Isthmiaca tecta* aut *Ephyræa mœnia* Silio, Massilia *Phocis* Lucano & Sidonio, Silio *Phocais*, ipsi Massilienses, in Gallia positi, *Graia juventus, Graii remiges, Graia classis*, sæpe apud Lucanum aliosque nuncupantur. Qua ratione etiam Græci non Iones solum dicti aut Insulares à Græcis profecti, sed remotiores etiam in Syria aut Mesopotamia constituti. Hinc apud **Josephum**, Mesopotamiam κατοικοῦντες Ἕλληνες καὶ Μακεδόνες, *incolentes Græci & Macedones*, Demetrio Syriæ Regi auxilia contra Parthos offerunt. Immo Tacitus opportune de Parthorum Rege, & Græcis id genus in eo tractu Coloniis; *At Tiridates volentibus Parthis Nicephorium & Anthimusiada, cæterasque urbes, quæ Macedonibus sitæ, Græca vocabula usurpant, Italumque & Artemitam Parthica oppida recepit.* Inde itaque ΦΙΛΕΛΛΗΝΩΝ desumpta à Parthorum Regibus appellatio; quamquam de iisdem Nicephoriis Macedonum in Mesopotamia colonis, observet Dio, eos Romanis ut ΦΙΛΕΛΛΗΣΙ libenter & magna inde spe concepta sese tradidisse; ἢ εἰς τοὺς Ῥωμαίους, ὡς καὶ ΦΙΛΕΛΛΗΝΑΣ πολλὰ ἐλπίζοντες. Eodem enim cum Parthis instituto, **Majores** vestros illam quoque appellationem ambivisse, **cum hic** locus satis arguit, tum bella pro Græcis Asiaticis contra Antiochum suscepta, aliaque benevolentiæ illorum in Græcos argumenta ambitiose etiam non semel contestata abunde docent. Ita Cassius Cæsaris interfector ΦΙΛΕΛΛΗΝ ἀνὴρ ab Archelao Rhodio dictus apud Appianum; & Tullius alicubi ad Atticum suum; *Nunc quoniam & laudis avidissimi semper fuimus, & præter cæteros* ΦΙΛΕΛΛΗΝΕΣ *& sumus & habemur.* Quamquam præter Arsacidas ita dictos in-

Lib. XIII. antiq. c. 9.

Annal. VI. 41.

Lib. XL.

Bell. Civil. lib. IV.

corum

438   DISSERTATIO QUINTA

eorum Nummis, aliis quoque barbaris Regibus familiare fuisse idem cognomentum, vel unus Strabo videatur comprobare, qui in genere Regum ΦΙΛΕΛ-
ΛΗΝΩΝ alicubi mentionem facit. Sic Amasis Ægyptius apud Herodotum; Indorum & Thracum quidam Reges apud [a] Diodorum & [b] Ælianum; Hiero Syracusanus apud [c] postremum, quo & [d] Polybius alicubi respexit; Aristobulus Hircani filius Rex Judæorum apud [e] Josephum; Julianus desertor apud [f] Gregorium Nazianzenum, ΦΙΛΕΛΛΗΝΕΣ totidem nuncupati leguntur. Eundem titulum quoque Salaminiis Cypriis tribuit in Epistolis Isocrates. Parcimus vero congerendis ipsis Auctorum locis, quæ cum superioribus hinc petant Lexicorum consarcinatores: neque enim in eo mustaceo laureolam quærimus. Nec tamen hic insignem Aristidis locum de eadem appellatione possumus præterire, quam Marco Aurelio tribuit, ac simul ita commendat, ut facile se Græcum Sophistam prodat; εἰ δὲ αὖ τὸ ΦΙΛΕΛΛΗΝΑ εἶναι καλὸν καὶ πρέπον βασιλεῖ, τῷ προσήκει ὁ ἔπαινος· οὕτω γὰρ σφόδρα ΦΙΛΕΛ-
ΛΗΝ ἐστὶν ὁ βασιλεύς· *Jam si decet Imperatorem esse* PHI-
LELLENA, *nemini certe laus hæc magis convenit. Ita enim* PHILELLEN *est noster Imperator*, & quæ ibi plura hanc in rem leguntur. Ut vero *Philellenum*, sic nata etiam ΦΙΛΑΘΗΝΑΙΩΝ appellatio, quam Alexandro tribuit idem Isocrates; immo etiam ΦΙΛΑΘΗΝΑΙΟ-
ΤΑΤΟΥ, qua patrem ejus Philippum prosequutus Æschines, si fides habenda ejus adversario, qui id reliquis illius criminibus adnumerat. Neque eo tamen sensu dictus apud Plutarchum M. Antonius ΦΙΛΑ-
ΘΗΝΑΙΟΣ, quippe non tam caritate erga Athenienses, quam ob desponsatam, sibi ab iisdem Minervam. Cæteroquin sicut Philellenes aut Ἑλληνίζοντες quandoque

que dicti in Græcos bene adfecti, sic Thebani Herodoto ΜηδίΖοντης, seu propensi in Medos; unde passim Μηδισμὸν de defectione ad Medos seu Persas apud Agathiam legas. Et præterea ut ΦΙΛΕΛΛΗΝΕΣ quidam, sic alii contra ΜΙΣΕΛΛΗΝΕΣ : quod postremum Annibali tribuit Diodorus ὢν μὲν κ̀ φύσει ΜΙΣΕΛΛΗΝ, *quum natura etiam odio in Græcos ferretur*; sicut viceversa apud Platonem, Atheniensium gentem dictam videas ΜΙΣΟΒΑΡΒΑΡΟΝ, non vero Μιξοβάρβαρον, instar aliorum Græcorum.

In Callio-pe.
Lib. III.
P. 81. IV.
p. 111. 119.
Lib. XIII.

In Menexeno pag. 245. edit. H. Steph.

Huc accedit formata eadem exemplo ΦΙΛΟΡΩΜΑΙΟΥ nomenclatio, quæ non tam sponte sumpta, quam à Senatu olim sociis & amicis Regibus benevolentiæ ergo tributa legitur. Hinc occurrit eadem adhuc hodie in aureis & argenteis nummis ARIOBARZANIS Cappadocum Regis, quales plures vidisse memini, & viderunt quoque Goltzius ac Ursinus, inscriptos ΒΑΣΙΛΕΩΣ ΑΡΙΟΒΑΡΖΑΝΟΥ ΦΙΛΟΡΩΜΑΙΟΥ; cujus ectypum etiam hic habes.

De Cognomine PHILOROMSI PHILOCLAUDII, & Nummis HERODIS & Agrippæ.

Ante omnia hic explicanda venit figura sedens in aversa Nummi parte. Vir doctus Goltzii interpres, existimat Romam signari, quamquam Galeam ejus minus accurate expressam fateatur. Sed toto cœlo errat. Neque alius enim, quam ipse Ariobarzanes sellæ Curuli insidens, & cum solito Cappadocibus capitis tegumenta. Sella autem Curulis in nummo Regis barbari ideo

in-

DISSERTATIO QUINTA

insculpta, quod eam insignis muneris loco cum donis aliis à Senatu accepisset. Notum enim inter dona, quæ vulgo ad amicos & socios Reges mittebantur, juxta scipionem eburneum, Togam pictam, palmatam Tunicam, aliaque id genus, sellam etiam Curulem vel præcipuum locum sibi vindicasse. Crebra ejus rei apud Livium exempla, ubi missa recenset munera, vel *ad* Ptolemæum & Cleopatram in Ægyptum, vel ad Syphacem, vel ad Masinissam, vel ad Eumenem, *donaque quam amplissima data cum* SELLA CURULI, *atque eburneo scipione.* Qualia etiam missa ad Ariarathem, Cappadocum itidem Regem, & ex Ariobarzanis hujus Decessoribus, apud Polybium legas, & quidem signanter de utroque munere tanquam præcipuæ dignationis, τὰ μέγιστα τ̄ παρ᾽ αὐτοῖς νομιζομένων δώρων ἀσπαστεῖλε, τήν τε Σκηπώνα, καὶ τὴν ΕΛΕΦΑΝΤΙΝΟΝ ΔΙΦΡΟΝ. *Remisit autem dona, quæ inter ipsos* (Romanos) *pro maximis habentur, scipionem &* SELLAM CURULEM. Verum ante omnes audiendus hic Valerius Maximus, optimus superioris nummi interpres, & cujus locus eximiam eidem lucem commodat; *Pompeius filium* ARIOBARZANEM *&* REGEM *appellavit, & Diadema sumere jussit, & in* CURULI SELLA SEDERE *coëgit.* Hinc itaque iste sedentis ejusdem in Sella Curuli **habitus**, quem hic nummus nobis ante oculos ponit. Immo etiam ut se magnitudinem hujus doni intelligere contestarentur Reges illi Barbari, soliti iisdem Sellis Curulibus insidentes jus dicere. Id certe de Antiocho Epiphane observat Livius, Romano *more Sella Eburnea jus dicebat, disceptabatque controversias maximarum rerum*, quæ totidem pene verbis cum à Polybio apud Athenæum, tum à Diodoro referuntur, ut viderunt jam ad eum locum Viri docti. Hæc autem

omnia

DE PRÆST. ET USU NUMISM. 441
omnia quum minime essent recondita, non latere debuerant eruditos ac diligentes antiquarios. Alias vero iste Nummus cum Philoromæi epigraphe, mirificè illustrat Tullii in Epistolis locum; *ut ego Regem* ARIO- Lib. xv.
BARZANEM *Eusebem &* PHILOROMÆUM *tuerer*; Epist. 2.
& paullo post de eodem; *casu incredibili & pene divino.*
Regem, quem Vos HONORIFICENTISSIME AP-
PELLASTIS, *nullo postulante,* &c. Agnoscis utique PHILOROMÆUM, ut honorificæ inprimis appellationis vocabulum, cum Ariobarzani tributum, teste Tullio; tum ab eodem juxta superiorem nummum inter præcipua dignitatis insignia vice cognominis continuo receptum. Ratio autem illius facti & moris obvia; quod nempe in eo nomine præsidium omne suum ac dignitatem reponerent Reges illi obnoxii, ut reipsa expertus est hic Ariobarzanes, Romanorum opera conservatus; & cujus etiam rei testis luculentus Rex Afer apud Sallustium; *qui vestram* AMICITIAM *diligerent, colerent, eos multum laborem suscipere, cæterum ex omnibus* MAXIME TUTOS *esse.* Magni itaque nomen constitisse Barbaris Regibus liquet ex Dione, qui unum è Lib. xxxix.
Ptolemæis immani pretio hunc AMICI ROMANO-
RUM titulum refert à Romanis redemisse. Hinc illud plenum auctoritatis amplissimi Ordinis decretum de Boccho Mauritanorum Rege; *Fœdus &* AMICITIA Sallust. Bell.
dabuntur, cum meruerit; ut satis liqueat non promiscuè Jugurt.
quibusvis indultum. Apertè etiam Livius de Syphacis filio; *Itaque pacem illi prius petendam à Populo Romano esse,* Lib. xxxi.
quam ut Rex sociusque & AMICUS *appelletur. Nominis* cap. 15.
ejus honorem pro magnis erga se Regum meritis dare Pop. Romanum consuesse. Ejusdem vero appellationis exemplum suppeditant adhuc alii duo Nummi reconditi in illustribus Cimeliarchiis; Unus ARIARATHIS Cap-
Kkk   pado-

padocum itidem Regis, eodem modo quo superior Ariobarzanis inscriptus, ΒΑΣΙΛΕΩΣ ΑΡΙΑΡΑΘΟΥ ΦΙΛΟΡΩΜΑΙΟΥ, hoc est interprete Livio, *Et* ARIA- *Lib.* RATHES REX *&c.* IN AMICITIAM *est acceptus*: *xxxviii.* alter MANNI cujusdam Regis Arabum, quem cum *cap. 3y.* addita epigraphe, ΒΑCΙΛΕΥC ΜΑΝΝΟC ΦΙΛΟ-ΡΩΜΑΙΟC, Cl. Seguinus cum selectis aliis haud ita pridem vulgavit. Meminit etiam ejusdem nomencla-*Lib. iv.* tionis Agathias, πιστοτάτοι Βασιλεῖ καὶ ΦΙΛΟΡΩΜΑΙΟΙ, *Edit. Reg.* *fidissimi Imperatori*, & PHILOROMÆI, ubi male Φι-*pag. 119.* λορρώμαιοι legitur. Ut mittam aut Eumenem Perga-menorum Regem, aut Arabum Præfectum Aramnem, quos pro *Philoromæis* habitos auctor est Plutarchus; ita *In Catone* tamen ut de priori aliter sentiret Cato Major, à poste-*Majore.* riori autem proditus sit unà cum Romanis Legionibus *In M.Cras-* Crassus. Conjunxit vero utrumque Græcorum & Ro-*so.* manorum Amici titulum Strabo, qui Rhodios scribit Amicos fuisse non Romanorum solum sed Regum *Lib. xiv.* Philellenum & Philoromæorum; ϰ̀ Ῥωμαίοις ἐγθϊοτῳ Φί-λη καὶ τ͂ ΒΑΣΙΛΕΩΝ τοῖς ΦΙΛΟΡΩΜΑΙΟΙΣ π ϰ̀ ΦΙ-ΛΑΔΕΛΦΙΣΙΝ. Elegans autem de utraque hac appella-*Orat. x.* tione & geminis id genus aliis apud Themistium lo-cus; Κῦρον Φιλοπέρσίω καλῶ, ἀλλ᾽ ἐ Φιλάνθρωπν, Φιλο-μακέδονα ϟ Ἀλέξανδρον, ἀλλ᾽ ἐ ΦΙΛΕΔΛΗΝΑ, τὸν δὲ Σιβασὸν ΦΙΛΟΡΩΜΑΙΟΝ· *Cyrum voco Amicum Persa-rum, non autem generis humani, Alexandrum vero amicum Macedonum, non autem Græcorum,* (PHILELLENA) *Augustum autem Amicum Romanorum* (PHILORO-MÆUM). Ni forte adhuc verius Φιλοπόλιμοι vel Φι-λαρχοιώτης dici debuerint, quibus appellationibus *Lib. xxxvi.* Pompeium alicubi Dio prosequitur, quam totidem Φι-λοπόλεμοι, ut ibi Themistio designantur. Alias ut à tota Romanorum gente florente adhuc Republica,
sic

DE PRÆST. ET USU NUMISM.   443
sic à Cæsaribus etiam sub eorum imperio, petita nonnunquam ab amicis aut obnoxiis Regibus vel populis similis appellatio. Ita Agrippa Judæos in genere ΦΙ-ΛΟΚΑΙΣΑΡΑΣ vocat apud Philonem, οἱ μὴ λέγοντές *Legat. ad*
ὅτι ΦΙΛΟΚΑΙΣΑΡΕΣ εἰσὶν, ἀλλ᾽ ὄντες ὄντως, *dicentes qui-* Caium.
dem quod sint AMICI CÆSARUM, *sed qui revera tales sunt*: haud aliter nempe ac ΦΙΛΑΡΣΑΚΟΤΣ vo-
cat Parthos alicubi Strabo. Ut proinde haud mirum Lib. x v i.
sit, hunc ipsum HERODEM AGRIPPAM, non solum in genere ΦΙΛΟΚΑΙΣΑΡΟΣ, sed proprium quoque ΦΙΛΟΚΛΑΥΔΙΟΥ seu *Amici Claudii* Imperatoris nomen sibi vindicasse; sicut liquet adhuc hodie ex præclaro ejus nummo, quem jam citavit in Eusebianis Scaliger, & novissime è divite sua Gaza protulit elegans Petri Seguini industria. Eundem vero in Gaza Palatina itidem occurrentem hic cælandum etiam duximus.

Capitis nempe inscriptio, ΒΑΣΙΛΕΥΣ ΗΡΩΔΗΣ ΦΙΛΟΚΛΑΥΔΙΟΣ, seu *Rex Herodes Claudii Amicus*; aversæ autem partis, ΚΛΑΥΔΙΩ ΚΑΙΣΑΡΙ ΣΕΒΑΣΤΩ ΕΤ. Γ. seu *Claudio Cæsari Augusto Anno Tertio.* Quo facto scilicet Herodes Agrippa studium suum & fidem singularem erga Claudium, quam & illi sublato è vivis Caio luculenter probaverat, voluit publicis ac duraturis monumentis consignari. De hoc enim Herode, cujus mentio in Actis, malumus hunc Nummum interpretari, quam cum viris doctis de fratre ejusdem Chal-
Kkk 2   cidis

DISSERTATIO QUINTA

<small>Anim. in Euseb. pag. 189.
Act. XIII.

Lib. XIX.
Antiq c.7.
& Bell. Jud.
l.II.c.10.</small>

cidis Dynasta, quibus etiam suffragari videtur Scaliger. Obiit enim prior ille Agrippa, HERODES vocatus D. Lucæ, anno Claudii quarto, juxta Chronicum Eusebianum, qui & tertius erat completus, juxta Josephum, Agrippæ restituti in regno Judæorum, cum nova & ampla illius regni accessione, quam à Claudio fuerat consequutus. Signatus autem superior Nummus anno Claudii tertio, ut ejusdem inscriptio arguit. Unde nihil obstat, quin eidem Herodi continuo adscribatur, cui pro insigni quodam suo erga Claudium studio, hoc PHILOCLAUDII cognomen omnium optime videtur convenire. Percussus autem videtur hic Nummus in aliqua urbe Gentili beneficiis hujus Herodis ornata, qualis Berytus; aut in ea quæ sæpe illi sedes, & in qua Deus paullo ante obitum proclamatus, ut Cæsarea. Antequam vero ad alia progrediamur, eadem occasione successoris ejus AGRIPPÆ Junioris Nummum itidem singularem proferemus è Cimeliarchio Christinæ Augustæ.

Equidem haud diffiteor, hæsisse me aliquamdiu quo referenda sint illa symbola utraque nummi parte insculpta. Neque enim ulla ibi more consueto vel Regis Agrippæ, vel Cæsaris tum rerum potientis effigies; aut cæteroquin loci, in quo idem percussus, nota, sola addita epigraphe, ΒΑΣΙΛΕΩΣ ΑΓΡΙΠ. seu *Regis Agrippæ*. Tandem illud hærenti occurrit, videri omnino

utro-

utroque symbolo duo celeberrima Judæorum Festa designari, Tabernaculorum nempe & Pentecostes. Et Σκίωοπηγίαν quidem satis aperte innuit mea sententia insigne Tabernaculi instar seu Tentorii priori nummi parte expressum: Pentecosten vero apposite Spicarum Manipulus, quem signat nummi pars altera. Neque enim hoc solemne, ut notum ex sacris libris, dictum solummodo Festum שבעות *septimanarum* sed etiam קציר Exod. *Messis* seu θερισμȣ, juxta LXX Interpretes, & qui- XXIII. 16. dem *Messis Triticeæ*. Unde etiam totum illud septem Id. XXIV. septimanarum intervallum, quod Græci & Latini 22. Pentecosten dixere, vocarunt Judæi, ut observat illu- stris Scaliger, ספירת העמר seu *Numerum Manipuli*; ideo Lib. VI. de nempe quod à secunda Azymorum ad festum ipsum Emend. Pentecostes primitiæ frugum Deo offerrentur, ac, ut Temp. loquitur Chaldæus paraphrastes, inciperet חצר עמרא Deut. XVI. *Messis manipulorum*. Immo liceret inde colligere haud 9. minus festum Azymorum eodem symbolo spicarum manipuli in prædicto numismate denotari; & quo no- mine non pigebit integrum quendam Josephi locum adscribere, qui multa videtur habere ad hanc rem op- portuna. Τῇ ἢ δϋτέρα ΤΩΝ ΑΖΥΜΩΝ ἡμέρα, ἑκίη ἢ ἐςὶν αὐ- Antiq.l.III. τή καὶ δεκάτη τ̂ καρπῶν ὡς ἐθέρισαν, ἃ γὰρ ἢψαντο πρότερον cap. 10. αὐτῶν, μεταλαμβάνωσι. καὶ τ̂ Θεὸν ἡγούμενοι τιμᾶν δίκαιον ἔιναι πρῶτον, παρ' ȣ τ̂ ἐυπορίας τάτων ἔτυχον, τὰς ἀπαρχὰς αὐτȣ τῆς κριθῆς ἐπιφέρωσι τρόπον τȣτον. Φρύξαντες ΤΩΝ ΣΤΑΧΥΩΝ ΤΟ ΔΡΑΓΜΑ καὶ πτίσαντες, καὶ καθαρὰς πρὸς ἄλεσιν τὰς κριθὰς ποιήσαντες, τῷ βωμῷ ἀσσάρωνα προσ- άγȣσι τῷ Θεῷ, καὶ μίαν ἐξ αὐτȣ δράκα ἐπιβάλλοντες τὸ λοιπὸν ἀφιᾶσιν εἰς χρῆσιν τοῖς ἱερεῦσι, καὶ τότε λοιπὸν δημοσίᾳ ἔξεςι πᾶ- σι καὶ ἰδίᾳ ΘΕΡΙΖΕΙΝ. *Secunda* ΑΖΥΜΟΡΥΜ *dies, quæ est mensis hujus decima sexta,* FRUGIBUS DEMES- SIS *& hactenus intactis incipiunt frui; æquumque rati Deum*

hujus

DISSERTATIO QUINTA

hujus ubertatis auctorem per gratitudinem honorari, hordei primitias offerunt in hunc modum. SPICARUM MANIPULUM *igni torrent, hordeum deinde pinsunt, atque ita in alicæ modum fracti assaronem ad aram offerunt, inde pugillo uno in eam injecto, reliquum sacerdotum usui cedit, & ex eo licitum sit publicas ac privatas* MESSES METERE. Adeo ut vel duo vel tria etiam nobilissima Judæorum festa, quæ Judæis proinde non solum חג seu *Festum* κατ' ἐξοχήν, sed etiam רגל & רגלא seu *Festum majus*, Hellenistis autem μεγάλαι ἡμέραι, seu *dies magni*, nuncupata leguntur, designet superior Nummus; sicut alias beneficium Mannæ coelitus demissæ signant vulgares Hebræorum sicli. Neque mirum proinde in Judæi Regis Nummo à Judæis Hellenistis, ut videtur, percusso, expressam eorum solemnium memoriam, quibus nihil apud illos celebrius; maxime quum per patrias leges non liceret iis vel Regis AGRIPPÆ, vel regnantis tum Cæsaris effigie Nummos id genus percutere. Excepto vero homine, non quadrupedum solum ac reliquorum animantium imagines, ut observo apud juris Hebræorum consultissimum Maimonis filium, *sed ad hæc* FIGURAS ARBORUM, HERBARUM, RERUMQUE SIMILIUM, *formare liceat etiam figura gibba.* Quamquam & fasciculus ille spicarum juxta usurpata id genus apud Gentiles symbola, aut fertilitatem earum regionum, quibus præerat Agrippa, aut concordiæ vinculum posset adumbrare, qui factionibus inter se dissidentes Judæos haud semel tentavit, ut ex Josepho liquet, ad saniora consilia revocare. Ita eodem symbolo signarunt nummum Apamenses, qualem vidi in ejusdem Reginæ Gaza, cum fasciculo itidem spicarum ac inscr. ΑΠΑΜΕΩΝ. Alios hic mitto hujus Agrippæ nummos, qui hinc Vespasianum

De Idol. c. III. §. 4.

num aut Titum effingunt, illinc vel Triremin, vel Victoriam cum Corona & Palma, ac annos regni ipsius Agrippæ, ΕΤ. κθ. ΒΑ. ΑΓΡΙΠΠΑ, *Anno* XXV *Regis* In Gaza Medicea & *Agrippæ*, aut ΕΤ. κς. seu *Anno* XXVI. Annos enim alibi. LVI regnasse legitur hic junior Agrippa, **anno** nempe Trajani tertio demum exstinctus, ut auctor est Justus Tiberiensis apud Photium. Neque vero præter- Bibl. Cod. eundus hoc loco alius quidam Nummus, quem vidi xxxiii. apud illustrem Harlæum, qui hinc Botrum exhibet cum inscr. ΗΡΩΔΟΥ, illinc Galeam quandam singularem, cum epigraphe ΕΘΝΑΡ..... seu *Ethnarcha*. Equidem haud ita liquidum videri posset, quisnam Herodes illo Ethnarchæ nomine designetur. Prior enim seu Herodes Magnus, Tetrarcha quidem à M. Anto- Joseph. nio, dein Judææ Rex ab eodem & Augusto renuntia- Antiq.lib. tus apud Josephum legitur, nullibi autem Ethnarcha: xiv.c.23. quod nomen alias cum Hyrcano, tum Herodis filio Archelao tributum à Romanis constat, qui proinde Ethnarchæ aliquoties eidem Originum Judaïcarum Antiq. Jud. scriptori nuncupantur. Neque etiam Ethnarchæ dicti l.xiv.c.16: & lib.xvii. occurrunt alii Herodes ex Magni progenie, quorum c.13.15. alter filius Galilæorum Tetrarcha; alter nepos & Agrippæ majoris frater, Chalcidis Dynasta & Rex tandem leguntur appellati. Quamquam haud dubium eo nomine Magnum Herodem designari, qui hanc appellationem medio illo tempore videtur sibi vindicasse, quo Hyrcano Ethnarchæ à Parthis vincto & in captivitatem abducto, solus rerum in Judæa potiebatur, nec- Joseph. dum tamen Regis titulo à M. Antonio & Octavio Ro- Antiq. Jud. mæ, quod illi postea contigit, decoratus. Retenta ve- l.xiv.c.15. ro etiam recentiori ævo sub Constantinopolitanis Imperatoribus illa Εθναρχα dignitas & appellatio, ut observo apud Nicephorum Bryennium de Botoniata

Im-

448 DISSERTATIO QUINTA

Lib. IV. cap. 16. Imperatore verba facientem, ὃν πρωτοπρόεδρον τιμήσας ΕΘΝΑΡΧΗΝ ἐκπέμπει, ἀναληψόμενον τ̄ Βρυέννιον, *quem primi confessus honore decoratum* ETHNARCHAM *mittit, adsumpto Bryennio.* Verum ut ad alterum HERODEM PHILOCLAUDIUM redeamus, superiori nummo expressum, sciendum rationem hujus postremæ appellationis petitam ex more, quo nonnulli dicti jam olim ΦΙΛΑΛΕΞΑΝΔΡΟΙ; sicut Apollinem Tyrium

Lib. XVII. vocari jussit ipse Alexander apud Diodorum, παρήγγειλεν ὀνομάζειν τ̄ Θεὸν τοῦτον ΦΙΛΑΛΕΞΑΝΔΡΟΝ; aut

In Pompejo. quo adludens Philippus Consul apud Plutarchum, se ΦΙΛΑΛΕΞΑΝΔΡΟΝ vocabat, ob suum erga Pompeium studium, qui à similitudine cum Heroë Pellæo Alexander quibusdam vocabatur. Quo nomine indignum alias Æschinem pronuntiat alicubi Demosthenes; ut vice versa ΜΙΣΑΛΕΞΑΝΔΡΟΥ & ΜΙΣΟΦΙΛΙΠΠΟΥ nomenclationem à Demosthene desum-

Æschin. contr. Ctesip. ptam sugillat aliquoties adversarius, ὁ γὰρ Μισαλέξανδρος κ̣ Μισοφίλιππος ὑμῖν ἐστ̣ Ῥήτωρ. Noti nempe olim cum ipsius Alexandri, tum alias Regum & Cæsarum AMICI; quorum postremorum frequens mentio in historia Augusta, & qui vulgo Principum gratia florentes, non otii solum, sed negotiorum etiam arbitri ac dispensatores leguntur: ita ut, quod de Alexandro Severo observat Lampridius, res bellicas juxta ac civiles per Amicos & ex eorum consilio tractarent. Unde etiam liquet, cum Adsessores & Consiliarios Principum, AMICOS id genus olim dictos, quod jam ad Spartianum notavit ὁ πάνυ Salmasius; tum haud frustra eos Comitibus Augustorum conjungi in lapi-

Thes. Grut. MC. 5. dibus antiquis, AMICO ET COMIT. AUG. N. ac præterea in constitutione quadam Constantini, quæ

Lib. IX. cod. Th. t. J. 4. exstat adhuc hodie in Codice Theodosiano, *In quemcunque*

DE PRÆST. ET USU NUMISM. 449

cunque *Judicum, Comitum,* AMICORUM *& Palatinorum meorum.* Ut nec mirum sit quod legas in dissertationibus Epicteti apud Arrianum, quanti nempe faciendum sit inter amicos Cæsaris reputari, ΚΑΙΣΑΡΟΣ ΦΙΛΟΝ εἶναι, de qua appellatione pluribus ibi agit. Neque vero privati solum, sed ut à Claudio **Herodes**, ita ab aliis Cæsaribus Reges quoque in Amicorum id genus classem relati leguntur. Tales Amici Alexandri Severi apud Lampridium, *idcirco quod per* REGES AMICOS *ambierat admissus,* de quodam ad militiam adspirante, licet vitæ sordidæ ac variorum furtorum reo. Immo & hoc notandum, inter adscriptos olim Regum & Cæsarum id genus Amicos, ordinem quendam servatum, & inductas varias Amicorum Classes; ut certe licet colligere ex Alexandro Syriæ Rege apud Josephum, ita adfecto adversus Jonatham, Pontificem Judæorum, ὥςε αὐτὸν κ πρῶτον ἀναγράψαι Φίλων, *ut etiam ipsum* PRIMUM AMICORUM *inscriberet.* Sic Antiochus apud eundem concedit Jonathæ, καὶ τ̂ πρώτων αὐτὸ καλεῖ Φίλων, *& vocari unum ex* PRIMIS *ejus* AMICIS; nempe sicut Cocceius Nerva à Tiberio *proximus Amicorum* indigitatur. Ordines itaque Amicorum, ut quidam primi, alii secundi, & infra adhuc enumerarentur; quod à Romanis etiam Cæsaribus observatum, liquet rursus ex Lampridio in vita ejusdem Alexandri, qui ex locis modo adductis haud parum illustratur, *ut* AMICOS *non solum* PRIMI *ac* SECUNDI *loci, sed & inferiores ægrotantes viseret.* Ut jam illud prætereim, quod juxta morem eorum temporum superioribus Nummis illustratum, non *Philoclaudium* quidem, immo nec *Philoromæum* aut *Philellena,* vel *Philojudæum* forte, sed vere ΦΙΛΑΝΘΡΩΠΟΝ dixerint humani generis Servatorem sacri illius scribæ: potiori certe jure,

Lib. III. c. 26. vers. 407.

Lib. Antiq. XIII. c. 7.
Id. cap. 9.

Tacit. Annal. VI. 26.

Lll quam

450   DISSERTATIO QUINTA

Orat. XLV. quam vel Cyrum Græci scriptores, aut Nervam Dio Prusæus: sicut rursus ΦΙΛΟΧΡΙΣΤΟΥΣ, seu eidem Servatori devotos passim vocant prisci Ecclesiæ Doctores, Ignatius, (seu quisquis auctor Epistolarum, quæ vulgo illi tribuuntur) Chrysostomus, Nazianzenus; quorum iste etiam **Constantium** alicubi, quamquam,

Orat. III. in Julian. pag. 63. ut aliunde scimus, Arrianorum patronum, ΦΙΛΟΧΡΙΣΤΟΤΑΤΟΝ appellat, ὦ θειότατε βασιλέων καὶ φιλοχριστότατε, ὁ *Imperatorum divinissime*, *Christique amantissime*, Julianum autem meliori jure ΜΙΣΟΧΡΙΣΤΟΝ, sicut alibi **Valentem**, Arrianæ hæreseos labe infectum,

Orat. XX. in fin. Basilii p. 337. ὁ Φιλοχρυσώτατ[ος] καὶ μισοχρισώτατ[ος]. Immo si magni præmii loco, & probatæ demum fidei Regibus PHILOROMÆI seu *Amici Romanorum* titulus olim, ut vidimus, concessus; quanto melius merces illius homi-

Vid. אהבה רוחני seu lib. Pulveris Aromat. nis qui fuerit mundus, in eo posita, juxta Magistros Hebræorum, ut vocetur **AMICUS** DEI; sicuti nempe scriptum in [1] Proverbiorum libro, *Qui amat munditiem cordis, pro gratia labiorum ejus* REX AMICUS EJUS

[1] Prov. XXII. 11. *futurus est.*

De appellatione BAΣΙΛΕΩΣ AYTOKPATOPOΣ. Sed minus forte obvia in monumentis veterum ΒΑΣΙΛΕΩΣ ΑΥΤΟΚΡΑΤΟΡΟΣ conjuncta appellatio, ut in Eusebianis agnoscit Scaliger. Utrumque tamen suppeditant citati eidem duo Nummi Barbarorum Regum, ne postremam hanc Romanorum Cæsaribus propriam statuamus. Prior est TRYPHONIS DIODOTI, qui se in Seleucidarum seriem & regnum vi & fraude cæso pupillo intrusit, & cujus Nummum supra jam indicatum, hic exhibemus è laudato toties Cimeliarchio inclytæ Reginæ.

Nota

DE PRÆST. ET USU NUMISM. 451

Nota abunde hujus Tryphonis historia cum ex Maccabæorum libris, tum ex Diodoro, Livio, Strabone, Justino, aliisque; quem una cum exercitu undis absorptum tradentem video ex Posidonio Athenæum, il- Lib. VIII.
linc vero Josephum, eum Apameæ, in quam profuge- Lib. XIII.
rat, captum ac interfectum. De Cornu & Galea in a- Antiq. c. 12.
versa Nummi parte, quæ huc quadrare poterant, supra jam à nobis explicata. Ipsa vero inscriptio arguit hunc Tryphonem ornatum utroque titulo ΒΑΣΙΛΕΩΣ ΑΥΤΟΚΡΑΤΟΡΟΣ. Eandem quoque inscriptionem præfert Nummus TIGRANIS apud Goltzium, ΤΙΓΡΑΝΟΥΣ ΑΥΤΟΚΡΑΤΟΡΟΣ ΕΠΙΦΑΝΟΥΣ ΒΑΣΙΛΕΩΣ. Conjuncta nempe utraque illa appellatio ΒΑΣΙΛΕΩΣ ΑΥΤΟΚΡΑΤΟΡΟΣ, ut Tryphonis hujus aut Tigranis summum pace juxta ac bello imperium notaretur. Inde etiam Alexander Amyntæ filius apud Diodorum, Ἀλέξανδρος ὁ Ἀμύντου ΣΤΡΑΤΗΓΟΣ πιὼν, καὶ ΒΑΣΙΛΕΥΣ Μακεδόνων, *Alexander Amyntæ filius* PRÆTOR *cum esset &* REX MACEDONUM; ubi eadem ratione conjuncta occurrunt ΣΤΡΑΤΗΓΟΥ seu Prætoris aut Belli Ducis, ac ΒΑΣΙΛΕΩΣ adtributa. Immo unde Livius non parum illustratur, agens de Ætolis & Antiocho Magno; *hac vicit senten-* Lib. XXXV
tia, IMPERATOREMQUE REGEM *appellandum* cap. 45.
censuerunt, & triginta Principes, cum quibus si qua vellet,
consultaret, delegerunt. Vides hic iisdem titulis juxta Ti-

Lll 2   gra-

granem aut Tryphonem ornatum quoque Antiochum, ΒΑΣΙΛΕΑ nempe ΑΥΤΟΚΡΑΤΟΡΑ, seu Regem summum Belli Ducem ab Ætolis declaratum. Conjuncta itaque hæc appellatio exemplo eorum vel Regum vel Prætorum, qui ΣΤΡΑΤΗΓΟΙ ΑΥΤΟΚΡΑΤΟΡΕΣ passim vocantur in Græcorum monumentis, nonnunquam & ΑΥΤΟΚΡΑΤΟΡΕΣ ΠΟΛΕΜΟΥ, sicut Belisarium vocat ipse Justinianus apud Procopium, quibus nempe summa totius belli à sociis aut civibus, vel aliunde deferebatur, & qui *summam belli tenere* **passim** Cæsari dicuntur, hoc est juxta Comicum,

Sed ubi summus I M P E R A T O R *non adest ad exercitum.*
Sic Eumenes more consueto non solum Asiæ Στρατηγὸς Αὐτοκράτωρ dictus apud Diodorum, sed alibi de eodem, ἡ Βασιλείας Αὐτοκράτορι Στρατηγῷ, *Regni summo Imperatori.* Cujus appellationis vim in eo positam fuisse docet alicubi Thucydides, ut Prætores in Siciliam missi & ΑΥΤΟΚΡΑΤΟΡΕΣ etiam declarati, ea facerent quæ ipsi judicarent Atheniensibus maxime conducibilia. Tales vero negat fuisse vel Persarum Duces Diodorus, τ ὅλων οὐκ ὄντες Αὐτοκράτορες, sed de omnibus ad Regem deferentes; vel ipsos Lacedæmoniorum Reges Dionysius Halicarnassensis, οὐδὲ γὰρ οἱ Λακεδαιμονίων ΒΑΣΙΛΕΙΣ ΑΥΤΟΚΡΑΤΟΡΕΣ ἦσαν ὅτι βούλοιντο πράττειν, *neque enim Lacedæmoniorum* R E G E S P L E N A M *habebant* P O T E S T A T E M *ea quæ vellent faciendi.* Unde desumpta videtur hæc appellatio ΒΑΣΙΛΕΩΣ ΑΥΤΟΚΡΑΤΟΡΟΣ, puta à Tigrane viribus ac potentia adhuc florente, ut merum & absolutum imperium, non precarium autem Regnum argueret, more aliorum Regum vel Spartanorum quondam, vel τ ὑπὸ Ῥωμαίοις, ut vocantur alicubi Josepho: quibus nempe aut

DE PRÆST. ET USU NUMISM. 453

aut à Romanis titulus ille concessus vel restitutus, ut postea ipsi quoque Tigrani contigit; aut qui alias comiter majestatem Imperii **Romani** conservare cogebantur, & *inservientes Reges* Tacito alicubi vocantur. Hist. II. Αὐτοκράτορες enim & αὐτοκρατεῖς Græci vocarunt, ut vel [81.] ex ante dictis liquet, pleno utentes imperio & ἀνυπεύ-θυνοι. Hinc Philo, ἀνυπεύθυνον εἶναι δὲ χρὴ τὴν αὐτοκράτει- Legat. ad ραν; quo nempe loquendi genere τ᾽ αὐτοκράτορ۞ ἀρχῆς Caium. utuntur sæpe Græci scriptores, & qualem Prytanis a- Bell. Civil. pud Rhodios fuisse docet Appianus, sicut alias Diony- lib. IV. sius ἡγεμονίαν αὐτοκράτορα Romulo delatam tradit. Hinc Lib. III. ut Βασιλεῖς vel Στρατηγοὶ, sic eadem ratione dicti ΕΠΙ-ΜΕΛΗΤΑΙ ΑΥΤΟΚΡΑΤΟΡΕΣ, qui in procuratione regni erant summo cum imperio; qualis aut à Macedonibus Antipater, aut postea ab ipso Antipatro Polyperchon constituitur apud Diodorum. Ita etiam Lib. XVIII. ΠΡΕΣΒΕΥΤΑΙ & ΠΡΕΣΒΕΙΣ ΑΥΤΟΚΡΑΤΟΡΕΣ, Legati missi plena cum potestate, quemadmodum Oratores de Pace ad Philippum destinatos vocat Æschines, Πρέσβεις Αὐτοκράτορας ὑπὲρ τ᾽ εἰρήνης, hoc est, ut Orat. hodie loquuntur, *Legatos pro Pace Plenipotentiarios.* Eos- contr. Ctesiph. dem Αὐτοκράτορας τ᾽ εἰρήνης & περὶ τ᾽ εἰρήνης *Plenipotentiarios Pacis & de Pace* vocat Dionysius, & quales à Car- Lib. III. thaginensibus ad Gelonem missos, & ab Atheniensibus ad Persas cum Æschine Πρέσβεις & Πρεσβευτὰς Αὐ- Lib. XI. & τοκράτορας vocat Diodorus. Ejusdem etiam generis a- XII. pud Sallustium à Boccho Maurorum Rege Romam ablegati, qui *quocunque modo belli componendi licentiam illis permittit.* Sic rursus ΘΕΟΙ ΑΥΤΟΚΡΑΤΟΡΕΣ de supremis Diis, quales Solem & Lunam habitos docet Philo; quæ eximie illustrant nummum Caii Cæsa- De Monarch.lib.II ris supra adlatum cum inscr. ΓΑΙΟC ΚΑΙCΑΡ ΘΕΟC p.812. ΑΥΤΟΚΡΑΤΩΡ. Quod verum & unius quidem ad-

Lll 3 tribu-

DISSERTATIO QUINTA

tributum, qui Θεὸς ὁ Παντοκράτωρ vocatur in divino Revelationum libro ac in symbolo Nicæno. Hinc alias apud eosdem veteres JUPPITER IMPERATOR, cujus tria tantum signa in orbe Terrarum exstitisse tradit in Verrinis Tullius; quem nempe *imperium cœlestium tenere* credebant Galli apud Cæsarem. Unde & inter Severi nummos unus occurrit inscriptus JOVI IMPERATORI. Sicut denique supra dicti duo Reges Barbari REGES IMPERATORES vocati in Græcis eorum Nummis, ita obvii ΑΥΤΟΚΡΑΤΟΡΕΣ ΚΑΙΣΑΡΕΣ vel ΣΕΒΑΣΤΟΙ, seu IMPERATORES CÆSARES vel AUGUSTI cum alibi, tum nullibi frequentius, quam in hac ipsa supellectile nummaria. Unde jam, ut opinor, satis adsequimur, qua ratione aut quibus exemplis utraque hæc appellatio ΒΑΣΙΛΕΩΣ ΑΥΤΟΚΡΑΤΟΡΟΣ Tryphoni huic aut Tigrani etiam tribuatur in selectis eorum Nummis: quæ duo in iisdem conjuncta, ut singulare aliquid, ac raro alibi à se lectum profitebatur magnus Scaliger. TRYPHONIS alias nomen in Syria ac vicinis locis familiare videtur exstitisse, unde nummus Augusti Mediceus, in cujus aversa parte Aquila cum inscr. ΤΡΙΠΟΛΕΙΤΩΝ ΤΡΥΦΩΝΟΣ. Hinc & Ptolemæum Philopatora Tryphonem etiam cognominatum supra diximus; quo cæteroquin nomine quendam Philadelpho ob facetias acceptum appellatum legimus apud Josephum, alibi vero apud eundem regium Herodis tonsorem, eundemque Alexandri Regis filii accusatorem; apud Athenæum autem quendam deliciis perditum, unde nempe illi nomen.

TIGRANEM quod spectat, præclarum quendam & insignem ejus Nummum cum sola inscriptione ΤΙΓΡΑΝΟΥ ΒΑΣΙΛΕΩΣ, haud mihi hactenus alibi, quam

In Verrem v.
Lib. v I.
Comment.

Anim. in Euseb. pag. 146.

Lib. x I v. Antiq. c. 4. Bell. Jud. lib. I. c. 7. Lib. x I v.

De Nummo TIGRANIS ac Tiara.

DE PRÆST. ET USU NUMISM. 455

quam in Cimeliarchio Mediceo inspectum, inde etiam ectypum nacti beneficio omni laudum ac ornamentorum genere cumulatissimi LEOPOLDI Cardinalis ab Etruria, grati & lubentes hic vulgamus.

Exhibet nempe anterior Nummi facies TIGRANIS ipsius caput insigni Tiara ornatum, cui stella ac duæ insuper volucres, quamvis minus adfabre in hoc ectypo insculptæ visuntur. Aversa autem facies sedentem, turritam ac velatam Mulierem præfert, quæ dextra Palmæ ramum gestat, pede autem figuram calcat medio corpore undis immersam cum inscr. ΒΑΣΙΛΕΩΣ ΤΙΓΡΑΝΟΥ. Videtur autem mihi omnino eadem Mulier, juxta consueta in Nummis symbola, Syriam aut Mesopotamiam arguere; quas per plures annos Tigranem obtinuisse legimus, & quidem in Syriæ regnum accitum per octodecim annos, auctore Justino, Lib. xl. tranquillissime regno potitum, quo temporis lapsu cap. 1. hunc aut similes Nummos hujus Armenii Regis in eo tractu percussos facile licet augurari. Cujus etiam rei indubiam fidem facere videtur Palmæ ramus, opportunum Syriæ, ut supra vidimus, symbolum. Figura autem virilis medio corpore aquis immersa, Euphratem aut Tigrim forte sub jura Tigranis reductum, solito Fluviorum in Nummis antiquis typo, repræsentat. Tiara autem Tigranis cum Diademate, eadem cujus Dio meminit, τῆς δὴ ΤΙΑΡΑΝ τῷ ΑΝΑΔΗΜΑ ἀ- Lib. xxxvi. χε, ΤΙΑΡΑΜ autem cum FASCIA gestabat; & quam
Fasciam

Fasciam seu Diadema capite avulsum supplicem hunc Regem ad Pompeii pedes tradit abjecisse, cum idem Dio, tum alibi etiam Plutarchus, qui cæteroquin in vita Pompeii, à Tigrane ipsam Tiaram seu Cidarim capite detractam docet; ἀφιλόμϕ@ τlù Κίτωϱιν, ὥρμησε αὐτὸ τ πṓως θᾶναι, *detractam capiti Cidarim institit ad pedes ejus apponere.* Simile vero Diadema, & idem, ut licet augurari, quod hic ante oculos habemus, à fugiente Tigrane capiti jam olim detractum, ac in victoris Luculli manus delapsum, ab eodem in triumpho prælatum, auctor itidem in ejus vita Plutarchus. Ad **Tiaram** enim Regum Orientis Diadema vulgo accessisse, liquet præterea ex Xenophonte, Plutarcho, Luciano, aliisque, quod jam vidit illustris Brissonius libro de Regio Persarum Principatu, & præclarus iste Nummus, venerandum utique antiquitatis Cimelium, luculentius ante oculos ponit. Unde Curtio lux non mediocris accedit; C I D A R I M *Persa Regium capitis vocabant insigne. Hoc cerulea* F A S C I A *albo distincta circuibat.* Notum enim promiscue Cidarim & Tiaram dici de hoc Regio capitis insigni; unde quam Dio T I A R A M T I G R A N I S vocat in superiori nummo conspicuam, eandem C I D A R I M dixit Plutarchus loco supra adlegato. Hinc autem liquet incautius loquutum Philonem, scriptorem alias quantivis pretii, qui *Reges Orientis Cidari loco Diadematis usos* tradit, Κιδάρι ϓὰϱ οἱ τ Ἑῴων Βασιλᾶς ἀντὶ Διαδήμα]@ εἰώθασι χϱῆς. Utrumque enim insigne, ut tradunt antiqui & probatissimi auctores, ac vel superior Nummus luculenter arguit, iis una usurpatum. Neque tamen Brissonio adsentior, qui Diadematis nomine Cidarim putat etiam designari; ideo nempe quod è Persico luxu mutuatum Alexandrum Persicum Diadema Diodorus ac Justinus tradant, Arrianus,

De fort. Alexand.

Lib. III.

Lib. III. de vit. Mos.

rianus autem Cidarim Persicam, quæ nempe idem sonent. Utrumque enim hoc capitis ornamentum à Persis mutuatus est Alexander, ut non opus sit proinde illa inter se confundere. De Cidari aut Tiara præter Arrianum, fidem facit Lucianus, apud quem Philippus pater inter alia Filio objicit, quod Tiaram rectam adsumpsisset, καὶ Τιάραν ὀρθὴν ἐπίθυ. De Diademate vero, præter Diodorum, Justinum, aliosque diserte Curtius iis verbis, quæ de Cidari aut Tiara sumi non possunt; *Itaque purpureum Diadema distinctum albo, quale Darius habuerat, capiti circumdedit.* Idem nempe quod cerulea illa fascia albo distincta, quæ Cidarim circuibat, ut paulo ante eum tradentem audivimus. Conjuncta itaque in regio Persarum aut Armeniorum etiam cultu illa capitis ornamenta, Tiara ac Diadema, non tamen ut eadem sed diversa. Unde postremum etiam solum retentum ab **Alexandri** successoribus, & eorum exemplo ab aliis Asiæ aut Europæ **Regibus**. Ex quibus etiam liquet, cur Diadema illud quod *Persicum* vocatur Diodoro, Herodiano *Macedonicum* dicatur ferme sub initium operis, ubi agit obiter de cultu Regis Antigoni, Annæo autem nostro *Pellæum*,

Cingere Pellæo pressos Diademate crines.

Alias quot Regna, tot quoque Diademata olim capiti nonnunquam imposita. De Ptolemæo Philometore illud notat utique Josephus, eum duo gestasse Diademata, Asiæ nempe aut Ægypti; cujus duplicis Diadematis usum haud absimilem in Artabano Parthorum Rege tradentem supra innuimus Herodianum; cujus cæteroquin moris vestigium necdum fateor mihi in priscis nummis observatum. Cidarim autem seu Tiaram quod attinet, eandem quoque Regum Orientis more, sacerdotes Gentilium nonnunquam usurpasse,

Dial. Mort.

Lib. vi.

Lib. v.

Antiq. Jud. lib. x i i i. cap. 8.

M m m   vel

vel ex Luciano liquet; qui auctor est urbis sacræ in Syria Pontifici ac soli quidem concessum purpuram & **auream Tiaram** gestare. Scilicet postquam jam viles evaserant sacerdotales illæ Coronæ, quibus infensos vetustissimos Christianorum scriptores ac inprimis Tertullianum adhuc hodie legimus. Quamquam sequutis temporibus, & Ecclesia novo cultu sub Christianis Principibus ornata, Cidaris quoque usus ad Ecclesiarum Antistites translatus, ac eadem inter Episcopi Orientis insignia vulgo recepta, ut vel liquet ex sequenti loco Sasimorum Episcopi; Χρίεις τ Ἀρχερέα, καὶ περιβάλλεις τ πορφύραν, καὶ περιθῆς τὴν ΚΙΔΑΡΙΝ· *Ideirco me Pontificem ungis ac podere cingis, capitique Cidarim imponis.* Sed hoc obiter. Ejusdem autem Tiaræ superiori nummo cælatæ adspectus satis arguit, quo jure, ut supra innuimus, πίλημα πυργωτὸν, *Turritus pileus* Straboni dicatur. Aves autem eidem Tiaræ insculptæ, quas minus accurate cælator expressit, Falcones videbantur Cimeliarchæ Mediceo: Id vero jam supra de veterum Galeis, cum ex Herodoto, Diodoro, tum ex frequentibus veterum Nummis observabam, crebro iis insertas vel Avium vel Quadrupedum effigies, quibus eis aut terrorem aut dignitatem conciliarent. Neque etiam Tiaræ eodem ornamenti genere caruere; unde Persicas Tiaras Pavonis alas habuisse docet Græcus Aristophanis Interpres, quod jam viderunt viri docti. Immo nec alienum Falcones ejusmodi Tiaræ insculptos; quum Pallas seu Regias Persarum aut Medorum vestes distinctas id genus Avium figuris diserte tradat Curtius; *Pallam auro distinctam* AUREI ACCIPITRES *velut rostris inter se corruerent adornabant.* Stella autem in eadem Tiara conspicua, qualis & in superiori Parthorum Tiara occurrebat, quam è nummo Augusti

DE PRÆST. ET USU NUMISM. 459

gusti expressimus; ut vel inde opportunum Regum Orientis insigne facile adsequamur. Accedit denique, velare eandem Tiaram Tigranis tempora; quod Tiaris nempe solemne, juxta Nasonem,

Tempora purpureis tentant velare Tiaris. Lib. XI. Metam.
Aliud vero Tiaræ genus Armenium supplicem gestare videas in sequenti nummo; quod nempe magis **adhuc** ad πίλημα istud πυργωτὴν accedit, sicut Tiaram à Strabone vocari diximus.

Eandem etiam liquet magis in acutum desinere, sicut κρωβύλως & κυρβασίας describunt nobis veteres; qui & inde eadem promiscue pro Tiaris sumunt, aut vicina iisdem statuunt; quales Xenophon, Hesychius, alii- Lib. V. que. Aliæ nempe apud illos Orientales, Persas, Medos, Armenios, quod aliunde etiam constat, Regum Tiaræ, aliæ Procerum seu privatorum. Ita Cidarim Mithridatis *mirifici operis*, seu θαυμαςῆς ἐργασίας exstitisse liquet ex Plutarcho; qui vel ita cavisse videtur, ne ge- In Pomnero suo Tigrane dignitate aut cultu inferior videre- peio. tur. Persarum vero promiscuum jam olim fuisse Tiaræ gestamen, cum Herodotus diserte observat, tum secu- Lib. VII. tis ætatibus Heliodorus; qui Persas docet Tiaram de Lib. VII. capite deponere, ad reddendam gratiam ei qui prior pag. 339. salutavit. Adeo ut nec solum discrimen in eo constituen-

Mmm 2

tuendum videatur, quod recta esset Regum apud Persas Tiara, ut jam viderant eruditi, reliquorum autem obliqua. Immo Tiaras etiam cum circumeunte easdem Diademate, qualis Tigranis in superiori nummo, gestasse Regum Persarum consanguineos sua ætate auctor nobis Xenophon; qui de Cyro agens, εἶχε ᾗ ἡ ἡ Διάδημα πᾶσὶ τῇ Τιάρᾳ, καὶ οἱ συγγενεῖς αὐτῷ τὸ αὐτὸ τῷτο σημεῖον εἶχον, καὶ νῦν ᾗ τὸ αὐτὸ ἔχυσι. *Habebat & circum Tiaram Diadema, idemque insigne cognatis ipsius erat, sicut & hoc tempore illud retinent.* Cujus moris vestigium retentum adhuc videtur sequiori ævo in renovato Persarum dominatu. Certe Diadematis usum Persarum satrapis concessum liquet mihi ex Procopio, qui refert duos Persarum Optimates Isdigacræ Legati Chosroïs comites exstitisse, οἱ δὴ ᾗ Διαδήματα πὶ τ κεφαλῶν χρυσᾶ ἐφέρυν, qui *aurea etiam Diademata in capite gestabant.*

Si vero ex Oriente jam in Pontum ac vicina loca trajiciamus, neque hic Regum illius tractus inutili aut injucunda pascemur contemplatione. Mithridatem mitto, terrorem illum Asiæ, & Regum, auctore Tullio, post Alexandrum maximum, quem obvii adhuc apud antiquarios Nummi, & expressæ inde à Fulvio & Goltzio icones repræsentant, eundemque cum Eupatoris cognomine ΒΑΣΙΛΕΩΣ ΜΙΘΡΑΔΑΤΟΥ ΕΥΠΑΤΟΡΟΣ. Ita alii rursus ejusdem parentem Mithridatem Euergetem signant; ΒΑΣΙΛΕΩΣ ΜΙΘΡΑΔΑΤΟΥ ΕΥΕΡΓΕΤΟΥ; quemadmodum illis cognominibus distinctos eosdem Reges, præter Appianum docet Strabo. Filium vero Eupatoris Pharnacem rarior quidam Nummus, neque alibi mihi, quam in Cimeliarchio Mæcenatis Etrusci Leopoldi inspectus, etiamnum ad posteritatis memoriam prodit. Exhibet vero hinc Regis illius caput,

cum

DE PRÆST. ET USU NUMISM. 461
cum inscr. ΦΑΡΝΑΚΟΥΣ ΒΑΣΙΛΕΩΣ; illinc figuram stantem, Fulmen, Cornucopiam, Caduceum, Stellam, consueta omnia in nummis Regum id genus symbola. ASANDRUM autem Bosporo ab eodem Pharnace præfectum, & à quo idem Pharnaces expulsus & acie cæsus traditur, narrant antiqui auctores. Ad quem Asandrum *Dio lib.* refero aureum nummum rarissimum viri amplissimæ in *XLII. Appian. in* Urbe dignitatis, sed majoris adhuc elegantiæ Camilli *Mithrid.* Maximi, qui hinc vultum Regis illius signat cum aplustri à tergo, ab altera autem parte Victoriam proræ insistentem, cum inscript. ΑΣΑΝΔΡΟΥ ΒΑΣΙΛΕΩΣ.

Ex quo statim colligas oræ & victoriæ maritimæ compotem, adsumto quin etiam regio nomine, in seriem proinde Ponti aut Bosporanorum Regum inserendum. Unde eximie illustratur Lucianus, apud quem hæc de eodem Rege reperio; ΑΣΑΝΔΡΟΣ ἢ ὁ ἀπὸ ξ Σιβα- *In Macrobiis.* ϛῦ ἀντὶ Ἐθνάρχε ΒΑΣΙΛΕΥΣ ἀναγορευθεὶς Βοασπόρε; ASANDER *autem ab Augusto pro Ethnarcha* REX *Bospori renunciatur*; & quem nonagenarium obiisse corpore validum & quidem ex inedia, quod rem militarem Scribonio creditam videret. Quæ Dioni rursus facem *Lib. LIV* accendunt, qui Asandro mortuo, Regnum ejus Scribonium quendam occupasse docet. Ex his autem liquet corrigenda apud Strabonem loca, ubi *Asandri* hujus minus noti vicem *Lysander* aut *Cassander* hactenus perperam occupant. Refert enim præclarus auctor, Mithridatem Pergamenum eversum ὑπὸ Λυσάνδρε ξ ϗ Φαρνάκω ἀνελόν⸳, *à Lysandro Pharnacis interfecto-*

re; *Asander* enim de quo hic sermo, non *Lysander*, cui nullus ibi locus, auctor illius facinoris, ut jam vidit ὁ πάνυ Casaubonus, & Dio ac Appianus tradunt. Eluendum rursum simile mendum alio loco ejusdem auctoris, ubi Bosporanos Regulos omnia ad Tanaïm dicit

Lib. x I.

obtinuisse, maxime postremos, Φαρνάκης καὶ Κασανδρ@ καὶ Πολέμων; *Pharnaces & Cassander & Polemo*; ubi *Cassandri* loco *Asander* iterum substituendus. At vice versa expungendus Asander apud Photium, qui pro Cassandro aliquoties ibi obtrusus legitur, sub nomine modo Ἀσάνδρου modo Κασσάνδρου; cui nempe inter Alexandri successores Cariam contigisse, eundemque cum

Pag. 414.
& alibi ult.
edit.

Eumene pugnasse auctor Dexippus. Hæc enim omnia ad Cassandrum referenda, ex Diodoro, Justino, aliisque notius, **quam ut probare** adgrediar; quamquam alias Asandri cujusdam inter Alexandri duces aliquo-

Lib. 1. & 11.
ἐξ. ἀνάϐ.

ties norim Arrianum meminisse. Unum præterea hic nec tralatitium observo, A s a n d r i nomen familiare dein Bospori Regulis, posteriori etiam ævo exstitisse. Alterius certe Asandri Bosporanorum itidem Regis

De Admin.
Imp. cap.
LIII.

& ejusdem Filii historiam narrat Augustus scriptor Constantinus Porphyrogenneta. Quin & alium ejusdem tractus Regem S a u r o m a t e m eruere mihi liceat ex insigni rursus nummo aureo, quem videre contigit haud ita pridem in illustri Museo humanissimi reique antiquariæ peritissimi Seguini. Nummus est qui hinc Severi Augusti caput exhibet cum stella ac barbaris quibusdam litteris; illinc autem caput barbatum cum diademate ac inscr. ΒΑϹΙΛΕΩϹ ϹΑΥΡΟΜΑΤΟΥ. De hoc Sauromate magnum apud auctores in rebus Severi silentium. At Bosporanum Regem fuisse, aut certe adjacentium locorum, videor mihi haud indubie colligere ex Plinio juniore, qui in Epistolis ad

Tra-

Trajanum, Regis ejusdem nominis aliquoties meminit, ac ut narratio ejus satis arguit, Bosporani, REX Lib. x. Ep.
SAUROMATES, inquit, *scripsit mihi esse quædam, quæ* xLIII.
deberes quam maturissime scire. Alibi, *Legato* SAUROMA- Epist. xv.
TÆ REGIS, *quum sua sponte Niceæ, ubi me invenit, triduo
substitisset.* Item quæ mox subdit, & Bosporani aut vicini tractus Regis legatum satis innuunt ; *Hæc in notitiam
tuam perferenda existimavi, quia proxime scripseram* petiisse *Lycormam, ut legationem, si qua venisset à* BOSPORO,
usque in adventum suum retinerem. Agebat tum nempe
in Bithynia Plinius, ad cujus simul & Ponti statum ordinandum Consulari potestate à Trajano erat missus ;
ut præter ejus Epistolas, fidem facit antiqua inscriptio. Thes. Grær.
Hinc illi cum vicino Rege Bosporano, vel Sarmata- MXXVIII. 5.
rum seu Sauromatarum si quis malit, commercia, &
per eum quæsitus ad **Trajanum aditus.** Bosporanos
autem Reges omnia sua **ætate ad Tanaïm usque** obtinuisse docet Strabo, ut paullo **ante vidimus. Gens** Lib. xi.
Sauromatarum vero vulgo ad Tanaïm, **juxta Melam**
aliosque sita ; quæ Sauromatis etiam nomen videtur
Regibus suis frequenter indidisse, nisi ab antiquiori
aliquo Rege Sauromate gens ipsa appellationem traxerit. Quidquid sit, inde satis liquere **mihi videtur,**
ejusdem tractus Regem fuisse hunc **SAUROMATEM,**
qui in nummo Severi signatur. Et hæc **scripseram,**
quum occurrit mihi opportune, apud Ammianum
mentionem fieri cujusdam Sauromacis Iberiæ regno à
Sapore pulsi ; *Deinde ne quid intemeratum perfidia præter-* Lib. xxvii.
iret, SAUROMACE *pulso, quem auctoritas Romana præfecit Hiberiæ. Aspacura cuidam potestatem ejusdem detulit
gentis,* & inter quem Sauromacem & Aspacuram docet
in sequentibus, divisum postea Iberiæ regnum. Quibus
locis *Sauromatem* loco *Sauromacis* reponendum omnino
existi-

464 DISSERTATIO QUINTA

existimarem, cum ex superioris nummi, tum ex Plinii testimonio; ex quibus utique discimus, familiare fuisse Regum nomen in toto illo tractu, qui à Bosporo Thracico ad Tanaïm & Caucasum porrigitur. Iberia enim Sauromatis, seu Sarmatis Asiaticis, haud procul dissita. Unde etiam suspicari quispiam posset, forte de aliquo Rege Iberiæ intelligendum hunc SAUROMATEM superiori nummo expressum. At longe antiquiorem his omnibus PONTI Reginam, eandemque gente Persicam & Regis Regum Neptem, juvabit haud minus post tot sæcula quasi redivivam lectorum oculis subjicere. Id vero nobis beneficium præstat singularis & eximiæ raritatis Nummus, quem recondit Cimeliarchium Augustæ Christinæ, & unde sequentem ejus Iconem pro incomparabili ejus beneficentia sumus nacti.

Caput nempe muliebre, in anteriori parte cum singulari tegmine, in aversa vero figura itidem muliebris sedens turrita, vel cum calatho, dextra Victoriolam tenens, cum inscr. ΑΜΑΣΤΡΙΟΣ ΒΑΣΙΛΙΣΣΗΣ. Ea scilicet AMASTRIS, quæ Oxiathræ Darii fratris filia, Dionysii Heracleæ Tyranni primum uxor, post Cratero ab Alexandro desponsata, tandem Lysimachi conjunx; ut narrat ejus historiam Memnon apud Photium, & cujus insuper Diodorus, Strabo, Arrianus, aliique è veteribus meminere. Et apud Arrianum quidem corruptum vulgo ejus nomen videas; Κρατίρω ἡ

AMA-

ΑΜΑΣΤΡΙΝ (non ut ibi legitur, Ἀμάςρινω) τ Ὀξυάτρε ε͂ Δαρείε ἀδελφε͂ παῖδα, *Cratero Amaſtrin, Oxyatris Darii fratris filiam*. Unde male ὁ πάνυ Salmaſius eandem alicubi Darii ſororem vocat, ſicuti etiam Triſtanus in explicatione cujuſdam Nummi Amaſtrianorum; quæ diſerte ejus Neptis ſeu è Fratre filia apud prædictos auctores commemoratur, quemadmodum etiam apud Græcum Apollinis Rhodii interpretem, ſed ubi corrupte ſcribitur nomen ejus Δαμάςρις pro Ἀμάςρις, ut jam vidit Cl. Holſtenius in pauculis illis, ſed eruditis ad Apollonium adnotatis; τὸ ἢ Σήσαμον μέρωνομάσθη ΑΜΑΣΤΡΙΣ (non Δαμάςρις) ὑπὸ Δαρείε ἀδελφε͂ θυγατρός. Digna autem obſervatione in ſuperiori nummo formatio ejuſdem nominis Ἀμάςρις, pro qua Ἀμάςρεως & Ἀμάςριδος vulgo hodie apud auctores legitur. Stephanus certe Byzantius hæc habet de varia formatione hujus vocis, ubi & eandem Reginam Darii ex fratre filiam perhibet; Ἀμαςρις &c. ὑπὸ γυναικὸς Περσίδος ΑΜΑΣΤΡΙΔΟΣ θυγατρὸς Ὀξυάτρε ε͂ ἀδελφε͂ Δαρείε, ἣ συνώκησε Διονυσίῳ τῷ Ἡρακλείας τυράννῳ· mox; ΑΜΑΣΤΡΕΩΣ δὲ κλίνει Στράβων ἄλλοι ΑΜΑΣΤΡΙΔΟΣ. Mirum equidem, quod dum varias recenſet terminationes hujus nominis in generandi caſu, antiquam ac indubiam omittat, quam ſuperior Nummus præfert, niſi corruptum hic locum ſtatuamus, & pro ultima voce Ἀμάςριδος, legendum Ἀμάςρις. Certe juxta Nummum antiquiſſimus auctor Herodotus, de alia Amaſtri Perſica, Xerxis nempe conjuge, ΑΜΗΣΤΡΙΟΣ πατέρα τῆς Ξέρξεως γυναικός. Accedit ſimilis formatio Urbis συνωνύμε & ab eadem Regina conditæ Amaſtris, juxta Marcianum, ὑπὸ Ἀμάςριδος εἰς Κρώμναν χωρίον ςάδια ρι΄; *ab Amaſtri in Cromnam vicum ſtadia* CIII. Unde etiam Gentile inde formatum ab Ἀμάςρις nem-

Ad Solin. pag. 88y.

Tom. 1. Com. pag. 688.

Ad lib. 11 Argon. v.945.

Lib. VIII.

Nnn pe

pe Ἀμαστριανός; sicut à Σάρδις Σάρδιος Σαρδιανός; Τράλλις Τράλλιος Τραλλιανός; Φάσις Φάσιος Φασιανός, ut ipse Stephanus pluribus docet in voce Ἄγκυρα, ubi rationem & exempla ejusmodi terminationum tradit. Ut liqueat etiam minus accurate ab Eustathio alicubi observatum, flecti hanc vocem Ἀμάςρεως, non Ἀμάςριδος apud Geographum; Στέφμος ᾗ χῷ τ Γεώγραφοι, ἀκρόπολις Ἀμάςρεως καὶ ὥρα τῇ Ἀμάςρεως, ὗ γάρ κλίνει Ἀμάςριδος. quod ut verum de Strabone, sicut ejus Codices hodie præferunt, ita non omittere debuit indubitatam & consentaneam adlegatis exemplis flexionem hujus Ἀμάςρις. Neque negarem tamen ab Ἀμάςρις fieri etiam potuisse Ἀμάςριδος, & bifariam flecti; sicut à Μέμφις Μέμφιδος & Μέμφιος apud eundem Stephanum; à Πάρις Πάριδος & Πάριος apud Pindarum; à Καλάσιρις Καλασίριδος & Καλασίριος, ut habent alii Codices apud Heliodorum. Corruptum vero ejusdem Reginæ nomen restituendum in antiquo auctore Polyæno, & filius illi simul ex Lysimacho natus adserendus; Ἀλέξανδρος Λυσιμάχου καὶ Μηκρίδης υἱός. Ita nempe penultimam vocem legendam credidit magnus Casaubonus, pro qua in codice ejus legebatur Μητριδδ' υἱός. At codex ille digitum omnino intendebat in veram lectionem hujus vocis, quod novissime etiam erudite animadvertit præclare de Græcis auctoribus meritus nobilis senex Palmerius à Grentemesnil, qui Ἀμάςριδος eodem loco legendum monuit, pro quo nos Ἀμάςριος, vel quod idem Ἀμάςρις, juxta Herodotum nempe ac indubiam antiqui & insignis Nummi scripturam. Ab ea autem Regina condita, ut diximus, urbs συνώνυμος & celebris per ea loca Amastris Pontica, cujus plurimi etiamnum Nummi supersunt, inscripti ΑΜΑΣΤΡΙΑΝΩΝ. Haud aliter nempe ac *Apamea*,

Ad Iliad. B.
pag. 362.

Lib. VI.
pag. 443.

mea, *Laodicea*, *Berenice*, *Arsinoë*, *Stratonica*, totidem Urbes dictæ à cognominibus per eadem tempora Reginis. Quandoque nempe eadem Urbium & Conditorum nomina, juxta *Amastrin*, aliaque exempla modo adlegata; quandoque autem eadem Gentilitia cum Conditoribus, ut *Auson*, *Arcas*, *Ion*, *Cilix*, *Achæus*, & similia; nonnunquam vero idem Conditoris, Urbis & Gentis nomen, ut *Dardanus*: quæ discrimina docuit me Grammaticus Byzantius in voce Αἱμονία.

Mitto jam Ponto finitimos THRACUM Reges, *De variis* quorum Nummos produxerunt jam & explicarunt il- *Nummis* lustres antiquarii, LYSIMACHUM puta Amastris *Regum* hujus Conjugem; SEUTHEM præterea, RHOEME- CIS, SITALCEM, COTYM, KHESCYPORIM; quos qua- CILIÆ, tuor postremos inter selecta illustrium Numismata PERGA-Cl. Seguini expressos videas. RHOEMETALCIS MI, &c. quidem nummum jam ante vulgaverat Tristanus; cujus Regis & plures alios vidisse memini, cum in Museo Lomeniano jam Regio, tum in Gaza Medicea; ubi in anteriori parte caput Augusti, in altera tria capita; duo nempe conjuncta, unum Regis Rhœmetalcis cum diademate, alterum Reginæ uxoris, (nisi eadem Augusti & Liviæ cum Cl. Seguino censeas) tertium vero prioribus minus, quod laureatum J. Cæsaris caput referre videtur, cum inscr. ΒΑΣΙΛΕΩΣ ΡΟΙΜΗ-ΤΑΛΚΟΥ. Quæ alias ad Regum istorum historiam spectant, excusserunt jam eruditi antiquarii; quæ autem ad corrupta auctorum loca inde restituenda, in quibus male leguntur expressa, jam in superioribus delibavimus, ubi Nummorum opem ac subsidium, ad scripturæ veteris rationem & vestigia revocanda haud parum conferre docuimus. Unde si ex Europa jam in vicinam Asiam trajiciamus, occurrent continuo PER-

GA-

GAMENORUM Reges, quorum nobilitatem nosti, quamquam non diuturnum adeo in Asia imperium. Fundamentum vero illius jecit PHILETÆRUS, Eunuchus & custos Regiæ Gazæ à Lysimacho constitutus, ita tamen ut arrepta vi dominationis, insigni & nomine Regio eundem abstinuisse doceat Strabo Hoc ipsum vero egregie firmant PHILETÆRI ejusdem Nummi mihi non semel inspecti, cum corona laurea vice diadematis, ac nuda inscriptione ΦΙΛΕΤΑΙΡΟΥ· qualem etiam è penu Farnesiana in Imaginibus suis adtulit Ursinus. Strabonem tamen arguere videtur alter ejusdem Philetæri Nummus cum inscr. ΦΙΛΕΤΑΙΡΟΥ ΒΑΣΙΛΕΩΣ, à Goltzio in Thesauro descriptus, & qualem se vidisse aliquando testatur illustris Scaliger. Ut vero haud in animum induxi oculatis testibus temere fidem detrahere, sic adserentes egregie Strabonis locum Nummos etiamnum in præclaris Cimeliarchiis obvios præterire non debui. An vero Nummus ejusdem Mediceus, caput laureato Diademate vinctum præferat, sicut videbatur erudito nuper illius Gazæ custodi, nummi ipsius adspectus docere poterit, cujus equidem haud satis nunc recordor, ut quid certi ea de re velim aut possim statuere. Neque tamen diffiteor existimare me verisimilius, aliud quid potius quam diadema, quo abstinuisse Philetærum dicit Strabo, Nummum illum præ se ferre. Eo certe carent, quos alibi hactenus me vidisse memini. Quibus etiam accedere videtur Appianus, qui Philetærum Pergami Dynastam, omisso Regis nomine ac proinde insigni commemorat; Περγάμε, inquit, δυναςεύσας. Neque aliter Lucianus in Macrobiis hunc Philetærum docet primum Pergamenorum imperium fundasse ac retinuisse licet Eunuchum; eundemque octogenarium

vita

Lib. XIII.

Lib. III. Can. Isag.

vita functum, nulla ibi, consueto alias more, Regii tituli facta mentione. Corrupti vero ibidem Luciani codices saltem in Salmuriensi editione, neque alia jam ad manus, ubi Φιλαίτηρ@ pro Φιλέταιρ@ legitur. De vi nempe ac potestate securus, titulos facile & insignia omisit, ἢ πᾶσα Βασιλέως εἶχε τίω τ᾽ προηγερίας, & omnia Regis habuit, excepto nomine; ut de Bagoa Persarum Satrapa Diodorus loquitur; ac de Sosthene Justinus, eum ab exercitu Regem appellatum, compulisse milites jurare non in Regis, sed in Ducis nomen. Immo quod de Philetæro innuit Strabo, id de Attalo etiam inter ejus successores notat Polybius; illi præter nomen Regis & Diadema, nihil ad regnum defuisse. Scilicet vivente adhuc fratre Eumene: eo enim mortuo Regio nomine & insigni ornatus, ut aliunde constat; quem & Philadelphum cognominatum ex Luciano observo, sicut successorem ejus Philometorem dictum aliunde constat. Alias adsumptum quidem nonnunquam Regis nomen, omisso tamen Regio vinculo; ut de AGATHOCLE Syracusanorum Tyranno refert Diodorus, eum admisso Regis titulo diademate tamen abstinuisse. Id vero Nummi adhuc ejus arguunt, inscripti ΑΓΑΘΟΚΛΕΟΤΣ ΒΑΣΙΛΕΩΣ (licet eum auctore Plutarcho non Regem, sed νησιάρχον vocaret Demetrius) sed sine illo vinculo, frequentius etiam sine illius effigie. Quamquam etiam ne quid dissimulem, unum aut alterum nummum videas hujus Agathoclis in Sicilia Parutæ, cum illo Regio insigni. Verum crederem facile non omnes id genus Nummos, qui Regum Siciliæ capita præferunt, florentibus iis percussos; sed nonnunquam etiam diu post eorum mortem renovatos quasi ad memoriam superiorum temporum, & quidem in urbe elegantiarum omnium studiosissima. Ut ita

In Mac. ob.
pag. 637.
Lib. XVI

Lib. XXIV.
cap. 5.

Exc. Legat.
XLIII. pag.
919.

In Macrob.
pag. 617.

Lib. XIX.

In Demetrio.

certe

470   Dissertatio Quinta

certe statuam, me impellunt potissimum varia Hieronis & Gelonis Numismata, quorum capita Diademate itidem ornata conspiciuntur; quum tamen eos illo abstinuisse aperte doceat Livius, ac in Hieronymo ejus *usum* ut antea insolitum notet; *Nam quum per tot annos* HIERONEM *filiumque ejus* GELONEM *nec vestis habitu,* NEC ALIO ULLO INSIGNI *differentes à cæteris civibus vidissent, conspexere purpuram ac* DIADEMA, *ac satellites armatos.* Ita NUMAM videas in denariis Gentis Calpurniæ vinctum Diademate, quum tamen neque illum neque alios Romanorum Reges eo usos satis constet. Quod si non aliunde liqueret, certe fidem faceret Justinus, de ætate quâ vixit Romulus, *per ea adhuc tempora Reges Hastas pro* DIADEMATE *habebant, quas Græci sceptra dixere.* Neque etiam inter ea imperii insignia, quæ ab Etruscis Romam leguntur delata, ulla Diadematis apud auctores mentio. Adeo ut satis mirari non possim supinam eruditi alias, neque leviter ab his litteris instructi Jurisconsulti, Andreæ Tiraquelli incuriam; qui ex Dionysio scilicet observat, Diademata Regum Persarum & Lydorum fuisse quadrata, Etruscorum vero & Romanorum figura semicirculari; quum tamen id diserte non de Diademate, sed de Toga observet Dionysius, neque eo loco ulla apud eum Diadematis mentio aut vestigium. Ut mittam absurdum illud de quadrato scilicet Persarum Regum Diademate, quod sinuatum in orbem supra è Nummis & Tacito vidimus, ac vinculi illius ratio satis superque arguebat. Ad sua itaque tempora & familiarem Regibus morem respiciebant id genus artifices, monetarii, pictores, sculptores (quod vulgo illis solemne) in exprimendis superioris memoriæ Heroibus aut illustribus viris. Unde & vulgo ab iis revincta simili

Lib. XXIV. *cap.* 5.

Lib. XLIII. *cap.* 3.
Dionys. Halicarn. lib. III.

Io Annot. ad Alex. ab Alex. lib. 1. cap. 28.

Lib. III.

mili Diademate Dearum etiam capita, ut præter statuas antiquas, Nummi passim Junonem, Venerem, Dianam, eo ornamenti genere conspicuas nobis ante **oculos ponunt.** Immo id Poetis etiam, quibus æqua semper ac pictoribus fingendi potestas, solemne observo, ut quum vel à Juvenali Quirino Diadema tribuitur,

Ancilla natus Trabeam & Diadema Quirini. Satyr. VIII.
vel à Seneca Atreo Argivorum Regi, *falso comam Vincló* In Thyesti. *decentem,* aut Thyesti ab Atreo apud eundem, *imposita capiti vincla venerando gere*: more tamen per ea tempora apud Græcos ignoto nec nisi post plures ætates ex Oriente à Macedonibus deducto. Justinus, *Post hæc* Lib. XII. *Alexander habitum Regum Persarum, &* DIADEMA IN- cap. 3. SOLITUM *antea Regibus Macedonicis, velut in leges eorum, quos vicerat, adsumit.* Unde Diadema prius *Persicum,* postea *Macedonicum* ac *Pellæum* dictum in superioribus notavimus. Quo respexit etiam Auctor Macca- Maccab. i. 1. bæorum, qui ut novum quid ac insolitum observat, omnes scilicet Alexandri successores, eorumque filios Diademata sibi vindicasse. Immo ut de prædictis Agathoclis Nummis id in specie statuam, ex cælatorum nempe ingenio profectum, quod in uno vel altero occurrit Diadema, suadent præterea cum Diodorus, qui Lib. XX. loco Diadematis Coronam eum gestasse, tanquam in perpetuo sacerdotio, observat; tum Ælianus, indicata Var. Hist. etiam ejus rei causa, myrtea scilicet corona texisse de- lib. XI. c. 4. formis capitis calvitiem: quo nempe consilio nosti Jul. Cæsarem lauream fronti adaptasse, ut ex Suetonio & Nummis ejusdem obvium. Ratio autem hujus instituti, cur licet adsumpto Regio nomine, id præcipuum ejus insigne Agathocles aliique ex humili & privata fortuna vel Conditores imperiorum facti, vel liberæ

quon-

quondam patriæ Tyranni, omitterent, ex eo videtur profecta, quod Diadema illud tanquam recenter ab Alexandri succesſoribus è Regio Perſarum dominatu depromptum, tum in omnium oculos incurrens, novitate ſua vel faſtu majori cum invidia conjunctum videretur. Prius illud aperte ſatis innuit Diodorus, cum tradit loco ſupra indicato, Agathoclem Regis titulum adſumſiſſe exemplo ſucceſſorum Alexandri, ſed ſine Diademate quod ipſi uſurparunt; & quidem primi Antigonus ac Demetrius, ut id obſervat ac ſugillat ſimul gravis auctor Plutarchus. Poſterioris vero, minuendæ nempe invidiæ, fidem etiam facit Nicolaus Damaſcenus, qui refert poſtremum Regem Syriæ Demetrium, Myrinam Samiam meretricem Regii faſtigii conſortem habuiſſe, excepto Diademate. De Philippo autem ultimo Macedonum Rege aperte Livius; *quod populariter dempto* CAPITIS INSIGNI *purpura atque alio Regio habitu æquaverat, cæteris ſe in ſpeciem: quo nihil gratius eſt civitatibus liberis.* Ut facile liqueat, cur tam diu ab eo inſigni abſtinuerint Romanorum Cæſares; aut cur idem oblatum Julio, cauſam illi exitii acceleraverit. Alias non ſponte ſemper, ſed nonnunquam à majori poteſtate compulſi, gentis alicujus principes regiam illam frontis notam omiſerunt; ſicut de Hircano obſervat Joſephus, eum cum in Pontificatu, tum in Principatu gentis à Pompeio reſtitutum, ſed ita, ut uſus Diadematis illi prohiberetur, Διάδημα δὲ φορεῖν ὀκώλυσεν. Non ſolum autem Diademate, ſed & nomine Regio unum ferme inter ſucceſſores Alexandri CASSANDRUM abſtinuiſſe, obſervat alicubi Plutarchus: ubi commemoratis Antigono, Demetrio, Ptolemæo, Seleuco, Lyſimacho, qui Diademate uſi, Regis inſuper titulum adſumſerant, addit; ΚΑΣΣΑΝ-
ΔΡΟΣ

ΔΡΟΣ ᾗ (non Κάσανδρ۞.) τ̃ ἄλλων αὐτῶν ΒΑΣΙΛΕΑ *In Deme-*
καὶ γραφόνίων καὶ καλόύνίων, αὐτὸς ὥασερ πρότερον εἰώθει, τὰς *trio.*
ἐπιτολὰς ἔγραψε; *At* CASSANDER *aliis* REGEM
eum scribentibus & vocantibus, ipse pristino suo more scripsit
Epistolas. Quod certe eximie illustrant superstites Nummi ejusdem Cassandri, in quibus caput ejus loco Diadematis leonino spolio ornatum, & in aversa parte Equitis figura, cum solo nomine ΚΑΣΣΑΝΔΡΟΥ visitur, citra ullum ΒΑΣΙΛΕΩΣ seu Regis mentionem, sicut vel sequens Icon fidem abunde faciet.

Unde utique liqueret, minus accurate Justinum vel Trogum, Regis titulum eidem Cassandro aliquoties non solum tribuere, quod forte aliorum exemplo, qui juxta Plutarchum eundem illi deferebant, defendi posset, sed insuper notare, eum Antigoni, Demetrii ac Ptolemæi exemplo, qui Reges se jusserant appellari, idem quoque factitasse, quibus auditis, CASSAN- *Lib.* 1 v.
DER *& Lysimachus & ipsi* REGIAM *sibi majestatem vindicarunt.* *cap.* 1.
De Lysimacho liquidum cum ex auctoribus, tum ex Nummis inscriptis passim, ΛΥΣΙΜΑΧΟΥ ΒΑΣΙΛΕΩΣ. De Cassandro negat id aperte Plutarchus, tale quid eum sibi adrogasse, & superior etiam nummus eidem suffragari videtur. Verum his rursus intercedunt alii Nummi ejusdem Cassandri, cum apud Goltzium, tum in Thesauro Mediceo, qui Regis eidem titulum deferunt, ΚΑΣΣΑΝΔΡΟΥ ΒΑΣΙΛΕΩΣ. Quæ diversitas ea de re vel Auctorum vel Numismatum ita debet conciliari, ut cum Plutarcho eo Regis
titulo

474   Dissertatio Quinta

titulo vulgo abstinuisse in litterarum inscriptionibus Cassandrum statuamus, eundem tamen ei passim ab aliis tributum, quod ille etiam innuit, & ab obnoxiis civitatibus cum ejus effigie publico ære percussum. Liceat etiam in hanc classem adscribere antiquiorem adhuc Cariæ Dynastam HIDRIEUM, quem ante Cassandrum, cui Caria obtigit, & florente adhuc Persarum imperio, Caribus præfuisse tradunt scriptores antiqui, Diodorus, Plutarchus, Arrianus. Eum vero Regio etiam nomine abstinuisse, quod vulgo illi Græcorum auctorum interpretes male largiuntur, liquet ex antiquo & insigni ejus Nummo, quem è Museo suo novissime protulit decus horum studiorum Seguinus; in quo hinc solis effigies, illinc senex barbatus Bipenni & hasta instructus, cum inscr. ΙΔΡΙΕΩΣ.

In Agesilao.
Quæ firmat iterum Plutarchus, apud quem occurrit alicubi brevis Epistola ab Agesilao scripta πρὸς ΙΔΡΙΕΑ τ̄ Κᾶρα ad HIDRIEUM *Carem*, citra ullam Regis **mentionem**. Reliqua quæ ad Nummum spectant, è laudato modo Seguino petat lector. Cæterum ut ad PERGAMENORUM Reges, quorum occasione instituta hæc notatio, ac in specie ad ATTALOS redeamus, occurrit fateor quidam Nummus, quem hic habes depictum, hinc cum capite galeato, illinc cum Aquila supra Labyrinthum, duobus Pilcis utrinque ac

In Museo Christinæ Reginæ.
duabus stellis, inscr. ΑΤΤΑΛΟC ΒΙΑΝΩΡΟC.

At

At vero nihil ad Reges Attalos adtinere hunc Nummum (ut quibusdam tamen placuisse memini, sola nominis conjectura ductis) facile equidem mihi persuadeo; qui & Regium nomen, quod hic abest, dicuntur gestasse, & alios, quam ejusmodi BIANOREM parentem habuisse, cujus filium Graecorum more innuit se iste Attalus nummo inscriptus. Accedit similis plane Nummus cum eisdem in utraque parte symbolis, quem notavi itidem in Gaza Christinae Augustae, unde superiorem iconem expressimus; qui jam non Attalum Bianoris, sed aliud nomen praefert vetustate ferme exesum, ΦΑΙΝΙΠ. ΠΟC. signati nempe illi & similes Nummi mea sententia in Insula Creta, & quidem in Metropoli quondam ejus Cnosso; ut colligo cum ex Labyrintho, qui vulgo in Cnossiorum nummis occurrit, quales plures habet Gaza Medicea, unum etiam cum stella praeter Labyrinthum; tum praeterea ex Aquila, quae ut Jovis ΚΡΗΤΑΓΕΝΟΤΣ (sicut vocatur in rarissimo nummo, quem vulgavit Tristanus, & videbam nuper archetypum in Cimeliarchio Collegii Claromontani) ales, frequens in Numismatibus Cretensium; qualem supra in Nummis Hierapytniorum ejusdem Insulae insculptam etiam vidimus. Gemini autem illi Pilei & Stellae, juxta nota & familiaria in Nummis antiquis symbola, Dioscuros innuunt. Nomina

mina vero illa cum ATTALI BIANORIS, tum alterius PHÆNIPPI, aut similis appellationis, totidem significant loci Præsides, sub quibus Nummi id genus apud Cnossios percussi: juxta morem nempe in Græcorum Numismatibus obvium, ac Cretensis Hierapytnæ exemplo supra etiam adsertum, quorum Nummi cum eodem symbolo, solo Magistratus nomine distincti occurrebant. Præsidum cæteroquin id genus apud Cnossios meminit alicubi Arrianus, προστάτης χειροτονηθείσας Κνωσίων (non ut ibi legitur Κνωσίων) *ut declareris Præses Cnossiorum*. Plures certe BIANORES, cujus filius superior Attalus, apud Græcos olim appellati, iique alicujus dignationis homines; qualis aut ille Conditor Mantuæ juxta Servium, divino vati commemoratus,

Dissert. lib. III. cap. 9.

Ad Eclog. IX.

——— *namque sepulcrum*
Incipit apparere BIANORIS;

Lib. XXXIII. cap. 16. aut alter è primoribus Acarnanum apud Livium; *Archelaus & * BIANOR, *principes gentis Acarnanum ambo*. Et in eo versabar, quum opportune incidit, adnotatum mihi alium Nummum in eadem Gaza inclytæ Reginæ eum iisdem symbolis, capitis galeati nempe in anteriori parte, Aquilæ autem in aversa, cum duobus itidem Pileis, & inscript. ΑΠΑΜΕΩΝ ΜΕΝΕΚΛΕΟΥΣ. Unde jam optio datur lectori, superiorem, de quo agimus, Nummum, aut Cnossiis ob priores conjecturas easque non contemnendas, aut vero Apamensibus adscribendi.

Conclusio Dissertationis, cum explicatione aliquot Nummo-

Mitto jam alia sexcenta, quæ ad illustrationem HISTORIÆ veteris GRÆCORUM aut BARBARORUM antiqui Nummi nobis insuper ob oculos ponunt. Quot REGUM aut ILLUSTRIUM Capita in iis adhuc expressa; quæ partim nominis aut loci adpositione

DE PRÆST. ET USU NUMISM. 477

ne nota, aut de quibus aliunde licet conjecturam face- *rum singu-*
re; partim iisdem notis destituta, & ignota proinde *larium.*
etiamnum, in illustribus Cimeliarchiis occurrunt? Cujus postremi generis en tibi ectypum præclari Nummi
aurei Gazæ Palatinæ, cum imberbis & **diademate** revincti effigie, illinc cum capite turrito.

An forte Cappadocum, an Cypriorum, an Cretensium, an vero Commagenorum Rex, quod initialis illa littera K in aversa parte signaret; sicut alias A. Argivos, Χ Achaios, E. Epidaurios, & similia designant
in antiquis Nummis? Quam venustus itidem Nummus argenteus ejusdem Gazæ Palatinæ, qui hinc Martis caput galeatum, illinc dimidium Equum, solitum
Carthaginensium symbolum exhibet.

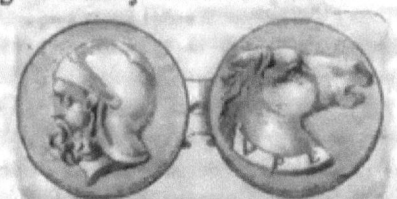

Cui haud dissimilem inter DIONYSII Siciliæ Tyranni Nummos relatum à Goltzio & Paruta videas.
Quot præterea Gentium vel Urbium CONDITORES aut HEROES ex eadem supellectile Nummaria
eruuntur ac illustrantur? Quam præclarum in eo genere Numisma Mediceum, in quo hinc caput laureatum cum inscr. ΤΕΡΜΗССΕΩΝ, illinc figura seminuda-

Ooo 3

478 DISSERTATIO QUINTA

nuda sedens cum parazonio, vel clava, & epigraphe ϹΟΛΤΜΟϹ? Antiquus nempe Termessensium Heros SOLYMUS, à quo & promontorium supra Termessum, dictum Solymus, & ipsi Termessenses Soly-
Lib. XIII. mi, ut Strabo jam olim vidit, & quem consulere eâ de re poterit eruditus lector. Ad quem Heroëm referri debet proinde illud, quod legebam nuper in veteri epigrammate **inedito** codicis quondam Palatini, jam Vaticani,

Δῶρον ΤΕΡΜΗΣΣΟΙΟ διδασκαλίης χάριν ἁγνῆς
Εὐσεβίης θεράπων ἧκε ΘΕΩ τὸ γέρα.

Donum TERMESSI *puræ institutionis ergo Pietatis cultor hoc* DEO *præmium dedicavit*. Haud alius nempe ille Termessi Deus, quam hic Solymus Heros ejus loci. Ex superioris Nummi fide præterea, aliorumque ejusdem loci, quales plures vidisse memini, inscriptos itidem omnes ΤΕΡΜΗΣΣΕΩΝ, emendare licet corruptum vulgo TERMESSI Lyciæ, seu juxta alios Cariæ Urbis apud varios auctores nomen: quemadmodum a-
Lib.XII. in pud hunc ipsum **Strabonem**, cui indicato loco recte
Atticis. Τερμησσός, alibi male Τερμησσόν; tum insuper apud Pau-
ᵃ Exc. leg. saniam, Τερμισσεῖς; Stephanum Τερμισσός ᵃ; **Polybium**
XXXVI. vero Τελμισσῷ; ᵇ Arrianum Τελμισσοὺς & Τελμισσεῖς;
ᵇ Lib. I.
ᵃᵈ. ἀναβ. ᶜ Aristidem Τελμισσέως; ᵈ Gregorium Theologum, Τελ-
ᶜ Sac.Serm. μισσέων. Ex qua posteriori lectione passim à librariis re-
I.
ᵈ Orat.I.in cepta, has voces nempe Τερμησσόν & Gentile Τερμησσούς,
Jul.p.100. in Τελμισσές & Τελμισσούς mutantibus, profectus iti-
ⁱ. de Divi- dem error, qui Ciceronem & Livium adhuc obsidet:
nit. Cicero quidem, *Tum Caria tota præcipueque Telmessus*,
Lib.xxxvii. paullo ante, *Telmessus in Caria est*; Livius autem, *Tel-*
cap.56. *missium item nominatim & castra Telmissium, præter agrum qui Ptolomæi Telmissii fuisset*; Item *Rhodiis Lyciæ data extra eundem Telmissum & castra Telmissium*. Vera enim hujus

loci

DE PRÆST. ET USU NUMISM. 479

loci scriptura *Termeſſus*, non vero *Telmeſſus* aut *Telmiſ-*
ſus, minus autem *Telmiſcus*, ut exiſtimabat doctiſſimus
Bochartus. Quid memorem rurſus alium Nummum
raritate & elegantia ſingularem, **quem** Thomæ Chiſ-
ﬂetio, avitæ & fraternæ laudis æmulo, **acceptum** feret
Lector, qui eundem è Cimeliarchio Chriſtinæ Auguſtæ depromptum ad me tranſmiſit?

Quam pulcre vero ille Commentarii vicem præſtat divino Vati,

Ἀλλ᾽ οἷον τ᾽ Τηλεφίδην κατηνήρατο χαλκῷ   Homer.
ΗΡΩ᾽ ΕΥΡΥΠΥΛΟΝ, πολλοὶ δ᾽ ἀμφ᾽ αὐτὸν ἑταῖροι   Odyſſ. Λ.
ΚΗΤΕΙΟΙ κτείνοντο, γυναίων εἵνεκα δώρων.

Κεῖνον δὴ κάλλιστον ἴδον μετ᾽ Μέμνονα δῖον.

Sed qualem Telephidem proſtravit ferro HEROA EURY-
PYLUM, *multi vero circa illum ſocii* CETEII *interfecti*
ſunt muliebria propter dona. Illum vero pulcherrimum vidi
poſt Memnona divinum. Scilicet non idem ſolum oris
decor, eademque HEROIS appellatio in ſuperiori
Nummo, ſed præterea (quod erudite etiam notaverat amiciſſimus Chiﬄetius, litteris una cum tranſmiſ-
ſo Nummi ectypo ad me datis) ſolutio inde eruenda
illius ænigmatis, quæ Strabonem fugit, dum ejuſdem
Poëtæ verſus recitans, addit; Αἴνιγμά τι τιθεὶς ἡμῖν μᾶλ- Lib. XIII.
λον, ἢ λέγων τι σαφές. Οὔτε γὰρ τοὺς ΚΗΤΕΙΟΥΣ ἴσμεν
ὥς τι-

ἃς τινας δέξαιτό δεῖ; ὅτι τ̃ γυναίων ἕνεκα δώρων. ἀλλὰ ἢ οἱ Γραμματικοὶ μυθάρια παραβάλλοντες ὡρεολογοῦσι μᾶλλον ἢ λύουσι τὰ ζητούμενα. *Quibus quidem verbis ænigma potius nobis proponit, quam ut diserte aliquid exponat; Nam non constat* QUOS CETEIOS *intelligere debeamus, neque quid sibi velint muliebria illa dona. Grammatici etiam dum fabellas adducunt, non tam solvunt quæstiones, quam rationes commiscendo indulgent.* Grammaticorum id genus de hoc loco expositiones videre adhuc hodie licet apud Eustathium, sed qui inter alia notat opportune, Ceteios hujus Eurypyli comites, dici quibusdam Pergamenos,

Pag. 1697. ἄλλοι ἢ Κητείους Περγαμηνοὺς ἐνόησαν. Id vero egregie firmat simul ac illustrat superior Nummus, qui à Pergamenis tamquam Eurypyli quondam sociis vel adseclis, signatum eundem Heroa repræsentat. Neque vero obscura erat ratio hujus appellationis, ex eo nempe profectæ, quod fluvius Cetius aut Ceteius præterflueret hanc

Lib. v. cap. 30. Urbem, ut Plinius diserte observat; *longeque clarissimum Asiæ* PERGAMUM, *quod intermeat Selinus, præfluit* CETIUS, *profusus Pindaso monte.* Hinc ergo Pergameni, haud minus ac vicini alii accolæ, Ceteii: sicut notum varia jam olim exstitisse cognomina fluviis loca,

In voce Ἀκράγαι. & ab iisdem denominata, ac apud Siculos quidem frequenter, quod Duris apud Stephanum de Urbibus docet, & firmat exemplis *Syracusarum, Gelæ, Himeræ, Selinuntis, Phœnicuntis, Erycis, Acragantis,* & plurium id genus. At vero ne quid dissimulem, occurrit etiam similis plane Nummus in Gaza Medicea, cum iisdem symbolis & nominibus, nisi quod loco ΠΕΡΓΑΜΗΝΩΝ, legat in eodem eruditus ejus Cimeliarcha, Η ΚΑ-ΛΛΑΜΙΝΙΩΝ. Ita etiam ejusdem Reginæ nummum, cujus Iconem, qualis ab amicissimo Chiffletio transmissa, modo expressimus, legisse antea videbantur eruditi

diti Urbis antiquarii, ex ea nempe, quæ ad eos dimanaverat, Medicei Nummi scriptura. At quum jam Nummi ipsius archetypi inspiciendi accuratius non detur nobis facultas, lubricum videtur ac periculosæ plenum aleæ, his aut illis temere fidem abrogare. Suffragari quidem prima fronte videtur doctis Antiquariis Templum illud Veneris Paphiæ, cum ejusdem nomine ΠΑΦΙΑ, in aversa Nummi parte signatum, cum meta veluti pyramidali in medio; quo habitu Venerem apud Paphios cultam, Tacitus, ut notum, aliique describunt; *Haud fuerit longum initia religionis, Templi situm, formam Deæ, neque enim alibi sic habetur, paucis disserere*, mox: *simulacrum Deæ non effigie humana, continuus orbis latiore initio tenuem in ambitum* METÆ MODO *exsurgens. & ratio in obscuro.* Quæ in superiori Nummo conspicua, eundem proinde à Salaminiis Cypriis potius, quam à Pergamenis Ionibus percussum viderentur arguere. At nihilominus plura sunt longe & certiora, quæ mihi suadent omnino, ut juxta expressam in superiori Nummo scripturam, Pergamenis eundem cum Chiffletio adscribam. Primum quidem, quod in Græcis Numismatibus vetustate sæpe exesæ inscriptiones accuratissimos etiam nonnunquam fugiant, minus proinde in his exercitatis, maxime ob vicinos variarum litterarum ductus crebro imponant, atque ita ad alia trahantur, cujus sexcenta exempla obvia in antiquariorum libris, & quorum etiam haud pauca suis locis in hoc opere notamus. Alterum, quod huic Eurypylo Heroï nihil commune legatur cum Cypriis exstitisse. Plures quidem Eurypylos in ea Trojana expeditione legimus apud divinum Vatem, & quidem alterum ex Co Insula Herculis filium, alterum vero Euæmonis ex Ormenio Thessaliæ oppido, eosque à partibus Græcorum stan-

Tacit. Hist. lib. 11. 2. 3.

Iliad. 8.

tes. Quibus alium insuper Eurypylum addere mihi liceat, cujus mentionem apud Apollonium Rhodium reperio,

Lib. I v.
v. 1561.

Εὐρύπυλον Λιβύῃ θηροτρόφῳ ἐγγεγαῶτα,

Eurypylum Africæ ferarum altricis indigenam,
& quem Neptuni ac Celænæ filium, & Cyrenarum in Africa Regem observat ibi Græcus interpres, adducto etiam eam in rem Callimachi testimonio. Iste vero de quo agimus HEROS EURYPYLUS, Priami è sorore & Telephi filius, ac *Telephides* proinde Poëtæ in priori versu paullo ante adlegato dictus, pro Trojanis dimicans interfectus. Si vero Strabonem consulamus,

Lib. XIII.

auctor ille Telephum Eurypyli hujus patrem, regnasse in ea regione, quæ circa Teuthraniam est & Caicum. Paullo ante vero Teuthraniam dixerat sitam inter Elæam, Pitanen, Atarneum, & Pergamum. Hinc itaque Pergameni in parentis Telephi, & postea filii hujus Eurypyli ditione, ac inde, ut jam intelligimus, & Strabonem tamen fugit, illius ad Trojanam expeditionem comites, sub *Ceteorum* nomine, quod innuit inter alia Eustathius, à Poëta designati. At quod non vidit, saltem non observavit eo loco Eustathius, & mire tamen ad hujus rei & Nummi illustrationem facit, id apud Aristidem reperio, qui Telephum antiquissimum Pergami conditorem docet: duas nempe deductas in eam Urbem Colonias, primam & antiquissimam ex Arcadia à Telepho, secundam, sed dignitate præcipuam ab

Tom. II.
Orat. de
Concord.
p. 304.

Æsculapio, κ) γέγντται τῆς μὲν χρόνοις αὕτη δευτέρα τῆς ἀποικία δεῦρο ἐκ τῆ Ἑλλάδ۞. μ۞ τίω ἐξ Ἀρκαδίας τ᾽ ἄμα ΤΗΛΕΦΩ, τῇ δ᾽ ἀξίᾳ καὶ τῇ δυνάμει πλὺ πρεσβυτάτη πασῶν ἀποικιῶν· *Et quamquam temporis ratione secunda hæc est Colonia,* (de Pergamo loquitur) *è Græcia* POST ILLAM *deducta, quam ex Arcadia* TELEPHUS *cum suis deduxit, dignitate*

DE PRÆST. ET USU NUMISM. 483
gnitate tamen ac potentia omnium est antiquissima. Haud
mirum itaque in hujus originis memoriam, primi
Conditoris sui filium EURYPYLUM nempe Telephidem, ut vocat illum Poëta, publico ære à Pergamenis signatum. Tertium nec minus palmarium aut invictum argumentum, ΠΟΛΛΙΩΝΟΣ seu *Pollionis* nomen eidem Nummo adscriptum suppeditat, nempe
ΕΠΙ ϹΤΡΑ Γ. ΠΟΛΛΙΩΝΟϹ, *sub Prætore Caio Pollione.* Inde vero sicut ex aliis scripturæ indiciis, & Nummi ipsius intuitu ac elegantia, colligo eundem circa Hadriani vel Antoninorum tempora percussum. Ea vero ætate Pollionem quendam Asiæ minori, in qua Pergamus, præfuisse, liquet mihi rursus ex Aristide, qui in sermonibus sacris factum suum quoddam narrat, ἐπὶ ΠΟΛΛΙΩΝΟΣ ἄρχοντ@ τ᾽ Ἀσίας; *sub* POL- Sacr. Serm.
LIONE *Præside Asiæ.* Id etiam pulchre firmat Num- IV. p. 611.
mus quidam Sabinæ, Hadriani Conjugis, ab eisdem
Pergamenis percussus, cum nomine ejusdem Pollionis, ΕΠΙ ϹΤΡΑ. ΠΟΛΛΙΩΝΟϹ ΠΕΡΓΑ. *sub Præ-* In Gaza
tore Pollione Pergamenorum. Quamquam ille Pollio, cu- Christiæ
jus Aristides meminit, sub M. Aurelio demum Asiæ Regiæ.
Proconsulatum gessisse videatur. Accedit postremo,
extra Cyprum viguisse quoque cultum Veneris Paphiæ; & in ejus rei fidem & memoriam, nomen ac simulacrum ejusdem ΠΑΦΙΑϹ, ac etiam Templum sæpe in aliarum Gentium ac Urbium Nummis expressum. Ejus rei exemplum illustre præbet Nummus in urbe Asiæ itidem minoris, nec ita procul à Pergamo
dissita, Sardibus nempe, & quod hic notandum, circiter circa eadem tempora sub Hadriano nempe percussus, cum eodem illo Templo & simulacro Veneris
Paphiæ, ac simili inscriptione ΠΑΦΙΗ, nomine autem
gentili ϹΑΡΔΙΑΝΩΝ. Exstat ille inter collectos à Sir-

Ppp 2   mondo

484 Dissertatio Quinta

mondo nummos in Collegio Claromontano Parisiensi, **quem** ibi cum reliquis anno superiore inspectis opportune adnotasse memini. Nihil itaque mirum aut insolitum, si à vicinis etiam Pergamenis publico ære signatum idem Templum, & adposite quidem Paphiæ Deæ simulacrum in eodem Nummo, quo vel Adoni formosior juvenis, & eo nomine insigniter, ut audivimus, à divino Vate commendatus, depingebatur. Mitto jam quæ illustrandæ illi rei insuper facerent, similia nempe exempla vel Serapidis Alexandrini, vel Dianæ Ephesinæ, quæ sæpe in aliis nummis occurrunt quam vel Alexandrinis vel Ephesinis; quod de postrema erudite jam à te observatum, in eleganti illa tua de Nummo Apamensi dissertatione. Quibus exemplis à te ex hac penu Nummaria congestis liceat hic insuper addere, ut alios mittam, Nummum Gortyniorum Cretensium cum ejusdem Dianæ Ephesinæ seu Πολυμάσ𝛈 effigie, ac inscr. ΓΟΡΤΥΝ. seu *Gortyniorum*. Atque ita vides invictis, ut opinor, argumentis, quam vere & jure optimo insignis iste Nummus hujus Herois Eurypyli, **Pergamenis** sit adscribendus; nihil autem caussæ **vel rei subesse**, cur ad Salaminios Cyprios, quo induxit eruditos Antiquarios Paphiæ Veneris in eodem mentio ac Templum, sit confugiendum. Et hæc quidem scripseram, quum succurrit opportune, inter quorundam rariorum Nummorum icones, quas olim mihi seposueram, unam esse Pergamenorum cum aliqua Ceteii aut Ceteiorum mentione? Neque fefellit exspectatio. Talis enim mihi nummus occurrit sub M. Aurelio à Pergamenis signatus, in cujus aversa parte Æsculapii Pergameni statua cippo innixa, utrinque duo Fluvii recumbentes, cum ramis Apii, ut videtur, aquatilis, infra Coronæ; talis autem inscriptio ΕΠΙ ΓΤΡΑ.

In Museo Christinæ Reginæ.

DE PRÆST. ET USU NUMISM. 485

CTPA. ΚΑΛΛΙϹΤΕΟΥϹ ϹΕΛΕΙΝΟ. ΚΗΤΕΙΟϹ *In Museo*
ΠΕΡΓΑΜΗΝΩΝ Β. ΝΕΩΚΟΡΩΝ, *Sub Prætore Calli-* *Reginæ*
steo, Selinus, Ceteius, Pergamenis Bis Neocoris. *Christinæ.*

De Æsculapio cippo innixo ac Pergamenis singulari
religione culto res obvia; quem secundæ & nobilissimæ
quidem Coloniæ Pergamum deductæ ducem supra ex
Aristide vidimus; unde etiam præcipuus Dei illius
cultus in ea Urbe videtur originem habuisse. Duas vero illas figuras recumbentes cum Apii fluviatilis ramis,
duos Fluvios nobis repræsentare, non solum consuetus ille eorum in Nummis habitus arguebat, sed evin-
cebant continuo adposita singulis nomina ϹΕΛΕΙ-
ΝΟϹ, ΚΗΤΕΙΟϹ; quorum utrumque Fluvium ad
Pergamum spectare liquebat ex adlato supra Plinii loco, optimo & clarissimo hujus Nummi interprete, *Per-*
gamum, quod intermeat ϹΕΛΙΝΥϹ, *præfluit* ΚΕΤΙΥϹ.
Ut vero peculiare quoddam fatum agnoscas in his Pergamenorum Nummis, eundem etiam viderat & ex-
presserat Tristanus, sed ita, ut veram ejus scripturam
non sit adsequutus, & palmarium hic *Ceteii* nomen in-
terverterit. Ita enim tradit ille hujus Nummi epigra- Tom. 1.
phen, ΕΠΙ Β. ΚΑΛΥϹΤΕΟΥ ϹΕΛΕΙ. ΝΟΤΙΩΝ Com. pag.
ΠΕΡΓΑΜΗΝΩΝ ΔΥΣ ΝΕΩΚΟΡΩΝ; ut mittam 641.
aliquod in ipsa icone discrimen, cum in Ramis, tum
ob omissas geminas Coronas. Immo ut dux erroris,

Ppp 3 facile

facile socium aut invenit, aut facit, similis etiam occurrit Nummus in Museo Mediceo, quem dum Tristano nimium tribuit diligens alias ac egregie versatus in antiquaria hac suppellectile Cimeliarcha, ad ejus fidem etiam eundem describit. At certa & indubia, quam tradimus praeclari illius Nummi scriptura, quem consulere poteris in Cimeliarchio Christinae Augustae, unde etiam ejus Iconem sumus nacti, qualem vulgavimus, cum iisdem omnino litteris ac symbolis inde expressam. Ut mittam jam Tristani, praeclare alias de his studiis meriti, quae inde fingit somnia, & quae scilicet Geographos hactenus latuerint: duos nempe fluvios tractum Pergamenum irrigasse, utrumque *Selinuntis* nomine, unde *Selinuncii* dicti eorum accolae: quae omnia fide hujus Nummi & inscriptionis, quam praeferre eidem videbatur, constare existimat. Eum nempe in hunc errorem induxit alius Plinii locus, ubi duos fluvios *Selinuntes* dictos, Ephesi Templum Dianae docet praeterlabi; *Templum Dianae complexi è diversis regionibus duo Selinuntes*. At alius Ephesi, alius Pergami situs; neque nummus iste Ephesinus, sed Pergamenus; neque in eo Templum Dianae Ephesinae, sed statua Aesculapii Pergameni. Ut mittam insuper, quod Tristanum hic fugit, diversam satis utriusque nominis rationem. Fluvius ille, qui Pergamum intermeabat, Σελινός vocabatur, ut docet nummi epigraphe, Plinio *Selinus*. At ille, seu unus, seu geminus, qui propter aedem Dianae Ephesinae praeterfluebat, Graecis dictus Σελλινῶς seu *Sellenus*, qui flectitur *Sellenuntis*. Id me docuit Xenophon, unde superior etiam Plinii locus lucem & emendationem foeneratur; ϰ ἐν Ἐφίσῳ ἡ ϖ℘ῃ τὸν τῆ Ἐφεσίας Ἀρτίμιδ۞ νεὼν Σελλινῶς πόζαμὸς πͻαρρῆι. *Itidem apud Ephesum propter aedem Dianae Ephesiae Sellenus fluvius*

Lib. v.
cap. 19.

ἐξ αὐτῦ.
lib. v.

fluvius præterfluit. Unde liquet apud Plinium legendum *Sellenuntes* pro *Selinuntes*. Cæterum vides quam pulchre cum altero **Plinii loco de situ** Pergami, & duplici fluviorum imagine in Nummo expressa consentanea sit producta à nobis vera ejusdem **Nummi epigraphe**; ac præterea cum iis conveniant, **quæ de Ceteiis** Pergamenis paullo ante sunt à nobis adnotata, unde etiam Homerici ænigmatis, quale Straboni videbatur, certior adhuc & evidentior solutio elucescit. Quid vero prætereám ipsos Heroum præcones, aut prima Urbium id genus decora, SAPIENTIÆ nempe ac LITTERARUM studiis inclytos vultus; ac præ reliquis ipsum illum parentem ingeniorum. HOMERUM, quem præ viri vetustate vel ad artificum ingenium, quod tradit Plinius, effictum (ut alibi jam innuimus) juvat tamen contemplari. Et certe, quo studio olim in tanto cive adoptando nobiles urbes certasse accepimus, eodem in illo effingendo, cum potiores ex iis, tum alia præclara quoque oppida contendisse, lubenter adhuc intuemur. Mitto Chiorum Nummum, abunde jam à Cl. Allatio in magni conterranei gratiam illustratum, & de quo nonnulla etiam supra monuimus; qui nempe hinc Sphingem, illinc Homeri caput exhibet, cum inscr. ΟΜΗΡΟϹ. En tibi vero eundem Melesigenam in duobus rarissimis Nummis expressum, priorem Smyrnæorum, alterum vero Amastrianorum.

Et

DISSERTATIO QUINTA

Et prioris quidem Ectypum similiter indulsit mihi peritus hujus memoriæ cultor, Thomas Chiffletius, quod æreum illud apud Smyrnæos monetæ genus *Homericum* dictum, cujus meminit Strabo, sicut etiam viderat a-
Lib. xiv. micus noster, nobis ante oculos ponit, καὶ δὴ καὶ τὸ ΝΟΜΙΣΜΑ τι χαλκοῦν παρ᾽ αὐτοῖς ΟΜΗΡΕΙΟΝ λέγεται· *quin etiam* NUMMUS *quidam æreus apud eos* HOMERIUS *vocatur.* Scilicet, si Statium audis,

Lib. III.   *Smyrna tibi gentile solum, potusque verendo*
Sylv.   *Fonte Meles.*

Non nostrum equidem tantam inter nobiles has urbes Chium & Smyrnam litem componere. Illud ferme liquidum, eas esse, quæ præ cæteris contendentibus, hujus civis natales potiori quodam jure sibi videntur adrogasse. Hinc apud Smyrnæos, non signatus solum ære ejus vultus, sed & erecta Porticus cum Templo ac Simulacro ejusdem: quod præter Strabonem confir-
Lib. XII. mat etiam Tullius; *Smyrnæi vero suum esse confirmant.*
pro Archia. *Itaque etiam delubrum ejus in oppido dedicaverunt.* Unde iterum huc opportune referas illud Papiniani,
Lib. IV.   *Nectat adoratas & Smyrna & Mantua lauros.*
Epig. 2. Ut jam non mirum sit, Sacerdotes ejusdem Poëtæ
Orat. XIII. ac Ædituos à Themistio adnotari; πολὺς μὲν Ὅμηρε ὑποφήτης καὶ νεωκόρος. Quæ equidem egregie illustrare videtur insigne illud & quantivis pretii Marmor, ante paucos annos in Urbis vicinia ac ditione Colonnensium Procerum feliciter effossum, & quod, ut præcipuum

puum hodie inclyti eorum Palatii decus, singulari cum gaudio & voluptate aliquoties una spectavimus. Exhibet vero illud nobis, cum Templum ac sedentem Poëtam sceptro armatum, & cujus capiti figura muliebris à tergo coronam lauream imponit, & circumstantes Poëtam aliquot figuras, quibus omnibus adscripta hac serie nomina, ΕΥΜΕΛΙΑ, ΚΗΡΟΝΟΣ, ΙΛΙΑΣ, ΟΔΥΣΣΕΙΑ, ΟΜΗΡΟΣ, ΜΥΘΟΣ; tum adpositam ei aram & victimam, plurimasque dein Virtutum, Artium & Musarum figuras, quarum nonnullis in primo ordine positis addita etiam nomina, ΙΣΤΟΡΙΑ, ΤΡΑΓΩΔΙΑ, ΚΩΜΩΔΙΑ, ΦΥΣΙΣ, ΑΡΕΤΗ, ΜΝΗΜΗ, ΠΙΣΤΙΣ, ΣΟΦΙΑ; denique eundem Poëtam quasi consecratum ac in Deorum numerum adscriptum, ac montis Olympi, ut videtur, fastigio impositum, addito, more consueto in præclaris Græcorum statuis & marmoribus, artificis nomine, ΑΡΧΕΛΑΟΣ ΑΠΟΛΛΩΝΙΟΥ ΕΠΟΙΗΣΕ ΠΡΙΗΝΕΥΣ, *Archelaus Apollonii filius fecit Prienensis.* Sed de præclaro & insigni Marmore forte alibi accuratius: meretur enim publice exstare, & peculiari commentario illustrari, quod à te etiam præstitum iri aliquando significabas, idem vero vel obiter hic in Lectoris gratiam indicasse, haud illi ingratum, certe ab hoc loco haud alienum existimavi. Magnam equidem illius Marmoris vetustatem, cum alia arguere mihi videntur, tum in primis antiquissimæ in eodem scripturæ vestigia, ut in voce ΚΗΡΟΝΟΣ, ubi duas litteras Κ Η videas litteræ χ locum occupare, juxta morem apud Veteres illos Græcos receptum, antequam primævis sexdecim litteris, ut norunt eruditi, posteriores illæ adspiratæ adderentur. Sed hæc aliaque eo spectantia melius ad ipsum Marmor excutientur. Alter vero Nummus cum HOMERI itidem

dem ac fluvii Meletis effigie in aversa parte, & inscr. ΜΕΛΗC, haud minus Smyrnæis patrocinari videtur, **quorum** urbem fluvius ille, ut notum, circumfluit. Falluntur enim eruditi antiquarii, qui ob adscriptum ΑΜΑCΤΡΙΑΝΩΝ seu *Amastrianorum* nomen, Smyrnæorum coloniam fuisse Ponticam Amastrin, ac ideo Nummo illo Meletem insculptum. Altum certe apud veteres de ea deductione silentium. Condita ab Amastri Heracleæ, **ut** paulo ante vidimus, Regina hæc urbs σωώνυμ⊙·, & si Strabonem audimus, ex quatuor pagis, Sesamo, Cromna, Cytoro & Tio. Mansit illa inde in ditione Heracleensium, donec ab iis avulsa fuit à vicinis Bithyniæ Regibus, ut liquet ex Memnone apud Photium. Celebre vero nomen progressu temporis inter nobiles Ponti urbes nacta, maxime sub imperio Cæsarum; unde Plinio juniori laudatur, *Amastrianorum civitas & elegans & ornata, habet inter præcipua opera pulcherrimam eandemque longissimam plateam*. Hinc eandem sapientiæ quoque & litterarum studiis floruisse, vel ex Luciano colligas; qui in eam se profectum docet, ut ulcisceretur Alexandri illius impostoris, cujus histrioniam describit, impietatem, haud paucos ibi ad eam rem adjutores nactus, & maxime Philosophos è Timocratis schola. Ut non immerito eandem Urbem ob Philosophorum in ea copiam odio prosequeretur hic Pseudomantis. Unde etiam factum videas, ut in Urbe florente eruditorum copia & litterarum cultu eruditorum ac sapientum apud Græcos Deus & parens HOMERUS ære quoque signaretur. Quia vero vulgo ille MELESIGENES dictus, quasi fluvii MELETIS filius, qui Smyrnam, ut notum, circumfluit; hinc ΜΕΛΗC quoque in aversa nummi parte expressus, nomine etiam ejus addito. Frustra vero sunt, qui inde aliquam Smyrnæorum

vel

vel Amaſtrianorum cognationem quærunt; aut indubium Coloniæ deductæ argumentum. Ita alium adhuc notavi nummum, cum in Muſeo Regio Parienſi, tum in Cimeliarchio Reginæ Chriſtinæ, qui hinc Homerum iterum ſignat, cum inſcr. ΟΜΗΡΟϹ; illinc vero caput turritum ac epigraphen ΑΜΑϹΤΡΙϹ, ut vel inde ſingulare quoddam hujus urbis in hunc Poëtam ſtudium eluceſcat. Id enim pridem receptum apud Græcos, aut à Græcis profectas urbes, ut etiam extra contendentes de ejus natalibus, Templis ac ſimulacris Ἥρως ille καὶ Δαίμων, juxta Pythium Apollinem declaratus, colerctur. Hinc & à Ptolemæo Philopatore exſtructum huic Heroï Templum, ipſe vero decore ſedens collocatus: quo habitu ſuperior Smyrnæorum Nummus, ac Marmor paullo ante indicatum eundem repræſentant. Duos certe adhuc Nummos poſſidet Gaza Chriſtinæ Auguſtæ, hunc ipſum Meleſigenem effingentes; unum ſub M. Aurelio percuſſum cum Poëtæ capite & inſcr. ΟΜΗΡΟϹ ſine alia loci nota, ſaltem quæ hodie poſſit in eodem legi; alterum ab Ægienſibus cuſum Severi temporibus, cum effigie Homerum itidem referente, ut videbatur principi Urbis Antiquariorum, ac Nummi ejuſdem quondam poſſeſſori Fr. Gottifredi. Neque aliter PYTHAGORAS occurrit non ſolum in nummis Samiorum ſub Commodo & Gallieno ſignatis, cum inſcr. ΠΥΘΑΓΟΡΗϹ ϹΑΜΙΩΝ; ſed præterea, ut exiſtimabat idem Gottifredus, in nummo quodam Nicæenſium, quem inclytæ Reginæ, una cum reliqua ſua penu Nummaria addixit. Quid jam referam Urbium ipſarum prærogativas & privilegia iiſdem Nummis, tanquam totidem Columnis aut æreis Tabulis, ad poſteritatis memoriam prodita? *Jus* nempe *ſacri & inviolati ſoli*; *ſuarum legum*; *Libertatis*; *Metropoleos* aut

Julian. Orat. III.
Ælian. Var. Hiſt. lib. XIII. c. 22.

Pri-

DISSERTATIO QUINTA

Primatus; *Coloniæ*; *Ædituæ* denique & *Coronigeræ*; quæ singula tot Nummi Græcarum & Asiaticarum Urbium iisdem largiuntur : ut vel eo nomine fecunda proveniat haud vulgarium observationum seges, quas alio & peculiari loco trademus? Quid dicam erecta in iisdem Urbibus Opera, Templa, indictos solemnes earundem *Ludos* & publicos *Conventus*; *Societates*; *Concordiam*; *Fraternitates* denique, quæ in iisdem commemorantur? Quid singularum jam Urbium aut Provinciarum *Præsides*, *Proconsules*, *Sacerdotes*, *Asiarchas*, *Scribas*, aliosque Magistratus vulgo etiam non obvios; cujus generis unum hic exemplum & illustre quidem juvabit in medium adferre, elegantem nempe Smyrnæorum Nummum, in nupera collectione Cl. Galliæ antiquarii, ejusdemque utriusque nostrum amicissimi Seguini occurrentem, cum inscript. ΣΜΥΡΝΑΙΩΝ ΠΡΥΤΑΝΕΙΣ.

Vides in anteriori parte caput turritum, consuetum Urbium symbolum, in aversa vero figuram muliebrem at velatam stantem cum calatho in capite, & Victoria in sinistra. Hanc vero Vestæ seu Ἑςίας figuram facile crederem, quæ in Græcarum urbium Prytaneis colebatur, & cujus simulacrum in iisdem erigi solebat, juxta Pindari Scholiastem; ΠΡΥΤΑΝΕΙΑ φασὶ λαχεῖν τὴν ΕΣΤΙΑΝ, παρ᾽ ὅσον αἱ τ πόλεων ΕΣΤΙΑΙ ἐν τοῖς ΠΡΥΤΑΝΕΙΟΙΣ ἱδρυνται· PRYTANEA *dicunt sortitam* VESTAM, *unde Urbium Vestæ in* PRYTANEIS *statuebantur*. Hinc primus etiam Vestæ in urbibus illis Græcis

In Od. 11. Nem.

aut

DE PRÆST. ET USU NUMISM.   493

aut Asiaticis cultus; unde Cyrus Sardes victor ingressus, primum Vestæ, dein Jovi, aliisque Diis rem sacram fecisse apud Xenophontem legitur; ἐπεὶ ἢ εἰσῆλθεν ὁ Κῦρ@, πρῶτον μὲν ΕΣΤΙΑ ἔθυσαν, ἔπειτα Διῒ Βασιλεῖ, καὶ εἴ τινι ἄλλῳ Θεῷ οἱ Μάγοι ἐξηγοῦντο· *Quum ingressus esset,* PRIMUM VESTÆ *rem sacram fecit, deinde Jovi Regi, & si cui alteri Deo Magi sacrificandum indicarent.* Neque vero negotium facessent adscripti nummo Smyrnæorum ΠΡΥΤΑΝΕΙΣ; quales passim in Græcis Urbibus præter Athenas exstitisse, ut Rhodi, Mileti, Tenedi, Argis, Thasi, Mytilenis, Ephesi, erudite ad Athenæum notat ὁ πάνυ Casaubonus. Apud Rhodios certe summum fuisse eo nomine magistratum, & pleno cum imperio observo ex insigni eam in rem Appiani loco, οἱ μὲν δὴ τ᾽ Ἀλέξανδρον ἐκ τούτων εἵλοντο σφίσι Πρυτανεύειν, ὅπερ ἐστὶν ἀρχὴ παρ᾽ αὐτοῖς μάλιστα αὐτοκράτωρ· *illi vero ea de causa Alexandrum elegerunt sibi* PRYTANEM, *quæ apud eos dignitas omnium maximam habet* auctoritatem. Inde vox illa Πρυτανεύειν, qua Appianus utitur, ab Ecclesiasticis scriptoribus, & à Gregorio Theologo non semel de Deo omnia moderante dicta, ut in funere sororis Gorgoniæ, ὁ Θεὸς πρυτανεύων@. Cæterum prædictis modo urbibus addendi jam Smyrnæi, ut arguit hic Nummus; & firmat insuper tum decretum Smyrnæorum de renovando Fœdere cum Magnesiis, ubi horum Legati dicuntur à Senatu invitandi ἐπὶ ξενισμὸν εἰς τὸ ΠΡΥΤΑΝΕΙΟΝ, *ad hospitales epulas in* PRYTANEUM: tum ipse Smyrnæus Aristides, qui alicubi (quod ad Smyrnæorum Marmor præteriit notare Cl. Seldenus) se inter eosdem Patriæ suæ Prytanes nominatum docet; εἴσω ἡ ἀρχαιρεσίαν κατ᾽ ἐκεῖνον τ᾽ χρόνον ΠΡΥΤΑΝΕΙΑΙ περιέβαλέ με ἡ βουλὴ δυοῖν καὶ τρισὶν ὑπεσπίαν *cum haberentur hoc tempore Comitia* PRYTANEA,

Instit. Cyr. lib. VII.

Bell. Civil. lib. IV.

Tom. I. Orat. II. pag. 287.

In Marm. Arundell. pag. 24.

Scrm. Sacr. v. p. 602.

Qqq 3

NEA, *nominavit me Senatus, duobus vel tribus subscribentibus.* Et hæc ferme præter institutum hoc loco, quæ **cum** præclaris Nummorum id genus argumentis, ad alias sedes, & Geographicas imprimis locorum observationes ablegamus. Ad alia enim jam hic nobis transeundum, juxta institutæ hujus commentationis legem. Quamquam, aut me animus fallit, aut quæ vel hac Dissertatione sumus hactenus complexi, ad sanandam eorum cœcitatem abunde sufficient, qui in priscis Græcorum Nummis nullam aut exiguam lucem ad Historiam antiqui ævi illustrandam vident.

www.ingramcontent.com/pod-product-compliance
Lightning Source LLC
Chambersburg PA
CBHW031944290426
44108CB00011B/670